AUGSBURGER BEITRÄGE ZUR LANDESGESCHICHTE
BAYERISCH-SCHWABENS

Band 4

Augsburger Beiträge zur Landesgeschichte
Bayerisch-Schwabens

Band 4

Reihe 7 der Veröffentlichungen
der Schwäbischen Forschungsgemeinschaft bei der
Kommission für bayerische Landesgeschichte
in Verbindung mit dem Lehrstuhl für bayerische und schwäbische
Landesgeschichte an der Universität Augsburg
Schriftleitung: Pankraz Fried

Jan Thorbecke Verlag Sigmaringen
1991

Forschungen zur schwäbischen Geschichte

Herausgegeben anläßlich des 40jährigen Bestehens
der Schwäbischen Forschungsgemeinschaft
und zur 20-Jahrfeier der Universität Augsburg
von Pankraz Fried

Mit Berichten aus der
landesgeschichtlichen Forschung
in Augsburg

Jan Thorbecke Verlag Sigmaringen
1991

CIP-Titelaufnahme der Deutschen Bibliothek

Forschungen zur schwäbischen Geschichte: mit Berichten aus der landesgeschichtlichen Forschung in Augsburg / hrsg. anläßlich des 40jährigen Bestehens der Schwäbischen Forschungsgemeinschaft und zur 20-Jahr-Feier der Universität Augsburg von Pankraz Fried. – Sigmaringen: Thorbecke, 1991
  (Veröffentlichungen der Schwäbischen Forschungsgemeinschaft bei der Kommission für Bayerische Landesgeschichte: Reihe 7, Augsburger Beiträge zur Landesgeschichte Bayerisch-Schwabens; Bd. 4)
  ISBN 3-7995-7504-9

NE: Fried, Pankraz [Hrsg]; Schwäbische Forschungsgemeinschaft: Veröffentlichungen der Schwäbischen Forschungsgemeinschaft bei der Kommission für Bayerische Landesgeschichte / 07

GEDRUCKT MIT UNTERSTÜTZUNG DES BEZIRKS SCHWABEN, DER UNIVERSITÄT UND STADT AUGSBURG

© 1991 by Jan Thorbecke Verlag GmbH & Co., Sigmaringen

Alle Rechte vorbehalten. Ohne schriftliche Genehmigung des Verlages ist es nicht gestattet, das Werk unter Verwendung mechanischer, elektronischer und anderer Systeme in irgendeiner Weise zu verarbeiten und zu verbreiten. Insbesondere vorbehalten sind die Rechte der Vervielfältigung – auch von Teilen des Werkes – auf photomechanischem oder ähnlichem Wege, der tontechnischen Wiedergabe, des Vortrags, der Funk- und Fernsehsendung, der Speicherung in Datenverarbeitungsanlagen, der Übersetzung und der literarischen oder anderweitigen Bearbeitung.

Dieses Buch ist aus säurefreiem Papier hergestellt und entspricht den Frankfurter Forderungen zur Verwendung alterungsbeständiger Papiere für die Buchherstellung.

Gesamtherstellung: M. Liehners Hofbuchdruckerei GmbH & Co. Verlagsanstalt, Sigmaringen
Printed in Germany · ISBN 3-7995-7504-9

Inhalt

Vorwort   5

Wolfgang Weber
»Norddeutsch, süddeutsch, undeutsch«. Zur Geschichte des innerdeutschen Nord-Süd-Klischees   7

Günther Flohrschütz
Zur Genealogie der Grafen von Scheyern   37

Helmut Lausser
Zur Geschichte der Güter und Herrschaftsrechte des Klosters Fultenbach   61

Hermann Kellenbenz
Neues zum oberdeutschen Ostindienhandel, insbesondere der Herwart in der ersten Hälfte des 16. Jahrhunderts   81

Wolfgang Knabe
Kartographische Anmerkungen zur Zielregion des oberdeutschen Indienhandels   97

Ralf Heimrath
Die Gerichtsordnung von Mickhausen aus dem Jahr 1532   103

Peter Steuer
Innerstädtischer Konflikt und oligarchische Verflechtung. Zur Bedeutung der auswärtigen Beziehungen der Augsburger Oligarchie während des Kalenderstreits   115

Wilhelm Liebhart
»Die betrangte Stadt Augspurg«. Augsburg im Dreißigjährigen Krieg   131

Hermann Josef Seitz
Ein kleines, doch lustiges Waldt-Liedlein aus dem Jahr 1632   141

Wolfgang Wüst
Höfische »divertissements« in der Bürgerschaft. Das kulturelle Leben in der Reichs- und Residenzstadt Augsburg   153

Pankraz Fried
  Die staatliche Neuorganisation Bayerns auf der mittleren Verwaltungsebene zu
  Beginn des 19. Jahrhunderts   175

Georg Simnacher
  Die Juden in Schwaben im jungen Königreich Bayern. Ein thematisches Beispiel
  für das Programm restaurierter Synagogen in Schwaben   181

Wolfgang Knabe
  Das organisierte Übersee-Auswanderungswesen im bayerischen Schwaben
  1840–1863, dargestellt am Beispiel der Auswanderungsagentur Leipert   193

Eduard Nübling
  Der Lechrain als sprachliche Saumlandschaft zwischen den süddeutschen Großmundarten Bairisch und Schwäbisch-Alemannisch   235

BERICHTE

  Universität Augsburg: Lehrstuhl für bayerische und schwäbische Landesgeschichte – Bericht über die Studienjahre 1985/86 bis 1989/90   317

  Arbeiten aus der schwäbischen Landesforschung an der Universität Augsburg   322

  Schwäbische Forschungsgemeinschaft bei der Kommission für bayerische Landesgeschichte, Sitz Universität Augsburg – Berichte über die Jahressitzungen
  1986–1989   330

  Dokumentation   346

Vorwort

Zwei Anlässe sind es, welche den Zeitpunkt der Herausgabe des vorliegenden Bandes bestimmt haben: Das 40jährige Bestehen der Schwäbischen Forschungsgemeinschaft (1949–1989) und das 20jährige Jubiläum der Universität Augsburg (1970–1990), an der seit 15 Jahren eine Professur beziehungsweise ein Lehrstuhl für bayerische und schwäbische Landesgeschichte besteht. Ansonsten bringt der vorliegende Band wie bisher Beiträge vornehmlich aus der schwäbischen und bayerischen sowie allgemeinen Landesgeschichtsforschung. Ein spezielles Rahmenthema war nicht beabsichtigt.

Wie die übrigen Bände enthält auch dieser wieder Berichte aus der Schwäbischen Forschungsgemeinschaft und vom Lehrstuhl für bayerische und schwäbische Landesgeschichte. Sie sind dieses Mal erweitert worden um Berichte über die Arbeiten aus der schwäbischen Landesforschung an der Universität Augsburg. Es ist geplant, die »Augsburger Beiträge« künftig möglichst jährlich erscheinen zu lassen und ihnen damit den Charakter eines Jahrbuches zu geben. Sie sollen auch Beiträge über die allgemeine, insbesondere europäische geschichtliche Regionalforschung enthalten.

Für redaktionelle Mitarbeit sei Gabriele von Trauchburg-Kuhnle gedankt.

Der Herausgeber

»Norddeutsch, süddeutsch, undeutsch«
Zur Geschichte des innerdeutschen Nord-Süd-Klischees

VON WOLFGANG WEBER

In der Bundesrepublik Deutschland ist seit einigen Jahren verstärkt von wirtschaftlichen, sozialen, kulturellen und politischen Diskrepanzen oder gar Gegensätzen zwischen dem Norden und dem Süden des Staatsgebiets die Rede[1]. Die empirisch nachweisbaren Unterschiede auf diesen Ebenen lassen sich jedoch nur schwer einem wie immer gearteten Nord-Süd-Schema zuordnen. Das bedeutet, daß die Existenz eines förmlichen Nord-Süd-Denkklischees unterstellt werden muß. Woher kommt dieses Klischee? Inwieweit liegen ihm möglicherweise relevante historische Gegebenheiten zugrunde? Auf diese bislang kaum untersuchten Fragen soll im folgenden in aller gebotenen Kürze eingegangen werden[2].

1 Die Zahl der Belege seit ungefähr dem ersten Halbjahr 1986 in den Artikeln der führenden Zeitungen der Bundesrepublik (Frankfurter Allgemeine Zeitung, Süddeutsche Zeitung, Die Welt und Frankfurter Rundschau) bzw. der Wochenzeitschriften »Die Zeit« und »Der Spiegel« ist so dicht, daß hier auf Einzelnachweise verzichtet werden kann. Für ältere Belege vgl. z. B. »Der Spiegel« 23 (1969) Nr. 38, S. 54 und 30 (1976) Nr. 51, S. 92.

2 Umfassende *allgemeinhistorische* Studien zur innerdeutschen Nord-Süd-Problematik liegen bislang nicht vor; aber auch die übrigen Humanwissenschaften haben sich dieses Themas bislang noch kaum angenommen, vgl. Nord-Süd in Deutschland? Vorurteile und Tatsachen, Redaktion: Hans-Georg WEHLING, Stuttgart u. a. 1987 (=Kohlhammer Taschenbücher 1078) und Süd-Nord-Gefälle in der Bundesrepublik? Sozialwissenschaftliche Analysen, hg. von Jürgen FRIEDRICHS u. a., Opladen 1987. Im Rahmen der *Landesgeschichte* wird das Problem weder in der theoretischen Literatur noch in den historisch-empirischen Studien explizit formuliert bzw. gezielt analysiert, vgl. »Landschaft« als interdisziplinäres Forschungsproblem. Vorträge und Diskussionen ... hg. von Alfred Hartlieb VON WALLTHOR und Heinz QUIRIN, Münster 1977 (=Veröffentlichungen des Provinzialinstituts für Westfälische Landes- und Volksforschung des Landschaftsverbands Westfalen-Lippe Reihe 1/21) sowie Probleme und Methoden der Landesgeschichte, hg. von Pankraz FRIED, Darmstadt 1978 (=Wege der Forschung 492). Die geläufigste Untergliederung Deutschlands auf der höchsten Abstraktionsebene ist hier die Dreiteilung zwischen Nord-, Mittel- und Süddeutschland. Im zentralen Fachorgan Blätter für Deutsche Landesgeschichte wird weder zwischen Nord- und Süddeutschland noch zwischen Nord-, Mittel- und Süddeutschland, sondern zwischen Süddeutschland, Mittleres Westdeutschland, Nordwestdeutschland und Mittel- und Ostdeutschland unterschieden. Die »Geschichtslandschaften« werden noch enger definiert, so daß von einer Gesamtzahl von »ein bis zwei Dutzend« in Deutschland die Rede ist (Franz PETRI, Die Funktion der Landschaft in der Geschichte ..., in: »Landschaft« [s.o.], 73–87, hier S. 83). Der Maßstab des »Regionalismus« wiederum ist nach Heinz GOLLWITZER (Zum deutschen politischen Regionalismus des 19. und 20. Jahrhunderts, in: ebd., S. 54–58) vor allem der (Territorial-) Staat. Allerdings ist die Notwendigkeit einer historischen Nord-Süd-Studie bereits 1970 im verbreitetsten Handbuch zur deutschen Geschichte formuliert worden, s. Friedrich UHLHORN und Walter SCHLESINGER, Der deutsche Geschichtsraum, in: DIESS., Die Deutschen Territorien, München 1974 (=Gebhardt. Handbuch der Deutschen Geschichte, TB-Ausgabe Bd. 13) S. 22. Auch im Bereich der *Begriffsgeschichte, Kulturstereotypenforschung* und der *Volkskunde* ist das Problem praktisch nicht behandelt, vgl. Geschichtliche Grundbegriffe. Historisches Lexikon zur politisch-sozialen Sprache in Deutschland, hg. von Otto BRUNNER u.a., Bd. 1 ff., Stuttgart 1972 ff.; Justin STAGL, Über den Einfluß kultureller Inhalte auf die sozialen Strukturen, in: Zeitschrift für

Die deutsche Geschichte ist durch eine gerne in Kontrast zur Nationalgeschichte anderer europäischer Staaten gestellte Vielfalt ihrer Formen und Gegebenheiten geprägt. Deshalb lassen sich auch unzweifelhaft Divergenzen und Kontraste in der Nord-Süd-Dimension nachweisen. Im historischen Zusammenhang entscheidend ist aber stets nicht schon die etwaige Existenz derartiger Sachverhalte, sondern erst deren historisch wandelbare Bedeutung. Das gilt bereits für die ursprünglichste Dimension, nämlich Landschaft und Klima.

Eine Aufgliederung des deutschen Raumes in einen nördlichen und einen südlichen Teil ist durchaus möglich. Die Übergänge vom norddeutschen Tiefland über die deutschen Mittelgebirge in das süddeutsche Stufenland bis zum Aufstieg der Alpen sind jedoch fließend und vielfältig. Eine sogenannte Mainlinie besteht in geographischer Hinsicht nicht. Auch die Rheinachse stört. Die Tragfähigkeit dieser geographischen Gliederungskonzeption ist daher kaum höher, sondern eher niedriger ist als die anderer Konzeptionen[3]. Diese differenzierten geographischen Verhältnisse schließen die Entstehung eines nord-südlichen Strukturmusters aus *historischen* Gründen jedoch keineswegs aus.

In der vorgeschichtlichen, noch am meisten naturbestimmten Zeit scheint der deutsche Raum durch eine Vielfalt differenzierter, sich jeweils überlappender und verschiebender ethnischer, sprachlicher und kultureller Teileinheiten charakterisiert gewesen zu sein. Erst durch das Vordringen der Römer, das nicht zuletzt aus klimatischen Gründen schon weit vor Erreichen der Aller-Weser-Linie erheblich ausdünnte, ergab sich eine Zweiteilung der Zentralmasse des deutschen Geschichtsraumes. Diese Teilung bildete nicht nur in den Augen der Kulturtheoretiker besonders der zwanziger und dreißiger Jahre, sondern auch nach Auffassung mancher späterer deutscher und ausländischer Historiker eine wesentliche Grundbedingung für die gesamte spätere Entwicklung. Nach der Konsolidierung der römischen Besetzung im südwestlichen Teil einschließlich des am weitesten nach Norden vorstoßenden Rheingebiets wurde zur strategischen Absicherung seit 84 n. Chr. bekanntlich eine befestigte Militärgrenze, der Rhein, Main und Donau verbindende Limes, errichtet. Dadurch entstand in der breiten Nord-Süd-Grenz- und Übergangszone erstmals eine klar fixierte, nicht mehr ohne weiteres überwindbare Scheidelinie. In ihrem Hinterland begannen sich kulturell und sozial jeweils recht unterschiedliche, allerdings nach wie vor auch untereinander recht verschiedene Populationen zu entwickeln. Während im römisch beherrschten südlich-westlichen Teil die

---

Politik 33 (1986) 115–147; Vorurteil. Ergebnisse psychologischer und sozialpsychologischer Forschung, hg. von Anitra KARSTEN, Darmstadt 1978 (=Wege der Forschung 401); Änne OSTERMANN und Hans NICKLAS, Vorurteile und Feindbilder, München-Berlin 1976; Jean-François BROSSAUD, Réflexions méthodologiques sur l'imagologie et l'ethnopsychologie littéraires, in: Revue de psychologie des peuples 23 (1968) 366–377; Anton SCHWIND, Bayern und Rheinländer im Spiegel des Pressehumors von München und Köln, München 1958; Heinz E. WOLF und Alois HÄSER, Empirische Untersuchungen zum Problem der Regionalvorurteile der deutschen Jugendlichen, in: Kölner Zeitschrift für Soziologie und Sozialpsychologie 14 (1962) 155–174; Peter HÖHER, Nord-Süd-Unterschiede in der städtischen und ländlichen Kultur Mitteleuropas (16.–20. Jahrhundert). Tagungsbericht, in: AHF-Informationen Nr. 18 vom 26.4.1983, 1–5. Erwähnt sei noch, daß die lange auch auf die Geschichtswissenschaft erhebliche Wirkungen ausübende Literaturgeschichte der deutschen Stämme und Landschaften Josef NADLERS (Bd. 1–5, 3. Auflage Regensburg 1929–1932) zwar einen »Südbereich« und einen »Nordbereich« mit unterschiedlicher kultureller Identität kennt (Bd. 4, S. 6f.), aber ansonsten eine Ost-West Konzeption vertritt.

3 Vgl. dazu neben den Bemerkungen bei Uhlhorn/Schlesinger noch immer Rudolf GRADMANN, Süddeutschland, Bd. 1, Darmstadt ²1977, 1. Teil, S. 1–7.

germanisch-keltischen Einheimischen Anschluß an die antike und schließlich christliche Zivilisation gewannen und sich durch sie immer stärker von ihren Ursprüngen entfernten, verharrte der Nordosten im ganzen weiter auf der Stufe, die bereits Jahrhunderte zuvor erreicht worden war. Diese Unterschiede wurden zwar im Laufe der um 375 einsetzenden sogenannten Völkerwanderung erheblich abgeschliffen. Und als sich die Verhältnisse wieder beruhigten, verfestigten sich die stammesmäßigen Dimensionen der Ungleichheit beziehungsweise partiellen Identität – eine der stärksten Leitmelodien der deutschen Geschichte war angeschlagen[4].

Dennoch bestand auch das zivilisatorische Südwest-Nordost-Gefälle weiter. Das nicht zuletzt wegen seiner gallo-romanischen Wurzeln seit dem 6. Jahrhundert zu historischer Bedeutsamkeit aufsteigende fränkische Reich, das unter Karl dem Großen im 8./9. Jahrhundert seinen Höhepunkt erreichte, tradierte es, wenngleich in vielfacher, spezifischer Brechung. Wie alle mittelalterlichen Reiche war auch das (noch heute häufig zu Unrecht als »deutsch« apostrophierte) Frankenreich zu einer Vereinheitlichung seiner Verhältnisse weder willens noch in der Lage. Die wesentlich aus Herrschaftsgründen vorangetriebene Christianisierung, von der die Inkorporation der Stämme in die europäische Christenheit und damit eine binnennivellierende Wirkung erwartet werden durfte, war regelmäßig dort am erfolgreichsten, wo einst das römische Banner geweht hatte. Außerhalb dieses Bereiches blieb sie noch länger und stärker als ohnehin auf die dünne adelige Oberschicht beschränkt. In gleicher Weise gestaltete sich die verwaltungsmäßige Durchdringung des Raumes im romanisch beeinflußten Süden und Westen wirkungsvoller als im Norden. Die fränkischen Herrscher kodifizierten zwar die alten Stammesrechte, was angesichts der bis dahin vor allem im Norden fast vollständig fehlenden Schriftlichkeit einen erheblichen Fortschritt darstellte. Sie glichen sie jedoch nur ansatzweise einander an und erwogen nicht, das römische Recht als vereinheitlichende Instanz einzuführen[5].

Wenig später bildete sich auf den Trümmern des karolingischen Großimperiums das eigenständige östlichen Nachfolgereich der deutschen Hauptstämme Bayern und Schwaben

---

4 Exemplarisch Michael FREUND, Deutsche Geschichte von den Anfängen bis zur Gegenwart (erstmals 1960), neu bearbeitete und ergänzte Auflage München 1981, S. 21 f., mit weiteren Verweisen, bzw. das umfangreiche, in seiner Konsequenz bemerkenswerte Kompendium von Adolf HELBOK, Grundlagen der Volksgeschichte Deutschlands und Frankreichs. Vergleichende Studien zur deutschen Rassen-, Kultur- und Volksgeschichte, 2 Bde., Berlin 1937 (Bd. 2 ist ein umfangreiches Kartenwerk). Für die frühgeschichtlichen Grenz- und Siedlungsverhältnisse bis zum Ende der Römerzeit nach dem heutigen, wegen der erheblichen innergermanischen Unterschiede auf eine Reduzierung der Bedeutung des Limes hinauslaufenden Kenntnisstand vgl. jetzt die Darstellung bei Friedrich PRINZ, Grundlagen und Anfänge. Deutschland bis 1056, München 1985 (=Neue deutsche Geschichte Bd. 1) S. 20–23 und passim, welcher Autor eine West-Ost-Mitte Konzeption vertritt (Germania Romana versus Germania Slavica versus Germania »Germanica«), für die Römerzeit selbst außerdem: Die Römer an Rhein und Donau. Zur politischen, wirtschaftlichen und sozialen Entwicklung in den römischen Provinzen an Rhein, Mosel und Donau im 3. und 4. Jahrhundert, hg. von Rigobert GÜNTHER und Helga KÖPSTEIN, Köln-Wien ³1985.

5 PRINZ (wie Anm. 4); Josef FLECKENSTEIN, Grundlagen und Beginn der deutschen Geschichte, Göttingen 1974 (=Deutsche Geschichte Bd. 1); Heinrich MITTEIS/Heinz LIEBERICH, Deutsche Rechtsgeschichte, 13. ergänzte Auflage, München 1974; Hans K. SCHULZE, Die Grafschaftsverfassung der Karolingerzeit in den Gebieten östlich des Rheins, Berlin 1973 (=Schriften zur Verfassungsgeschichte Bd. 19); Michael BORGOLTE, Geschichte der Grafschaften Alemanniens in fränkischer Zeit, Sigmaringen 1984 (=Vorträge und Forschungen, Sonderband 31).

im Süden, Franken in der Mitte und Sachsen im Norden. Jetzt hätte im Prinzip durchaus eine neue Stufe herrschaftlicher Vereinheitlichung erreicht werden können. Denn das neukonstituierte, mit umfangreichem Hausgut ausgestattete Königstum hatte mit seinen (althergebrachten wie neuen) Herrschaftstechniken nunmehr einen verhältnismäßig nur noch kleinen Raum zu kontrollieren. Doch die sich zusehends verdichtenden neuen Grenzen konnten an der entscheidenden, alle sonstigen Bezüge überlagernden Orientierung der mitteleuropäischen Welt zum italienisch-mittelmeerischen Kraftzentrum nichts ändern. Ein Verzicht auf die Anknüpfung an das Imperium Romanum lag außerhalb aller Vorstellungen. Die Idee von dessen Erneuerung legitimierte und stabilisierte die Position des Königs auch gegenüber dem durch Landesausbau und Kolonisation allmählich erstarkenden Hochadel innerhalb des Reiches. Sie rechtfertigte und trug den Zugriff auf die unschätzbaren materiellen und geistig-kulturellen Ressourcen des Mittelmeerraums. So konnte es überhaupt nicht ausbleiben, daß sich das Reichsinteresse mehr und mehr in den Süden verlagerte – ein höchst folgenreicher, bis weit in die Neuzeit ausstrahlender Tatbestand. Die Königswürde ging von den Sachsen als dem bedeutendsten nördlichen Stamm in die Hände süddeutscher Geschlechter über. Je mehr Kraft aber die Durchsetzung der Macht des Reiches in Italien und im angrenzenden Mittelmeerraum erforderte, desto weniger gelang es, die königlich-kaiserliche Oberhoheit im Norden und im sich vergrößernden Osten aufrechtzuerhalten. Diese Entwicklung verstärkte sich noch, als die Welfen als die gefährlichsten Rivalen der Staufer in den Norden abgedrängt waren und dort die Staufergegner um sich sammelten. Die in der älteren historischen Forschung vertretene Auffassung, daß der Nordosten Deutschlands während des gesamten Spätmittelalters ein »sich selbst überlassener, königsferner, ja königsloser Raum« gewesen sei, wird zwar neuerdings erheblich differenziert. Grundsätzlich gilt sie aber nach wie vor[6]. Damit war aber die strukturelle Ausgangslage für die nächste, die deutsche Geschichte am wesentlichsten bestimmende Entwicklung, nämlich die Glaubensspaltung mit all ihren Folgen, geschaffen.

Seit dem 13. Jahrhundert hatten sich im Reich, das sich nach dem Zusammenbruch der Stauferherrschaft generell herrschaftlich immer weiter zersplitterte, drei große Sprachräume gebildet: der niederdeutsche (=norddeutsche), der oberdeutsche (=süddeutsche) und der eher am Rande des deutschen Zentralgebietes liegende böhmische Sprachraum. Die Existenz dieser Sprachgebiete war sowohl den Deutschen selbst als auch beispielsweise der römischen Kurie bewußt. Wenig später begann sich vornehmlich unter humanistischem Einfluß eine erste Form deutschen Nationalgefühls zu bilden, auf dessen komplexe Grundlagen an dieser Stelle nicht eingegangen werden kann[7].

---

6 Friedrich Bernhard FAHLBUSCH, Königtum und Städte in Niederdeutschland im frühen 15. Jahrhundert, in: Blätter für Deutsche Landesgeschichte 119 (1983), S. 93–112, hier S. 94 (Zitat). Für die Entwicklung im Hochmittelalter vgl. auch noch die einzige bisher vorliegende entsprechende Untersuchung von Michael SEIDLMAYER, Deutscher Nord und Süd im Hochmittelalter. Die Momente ihrer gegenseitigen Durchdringung oder Abstoßung in der Zeit des ostfränkischen Reiches, der sächsischen und salischen Kaiser, Bielefeld 1928 (=Diss. phil. München 1926), ferner Peter MORAW, Von offener Verfassung zu gestalteter Verdichtung. Das Reich im späten Mittelalter 1250 bis 1490, Berlin 1985 (=Propyläen Geschichte Deutschlands Bd. 3).
7 MORAW (wie Anm. 6), S. 52; Sprachgeschichte. Handbuch zur Geschichte der deutschen Sprache und ihrer Erforschung, hg. von Werner BESCH u.a., 2 Halbbde., Berlin u.a. 1984/85, besonders Halbbd. 2, 1724ff.; Adolf BACH, Geschichte der deutschen Sprache, 9. durchgesehene Auflage, Heidelberg 1970,

Martin Luther begriff sich als in der Mitte des Reiches lebend. Er formulierte seine alle zeitgenössische Kritik am transalpinen, römischen Papsttum aufgreifende und zuspitzende reformatorische Botschaft bewußt in einer Sprache, die überall gut verstanden oder der einheimischen Mundart unschwer angepaßt werden konnte. Da er sich zur Durchsetzung seiner Botschaft zudem des aufkeimenden deutschen Nationalbewußtseins bediente, fand er in einer ersten, zumeist als »volksreformatorisch« apostrophierten Phase seiner Erneuerungsbewegung Anklang sowohl im Norden als auch im (die Schweiz und Österreich einschließenden) Süden. In der zweiten, wesentlich von den Fürsten getragenen Reformationsphase bildete sich jedoch nur im Norden ein geschlossener Komplex lutherischer Gebiete. Trotz des lutherischen Ausgreifens in den Süden über Ansbach-Bayreuth, Württemberg und kleinere Territorien einschließlich von Reichsstädten konnte regelmäßig nur dort, wo die Macht des altgläubig gebliebenen Kaisers schon traditionell stark eingeschränkt war, der Konkurrenz der römischen Kirche auf Dauer widerstanden werden[8].

Die Habsburger ihrerseits vermochten es nie mehr, den Norden bleibend unter die kaiserliche Botmäßigkeit zu bringen. Daran änderte sich auch nichts, als im protestantischen Lager als dritter Rivale der Calvinismus auftrat. Als die Dynastie dank des Organisations- und Feldherrntalents Wallensteins im Dreißigjährigen Krieg erstmals über ein kaum überwindliches Heer verfügte und sich deshalb unverzüglich zur Niederwerfung des Nordens anschickte, traten ihr nicht nur sofort Gegner von außerhalb der Reichsgrenzen entgegen. Vielmehr stellte sich mit den Wittelsbachern auch das bedeutendste katholische Herrschergeschlecht im Süden, mit dessen Hilfe die am weitesten nördlich gelegenen niederrheinischen geistlichen Besitzungen und Herrschaften überhaupt nur hatten erhalten werden können, gegen sie. Die Furcht vor einem habsburgischen Absolutismus, der die Liberät der Reichsstände hätte aufheben und zu einer straff geführten Monarchie wie in Frankreich führen können, einte alle territorialen Herrschaftsträger. Auch deshalb ließ sich die Konzeption des Prager Friedens von 1635, die auf eine vollständige Rekatholisierung des Südens oder vielmehr der oberen Reichskreise bei gleichzeitigem friedlichen Ausgleich mit dem lutherischen Norden hinauslief und insofern ein erstes reichspolitisches Nord-Süd-Teilungskonzept darstellte, nicht realisieren[9].

S. 299 ff. Von »Sprachbarrieren« i. e. S. kann aber nicht die Rede sein, vgl. hierzu Klaus J. MATTHEIER, Sprache als Barriere. Bemerkungen zur Entstehung und zum Gebrauch des Begriffs »Sprachbarriere«, in: Deutsche Sprache (1974), S. 213–232.
8 Heinrich LUTZ, Das Ringen um deutsche Einheit und kirchliche Erneuerung. Von Maximilian I. bis zum Westfälischen Frieden. 1490 bis 1648, Berlin 1983 (=Propyläen Geschichte Deutschlands Bd. 4); Martin HECKEL, Deutschland im konfessionellen Zeitalter, Göttingen 1983 (=Deutsche Geschichte Bd. 5); Hans-Jürgen HERINGER, Sprechen wir wie Luther? in: Fragen an Luther, hg. von Wolfgang REINHARD, München 1983 (=Schriften der Philosophischen Fakultäten der Universität Augsburg Bd. 28), S. 123–146; Rainer WOHLFEIL, Einführung in die Geschichte der deutschen Reformation, München 1982. Zur Verbesserung der Rezeptionschancen der Lutherbibel in Süddeutschland durch Beigabe eines entsprechenden Wortglossars vgl. auch noch Fritz DAUNER, Die oberdeutschen Bibelglossare des 16. Jahrhunderts, Freiburg i. B. 1898.
9 Heinrich LUTZ, Bayern und Deutschland seit der Reformation. Perspektiven, Bilder und Reflexionen, in: Land und Reich, Stamm und Nation. Festgabe für Max Spindler zum 90. Geburtstag, hg. von Andreas KRAUS, München 1984 (=Schriftenreihe zur bayerischen Landesgeschichte Bd. 78–80), Bd. 2, S. 1–19; LUTZ, Ringen, S. 393 ff., 425 ff.; Volker PRESS, Bayern, Österreich und das Reich in der frühen Neuzeit, in: Verhandlungen des Historischen Vereins der Oberpfalz 120 (1980), S. 493–519. Press' Feststellung, daß

Im Norden wie im Osten war die Macht der Fürsten aber nicht nur gegenüber dem Kaiser, sondern in der Regel auch gegenüber den Ständen als den traditionellen Konkurrenten um die Herrschaft bereits gefestigter als anderswo. Diese Entwicklung wurde durch die Reformation, in deren Verlauf sich diese Landesherren das Kirchengut vollständig aneignen konnten, noch gefördert. Die lutherische Theologie wiederum erweiterte den Verantwortungsbereich der weltlichen Obrigkeit und verschaffte ihr einen wesentlichen Legitimationsschub. Sie definierte die Gehorsamspflicht des Untertanen neu und festigte sie erheblich. Im Konkurrenzkampf der Konfessionen, der auf allen Seiten modernisierende Auswirkungen hatte, lag das Luthertum daher zeitweise in Führung. Sein innerweltliches Berufsideal, die Wurzel konsequenter Pflichterfüllung um ihrer selbst willen, glich den Vorsprung im modernen Wirtschaftsverhalten aus, über den das Reformiertentum aufgrund von dessen Prädestinationslehre verfügte. Besonders infolge des Wirkens von Melanchthon konnte der lutherische Protestantismus die Impulse des Humanismus ohne größere inhaltliche Probleme aufnehmen und seinen spezifischen Bedürfnissen entsprechend einsetzen. Mit der schon in der Familie einsetzenden planmäßigen Erziehung einer zunehmend bewußt beschränkten Kinderzahl wurde im protestantischen Lager die Grundlage zur Heranbildung eines neuen, weniger spontanen als disziplinierten, konsequenter leistungswilligen, selbstbewußten und doch zugleich unruhigen, nach religiös-weltanschaulicher Sicherheit und Gewißheit suchenden Menschentyps gelegt. Dieser Typ hob sich vom katholischen, im habsburgischen und wittelsbachischen Süden und am Rhein konzentrierten Menschenschlag in Auffassung, Sprache und Verhalten zunehmend ab. Die Unterschiede in Kultur und Gesellschaft intensivierten sich noch, weil sich der protestantische Norden ebenfalls protestantischen nordeuropäischen Einflüssen öffnete, der katholische Süden hingegen mit Italien und dem übrigen romtreu gebliebenen, wirtschaftlich jedoch absteigenden Südeuropa verbunden blieb[10].

Auf die Reichspolitik schlugen sie seit dem Ende des konfessionellen Zeitalters weniger durch. Die entscheidenden Akteure auf dieser Ebene waren nunmehr endgültig die sich

---

die »Münchner Wittelsbacher« infolge der Übernahme rheinisch-norddeutscher Bischofssitze »die eigentlichen Gewinner der Reformationsentwicklung« wurden (S. 503), ist freilich durch den Hinweis darauf zu ergänzen, daß sich das Geschlecht eben dadurch den Weg zur Bildung kräftiger Nebenlinien verbaute, mit deren Hilfe sich ein dauerhafter dynastischer Zusammenhang hätte formen lassen. Zur Konzipierung des Prager Friedens siehe die Standarddarstellung von Adam WANDRUSZKA, Reichspatriotismus und Reichspolitik zur Zeit des Prager Friedens von 1635. Eine Studie zur Geschichte des Nationalbewußtseins, Köln 1955 (=Institut für Österreichische Geschichtsforschung. Veröffentlichungen Bd. 17), passim. Es dürfte freilich unbezweifelbar sein, daß die Rekatholisierung Süddeutschlands in den Augen des Kaisers oder seiner Berater trotz des erzwungenen Verzichts auf das Restitutionsedikt nur die erste Etappe einer Gesamtrekatholisierung darstellte.

10 HECKEL, Deutschland; Heribert RAAB, »Lutherisch-Deutsch«. Ein Kapitel Sprach- und Kulturkampf in den katholischen Territorien des Reiches, in: Zeitschrift für Bayerische Landesgeschichte 46 (1983), S. 15–42; Dietrich BREUER, Oberdeutsche Erzählliteratur im 17. Jahrhundert, in: ebd., S. 197–213; Thomas NIPPERDEY, Luther und die Bildung der Deutschen, in: Luther und die Folgen. Beiträge zur sozialgeschichtlichen Bedeutung der lutherischen Reformation, hg. von Hartmut LÖWE und Claus-Jürgen ROEPKE, München 1983, S. 13–27; Wolfgang REINHARD, Zwang zur Konfessionalisierung? Prolegomena zu einer Theorie des konfessionellen Zeitalters, in: Zeitschrift für historische Forschung 10 (1983), S. 257–277; Peter ZSCHUNKE, Konfession und Alltag in Oppenheim. Beiträge zur Geschichte von Bevölkerung und Gesellschaft einer gemischtkonfessionellen Kleinstadt in der Frühen Neuzeit, Wiesbaden 1984 (=Veröffentlichungen des Instituts für Europäische Geschichte Mainz, Abteilung für abendländische Religionsgeschichte Bd. 115), besonders S. 264 ff.

verfestigenden Territorialstaaten, deren Verhalten dementsprechend jetzt rein politischen Prämissen unterlag. Die Furcht vor einem absoluten habsburgischen Kaisertum hielt eine zumindest latente Solidarität der Reichsstände über alle Konfessionsgrenzen hinweg am Leben. Daher war es unproblematisch oder sogar erwünscht, daß sowohl das katholische Frankreich als auch das protestantische Schweden Garantiemächte des Ausgleichs von 1648 wurden. Ebenso wirkten sich bis zum Anfang des 18. Jahrhunderts noch die Türkenkriege phasenweise gemeinschaftsstiftend aus. Noch bedeutsamer war der vorübergehend verstärkte Reichspatriotismus, den Frankreichs Druck auf die Westgrenze hervorrief[11].

Diese Verhältnisse änderten sich von der zweiten Hälfte des 18. Jahrhunderts an. In dieser Zeit drang erstens die im Zuge der Aufklärung ihren Konfessionscharakter allmählich abstreifende lutherisch-hochdeutsche Sprache und die mit ihr verbundene Kultur- und Bildungskonzeption in den seinerseits bereits von Italien und Frankreich her teilweise aufgeklärten katholischen Süden Deutschlands vor. Folge war die erstmalige Entstehung einer gemeinsamen deutschen, wenngleich nach wie vor protestantisch fundierten und unter protestantischen Vorzeichen besonders konsequent angestrebten Nationalkultur, die den Weg zur allmählichen Ablösung der nach wie vor vorherrschenden konfessionellen Identität durch eine nationale ebnete[12].

Zweitens verschärfte sich der seit dem Ende des 17. Jahrhunderts aufkommende preußisch-österreichische Dualismus. Er wuchs für unabsehbare Zeit zu einer entscheidenden Konstante der deutschen Geschichte heran. Im Zuge seiner auf Erfahrungen im Osten beruhenden konsequenten Machtpolitik verbreitete Brandenburg-Preußen oft ohne Rücksicht auf Rechtslagen seine nordöstliche Basis. Ziel war, gestützt auf schon früh erworbene Brückenköpfe im Westen, langsam aber unaufhörlich zur unangefochtenen Hegemonialmacht in Norddeutschland aufzusteigen. Österreich hingegen konnte die widerspenstige südliche Mittelmacht Bayern, die sich durch zu starke Anlehnung an das verhaßte Frankreich exponiert hatte und durch eigene Hegemoniebestrebungen bei kleineren Reichsständen unbeliebt machte, ihres eigenständigen politischen Spielraums zunächst berauben. Das bedeutete eine wesentliche Ausweitung seines Einflusses in diesem Raum[13].

11 Vgl. jetzt für diesen Aspekt zusammenfassend Rudolf VIERHAUS, Staaten und Stände. Vom Westfälischen Frieden bis zum Hubertusburger Frieden 1648 bis 1783, Berlin 1983 (=Propyläen Geschichte Deutschlands Bd. 5), S. 229–276. Zu den gemeinschaftsfördernden Auswirkungen der französischen Bedrohung jedenfalls auf das öffentliche Bewußtsein s. auch noch Paul SCHMIDT, Deutsche Publizistik in den Jahren 1667 bis 1671, in: Mitteilungen des Instituts für Österreichische Geschichtsforschung 28 (1907) S. 577–630.
12 Nicolao MERKER, Die Aufklärung in Deutschland, München 1982 (zuerst italienisch 1968); Wolfgang RUPPERT, Bürgerlicher Wandel. Studien zur Herausbildung einer nationalen deutschen Kultur im 18. Jahrhundert, Frankfurt a. M./New York 1981; Rudolf VIERHAUS, Grundzüge der Aufklärungsbewegung, in: Polen und Deutschland im Zeitalter der Aufklärung. Reformen im Bereich des politischen Lebens, der Verfassung und der Bildung, Braunschweig 1981 (=Schriftenreihe des Georg-Eckert-Instituts für Internationale Schulbuchforschung Bd. 22), S. 22–28; Karl BIEDERMANN, Deutschland im 18. Jahrhundert, 4 Bde., Leipzig 1880 (ND Aalen 1969). Benno Hubensteiner hat gezeigt, daß das Einfallstor der norddeutsch-protestantischen Sprache und Aufklärungsbewegung in den Kernraum des katholischen Bollwerks Bayern erwartungsgemäß das evangelische Franken darstellte, s. DERS., Die deutsche Aufklärung und das evangelische Franken, in: Festgabe für M. Spindler (wie Anm. 9), Bd. 2, S. 291–304.
13 Zur Problematik »Preußen und das Reich«, hg. von Oswald HAUSER, Köln-Wien 1984 (=Neue Forschungen zur preußisch-brandenburgische Geschichte Bd. 4); Volker PRESS, Das Wittelsbachische

Eine Konfrontation der beiden deutschen Flügelmächte an einer ungefähr den Naturgegebenheiten folgenden, hinreichend eindeutigen, das Reich teilenden Binnenlinie und damit eine denkbare annähernde Deckungsgleichheit konfessioneller und politischer Sphären kam indessen noch nicht zustande. Spätestens nach dem epochemachenden verfrühten Ausscheiden Preußens aus den gemeinsamen Anstrengungen des Kampfes gegen das revolutionäre Frankreich 1795, das die Preisgabe des linken Rheinufers einschloß, stellte die Umformung Süddeutschlands zu einem Puffer zwischen Frankreich und Österreich und damit die Bildung eines starken »dritten Deutschland« zwischen den beiden antagonistischen deutschen Randmächten ein wesentliches Element der französischen Politik gegenüber Deutschland dar. Der Rheinbund entsprach so nicht nur den Interessen Frankreichs und derjenigen Mittel- und Kleinstaaten, die sich von ihm politische Gewinne erhoffen konnten, sondern auch den Vorstellungen Preußens. Der Süden sollte Frankreich als Einflußsphäre überlassen werden, damit Preußen den Norden ungestört unter die eigene Hegemonie bringen konnte. Die Säkularisation mit ihrer Zerschlagung der geistlichen Territorialstaaten ermöglichte einerseits eine grundsätzliche Arrondierung und Konsolidierung der übrigbleibenden deutschen Mittel- und Großstaaten. Andererseits bewirkte sie eine in ihren Folgen kaum zu überschätzende Schwächung der katholischen Kultur im Reichsgebiet außerhalb Österreichs. Diese Schwächung manifestierte sich wenig später insbesondere im vieldiskutierten katholischen Bildungsdefizit, dessen Auswirkungen sich grob als mangelnde Elitenförderung sowie – damit zusammenhängend – unzureichende Anpassung an die sich wandelnden gesellschaftlich-wirtschaftlich-politischen Herausforderungen umschreiben lassen[14].

Die Gründung eines allerdings noch nicht bis zum Main vordringenden Norddeutschen Reichsbundes, die Preußen nach der Niederlegung der Kaiserkrone durch Franz II. im Jahr 1806 erwog und die seine Position entscheidend gestärkt hätte, konnte nicht verwirklicht werden. Bei der Befreiung von der napoleonischen Herrschaft leistete Preußen zwar einen gewichtigen Beitrag. Der entscheidende Staatsmann dieser Epoche, Metternich, knüpfte in seiner Friedenskonzeption jedoch eng an Vorstellungen Napoleons an. Durch die Beibehaltung gefestigter Mittelstaaten sollten Preußens expansive Bestrebungen eingegrenzt werden. Das hatte die angenehme Nebenfolge, daß sich Österreichs Ausgangsposition für eine neuerliche Erringung der Hegemonie über Deutschland verbessern ließ. Pläne insbesondere Steins und Hardenbergs, die auf eine verfassungsmäßige Verankerung des preußisch-österreichischen Dualismus in einem neuen Reichscorpus dieser oder jener Art hinausliefen und damit die Verhältnisse auf absehbare Zeit zementiert hätten, konnten sich so nicht durchsetzen. Ebensowenig Erfolg war freilich auch den süddeutschen Vorstellungen beschieden, sich möglichst eng zusammenzuschließen und damit den österreichisch-preußischen Druck erfolgreich ausbalancieren zu können. Die Rivalität zwischen Württemberg und Bayern, zu deren Fundament auch der konfessionelle Gegensatz gehörte, war dafür zu stark[15].

Kaisertum Karls VII. Voraussetzungen von Entstehung und Scheitern, in: Festgabe für M. Spindler (wie Anm. 9), Bd. 2, S. 201–234;, Ders., Bayern. Wenig ergiebig für unseren Zusammenhang ist Gerhard Pfeiffer, Bayern und Brandenburg-Preußen. Ein geschichtlicher Vergleich, München 1984.
14 Michael Klöcker, Das katholische Bildungsdefizit in Deutschland. Eine historische Analyse, in: Geschichte in Wissenschaft und Unterricht 32 (1981), S. 79–98.
15 Enno E. Kraehe, Metternichs German Policy. Vol. II: The Congress of Vienna 1814–1815, Princeton, N.J. 1983; Karl Otmar Freiherr von Aretin, Vom Deutschen Reich zum Deutschen Bund,

Die gesellschaftlichen und staatlichen Reformen, die als positives Erbe der Napoleonzeit nunmehr endgültig die Modernisierung Deutschlands einleiteten, fielen in Preußen, Süddeutschland und Österreich indessen recht unterschiedlich aus. Preußen reformierte sich entschlossen technisch-wirtschaftlich, wissenschaftlich-bildungsmäßig und wenigstens sektorenweise gesellschaftlich, aber kaum politisch. Die süddeutschen Staaten Bayern, Baden, Württemberg und Hessen-Darmstadt hingegen gelangten vor allem zu (freilich recht unterschiedlich wirksamer) administrativ-konstitutioneller Modernität. Österreich wiederum mußte sich infolge wachsender innerer Schwierigkeiten mit lediglich partiellen Korrekturen begnügen. Auf diese Weise fiel der Vorrang Preußen zu. Dieses war durch den Gewinn der Rheinprovinzen ohnehin mit einem von keinem Rivalen austarierbaren Entwicklungspotential ausgestattet und hatte deshalb die Hegemonie über Norddeutschland faktisch bereits erreicht, obwohl sowohl ihm als auch Bayern zunächst bewußt Landbrücken zwischen Kernland und Rheingebieten versagt blieben[16].

Die jetzt einsetzende, sich zunehmend beschleunigende Entwicklung bis zur Reichsgründung 1871 ist hinlänglich bekannt. Preußen konnte, gestützt auf wirtschaftliche und politische Stärke, auf ein immer gezielter die nationalen Einigungssehnsüchte in den Dienst nehmendes vitales Sendungsbewußtsein, auf klare politische Konzepte und fähige Politiker, die den Einsatz auch fragwürdiger Mittel nicht scheuen, die föderative Ordnung in Deutschland Zug um Zug zu seinen Gunsten verändern. Es vermochte sowohl die Verpflichtungen und Gefährdungen Österreichs in dessen Gebieten außerhalb des Deutschen Bundes als auch die Irritationen und Ängste, die Frankreichs wechselvolle Politik auf der internationalen Bühne und in Deutschland auslöste, geschickt auszunutzen, während Süddeutschland noch immer nicht zur Einigung fand. Schon 1859, im Zuge des französisch-österreichischen Krieges um Italien, versuchte Preußen eine Abtrennung Österreichs von Deutschland und eine kleindeutsche nationale Einigung unter eigener Hegemonie durchzusetzen. 1866, nach dem von Preußen triumphal gewonnenen Deutschen Krieg, wurde unter Inkaufnahme der Teilung Hessens die Mainlinie für fünf Jahre zur innerdeutschen Grenze, indem Preußen bis in diesen Raum vorrückte, Frankreich dieses Vorrücken vertraglich zugestand und die Gründung des Norddeutschen Bundes die nördlichen Staaten unter der Führung Preußens zu einer neuen europäischen Macht vereinigte. Die süddeutschen Staaten realisierten zwar unvermeidlich den Sog, der von dem preußischen Koloß ausging. Sie waren aber wirtschaftlich und strategisch so

Göttingen 1980 (=Deutsche Geschichte Bd. 5), besonders S. 77 ff.; Kurt VON RAUMER und Manfred BOTZENHARDT, Deutschland um 1800. Krise und Neugestaltung von 1789 bis 1815, in: DIESS., Deutschland im 19. Jahrhundert, Wiesbaden 1980 (=Handbuch der deutschen Geschichte Bd. 3/I) S. 578 ff.; Säkularisation und Säkularisierung im 19. Jahrhundert, hg. von Albrecht LANGER, München u.a. 1978; Ernst Rudolf HUBER, Deutsche Verfassungsgeschichte seit 1789, Bd. 1, Berlin 1975 (Nachdruck der Ausgabe Berlin 1967), S. 25 ff.; Karl GRIEWANK, Der Wiener Kongreß und die europäische Restauration 1814/15, Leipzig ³1954; Theodor BITTERAUF, Die Gründung des Rheinbundes und der Untergang des alten Reiches, München 1905, passim. Zum nicht verwirklichten Norddeutschen Reichsbund s. auch den einschlägigen Artikel von Adalbert ERLER, in: Handwörterbuch zur deutschen Rechtsgeschichte, Bd. III, Berlin 1984, Sp. 1031–1032, zu den Bestrebungen Preußens wie Österreichs schon im 18. Jahrhundert, die eigene Einflußsphäre durch Säkularisation zu erweitern und zu konsolidieren, Säkularisation und Säkularisierung vor 1800, hg. von Anton RAUSCHER, Paderborn 1976.

16 Heinrich LUTZ, Zwischen Habsburg und Preußen. Deutschland 1815–1866, Berlin 1985 (=Die Deutschen und ihre Nation Bd. 2); Thomas NIPPERDEY, Deutsche Geschichte 1800–1866. Bürgerwelt und starker Staat, München 1983, besonders S. 11–101.

zwingend auf ihn angewiesen, daß der laut Prager Friedensvertrag mögliche eigenständige Südbund auch aus diesen Gründen von vornherein ohne wirkliche Realisierungschance blieb. Die Reichsgründung nach dem durch Preußen bewußt ausgelösten und forcierten Krieg mit Frankreich sicherte dementsprechend nahezu bruchlos die Beibehaltung der Vormachtstellung Preußens nunmehr für ganz Deutschland. Formal stellte sie bekanntlich einen vertraglichen Anschluß der süddeutschen Staaten an den Norddeutschen Bund dar, bei dem bezeichnenderweise das von einer mit den Hohenzollern verwandten protestantischen Dynastie regierte, aber mehrheitlich katholische Baden und das protestantische Württemberg vorangingen. Bayern dagegen zögerte und reklamierte bedeutsame Reservatsrechte insbesondere finanzieller Art für sich. Infolge des Wegfalls der meisten inneren Grenzen wurden die noch bestehenden kulturellen, sozialen und politischen Nord-Süd-Unterschiede jetzt zwar in die »tiefe ideelle und materielle Distanz zwischen dem urbanen und industriellen Westen und Südwesten und dem agrarischen Osten und Nordosten« einbezogen und dadurch in vielfältiger Weise transformiert. Allerdings können jedenfalls nach Michael Stürmer durchaus zwei Typen der Industrialisierung unterschieden werden: erstens ein radikalerer, schnellerer und sozial aufwühlender nördlicher Typ, zweitens ein vergleichsweise langsamerer, gemäßigterer, sozial weniger aufreizender südlicher[17]. Ebenso trugen sowohl die schon in der ersten Hälfte des Jahrhunderts von Nordosten in den Süden übergreifende neuerliche Modernisierung des Bildungswesens und der Wissenschaft als auch die wachsende Respektierung des Reiches im Ausland, die das Gemeinsamkeitsgefühl stärkten, zur Zurückdrängung alter Vorbehalte und Differenzen bei. Die Konfessionsunterschiede jedoch blieben erhalten. Mehr noch, sie intensivierten sich im Verlauf verschiedener Rekonfessionalisierungsschübe und im Zuge des anhaltenden Versuchs der preußisch-protestantischen Eliten, die protestantisch-preußisch-deutsche

---

[17] Michael Stürmer, Das ruhelose Reich. Deutschland 1866–1918, Berlin 1985 (=Die Deutschen und ihre Nation Bd. 5), S. 71 ff., 159 ff.; Ders., Eine politische Kultur – oder zwei? Betrachtungen zur Regierungsweise des Kaiserreichs, in: Zur Problematik »Preußen«, S. 35–47, hier S. 36 (Zitat); Karl Erich Born, Wirtschafts- und Sozialgeschichte des Deutschen Kaiserreiches (1866/71–1918), Stuttgart 1985. Für die Sonderrolle Badens, das schon durch den Rheindurchbruch unmittelbarer an den Norden geknüpft ist als der übrige Süden, vgl. Willy Real (Hg.), Das Großherzogtum Baden zwischen Revolution und Restauration 1849–1851. Die Deutsche Frage und die Ereignisse in Baden im Spiegel der Briefe und Aktenstücke aus dem Nachlaß des preußischen Diplomaten Karl Friedrich von Savigny, 2 Bde., Stuttgart 1983 (=Veröffentlichungen der Kommission für geschichtliche Landeskunde in Baden-Württemberg Reihe A, 33./34. Bd.), der auch die einschlägigen Editionen von Walther Peter Fuchs nachweist. Zu den Ereignissen bis zur Reichsgründung s. im übrigen neben Nipperdey und Lutz (wie Anm. 16) Wolf D. Gruner, Die deutsche Frage. Ein Problem der europäischen Geschichte seit 1800, München 1985; Ders., Europa, Deutschland und die internationale Ordnung im 19. Jahrhundert, in: Politik und Kultur 11 (1984) H. 2, S. 24–53; Heinrich Lutz (Hg.), Österreich und die deutsche Frage im 19. und 20. Jahrhundert, München 1982; ferner Helmut Böhme, Deutschlands Weg zur Großmacht. Studien zum Verhältnis von Wirtschaft und Staat während der Reichsgründungszeit 1848–1881, Köln ²1972, der die finanzielle Abhängigkeit des Südens vom Norden hervorhebt, sowie Josef Becker, Zum Problem der Bismarckschen Politik in der spanischen Thronfrage 1870, in: Historische Zeitschrift 212 (1971), S. 529–607, und Richard Dietrich, Föderalismus, Unitarismus oder Hegemonialstaat? in: Zur Problematik »Preußen«, S. 49–81; Ders., Das Jahr 1866 und das »Dritte Deutschland«, in: Ders. (Hg.), Europa und der Norddeutsche Bund, Berlin 1968, S. 68–82. Daß der 1866 konzedierte eventuelle Südbund ein Zugeständnis bloß auf dem Papier war, hebt aus bayerischer Perspektive hervor u.a. Karl Bosl, Das «Dritte Deutschland» und die Lösung der deutschen Frage im 19. Jahrhundert. Souveränität – Defensivsystem – Aggressivität. Das bayerische Beispiel, in: Bohemia 11 (1970), S. 20–33.

Staatsidee auch gegenüber den katholischen Bevölkerungsteilen durchzusetzen. Die unvermeidliche Folge war, daß sich der Katholizismus, dem eine Anpassung an die Industriegesellschaft ohnehin schwerfiel, unter dem kulturellen, politischen und wirtschaftlichen Druck einigelte. Weil das katholische Interesse mit Hilfe der eigenen politischen Partei aber dauerhaft auf der parlamentarischen Ebene geltend gemacht werden konnte, blieb der Konfessionskonflikt ebenso dauerhaft politisch-kulturell und gesellschaftlich virulent[18].

Als das Kaiserreich 1918 jäh in den Abgrund stürzte, zeigte das prompte Auftreten revisionistisch-partikularistischer Bestrebungen, daß seine nationale Prägekraft doch begrenzt geblieben war. Die von regionalen Eliten verfolgten Neuordnungspläne liefen einerseits entweder auf eine gegen die preußische Dominanz gerichtete Revitalisierung des Föderativprinzips in dieser oder jener Form hinaus, oder sie zielten wie im Fall der Pfalz und in Schleswig-Holstein auf eine völlige Abtrennung bestimmter Regionen vom Reichsverband. Andererseits führte die nunmehr wieder an die Oberfläche tretende Überzeugung vieler süddeutscher Politiker, daß die politische Kultur des preußisch beherrschten Nordens nicht nur für die Schrecken des Krieges und die Niederlage, sondern auch für die vermeintlich drohenden sozialistisch-kommunistischen Gefahren verantwortlich war, bis etwa 1923 zu Versuchen selbst in den höchsten Rängen, Süddeutschland insgesamt wieder vom Norden zu distanzieren. Erwogen wurden Lösungen sowohl unterhalb der Schwelle staatlicher Eigenständigkeit, also das Nord-Süd-Prinzip berücksichtigende Föderalverfassungen, als auch oberhalb, das heißt Verselbständigung in welcher Form auch immer. Nachdem die Siegermächte Deutschland insgesamt zur Übernahme der Kriegsverantwortung heranzuziehen wünschten, das preußische Wirtschaftspotential auch für den Süden unverzichtbar blieb und im Süden selbst erneut keine Einigung zu erzielen war, blieben diese Erwägungen jedoch Makulatur. Immerhin erwies sich sowohl in der kurzen Blütezeit als auch in der turbulenten Endphase der Weimarer Republik die Konfessionsspaltung erneut als ein weiterhin kulturell und politisch relevantes Strukturmerkmal. Die katholischen Gebiete mit ihrem Schwerpunkt im Süden blieben allen radikalen Parteien gegenüber weniger anfällig als der protestantisch-industrielle oder protestantisch-agrarische Norden und Osten. Das galt auch für die NSDAP, obwohl deren Führungsgarde mehrheitlich in ihrem Ursprung katholisch geprägt war[19].

Am Ende der nationalsozialistischen Diktatur, die ihrer Natur nach sämtliche inneren Hemmnisse und Unterschiede einzuebnen bestrebt war, setzten Bevölkerungsverschiebungen von in der deutschen Geschichte bis dahin unbekanntem Ausmaß ein. In deren Verlauf wurde die im Süden noch immer traditionell größere Geschlossenheit der einheimischen Gesellschaft und Kultur allmählich aufgeweicht. Die Nachkriegsplanungen der Alliierten einschließlich des Morgenthauplanes, mit denen vorübergehend noch einmal eine völlige staatliche Abkoppe-

---

18 Vgl. STÜRMER, Ruheloses Reich, besonders S. 40ff., 147f., 175ff., ferner Winfried BECKER, Georg von Hertling 1843–1919, Bd. 1: Jugend und Selbstfindung zwischen Romantik und Kulturkampf, Main 1981 (=Veröffentlichungen der Kommission für Zeitgeschichte Bd. 31).
19 Hagen SCHULZE, Weimar. Deutschland 1917–1933, Berlin 1985 (=Die Deutschen und ihre Nation Bd. 4); David SCHOENBAUM, Die braune Revolution. Eine Sozialgeschichte des Dritten Reiches, München 1980; Ludwig BIEWER, Reichsreformbestrebungen in der Weimarer Republik. Fragen zur Funktionalreform und zur Neugliederung im Südwesten des Deutschen Reiches, Frankfurt a.M./Bern 1980; Martin BROSZAT, Der Staat Hitlers, Grundlegung und Entwicklung seiner inneren Verfassung, München ³1973; Wolfgang BENZ, Süddeutschland in der Weimarer Republik. Ein Beitrag zur deutschen Innenpolitik 1918–1923, Berlin 1970.

lung des Südens von den Gebieten nördlich des Mains in greifbare Nähe rückte, wurden angesichts der neuen internationalen Mächtekonstellation, des entgegen vielen Erwartungen und vereinzelter neuerlicher Verselbständigungsabsichten nur wenig erschütterten Einheitswillens der Deutschen und vor allem wegen gebieterischer wirtschaftlicher Erfordernisse oder mangels hinreichender Erfolgsaussichten nicht verwirklicht. Ebenso trug die Entstehung der DDR, die aus der Perspektive der süddeutschen Angehörigen der Bundesrepublik als entscheidende Schwächung des Nordens verstanden werden konnte, zu einem engeren Zusammenrücken auf dem nunmehr erheblich verkleinerten Boden Restdeutschlands bei, dessen überkommene territorialstaatliche Strukturen zudem weitgehend zerstört und durch neue Zusammenhänge ersetzt wurden[20].

Der auch wegen der erhöhten Bevölkerungsdichte dringend erforderliche ökonomische Wiederaufbau in der Bundesrepublik vollzog sich bis in die ausgehenden siebziger Jahre wesentlich im Rahmen der traditionellen Industrien, also Bergbau, Stahl, Schiffbau und Textilherstellung. Deren zum Teil durch entsprechende Rohstoffvorkommen vorgegebene Standorte lagen bevorzugt im Westen und im Norden. Deshalb konnten die Indikatoren der Wirtschaftentwicklung zu dieser Zeit grob vereinfacht den Befund eines ökonomisch-sozialen Nord-Süd-Gefälles ergeben, wie es sich seit dem Beginn der Industrialisierung abzeichnete. Seit dem Durchschlagen der international zu beobachtenden Transformation der hochentwickelten Industriegesellschaften von der Güterproduktion zu Dienstleistungen und Informationsverarbeitung auf die Bundesrepublik dagegen, die mit Wandlungen des Weltmarktes zusammenhängt, haben die historischen Wachstumsindustrien zu schrumpfen begonnen. Dieser Schrumpfungsprozeß geht mit einer global zunehmenden Ökonomisierung der Politik und Politisierung der Ökonomie einher. Seit Beginn der achtziger Jahre weist daher – bei entsprechender methodischer Ordnung des Untersuchungsinstrumentariums – ein Teil der geläufigen Wirtschaftsindikatoren auf einen strukturell-dynamischen Vorrang südlicher Zentren hin, der gleichzeitig als Ergebnis spezifischer Struktur- und Ordnungspolitiken ausgewiesen wird. Sowohl diese politischen Aspekte als auch die Leistungen von Arbeitgebern und Arbeitnehmern bieten daher neue Ansätze, über tatsächliche oder angenommene, nord-südlich interpretierbare regionalspezifische Mentalitäten und Verhaltensformen nachzudenken. Der tragende empirische Hintergrund der gegenwärtigen Nord-Süd-Diskussion ist also ein spezifischer ökonomisch-politischer Zusammenhang, der teilweise krisenhaftem Wandel unterliegt[21]. Und im Rückblick auf die gesamte historische Entwicklung sind folgende Schlüsse zu ziehen: Zwar liegen im deutschen Siedlungsraum geographische Ansätze zur Entstehung nord-südlicher Differenzen vor, die sich teilweise wenigstens indirekt auch historisch auswirkten. Im ganzen ließ die Geographie des Raumes aber durchaus offen, in welche Richtung sich die Geschichte entwickelte und wohin sich das Denken orientierte. Erst die zivilisatorische Erschließung und politische Identitätsstiftung von Süden und Südwesten

---

20 Hermann GRAML, Die Alliierten und die Teilung Deutschlands. Konflikte und Entscheidungen 1941–1948, Frankfurt a.M. 1985; Hans-Jürgen WÜNSCHEL, Der Neoseperatismus in der Pfalz nach dem Zweiten Weltkrieg, in: Oberrheinische Studien 5 (1980), S. 249–327; Paul-Ludwig WEIHNACHT, Neugliederungsbestrebungen im deutschen Südwesten und die politischen Parteien (1945–1951), in: ebd., S. 329–354; Alfred GROSSER, Geschichte Deutschlands seit 1945, München 1975.
21 Für alle Daten vgl. die entsprechenden Beiträge in den oben in Anm. 1 genannten jüngsten Sammelbänden zum Nord-Süd-Problem.

her begründete wenigstens grob nord-südlich zuordnungsbare Strukturen, die – durch naturgegebene Ressourcenverteilungen und entsprechende Ökonomisierungstrends unterstützt – bis in die Gegenwart hineinwirken. Die tatsächlich bestehenden innerdeutschen Nord-Süd-Kontraste sind dementsprechend wesentlich Ergebnis menschlichen Handelns, obwohl diesem Handeln nur in seltenen Fällen entsprechende Intentionen zugrundelagen. Mit anderen Worten: die Methode politisch-historischer Komplexitätsreduzierung durch Anlegung eines Nord-Süd-Kategorienschemas läßt sich von der historischen Realität nur bedingt ableiten. Diesem Schema kommt somit relative Eigenständigkeit zu, die es in einem separaten Durchgang noch näher zu untersuchen gilt.

Die Römer teilten das von ihnen besetzte germanische Gebiet in ein südliches Germania superior, an das sich im Südosten die ebenfalls deutsche Gebiete (vor allem Schwaben) einschließende Provinz Rätien anlagerte, und ein nördliches Germania inferior ein. Die Grenze zwischen den beiden Bereichen, denen die Provinzeinteilung entsprach, verlief ungefähr in der Höhe von Koblenz[22]. Die Schriftsteller des Mittelalters und der frühen Neuzeit orientierten sich in ihren Landesbeschreibungen oder bei der Lokalisierung bestimmter Orte oder Ereignisse zwar auch an den Flüssen, übernahmen aber doch hauptsächlich dieses Schema. Das galt auch, nachdem sich der nördliche Bereich im Zuge seiner allmählichen Erschließung bis zur Nord- und Ostseeküste erheblich ausgeweitet hatte und im Süden Rätien als eigenständiges Gebilde schon bald aus dem Bewußtsein zu verschwinden begann. Zudem pflanzte sich auch die aus der südwestlichen Stoßrichtung der Römer und später der fränkischen Herrscher resultierende leichte Verschiebung der geographischen Gesamtperspektive fort. Wie unlängst Hans Lemberg – allerdings ohne auf die römisch-fränkische Wurzel dieses Tatbestands einzugehen oder sie auch nur zu erwähnen – zusammenfassend für das 16. bis 19. Jahrhundert gezeigt hat, lagen für die Menschen dieser Jahrhunderte sowohl Pommern und Preußen als auch Polen und Rußland nicht im Osten, sondern im Norden[23]. Diese Auffassung ist schon bei deutschen und slavischen Schriftstellern vor dem 16. Jahrhundert zu finden, so beispielsweise bei Jan Dlugosz, der Preußen um 1480 als »im Norden« liegend kennzeichnete. Die Unterscheidung Germania superior – Germania inferior findet sich dementsprechend in fast allen wichtigen frühneuzeitlichen historisch-geographisch-topographischen Werken: In den Elegien des Conrad Celtis von 1502, der zwar sämtliche Himmelsrichtungen als Gliederungskriterien nutzt, aber dennoch der Nord-Süd-Dimension höchste Bedeutung zuspricht; in der Brevis Germaniae Descriptio des Johannes Cochlaeus von 1512, in der sich alles um Nürnberg als Mittelpunkt Deutschlands und Europas dreht, ohne daß aber irgendeiner Himmelsrichtung der Vorrang eingeräumt wird; in der wenig bekannten Landeskunde Niederdeutschlands des Gerard Noviomagus; bei Willibald Pirckheimer schon im Titel seines Werkes Descriptio Germaniae tam superioris quam inferioris von 1530; bei Beatus Rhenanus 1560, bei Sebastian Münster 1588, und in den meisten Geographien oder Landeskunden der folgenden zwei Jahrunderte. Die Zahl derjenigen, welche die Alterna-

---

22 Alexander RIESE, Das rheinische Germanien in der antiken Literatur, Leipzig 1982, besonders S. 357–410; DERS., Das rheinische Germanien in den antiken Inschriften, Leipzig 1914, besonders S. 218–289. Die Errichtung der Provinzen Germania superior und inferior geht auf Kaiser Domitian zurück.
23 Hans LEMBERG, Zur Entstehung des Osteuropabegriffs im 19. Jahrhundert. Vom »Norden« zum »Osten« Europas, in: Jahrbücher für Geschichte Osteuropas 33 (1985), S. 48–91, mit reichen Belegen.

tivkonzeption einer Einteilung nach den Hauptflüssen vertreten, ist demgegenüber gering. Zu nennen sind hier zum Beispiel Jodocius Willichius' Tacituskommentar von Anfang des 16. oder Johann Hübners »Kurtze Fragen aus der Neuen und Alten Geographie biß auf die gegenwärtige Zeit« vom Ende des 17. Jahrhunderts[24]. Sowohl schon Sebastian Münster als auch Johannes Maginus in seinem Geographiae universae tum veteris tum novae absolutissimum opus von 1597 heben aber auch die Bedeutung des Mains als Grenze hervor: der Main trennt die Alemannen von »den andern Teutschen« und *Moenus cis Rhenum superiores Germanos ab inferioribus dividit.* Genauer: *Ipsa porro Germania in duas olim partes divisa fuit, mediante Moeno, seu Mogano fluvio, in SUPERIOREM scilicet, quam Alpibus propinquorum Altam Germaniam vocant, & in INFERIOREM, quae ad septentrionem, & Oceanum disposita, Germania Bassa vulgo dicitur. Sunt autem in SUPERIORE Germania haec regiones, seu provinciae, Alsatia, Wittembergum, Franconia, Suevia, Bohemia, Moravia, Bavaria, Austria Tirolum, Stiria, Carinthia, Carniola, de quibus singulis agemus, ac insuper Hungaria, & Helvetia ... Sed INFERIORIS Germaniae regiones sunt hae: Vuestfalia, Clivia, Juliacum, Leodium, Treverensis dititio, Haaia, Turingia, Saxonia, Marchia Brandenburgica, Luzatia, Mansfeldia, Silesia, Misnia, & Holsatia, ...; praeter reliquas regiones Belgij, quas in Belgij tabula descripsimus, & praeter Daniam, Pomeran, & Pruaiam, quas sub tabulis regionum Septentrionalium & Regni Poloniae absolvimus*[25].

Bis in die erste Hälfte des 17. Jahrhunderts wurden den römischen Bezeichnungen und ihren seit Ende des 15. Jahrhunderts nachweisbaren deutschen Übersetzungen Ober- und Niederdeutschland jedoch kaum Wertungen unterlegt. Sowohl Martin Luther als auch die römischen Nuntien in ihren Berichten über die Lage der Kirche in Deutschland an die römische Zentrale benutzten sie völlig neutral. Sie hoben lediglich auf die augenfälligen Unterschiede in Klima, Sprache und der Botmäßigkeit gegenüber dem Kaiser ab. Die unter

---

24 Landesbeschreibungen Mitteleuropas vom 15. bis 17. Jahrhundert. Vorträge der zweiten internationalen Tagung des »Slawenkomitees« ..., hg. von Hans-Bernd HARDER, Köln-Wien 1983 (=Schriften des Komitees der Bundesrepublik Deutschland zur Förderung der Slawischen Studien Bd. 5), S. 86; Conradus Celtis Protucius, Germania generalis, in: Humanismus und Renaissance in den deutschen Städten und an den Universitäten, hg. von Hans RUPPRICH, Leipzig 1935 (=Deutsche Literatur ... Reihe Humanismus und Renaissance Bd. 2) S. 286–295; Beatus Rhenanus Selestadiensis, Rerum Germanicarum libri tres, quibus nunc denuo diligenter revisis atq; emendatis praemissa est vita ipsius Beati Rhenani, a Joanne Sturmio eleganter conscripta. Accedit hac editione – eiusdem Beati Rhenani, – Jodoci Willichii in lib. Cornelii Taciti de moribus Germanorum commentaria; – Bilibaldi Birckheimeri descriptio Germaniae; – Gerardi Noviomagi inferioris Germaniae historia; – Conradi Celtis de situ atq; moribus Germaniae; – Hercinia silva additiones, Argentorati: Lazarus Zetzner 1610; Sebastian Münster, Cosmographey: Oder Beschreibug aller Länder Herrschafften und fürnemsten Stetten des gantzen Erdbodens ..., Basel 1588, S. CCCXCII ff.; Johann Hübners Kurtze Fragen aus der Neuen und Alten Geographie bis auf gegenwärtige Zeit constituiret, und mit einer nützlichen Einleitung vor die Anfänger vermehret ..., Leipzig ^{20}1710, Einleitung (ohne Seitenzählung) und S. 388. Für eine weitere Gliederungskonzeption, diejenige nach den Reichskreisen, vgl. Martin Zeiller, Tractatus de X circulis Imperii Romano-Germanici, oder von den Zehen des Hl. Römischen Reichs-Kraisen ..., Ulm: Georg Wildeisen 1665, bzw. Neuauflage Leipzig: Johann Hoffmann 1689, unter dem Titel »Reichs-Geographia«; ferner Christoph Laurentius Bilderbeck, Teutscher Reichs-Staat, oder Ausführliche Beschreibung des Heiligen Römischen Reichs Teutscher Nation nach dessen Ursprung ..., Leipzig ^{3}1715? (mit gelegentlicher Unterscheidung nach »Ober«- und »Niederteutschland«, vgl. S. 16, 22 u. ö.).
25 Münster (wie Anm. 24), S. CCCXCIII; Joannes Antonius Maginus Patavinus, Geographiae universae tam veteris tam novae absolutissimum opus ..., Coloniae 1597, S. 77(a), 77(b)–78(a).

anderem von Celtis vertretene humanistische Methode, die Lieblichkeiten des Südens, die in der Antike vor allem bei Vergil in Absetzung gegenüber dem rauhen Land der »Skythen« geschildert wurden, auf die südlicheren Teile Germaniens, als das *in Germania superiore* gelegene Alemannien und Böhmen zu übertragen und gegen Germania inferior und den Norden im allgemeinen zu kontrastieren (Norden = *nox, mors*), bleibt, so bedeutsam sie später wird, noch ganz der klimatisch-geographischen Dimension verhaftet. Sie ist, nachdem jedem Menschen zugestanden wird, seine Heimat zu lieben und ungeachtet ihrer tatsächlichen Qualitäten in den schönsten Farben zu schildern, ohne denunzierende oder gehässige Untertöne[26]. Erst im Zuge der Versteinerung der Konfessionsverhältnisse ergab sich allmählich eine neue Situation. Denn nunmehr entstand im Reich die erwähnte, je länger desto mehr wahrnehmbare, wenn auch nicht ohne wesentliche Vereinfachung als Nord-Süd-Abgrenzung begreifbare Bruchlinie, die zwei sich feindselig gegenüberstehende und konfessionell und kulturell auseinanderentwickelnde Territorienlandschaften voneinander trennte. Sebastian Münster konnte sich 1588 noch mit der Feststellung begnügen, daß »früher ... Obergermanien« oder »Erstgermania« und »Undergermanien« beziehungsweise »ander Germania ... durch Berg und Wasser voneinander geteilt« gewesen seien, während die »neuwe Theilung Teutscher Nation« jetzt »durch Sprache und Regiment« vorgegeben sei. Friedrich Carl von Moser hingegen mußte 1765 in seinem berühmten Traktat »Von dem Deutschen Nationalgeiste« die Tatsache eines konfessionell und kulturell »gedoppelten Vaterlandes« konstatieren, die der unbekannte Verfasser der ihm folgenden Schrift »Noch etwas zum Deutschen Nationalgeiste« noch detaillierter ausmalte und mit antikatholischen Untertönen versah[27]. Obwohl sich in den geographisch-statistischen Werken die Konfessionalisierung weniger massiv niederschlug als in den besonders publikumswirksamen Reiseberichten, wandelte sich auch dort allmählich der Begriffsgebrauch. Als Folge des Vorherrschens der sächsisch-hochdeutschen Sprache im protestantischen Norden wurden die katholisch-lateinischen Bezeichnungen und die diesen zu nahe stehenden Übersetzungen »Niederdeutschland« oder »niederdeutsch« allmählich durch »Norddeutschland« und »norddeutsch« ersetzt und dieses endlich zum Synonym für protestantisch. Dabei dürften der Heroenkult um Gustav Adolf von Schweden als dem reinigenden Licht, brennenden Blitz oder – ein alttestamentarisches Motiv – Gideon aus dem Norden und die politisch-ideologischen Folgen des Nordischen Krieges 1700–1721 eine bedeutende Geburtshelferrolle gespielt haben. Gleichzeitig ging das protestantische Bedrohtheitsbewußtsein, das eine wesentliche Wurzel beispielsweise des Jus publicum und des deutschen Charakteristikums darstellt, politische Konflikte in Rechtsfragen umzusetzen, in ein wachsendes Überlegenheitsgefühl über. Aus der Dynamik, die der protestantischen Kultur innewohnte, erwuchs nach und nach eine breite geistige Offensive[28].

26 Martin LUTHER, Tischreden, Bd. 1, Weimar 1912 (=Werke, Weimarer Ausgabe Reihe 3), Nr. 1040, Bd. 2, Nr. 2614 u. ö.; Nuntiaturberichte aus Deutschland nebst ergänzenden Aktenstücken, Bd. 6/2, im Auftrag der Görres-Gesellschaft bearbeitet von Klaus JAITNER, München u. a. 1977, S. 76, 848, 858 u. ö.; Stefan ZABLOCKI, Beschreibung des Ostens in den Elegien des Konrad Celtis, in: Landesbeschreibungen S. 140–163, hier S. 154ff.
27 MÜNSTER (wie Anm. 24), S. CCCXCVII, CCCCII, CCCCXf.; F. C. VON MOSER, Von dem Deutschen Nationalgeiste, Frankfurt und Leipzig 1765 (ND Selb 1976), S. 19; Anonym, Noch etwas zum deutschen Nationalgeiste, Lindau 1766, passim.
28 Vgl. Geographisch-historisches Lexicon, worinnen alle Königreiche, Landschafften, Städte ..., Flüsse und viel andere Sachen der Welt, so auf denen Land-Charten vorkommen, in richtiger Ordnung enthalten

Die konsequente Auf- und Verarbeitung aller dieser Ansätze, ihre Systematisierung und publizistische Durchsetzung, die schließlich unter Ausnutzung schon immer weit verbreiteter Ressentiments gegenüber Fremden ihre Transformation zu einem geläufigen Stereotyp ermöglichten, konnte freilich erst seit der Aufklärung stattfinden. Denn die unerläßlichen sozialen, bildungsmäßigen und kommunikativen Vorbedingungen für eine derartige Entwicklung waren erst von dieser Zeit an gegeben. Ebenso bildete sich wie erwähnt erst jetzt mit Brandenburg-Preußen ein der katholischen Führungsmacht Österreich allmählich ebenbürtiges protestantisches Kraftzentrum im Nordosten, welches das Überlegenheitsgefühl der im Protestantismus wurzelnden Aufklärer, denen bekanntlich einige der preußischen Herrscher sehr nahestanden, entsprechend beflügelte. Nur aus dieser Situation heraus ist es auch zu verstehen, daß die persönliche Anschauung der Zustände im katholischen Süddeutschland durch norddeutsche Aufklärer wie zum Beispiel Friedrich Nicolai oder den Schweizer Kaspar Riesbeck, die seit etwa 1780 üblich wurde, keineswegs durchgängig zu differenzierteren Auffassungen führte, sondern viele Pauschalurteile nur noch bekräftigte[29]. Gerade bei Riesbeck, dessen zunächst anonym erschienene, ständig explizit Nord- und Süddeutschland gegeneinander vergleichende Reiseberichte aus dieser Zeit aber durchaus auch von beachtli-

---

..., Leipzig 1705, S. 40 u. ö.; Cosmographia, compendiöse, oder: Geographisch-historische Beschreibung allerhand auserlesener Merckwürdigkeiten, so in Europa zu finden ..., Augspurg 1729, S. 11–135; Johann Ehrenfried Zschackwitz, Kurzgefaste Nachricht von dem wahren und eigentlichen Ursprung des gegenwärtigen politischen Zustands des Teutschen Reichs, worinnen zugleich auch von der Teutschen Herkunfft, Sitten, Gebräuchen ... gehandelt wird ..., Leipzig 1743, passim; Johann Hübners Neuvermehrtes und verbessertes Reales Staats-Zeitungs- und Conversations-Lexicon ..., Regenspurg und Wien 1753, S. 339; Friedrich Adolf SORG(E), Anlage zu einer brauchbaren Geschichtskunde des Römisch-Teutschen Reiches bis auf die neueste Zeit, Nördlingen 1770, S. 31 u. ö.; Johann Stefan PÜTTER, Vollständigeres Handbuch der Teutschen Reichshistorie. Zweyte vermehrte Ausgabe, Göttingen 1772, S. 61 u. ö.; August Ferdinand LÜDER, Einleitung in die Staatskunde nebst einer Statistik der vornehmsten europäischen Reiche. Ein Handbuch, Leipzig 1792, S. 4ff. u. ö. Günter BARUDIO, Gustav Adolf der Große. Eine politische Biographie, Frankfurt a. M. 1982, S. 368f., 441 u. l.; Diethelm BÖTTCHER, Die schwedische Propaganda im protestantischen Deutschland 1628–1638, Diss. phil. Jena 1951; Michael STOLLEIS, Reformation und öffentliches Recht in Deutschland, in: Der Staat 24 (1985), S. 51–74. Wortschöpfungen wie »Salomon des Nordens« (für Friedrich den Großen) usw. sind nachgewiesen in: Geflügelte Worte. Der Zitatenschatz des deutschen Volkes, gesammelt und erläutert von Georg BÜCHMANN, 30. Auflage, Berlin 1961, S. 393f.

29 Gegenüber neueren Tendenzen in der Forschung, die Aufklärung als nicht mehr religiöse und daher in ihrer Hauptströmung auch nicht mehr protestantische Bewegung darzustellen, halte ich mich an die Feststellung Reinhart Kosellecks, daß sie »im Kern selbst ... religiös blieb« – Aufklärung und die Grenzen ihrer Toleranz, in: Glaube und Toleranz. Das Theologische Erbe der Aufklärung, hg. von Trutz RENDTORFF, Gütersloh 1982, S. 256–271, hier S. 269. Horst MÖLLER, Aufklärung in Preußen. Der Verleger, Publizist und Geschichtsschreiber Friedrich Nicolai, Berlin 1974 (=Einzelveröffentlichungen der Historischen Kommission zu Berlin Bd. 15) S. 111 ff.; Max SPINDLER, Der Ruf des barocken Bayern, in: Historisches Jahrbuch 54 (1955) S. 319–341; Georg PFEILSCHIFTER, Friedrich Nicolais Briefwechsel mit St. Blasien, München 1935 (=Sitzungsberichte der Bayerischen Akademie der Wissenschaften, Philos.-histor. Abteilung 1935/2); Briefe eines reisenden Franzosen über Deutschland an seinen Bruder zu Paris, übersetzt (=verfaßt) von K. R. (=Kaspar Riesbeck), 2 Bde. o. o. (=Zürich) 1783, ²1784, ³1790, ⁴1805; vgl. auch J. F. REICHHARDT (Hg.), Briefe eines reisenden Nordländers, geschrieben in den Jahren 1807 bis 1809, Cöln 1812, ²1816, 424 S. (!), der jedoch trotz aller scharfen Polemik streng zwischen den verachteten katholischen Bayern und den protestantischen Badenern und Württembergern unterscheidet. Wie unüblich das Reisen in fremde Konfessionsgebiete zu seiner Zeit war, notierte auch F. C. VON MOSER, Von dem Deutschen Nationalgeiste, S. 250 (wie Anm. 27).

chem Differenzierungswillen und -vermögen zeugen, ist dieser eigenartige Effekt deutlich zu beobachten. Daß die protestantischen Göttinger Gelehrten einschließlich Schlözers, die gelehrten Koryphäen der Zeit, nach Riesbecks unmittelbarer Erfahrung »den Süden für das Reich der Finsternis und der Tyranney« halten, »und den Schweden, Dänen und Russen mehr Menschenverstand, Witz und Aufklärung« zutrauen »als dem feinsten Südvolk«, kann der Reisende nicht akzeptieren. Ebenso gesteht er zu, daß es den schwäbischen Bauern im Vergleich zu den sächsischen oder preußischen wesentlich besser gehe, und weist er zwei wesentliche Auffassungen der Aufklärer als bloße »Vorurtheile« zurück: Nämlich erstens, daß »der grosse Haufen der Protestanten müßte erleuchteter seyn, als der katholische Pöbel«, und zweitens, daß die Regierung in den katholischen geistlichen Staaten viel härter sei als diejenige in den (protestantischen oder auch katholischen) weltlichen. Andererseits postuliert er jedoch nicht nur lapidar, daß die »Katholiken in Deutschland noch in der tiefen Barbarey« lebten, sich im Norden selbst Handwerker gewählter auszudrücken verstünden »als irgendein Gelehrter von Profeßion in Süddeutschland: und die »Vaterlandsliebe« in Norddeutschland erheblich besser entwickelt sei. Im Hinblick auf die Sprache gesteht er vielmehr auch nur dem Norden das Prädikat zu, das »eigentliche Deutschland« zu sein, während man »in ganz Schwaben, Bayern und Österreich« kaum deutsch zu Nennendes von sich gebe. Auch in der durch kritische Fußnoten teilweise entschärften Ausgabe von 1790 wird daher das protestantisch-aufklärerische Stereotyp der geistig-kulturell-zivilisatorischen Inferiorität des katholischen Südens und damit in bezeichnender klischeehafter Vereinfachung des Südens insgesamt eher gefestigt als differenzierend in Frage gestellt[30]. Die Hauptströmung der Aufklärung stellte sich damit bewußt in die Tradition der protestantischen Geschichtsschreibung seit Melanchthon, das Aufkommen des lutherischen Glaubens als das Heraufkommen eines Lichts und die Auseinandersetzung mit der römisch-katholischen Kirche als Kampf dieses Lichts gegen die römisch-papistische Finsternis zu sehen. Das Lumen religionis wurde lediglich zunehmend durch das Lumen naturale, die Vernunft, ergänzt oder ersetzt. Viele katholische Aufklärer, die ihre Ideen besonders aus Frankreich bezogen, übernahmen diese Perspektive insofern, als sie als Verursacher und Bewahrer der Finsternis die Jesuiten identifizierten. »Wir wollen die Gelehrsamkeit im mittägigen Teutschland von dem Joche d[ies]er Monopolisten in die gebührende Freiheit setzen und die Ehre der catholischen Gelehrten retten helfen, die man den Spöttereyen unserer Landsleute gegen Norden genug hat Preiß gegeben«, formulierte es der Ingolstädter Akademiegründer Georg von Lori 1759. Neben der Lichtmetaphorik stellten daher die ebenfalls schon altbekannten Schlagworte »Obskurantismus, Jesuitismus, Klerikalismus« wesentliche Hilfsmittel der publizistischen Bemühungen der Aufklärer dar. Noch 1832 konnte Heinrich Heine die Vertreter der reaktionären preußischen Regierung in Verknüpfung dieser Ansätze als »diese Jesuiten des Nordens« beschimpfen[31].

30 Sämtliche Zitate und Angaben nach der zweiten Auflage 1784 Bd. 2 (in dieser Reihenfolge): S. 243, 73–74, 251 ff., 153, 46, 18, 1.
31 Joyce SCHOBER, Die deutsche Spätaufklärung (1770–1790), Berlin/Frankfurt a.M. 1975 (=Europäische Hochschulschriften III/54) S. 63 ff. u.ö.; Horst STUKE, Aufklärung, in: Geschichtliche Grundbegriffe Bd. 1, S. 243–342. Das Lori-Zitat nach Richard VAN DÜLMEN, Antijesuitismus und katholische Aufklärung, in: Historisches Jahrbuch 89 (1969), S. 52–80, hier S. 58, das Heine-Zitat nach Otto LADENDORF, Schlagwörterbuch. Ein Versuch, Straßburg/Berlin 1906, S. 287. Für eine neuere Darstellung der Aufklärungsbewegung an den katholischen Universitäten s. Notker HAMMERSTEIN, Aufklärung und katholisches

Vor diesem Hintergrund ist der Aufstieg des Begriffs »Nordlicht« zu einem Zentralbegriff der Debatte zu sehen. Die aufsehenerregende Entdeckung der physikalischen Erscheinung des »Nordlichts«, »Nordscheins« oder der »Nordfluth«, wie das Polarlicht seit der Veröffentlichung einer einschlägigen Broschüre von Christian Wolff 1716 genannt wurde, förderte nicht nur die naturwissenschaftliche Forschung, sondern gab auch Anlaß zu mehr oder weniger weitschweifigen Spekulationen über dessen Bedeutung als gutes oder böses Vorzeichen. Christian Wolff bezweifelte zwar grundsätzlich, daß die von ihm beschriebene Erscheinung mehr sein konnte als ein bloß physikalisches Phänomen. Wie er in seiner Schrift anführte, war die Masse seiner Zeitgenossen jedoch zunächst davon überzeugt, im Nordlicht ein böses Vorzeichen vor sich zu haben. Von dieser Deutung rückte zwar der einflußreiche Vielschreiber Johann Christoph Harenberg 1729 in seiner Schrift »Das Nordlicht als ein Spiegel göttlicher Güte und Gerechtigkeit« ab. Die inhaltliche Zuspitzung und weite Verbreitung des Begriffs geht indessen auf seine bald darauf erfolgte neuerliche Negativbeladung zurück. Johann Georg Hamann, der 1788 verstorbene frühromantische Gegner aller rationalistischen Strömungen und von Carl Friedrich von Moser mit dem Beinamen »Magus aus dem Norden« geschmückte preußische Gelehrte vollzog diese Wendung, indem er die rationalistische Hauptströmung der Philosophie seiner Zeit als »ein bloßes Nordlicht, ein kaltes unfruchtbares Nordlicht ohne Aufklärung für den faulen Verstand« anprangerte. Popularisiert wurde diese negative Deutung dann im besonders um 1805/10 und um 1860 tobenden Streit um die vom bayerischen König zur Reform des Bildungswesens nach München berufenen norddeutsch-protestantischen Gelehrten, dem insgesamt eine wesentliche Katalysatorfunktion in der Formung des Nord-Süd-Klischees zukam[32].

Reich. Untersuchungen zu Universitätsreform und Politik katholischer Territorien des Heiligen Römischen Reiches Deutscher Nation im 18. Jahrhundert, Berlin 1977 (=Historische Forschungen Bd. 12). Wichtige Einsichten zur Situation in Österreich bieten Wolfgang NEUBER, Protestanten und Katholiken. Über die Erkenntnisfunktionen von Literatur (Ms., 21 S. Ich danke dem Autor für die Überlassung des Textes schon vor seiner Veröffentlichung); DERS., Die Wiener literarischen Verhältnisse um 1800 in zeitgenössischen sächsischen und preußischen Reisebeschreibungen, in: Reisen und Reisebeschreibungen im 18. und 19. Jahrhundert als Quellen der Kulturbeziehungsforschung, hg. von B. I. KRASNOBAEV u.a. Berlin 1980, S. 239–254, sowie Werner SAUER, Die österreichische Philosophie zwischen Aufklärung und Restauration. Beiträge zur Geschichte des Frühkantianismus in der Donaumonarchie, Amsterdam 1982.
32 Christian WOLFF, Gedancken von dem ungewoehnlichen Phaenomeno, Leipzig 1716; DERS., Gesammelte Werke, hg. von Jean ECOLE, Abtlg. 1, Bd. 6, Halle 1723, S. 334–335 (467–482), Bd. 7, Halle 1726, S. 181, S. 345; Jens Christian SPIDBERG, Historische Demonstration und Anmerckung über die Eigenschafften und Ursachen des sogenannten Nordlichts, Halle 1724; Johann Christoph HARENBERG, Das Nordlicht als ein Spiegel der göttlichen Güte und Gerechtigkeit, Braunschweig 1729; Hans GOETTING, J. Chr. Harenberg, in: Neue deutsche Biographie Bd. 7, Berlin 1966, Sp. 671–672; Carl Ludewig STORCH, Gedanken von der Gelehrsamkeit, denen Nordscheinen und Cometen, Herford 1738; Artikel Nordschein, Nordlicht, Nordfluth, in: Zedlers Großes Universal-Lexicon aller Wissenschaften und Künste, 24. Bd., Halle und Leipzig 1740, Sp. 1287–1294; Das Nordlicht, Lübeck 1770; Georg Christoph Lichtenbergs Aphorismen, nach den Handschriften hg. von Albert LEITZMANN, Berlin 1904 (=Deutsche Literaturdenkmale des 18. und 19. Jahrhunderts Nr. 131) Nr. C176, D401; Dass., Berlin 1906 (=Deutsche Literaturdenkmale ... Nr. 136), Nr. D170, F146, F592; Dass., Berlin 1908 (=Deutsche Literaturdenkmale ... Nr. 141) Nr. 282, 679 u.ö. Zu Hamann siehe STUKE, Aufklärung, S. 293; Gerhard NEBEL, Hamann, Stuttgart 1973, S. 272 (Zitat); Karlfried GRÜNDER, J. G. Hamann, in: Neue deutsche Biographie Bd. 7, Berlin 1966, Sp. 573–577, sowie J. G. Hamann, hg. von Reiner WILLD, Darmstadt 1978 (=Wege der Forschung 511). Zum wichtigen Gelehrtenstreit in Bayern (s. u.) vgl. jetzt umfassend für die erste Phase Wolfgang ALTGELD, Akademische »Nordlichter«. Ein Streit um Aufklärung, Religion und Nation nach

In diesem Zusammenhang tauchte der Begriff »Nordlicht« 1809 erstmals auf, und zwar als Pauschalbezeichnung der katholisch-klerikalen Opposition für die neuberufenen, als arrogant, überflüssig und schädlich empfundenen protestantischen Gelehrten zunächst im Text verschiedener Zeitschriften- und Zeitungsartikel. Die Argumentation folgte stets dem gleichen Muster. Im Norden liegt die Natur in eisiger Erstarrung unter sonnenlosem Himmel. Wie kann also ausgerechnet von dort die große Erleuchtung kommen? Was der Norden bieten kann, ist lediglich den ungewissen Nordschein, der nur wenig leuchtet. Die protestantischen Gelehrten sind daher in diesem Sinne »Nordlichter oder vielmehr Irrwische«. »Der Genius des Südens (aber) bedarf keiner Nordlichter«. Während des zweiten Höhepunkts des Streites um die protestantischen Gelehrten war die Bezeichnung bereits so populär, daß sie sowohl für den katholisch-klerikalen »1860er Münchner Nordlicht-Kalender für Gebildete und Ungebildete waserlei Stands« als auch für das ähnlich gesinnte Pamphlet »Nordlicht und Wahrheit. Sendschreiben eines Alt-Bayern an seine Landsleute« desselben Jahres titelbestimmend sein konnte. 1873 fand der Begriff erstmals in einem gesamtdeutschen, in Leipzig erscheinenden Lexikon Berücksichtigung. Schon 1835 war auch in der Schweiz ein »Das Nordlicht« betiteltes »Volksblatt« norddeutscher Emigranten, die ihre republikanisch-liberalen Ansichten verbreiten wollten, erschienen[33].

der Neueröffnung der Bayerischen Akademie der Wissenschaften im Jahre 1807, in: Archiv für Kulturgeschichte 67 (1985) S. 339–388.
33 ALTGELD (wie Anm. 32, S. 366, Anm. 71 und S. 367 (Zitate); 1860er Münchner Nordlicht-Kalender für Gebildete und Ungebildete waserlei Stands, oder: »die geistlosen und abergläubischen Ceremonien der katholischen Kirch'« kritisch beleuchtet und mit allerlei ungeschliffenen Zierrathen und Münchner Lokalpressen zur Unterhaltung eingefädelt, Jg. 1–3, München 1806–1862; Nordlicht und Wahrheit. Sendschreiben eines Alt-Bayern an seine Landsleute worin über alle großen Herren von Napoleon herab bis zum unbekannten Verfasser des Nordlicht-Kalenders (samt seinem »Sybel«) auf gut Deutsch die Wahrheit gesagt wird. Ein Beitrag zum Peterspfennig, München 1860; Deutsches Sprichwörterlexikon. Ein Hausschatz für das deutsche Volk, hg. von Karl Friedrich WANDER, Bd. 3, Leipzig 1873, Sp. 1042; Das Nordlicht. Ein Volksblatt in zwanglosen Heften. Zeitschrift der kleinbürgerlichen Flüchtlings- und Handwerkervereine in und um Zürich, Nr. 1–3, Zürich 1835 (ND Glashütten i. Ts. 1975). Sowohl der »Nordlicht-Kalender« als auch sein Pendant »Nordlicht und Wahrheit« sind sehr populär gehalten und versuchen hauptsächlich, aus willkürlichen Vergleichen zwischen protestantischen oder republikanischen (Frankreich) und monarchistischen Gesellschafts- und Kulturverhältnissen die katholisch-monarchistische Variante als überlegen hervorgehen zu lassen. Im »Volksblatt« wird die Konfessionsproblematik praktisch nicht angesprochen und auf etwas höherer Ebene argumentiert. Allen Publikationen gemeinsam ist die schroffe Kritik an der »Beamtenkaste« oder der »Bürokratie«. – Wenn zu Recht festgestellt wird, daß die übertragene Bedeutung von »Nordlicht« erst in jüngsten Sprach- und Konversationslexika nachgewiesen ist (ALTGELD, wie Anm. 32, S. 339), so muß freilich auch der Funktionswandel dieser Enzyklopädien berücksichtigt werden: Während die älteren das nach den Maßstäben der »hohen« Kultur Wissenswerte mitteilen, also erzieherisch wirken wollten, weisen die heutigen jedenfalls in der Tendenz nur noch das nach, was im allgemeinen gewußt wird, betreiben also Bestandsaufnahme. Das Fehlen des Begriffs in den älteren Werken schließt also einerseits keineswegs aus, daß er in den Kenntnisbestand des damaligen Durchschnittsmenschen gehörte. Andererseits stellten die Wörterbücher und Enzyklopädien (wie z. B. J. Chr. Adelungs Wörterbuch der hochdeutschen Mundart, 5 Bde, erstmals Leipzig 1774–1786) durchaus kulturpolitische Instrumente dar, d. h. die katholische wie die protestantisch-norddeutsche Seite, die wie gesagt auf diesem Gebiet führte, bemühten sich naturgemäß, vor allem von ihnen positiv besetzten Begriffen zum Durchbruch zu verhelfen. – Für weitere Zeitschriften des Nordens und des Südens, deren Standort im geographischen wie im übertragenen Sinne schon im Titel angegeben ist, vgl. Joachim KIRCHNER (Bearb.), Bibliographie der Zeitschriften des deutschen Sprachgebiets bis 1900, Bd. 1–3, Stuttgart 1969–1977, als Beispiel sei die kleindeutsch orientierte Zeitschrift: Nord und Süd. Eine deutsche

In den auf die Naturverhältnisse im Norden anspielenden Passagen dieser Veröffentlichungen wurde der Denkzusammenhang fortgeführt, der als zweiter großer Beitrag des ausgehenden 18. Jahrhunderts zur Prägung des innerdeutschen Nord-Süd-Stereotyps zu werten ist. Nämlich die innere Verknüpfung der Konfessionsproblematik mit der antiken Zonen- oder Klimatheorie und deren systematische Übertragung auf die deutschen Verhältnisse im Rahmen der allgemeinen, unter anderem unter dem Einfluß der Klimalehre Montesquieus stehenden Aufwertung des Germanisch-Nordischen gegenüber dem romanisch-verderbten Süden. Seit dem Humanismus – Conrad Celtis wurde erwähnt – war die insbesondere durch Aristoteles systematisierte antike Konzeption auch in Deutschland bekannt, den antagonistisch gedachten Klimagegebenheiten im Norden und im Süden der Erde ebenso gegensätzliche Wirkungen auf den Charakter und das Verhalten der Menschen und damit deren gesellschaftlich-politische Lebensformen zu unterstellen. Den Völkern im Norden wurde besondere Tapferkeit, Aktivität, Freiheitsliebe und dementsprechend eine nur lockere, kaum zur Expansion neigende Regiments- und Staatsform zugesprochen. Denjenigen im Süden hingegen wurden Findigkeit und künstlerische Begabung, zugleich aber innere Kraftlosigkeit unterstellt, woraus sich eine Lebensweise bevorzugt als Untertanen, Knechte und Sklaven erhab[34]. In Übertragung dieser Gedanken wurde nunmehr den freiheitsliebenden, handeltreibenden Nordländern der Protestantismus als »natürliche Religion«, den sinnlichen bis fanatischen Südländern jedoch der Katholizismus, nach Schiller ein »dumpfer despotischer Glaube«, als adäquat zugeschrieben, exemplifiziert vor allem am aktuellen Gegensatz zwischen den Niederlanden und Italien. Dadurch aber, daß die Deutschen voll der nördlichen Hemisphäre zugeschlagen wurden, konnte der Katholizismus als diesen zutiefst wesensfremd und somit als Fremdherrschaft dargestellt werden, woraus sich wiederum der Kampf gegen ihn zum Befreiungskampf und Kampf um die wahre nationale Identität deklarieren ließ. Diese Folgerungen zog vor allem Herder im Rahmen seiner (eigentlich gegen Frankreich gerichteten) neuen germanisch-nordischen Kultur- und Geschichtskonzeption: Die protestantische Religion ist verstandes-, nicht gefühlsbezogen. Daher ist sie »für den Norden, aber nicht für den Süden berechnet ... Keine zwei Dinge konnten einander an sich fremder sein, als das

Monatsschrift, Breslau 1 ff. 1877 ff., genannt. Die anonyme Mahnschrift: Nordlicht. Rede eines Alten von Adel an mehrere junge Adelige unserer Zeit, Zwickau 1831, hat nichts mit der hier diskutierten Problematik zu tun. Daß sie in ihrem Titel ohne jeglichen inhaltlichen Bezug den Begriff »Nordlicht« verwendet, weist daher u. U. auf einen hohen Werbungswert dieses Wortes in dieser Zeit hin.
34 Aristoteles, Politik, übersetzt und hg. von Olof GIGON, München 1973, 1327b 20–38 (Bezug: Europa-Asien); Hans FENSKE u.a., Geschichte der politischen Ideen. Von Homer bis zur Gegenwart, Königstein i. Ts. 1981, S. 38 ff. u. ö.; Karlhans ABEL, Zone, in: Realencyclopädie der classischen Altertumswissenschaft, Supplement Bd. 14, München 1974, Sp. 989–1187; Susanne PERTZ, Das Wort »Nordisch«. Seine Geschichte bis zur Jahrhundertwende, Dresden 1939, besonders S. 40 ff. Die Angabe hier, daß schon seit dem Humanismus der Norden oder vielmehr »Scandia« als »vagina et officina gentium« angesehen wurde (S. 36), ist aber eine nur aus den Umständen der Abfassungszeit dieser Studie zu erklärende Übertreibung. Für die zeitgenössische Auffassung siehe Artikel Clima, in: Zedlers Großes Universal-Lexicon ..., Bd. 6, Leipzig und Halle 1733, Sp. 418–423; Artikel Zonen, in: ebd., Bd. 63 (1750) Sp. 460–464; Artikel Klima (med.), in: Deutsche Encyclopädie oder Allgemeines Real-Wörterbuch ..., Bd. 21, Frankfurt a. M. 1801, S. 364–370; Artikel Klima (aesth.), in: ebd., S. 370–371. Zum heutigen Kenntnisstand über diese Zusammenhänge vgl. Climate and History. Studies in Past Climates and their Impact on Man, ed. by T. M. WIGLEY, Cambridge, Mass. 1981, sowie Climate and History. Studies in Interdisciplinary History, ed. by Robert I. ROTBERG, Princeton, N. J. 1981.

römische Papsttum und der Geist deutscher Sitten; jenes untergrub dieses unaufhörlich, wie es sich Gegenteils vieles aus ihnen aneignete, und zuletzt alles zu einem deutsch-römischen Chaos machte«. In die Geschichte zurückprojiziert, bedeutete dies nicht nur eine Bekräftigung der seit Humanismus und Reformation bekannten Verdammung des gesamten Mittelalters und der Interpretation der Reformation nicht als Spaltung und Lähmung, sondern als »Einhauchung neuen Lebens«. Es bedeutete vielmehr auch die jetzt kompromißlose Einschätzung der Italienzüge der Deutschen als sinnlos und tief zu beklagender Kraft- und Blutverlust. Mehr noch: Wie schon bei Johann Ehrenfried Zschackwitz 1743 zum Ausdruck kommt, erscheint nunmehr bereits die römische Herrschaft im alten Germanien als verderblich. Die schlechten Eigenschaften, die antike Schriftsteller den alten Germanen zuschrieben, also Sinnlichkeit, Hang zur Trunkenheit, Körperlichkeit anstelle von Intelligenz und Bildungsstreben, werden jetzt als Verleumdungen oder unzulässige Pauschalurteile zurückgewiesen. Das Dilemma aber, daß traditionell der Süden als intelligenzträchtiger und bildungsbewußter qualifiziert wurde, was doch der selbstbewußten norddeutsch-protestantischen Aufklärung widersprechen mußte, wird durch eine besondere, auch noch in späteren landeskundlich-geographischen Beiträgen verwendete Argumentationsfigur überwunden: Der Norden braucht zwar länger, um Bildung und Wissenschaft hervorzubringen. Wenn er aber einmal ein entsprechendes Niveau erreicht hat, bewahrt er es besser und entwickelt er es schneller fort als der Süden. Das heißt, die Dekadenz, in die Rom und der Süden das gesamte Europa stürzten, wirkte sich im resistenzfähigeren Norden weniger verheerend aus, so daß sich dort der durch die Reformation bewirkte Wiederaufstieg schneller und nachhaltiger durchsetzen konnte. Der Kampf der norddeutsch-protestantischen Aufklärung ist demnach in deren eigener Einschätzung ein Kampf der Zivilisation gegen das Barbarentum, die in der Antike den Germanen unterstellten Laster sind genau diejenigen zivilisatorischen Defizite, die jetzt dem katholischen Süden eigentümlich sind. Aus der heutigen sozialgeschichtlichen Sicht jedoch handelt es sich um eine Phase oder einen Teilbereich des gewaltigen, unter anderem durch die Glaubensspaltung und die konfessionelle Konkurrenz getragenen oder beschleunigten, insbesondere von Max Weber hervorgehobenen gesamteuropäischen Disziplinierungs- und Rationalisierungsprozesses der Neuzeit. Des Prozesses mithin, in dessen Verlauf die zuvor als notorische Trinker, Gewalttäter und Tölpel bekannten mittelalterlichen und frühneuzeitlichen Deutschen jene bürgerlichen Tugenden annahmen, für die sie heute noch bekannt sind: Fleiß, Sparsamkeit, Reinlichkeit, Zucht und Ordnung[35].

35 Friedrich SCHILLER, Geschichte des Abfalls der vereinigten Niederlande von der spanischen Regierung (1788), in: Schillers Werke, Nationalausgabe, Bd. 17, Weimar 1970, S. 41–42 (Zitate); J. G. Herders Ideen zur Philosophie der Geschichte der Menschheit (1784–86), Berlin o.J. (1927), S. 260–264 (Zitate), sowie S. 220–224, 270 o.ö. Während noch im Zonenartikel bei Zedler 1750 (s.o.) vorsichtig davon gesprochen wird, daß Deutschland »gegen Norden« liege (Sp. 462), und Hübners Staats-, Zeitungs- und Conversationslexicon es in der »zona temperata« lokalisiert (s.o., S. 339), beziehen es die einflußreichen Göttinger Geographen und Historiker eindeutig nach Nordeuropa ein, vgl. Johann Stephan PÜTTER, Teutsche Reichsgeschichte in ihrem Hauptfaden entwickelt, Göttingen 1778, S. 21, und Arnold Hermann Ludwig HEEREN, Historische Werke, 1. Theil, Göttingen 1821, S. 18, 67–70 u.ö., beide mit besonderer Betonung des Staatensystems. Zur Entstehung des Bildes vom »finsteren« Mittelalter siehe Klaus ARNOLD, Das »finstere« Mittelalter. Zur Genese und Phänomenologie eines Fehlurteils, in: Saeculum 32 (1981) S. 287–300, der aber m.E. den entscheidenden Schub, den dieses Klischee (»Fehlurteil« dürfte überhaupt der falsche Begriff sein) durch die Aufklärung erfuhr, nicht ausreichend herausstellt. Zur Kritik

Es ist zwar unverkennbar, daß die zonentheoretisch-kulturtheoretischen Konstruktionen allmählich zu immer weniger grundsätzlich trennenden Mentalitäts- und Charakterzuschreibungen abzuflachen begannen. Der Norddeutsche ist eben ernst, verschlossen, gedankenvoll-grüblerisch und achtet wenig auf die äußeren Lebensumstände, während der Süddeutsche sinnenfroh, auf Bequemlichkeit bedacht, oberflächlich-heiter nur auf den Augenblick lebt, ohne den Willen oder die Kraft zu höherer Bildung aufzubringen. Aber auch diese Klischees unterstützten noch das protestantisch-preußische Überlegenheitsgefühl, auf das sich nicht nur der entsprechende zivilisatorischer Missionsdrang bezog, sondern aus dem sich auch Sukkurs für eine parallele politische Strategie ableiten ließ. Daher konnte in der Logik der Auseinandersetzungen die Reaktion der in die Defensive gedrängten süddeutsch-katholischen Seite auch nur in einer noch forcierteren Betonung der eigenen Besonderheiten bestehen, die am besten durch die bereits begonnene Übertragung der dem Süden der Welt zugesprochenen positiven Eigenschaften auf den Süden Deutschlands zu erreichen war. Auf dem untersten Niveau der Auseinandersetzungen konnte es dementsprechend sogar dazu kommen, daß die süddeutsch-katholische Seite die ihr unterstellte gesteigerte Sinnlichkeit als zutreffend, richtig und nachahmenswert hervorhob[36].

Einige der um 1800 nach München berufenen protestantischen Gelehrten, die sich gleichzeit der überheblichen Pauschalurteile ihrer Landsleute im Norden und der gehässigen Anwürfe der altbayerisch-katholischen Opposition zu erwehren hatten, nahmen eine vermittelnde Position ein. Die Broschüre »Betrachtungen über die angenommenen Unterschiede zwischen Nord- und Süd-Deutschland. Ein Beytrag zur Kenntniß der neuesten Aeußerungen des Zeitgeistes« des Philologen Friedrich Thiersch ist dafür beispielhaft. Der Gelehrte, auf den in der Hitze der Auseinandersetzungen offenbar sogar einmal ein Mordanschlag verübt wurde, versuchte in dieser Schrift das Nord-Süd-Denkschema lächerlich zu machen. Der fehlende Nationalcharakter der Deutschen führe nun offenbar zu der Erfindung erst einer speziellen »Norddeutschheit« und »Süddeutschheit«, später vielleicht sogar entsprechender Konstruktionen für den Osten und den Westen, weil die Verpflanzung »aller Herrlichkeiten des Südens« (das heißt Italiens und Spaniens) nach Süddeutschland zweifellos ein analoges Verfahren auch für die übrigen Regionen ermögliche. Diese »geographische Eintheilung und (die) statistische Vermessung der Geister und Genies« sind aber in sich widersprüchlich, verworren und lächerlich. Die »leitende Idee ..., dass die Norddeutschen mit Verachtung auf die Verdienste des Südens herabsehen«, ist nichts als eine »bösartige Insinuation«, in der

---

der Römerherrschaft und deren »Verleumdung« der »alten Deutschen« siehe ZSCHACKWITZ, Kurzgefaßte Nachricht, S. 11 f. u. ö., ferner PERTZ, Nordisch, S. 43 u. ö. Zum Kontrast vgl. noch BILDERBECK, Reichs-Staat, S. 15 ff. (!), zum Bildungsvorsprung gerade des Nordens unten THIERSCH sowie K.E.U. VON HOFF, Teutschland nach seiner natürlichen Beschaffenheit und seinen früheren und jetzigen politischen Verhältnissen geschildert, Gotha 1838, S. 230 ff. Zschackwitz ist im übrigen der erste der hier berücksichtigten Autoren, der das in seiner Zeit aufkommende Ost-West Konzept diskutiert (S. 115 f.), und zwar in Form der Frage, ob die Elbe als Deutschland in zwei Hälften teilender Fluß angesehen werden könne. Bezüglich des Disziplinierungsprozesses in Deutschland in der frühen Neuzeit vgl. die Quellensammlung Ordnung, Fleiß und Sparsamkeit. Texte und Dokumente zur Entstehung der »bürgerlichen Tugenden«, hg. Paul MÜNCH, München 1984, deren Auswahl und Kommentierung allerdings die konfessionelle Dimension etwas vernachlässigt.
36 Vgl. ALTGELD (wie Anm. 32) S. 375 u. ö.

»provinzielle Neckereyen« und »zufällige Aeußerungen urtheilsloser Menschen« oder »das Gewäsch« der »Herbergen und Tabernen« böswillig überbewertet und verabsolutiert werden. Das Klima in Deutschland ist meist gemischt und überall ziemlich gleich, daher kann auch von gegensätzlichen Wirkungen auf die Menschen keine Rede sein. »Fleiss und Studium« als die wirklichen Grundbedingungen jeder Wissenschaft jedoch gedeihen überall. »Die bessere Periode unserer Cultur« begann zwar unbezweifelbar im Norden, und an ihrem Anfang steht zweifellos der Protestantismus. Sie erfaßte aber angesichts der »Verbundenheit« der »Gemüther aus dem Norden und Süden« bald das ganze Deutschland und trug auch im Süden eigenständige Frucht. Wie ein Baum streckte sie ihre Wurzeln nach allen Seiten aus, zog von überall her Lebenskraft und wurde überall genossen. Erst »den Unwürdigen war es vorbehalten ... zu spalten«, wo es in Wirklichkeit nur auf die eine, wahre »Deutschheit« ankommt. Diese zweifellos ernstgemeinten Ansätze zur Versöhnung wurden jedoch umso schneller zerrieben, je stärker die Politik in den Mittelpunkt des öffentlichen Lebens und damit auch der Nord-Süd-Debatte trat. Hierfür waren allerdings nicht nur die Umwälzungen Europas im Gefolge der Napoleonzeit verantwortlich, sondern auch die seit einer einschlägigen Broschüre von Friedrich Caspar Medicus schon im Jahre 1775 wachsende Erkenntnis, daß nicht das Klima, sondern »eine glückliche bürgerliche Regierung« für den Bildungsstand und die Leistungskraft der Ökonomie entscheidend ist[37].

1815 und 1820 wurden, wie oben vermerkt, in Süddeutschland Stimmen vernehmbar, welche die Konzeption des gestürzten Kaisers der Franzosen, die süddeutschen Staaten als Gegengewichte zu Preußen und Österreich aufzubauen, verteidigten und fortgeführt wissen wollten. Eine dieser Stimmen erhob der bayerische Publizist Johann Christoph von Aretin. Er machte in seiner Zeitschrift »Allemannia«, die er noch zur Beeinflußung der Entscheidungsfindung in Wien erscheinen ließ, aus seiner antipreußischen Gesinnung keinen Hehl. Die Deutschland auf natürliche Weise trennende und daher auch politisch-strategisch nicht ignorierbare Mainlinie müsse zu einem festen Damm gegen die »preußische Fluth« ausgebaut werden, damit diese nicht »unaufhaltsam bis nach Oesterreich eindringt« und hierdurch das Gleichgewicht sowohl in Deutschland als auch in Europa zerstörte. Im Norden wohnten, an den faktischen politischen Abhängigkeiten und Interessen gemessen, im Grunde nur »Holländer, Engländer und Preußen«. Im Süden hingegen existierten zumindest »zwei ganz teutsche Staaten«, nämlich Bayern und Württemberg. Diese formten ihre Menschen genuin deutschen »Volks-Charakters« nach dem den gegebenen Verhältnissen einzig angemessenen zentralstaatlichen »Einheits-Princip« zu einem identischen Volk und seien deshalb als einzige Keimzellen für eine bessere Zukunft anzusehen. Ihre Erhaltung und Stärkung sei daher das Gebot der Stunde. Wie genuin bayerisch diese Konzeption jedoch war, zeigte sich unübersehbar an der

---

37 Die »Betrachtungen« erschienen München 1809, Leipzig ²1810; Zitate S. 7, 9, 15, 28, 30, 38, 44. Thiersch gab auch eine interessante Flugschriftensammlung zu diesem Thema heraus – Flugschriften betreffend die neuesten Versuche, Religions-Verfolgungen in Deutschland zu erregen (!!) und die deutsche Nation in feindselige Partheyen zu trennen, München 1810. Zur Person s. Fr. Thierschs Leben, hg. von Heinrich W. J. THIERSCH, Bd. 1–2, Berlin 1866; zum Problem der Bildungs- und Moralstatistiken KLÖCKER, Bildungsdefizit, passim. Friedrich Caspar MEDICUS, Nicht das Clima, sondern eine glückliche bürgerliche Regierung ist die Mutter der Wissenschaften. Bei der höchstbeglückten Wiederkunft Seiner Kurfürstlichen Durchleucht (sic!) in der Kurpfälzischen Oekonomischen Versammlung zu Lautern den 8. Februar 1775 abgelesen, Mannheim und Lautern o. J.

Karte, in die Aretin seine Vorstellungen über die neuen Grenzen eintrug: Bayern sollte einen so erheblich größeren Zuwachs als sein Rivale Württemberg und das ganz an den Rand gedrängte Baden erhalten, daß ihm von vornherein der Status einer Hegemonialmacht zukam. Auch der Appell an Österreich, die Stärkung Süddeutschlands im eigenen Interesse zu unterstützen, war zwar sicher ernst gemeint, sollte aber offensichtlich nur die kritische Phase bis zum Aufstieg des von Bayern geführten Süddeutschland zur Parität mit Österreich und Preußen absichern[38]. Das 1820 von einem Vertrauten des württembergischen Königs pseudonym veröffentlichte, ungleich umfangreichere »Manuscript aus Süddeutschland«, dem ein Jahr später ein in Hamburg verlegtes Pamphlet entgegentrat, setzte dementsprechend etwas andere Akzente. Hier sollte Württemberg, und zwar vor allem auf Kosten Badens, großzügig vergrößert werden. Grundsätzlich ging es jedoch von der gleichen Argumentation aus. Um zu vermeiden, daß »Österreich oder Preußen einmal gegen einen deutschen Staat unternehmen, was Friedrich II. (nicht: der Große, W.W.) mit Schlesien zu Stande brachte«, wogegen die Bundesverfassung keinerlei Garantie biete, müsse Süddeutschland »für die eigene Erstarkung sorgen«. Fernziel habe zu sein, »die alten Bande der ursprünglich deutschen Stämme möglichst wieder herzustellen«, das heißt »Alemannen und Baiern« zusammenzuschließen und gegen Franken und Sachsen abzugrenzen. Schon durch die deutschen Mittelgebirge werde Deutschland »in zwei Hälften geteilt«. Deshalb hätten sich wirtschaftlich, sozial und kulturell auch ganz unterschiedliche Entwicklungen ergeben, denen man durch entsprechende Grenzziehung endlich gerecht werden müsse[39].

Einem Erfolg dieser Propaganda stand indessen nicht nur die große Abneigung entgegen, die viele Deutsche auch im Süden gegenüber Frankreich hegten. Die unlängst erlebten Kriege und die immer wieder zutagetretenden französischen Annexionsgelüste waren ja keineswegs geeignet, Vertrauen zu schaffen. Vielmehr waren diese Trennungskonzeptionen auch deshalb unzeitgemäß, weil sie mit der wachsenden nationalen Identitäts-, Einheits- und schließlich Machtsehnsucht der bürgerlichen Schichten kollidierten und die durch die beginnende Industrialisierung sich anbahnenden Umwälzungen in Produktion und Handel nicht einkalkulier-

---

38 Allemannia. Für Recht und Wahrheit, Bd. 1–2, München 1815, besonders Bd. 1, S. 89–100 (Artikel »Einflüsterungen der Dämonen«) sowie Bd. 2, S. 49–71 (Artikel »Der süddeutsche Bund. Mit einem Kärtchen«) und S. 145–221 (Artikel »Was erwartet jetzt Europa von dem Wiener Kongreße? Geschrieben Ende März 1815«); Zitate Bd. 2, S. 71 und 49ff. Aretin versuchte seine Argumente nicht nur historisch, sondern auch statistisch abzusichern. Die Konfessionsproblematik wird verständlicherweise nicht angesprochen, bemerkenswerterweise aber auch nicht das Arrangement Preußens mit Frankreich 1795 als vom Norden bereits beschrittener Weg zur Trennung, wie es z.B. Karl Rottmanner schon 1808 unternahm – Kritik der Abhandlungen von F.H. JACOBI, Ueber gelehrte Gesellschaften, ihren Geist und Zweck, Landshut (1808), ebd. ²1808: »Das nördliche Deutschland hat sich zuerst von dem übrigen abgesondert, es hat den Gegensatz in unsere alte Verfassung geworfen und sie fremden Völkern zum Spiel gegeben«, zitiert nach BITTERAUF, Rheinbund, S. 435. Ebenfalls nach BITTERAUF, S. 48 erschien bereits 1798 eine anonyme Broschüre mit dem Titel »Über das südliche Deutschland«, die für eine Republikanisierung des Südens eintrat, weil dieser durch Klima und Volkscharakter dazu besser geeignet sei als der Norden. Dieser Beitrag soll auch ins Französische übersetzt worden sein. Beide Versionen waren mir nicht zugänglich.
39 Manuscript aus Süd-Deutschland, hg. von George ERICHSON (=Friedrich Georg Ludwig Lindner), London (=Stuttgart) 1820, ²1821, 276 S., Zitate S. 77, 247, 236. Vgl. auch knapp und ohne Erwähnung der Hamburger Gegenschrift DIETRICH, Jahr 1866, S. 86–87, sowie diesem folgend NIPPERDEY, Deutsche Geschichte, S. 356ff.

ten. Aus diesen Gründen fiel es der norddeutschen Seite zunehmend leichter, ihren Standpunkt als den wahren nationalen auszugeben, und konnten die konsequenten Partikularisten im antipreußischen oder antipreußisch-katholischen Lager diejenigen, denen es auf eine Bewahrung lediglich der kulturellen Eigenständigkeit ging, nicht auf ihre Seite ziehen[40].

In dieser Situation begann sich das durch die jeweilige Publizistik unablässig verbreitete, die Unterschiedlichkeit der Motive und Tendenzen zunehmend beiseitefegende Klischee auszuformen, deutsches Nationalbewußtsein gegen süddeutschen, insbesondere bayerischen Partikularismus zu stellen oder umgekehrt gesundes süddeutsches, besonders katholisch-bayerisches Eigenbewußtsein norddeutsch-protestantischer Borussomanie entgegenzusetzen. Daß die Befreiungskriege zuerst im Norden eingesetzt hatten, ergab aus preußisch-norddeutscher Sicht für den Süden eine nationale Bringschuld. Die in Süddeutschland diskutierten Eigenständigkeitspläne erschienen als fortgesetzte Rheinbündelei und wurden als Verrat an der nationalen Sache gewertet, ungeachtet der Tatsache, daß 1795 der Norden den Süden faktisch seinem eigenen Schicksal überlassen hatte und diese Lösung auch von der norddeutschen Publizistik gutgeheißen worden war. Obwohl Liberalismus und Revolution wegen ihrer umfassenden Zielsetzungen Chancen zur Abschwächung der alten konfessionell-kulturellen Gegensätze mit sich brachten, verfestigte sich dieses Denkmuster parallel zum Vormarsch Preußens. Der Wille zur Einheit und das nationale Einheitsbewußtsein wurden nicht nur wie bereits erwähnt durch neuerliche Rekonfessionalisierungsphasen geschwächt. Dadurch, daß Preußen sich weiterhin einer liberal-konstitutionellen Modernisierung verschloß, verstärkte sich auch der verfassungspolitische Gegensatz. Konzeptionen wie diejenige des Begründers der Volkskunde, Wilhelm Heinrich Riehl, die von einer Dreigliederung Deutschlands ausgingen und dem rheinisch-hessisch-thüringischen Mittelteil die entscheidende historisch-kulturelle Bedeutung zusprachen, übten demgemäß kaum mäßigende Wirkungen aus[41].

Je näher in der Folge Preußens jedoch seinem Ziel einer nationalen Einigung unter eigener

---

40 Vgl. die entsprechende Argumentation, in: Aus Nord-Deutschland kein Manuscript, Hamburg 1821, passim.
41 ALTGELD, Nordlichter, S. 372ff., 385ff.; Wilhelm Heinrich RIEHL, Land und Leute (1851), Stuttgart ⁶1867, S. 123ff., 339ff. u. ö. Zu den Auffassungen in der entstehenden Arbeiterbewegung siehe die Aufsatz- und Briefsammlung Karl MARX, Friedrich ENGELS, Über Deutschland und die deutsche Arbeiterbewegung, 3 Bde, Berlin (Ost) 1978-1982, Bd. 1, S. 564 (ökonomisches Übergewicht des protestantischen Norddeutschland gegenüber dem gemischtkonfessionellen Süden), Bd. 2, S. 58-61 und 219-220 (Unterschiede zwischen dem nord- und dem süddeutschen Liberalismus) und Bd. 3, S. 263 u. ö. (Engels an Marx vom 16. 5. 1866: er, Engels, könne sich trotz allem nicht denken, »daß in der Mitte des 19. Jahrhunderts Nord- und Süddeutschland aufeinander losschlagen werden«.) Die verschiedenen Rekonfessionalisierungsschübe wurden insbesondere durch entsprechende kleine Broschüren getragen, z. B. Charles VILLERS, Darstellung der Reformation Luthers, ihres Geistes und ihrer Wirkungen, Leipzig 1805 (zuerst angeblich französisch 1804); D. W. BLESSING, Einige Bemerkungen über den Geist des Protestantismus, Leipzig 1808; Ueber das wahre Verhältnis des Katholizismus und des Protestantismus, und die projektirte Kirchenvereinigung. Briefe an Herrn Konistorialrath Plank, hg. von Philipp MARHEINECKE, Heidelberg 1810 (mit Einbezug klimatheoretischer Überlegungen); Johann Gottfried PAHL, Über den Obskurantismus der das deutsche Vaterland bedroht, Tübingen 1826 (auch gegen orthodoxe Lutheraner gerichtet) und Heinrich STEFFENS, Wie ich wieder Lutheraner wurde und was mir das Luthertum ist. Eine Confession, Breslau 1831. Aus den weniger zahlreichen entsprechenden Gegenschriften ragt heraus die anonyme Schrift: Über den Geist und die Folgen der Reformation besonders in Hinsicht der Entwicklung des europäischen Staatensystems, Deutschland 1810. Auf die konkreten Konflikte wie z. B. die sogenannten Kölner Wirren um 1840 kann ich an dieser Stelle nicht eingehen.

Führung kam, desto mehr begannen seine Anhänger, die grundsätzlichen Gemeinsamkeiten der Deutschen im Norden und im Süden zu beschwören, um dadurch die antipreußischen Einigungsgegner noch besser als eigensüchtige Minderheiten oder Vertreter fremder Interessen denunzieren zu können. Jetzt waren die klimatheoretischen Erwägungen, welche die Unüberwindlichkeit der Unterschiede unterstrichen hätten, endgültig vom Tisch. »Zwar im Süden empfängt der gemeine Mann den Norddeutschen mit unverhohlenem Widerwillen, und in einzelnen abgelegenen Gegenden des Nordens ... wird jeder, der südlich von Hamburg daheim ist, als ein windiger Süddeutscher mißtrauisch angesehen«. Dennoch »steht der deutsche Katholik dem deutschen Protestanten näher als dem spanischen Katholiken«. Vor allem nämlich, weil es große gemeinsame Aufgaben und Ziele gibt: »Unser Süden wird seiner Ultramontanen, der Norden seines Junkertums dann erst völlig Meister werden, wenn die gesammelte Kraft des deutschen Staates gegen diese Mächte ins Feld geführt wird«[42].

Bei der Verbreitung dieser Gedanken und damit der Vorbereitung der preußisch-kleindeutschen Reichsgründung spielte die anfangs des Jahrhunderts durch Niebuhr und Ranke in Fortführung von Ansätzen der Aufklärungshistorie konzipierte und vom preußischen Staat großzügig geförderte neue historistische Geschichtswissenschaft eine wesentliche Rolle. Denn hier verbanden sich wissenschaftliche Innovation und preußisch-deutsche nationale Bewußtseinsbildung scheinbar unauflöslich miteinander. Als sich zudem noch die auf den preußischen Militärpfarrersohn Johann Gustav Droysen zurückgehende harte borussianische Variante in den Vordergrund schob, war diese geisteswissenschaftliche Leitdisziplin endgültig zu einem unverzichtbaren Instrument preußischer Politik geworden. Sie eroberte, bezeichnenderweise vom protestantisch regierten Baden und von Württemberg ausgehend, nach und nach die historischen Lehrstühle der südlichen Universitäten und konnte von dort aus den Süden bereits vor seinem politischen Anschluß geistig-kulturell vereinnahmen. Süddeutsche oder katholische Alternativkonzepte, die freilich zumeist tatsächlich Defizite an Systematik und Wissenschaftlichkeit aufwiesen, wurden hart bekämpft und schließlich auf unabsehbare Zeit verdrängt. Lediglich an der Münchner Universität konnte sich um den 1898 auf parlamentarische Initiative errichteten landesgeschichtlichen Lehrstuhl schließlich eine Sonderrichtung bilden, die Zug um Zug, später auch mit Unterstützung württembergischer und badischer Gelehrter, vielen verschütteten süddeutschen Perspektiven und Traditionen zu neuer Beachtung verhalf[43].

42 Heinrich VON TREITSCHKE, Das Werden der deutschen Einheit (1863), in: DERS., Freiheit, Einheit, Völkergemeinschaft. Eine Auswahl aus Reden und Schriften, München u. a. 1953, S. 15–24, hier S. 58; DERS., Bundesstaat und Einheitsstaat (1864), S. 77–118, hier S. 97 und 113. Für Bismarck waren bekanntermaßen ohnehin die Dynastien der entscheidende Faktor, so daß es auf den »gemeinen Mann« im Grunde gar nicht ankam – Dynastien und Stämme, in: Bismarck. Die gesammelten Werke Bd. XV, 2. Auflage Berlin 1932, S. 197–203.
43 Vgl. hierzu meinen Beitrag Protestantismus, Historismus, Borussianismus, in dem von H.-G. WEHLING herausgegebenen Sammelband (wie Anm. 2) S. 44–58. Eine umfassende Darstellung der Münchner Geschichtswissenschaft im vorliegenden Zusammenhang fehlt noch, vgl. vorerst Max SPINDLER, Der Lehrstuhl für Bayerische Landesgeschichte, in: DERS., Erbe und Verpflichtung, München 1966, S. 168–182, und Hedwig DICKERHOF-FRÖHLICH, Das historische Studium an der Universität München im 19. Jahrhundert. Vom Bildungsfach zum Berufsstudium, München 1979. Von den wenigen katholischen Werken, welche den nord-süddeutschen Aspekt mehr oder weniger systematisch berücksichtigen, seien genannt Aloys SCHULTE, Der deutsche Staat. Verfassung, Macht und Grenzen 919–1914, Stuttgart/Berlin 1933, sowie die am katholischen Lehrstuhl für Geschichte in München entstandene Dissertation von

Der Höhepunkt der Auseinandersetzungen zwischen den norddeutsch-protestantisch-preußischen und der süddeutsch-katholisch-antipreußischen Kultur- und Staatsauffassung im 19. Jahrhundert fiel unvermeidlich mit der Ankunft Preußens an der Mainlinie zusammen, an der Bismarck bewußt auch deshalb zunächst verharrte, weil er der Überzeugung war, daß »das katholisch-süddeutsche Element« sich von Preußen aus »noch für lange Zeit nicht gutwillig regieren lassen« werde. In einer wahren Flut von Artikeln, Flugschriften und Broschüren aus der Feder von Journalisten, Publizisten, Wissenschaftlern, Politikern und Geistlichen, deren Umfang bis heute nicht genau abgemessen ist, wurden noch einmal von beiden Seiten alle Argumente, Überzeugungen, Ressentiments und Emotionen mobilisiert, um die höchst bedrohliche oder heiß ersehnte Vereinigung der beiden Teile Deutschlands unter Preußens Führung in absehbarer Zeit endlich möglich zu machen oder doch noch zu verhindern. Als wirklich überzeugend erwiesen sich jedoch nur noch politische Argumente, und in deren Logik war das Ende der relativen süddeutschen Selbstständigkeit und der entsprechenden Selbständigkeitsbestrebungen bereits vorgegeben. Auch diejenigen, die von der Wahrheit der Parole überzeugt waren, daß ein Aufgehen in einem preußisch beherrschten Nationalstaat für das Volk nur Steuerzahlen, Maulhalten und Soldatsein bedeuten konnte, vermochten sich nicht länger der Einsicht zu verschließen, daß ein möglichst enges Zusammenrücken sowohl aus sicherheitspolitischen als auch wirtschaftlichen Gründen unbedingt erforderlich war und von einer breiten Mehrheit zumindest der Gebildeten bereits gewünscht wurde. 1872, am Geburtstag des Kaisers, konnte der Historiker Arnold Schäfer in einer Rede mit dem einprägsamen Titel »Norddeutsch, süddeutsch und undeutsch« den Triumph der borussianisch-kleindeutschen Staats- und Kulturkonzeption verkünden[44]. Unter diesen Voraussetzungen und angesichts der unerwarteten Machtentfaltung, zu der das kleindeutsche Reich in der Lage war, verlor zwischen 1871 und 1918 die Vorstellung, daß es zwischen Nord- und Süddeutschland existenziell relevante Unterschiede gebe, trotz aller politischen Virulenz im Vergleich zur Zeit davor erheblich an Breitenwirkung.

Als nach dem Scheitern des Bismarckreiches 1918 auch Politiker und Publizisten im Süden ihr Verhältnis zum preußisch beherrschten Norden neu durchdachten, hatte sich das Nord-Süd-Klischee mit neuem Inhalt angereichert. Die politisch-strategische Konstellation in bezug auf Frankreich war zwar erhalten geblieben oder hatte sich sogar noch verschärft. Deshalb spitzten die preußisch-deutschnationalen Diskussionsteilnehmer ihre Argumentation in

---

SEIDLMAYER, Nord und Süd (wie Anm. 6). Wenigstens erwähnt werden muß außerdem, daß erstens die Erforschung des Mittelalters noch immer weitgehend von katholischen Historikern, diejenige der Neuzeit aber schwerpunktmäßig von protestantischen betrieben wird, und zweitens an bestimmten historischen Einzelfragen auch heute noch leicht u. a. konfessionell gefärbte Auseinandersetzungen aufbrechen können, vgl. beispielsweise die Kontroverse zwischen Wolfgang Schieder und Rudolf Lill in Bezug auf die Interpretation der Trierer Massenwallfahrt 1844, nach R. LILL, Kirche und Revolution. Zu den Anfängen der katholischen Bewegung im Jahrzehnt vor 1848, in: Archiv für Sozialgeschichte 18 (1978), S. 565–575.
44 Bonn 1872; Neudruck in: A. SCHÄFER, Historische Aufsätze und Festreden, Leipzig 1873, S. 347–362. NIPPERDEY, Deutsche Geschichte, S. 794 ff. (mit Bismarck-Zitat). Zur Publizistik zwischen 1866 und 1871 vgl. die reich kommentierte Bibliographie von Karl Georg FABER, Die nationalpolitische Publizistik Deutschlands von 1866 bis 1871. Eine kritische Bibliographie, 2 Bde, Düsseldorf 1963, die eine vertiefende Darstellung an dieser Stelle überflüssig macht. Besonders hervorzuheben sind die schon im Titel auf die Mainlinie bezogenen Beiträge, also u. a. die Nrn. 239, 369, 406, 410, 476, 523 und 903.

bekannter Weise auf die Sicherheitsproblematik zu, während sie auf konfessionelle und kulturkämpferische Polemik verzichteten. Auf der Gegenseite jedoch schob sich die der Tendenz nach den Konfessionskonflikt überwölbende Vorstellungsvariante in den Vordergrund, daß Süddeutschland als Hort der wahren christlich-humanen europäischen Kultur gegen die andrängende industriegesellschaftliche Barbarenunkultur des Nordens abgegrenzt werden müsse. Der preußische autoritäre, kapitalistisch-sozialistisch gleichmacherische, herz- und seelenlose Militärstaat habe sich über die Industrialisierung die ihm eigentümliche Massenbasis geschaffen, sei ewig unruhig, neuerungssüchtig und konfliktlüstern. Im Süden hingegen seien die Verhältnisse natürlich-bunt, gleichzeitig überschaubar, patriarchalisch wohlgeordnet, ruhig und human, weshalb man auch an den alten, jenseits aller Konfessionsunterschiede gültigen europäischen Idealen festhalte. Eine der wichtigsten Debatten dieser Art konnte dementsprechend in einer Zeitschrift des schwäbisch-*protestantischen* Milieus stattfinden, nämlich 1920 bis 1922 in dem in Stuttgart redigierten »Schwäbischen Bund«, dem späteren (Umbenennung 1921) »Oberdeutschland«[45].

Von Anfang an abgelehnt wurde eine wie immer geartete Trennung des Südens vom Norden jedoch von denjenigen Kräften aus dem Süden, die sich ihrerseits des preußisch-nördlichen Potentials zu bemächtigen hofften. In einem Schreiben an den württembergischen Staatspräsidenten Eugen Bolz vom 1. März 1933 stellte sich der neue nationalsozialistische Reichskanzler zwar als »Süddeutscher« dar, lehnte aber jeglichen Föderalismus und Partikularismus ab. Denn er »glaube nicht, daß der Süden des Reiches einer besseren Zukunft entgegensehen (werde), wenn der Norden vom Bolschewismus verschlungen wird«. Er protestiere gegen den Versuch, »Süddeutschland und süddeutsche Art und süddeutsches Wesen als nur durch eine ganz bestimmte Partei [gemeint ist Zentrum beziehungsweise die BVP (!), W. W.] repräsentiert hinstellen zu wollen«. Die NSDAP habe sich nie dazu hinreißen lassen, »an die Mainlinie zu denken oder gar (!) von ihr zu reden«[46].

Nach dem Zweiten Weltkrieg fehlte es in einer Übergangsphase zwar erneut nicht an ernstzunehmenden Stimmen, die den preußisch-norddeutsch-protestantischen Militarismus für das wiederholte, diesmal noch tiefgreifendere Elend Deutschlands verantwortlich machten und dementsprechend mit Plänen der Alliierten sympathisierten, diese Gefahr für alle Zukunft durch eine völlige Isolierung des Nordens auszuschalten. Hierbei wurde teilweise auch der Gedanke ins Spiel gebracht, daß die Qualität des »friedlichen und guten Deutschland im Süden« bereits auf dessen einstmals römische Erschließung zurückzuführen sei. Das war nichts weniger als die Umkehrung der zuvor von »völkischen« Denkern verbreiteten These, daß die wahren Deutschen nur die Nachfahren der einst von Rom nicht geknechteten und

---

45 Erich SCHAIRER, Deutscher Einheitsstaat und schwäbische Kultur, in: Der Schwäbische Bund 1 (1920), S. 145–151; Hermann HUMMEL, Natur und Staat, in: ebd. 2 (1920), S. 113–116; Friedrich VON OPPELN-BRONIKOWSKI, Nord und Süd. Eine preußische Rechtfertigung, in: ebd., S. 369–375; G. STECHER, Nord-Südliches, in: ebd., (1920/21), S. 406–409; Adolf RAPP, Süddeutschland und Frankreich, in: ebd. 5 (1921/22) S. 161–167.
46 Waldemar BESSON, Württemberg und die deutsche Staatskrise 1928–1933. Eine Studie zur Auflösung der Weimarer Republik, Stuttgart 1959, S. 416–418. Für die hier nicht mehr eigens aufgeführten Verfassungsreformpläne vgl. das oben Angegebene. Die in diesem Zusammenhang diskutierte »Schwabenlösung« wurde zeitweilig übrigens auch von Theodor Heuß unterstützt.

korrumpierten Germanen sein könnten. Besonders eindrucksvoll gestalteten sich in diesem Zusammenhang die Ausführungen des norddeutschen Arztes und Hochschullehrers Rudolf Degkwitz in dessen Buch »Das alte und das neue Deutschland« (Hamburg 1946). Nach ihm stellten »die deutschen Massen [die aber doch eigentlich nur im industrialisierten Norden und im Ruhrgebiet anzutreffen sind, W. W.] schon während des Krieges« fest: »Die Norddeutschen sind dafür verantwortlich«. Ein weiteres wichtiges Dokument ist die Schrift des Konstanzer Archivars Otto Feger, »Schwäbisch-alemannische Demokratie. Aufruf und Programm« (Konstanz 1946), deren Zielrichtung sich schon aus dem Titel ergibt[47]. Breite Akzeptanz fanden diese Vorstellungen jedoch nicht mehr. Mit der Zerschlagung Preußens entfiel auch ideell eine der wichtigsten Komponenten des traditionellen Nord-Süd-Stereotyps. Das internationale und das europäische Staatensystem richteten sich an der Ost-West-Achse aus und ergriff das deutsche Denken in zuvor unbekanntem Ausmaß. In der demographisch kräftig durchmischten Bundesrepublik rückte man faktisch wie mentalitätsmäßig näher zusammen. Die bereits in der Zwischenkriegszeit erheblich forcierte Industrialisierung auch im Süden untergrub weitere tragende Elemente der nord-südlichen Denkschablone. So verwundert es nicht, daß die Entdeckung von Überbleibseln der alten Bildungsunterschiede im Rahmen der Bildungsdiskussion der sechziger Jahre keineswegs zu einer Renaissance des Klischees führte, sondern trotz ihrer konfessionellen Konfliktträchtigkeit zu allseits akzeptierten, pragmatischen Lösungen. Ebensowenig erregte der gelegentliche Gebrauch alter Kampfbegriffe oder entsprechender Neubildungen in der Presse größere Aufregung[48].

Die hier, wie gesagt, im einzelnen nicht dokumentierbare aktuelle Nord-Süd-Debatte, die sich weniger durch offene Polemik als fließende Übergänge zwischen empirischen Aussagen und Werturteilen auszeichnet, setzte im Gefolge des oben angedeuteten ökonomischen Strukturwandels ein und verstärkte sich im Rahmen der politischen Voraussetzungen und Konsequenzen dieses Wandels. Sie ist deshalb wesentlich eine ökonomisch-politische Debatte um die Ursachen, die Entschärfung und die Verteilung der sozialen Kosten dieses Wandels. Daß diese Diskussion überhaupt einem relativ starren Nord-Süd-Schematismus folgt und in diesem Rahmen teilweise außerordentlich hart geführt wird, weist meines Erachtens auf eine Reaktualisierung auch tieferer kulturell-mentaler Dispositionen hin. Ich vermute, daß diese Reaktualisierung nicht nur auf die ständig fortschreitende allgemeine Tendenz in Politik und Publizistik zurückzuführen ist, sich immer neue Mentalitätsebenen der Wahlbevölkerung oder der Käufer zu erschließen und sich derer Inhalte zu bedienen. Hinzu kommt vielmehr erstens das Fehlen nationaler Orientierungen, in denen sich binnenstaatliche Spannungslagen aufheben könnten, und zweitens der anhaltende Trend zur Widergewinnung mentaler und

---

47 DEGKWITZ, a.a.O., S. 20/21 und 35. Wieder, bei Degkwitz und bei Feger, kommt auch der Verfassungsaspekt an entscheidender Stelle ins Spiel: im Süden herrscht die Verfassung, im Norden der Despotismus des (Degkwitz ebd.) »ostelbisch-slavischen Preußen«.
48 Zur Bildungsdiskussion vgl. exemplarisch die entsprechenden Passagen der Rede Hildegard Hamm-Brüchers vor dem 16. FDP-Parteitag in Frankfurt a.M. 1965, abgedruckt bei Karl Heinz WAPER, Föderalismus, Berlin 1966, S. 118, sowie die Arbeiten zur Bildungsproblematik der sechziger Jahre aus der Schule des Soziologen Ralf Dahrendorf.

sozialer Geborgenheit durch Heimat, Region, Dorf, Alltag und Volksleben. In beiden Hinsichten erweist sich das innerdeutsche Nord-Süd-Klischee damit auch als Merkmal der problematischen deutschen »Identität« im späten Industriezeitalter und einer Epoche wachsender europäischer Verflechtung[49].

---

49 Vgl. aus der Literatur zu diesem gedanklichen Umfeld Wirtschaftlicher Wandel, religiöser Wandel und Wertwandel. Folgen für das politische Verhalten in der Bundesrepublik, hg. von Dieter OBERNDÖRFER u.a., Berlin/München 1985 (Orbis politicus Bd. 25); Hermann LÜBBE, Die große und die kleine Welt. Regionalismus als europäische Bewegung, in: Die Identität Europas. Fragen, Positionen, Perspektiven, hg. von Werner WEIDENFELD, München/Wien 1985, S. 191–205. Nach Friedrich VON KROSIGK (Regionaler Protest und staatlicher Wandel. Zur Konvergenz staatlicher Politik in Europa, in: Der Staat 25 [1986], S. 173–205) ist der Höhepunkt des Regionalismus allerdings bereits überschritten. Aus der inzwischen fast unübersehbaren Literatur Problematik der Identität der Deutschen sei erwähnt Theo STAMMEN, Problematische Identität. Anmerkungen zur Geschichte der deutschen Frage, in: Politik und Kultur 11 (1984), H. 5, S. 3–14.

Zur Genealogie der Grafen von Scheyern

VON GÜNTHER FLOHRSCHÜTZ

VORBEMERKUNG

Wesentliche Gedankengänge dieser Studie sind von mir schon im Aichacher Heimatblatt dargeboten worden[1]. Da aber dieser Aufsatz nicht überall zugänglich ist, greife ich das Thema nochmals auf, zumal seitdem einige neue Aspekte aufgetaucht sind, die auch zur Sprache kommen werden. Außerdem traf es sich günstig, daß erst vor kurzem die Traditionen des Klosters Scheyern in der Bearbeitung von Michael Stephan erschienen sind[2]; damit sind endlich klare Datierungen, genaue Ortsbestimmungen und reinliche Scheidungen zwischen den Überlieferungen der Chronik und dem urkundlichen Material gegeben. Daß damit noch keineswegs alle Schwierigkeiten ausgeräumt, alle Rätsel gelöst sind, ist ja selbstverständlich, und das wird auch vorliegender Text bald erweisen. Doch glaube ich, daß der Gegenstand der Untersuchung, nämlich die Anfänge des späteren Hauses Wittelsbach, eine nochmalige Betrachtung rechtfertigt.

QUELLEN UND LITERATUR MIT ABKÜRZUNGEN

C (Castulus) Der Traditions-Codex des Collegiatsstiftes St. Castulus in Moosburg (OA 2) 1840.
E (Ebersberg) F. H. Graf HUNDT, Das Cartular des Klosters Ebbersberg (Abh. München III, Bd. 14) 1879.
F (Freising) Die Traditionen des Hochstifts Freising, hg. von Th. BITTERAUF (QE NF 4 u. 5) 1905/09.
Gfd (Geisenfeld) Die Traditionen des Klosters Geisenfeld, Diss. MS von H. JÄGER, München 1948.
Mm (Münchsmünster) Die Traditionen, Urkunden und Urbare des Klosters Münchsmünster, bearbeitet von M. THIEL und O. ENGELS (QE NF 20) 1961.
Sy (Scheyern) Die Traditionen des Klosters Scheyern, bearbeitet von Michael STEPHAN (QE NF 36) 1986.
Chron. Sy Die Scheyerner Chronik (Text nach MB X mit Angabe der Seite).
T (Tegernsee) Die Traditionen des Klosters Tegernsee, bearbeitet von P. ACHT (QE NF 9) 1952.
W (Weihenstephan) Die Traditionen des Klosters Weihenstephan, bearbeitet von B. UHL (QE NF 27) 1972.
Wbg (Weltenburg) Die Traditionen, Urkunden und Urbare des Klosters Weltenburg, bearbeitet von M. THIEL (QE NF 14) 1958.

1 G. FLOHRSCHÜTZ, Die frühen Wittelsbacher, III Graf Babo von Scheyern und Haziga, Aichacher Heimatblatt 28. Jg., Juni 1980, Nr. 6.
2 Die Traditionen des Klosters Scheyern, bearbeitet von Michael STEPHAN, QE NF XXXI, Erster Teil 1986.

FLOHRSCHÜTZ (Ebersberg)	G. FLOHRSCHÜTZ, Der Adel des Ebersberger Raumes im Hochmittelalter (Schriftenreihe Bd. 88).
FLOHRSCHÜTZ (Frühe Wittelsbacher)	DERS., Die frühen Wittelsbacher, Aichacher Heimatblatt, 28. Jahrg., 1980, Nr. 5, 6, 7 = S. 17–28.
FLOHRSCHÜTZ (Pfalzgrafen)	DERS., Machtgrundlagen und Herrschaftspolitik der ersten Pfalzgrafen aus dem Haus Wittelsbach (Wittelsbach und Bayern I 1) 1980, S. 42–110.
FLOHRSCHÜTZ (Vohburg)	DERS., Studie zur Geschichte der Herrschaft Vohburg im Hochmittelalter, Sammelblatt des Historischen Vereins Ingolstadt, Teil I 1987, S. 9–83, Teil II 1988, S. 9–81.
TYROLLER (Mit Nr. der Stammtafel und der Person)	Franz TYROLLER, Genealogie des altbayerischen Adels im Hochmittelalter (Genealogische Tafeln zur mitteleuropäischen Geschichte, hg. von W. WEGENER) Göttingen 1962/69.

GRAF BABO VON SCHEYERN BEI AVENTIN

Der Mann, der sich als erster nach Scheyern nennt, ist nicht Otto I., der hinlänglich bekannte Stammvater der Wittelsbacher, sondern ein Babo. Zwei Belege über einen Grafen Babo von Scheyern kennt Aventin. Sie liegen allerdings ziemlich weit auseinander und könnten sich auf zwei verschiedene Personen, etwa Vater und Sohn beziehen. Der erste, bei dem es um einen Streit zwischen dem Markgrafen Liutpold von der Ostmark (976–994) mit dem Bischof Christian von Passau (991–1013) geht, müßte also in die Zeit 991/94 fallen. Hier behauptet der Bischof gegenüber den Ansprüchen des Markgrafen sein Recht auf den Zehnten gewisser Orte in der Ostmark. Erster Zeuge hierfür ist Graf Babo von Scheyern, der bei Aventin den Titel »Pfalzgraf und Landgraf von Bayern« trägt. Diese Urkunde erscheint Aventin wichtig genug, daß er sie als Regest im lateinischen wie auch im deutschen Text darbietet[3]. Sie ist anscheinend verlorengegangen, doch war sie wahrscheinlich gefälscht, denn im 10. Jahrhundert nannte man die Grafen noch nicht nach Burgen, sondern nach Gauen. Sie leitet sich aber sicherlich von einem vermutlich echten Stück ab, das in die Jahre 985/91 gehört[4]. Hier läßt Herzog Heinrich II. von Bayern die Rechte beziehungsweise Besitzungen des Bistums Passau in der Mark des Markgrafen Liutpold festlegen; es handelt sich zum Teil um die nämlichen Orte. Zweiter Zeuge ist hier ein Graf Papo hinter einem Grafen Meginhart und vor dem Grafen Markwart und dessen Bruder Rudiger. Natürlich ist das derselbe Babo, den Aventin in der gefälschten Urkunde entdeckt hat. Ob sich dieser Graf tatsächlich nach Scheyern genannt haben könnte, wollen wir einstweilen dahingestellt sein lassen.

Den zweiten Beleg streift Aventin nur kurz; es handelt sich um die Zeugenschaft eines Grafen Babo von Scheyern anläßlich der Gründung des Klosters Geisenfeld, die Aventin ins Jahr 1030 verlegt[5]. Auch dieser Beleg steht in einer gefälschten Urkunde, doch gibt es hier Ansatzpunkte, die eine Antwort auf die Frage nach der historischen Wirklichkeit dieses Adeligen ermöglichen. Um diese Urkunde geht es in der folgenden Untersuchung.

---

3 Johannes Turmaier's, genannt AVENTINUS, Annales ducum Boiariae, München 1884, II, S. 36; DERS., Bayerische Chronik, München 1886, II, S. 278.
4 Die Traditionen des Hochstifts Passau, QE NF 6, 1930, Nr. 92.
5 AVENTINUS, Bayerische Chronik, Kurzer Auszug, S. 140.

Die beiden Geisenfelder Gründungsurkunden

Die eine der beiden Gründungsurkunden ist identisch mit dem ersten Eintrag in das Geisenfelder Traditionsbuch[6]. Sie besagt, daß Graf Eberhard *celebris memoriae* das Dorf Geisenfeld für die dortige, Maria und Zeno geweihte Kirche gegeben habe, ferner Fahlenbach mit dem (Feilen-)Forst, dazu Besitz zu Menzenbach, Giggenhausen, Gaimersheim und Sandsbach nach seinem Tod und dem seines Bruders Adalbero und dessen Gemahlin Richlinde. Zeugenreihe: Erchanger v. Schambach, Hartwig von Berghofen, Wezil von Lindach, Adalbero von Berg, Magnus von Frickendorf, Diemar von Asenkofen, Rotbert von Oberhausen, Kuno Sohn des Poppo, Diemo von Umelsdorf, Odalschalk von Elsendorf, Grimold von »Mieransberg«, Ebbo »de monasterio« (von Münster oder vom Kloster?). Ein Nachtrag besagt, daß er (Graf Eberhart) zu gleichem Recht und mit denselben Zeugen in Österreich den Ort Karlsbach gegeben habe.

Die andere Gründungsurkunde ist nicht im Original erhalten, sondern nur in einer deutschen Übersetzung[7]. Die Vorlage fehlt, doch hat sie Niederschlag gefunden auf das Vorsteckblatt zum Urbar des Klosters, das zu Anfang des 14. Jahrhunderts niedergeschrieben wurde[8]. Der Übersetzer hat kaum noch Ahnung vom damaligen Geschehen: Er verderbt den Namen des Grafen Adalbero zu Adabrain und verlegt die Gründung ins Jahr 830, wohl auf Grund eines Lesefehlers. Inhalt: Graf Eberhart von Murach gibt mit Einwilligung seiner Gattin Adelheid und seines Bruders »Adabrain« nebst dessen Gattin Richlinde Güter im »Osterland« zu Elsbach, Lengbach, Aspertshofen, Freienstein und Karlsbach, und Güter in Bayern, nämlich Sünzburg, Sandsbach und Langquaid, und im oberen Bayern das Dorf Geisenfeld mitsamt dem Forst, Giggenhausen, Menzenbach, Fahlenbach und Gaimersheim für die Abtei Geisenfeld. Dann folgt eine lange Reihe formelhafter Wendungen, welche Rechte und Zubehör der dargebrachten Güter umschreiben und vor unberechtigter Aneignung warnen; auch das Recht der Äbtissin, den Vogt des Klosters nach eigenem Gutdünken zu wählen, ist hier enthalten. Zeugenreihe: Graf Babo von Scheyern, Markgraf Ulrich, Markgraf Adalbero und sein Bruder Otachar, Babo, Engeldie, Aribo, Magnus, Hug, Ortolf, Kuno zu Vohburg, Wernher von Glonn, Gotschalk von Marbach, Wernher von Brunn, Gerung von Leibersdorf.

Ein Vergleich beider Urkunden fördert zahlreiche und markante Unterschiede zu Tage. In II ist dem Stifter ein Ortsname beigegeben, in I nicht. In I werden zuerst die Güter in Bayern aufgezählt, dann die in Österreich, in II ist es umgekehrt. Dazu ist in II die Zahl der gespendeten Güter merklich größer als in I; so erscheint das Gut Elsbach in Niederösterreich, das in II unter den ursprünglichen Stiftungsgütern genannt wird, im Traditionsbuch erst später als Schenkung der Gräfin Willbirg[9]. Die formelhaften Wendungen, die in II den größten Teil des Textes ausmachen, fehlen in I fast völlig. Vor allem aber: Die Zeugen sind andere Personen! Man gewinnt den Eindruck, daß beide Urkunden fast nichts gemein haben, daß eine von beiden gefälscht sein muß. Allem Anschein nach ist es die zweite, die auch später liegen dürfte.

6 H. Jäger, Die Traditionen des Klosters Geisenfeld, Diss. masch. München 1948, Nr. 1.
7 Abgedruckt in MB XIV, S. 271 f.
8 Geisenfeld, Nr. 1'.
9 Ebd., Nr. 4.

Bei genauem Hinsehen ergibt sich eine weitere Verwicklung: Es zeigt sich nämlich, daß in der Zeugenreihe von II eine Gruppe von Zeugen steckt, die an anderer Stelle in Geisenfeld begegnet: Es handelt sich um die Zeugen, die bei der Schenkung des Edlen Wasigrim zugegen sind[10]; sie sind genau in der gleichen Reihenfolge aufgeführt, beginnend mit den markgräflichen Brüdern Adalbero und Otachar und endend mit Ortolf als achtem und letztem Zeugen. Gehört nun diese Zeugenreihe auch in die Gründungsurkunde II, oder ist sie nachträglich eingeschoben worden? Die Beobachtung, daß auf Zeugen ohne Ortsangabe hinter Ortolf wieder solche mit Nennung des Stammsitzes erscheinen, und zwar als erster Kuno von Vohburg aus der Familie der Grafen von Rott, also aus hochvornehmen Geschlecht, zeigt an, daß es sich um einen späteren Einschub handeln muß. Außerdem stört an der Zeugenreihe, daß Graf Babo von Scheyern vor dem Markgrafen Ulrich (von Krain) steht – eine ganz ungewöhnliche Zeugenstellung! Babo müßte demnach ein alter und hochangesehener Mann gewesen sein, vielleicht auch ein Verwandter der Äbtissin oder ein Herr, der in enger Beziehung zum Kloster stand.

Man merkt jetzt, warum die neueren Forscher der Historie einen Bogen um diesen Grafen Babo von Scheyern gemacht haben. Die späte deutsche Übersetzung einer gefälschten und obendrein verlorenen Urkunde, die mit der eigentlichen Gründungsurkunde nicht im mindesten übereinstimmt und dazu noch eine nachträglich eingefügte Zeugenreihe enthält: Das ist einfach zu viel des Unguten! Andererseits: Keine der hier beurkundeten Personen ist frei erfunden, alle – mit Ausnahme der Hauptperson – begegnen uns andrerorts. Es ist ja eine bekannte Tatsache, daß die Zeugenreihen gefälschter Urkunden, im Gegensatz zum Text, nie frei erfunden, sondern stets aus anderen Diplomen entnommen wurden. Wir wollen also versuchen, Boden unter die Füße zu bekommen, indem wir uns anhand des vorgegebenen Materials vorsichtig weitertasten.

Die Schenkung an Geisenfeld, in welcher die eingeschobenen Zeugen auftreten, gehört laut Jäger in den Zeitraum ca. 1074/82[11]. Gilt dies auch für die übrigen Zeugen, die in der zweiten Gründungsurkunde genannt sind? Wir wollen diese Frage prüfen, indem wir diese Zeugen nach ihren Belegen befragen: Graf Babo von Scheyern ist nur hier beurkundet.

Markgraf Ulrich (von Krain aus dem Haus Weimar-Orlamünde) wird in Ebersberger Urkunden[12] mehrmals als *nepos* (eigentlich Großneffe) des Grafen Adalbero bezeichnet; seine Großmutter Willibirg war eine Schwester der Grafen Adalbero und Eberhart. Er starb 1070.

Kuno von Vohburg: Der ältere ist bei der Gründung Geisenfelds 1037 zugegen und bis 1086 beurkundet, sein gleichnamiger Sohn von ca. 1055–1081[13]. Der ältere Kuno, seit ca. 1059 auch Pfalzgraf, ist Sohn des Grafen Poppo von Rott am Inn.

Wernher von Glonn (südöstlich München): Er begegnet in Ebersberger, Tegernseer und Geisenfelder Urkunden ca. 1060–1080/85[14].

---

10 Ebd., Nr. 23
11 Zur Datierung s. Anm. 10.
12 Fr. Hector GRAF HUNDT, Das Cartular des Klosters Ebersberg, Abh. d. Bayer. Akad. d. Wissenschaften, Bd. 14, Abt. III, 1879, I Nr. 44, 52; II Nr. 12; III Nr. 32.
13 Fr. TYROLLER, Genealogie des altbayerischen Adels im Hochmittelalter, Göttingen 1962, T. 8, Nr. 12, 19.
14 Ebersberg I, Nr. 33, 136; Geisenfeld, Nr. 11, ?14 o. O.; Tegernseer Traditionen, QE NF 9, Nr. 82, 91.

Gotschalk von Marbach (südlich Scheyern): Er nennt sich auch nach (Amper-)Moching und wird in den Jahren 1060/70–1110/15 häufig erwähnt[15].

Wernher von Brunn (südöstlich Geisenfeld): Er ist zwischen 1085 und 1104 mehrmals beurkundet[16].

Gerung von Leibersdorf (südöstlich Mainburg): Ist zwischen 1085 und 1104 mehrfach in Geisenfeld erwähnt[17]. Wahrscheinlich begegnet er aber schon seit 1060/65 ohne Ortsnamen[18] und gehörte vermutlich zu den Vasallen der Herren von Ratzenhofen.

Terminus ante ist also das Jahr 1070. Dies bedeutet, daß die Urkunde zeitlich etwas früher liegt als die Schenkung mit den eingeschobenen Zeugen. Als Terminus post scheint etwa das Jahr 1060 in Frage zu kommen. Nur Wernher von Brunn paßt nicht in diesen Zeitraum; es wäre aber ohne weiteres denkbar, daß er einen gleichnamigen Vater besaß, der sonst nicht bezeugt ist. Insgesamt wird deutlich, daß diese Zeugenreihe auf keinen Fall in das Jahr 1037, als Geisenfeld gegründet wurde, paßt; alle Zeugen sind ungefähr eine Generation jünger mit Ausnahme Kunos (des Älteren) von Vohburg.

Wir müssen uns also jetzt nach einem Adligen höheren Ranges namens Babo umsehen, der um 1060/70 gelebt hat und in Beziehung zum Kloster Geisenfeld stand. Und in der Tat finden wir sogleich einen Mann, auf den diese Bedingungen zutreffen. Um 1060 hieß der Vogt des Klosters Babo! Er ist beurkundet bei der Schenkung des Edlen Helmbert von »Vuchilingen« und beim Tausch des Rotbert mit dem Kloster[19]. Dieser Umstand ist der Forschung über die Genealogie der Wittelsbacher entgangen; nicht einmal Tyroller, der sonst ein gutes Auge hat für Richtiges in gefälschten Urkunden, hat diesen Zusammenhang entdeckt. Wir müssen nun, um einen eventuellen Zusammenhang mit Scheyern zu finden, auf die ältesten Schenkungen an Geisenfeld eingehen.

Die Geisenfelder Traditionen zur Zeit des Vogtes Babo

Die ersten sieben Geisenfelder Traditionen enthalten die Ausstattung (1), die Stiftungen der Familienangehörigen: Gräfin Willibirg, Schwester des Stifters (3/,4) und ihre Tochter Hadamuot (5) und der verwandten Eppensteiner (2, 6, 7[20]). Von (8) an beginnt eine andere Reihe von Schenkungen:
8) Der Edle Gerold gibt zu A r e s i n g (südlich Schrobenhausen).
9) Der Edle Engilmar gibt zu M a n g e l s d o r f (östlich Kühbach). Erster Zeuge ist hierbei Adalbero von »Pergen«. Wenn man den Grundsatz der Ortsnähe berücksichtigt, so könnte statt des von Jäger vorgeschlagenen Ehrenberg/Pfaffenhofen auch Bergen 5 km südlich Mangelsdorf in Frage kommen.

---

15 Tyroller, T. 35 B.
16 Th. Bitterauf, Die Traditionen des Hochstifts Freising, QE NF 4/5, 1905/09, Nr. 1477, 1664a; Scheyern, Nr. 2; Geisenfeld, Nr. 29, 39.
17 Geisenfeld, Nr. 27, 28, 32, 35.
18 Geisenfeld, Nr. 12, 20.
19 Geisenfeld, Nr. 11, 14.
20 Graf Fridrich ist Eppensteiner, nicht Andechser!

10) Der Edle Wolftrigil gibt zu Umbach (b. Odelzhausen/Friedberg) und Mauerbach (südöstlich Aichach).
11) Der Edle Helmbert von »Vuchilingen« = Klingen südöstlich Aichach gibt zu Osseltshausen/Mainburg. (Am gleichen Ort verkauft der Edle Fritilo: Nr. 12).
16) Der edle Ebbo gibt zu Hörzhausen (westlich Schrobenhausen).
18) Ein ungenannter Edler aus Altomünster gibt zu Rockolding (bei Vohburg).

Wie man erkennen kann, stammt die Mehrzahl dieser Schenker oder Schenkungen aus dem Südwesten von Geisenfeld, aus der Gegend um Aichach und Schrobenhausen, aus dem Gebiet, das später die Grafen von Scheyern beherrscht haben. Die Tätigkeit des Vogtes Babo umfaßt wahrscheinlich die Zeit von Nr. 8 mit 18. In Nr. 19 finden wir schon ganz andere Verhältnisse vor: Jetzt ist nicht mehr die Ebersbergerin Gerbirg Äbtissin († 1061), sondern Wigburg, und ihr Bruder Graf Eberhard (von Ratzenhofen, Stammvater der Abensberger) ist Salmann und wahrscheinlich auch schon Vogt des Klosters. Dies bedeutet, daß wir die Amtszeit des Vogtes Babo etwa von 1050/55 bis 1061 anzusetzen haben. Doch enden mit seinem Abtreten die Schenkungen aus dem Südwesten nicht: Ca. 1075 gibt der Edle Gothelm Besitz zu Gundamsried (6 km nördlich Pfaffenhofen), und sein erster Zeuge ist wieder ein Graf von Scheyern, nämlich Otto (II.)[21]. Führt etwa eine Linie von Babo zu Otto?

Wir wollen versuchen, die Geschichte der Vogtei Geisenfeld in den ersten Jahrzehnten zu rekonstruieren. Als Graf Eberhard das Kloster stiftete, da hatte er die beiden ersten Zeugen der Gründungsurkunde, Erchanger von Schambach und Hartwig von Berghofen, als Vögte bestimmt; sie werden auch je einmal als Vögte bezeichnet: Hartwig in Nr. 4, Erchanger in Nr. 6. Diese Doppelvogtei ist ungewöhnlich, begegnet aber gerade zur Zeit der Grafen von Ebersberg auch bei Tegernsee, das ebenfalls unter dem Einfluß der Grafen stand[22]. Einige Jahre nach dem Tod des letzten Grafen wechselte jedoch die Äbtissin in gütlichem Einvernehmen mit Erchanger und Hartwig[23] den Vogt, sei es, daß die beiden zu schwach waren, um das Kloster und seinen Besitz gegen Feinde zu schützen, sei es, daß sie sich nicht vertrugen. Grab Babo, der nunmehr zum Vogt bestellt wurde, waltete seines Amtes bis zum Tod der Äbtissin; ob er dann zurücktrat oder ebenfalls starb, ist nicht mit Sicherheit zu entscheiden. Wir wollen nun versuchen, die Familie, der dieser Graf von Scheyern angehörte, ausfindig zu machen.

Das Geschlecht des Grafen Babo von Scheyern

Im 11. Jahrhundert gab es zwei Grafenfamilien in Bayern, bei denen Babo als Leitname vorkommt. Die eine dieser Familien nennt man nach eben diesem Leitnamen die »Babonen«. Sie waren Gaugrafen in der Gegend von Regensburg; vor 985 übertrug ihnen Kaiser Otto II. das kurz vorher geschaffene Amt des Burggrafen von Regensburg. Zur Zeit des Grafen Babo von Scheyern lebte Babo II., Sohn des Burggrafen Rotbert und jüngerer Bruder des Burggra-

---

21 Geisenfeld, Nr. 24.
22 FLOHRSCHÜTZ, Ebersberg, S. 69.
23 Erchanger-Archo: noch Geisenfeld, Nr. 8, 9, 15, 19; Hartwig: Geisenfeld, Nr. 13, 15, 16.

fen Heinrich; er ist 1028 bis ca. 1080 bezeugt[24]. Er kommt nur in Anlehnung an seinen Vater beziehungsweise seinen Bruder Heinrich vor und besaß demnach keine selbständige Position. Mit dem gleichnamigen Grafen von Scheyern hat er offensichtlich nichts gemein.

Das andere Geschlecht nennt man die Grafen von Hörzhausen, wo sich eine Malstatt befand, oder nach ihrer Hauptbesitzung die Grafen von Kühbach. Beide Ortsnamen sind uns soeben in der Zusammenstellung der Geisenfelder Traditionen zur Zeit Vogt Babos begegnet. Dieser ist Zeitgenosse Babos III., zu dem Tyroller folgende Belege gefunden hat[25]:

1008/09 auf dem Sterbebett ruft Graf Odalschalk seinen Bruder Adalbero, seine Schwestern Liutgart und Hilta und seinen Neffen Babo zu sich und übergibt ihnen Güter, die zur Gründung eines Klosters dienen sollen[26].

1021, 3. Juli Vogtareuth im Chiemgau liegt in der Grafschaft des Grafen Babo[27].

ca. 1050 Graf Babo tauscht mit dem Erzbischof Baldwin von Salzburg Besitz zu Halfing (bei Prien am Chiemsee)[28].

ca. 1060 Graf Babo gibt ein Gut zu »Liubheringen« (? = Loipferding bei Dorfen a.d. Isen) an Obermünster[29].

ca. 1060 Graf Babo v. »Zidlaren« (Zeitlarn bei Burghausen) gibt dem Domkapitel Passau Leibeigene[30].

1062, 2. Dez. Kloster Frauenchiemsee liegt in der Grafschaft des Babo[31].

1061/80 Babo ist Vogt des Klosters St. Paul in Regensburg[32].

Länger als 50 Jahre ist dieser Babo beurkundet, für die damaligen Verhältnisse ein sehr langer Zeitraum. Um 1060 neigt sich sein Leben dem Ende zu; das beweisen die beiden Schenkungen an Obermünster und Passau. 1062 ist Graf Babo vom Chiemgau letztmals bezeugt, ca. 1061 Graf Babo von Scheyern, Vogt des Klosters Geisenfeld. Man wird also kaum noch zweifeln können, daß es sich um ein- und die gleiche Person handelt. Babo war der letzte seines Hauses. Nach Meinung Tyrollers hieß sein Vater ebenfalls Babo[33]. Er befindet sich mehrmals in Gesellschaft seines älteren Bruders Odalschalk, muß aber vor diesem gestorben sein. Babo hieß auch der Großvater, der Stammvater der Grafen von Kühbach. Tyroller gibt ihm eine Ebersbergerin zur Frau, die möglicherweise Willibirg hieß[34]. Sicherlich waren die Grafen von Kühbach und die von Ebersberg verwandt; lange Zeit hielt man beide Geschlechter für identisch und bezeichnete die Ebersberger als die Gründer des Klosters Kühbach. Auch Tyroller verhält sich hier etwas inkonsequent, indem er die Kühbacher, die doch ein eigener Stamm sind, in die Stammtafel der Grafen von Ebersberg aufnimmt.

Wir haben nun die Fakten zusammengetragen, die es uns ermöglichen, die Entstehung der

---

24 Tyroller, T. 11, Nr. 5.
25 Ebd., T. 2, Nr. 29.
26 E. Frhr. v. Öfele, Traditionsnotizen des Klosters Kühbach, Sitzungsber. d. bayer. Akad. d. Wissenschaften, Hist. Kl. 1894, Notiz 1.
27 MG DD 3, 563f., Nr. 441.
28 Salzburger UB 1, 232, Nr. 4.
29 QE 1 (Traditionen von Obermünster/Regensburg), 171, Nr. 27.
30 Hochstift Passau, Nr. 546
31 MG DD 6, 126f., Nr. 97.
32 St. Paul/Regensburg (QE NF XXXIV), Nr. 24; zu diesem Beleg s. Flohrschütz, Vohburg II, S. 18f.
33 Tyroller, T. 2, Nr. 19.
34 Ebd., T. 2, Nr. 12.

zweiten Geisenfelder Gründungsurkunde in ein helleres Licht zu rücken. Geisenfeld war Hauskloster der Ebersberger; dort verbrachten Willibirg, die Schwester der letzten Grafen, und ihre Töchter Gerbirg, die erste Äbtissin, und Liutgart ihre letzten Jahre. Liutgart starb nach 1051, Gerbirg 1061, Willibirg im hohen Alter 1064. Um 1060 mögen die letzten Ebersbergerinnen den Plan gefaßt haben, den Besitz des Klosters zusammenzustellen und durch Zeugen bekräftigen zu lassen. Es gab wohl auch einen besonderen Anlaß dazu: Anscheinend waren die österreichischen Besitzungen des Klosters gefährdet, zum Teil vielleicht sogar verloren; deshalb rückten sie im Verzeichnis an die erste Stelle. In späterer Zeit erschien diese Urkunde unzureichend; man betrachtete es als notwendig, eine regelrechte Gründungsurkunde zu erstellen. Man schrieb das Ganze auf den Stifter, den Grafen Eberhard von Murach – das ist Mureck in der heutigen Steiermark, dicht an der jugoslawischen Grenze – um, auf den also in der Vorlage Bezug genommen worden war. Nur durch diesen Umstand wissen wir, daß sich dort ein Hauptstützpunkt der Grafen befunden haben muß. Und weil es in erster Linie um den Besitz im Osten ging, hielt es der Fälscher für vorteilhaft, auch die Markgrafen der Steiermark, Zeugen einer späteren Schenkung, in die Zeugenreihe aufzunehmen, und fügte deshalb die gesamten Zeugen dieser Tradition ein. Die übrigen Zeugen beließ er, wobei er übersah, daß es sich nicht um solche von 1037, sondern von ca. 1061 handelte. Den Ehrenplatz als erster Zeuge behielt Graf Babo von Scheyern, damals ein alter, nach mittelalterlichen Begriffen sogar ein uralter Mann, Verwandter der Ebersbergerinnen und gewesener oder noch amtierender Vogt des Klosters.

Die Abkunft der Haziga von Scheyern

Es geht jetzt um die Frage, wie Scheyern vom Grafen Babo – letztmals bezeugt 1062 – an den Grafen Otto – zum ersten Mal als Grafen von Scheyern beurkundet 1070/72[35] – übergegangen ist. Nun war die »Grafschaft« Scheyern keine Gaugrafschaft alter Art, mit der der König nach dem Aussterben der Grafen von Kühbach ein anderes Geschlecht hätte belehnen können, sondern Eigenbesitz, Erbgut, das nach »Privatrecht« weitergegeben und vererbt wurde. Der Zeitraum 1062/72 ist aber zu klein, als daß hier noch ein Erbe eingeschoben werden könnte. Die Burg mit Zubehör ist also entweder an den Grafen Otto oder an seine Gemahlin gefallen; eins der beiden muß mit dem Grafen Babo nah verwandt gewesen sein. Fragen wir zunächst nach den Vorfahren der Haziga.

Nach Franz Tyroller stammt Haziga aus dem Haus der Grafen, das sich später nach Dießen und Andechs nannte[36], und zwar betrachtet er sie als Tochter des Grafen Fridrichs II., der ca. 1035/75 erwähnt ist. Als Beweis dient ihm die Tatsache, daß von den Söhnen Hazigas aus ihrer Ehe mit Graf Herman von Kastl einer Fridrich, also nach ihrem Vater, benannt wurde[37]. Außerdem berichtet der Chronist von Scheyern, die Brüder Sighart, Patriarch von Aquileia, und Ellinhart, Bischof von Pola, seien Söhne der *materterae*, das heißt Tante von

---

35 Hochstift Freising, Nr. 1469.
36 Tyroller, T. 10, Nr. 16.
37 Ebd., T. 14 A, Nr. 4, 12.

Mutterseite, der Haziga, gewesen[38]. Mutter der beiden Kirchenfürsten war Pilihild, Gattin des Grafen Sighart VI. (im Pongau) und Gründers des Klosters Michaelbeuern. Tyroller hält das Wort *matertera* für einen Irrtum des Chronisten (statt dessen *amita* = Tante von Vatersseite); er nennt als ihren Vater den Grafen Fridrich I. (von Dießen)[39]; auch hier dient ihm wieder als Begründung, daß der älteste Sohn aus der Ehe der Pilihild Fridrich hieß[40]. Tyrollers Gründe sind gewichtig; es hängt also vieles davon ab, wie weit wir dem Chronisten von Scheyern Vertrauen entgegenbringen können. Wenden wir uns der Chronik von Scheyern zu.

Konrad von Scheyern schrieb die Chronik in den Jahren 1206–1209[41]. Manches von dem, was er berichtet, liegt also 150 Jahre zurück. Wo er kann, stützt er sich auf Urkunden. Wo ihm keine Unterlagen zur Verfügung stehen, hält er sich an mündliche Überlieferung. Ein Beispiel möge dies veranschaulichen: Anläßlich seiner Ausführungen über die Geschichte der Burg Scheyern kommt er auf einen Grafen Wernher zu sprechen, der in den Ungarnkriegen auf Seiten der Ungarn gekämpft habe[42]; dessen Enkel *(nepos)* sei Otto, der Sohn der Haziga, gewesen. Aus dieser umständlichen Ausdrucksweise läßt sich deutlich ablesen, daß der Chronist selbst nicht wußte, ob dieser Wernher der Vater des Grafen Otto oder seiner Gattin Haziga gewesen ist. Unrichtig ist der Name Wernher; wir wissen nämlich aus anderen Quellen, daß es sich um einen Berthold gehandelt hat[43]. Unrichtig ist auch die Zeit; Konrad von Scheyern hat sich hier um rund 100 Jahre vergriffen. Richtig ist aber, daß in den Geschichten und Sagen, die um die Burg spielen, auch ein Graf Wernher vorkommt, dessen historische Existenz freilich noch nicht nachweisbar ist. Wir brauchen aber nur an den Grafen Rasso von Dießen-Grafrath zu denken. Auch er wurde in die Ungarnkriege zurückversetzt, obwohl er 100 Jahre später lebte; er ist ein Zeitgenosse des Grafen Babo von Scheyern gewesen. Wie man heute vom »Uradel« voraussetzt, daß er sich bis in die Zeit der Kreuzzüge zurückverfolgen lasse, so scheint man damals der Auffassung gewesen zu sein, daß zum Adel nur gehöre, wessen Ahnen schon in den Ungarnkriegen mitgekämpft hätten. Wahrscheinlich hat der Chronist das Geschichtswerk des Bischofs Otto von Freising gekannt; wenn er dennoch den Namen Wernher statt Berthold wählte, so deshalb, weil er es eben »besser wußte«.

Scheyern war schon lange vor Otto I., vielleicht schon seit den Zeiten des Herzogs Arnulf[44], Machtzentrum und Verwaltungsmittelpunkt. Und damit hängt es eben zusammen, daß sich um diese Burg ein Kranz von Geschichten bildete, ursprünglich Berichte und Erzählungen, die mit der Zeit verschwammen, Umbildungen erlebten und zu Sagen wurden. Aus diesem Schatz kommt zum Beispiel die Geschichte vom grausigen Ende des Herzogs Arnulf im Scheyernsee[45].

Was weiß der Chronist über den Grafen Otto I. von Scheyern? Daß er der zweite Gatte

---

38 In MG SS 17, 616 ff., = MB X, 382 ff. Zitiert wird hier nach: MB X; abgekürzt: Chron. Sy.; hier: Chron. Sy., 383.
39 Tyroller, T. 18, Nr. 1 und T. 10, Nr. 8.
40 Ebd., T. 10, Nr. 2.
41 Scheyern, Einleitung, S. 26*f.
42 Chron. Sy., S. 392 f.
43 Flohrschütz, S. 19.
44 Chron. Sy., S. 393: *...ut fertur etiam Arnoldus dux Bavarie... primus hunc montem habitabilem fecit.*
45 Siehe K. Reindel, Luitpoldinger (QE NF 11).

der Haziga gewesen ist; von einer früheren Ehe Ottos weiß er nichts. Was die Pilgerfahrt anlangt, so verwechselt er ihn hier mit seinem gleichnamigen Sohn [46]; es ist allerdings nicht ganz auszuschließen, daß auch Otto I. sich auf eine Kreuzfahrt begeben hat [47]. Drei Söhne aus der Ehe mit Haziga nennt er (scheinbar) richtig, doch bleibt Otto mehr am Rande des Geschehens. Nur einmal bietet Konrad eine scheinbar präzise Angabe: Er behauptet, Otto und Graf Berthold von Burgeck hätten die Burg Glaneck (bei Eisenhofen) *a parentibus* besessen. Diese Formulierung hat der Chronist der Bestätigungsurkunde des Papstes Paschalis vom Jahr 1104 [48] entnommen. Tyroller übersetzt wörtlich »von den Eltern« und macht somit den Grafen Berthold von Burgeck zu einem Vetter Ottos I. von Scheyern [49]. Ich bezweifle jedoch, daß diese Wendung hier wörtlich zu verstehen ist. Man wollte in der päpstlichen Kanzlei nur das legitime Erbrecht betonen. *Parentes* sind in mittelalterlichen Texten oft einfach die »Erzeuger, Vorfahren, Ahnen«. Daß Otto von Scheyern und Berthold von Burgeck verwandt waren, ist unbestreitbar; der Verwandtschaftsgrad kann aber aus dieser Angabe meines Erachtens kaum bestimmt werden.

Was weiß der Chronist von Haziga? Natürlich hat sie als eigentliche Stifterin des Klosters mehr Aufmerksamkeit erfahren als ihr Gatte; außerdem lagen dem Geschichtsschreiber Urkunden vor, die er in seine Erzählungen einbauen konnte. Aber auch darüber hinaus weiß der Chronist über Haziga mehr: Er kennt ihre erste Ehe mit dem Grafen Herman von Kastl und schildert gleich zu Anfang eingehend die Inbesitznahme der Gegend von Bayrischzell, dem einstigen »Helingerswenga«. Man gewinnt den Eindruck, daß Haziga nicht erst durch ihre Heirat mit Otto mit Scheyern bekannt wurde, und dieser Eindruck wird übermächtig an der Stelle, wo sie vom Verfasser dem Leser vorgestellt wird: *Hec (Haziga) igitur nobili et antiquo genere principum de castro Schyren orta...* Besonders der Ausdruck *de castro* gibt zu denken. Als Konrad seine Chronik Anfang des 13. Jahrhunderts niederschrieb, da war es nämlich schon längst üblich, die Adelsfamilien nach einer ihrer Hauptburgen zu benennen; *de Schyren* hätte also genügt. Wenn er die Burg eigens erwähnt, so muß es damit eine besondere Bewandtnis haben. Vielleicht munkelte man, Haziga sei auf dieser Burg geboren, zumindest aber wußte man noch, daß sie die rechtmäßige Besitzerin der Burg gewesen war.

Wenn diese Vermutung zutrifft, dann kann ihr Vater nur der Graf Babo von Scheyern gewesen sein; in den schmalen Zeitraum 1062/70 paßt sonst niemand hinein. Damit vereinfacht sich aber auch die Frage des Besitzüberganges weitgehend. Graf Hermann, der frühere Gatte der Haziga, konnte Scheyern nicht gewinnen, weil er schon 1056 starb, etwa 6 Jahre vor seinem langlebigen Schwiegervater. Bald darauf heiratete Haziga den Otto, der dadurch die Burg samt Zubehör nach dem Tode Babos gewann.

Im übrigen läßt sich auch für den Namen Fridrich, den ein Sohn der Haziga (von Kastl) erhielt, eine Erklärung finden. Wenn nämlich Pilihild, die Gattin des Grafen Sighart VI., *matertera*, das heißt Tante von Mutterseite war, dann waren also Pilihild und Hazigas Mutter Schwestern und somit nach Tyroller Töchter des Grafen Fridrichs I., der ca. 1003/1030

---

46 FLOHRSCHÜTZ, S. 24.
47 Eine Wallfahrt ins heilige Land am Lebensabend war damals anscheinend nicht selten, so z. B. Hadamuot, die Schwester des Grafen Ulrich von Ebersberg. Dieser selbst konnte nur mit Mühe davon abgehalten werden. (FLOHRSCHÜTZ, Ebersberg, S. 110 f.).
48 Scheyern, Dipl. 2.
49 TYROLLER, T. 18, Nr. 1.

vorkommt[50]. Nun ist freilich Namensübertragung vom Urgroßvater auf den Urenkel eine weitläufige Sache, indes haben wir über Familie und Lebensumstände von Hazigas Mutter nicht die geringste Nachricht. Der Name Fridrich könnte als Leitname »mitgenommen« worden sein; er wird ja zum Beispiel Leitname bei den Domvögten von Regensburg. Doch finden wir auch hier keinerlei Hinweis.

Die Stiftung der Haziga

Woher stammt der Bericht von der Rodung der Gegend um das heutige Bayrischzell durch Graf Herman von Kastl, mit dem der Chronist von Scheyern seine Geschichte einleitet? Er ist in erzählendem Ton gehalten; nirgends schimmert Urkundensprache durch, auch wenn Konrad diese Episode vor allem auf die Rechtmäßigkeit der Inbesitznahme zugeschnitten hat. Möglicherweise liegt eine Aufzeichnung zugrunde, weil die geographischen Eigennamen exakt angegeben sind, das meiste aber wird doch wohl aus dem Mund der Haziga selbst stammen. Sicher hat sie an diesem Unternehmen teilgenommen, hat als junge Frau an der Seite ihres Gemahls die einsamen Täler und Forste durchstreift und hat davon berichtet, wenn sie auf dem Weg zum oder vom Leitzachtal auf der väterlichen Burg einkehrte. Wahrscheinlich gehört diese Zeit zu ihren liebsten Erinnerungen; man möchte sie, nach ihrem Handeln zu schließen, als erste Liebhaberin unserer bayerischen Berge bezeichnen. Und es entspricht ganz der mittelalterlichen Mentalität, daß sie dieses Fleckchen Erde, das sie liebgewonnen hatte, heiligen und unter den Schutz und Schirm des Allerhöchsten stellen wollte. Wie ein Zeichen Gottes mögen ihr die beiden Edlen erschienen sein, die der Welt entsagt und sich in dieser Einöde niedergelassen hatten. Daß sie ihren Vetter, den Bischof Ellinhart dazu zu bewegen vermochte, persönlich zu erscheinen und das Kirchlein, das die beiden erbaut hatten, zu weihen, spricht für ihre persönliche Aktivität und für das Interesse, das sie an dieser Angelegenheit nahm. Das geschah im Jahr 1077. Dann nahm sie Verbindung auf zum ehrwürdigen Abt Wilhelm von Hirsau, und er schickte ihr 12 Mönche und 12 Laienbrüder. So hatte sich ihr Lieblingswunsch erfüllt, und alles schien aufs beste geregelt.

Als aber das Murren der Mönche über dieses gottverlassene Tal am Ende der Welt[51] immer lauter und schließlich unüberhörbar wurde, da gab sie nach und verlegte das Kloster ein paar Stunden Weges leitzachabwärts. Wieviel Kummer und Verdruß sie wegen der Haltung der Mönche empfunden haben mag, kann man nur zwischen den Zeilen lesen, aber jetzt kam noch eine Menge Arbeit hinzu. Die Gegend um Fischbachau gehörte nämlich nicht mehr zur Neurodung, sondern dort gebot der Bischof von Freising. Sie verhandelte also mit Bischof Meginwart, und man einigte sich. In mehreren Tauschverträgen[52] konnte sie Fischbachau erwerben. Als 1087 die Kirche dort erbaut und geweiht war[53], da sah es so aus, als wäre dem Vorhaben der Gräfin endlich Erfolg beschieden.

Welchen Anteil nahm eigentlich Graf Otto von Scheyern an der Stiftung seiner Gattin? In

---

50 Tyroller, T. 10, Nr. 2, 8.
51 Chron. Sy., S. 384: *Hii fratres propter viarum difficultatem, silvarum asperitatem victualia non valentes illic comportare, ...*
52 Hochstift Freising, Nr. 1473 (Vogt ist Eckhart) mit Nr. 1472 (Vogt ist Otto); Scheyern, Nr. 2, 3.
53 Chron. Sy., S. 385.

der Scheyrer Chronik erfahren wir darüber überhaupt nichts: dort ist im Zusammenhang mit der Tätigkeit Hazigas nur vom Vogt Eckhart, dem Senior des Hauses Scheyern nach dem Tod Graf Ottos, die Rede[54]. Keine Antwort ist auch eine Antwort: In Scheyern »wußte« man, daß sich Graf Otto am Unternehmen seiner Gemahlin nicht beteiligt, ihren Plan wohl sogar abgelehnt hatte. Es wäre in diesem Zusammenhang wichtig zu wissen, wann Graf Otto I. gestorben ist. M. Stephan betrachtet 1078 als das Jahr seines Todes und begründet diese Meinung damit, daß Graf Otto im Scheyerner Nekrolog als Schenker von einigen Grundstükken eingetragen sei und sich somit an der Stiftung seiner Gattin beteiligt habe[55]. Nun besagt meines Erachtens dieser Eintrag nicht, daß diese Schenkung erst 1078 vorgenommen wurde. Außerdem könnte man dabei an eine kleine List der frommen Haziga denken: Indem sie die Grundstücke, die ihr der Gatte – auf dem Sterbebett? – vermacht hatte, an ihre Stiftung weitergab, erreichte sie, daß ihr Mann in das Nekrolog eingetragen und somit in das Gebet der Klosterbrüder eingeschlossen wurde. So bleibt nur die Nachricht aus den Freisinger Traditionen, daß Otto 1078 noch Freisinger Vogt gewesen ist[56]. Ebenso schwer wiegen meines Erachtens aber die Nachrichten aus Michaelbeuern anläßlich der Gründung dieses Klosters am 17. Juli 1072[57]: In der ersten Zeugenreihe: »Eckhart und Bernhart, Söhne der Hadagunde«, in der zweiten: »Bernhart, Sohn des Grafen Otto«. Graf Otto war also nicht zugegen, obwohl er bei einer so wichtigen Sache wie einer Klostergründung sicher hochwillkommen gewesen wäre. Daß er in der zweiten Zeugenreihe erwähnt wird, braucht nicht zu bedeuten, daß er damals noch gelebt hat, aber die Beurkundung seiner Gattin in der ersten Zeugenreihe mit Vollnamen – Haziga ist Kosename zu Hadagunde – ist unüblich, wenn der Gatte lebt, und es bleibt merkwürdig, auch wenn wir berücksichtigen, daß Haziga als Nichte der Pilihild bei der Feier zugegen war. Außerdem ist 1075 schon Eckhart als Freisinger Vogt bezeugt[58]. Ob man nun aber die Erwähnung des Freisinger Vogtes Otto 1078 als Irrtum des Schreibers hinstellen oder seine Abwesenheit bei der Einweihung Michaelbeuerns durch Krankheit oder wichtige Aufträge »entschuldigen« will: Ein entscheidendes Argument, ob man den Tod des Grafen Otto I. von Scheyern auf den 4. Dezember 1071 oder 1078 festlegen kann, ist meines Erachtens noch nicht gewonnen.

Ein ähnliches Problem ergibt sich, wenn wir die Frage stellen, ob Haziga am Umzug des Klosters nach Glaneck, dem heutigen Petersberg, beteiligt war. Die Chronik stellt eine solche Beteiligung strikt in Abrede[59], M. Stephan glaubt aber, Anzeichen dafür entdeckt zu haben, daß sie auch hier noch durch Schenkungen vertreten sei[60]. Nun hat sie bei dieser Übereignung ihre drei Söhne als Salleute eingesetzt, von denen Eckhart letztmals 1091 bezeugt ist. Auch möchte man es nach dem eben Gesagten nicht glauben, daß sie gänzlich von ihrem ursprünglichen Konzept abgewichen ist. Es könnte aber auch sein, daß sie im hohen Alter stumpf und willenlos geworden ist und dem neuen Plan der jüngeren Generation keinen Widerstand entgegengesetzt hat.

---

54 Ebd., S. 383.
55 Erläuterungen zu Scheyern Nr. 1, S. 4.
56 S. Anm. 52.
57 Michaelbeuren 1 a,b in Salzburger UB I, 777 f.
58 S. Anm. 64.
59 Chron. Sy., S. 387.
60 Scheyern, Nr. 5'.

Die Schenkung des Burggrafen Heinrich

Die Übereigung eines Weinberges bei Regensburg[61] war die erste Schenkung, die nicht aus der Hand Hazigas kam, und zugleich die letzte an Kloster Fischbachau, welche die bisherigen Widmungen abschloß. Einen Weinberg zu besitzen, war damals, als Handel und Wandel noch in den Anfängen steckten, für jedes Kloster eine pure Notwendigkeit. Warum aber gerade der Burggraf von Regensburg? Ein Zusammenhang mit Haziga läßt sich nicht herstellen, eine Verwandtschaft nicht nachweisen. Etwas anders wird die Sache, wenn wir bedenken, daß sowohl die Familie Hazigas als auch die des Burggrafen den Leitnamen Babo hatte. Betrachten wir daraufhin beide Geschlechter nebeneinander, so wie sie von Tyroller untersucht worden sind (21/2), so läßt sich keine Querverbindung herstellen; auch Babo II. von Regensburg, Oheim des Burggrafen Heinrich, kann aus den dargelegten Gründen mit dem Vater der Haziga nicht identisch sein. Die Stammväter beider Dynastien, der Graf Babo im Donaugau, bezeugt ca. 976–1001/02, und Graf Babo »von Kühbach«, nachzuweisen ca. 957–975, liegen ungefähr eine Generation auseinander, doch sind diese Ansätze mehr eine Folge der schlechten Quellenlage im 10. Jahrhundert. Es bleibt also bei der Annahme Tyrollers, die Schenkung Heinrichs seien durch seine Wallfahrt bedingt gewesen[62]. Auf die Frage, warum er gerade die Klöster Fischbachau und Göttweig bedacht hat, müssen wir freilich die Antwort schuldig bleiben.

Eckhart von Wiesing

Der Chronist von Scheyern berichtet: Haziga war zuerst mit dem Grafen Herman von Kastl vermählt; *quo mortuo cuidam comiti Ottoni de Schyren tradita per eum tres filios, Ottonem videlicet, Pernhardum et Ekkardum Comites habuit*[63]. Diese Angabe stürzt uns in Verwirrung, denn es befindet sich kein einziger Name darunter, der zum Stemma der Grafen von Kühbach paßt. Auch stehen die Namen in verkehrter Reihenfolge: Eckhart war nämlich der älteste Sohn, Bernhart der zweite, Otto der dritte; Arnold wird nicht genannt. Doch kann die Behauptung Konrads von Scheyern gar nicht stimmen. Wenn nämlich Graf Herman von Kastl, der erste Gatte der Haziga 1056 gestorben ist, dann müßten die beiden ältesten Söhne Eckhart und Bernhart aus ihrer zweiten Ehe mit Otto nicht lange vor 1060 geboren sein. Unmöglich könnte in diesem Fall Eckhart schon 1075 als Vogt des Bischofs auftreten, wie es in einer Freisinger Urkunde der Fall ist[64].

Auch Otto muß also vor seiner Heirat mit Haziga eine Ehe eingegangen sein. Dies hat schon K. Trotter erkannt[65], und Tyroller hat sich seiner Meinung angeschlossen. Beide sind der Auffassung, daß die beiden ältesten Söhne Eckhart und Bernhart aus dieser Ehe stammen. Von der ersten Frau Ottos wissen wir nichts, und so hat sich Tyroller bemüht, etwas Passendes ausfindig zu machen. Der Name Eckhart ist Leitname der Markgrafen von Meißen;

---

61 Scheyern, Nr. 4.
62 TYROLLER, T. 2, 11, Nr. 8.
63 Chron. Sy., S. 383.
64 Hochstift Freising, Nr. 1470.
65 K. TROTTER, Die Grafen von Scheyern, Dachau und Valley, Wittelsbach, die Pfalzgrafen und Herzöge von Bayern, in: Otto v. DUNGERN, Handbuch zur bairisch-österreichischen Geschichte, 1931, S. 29 f.; Tafel II, Nr. 2.

bei Verwandten mütterlicherseits kommt auch Bernhart vor. Aus diesem Haus müßte laut Tyroller die erste Gemahlin Ottos stammen[66].

Nun hat Tyroller stets die Meinung vertreten, daß auch die Vorfahren Ottos I. von Scheyern mächtige Herren gewesen seien, Grafschaften besessen hätten und ihre Frauen aus den vornehmsten Familien im ganzen Reich geholt hätten[67]. Ich halte das nicht für sicher[68]. Pfalzgraf Berthold aus dem Hause der Luitpoldinger, den Bischof Otto von Freising als Stammvater der Wittelsbacher bezeichnet[69], hatte zweimal gegen den König rebelliert und war 974 abgesetzt worden. Es wäre sehr wohl denkbar, daß seine Nachkommen für einige Zeit von den höchsten politischen Ämtern ferngehalten wurden. Es gab neben den gräflichen Familien eine breite Schicht von Geschlechtern mit hoher Adelsqualität, die jederzeit bereit und fähig waren, in eine entsprechende Position nachzurücken, wenn die Möglichkeit bestand[70]. Aus ihren Reihen nahmen die deutschen Könige die Nachfolger, wenn zum Beispiel ein Grafengeschlecht erlosch. Zu dieser Gruppe könnten auch die Nachkommen des Pfalzgrafen Berthold gehört haben. Wenn aber Otto zu Anfang seiner Laufbahn nur ein *Nobilis* ohne hohes Amt gewesen ist, dann könnte auch seine erste Gattin dieser Schicht entstammt haben. Suchen wir also nach einem Eckhart in entsprechendem Rang:

1. 1047/53 (F 1454) Vogt Otto, Eckhart, Leute *de familia* sind Zeugen für ein Tauschgeschäft des Bischofs von Freising.
2. vor 1045 (F 1447) Graf Otto, Magnus, Eckhart, Adalram, ... sind Zeugen für ein Rechtsgeschäft des Bischofs von Freising mit dem Bischof von Augsburg.
3. 1047/53 (F 1613) Ein Eckhart ist Zeuge unter Edlen (hinter Gamanolf, Berthold, Dietrich, Ernst, vor Ezzo, Gotbold) für einen Tausch des Bischofs.
4. 1024/39 (W 23[71]) Ein (Edler) Eckhart ist erster Zeuge für eine Schenkung des Bischofs.
5. 1024/39 (W 35) Ein (Edler) Eckhart ist erster Zeuge (vor Sighart, Jakob, Erchanbert) für einen Tausch des Klosters mit dem Laien Bernhart betreffend Güter in und bei Berghaselbach (nördl. Freising).
6. ca. 1045/48 (C 1[72]) Zeugen für eine Schenkung des Edlen Rotbert in Gegenwart des Bischofs Nitger von Freising sind Rotbert (wohl der Tradent), Eckhart, Meginhart, Nithart...
7. ca. 1040/50 (E II 11) *Quidam miles* Eckhart tauscht Besitz zu Klettham gegen solchen zu Semptach. Zeugen: Eberhart, Adalram, Graman, Jakob, Hartman.
8. 1045/53 (Schl. 1[73]) Eckhart von »Wising« ist Zeuge hinter Graf Berthold von Dießen für

---

66 S. Anm. 39.
67 Fr. TYROLLER, Die Ahnen der Wittelsbacher, Beilage zum Jahresbericht des Wittelsbacher Gymnasiums München, Schuljahr 1950/51, S. 6f.
68 FLOHRSCHÜTZ, 20.
69 Ottonis Frisingensis Chronicon VI, cap. 20 (Ed. HOFMEISTER), S. 282.
70 FLOHRSCHÜTZ, Ebersberg, S. 68f.
71 Die Traditionen des Klosters Weihenstephan (QE NF XXVII, 1972).
72 Die Traditions-Codex des Collegiatsstifts St. Castulus in Moosburg, OA 2 (1840).
73 Fr. Hector GRAF v. HUNDT, Das Edelgeschlecht der Waldecker auf Pastberg, Holnstein, Miesbach und Hohenwaldeck bis zum Beginn des 13. Jahrhunderts, OA 31 (1871), Anhang: (Urkunden des Stifts Schliersee) Nr. 1. Der nämliche Vorgang mit leicht veränderter Zeugenreihe in Freisinger Gerichtsurkunden Nr. 1 (HStA München).

eine Schenkung des Bischofs Nitger an Schliersee. Dahinter: Rotbert von Oberndorf, Gerold und sein Bruder Jakob.

9. 1003/13 (T 5b[74]) Die Brüder Eckhart und Jacob sind die *proximi heredes* der Güter, die ein Rotbert »Tassilo« (in der voraufgehenden Schenkung) übereignet hat. Erste Zeugen: Graf Fridrich (aus dem Haus Dießen), Meginhart, Bero, Rasso, ...

Die Zahl der prominenten Edlen ist in der ersten Hälfte des 11. Jahrhunderts noch überschaubar und kann manchmal bei genauem Hinsehen von anderen Personen gleichen Namens abgegrenzt werden. So ist bald zu erkennen, daß der Eckhart des 3. Belegs kaum dazugehört: Er steht hinter einigen Edlen von geringer Bedeutung, von denen der erste mit Gamanolf von Schattenhofen (bei Bruck/Ebersberg) identisch sein dürfte[75]. Der andere Eckhart ist hingegen unter den Edlen der erste (Beleg 4, 5) und deshalb auch mehrmals Nachbarzeuge des Grafen beziehungsweise Freisinger Vogtes Otto (Beleg 1, 2 – hier durch Magnus (von Frickendorf) getrennt – und des Grafen Berthold von Dießen (Beleg 8). In Beleg 6 ist er erster Zeuge hinter dem Tradenten Rotbert (von Schleißheim), identisch mit Rotbert von Oberndorf (Beleg 8), Vogts von Tegernsee und Ebersberg und zuletzt Graf[76], also genau von gleichem Rang wie Eckhart.

Die Eckhart-Belege lassen auch Beziehung zum Namen Jakob erkennen. Von etwa 900 bis 1000 finden wir in Freising ununterbrochen Vögte des Namens Jakob – es müssen mächtige Herren gewesen sein! –, dann wird dieser Name plötzlich selten. Die Brüder Gerold und Jakob (Beleg 8, Jakob auch Beleg 5 Vogt und Zeuge, 7), belegt ca. 1030–1070, sind möglicherweise Söhne des Grafen und Vogtes von Freising Gerold, der 1006/39 amtiert[77]; der jüngere Gerold war zeitweise Vogt von Freising, dann von Ebersberg. Die ersten Plätze als Zeugen bei der Schenkung Eckharts an Ebersberg halten wahrscheinlich Eberhart und sein Sohn Adalram von Nöbach, von denen letzterer zeitweise das Kloster Innichen bevogtete[78]. Man sieht: Die Zahl der Unbekannten schrumpft zusehends; die Gruppe dieser Personen, die wir dem Hochadel zurechnen können, wird überschaubar, auch wenn wir von etlichen den Stammsitz nicht kennen.

Ein einziges Mal wird ein Stammsitz genannt, nämlich »Wising«. Damit muß Wiesing im Inntal am Fuß des Achenpasses gemeint sein; im Inntal waren die Grafen von Dießen-Andechs zwischen Rattenberg nahe Wiesing und Fragenstein reich begütert, und Eckhart ist ja Nachbarzeuge des Grafen Berthold. Auch diese Zeugenstellung spricht für eine hohe Adelsqualität jenes Eckharts; da die Straße zum Achenpaß an Tegernsee vorbeiführt, war er sicher auch dort gut bekannt. Es besteht also eine gewisse Wahrscheinlichkeit, daß auch in den übrigen Belegen (mit Ausnahme des 3. und 9.) dieselbe Person gemeint ist. Leider ist die Quellenlage für das Inntal im 11. und auch im 12. Jahrhundert außerordentlich ungünstig, so daß wir kein deutliches Bild vom dortigen Adel gewinnen können.

Beleg 9 fällt in eine Zeit, in der Eckhart noch jung war; vielleicht betrifft er auch die

---

74 Die Traditionen des Klosters Tegernsee (OF NF 9, 1952).
75 FLOHRSCHÜTZ, Ebersberg unter Schattenhofen. Dieser Eckhart gehört wohl nach »Öxing« (bei Mkt. Grafing), vgl. Ebersberg I, S. 24.
76 Ebd., unter Schleißheim.
77 Ebd., unter Gerold (Personenname).
78 G. FLOHRSCHÜTZ, Die Herren von Haunwang und ihre Verwandten, in: Amperland 1973/3, S. 393 f.

vorhergehende Generation. Auffallenderweise finden sich auch hier die Namen Jakob und Rotbert. Hier besteht sicher Verwandtschaft zu den Freisinger Vögten namens Jakob. Wenn uns auch die Beschäftigung mit Eckhart von Wiesing nicht weitergebracht hat, so haben wir seine Verwandtschaft und seinen Rang ungefähr testen können. Er gehört in die Gruppe der Personen mit hoher Adelsqualität, aber ohne Ämter und Würden, in die nämliche Gruppe, in der man auch Otto vor seiner Heirat mit der Witwe Haziga suchen könnte. Man könnte sich Eckhart von Wiesing (ca. 1025–1050) als Schwiegervater Ottos vorstellen.

Der jüngere Bruder Eckharts von Scheyern hieß Bernhart. Wenn wir nun nach einem mit Eckhart von Wiesing vergleichbaren Adligen dieses Namens suchen, so finden wir nichts Entsprechendes. In der Freisinger Gegend gibt es außer dem Eckhart-Beleg 5 keinen Hinweis. Am Alpenrand hören wir immerhin von einem Bernhart von Grub-Sachsenkam, der von 1068 bis 1102 Vogt des Klosters Tegernsee gewesen ist; die Herren von Sachsenkam entsprechen übrigens durchaus dem Typ der »Hochadligen 2. Ranges«, um die es hier geht[79]. Der Name kommt wahrscheinlich von einem Bernhart, der um 1000 Vogt des Goßbert, Abtes von Tegernsee, gewesen ist[80]. Über seine Familie wissen wir freilich nichts; wir stehen eben schon in sehr quellenarmen Zeiten. Zur gleichen Zeit erfahren wir aus Traditionen des Klosters Münchsmünster[81] von einem Bernhart, der über Besitz zu Wangenbach, Baar und Theißing verfügt[82]. Er steht als Zeuge unter Adeligen und wird bei seinem Rechtsgeschäft mit dem Kloster als *Dominus* angesprochen, besaß also ebenfalls hohe Adelsqualität. Ob er mit dem Vogt von Tegernsee identisch ist, läßt sich nicht sagen; der Name seines Sohnes Wolfgoß begegnet bei den hier betrachteten Adelsfamilien nie. Andererseits weilte Graf Bernhart von Scheyern selbst einmal in Münchsmünster[83], übrigens auch in Geisenfeld[84] und wahrscheinlich auch in Weltenburg[85], hatte also in der nämlichen Gegend Interessen wahrzunehmen. Wie man sieht, bewegen wir uns hier auf sehr unsicherem Boden. Doch genügt das, was wir in Erfahrung gebracht haben, zu der Feststellung, daß die Namen Eckhart und Bernhart durchaus nicht von weither in die Familie der Grafen von Scheyern gekommen sein müssen. Wir kennen die Umstände nicht, unter denen Otto I. seine Laufbahn begann, aber es ist gut möglich, daß seine erste Gattin einem einheimischen Adelsgeschlecht entstammte.

Arnold von Scheyern-Dachau

Von den Herren von Scheyern stammen also Eckhart und Bernhart aus einer ersten Ehe Graf Ottos I., Otto (II.) aus der Ehe Ottos I. mit Haziga. Ein Sonderfall ist Arnold.

Das zeigt sich schon in der Chronik. Konrad von Scheyern nennt, wie oben dargelegt, als Söhne Ottos und Hazigas nur Otto, Bernhart und Eckhart; über Arnold schweigt er lange

---

79 FLOHRSCHÜTZ, Ebersberg, unter Sachsenkam.
80 Das Traditionsbuch des Hochstifts Regensburg und des Klosters St. Emmeram (QE NF 8), Nr. 262.
81 Die Traditionen des Klosters Münchsmünster (QE NF 20), Nr. 3, 13, 14, 17.
82 Münchsmünster, Nr. 16.
83 Münchsmünster, Nr. 52.
84 Geisenfeld, Nr. 39.
85 Die Traditionen des Klosters Weltenburg (QE NF 14), Nr. 63.

Zeit. Erst da, wo er auf die *principes de Schyren* zu sprechen kommt[86], nennt er auch Arnold als Stammvater der Grafen von Dachau, ohne ihn aber an die Stammeltern Otto I. und Haziga irgendwie anzuschließen. Etwas später erwähnt er ihn noch einmal[87] und setzt ihn dabei in Beziehung zum Herzog Arnulf von Bayern, wobei er nicht vergißt, dessen »Schandtaten« gegenüber den Klöstern zu gedenken. Tut er das mit Absicht? Kurz vorher stellt er die Behauptung auf, Otto, der Sohn Hazigas, habe vier Söhne besessen (er verwechselte ihn hier mit dem Gatten der Haziga). Kurzum, es ist unschwer zu erkennen, daß der Chronist selbst nicht wußte, ob und wie Arnold mit Otto I. beziehungsweise Haziga verwandt gewesen ist.

Betrachten wir die Urkunden. Kein Zweifel, auch hier spielt Arnold irgendwie die Rolle eines Außenseiters. Seit etwa 1080 taucht er auf und führt sich mit einer Schenkung an das Domkapitel ein[88]. Fast immer nennt er sich nach Scheyern, sowohl in Freising[89] und Weihenstephan[90] wie auch in Tegernsee[91], Geisenfeld, wo er ebenfalls als Schenker auftritt[92], und Brixen[93]. Häufig steht er allein, nie im Anschluß an Otto I. oder Haziga, an Eckhart oder Bernhart. Nur mit Otto (II.) wird er mehrmals zusammen genannt[94], und hier finden wir auch dreimal eine Verwandtschaftsbezeichnung: Arnold ist Bruder des Otto[95]. Hierbei steht Otto dreimal vor Arnold, nur einmal hinter Arnold. Diese Reihenfolge impliziert, daß Arnold der jüngste Bruder ist und nur einmal, sozusagen aus Schlamperei, vor seinem älteren Bruder Otto genannt wird. So hat es auch Tyroller gesehen und angenommen, daß Arnold seinen Namen von einem Bruder der Haziga bekommen habe – eine etwas zweifelhafte Behauptung, denn die Namen richten sich gewöhnlich nach den Vorfahren, nicht nach den Seitenverwandten.

Nun gibt es aber einen Beleg, der all diese Betrachtungen und Berechnungen sofort über den Haufen wirft. In Münchsmünster treten in einer auf 1086 datierten Urkunde anläßlich einer Schenkung der Pfalzgräfin Elisabeth als erste Zeugen auf: Fridrich, Sohn des Grafen Arnolf von (Dießen), Konrad, Sohn des Grafen Arnolf von Dachau[96]. Wenn die ältesten Söhne der beiden Grafen ohne ihre Väter anwesend waren, wie es der Text besagt, dann waren sie beide damals schon mannbar, das heißt bald nach 1070 geboren. Ihre Väter haben also um 1070 geheiratet und deren Geburt wird demnach kaum nach 1050 anzusetzen sein. Das heißt aber, daß das Geburtsjahr des Arnold–Arnolf weit über die Ehe Ottos I. mit Haziga und schier noch über die erste Ehe der Haziga hinausrückt. Damit bekommt alles einen anderen, ich möchte sagen »düsteren« Sinn. Arnolf hätte sehr wohl schon unter Otto I. als Zeuge auftreten können, weil er wohl bald nach 1065 als mannbar gelten konnte. Er müßte nach dem Tod Ottos I. als Ältester, als Senior der Herren von Scheyern unter den Zeugen eigentlich den Spitzenplatz einnehmen. Warum distanziert er sich von ihnen, warum geht er seine eigenen

---

86 Chron. Sy., S. 392.
87 Ebd., S. 393
88 Hochstift Freising, Nr. 1625.
89 Ebd., Nr. 1475, 1487k, 1633ab, 1565, 1664ab.
90 Weihenstephan, Nr. 60ab.
91 Tegernsee, Nr. 89, 93.
92 Geisenfeld, Nr. 29.
93 Die Traditionsbücher des Hochstifts Brixen, hg. v. Oswald REDLICH, 1886, Nr. 370.
94 Hinter Otto: Hochstift Freising, Nr. 1645, 1660a, 1524a (jeweils als *frater eius* bezeichnet); vor Otto: ebd., Nr. 1648a.
95 Ebd.
96 Münchsmünster, Nr. 56; s. dazu auch FLOHRSCHÜTZ, Vohburg II, S. 24.

Wege? Lebt er etwa in Unfrieden mit seiner Familie? Jetzt fällt uns auf, daß er für die Stiftung der Haziga nicht einen Fußbreit seines Besitzes hergegeben hat. Arnolf ist ein Sonderfall unter den Herren von Scheyern, das weiß die Chronik und das zeigen uns die Urkunden, aber über seine Herkunft verraten uns weder der Chronist noch die Urkunden etwas.

Dennoch gibt es da eine Anknüpfung. Aus dem Lambacher Nekrolog[97] erfahren wir, daß der Bischof von Würzburg Adalbero († 1090) einen Bruder Arnold besaß, dessen Gattin Hacecha hieß. Der älteste Bruder hieß Gotfrid, Markgraf der Kärntner Mark, der am 8. Februar 1050 ermordet wurde[98]. Wahrscheinlich kam dabei auch sein Bruder Arnold ums Leben, denn es bleibt die einzige Nachricht, die wir über ihn besitzen. Er stand also damals noch in jungen Jahren, wie uns auch das Todesjahr seines Bruders, des Bischofs, verrät und war noch nicht hervorgetreten; seine Ehe mit Haziga kann nur wenige Jahre gedauert haben. Daß diese Haziga mit der späteren Gräfin von Scheyern identisch ist, sagt uns die Quelle mit keinem Wort. Und was noch schwerer wiegt: Weder der Chronist noch die Urkunden wissen etwas davon; von einem Zusammenhang der Haziga mit den Grafen von Lambach-Wels ist nirgends die Rede.

Wir müssen uns, um einen Überblick über die Lage um 1050 zu gewinnen, mit dieser Grafenfamilie kurz beschäftigen. Ihr Stammvater Ulrich (947–970) war mit einer Tochter des Herzogs von Bayern aus dem Haus der Luitpoldinger verheiratet[99]; daher gehört der Name Arnold (= Arnulf) zu den Leitnamen dieses Geschlechts. Die jüngere Linie der Formbacher, die sich nach Wels und Lambach (in Oberösterreich) nannte, stieg zu hohen Ehren auf: Gotfrid, der Bruder Arnolds und Adalberos, wurde Markgraf der Kärntner Mark; nach seinem Tod 1050 wird auch sein Vater Arnold II. (als Nachfolger seines Sohnes?) als Markgraf bezeichnet. Stammte also Arnold von Scheyern-Dachau aus der Ehe Hazigas mit Arnold III., so war er der letzte männliche Sproß aus dem Hause Wels-Lambach, da der ältere Bruder Gotfrid nur zwei Töchter hatte und der jüngere Bruder Adalbero geistlich geworden war. Er hätte also eigentlich das gesamte Erbe des Hauses bekommen müssen. Wie ist es dann möglich, daß wir bei ihm nicht den geringsten Zusammenhang mit der Herrschaft seiner Väter wahrnehmen können, obwohl wir zahlreiche Belegstellen über ihn besitzen?

Ich setze voraus, daß die Töchter des älteren Bruders, des Gotfrid, viel früher heirateten als der Sohn des jüngeren Bruders, des Arnold, und sie heirateten mächtige Herren: Mathilde den Grafen Eckbert I. aus der älteren Linie des nämlichen Hauses, die jüngere, deren Namen wir nicht wissen, den Markgrafen Otachar II. von Steiermark[100]. Als um 1050 die Katastrophe eintrat und die beiden Grafen Gotfrid und Arnold, die damals in der Blüte ihrer Jahre standen und die Macht des Hauses verkörperten, plötzlich hinweggerafft wurden, da war ihr Vater Arnold II. schon ein alter Mann, der Sohn Arnolds III. noch ein Säugling oder Kleinkind. Vermutlich hatte seine Witwe Haziga zu wenig Anhänger, um ihre Ansprüche durchsetzen zu können; sie war ja damals noch fast ein Mädchen, ihr Vater Babo der letzte seines Hauses. Ob mit oder gegen den Willen Arnolds und seines Sohnes Adalbero, seit 1045 Bischof von Würzburg: Die Schwiegersöhne Gotfrids waren es, die das Erbe verteidigten und dabei, wie nicht anders zu erwarten, in ihren Besitz nahmen. War die Grafschaft Dachau, die der jüngste

97 TYROLLER, T. 9, Nr. 5, 23, 24.
98 Ebd.
99 Ebd.
100 Ebd., T. 9, Nr. 36, T. 4, Nr. 10; siehe dazu auch S. 87 f.: Bemerkungen zu den Ehen Otakars II.

Arnold später erhielt, etwa eine Art Abfindung? War der Zorn über seine Mutter, die wohl auf das Erbe ihres Gatten verzichtet hatte, vielleicht eine der Wurzeln des Familienzwists? Wir wissen es nicht, wir wissen ja überhaupt über die politische Lage um 1050 im allgemeinen und über die Grafen von Wels im besonderen viel zu wenig, als daß wir uns ein abschließendes Urteil erlauben könnten. Es bleibt nur die Vermutung, daß Arnold von Scheyern zum Geschlecht der Grafen von Lambach gehört.

Die Abstammung des Pfalzgrafen Otto von Wittelsbach

Der Chronist von Scheyern berichtet[101]: *Comes Ekkehardus filium egregie strenuitatis Ottonem, qui et postea Palatinus Comes dictus est, habuit.* Desgleichen erfahren wir aus der Welfenchronik[102]: *Ipsa autem Sophia* (Tochter des Ungarnkönigs Geisa I. und Gattin des Sachsenherzogs Magnus) *ex duce Maginone quatuor filias habuit: Wolfhildem nostram* (Gattin Herzog Heinrichs IX. von Bayern), ..., *quartam, quam Eggehardus comes de Schiren a quodam monasterio sanctimonialium in Ratisbona abstulit ac sibi matrimonio copulavit Ottonemque palatinum ex ea progenuit.* Nach diesen Aussagen war also der Pfalzgraf Otto ein Sohn des Grafen Eckhart (I.) von Scheyern, und bei den Welfen wußte man das noch deshalb so genau, weil Eckhart durch die Entführung der jüngsten Tochter des Herzogs Magnus der Schwager Herzog Heinrichs geworden war.

Vergleichen wir diese Angabe mit den Nachrichten, die wir aus den Urkunden und aus der Chronik von Scheyern haben: Nach ihnen besaß Pfalzgraf Otto einen Bruder namens Ulrich, der vor Otto Vogt von Freising gewesen war[103]. Vettern dieser beiden waren die Brüder Otto, Bernhart und Eckhart[104]. Die Mutter des Pfalzgrafen hieß Richgart[105]; sie war eine Tochter des Grafen Ulrich von Krain[106] und Gemahlin Ottos II., Grafen von Scheyern[107]. Über sie kam der Name Ulrich in die Familie. Diese Nachrichten sprechen also eindeutig gegen die Aussagen der Chronisten.

Dazu kommen noch logische Argumente: Wären die Aussagen der Chroniken richtig, so müßten wir Ulrich und Otto als Söhne Eckharts, Otto, Bernhart und Eckhart aber als Söhne Ottos II. betrachten. Dieses Stemma widerspricht aber allen Erfahrungen, die man bei der Genealogie adliger Familien gemacht hat. Obendrein wissen wir jetzt, daß die Brüder Eckhart und Bernhart aus einer anderen Ehe Ottos I. stammten als sein dritter Sohn Otto. Es entsprechen also den Brüdern Eckhart und Bernhart in der folgenden Generation die Brüder

---

101 Chron. Sy., S. 393.
102 Historia Welforum, hg. v. E. König, Stuttgart/Bonn 1978, 26, cap. 15.
103 Ulrich ist bezeugt in Hochstift Freising, Nr. 1667 (FRATRUELIS des Otto [III.]), 1700, 1702, 1715, 1510, 1525h; Weihenstephan, Nr. 68, 70; St. Castulus; Nr. 34; Scheyern, Nr. 5. Bitterauf, Freisinger Traditionen, hat die Zeit des Vogtes Ulrich irrigerweise auf 1123/30 datiert. B. Uhl hingegen (Weihenstephaner Traditionen) hat, dem Vorgang Tyrollers folgend, berichtigt: 1108/14; s. auch Flohrschütz, S. 24.
104 Deutlich Chron. Sy., S. 395: Pfalzgraf Otto und seine *fratrueles* (Vettern) Otto, Bernhard, Eckhart.
105 Beurkundet Ebersberg III, Nr. 32 und Geisenfeld, Nr. 178.
106 S. Tyroller, T. 18, Nr. 4, 6, 9, 10.
107 Otto II. ist als Vater Ottos IV. (des Pfalzgrafen) nur zweimal bezeugt: MB X, Dipl. Sy., S. 440 und in der Chronik von Indersdorf (Augsburg 1762), Kap. I, 1.

Otto, Bernhart und Eckhart, dem Otto in der folgenden Generation die Brüder Ulrich und Otto. Es gibt auch eine Erklärung, wie es zu dieser Verwechslung gekommen ist: In der Regel sammelte der Senior der Familie alle Befugnisse und verkörperte die Macht des Hauses, während die jüngeren Mitglieder der Familie »unansehnlich« blieben. Senior des Hauses Scheyern war nach dem Tode Ottos II. Otto III., der älteste Sohn Eckharts. Doch gibt es von ihm verhältnismäßig wenige Belege[108]. Er blieb unbedeutend, während Otto, der jüngere Sohn Ottos II., einen steilen Aufstieg erlebte und eine gewaltige Macht anhäufte. Auch starb Otto III. schon etwa 1135/40, während der Pfalzgraf bis 1156 am Leben blieb und von sich reden machte. Wie rührig er gewesen ist, erweist schon der Umstand, daß die Belege aus Urkunden und Chroniken, die sich über ihn erhalten haben, kaum zu zählen sind. Er war es, der den Grundstein zur Macht des Hauses Wittelsbach gelegt hat[109].

Rückschau und Ergänzungen

Schlüsselfigur dieser Untersuchung ist Graf Babo von Scheyern. Er ist nur ein einziges Mal bezeugt, und zwar in der spätmittelalterlichen deutschen Übersetzung einer gefälschten Urkunde, die von der Gründung des Klosters Geisenfeld handelt. Die Erkenntnis, daß dieser Babo identisch sein muß mit dem im Zeitraum ca. 1050/60 zweimal beurkundeten Vogt dieses Klosters, führt zu der Überzeugung, daß es sich bei diesem Grafen nicht um die Erfindung eines Schreibers handelt, sondern um eine Person, die tatsächlich existiert hat. Zeitliche Übereinstimmung ergab sich auch mit dem von Franz Tyroller untersuchten Babo aus dem Geschlecht der Grafen von Kühbach, dem dritten dieses Namens, der von ca. 1021 bis 1062 als Graf im Chiemgau tätig war, sich einmal nach Zeitlarn nennt und ein hohes Alter erreicht haben muß.

Babo war der letzte seines Geschlechts und ein mächtiger Mann. Um 1050/55 entschloß sich die Äbtissin Gerbirg von Geisenfeld, an Stelle der beiden Vögte Erchanger von Schambach und Hartwig von Berghofen, die ihr Onkel, der Graf Eberhart von Ebersberg und Gründer des Klosters, als Vögte eingesetzt hatte, diesen Grafen Babo zum Vogt des Klosters zu bestellen; dies geschah in gütlichem Einvernehmen mit den bisherigen Vögten, die dem Kloster weiterhin die Treue hielten. Vielleicht benötigte das Kloster einen kräftigen Schutz. Auf diesen Babo und seinen Anhang muß sich nämlich die Nachricht des Chronisten von Herrieden zum Jahr 1054 beziehen, Bischof Gebhart von Eichstätt habe die *Schirenses* vernichtend geschlagen[110]. Vielleicht ging es in diesem Kampf auch um Belange des Klosters Geisenfeld, zum Beispiel um den Zehnt der Kirche von Gaimersheim, den Bischof Ulrich von Eichstätt dem Stift 1087 tauschweise überläßt[111].

Babo kann Kurzform eines Bald-Namens sein. Nun ist der Personenname Baldwin zwischen Scheyern und Geisenfeld im 11. und 12. Jahrhundert recht bekannt[112]. Es ist aber doch auffallend, daß die Burghüter von Scheyern in fünf aufeinander folgenden Generationen

---

108 Wie Anm. 108.
109 Flohrschütz, S. 25.
110 Anonymus Haserensis, MG SS 20, 238.
111 Geisenfeld, Nr. 27.
112 In Burgstall, Steinkirchen, Hohenried; s. Flohrschütz, Pfalzgrafen, unter den betreffenden Orten.

eben diesen Namen führten[113]. Auch der Name Pebo (Kurzform für Baldwin mit Umlaut) paßt dazu: So hieß ein schon um 1090/1100 bezeugter Dienstmann Arnolds von Scheyern[114]. Nun muß man wissen, daß die Dynasten damals zum Schutz ihrer Burgen nie freie Vasallen, sondern stets waffenfähige Unfreie bestellt haben[115]. Es leuchtet ein, daß man an diesen wichtigen Punkten nur absolut zuverlässige Leute verwendete. Und das waren in erster Linie die eigenen unebenbürtigen Sprößlinge, deren es damals nicht wenige gegeben haben dürfte[116]. Daß die Burghüter von Scheyern so zäh am Namen Baldwin festhielten, muß einen besonderen Grund gehabt haben: Der Verdacht, daß Graf Babo selbst der Stammvater gewesen ist, ist nicht von der Hand zu weisen.

Ist also dieser Graf Babo von Scheyern Wirklichkeit, so braucht auch der Herr gleichen Namens, den Aventin in einer gefälschten Urkunde aus dem Zeitraum 991/94 entdeckt hat[117], nicht erfunden zu sein. Er müßte dann identisch sein mit Tyrollers Babo II. aus dem Geschlecht der Kühbacher, den er in den Zeitraum ca. 980–1008/09 gesetzt hat[118]. Wir werden ja ohnedies annehmen dürfen, daß Scheyern schon mehrere Generationen Hauptsitz einer Linie der Grafen von Kühbach gewesen ist. Auch in Passau scheinen der ältere und der jüngere Babo eine Machtposition besessen zu haben, die wir aber nicht definieren können.

Daß Haziga eine Tochter Babos von Scheyern gewesen ist, kann nicht schlüssig bewiesen werden. Doch meldet der Chronist ausdrücklich, daß sie von der Burg Scheyern stammte. In die geringe zeitliche Differenz – 1061 Babo von Scheyern, 1070/72 Otto von Scheyern – paßt kaum eine andere Person hinein. Auch andere begleitende Umstände fügen sich günstig zu dieser Annahme.

Hypothese ist auch die erste Ehe Hazigas mit dem Grafen Arnold III. von Lambach. Immerhin sind die Grafen von Formbach-Lambach das einzige Geschlecht, das, mit den Liutpoldingern verschwägert, den Namen Arnold (= Arnulf) im 11. Jahrhundert als Leitnamen führte[119]. Daß wir keinerlei Beziehungen Hazigas und ihres Sohnes aus dieser Ehe mit den Grafen von Formbach ausfindig machen können erklärt sich aus dem Umstand, daß Arnold damals noch zu jung war und nicht verhindern konnte, daß die Gatten seiner Cousinen, Graf Eckbert von Formbach und Markgraf Otachar von Steiermark, das Erbe an sich rissen. Wahrscheinlich hat Heilika, damals noch eine sehr junge Frau, darauf verzichtet. So ließe sich die Außenseiterrolle verstehen, die Arnold bei den Grafen von Scheyern spielte. Mit seiner Mutter war er zerstritten, wahrscheinlich wegen ihrer dritten Heirat; zu ihrer Stiftung hat er nicht ein einziges Grundstück beigesteuert. Daß er sich unentwegt nach Scheyern nannte, auch zu Zeiten, da er schon Graf von Dachau gewesen ist, weist darauf hin, daß er als Erstgeborener der rechtmäßigen Besitzerin Ansprüche auf ihr Erbe erhob und sich deshalb mit seinem Stiefvater Otto und dessen Söhnen aus erster Ehe

---

113 Ebd., unter Scheyern.
114 Hochstift Freising, 1633a.
115 FLOHRSCHÜTZ, Ebersberg, S. 55 mit Anm. 59a.
116 Ebd.
117 Wie Anm. 3.
118 TYROLLER, T. 2, Nr. 19.
119 TYROLLER, T. 9 (Formbacher). Dazu FLOHRSCHÜTZ, Vohburg II (Sammelblatt d. Hist. Vereins Ingolstadt 1989, S. 29f.).

Eckhart und Bernhart überwarf. Zu einer Versöhnung scheint es erst gekommen zu sein, als sein Halbbruder Otto herangewachsen war.

Die zweite Ehe Hazigas mit dem Grafen Herman von Kastl ist historisch verbürgt; nicht nur der Chronist von Scheyern, auch die Kastler Reimchronik weiß davon[120]. Die Geschichte, wie ihr Gatte die Gegend von Bayrischzell in Besitz nahm, kannte man allerdings nur in Scheyern – wieder ein Beweis dafür, daß hier die Heimat der Haziga zu suchen ist. Damit ist auch ausgesagt, daß Heilika selbst an dieser Expedition teilgenommen hat. Sie muß das neu erschlossene Land, das ihr Widdum wurde, liebgewonnen haben; allmählich reifte in ihr der Entschluß, es der Kirche zu weihen.

Die erste Ehe der Haziga kann nur kurze Zeit gedauert haben, auch die zweite währte nur wenige Jahre. In dritter Ehe nahm sie um 1057/60 einen Otto, dem sie einen Sohn schenkte, der nach dem Vater genannt wurde. Die Dauer dieser Ehe kann nicht bestimmt werden, da noch fraglich ist, ob ihr dritter Mann 1072 oder 1078 starb. Damit bleibt auch ungewiß, ob Otto den Plan seiner Gattin gebilligt und an ihrer Stiftung teilgenommen hat. Sicher ist, daß sie erst nach seinem Tod ans Werk ging, ihr Vorhaben mit Eifer und Zähigkeit verfolgte und sich auch durch Rückschläge nicht abschrecken ließ. Für Bayrischzell fand sie die Ersatzlösung Fischbachau. Es ist nicht auszuschließen, daß sie gegen Ende ihres Lebens noch wahrnehmen mußte, wie ihr Lebenswerk abermals durchkreuzt wurde. Bei ihr zeigt es sich, wie das Leben auch einer Hochgeborenen damals durchsetzt war von Schicksalsschlägen und Enttäuschungen.

Mit Otto, wohl dem dritten Gemahl der Haziga, betritt eine neue Dynastie die Bühne der Geschichte, die, bekannt unter dem Namen »die Wittelsbacher«, fast 750 Jahre die Geschicke Bayerns leiten sollte. Über die Herkunft Ottos wissen wir, daß er von den Liutpoldingern abstammte; Berthold von Reisensburg, der »Verräter«, der 955 den Ungarn auf dem Lechfeld den Anmarsch des königlichen Heeres preisgab, soll sein Ahnherr gewesen sein[121]. Vom König begnadigt und wieder in sein Amt als bayerischer Pfalzgraf eingesetzt, beteiligte er sich neuerdings 974 am Aufstand Heinrichs »des Zänkers«, wurde abermals abgesetzt und scheint bald darauf gestorben zu sein.

Dem zeitlichen Abstand nach müßte Otto Urenkel Bertholds gewesen sein. Man hat mit einer beinahe naiv anmutenden Selbstverständlichkeit geglaubt, auch der Vater und der Großvater Ottos müßten mächtige Grafen und reiche Herren gewesen sein. Tyroller suchte sie unter den Verwandten der Markgrafen von Schweinfurt und gab ihnen entsprechende Gemahlinnen[122]. Nun war aber Otto sicherlich nicht der Einzige, der für eine höhere Position in Frage kam. Es gab eine beträchtliche Anzahl von Familien, deren Vorfahren einst hohe und höchste Stellungen bekleidet hatten, dann die Gunst des Königs verloren hatten und nun darauf warteten, wieder in den engen Kreis der Mächtigen berufen zu werden. Bei solchen Berufungen spielte die »Hausmacht« eine wesentliche Rolle, das heißt Eigenbesitz und

---

120 Kastler Reimchronik, bei Joseph Moritz, Stammreihen und Geschichte der Grafen von Sulzbach, 2. Abt., in: Abh. d. Hist. Kl. d. kgl. bayr. Akad. d. Wissenschaften, 1. Bd., Teil I, München 1833, Vers 451. Die Chronik gibt der Haziga als zweiten Gemahl einen Herrn Wernher von Scheyern (Vers 462). Vielleicht war dieser sagenhafte Graf Wernher von Scheyern ein Verbündeter des Berthold von Reisensburg. Vgl. Seite 9.
121 S. Anm. 69.
122 Tyroller, T. 3, Nr. 24, 31 und T. 18, Nr. 1.

Erbrechte, zum Beispiel Vogteien, Zahl der Vasallen, Beziehungen zu anderen Mächtigen des Reiches und dergleichen mehr.

Es wäre nur zu verständlich, wenn die Könige die ältere Linie der Liutpoldinger, die in Bayern im 10. Jahrhundert großen Anhang besaß und mehrere Aufstände hervorgerufen hatte, für einige Zeit aus der politischen Arena entfernt hätten. Den Vater und den Großvater Ottos von Scheyern kennt weder der Chronist von Scheyern noch irgend ein anderes Geschichtswerk oder Dokument. Der Stammsitz wird uns nicht genannt, der Besitz kann nicht eben bedeutend gewesen sein[123]. Es ist demnach durchaus möglich, daß Otto seine Laufbahn als einfacher Edelmann begann und daß er seine erste Gattin aus demselben Kreise nahm, dem er selbst angehörte. Der Hochedle Eckhart von Wiesing im Inntal, wohl zweimal Nachbarzeuge Ottos, könnte dessen erster Schwiegervater gewesen sein. Er ist wahrscheinlich Nachkomme der Jakobinger, Vögte der Bischöfe von Freising das ganze 10. Jahrhundert hindurch und mächtiger Herren, und könnte seinem Schwiegersohn den Weg zur Vogtei über das Bistum geebnet haben. Er war vielleicht Verwandter des Vogtes von Tegernsee namens Bernhart (um 1000); so könnte der Personenname Bernhart in die Familie der Grafen von Scheyern gekommen sein.

Otto war aber auch Günstling des Königs Heinrichs III. Wie und warum er dessen Huld erlangt hat, bleibt uns verborgen, doch die Tatsachen sprechen eine deutliche Sprache: Um 1045 führt Otto den Grafentitel[124], bald darauf ist er auch Freisinger Vogt[125]. Der Hintergrund ist klar: Nachdem die Grafen von Ebersberg 1045 ausgestorben und die von Kühbach am Erlöschen waren, brauchte Heinrich III. einen starken Mann, der ihm dabei helfen sollte, das mühsam bewahrte Gleichgewicht unter den Mächtigen in Bayern weiterhin zu erhalten, und stattete ihn mit entsprechender Macht aus. Ottos Heirat mit Haziga von Scheyern fällt hingegen in die ersten Regierungsjahre Heinrichs IV. und mithin in eine Zeit der Wirren; es ist nicht zu erkennen, ob diese Verbindung »von oben« gefördert wurde oder ob Otto hier aus eigener Initiative handelte. Jedenfalls gewann er dadurch einen beträchtlichen Teil aus dem Erbe der Grafen von Kühbach, darunter möglicherweise (Unter-)Wittelsbach. Der Umstand, daß sein zweiter Schwiegervater bis 1062 am Leben blieb und ein alter Mann wurde, hatte verhindert, daß sein Erbe an einen der früheren Gatten der Haziga gefallen war. Der einzige Sohn aus der Ehe Ottos mit Haziga – sie stand damals wahrscheinlich schon in den Dreißigern – war Otto II. Er ist – entgegen den Aussagen zweier mittelalterlicher Geschichtsschreiber – der Vater des ersten Pfalzgrafen und damit Stammvater aller Wittelsbacher.

---

123 FLOHRSCHÜTZ, Pfalzgrafen, S. 44 f.
124 Hochstift Freising, Nr. 1447. Welche Grafschaft Otto damals erhielt, ist noch nicht klar. Die Annahme Tyrollers, es handle sich um Kühbach-Hörzhausen (wie Anm. 67, S. 11) wird neuerdings von Liebhart in Frage gestellt (W. LIEBHART, Burg, Markt und Zoll im 12. Jahrhundert, in: Aichach im Mittelalter, 1985, S. 44). Auch der Kelsgau kommt kaum in Frage: Ein Graf Otto dort 1040 (Weltenburg, Nr. 1); dazu FLOHRSCHÜTZ, Vohburg II (wie Anm. 103), 55 f.
125 Hochstift Freising, Nr. 1464.

Die Grafen von Scheyern

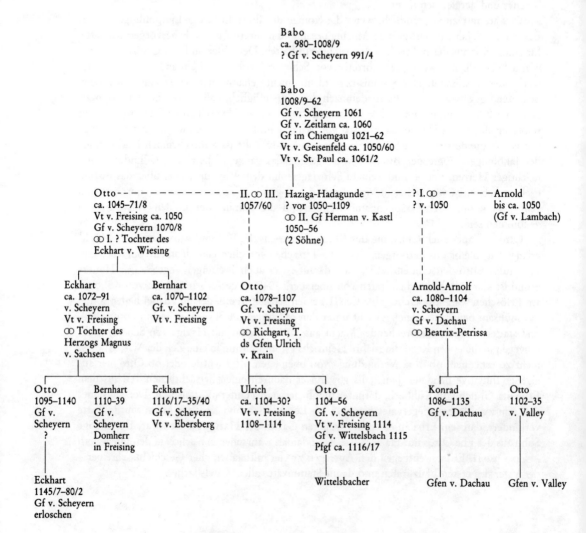

Zur Geschichte der Güter und Herrschaftsrechte des Klosters Fultenbach

von Helmut Lausser

Die Gebäude des 1802/03 von Bayern säkularisierten Benediktinerklosters Fultenbach wurden im Jahre 1811 von Privaten aufgekauft und so vollständig niedergelegt, daß in dem heute etwas mehr als 20 Anwesen umfassenden Ort außer einem Kellergewölbe im Gasthof und einer Gedenktafel an der 1844 errichteten Kapelle nichts mehr an das vormalige Gotteshaus erinnert. Dies mag ein Grund dafür sein, daß das Kloster nicht nur im Bewußtsein der Nachwelt, sondern auch in der professionellen Historiographie bislang nur geringe Beachtung fand. Neben der 1914/15 im Jahrbuch des Historischen Vereins von Dillingen erschienenen Geschichte des Klosters Fultenbach von Augustin Hafner, die sich jedoch vorrangig mit den Äbten des Klosters und ihrer Tätigkeit beschäftigt, und der Erwähnung Fultenbachs in einigen Sammelwerken gibt es bis heute keine die rechtliche Stellung des Gotteshauses behandelnde Darstellung[1]. Ein Teil der Fultenbacher Urkunden ist jedoch, da in ihnen vielfach Belange des Hochstifts Augsburg berührt werden, bei Vock unter den Urkunden des letzteren ediert, insbesondere diejenigen, die Fragen der Vogteiherrschaft zum Inhalt haben[2].

Das Kloster Fultenbach lag in der äußersten Südostecke des Altlandkreises Dillingen. Das an seiner Stelle entstandene Dorf war bis zur Gebietsreform Teil der Gemeinde Ellerbach. Seit dem 1. Januar 1975 gehört es zusammen mit dieser zur Gemeinde Holzheim. Infolge seiner geringen Größe fehlt Fultenbach in den meisten Autostraßenkarten. Seinen Namen bezog das Kloster vom Fultenbach, der etwa 2 km westlich von diesem entspringt und einen knappen Kilometer nördlich von Zusamzell in die Zusam einmündet[3]. Andererseits lag das Kloster an der früher bedeutsameren Verbindung von Holzheim, wo sich die von der Donau herführenden Straßen von Lauingen und Dillingen treffen, über Ellerbach, Zusamzell, Welden, Adelsried nach Augsburg und nur wenig westlich der dem Tal der Zusam folgenden Straße von Zusmarshausen über Wertingen nach Donauwörth.

---

1 A. Hafner, Geschichte des Klosters Fultenbach, in: JHVD 27 (1914) 1–97 und JHVD 28 (1915) 255–309. Handbuch der historischen Stätten Deutschlands, Bd. 7 (Bayern), hg. von K. Bosl, Stuttgart ²1965, S. 215. Die Kunstdenkmäler von Bayern, Reihe Schwaben, Bd. 7 (Landkreis Dillingen an der Donau), bearb. von W. Meyer, München 1972, S. 272–276. J. Hemmerle, Die Benediktinerklöster in Bayern (=Germania Benedictina 2), Augsburg 1970, S. 106–109. Der Landkreis Dillingen ehedem und heute, hg. vom Landkreis Dillingen a.d. Donau, 2. Auflage, Dillingen 1982, S. 493.
2 W. E. Vock, Die Urkunden des Hochstifts Augsburg 769–1420, hg. von der Schwäbischen Forschungsgemeinschaft bei der Kommission für bayerische Landesgeschichte, Augsburg 1959.
3 R. H. Seitz, Historisches Ortsnamenbuch von Bayern (HONB), Reihe Schwaben Bd. 4 (Land- und Stadtkreis Dillingen a.d. Donau), hg. von der Kommission für bayerische Landesgeschichte, München 1966, S. 57f., Nr. 113 und Nr. 114.

I. Die Gründung des Klosters

Seine höchstwahrscheinlich 739/40 erfolgte Gründung verdankte Kloster Fultenbach allem Anschein nach den politischen Spannungen im alemannisch-bajuwarischen Grenzraum, die sich seit 720 daraus ergaben, daß die karolingischen Hausmeier des fränkischen Reiches, insbesondere der tatkräftige Nachfolger und außereheliche Sohn Pippins II., Karl Martell, unverkennbar darangingen, die Selbständigkeit der alemannischen und bajuwarischen Herzöge zu beenden und deren Herrschaftsgebiete wiederum dem Reichswillen zu unterwerfen[4]. Das gewaltsame Eingreifen Karl Martells in die baierischen Erbstreitigkeiten von 728 und die militärische Unterwerfung des Alemannenherzogs Lantfried im Jahre 730 mußten dem auf seine Unabhängigkeit bedachten baierischen Adel die Gefahr vor Augen führen, die ihm von seiten der Karolinger drohte[5]. Für die Agilolfinger und ihren Anhang galt es deshalb, ihre Positionen entlang des Lechs so weit auszubauen, wie es der Druck der übermächtigen Hausmeier gestattete. Dieser zeigte sich in jenen Jahren auch in der Tätigkeit des von Karl Martell begünstigten und kräftig unterstützten päpstlichen Legaten Winfried/Bonifatius, des auch im alemannisch-baierischen Grenzraum aktiven Reorganisators der kirchlichen Verhältnisse in der Osthälfte des Frankenreiches[6]. Vermutlich auf Anregung des Bonifatius hin erließ Papst Gregor III. um 738 ein Rundschreiben an die Bischöfe Baierns und Alemanniens, in welchem er diese aufforderte, sich den Weisungen seines Legaten zu fügen und sich auf einer von diesem einberufenen Synode einzufinden[7]. Vieles spricht dafür, den die Reihe der bischöflichen Adressaten des oberhirtlichen Rundschreibens anführenden Wiggo (Uiggo) mit dem um diese Zeit in Augsburg amtierenden, aber »extra ordinem ecclesiam« stehenden Bischof Wikterp gleichzusetzen[8]. Dieser war ein Angehöriger des baierischen Hochadels, vielleicht sogar mit den Agilolfingern versippt, ganz sicher jedoch ein Gegner des karolingischen Zentralismus[9]. Weder Wikterp noch das Bistum Augsburg wurden von der Neuordnung der baierischen Bistumsorganisation durch Bonifatius im Jahre 739 unmittelbar betroffen[10], dennoch scheint der Zugriff der Karolinger auch hier so bedrohlich geworden zu sein,

---

4 Bewaffnete Vorstöße Karl Martells nach Alemannien und Baiern sind belegt für die Jahre 722, 723, 725, 728 und 730; F. Zoepfl, Das Bistum Augsburg und seine Bischöfe im Mittelalter, Augsburg 1955, S. 28.
5 728 entschied Karl Martell den Streit um die Herrschaft in Baiern zwischen Herzog Grimoald und dessen Neffen Hucbert durch sein bewaffnetes Eingreifen zugunsten des letzteren; Handbuch der bayerischen Geschichte, hg. von M. Spindler, Bd. 1, München 1967, S. 123.
6 F. Zoepfl, Das Bistum Augsburg, S. 29.
7 MGH Ep 3, S. 292, Nr. 44. Bonifatius weilte zur Zeit der Abfassung des Briefes zur Vorbereitung der Maßnahmen zur Ordnung der kirchlichen Verhältnisse in Alemannien und Baiern persönlich in Rom.
8 F. Zoepfl, Das Bistum Augsburg, S. 30 und S. 35; H. U. Rump, Historischer Atlas von Bayern, Teil Schwaben, Bd. 9 (Füssen), hg. von der Kommission für bayerische Landesgeschichte, München 1977, S. 42; R. Bauerreiss bezieht Wikterp auf ein von ihm für das 8. Jahrhundert angenommenes Bistum Neuburg im Staffelsee; R. Bauerreiss: Kirchengeschichte Bayerns, Bd. 1, 2. Auflage, St. Ottilien 1974, S. 6–10.
9 K. Schmid, Bischof Wikterp in Epfach. Eine Studie über Bischof und Bischofssitz im 8. Jahrhundert, in: Studien zu Abodiacum-Epfach (I), hg. von J. Werner, MBVF 7 (1964) 99–139; W. Störmer, Früher Adel. Studien zur politischen Führungsschicht im fränkisch-deutschen Reich vom 8. bis 11. Jahrhundert (=Monographien zur Geschichte des Mittelalters 6) Stuttgart 1973, S. 334; H. U. Rump, Historischer Atlas Füssen, S. 66.
10 F. Zoepfl, Das Bistum Augsburg, S. 30.

ZUR GESCHICHTE DER GÜTER UND HERRSCHAFTSRECHTE DES KLOSTERS FULTENBACH

Die Grundherrschaft des Klosters Fultenbach im Jahre 1800

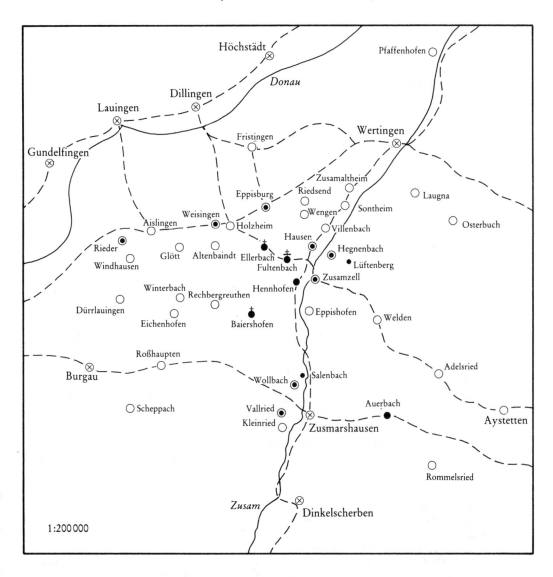

⊗ Burgau   Orte zur Orientierung
○ Glött   Orte mit zeitweiligem Gutsbesitz Fultenbachs
●   ganz oder teilweise unter Fultenbacher Ortsherrschaft stehende Dörfer
•   Einzelgüter des Klosters
☩   Orte mit Fultenbacher Patronat

daß Wikterp, »von Bonifatius nicht anerkannt und durch die damals akuten Kämpfe zwischen dem Baiernherzog und den Franken im baierisch-alemannischen Grenzgebiet an der Ausübung seiner bischöflichen Tätigkeit in Augsburg verhindert«, gezwungen war, sich in Neuburg an der Donau eine Ausweichstellung auf baierischem Boden zu suchen[11]. Neuburg scheint um 741/42 von Papst Zacharias auf Betreiben Herzog Odilos und möglicherweise mit Unterstützung des diesem freundlich gesinnten Bonifatiusnachfolgers in Baiern, des päpstlichen Legaten Sergius, sogar zu einem selbständigen Bischofssitz erhoben worden zu sein[12]. Zu diesem Zweck wurden vermutlich die rechts des Lechs gelegenen und noch nicht von Parteigängern der Karolinger kontrollierten Teile der Diözese Augsburg abgetrennt und zu einem neuen baierischen Bistum zusammengefaßt[13]. Die endgültige Absetzung Wikterps als Bischof von Augsburg dürfte infolge der Niederlage Herzog Odilos gegen Karlmann im Jahre 743 erfolgt sein, deren Ort man bei Apfeldorf südlich von Epfach am Lech vermutet. Zwar blieb Wikterp Bischof von Neuburg, doch scheint er es nach der Neugründung des Bistums Augsburg im Jahre 745, die zweifelsohne machtpolitischen Charakter hatte, vorgezogen zu haben, seine Residenz nach Epfach zu verlegen, wo er sich auf umfangreiche Eigengüter stützen und versuchen konnte, die geschwächte Position des baierischen Herzogtums wie auch seine eigene noch einmal zu stabilisieren und abzusichern[14]. Wikterp starb 771/72 in Epfach, ohne sein Augsburger Bistum wiedererlangt zu haben.

Die Vorgänge um Bischof Wikterp wären an dieser Stelle nicht weiter erwähnenswert, gäben sie nicht den allgemeinhistorischen Hintergrund für ein Ereignis ab, das ob seiner legendenhaften Überlieferung sonst wohl kaum besondere Beachtung gefunden hätte. Die leider nur bis ins Jahr 1647 zurückzuverfolgende Klostertradition, welche als Jahr der Gründung Fultenbachs das Jahr 739/40 angibt, nennt als Stifter des besagten Gotteshauses ausdrücklich eben jenen Bischof Wikterp von Augsburg, eine bei der Seltenheit der Zeugnisse über denselben bemerkenswerte Feststellung, denn bis ins 16. Jahrhundert hinein wird Bischof Wikterp insgesamt nur zwölfmal genannt[15].

Wenn die Klostertradition auf zuverlässigen Quellen beruht – und es besteht kein Anlaß, dies in Zweifel zu ziehen – dann fällt die Gründung Fultenbachs in die Zeit, in welcher der baierisch gesinnte Wikterp gegen die Ordinierungsmaßnahmen des karolingerfreundlichen Bonifatius um seine bischöfliche Stellung kämpfte, das heißt in die wenigen Jahre, in denen Wikterp als Bischof von Augsburg noch nicht abgesetzt, aber bereits aus seinem bischöflichen

---

11 H. U. RUMP, Historischer Atlas Füssen, S. 45.
12 F. ZOEPFL, Das Bistum Augsburg, S. 32 ff.
13 Ebd., S. 33.
14 H. U. RUMP, Historischer Atlas Füssen, S. 32–48.
15 C. STENGEL, Commentarius rerum Augustanarum Vindelicarum, Ingolstadt, 1647, S. 65 (*Eodem paene tempore, nempe circa annum Christi DCCXXXIX S. Wicterpus hortante Bonifacio fundavit monasterium S. Michaelis in Fultenbach, in eo anachoretas et vitam solitariam amantes, in silvis circumcirca sancte licet de gentes congregando atque regulari et monasticae disciplinae mancipando*). C. KHAMM, Hierarchia Augustana III, Mainz 1714, S. 272 (*Ex probatissimis et antiquissimis monumentis argumentisque evidentibus S. Wicterpus episcopus Augustanus cum S. Bonifacio ecclesiam Benedictoburanum anno 740 consecravit nec non sub id aevi cum S. Bonifacio monasterium Fultenbacense fundavit*). Vgl. dazu K. SCHMID, Bischof Wikterp in Epfach, S. 110–119 und H. U. RUMP, Historischer Atlas Füssen, S. 37 f., Anm. 42.

Sitz nach Neuburg abgedrängt worden war[16]. Unter diesen Voraussetzungen könnte die Gründung Fultenbachs auf der fränkischen Seite des Lechs ein Versuch gewesen sein, in der damals noch nicht entschiedenen Auseinandersetzung mit Karl Martell einen Stützpunkt zur Absicherung der baierischen Positionen im Vorfeld der bedrohten Grenze zu schaffen. Dies konnte jedoch nur dann mit einiger Aussicht auf Erfolg geschehen, wenn es sich bei dem Gebiet, das der Klostergründer seiner Stiftung als materielle Basis zur Verfügung stellen mußte, um eigenen, befreundeten oder gar de facto noch herrenlosen Besitz handelte. Tatsächlich war das mit Wald bedeckte tertiäre Hügelland südlich des Donaurieds damals noch fast gänzlich unbesiedelt. Lediglich an seinem Nordrand existierten einige Altsiedlungen der Alemannenzeit. Allein von dem etwa 4 km nordwestlich von Fultenbach gelegenen Holzheim aus waren um diese Zeit bereits mehrere Ausbausiedlungen von Norden her in dieses Gebiet vorgetrieben worden. Daß Holzheim um die Mitte des 8. Jahrhunderts selbst aber bereits unter dem Einfluß der im Donauraum stark präsenten Macht der Karolinger stand, zeigt seine dem hl. Martin von Tours geweihte Urpfarrei, deren Sprengel ursprünglich auch die benachbarten Orte Weisingen, Altenbaindt, Eppisburg und mit großer Wahrscheinlichkeit auch Glött umfaßte[17]. Insofern darf die Gründung Fultenbachs wohl als bewußter Versuch Wikterps angesehen werden, der Ausbreitung der Karolinger in diesen grundherrschaftlich noch wenig erschlossenen Raum durch eigene Besiedlungsinitiativen entgegen zu wirken und einem möglichen weiteren Vordringen derselben von Holzheim aus in Richtung auf das Zusamtal hin den Weg zu verstellen.

Zwar drängen sich bei der Untersuchung der Gründungsumstände des an der Nordwestecke des Machtbereichs der Baiern gelegenen Fultenbach Vergleiche mit den Anfängen der Magnuszelle in Füssen auf, welche nur wenige Jahre später ebenfalls auf Initiative Bischof Wikterps unter tatkräftiger Mitwirkung des karolingerfeindlichen Abtes Otmar von St. Gallen an der südwestlichen Ecke Baierns entstand[18], doch lassen sich aufgrund der unzureichenden Quellenlage für Fultenbach nur sehr allgemeine Angaben machen. Wir wissen nicht einmal, woher die ersten Mönche kamen. Sicher ist lediglich, daß dem Kloster nur mehr wenig Zeit verblieb, um in dem von seinem Gründer beabsichtigten Sinne wirksam werden zu können, da der Einfluß Wikterps in unserem Gebiet schon im folgenden Jahre merklich schwand und nach der Niederlage der Baiern von 743 endgültig erlosch[19].

Die von Stengel und Khamm behauptete Mitwirkung des Bonifatius an der Gründung Fultenbachs kann zwar nicht grundsätzlich ausgeschlossen werden, erscheint jedoch als wenig wahrscheinlich und auf eine durch den großen zeitlichen Abstand bedingte Verkennung der tatsächlichen Vorgänge zurückzugehen[20]. Möglicherweise sorgte der »Apostel der Deutschen«, der sich im Jahre 740 tatsächlich im alemannisch-baierischen Grenzgebiet aufhielt, bei der Gründung Fultenbachs wie anderswo für eine angemessene Berücksichtigung der Inter-

---

16 H. U. Rump, Historischer Atlas Füssen, S. 42f.
17 R. H. Seitz, HONB Dillingen, S. 5, Nr. 11, S. 47f., Nr. 96, S. 61f., Nr. 121, und S. 204f., Nr. 442.
18 H. U. Rump, Historischer Atlas Füssen, S. 32–48.
19 A. Hafner führt zum Beweis dafür, daß Fultenbach eine Gründung des 8. Jahrhunderts ist, auch noch das Michaelspatrozinium des Klosters, die Nähe der vermuteten alten Ausbauzelle Zusamzell und die von Papst und Bischof unwidersprochen zugelassene 1000-Jahr-Feier des Klosters im Jahre 1739 an; A. Hafner, Geschichte des Klosters Fultenbach, in: JHVD 27 (1914), S. 1ff.
20 Siehe Anm. 15.

essen der mit den Karolingern eng verbundenen Reichskirche, um auf diese Weise die Entstehung von Machtpositionen außerhalb derselben zu verhindern, solange die endgültige Machtprobe zwischen der Reichsgewalt und den Baiernherzögen noch ausstand. Eine persönliche Anwesenheit des Bonifatius bei der Gründung Fultenbachs, wie etwa bei der Einweihung des Klosters Benediktbeuren, wo trotz aller politischer Differenzen Wikterp und Bonifatius gemeinsam auftraten, muß daraus aber nicht gefolgert werden[21].

Über die Weiterentwicklung Fultenbachs nach 740 wissen wir so gut wie nichts. Wir kennen weder seine ursprüngliche Güterausstattung, noch hören wir von irgendwelchen Schenkungen von anderer Seite. Dagegen scheint es einen authentischen Hinweis auf das Ende der ersten Fultenbacher Mönchsgemeinschaft zu geben. Der ungarische Geschichtsschreiber Simon von Keza nennt unter den Orten in Altbaiern und Schwaben, die während der Ungarneinfälle der Plünderung und Vernichtung durch seine Landsleute zum Opfer fielen, auch ein »Vuldense monasterium«[22]. Da Fulda wegen der beschriebenen Lageverhältnisse dafür nicht in Frage kommt, darf dieser Hinweis mit einiger Wahrscheinlichkeit auf unser Kloster bezogen werden. Demnach hätte Fultenbach gleich zahlreichen anderen Klöstern Süddeutschlands sein Ende in dem verheerenden Ungarneinfall des Jahres 955 gefunden. Was mit dem klösterlichen Gutsbesitz geschah, ist nicht bekannt, doch besteht eine gewisse Wahrscheinlichkeit für die Annahme Alfred Schröders, daß es sich bei dem Gründungsgut, mit welchem die Herren von Winterbach um 1130 die Erneuerung des Klosters vornahmen, um den vormaligen Besitz Fultenbachs gehandelt habe, den die Herren von Winterbach nach der Verödung des Gotteshauses an sich gezogen hätten[23].

II. Die Erneuerung des Klosters um 1130

Über die Ruinen der 955 vernichteten Gründung Bischof Wikterps wären wohl das Gras und das Vergessen der Geschichte gewachsen, hätte nicht der Geistliche Gebino (sacerdos) zusammen mit seiner Mutter Diethegeba (bei Schröder »Otgeba«) und seinen Geschwistern Bertholfus, Luitgarde und Richinza das Kloster im Jahre 1130 erneuert[24]. Nach der am 25. März 1130 durch den Bischof (Hermann) von Augsburg ausgestellten Bestätigungsurkunde hätten die Genannten nach dem Tode von Gebinos Bruder Kadelaus ihren gesamten

---

21 MGH SS 3, S. 170; J. Friedrich, Kirchengeschichte Deutschlands, 2. Teil, 1. Hälfte, Bamberg 1869, S. 650; F. Zoepfl, Das Bistum Augsburg, S. 36.
22 MGH SS 29, S. 535; A. Schröder, Die Ortsnamen im Amtsbezirk Dillingen, in: JHVD 33 (1920), S. 51; R. H. Seitz, HONB Dillingen, S. 57f., Nr. 113. U. a. fielen damals auch die Klöster Altomünster, Benediktbeuren, Neresheim, Polling, Schäftlarn, Schlehdorf, Thierhaupten und Wessobrunn den Ungarn zum Opfer; vgl.dazu L. Brunner, Die Einfälle der Ungarn in Deutschland bis zur Schlacht auf dem Lechfelde am 10. August des Jahres 955, Augsburg 1855.
23 A. Schröder, Das Bistum Augsburg, historisch und statistisch beschrieben, Bd. 5 (=Steichele/Schröder 5), Augsburg 1895, S. 790; A. Hafner, Geschichte des Klosters Fultenbach (1914), S. 10ff.
24 HStAM Kloster Fultenbach U 1; W. E. Vock, Die Urkunden des Hochstifts Augsburg, S. 9f., Nr. 22; A. Schröder, Das Bistum Augsburg, Bd. 5, S. 790; A. Hafner, Geschichte des Klosters Fultenbach (1914), S. 14–19. Über die Verwandtschaftsverhältnisse innerhalb der Stifterfamilie machen die Übersetzer der Urkunde unterschiedliche Angaben. Nach Vock waren Luitgarde und Richinza die Töchter des verstorbenen Kadelaus.

Besitz auf die Wiedererrichtung des Klosters St. Michael zu Fultenbach verwandt, um anschließend gemeinsam in das erneuerte Kloster einzutreten und in diesem ein zurückgezogenes Leben nach der Regel des hl. Benedikt zu führen. Besagter Kadelaus hatte kurz zuvor ein beklagenswertes, wohl gewaltsames Ende gefunden[25]. Ob bei dieser Stiftung die Erinnerung an die widerrechtliche Herkunft der Gründungsgüter aus dem entfremdeten Besitz der abgegangenen Wikterpgründung eine Rolle spielte, wie Schröder und Hafner vermuten, oder nicht, muß offen bleiben, da die einzige Quelle über die Vorgänge von 1130, die Bestätigungsurkunde Bischof Hermanns, von einer Erneuerung des Klosters selbst nicht spricht und auch keinerlei Hinweise auf vorangegangene Ereignisse enthält. Die Übergabe der Stiftungsgüter, die im einzelnen nicht aufgeführt sind, erfolgte nach Aussage der vorliegenden Quelle durch die Hand des Hochstiftsvogtes Werinher (von Schwabegg), dessen Gemahlin Richinza (von Balzhausen) und ihrer Söhne Wernherus und Adelgoz auf dem Marienaltar des Augsburger Domes[26]. Von den meisten Gütern im engeren Umkreis Fultenbachs, über welche keine Kaufurkunden oder andere Belege ihrer Herkunft vorliegen, darf deshalb angenommen werden, daß es sich dabei um solche handelt, die von den Stiftern des Klosters bei seiner Gründung in dasselbe mit eingebracht worden sind[27].

Mit Schwierigkeiten verbunden ist auch die Feststellung der Familienzugehörigkeit der Stifter, da ihre einzige urkundliche Erwähnung nur Rufnamen nennt. Es darf jedoch davon ausgegangen werden, daß die Gründer Fultenbachs nach Lage der Stiftungsgüter in nicht allzu großer Entfernung von diesem Kloster ansässig gewesen sein müssen. Unter anderem auf diese Tatsache stützt sich die Vermutung Schröders, daß die Stifter Fultenbachs dem Geschlechte der Herren von Winterbach angehört haben könnten. Diese Hypothese sieht Schröder damit bestätigt, daß »der sonst seltene Name Gebino im Geschlechte derer von Winterbach urkundlich bezeugt ist, ferner, daß Kloster Fultenbach in Winterbach Güter besitzt, welche wohl als Stiftungsgüter betrachtet werden dürfen, da eine anderweitige Ankunft nicht nachweisbar ist. Auch die Lage der beiden Orte ist dieser Vermutung günstig, da Fultenbach nur 1 1/2 Stunden (=7 km) von dem alten Burgstalle bei Winterbach entfernt liegt[28]«. Diese verwandtschaftliche Zuordnung der Klosterstifter durch Schröder wurde von Augustin Hafner und allen späteren Bearbeitern der Geschichte Fultenbachs wohl nicht zu Unrecht übernommen[29].

Besiedelt wurde das neue Kloster mit Mönchen aus dem Schwarzwaldkloster St. Blasien, damals wie Hirsau ein Zentrum der von Gorze ausgehenden klösterlichen Reformbewegung. Dem nach der Regel des hl. Benedikt lebenden Konvent stand die freie Wahl des Abtes zu, welche bei Unstimmigkeiten der Wähler oder Mangel an einem geeigneten Kandidaten an das

---

25 *post lacrimabilem Kadelai necem.*
26 Diese Angaben stehen im Widerspruch zu dem von Rudolf Vogel wiedergegebenen Stammbaum der Schwabegger. Danach war der jüngere Werinher (V.) nicht der Sohn des Hochstiftsvogtes Werinher (IV.), sondern von dessen Onkel Werinher (III.); R. VOGEL, Historischer Atlas Mindelheim, München 1970, S. 3.
27 K. FEHN, Historischer Atlas Wertingen, München 1967, S. 25.
28 A. SCHRÖDER, Das Bistum Augsburg, Bd. 5, S. 790. Ein Gebeno von Winterbach und dessen Sohn Gebhard bezeugen zwischen 1064 und 1079 eine Schenkung Konrads von Balzhausen an die Kirche St. Moritz in Augsburg; A. SCHRÖDER, Das Bistum Augsburg, Bd. 5, S. 789.
29 A. HAFNER, Geschichte des Klosters Fultenbach (1914), S. 14. Vock nimmt von der Zuordnung Gebinos zu den Herren von Winterbach durch Schröder allerdings keine Notiz.

Kloster St. Blasien übergehen sollte. Erst wenn auch dieses keinen geeigneten Kandidaten beizubringen vermochte, sollte die Bestellung des Abtes durch den jeweiligen Bischof von Augsburg übernommen werden. Zum ersten Abt von Fultenbach wurde der von Hafner auch als Domherr und Kanoniker bezeichnete Gebino geweiht[30]. Von der Vogtei über Kloster Fultenbach ist in der Urkunde von 1130 mit keinem Wort die Rede. Ob man aus dem Schutz, in den Bischof Hermann das neue Gotteshaus zu nehmen versprach, eine Art Schirmherrschaft herauslesen darf, ist doch mehr als fraglich und nach Lage der Dinge wenig wahrscheinlich. Eher wäre an vorbehaltene Vogtrechte der Stifterfamilie zu denken.

Andererseits muß bei der Interpretation der ersten schriftlichen Erwähnung Fultenbachs aber auch berücksichtigt werden, daß die 1130 ausgestellte Bestätigungsurkunde der Gründung des Klosters offenkundig eine Verfälschung späterer Hand und kein authentisches Original ist[31]. An der Gründung Fultenbachs um 1130 braucht deswegen aber nicht gezweifelt werden, selbst in Kenntnis der Tatsache, daß die im Jahre 1510 entstandene Klostergeschichte Veit Bilds das Gründungsjahr mit 1153 angibt. Dies erklärt sich aus dem Brand, der nach den Annales Ottenburani Isingrimi maiores im Jahre 1152 das gesamte Kloster in Schutt und Asche gelegt und damit im darauf folgenden Jahre eine Neuerrichtung nötig gemacht hatte[32].

Am 7. September 1162 erhielt Kloster Fultenbach einen Schutzbrief Viktors IV., des 1159 von Friedrich Barbarossa ernannten stauferfreundlichen Gegenpapstes Alexanders III.[33]. Daß Fultenbach auch später noch in die staufisch-päpstlichen Auseinandersetzungen miteinbezogen wurde, zeigen die beiden Urkunden Papst Innozenz' IV. vom 20. und 22. September 1249, in welchen dem Kloster das Lesen stiller Messen während des Interdikts gestattet und dem Abt von Kloster Scheyern aufgetragen wurde, Kloster Fultenbach gegen Plünderer, Räuber und Eindringlinge in Schutz zu nehmen, die das Kloster zu belästigen oder dessen Besitz zu beeinträchtigen versuchen sollten[34].

III. Die Entwicklung der Grundherrschaft

Die älteste Nachricht, Güter Kloster Fultenbachs betreffend, stammt aus dem Jahre 1263. Am 25. Mai dieses Jahres bestätigt Ulrich der Ältere von Hellenstein, daß sein Dienstmann Konrad Raspe, der bei dieser Gelegenheit in das Kloster eintrat, von Abt Otto von Fultenbach (nach Hafner aus dem Geschlechte der Güssen von Güssenberg) einen Hof in Wengen als

---

30 Vielleicht ist dieser Gebino der Gebeno, der nach dem Nekrolog der Augsburger Domkirche derselben eine halbe Hube in dem nur 3 1/2 km von Fultenbach entfernt gelegenen Eppisburg geschenkt haben soll; MB 35a (1847), S. 9.
31 Die Bestätigungsurkunde der Gründung Kloster Fultenbachs vom 25. März 1130 stammt nicht aus dem Archiv des Klosters Fultenbach, sondern aus dem des Domkapitels von Augsburg; siehe das Repertorim von ca. 1645, S. 636; HStAM Hochstift Augsburg Lit. 1033/II; vgl. auch Archivalische Zeitschrift 37, München 1928, S. 85–88; W. VOLKERT – F. ZOEPFL, Die Regesten der Bischöfe und des Domkapitels von Augsburg, Bd. 1, Augsburg 1974, S. 279–281, Nr. 472. Danach gilt vor allem der bischöfliche Schutz als nachträglich in das Original der Urkunde hineininterpoliert.
32 A. HAFNER, Geschichte des Klosters Fultenbach (1914), S. 11 und S. 19.
33 HStAM Kloster Fultenbach U 2; Reg. Boica I, S. 237.
34 HStAM Kloster Fultenbach U 3 und U 4; A. HAFNER, Geschichte des Klosters Fultenbach (1914), S. 20.

Leibgedinge erhalten und dafür durch die Hand seines Herrn dem Kloster seine Güter zu Weisingen (1 Hof?), die er von Arnold von Weisingen erworben hatte, sowie eine Sölde mit Gemüse- und Baumgarten zu Holzheim und zwei Äcker zu Eppisburg geschenkt habe[35]. Derselbe Ulrich von Hellenstein schenkt am 23. Januar 1270 dem Kloster einen halben Hof zu Wengen, den einst Konrad Raspe von ihm zu Lehen getragen hatte, unter Vorbehalt der Vogtei und mit der Auflage, davon den Lebensunterhalt der Gattin Konrad Raspes zu gewährleisten[36].

Als Ersatz für den Schaden, den er und sein Vater dem Kloster zugefügt hatten, überschrieb der Edle Albert von Villenbach Fultenbach am 27. Januar 1272 seine gesamten Höfe und Sölden zu Villenbach[37]. Am 25. August desselben Jahres verzichtete Albert von Villenbach noch einmal ausdrücklich auf seine Vogtei und alle übrigen Rechte an diesen Gütern[38]. Schon am 7. Februar 1272 hatte Abt Otto Albert von Villenbach und seiner Gemahlin gegen die Mühle zu Hausen (knapp 3 km nordöstlich von Fultenbach gelegen) eine halbe Hube zu Glött als Leibgedinge überlassen[39]. Am 13. August 1275 gingen fultenbachische Güter zu Rommelsried/Lkr. Augsburg, die der Augsburger Domherr und spätere Bischof Wolfgang von Roth von Fultenbach erworben hatte, an das Kloster Oberschönenfeld[40]. Schon 1274 hatte der Ritter Hermann von Dachsberg Kloster Fultenbach einen Wald bei Eichenhofen geschenkt[41]. Am 29. Januar 1278 übergeben der Truchseß Siegfried von Donnersberg und sein Sohn Heinrich dem Kloster das ihnen gehörige Mühllehen zu Hennhofen zu ewigem Besitz[42]. Am 1. Februar desselben Jahres schenkt Wilbirgis, die Gemahlin des Albrecht Harberger, dem Gotteshaus des hl. Michael in »Vultenbahc« ihre Güter zu Ellerbach unter dem Vorbehalt lebenslanger Nutznießung für sich, ihren Gatten und möglicherweise noch zu erwartende Kinder[43]. Am 22. September 1307 verkauft Wolfhard von Hattenberg zusammen mit seiner Gemahlin Luitgardis und seinen Söhnen Heinrich, Konrad und Wolfhard an Abt Ulrich von Fultenbach um 24 Pfund neuer Augsburger Pfennige seine Güter zu Holzheim (3 Tagwerk Wiesen und eine Hofstatt mit Garten) sowie 23 Jauchert Ackers zu *Weiler (abg. zwischen Holzheim und Eppisburg). Die Güter waren Lehen Schwiggers von Mindelberg, der sie dem Kloster zu Eigen überließ[44]. Am 19. Februar 1310 bestätigt Bischof Friedrich Spät von Augsburg auf dem Dillinger Schloß den Verkauf eines Hofes zu *Obern-

---

35 HStAM Kloster Fultenbach U 5; Reg. Boica III, S. 250; A. HAFNER, Geschichte des Klosters Fultenbach (1914), S. 20 f. Heinz Bühler kennt einen Abt Otto aus dem Geschlechte der Güssen nicht; H. BÜHLER, Die Güssen – ein schwäbisches Niederadelsgeschlecht, in: JHVD 84 (1982), S. 115–185.
36 R. HIPPER, Die Urkunden des Reichsstifts St. Ulrich und Afra in Augsburg 1023–1440, hg. von der Schwäbischen Forschungsgemeinschaft bei der Kommission für bayerische Landesgeschichte, Augsburg 1956, S. 26, Nr. 41. Nach dieser Urkunde muß Konrad Raspe noch zu Lebzeiten seiner Gemahlin Hedwig in das Kloster Fultenbach eingetreten sein.
37 Reg. Boica IV, S. 765.
38 Reg. Boica IV, S. 766.
39 HStAM Kloster Fultenbach U 6a.
40 K. PUCHNER, Die Urkunden des Klosters Oberschönenfeld 1248–1797, hg. von der Schwäbischen Forschungsgemeinschaft bei der Kommission für bayerische Landesgeschichte, Augsburg 1953, S. 15, Nr. 40; A. STEICHELE, Das Bistum Augsburg, Bd. 2, S. 86.
41 A. HAFNER, Geschichte des Klosters Fultenbach (1914), S. 22.
42 HStAM Kloster Fultenbach U 8.
43 HStAM Kloster Fultenbach U 9.
44 HStAM Kloster Fultenbach U 12. Zu *Weiler siehe R. H. SEITZ, HONB Dillingen, S. 201, Nr. 431.

dorf (abg. bei Ellerbach) um 19 Pfund Augsburger Pfennige durch Gerlach von Weisingen an Abt und Konvent des Klosters Fultenbach[45]. Am 24. Februar 1317 verkauft Marschall Heinrich von Rechberg dem Kloster mit Zustimmung seiner Gemahlin Margarethe für 8 Pfund Heller alle seine Rechte am sogenannten Schmiedlehen zu Holzheim, darunter auch die Vogtei[46]. Weitere drei Jauchert Ackers zu Holzheim kommen am 8. Mai 1317 an Kloster Fultenbach[47]. Eine Hube zu Hennhofen erwirbt Fultenbach am 1. Mai 1322 für 10 Pfund Augsburger Pfennige von den Augustinerinnen zu Weihenberg[48].

Erst am 24. August 1329 findet sich Albrecht von Villenbach bereit, dem Kloster das Eigentum und die Vogtei an der Mühle zu Hausen, welche sein Vater demselben bereits im Jahre 1272 geschenkt hatte, anzuerkennen und dem Kloster zu übergeben, dazu eine Sölde, die ebenfalls zu einer Mühle ausgebaut werden sollte[49]. Am 21. Oktober 1333 verkaufen Äbtissin Agnes von Mauren und der Konvent zu Unterliezheim Fultenbach für 27 Pfund Heller ihr Gut zu *Oberndorf[50]. Eine Hofstatt zu Eppisburg erwirbt Abt Berthold am 24. Februar 1336 von Egloff Schrag von Knöringen[51]. Im Jahre 1339 besitzt Kloster Fultenbach auch den »Bregelhof« zu Adelsried bei Augsburg[52]. Am 25. April 1345 verkauft Berthold Govan von Gottmannshofen mit Zustimmung des Truchsessen Berthold von Kühlenthal Abt Berthold für 28 Pfund Heller sein Gut zu »winsriet«[53]. Am 22. Februar 1346 bestätigt Bischof Heinrich von Augsburg Kloster Fultenbach den Besitz der Pfarreien Eichenhofen und Baiershofen sowie der zur letzteren gehörigen Filialkirche zu Rechbergreuthen. Das Kloster hat jedoch kein Recht, diese Kirchen ohne Zustimmung des Bischofs von Augsburg zu veräußern[54]. Am 6. September 1350 erwirbt Abt Hermann von Fultenbach von Heinrich dem Schmied von Aislingen und dessen Geschwistern für 20 Pfund Heller das »Westergut« zu Hennhofen und einige Gärten zu Gundelfingen[55]. Einer im Februar dieses Jahres durch Abt Hermann aufgerichteten Lehensordnung ist zu entnehmen, daß das Kloster im Besitz von 21 Lehen zu je 13 Jauchert Ackers und einer Viehweide von insgesamt 36 Tagwerk zu Baiershofen war, welche von einem der Vorgänger Abt Hermanns gerodet worden waren[56]. Nach einer vom 18. September 1351 datierten Urkunde besaß Fultenbach auch Güter und Gülten zu Winterbach[57]. Am 14. Februar 1352 erwirbt Ulrich Ilsung von Augsburg für das dortige St. Jakobs-Spital von Kloster Fultenbach den Bregelhof mit vier Sölden zu Adelsried[58]. Die gesamten

---

45 HStAM Kloster Fultenbach U 13. Zu *Oberndorf siehe R. H. Seitz, HONB Dillingen, S. 149, Nr. 299.
46 HStAM Domkapitel Augsburg U 4010; A. Hafner, Geschichte des Klosters Fultenbach (1914), S. 26.
47 Reg. Boica V, S. 357; A. Hafner, Geschichte des Klosters Fultenbach (1914), S. 26.
48 HStAM Kloster Fultenbach U 15.
49 Reg. Boica VI, S. 302.
50 HStAM Kloster Fultenbach U 17.
51 HStAM Kloster Fultenbach U 19.
52 MB 33 b (1842), S. 76, Nr. 79; A. Hafner, Geschichte des Klosters Fultenbach (1914), S. 29.
53 A. Hafner, Geschichte des Klosters Fultenbach (1914), S. 29. Die Lage des Ortes ist unsicher. Hafner bringt ihn mit Obernried in Zusammenhang, wo die Truchsessen von Kühlental 1292 als Grundherrn belegt sind.
54 A. Hafner, Geschichte des Klosters Fultenbach (1914), S. 30.
55 Ebd., S. 31.
56 HStAM Kloster Fultenbach Lit. 1.
57 MB 33 b (1842), S. 192, Nr. 186.
58 HStAM Kloster Hl. Kreuz Augsburg U 63.

Fultenbacher Güter zu Villenbach gehen am 20. Februar 1362 einschließlich der Vogteirechte über dieselben an das Domkapitel von Augsburg[59]. Am 24. Juli 1364 verleiht das Kloster Grundstücke in einem vermutlich zwischen Baiershofen und Hennhofen abgegangenen *Zaissenhausen[60]. 1366 erwirbt Kloster Fultenbach für 5 Pfund Heller eine Sölde zu Pfaffenhofen[61]. Sie ging wenig später an St. Stephan in Augsburg. Zwei Höfe zu Wengen veräußert Abt Heinrich Güß von Fultenbach am 20. Juli 1384 als Eigen an den Augsburger Bürger Albrecht von Villenbach, welcher diese Güter schon vorher als Lehen innegehabt hatte[62]. Trotz der genannten Gutsveräußerungen verbesserte sich die materielle Lage des Klosters nicht mehr. Am 11. Dezember 1411 verkauft Abt Johann II. einen Hof und drei Sölden Fultenbachs zu Eppisburg um 27 rhein. Gulden an die Augsburger Bürgerswitwe Anna Riedler[63]. Die Lage des Klosters scheint schließlich derart prekär geworden zu sein, daß man sich im Jahre 1412 zuletzt sogar genötigt sah, das Meßbuch zu versetzen[64].

Obwohl Abt Ulrich 1444 in einer von Bischof Peter von Augsburg bestätigten Erneuerung der Lehensordnung für Baiershofen noch einmal festhalten konnte, daß alle Inhaber von Lehengütern und Sölden zu Baiershofen dem Kloster (nieder)gerichts-, dienst-, steuer- und vogtbar, botmäßig, untertänig, gehorsam und zu Frondiensten verpflichtet waren, war zu dieser Zeit der Niedergang Fultenbachs bereits so weit fortgeschritten, daß sich Bischof Peter, der im Jahre 1448 auch das Nonnenkloster Weihenberg bei Wertingen aufgehoben hatte, veranlaßt sah, Fultenbach einzuziehen und seine Einkünfte den Augsburger Weihbischöfen als Kommende zu übergeben[65]. Über das genaue Jahr und die Ursachen der Einziehung Kloster Fultenbachs durch Bischof Peter lassen sich mangels urkundlicher Belege nur Vermutungen anstellen, doch scheint dieselbe im Jahre 1449 bereits Tatsache gewesen zu sein, da sie im Jahre darauf durch Papst Nikolaus bestätigt und für rechtens erklärt wurde[66]. Derselbe gestattete dem 1449 zum Kardinal erhobenen Peter von Schaumberg bei dieser Gelegenheit auch noch die Aufhebung des Damenstiftes Reistingen[67].

Unter der Verwaltung der Augsburger Weihbischöfe scheint Fultenbach aber nur noch weiter heruntergekommen zu sein, da sich diese lediglich um ihre aus dem Kloster fließenden Einnahmen kümmerten, nicht aber um dieses selbst. Als das Kloster im Jahre 1471 vornehmlich auf das Betreiben Abt Melchiors von Stamheim von St. Ulrich und Afra zu Augsburg hin wiedererrichtet wurde, fanden die neuen Mönche in Fultenbach nur noch vom Einsturz bedrohte Gebäude und eine bis zur Auflösung desolate Verwaltung der klösterlichen Besitztümer vor. Viel Gut des Klosters hatte in der Zwischenzeit fremde Besitzer gefunden, war entfremdet worden oder ganz einfach in Vergessenheit geraten[68]. Zu dem damals unwiederbringlich verlorenen Gütern und Rechten Fultenbachs zählt Schröder unter anderem auch die

---

59 HStAM Domkapitel Augsburg U 3985.
60 A. HAFNER, Geschichte des Klosters Fultenbach (1914), S. 32.
61 J. N. RAISER, Drusomagus, Augsburg 1825, S. 49.
62 R. HIPPER, Die Urkunden des Reichsstifts St. Ulrich und Afra, S. 141, Nr. 351.
63 A. HAFNER, Geschichte des Klosters Fultenbach (1914), S. 32f.
64 Ebd., S. 33.
65 Der Landkreis Dillingen ehedem und heute, S. 493; A. HAFNER, Geschichte des Klosters Fultenbach (1914), S. 34–36.
66 F. ZOEPFL, Das Bistum Augsburg, S. 410.
67 A. STEICHELE, Das Bistum Augsburg, Bd. 3, S. 193f.
68 A. HAFNER, Geschichte des Klosters Fultenbach (1914), S. 41.

Pfarrei Eichenhofen[69]. Während der ganzen Zeit der weihbischöflichen Verwaltung hören wir nur von einem mit Friedrich von Grafeneck getätigten Grundstückstausch zu Weisingen vom 13. November 1452[70].

Der von St. Ulrich und Afra aus Augsburg gekommene erste Abt des wiederhergestellten Klosters, Georg Helfer, vertauscht bereits am 28. Juni 1471 einen Hof zu Wengen, ein Lehen zu Riedsend und ein Lehen zu Sontheim an der Zusam gegen einen Hof, zwei Lehen und eine Hofstatt seines Mutterklosters zu Holzheim[71]. 1477 wird eine Sölde Kloster Fultenbachs zu Windhausen genannt[72]. Am 3. Juli 1493 wird in einem Vertrag mit dem Hochstift Augsburg bezüglich des klösterlichen Hofes zu Rieder, der dem hochstiftischen Pflegamt zu Aislingen unterstand, festgehalten, daß das Hochstift für seine vogtei- und obrigkeitlichen Rechte an diesem Hofe ein Drittel von dessen Abgaben für sich zu beanspruchen haben sollte[73]. Daneben verlieh Kloster Fultenbach um diese Zeit auch noch mehrere Grundstücke zu Aislingen, deren Huthaber ebenfalls dem Hochstift Augsburg zustand. Am 5. März 1499 unterstellte das Kloster seine Untertanen zu Eppisburg dem dortigen Niedergericht des Augsburger Klosters St. Margaretha. Dieses wurde jedoch im Gefolge der Reformation 1534 vom Rat der Stadt Augsburg an sich gezogen. Im Jahre 1602 kam Eppisburg dann aber durch einen Tausch mit der Stadt Augsburg an das Hochstift Augsburg, das fortan auch das Niedergericht über die Fultenbacher Untertanen zu Eppisburg übte[74].

Insgesamt besaß das Kloster Fultenbach nach dem Burgauer Feuerstättenregister aus dem Jahre 1492 um 1500 folgende Anwesen[75]:

Altlandkreis Dillingen:

Ellerbach	1 Hof, 10 Sölden
Eppisburg	1 Hof, 6 Sölden
Glött	1 Lehen
Holzheim	5 Sölden
Rieder	1 Hof
Weisingen	4 Sölden
Windhausen	1 Sölde

Altlandkreis Wertingen:

Baiershofen	20 1/2 Lehen, 14 Sölden
Eppishofen	1 Hof, 1 Sölde
Hennhofen	4 Höfe, 4 Lehen, 5 Sölden
Hausen	1 Hof, 1 Lehen, 1 Mühle, 2 Sölden

---

69 A. Schröder, Das Bistum Augsburg, Bd. 5, S. 651 f.
70 HStAM Kloster Fultenbach Lit. 1, fol. 42. A. Hafner, Geschichte des Klosters Fultenbach (1914), S. 38.
71 HStAM Kloster St. Ulrich und Afra U 1162.
72 Stadtarchiv Lauingen B 140.
73 A. Hafner, Geschichte des Klosters Fultenbach (1914), S. 44.
74 HStAM Hochstift Augsburg U 2189; StAND Kloster Fultenbach Akt 27.
75 G. Nebinger – N. Schuster, Das Burgauer Feuerstättenregister, in: Das Obere Schwaben 7 (1963) Neu-Ulm, S. 77–124.

Laugna	1 Sölde
Osterbuch	1 Lehen, 2 Sölden
Villenbach	5 Sölden
Zusamaltheim	1 Sölde

Altlandkreis Günzburg:

Dürrlauingen	1 Hof, 1 Sölde
Scheppach	3 Sölden
Waldbach	1 Lehen

Altlandkreis Krumbach:

| Balzhausen | 2 Sölden |

Altlandkreis Augsburg:

| Vallried | 1 Sölde |

Am 14. Dezember 1541 vertauscht Abt Andreas Lutz die beiden Anwesen des Klosters zu Dürrlauingen, die drei Anwesen zu Scheppach, die Lehen und Gründstücke zu Altenbaindt, Glött, Roßhaupten, Windhausen und Aislingen sowie die Ortsherrschaft zu Winterbach gegen den Maierhof, einen aus zwei Huben zusammengesetzten weiteren Hof, die Schmiede, die Taverne, zehn Sölden, das Niedergericht, das Gassengericht, Zwing, Bann und alle Obrigkeit zu Auerbach, mit Ausnahme des der Markgrafschaft Burgau zustehenden Hochgerichts, an Anton Fugger – bis auf zwei alles Lehengüter des hochstift-augsburgischen Erbmarschallamtes[76]. Am 10. Mai 1559 lösen Kardinal Otto von Augsburg und das Kloster gemeinsam gegen 68 fl von Bürgermeister und Rat der Stadt Lauingen die Gült ab, welche dem Spital zu Lauingen aus dem bereits erwähnten Hof des Klosters zu Rieder zugestanden hatte[77]. Am 6. Dezember 1566 vertauscht Abt Bernhard Schmid die klösterlichen Güter zu Eppishofen gegen einen Hof zu Vallried an Michael von Welden[78].

Am 19. März 1571 gab Kardinal Otto Abt Bartholomäus Kapfer den Hof zu Salenbach (bei Zusmarshausen) zu Lehen, den er am 3. Januar dieses Jahres zusammen mit einer Sölde von den Erben des Augsburger Bürgers Christian Wilprecht für das Spital zu Zusmarshausen gekauft hatte[79]. Der Hof blieb als Afterlehen des Hochstifts dessen Pflegamt zu Zusmarshausen mit Niedergericht, Steuer, Diensten und Erbhuldigung unterworfen. Am 7. Juli 1572 kauft das Kloster für 1450 fl die Mühle zu Wollbach (bei Zusmarshausen). Die von dieser zu zahlenden Abgaben an die Frühmesse von Zusmarshausen löst Abt Bartholomäus durch die Übergabe einer Sölde zu Wollbach und eines Lehengütleins zu Kleinried an die Frühmesse ab[80]. Am 18. Oktober desselben Jahres erwirbt Abt Bartholomäus gegen den großen und den kleinen Zehnten von *Daxbach (abg. bei Dinkelscherben) vom Domkapitel zu Augsburg

---

76 HStAM Kloster Fultenbach U 113; Fugger-Archiv Dillingen Akt 25, 1,3 fol. 4.
77 A. HAFNER, Geschichte des Klosters Fultenbach (1914), S. 51.
78 HStAM Kloster Fultenbach U 138.
79 HStAM Hochstift Augsburg Neuburger Abgabe Lit. 1557; HStAM Kloster Fultenbach U 145 und U 148.
80 HStAM Kloster Fultenbach U 150; StAND Kloster Fultenbach Lit. 86; A. HAFNER, Geschichte des Klosters Fultenbach (1914), S. 54.

einen Lehenhof und den Kirchensatz zu Ellerbach. Die Ellerbacher Pfarrei wurde dem Kloster am 1. Februar 1574 zunächst auf zehn Jahre, dann für immer inkorporiert[81]. Des weiteren erwirbt Abt Bartholomäus von Kloster Hl. Kreuz zu Augsburg am 7. März 1574 für 300 fl ein Fischwasser zu Hegnenbach[82]. Am 1. Dezember 1578 gestattet Bischof Marquard dem Kloster die Veräußerung seiner Sölde zu Laugna an die Herren von Stetten. Der Erlös hieraus wird mit zum Rückkauf der Hennhofener Mühle verwendet, welche das Kloster als Lehen ausgegeben hatte[83]. Ein weiteres Gütlein zu Hennhofen kauft Fultenbach am 23. Februar 1580[84]. Abt Matthias Zoller erwirbt im November 1584 die Fischerei zu Hausen an der Zusam, zu welcher drei Fischteiche gehören[85]. Am 7. Dezember dieses Jahres ertauscht Kloster Fultenbach gegen seine Güter zu Villenbach (2 Lehen, 9 Sölden), Zusamaltheim (1 Sölde) und Holzheim (Schmiedlehen, 7 Sölden) sowie das niedere Gericht über einen Hof, ein Lehen und zwei Sölden zu Hausen die Güter des Augsburger Domkapitels zu Ellerbach (2 Höfe, 1 Sölde)[86]. Die Grundherrschaft und das niedere Gericht über die Mühle zu Hausen und die Fischerei zu Hegnenbach verbleiben dagegen beim Kloster. Am 5. Dezember 1594 gewährte Kaiser Rudolf Kloster Fultenbach auf Bitten von Abt Markus Hessing das Privilegium contra Judaeos, wonach kein Untertan des Klosters mehr bei einem Juden ohne Vorwissen von Abt und Konvent Geld zu leihen nehmen durfte. Das Kloster hatte vor 1567 jüdische Untertanen zu Auerbach aufgenommen und dabei offenbar schlechte Erfahrungen gemacht[87]. Am 23. Dezember 1613 erwirbt Kloster Fultenbach ein weiteres Fischwasser zu Zusamzell[88].

Schwer mitgenommen wurde das Kloster im Dreißigjährigen Krieg. Die Notlage des immer wieder ausgeplünderten Konvents veranschaulicht nichts deutlicher als die Tatsache, daß Abt Maurus Ferber im Jahre 1642 gezwungen war, einen Hof zu Ellerbach für lächerliche 100 fl zu veräußern[89]. Erst am 8. Mai 1673 hören wir wieder vom Erwerb einer Sölde durch das Kloster. Letztere lag zu Auerbach, war mit einer Braugerechtigkeit verbunden und kostete 650 fl[90].

Im Jahre 1715 kam es zu einem Streit mit dem Domkapitel zu Augsburg, als dieses versuchte, die Hintersassen Fultenbachs zu Eppisburg zu Jagddiensten heranzuziehen[91]. Am 5. August 1726 anerkannte das Kloster endgültig die Zugehörigkeit seiner Grundholden zu Eppisburg zum örtlichen Vogtamt, welches das Hochstift Augsburg nach dem Erwerb

---

81 HStAM Kloster Fultenbach U 151. Den Zehnten zu Daxbach hatte Fultenbach mit den 220 fl. erworben, die ihm im Januar 1520 der hochstift-augsburgische Erbschenk Albrecht von Welden für einen Jahrtag übergeben hatte; HStAM Kloster Fultenbach Lit. 33; A. HAFNER, Geschichte des Klosters Fultenbach (1914), S. 55.
82 HStAM Kloster Hl. Kreuz Augsburg U 1159.
83 A. HAFNER, Geschichte des Klosters Fultenbach (1914), S. 57.
84 HStAM Kloster Fultenbach U 163.
85 A. HAFNER, Geschichte des Klosters Fultenbach (1914), S. 58.
86 HStAM Domkapitel Augsburg U 4003/II.
87 A. HAFNER, Geschichte des Klosters Fultenbach (1914), S. 61 f. Vom 22. Januar 1567 stammt ein Brief, in welchem Kloster Fultenbach vom Domkapitel zu Augsburg erstmalig Vorhaltungen wegen der Tätigkeit der jüdischen klösterlichen Untertanen zu Auerbach gemacht werden.
88 Vom Spital der Stadt Augsburg; A. HAFNER, Geschichte des Klosters Fultenbach (1914), S. 67.
89 Ebd., S. 86, Anm. 2.
90 Ebd., S. 95.
91 StAND Kloster Fultenbach Akt 28.

Eppisburgs im Jahre 1602 hier eingerichtet hatte[92]. Am 13. August 1742 kamen zwei Höfe zu Leitershofen infolge einer unglücklichen Bürgschaft ungewollt an das Kloster, welches sie im Jahre 1788 schließlich den Fuggern von Wellenburg wieder zurückveräußerte[93].

Infolge der Überschuldung Fultenbachs, welche nicht zuletzt auf die alchemistischen Experimente des Abtes Michael Schiele zurückging, mußte sich das Kloster im Jahre 1772, von den Gläubigern bedrängt, an die Kongregation der niederschwäbischen Benediktinerklöster um Hilfe wenden. Aufgrund der durch eine Visitation zutage getretenen Sachlage übernahm schließlich der Abt von Neresheim als Präses der Niederschwäbischen Benediktinerkongregation am 1. Juli 1773 die Administration des Klosters. Letztere ging am 7. März 1777 auf das Reichsstift Ottobeuren über. Unter dessen Aufsicht erfolgte am 10. Juni 1782 die letzte größere Gütertauschaktion des Klosters. Bei dieser Gelegenheit erhielt dasselbe gegen seine Güter zu Hausen (1 Hof, 1 Lehen, 2 Sölden) vom Augsburger Domkapitel zwei leibfällige Halbhöfe und eine Sölde zu Auerbach, die 16 1/2 Jauchert umfassende Maierhalde bei Fultenbach und 5115 fl in bar[94]. Nachdem es der Ottobeurer Administration gelungen war, den Fultenbacher Schuldenberg um zwei Drittel zu reduzieren, beendete Ottobeuren am 18. März 1794 schließlich seine bei den Fultenbacher Konventualen wenig beliebte Verwaltungstätigkeit. Da man sich in Fultenbach einen Abt aber immer noch nicht leisten konnte, mußte man sich zunächst mit der Errichtung eines Priorats für das Kloster begnügen. Nachfolgende Versuche, vom Hochstift Augsburg die Wiedererhebung des Klosters zu einer Abtei zu erreichen, blieben ohne Erfolg, zumal Fultenbach wegen seiner bereits 1802 erfolgten Aufhebung und Einziehung durch das Kurfürstentum Bayern keine Zeit mehr verblieb, dieses Ansinnen mit wirkungsvollem Nachdruck zu verfolgen[95].

Das Ende des altehrwürdigen Klosters kam am 29. November 1802 in Gestalt einer kurfürstlichen Regierungskommission, die am 5. Januar 1803 die Zivilinbesitznahme Fultenbachs durch den bayerischen Staat vollendete[96].

Bei der Säkularisation des Klosters bestand der Ort Fultenbach aus dem Konventsgebäude, der Klosterkirche St. Michael, dem Amtshaus, einer Brauerei, vier Höfen (Klosterhof, Neuhof, Schafhof, Oberer Hof), einer Schmiede, einer Ziegelei, einer Bäckerei und dem Hirtenhaus. Konventsgebäude und Kirche wurden im Jahre 1805 vom bayerischen Staat für ganze 1200 fl an den Wertinger Weinhändler Joseph Zenetti verkauft und von diesem im Jahre 1811 restlos niedergelegt. Die Ökonomiegebäude brannten am 23. August 1809 vollständig ab, wurden in den folgenden Jahren zum Teil wieder aufgebaut und im Jahre 1835 endgültig niedergerissen[97].

---

92 HStAM Hochstift Augsburg U 5515.
93 FADil 196,7 und 17,1,3; J. Jahn, Historischer Atlas Augsburg Land, München 1984, S. 459; A. Hafner, Geschichte des Klosters Fultenbach (1915), S. 295.
94 HStAM Hochstift Augsburg MüB Lit. 999 VI, fol. 977.
95 Daß Kloster Fultenbach seine Selbstverwaltung trotz der noch immer hohen Schulden 1794 bereits zurückerhielt, ging nicht zuletzt auf das Betreiben des Ottobeuren nicht wohl gesonnenen Burgauer Oberamtmanns in Günzburg von Germersheim zurück. Zur Zeit der Neresheimer und Ottobeurer Administration siehe A. Hafner, Geschichte des Klosters Fultenbach (1915), S. 284–289.
96 A. Hafner, Geschichte des Klosters Fultenbach (1915), S. 291 f.
97 Ebd., S. 296–298.

Außer den Gütern zu Fultenbach besaß das Kloster im Jahre seiner Aufhebung:
1. den gesamten Ort Baiershofen mit Niedergericht, Kirchensatz, 4 ganzen Lehen, 5 Dreiviertellehen, 15 Halblehen, 12 Viertellehen und 13 Sölden [98]
2. den Maierhof, den Widemhof, 3 weitere Höfe, 2 Halbhöfe (darunter ein Gasthof), 1 Viertelhof, 1 Schmiede, 21 Sölden, das Pfarrhaus und 5 Gnadhäuser einschließlich des niederen Gerichts zu Ellerbach [99]
3. Anteile am Gassengericht und insgesamt 23 Anwesen (Maierhof, 1 Hof, 1 Taverne, 15 Sölden, 5 Gnadhäuser) zu Auerbach [100]
4. 1 Hof und 8 Sölden zu Eppisburg
5. 4 Sölden und 2 Feldlehen zu Weisingen
6. die Ortsherrschaft mit Niedergericht, Maierhof, 3 Höfen, 2 Halbhöfen, 1 Taverne, 12 Sölden und 6 Gnadhäuser zu Hennhofen [101]
7. 1 Hof zu Salenbach
8. 1 Hof zu Vallried
9. 1 Mühle zu Wollbach [102]
10. den aus 3 Gnadhäusern bestehenden Weiler Lüftenberg (bei Hegnenbach)
11. 1 Hof zu Rieder
12. die Hausener Mühle
13. insgesamt 5 Fischwasser bei Hausen, Hegnenbach und Zusamzell

IV. Hoch- und Niedergerichtsbarkeit

Alle Untertanen des Klosters Fultenbach unterstanden, mit Ausnahme der Bestände des Hofes zu Rieder und des Mühlgutes zu Wollbach hinsichtlich der malefizischen Gerichtsbarkeit der Markgrafschaft Burgau. Der Hof zu Rieder lag im Zuständigkeitsbereich des mit dem Blutbann ausgestatteten Pflegamts des Hochstifts Augsburg zu Aislingen, das Mühlgut zu Wollbach in dem des hochstift-augsburgischen Pflegamts Zusmarshausen [103].

Für die niedergerichtlichen Belange unterhielt das Kloster ein mit einem Obervogt besetztes Amt, welches im Rahmen der Neustrukturierung der Verwaltung des Hochstifts Augsburg im Jahre 1788/89 der hochstiftischen Verwaltung eingegliedert und in ein dem Burgpflegamt zu Dillingen nachgeordnetes Pflegamt umgewandelt wurde. Dem Klostervogt- beziehungsweise Pflegamt Fultenbach unterstanden die klösterlichen Untertanen zu Fultenbach, Baiershofen, Ellerbach, Hennhofen, Lüftenberg und die Hausener Mühle. Dazu übte das Kloster das niedere Gericht über die Bestände seiner Güter zu Auerbach und Vallried.

98 Ein Gnadhaus, die Schule und das Hirtenhaus gehörten der Gemeinde Baiershofen; K. Fehn, Historischer Atlas Wertingen, München 1967, S. 52.
99 Schule und Hirtenhaus gehörten der Gemeinde Ellerbach, zwei Feldlehen dem Domkapitel zu Augsburg.
100 A. Steichele, Das Bistum Augsburg, Bd. 2, S. 71.
101 K. Fehn, Historischer Atlas Wertingen, S. 63.
102 Zu den Fultenbacher Gütern zu Auerbach, Salenbach, Vallried und Wollbach siehe J. Jahn, Historischer Atlas Augsburg Land, S. 331–334.
103 Ebd., S. 585. Nach der dem Atlas beigegebenen Kartenbeilage 1 (Hochgericht um 1790) läge Wollbach aber im Hochgerichtsbezirk der Markgrafschaft Burgau/Beritt Burgau.

Das Niedergericht über alle übrigen Hintersassen Fultenbachs lag bei verschiedenen Pflegämtern des Hochstifts Augsburg. Die Inhaber des Hofes zu Salenbach und des Mühlgutes zu Wollbach unterstanden mit dem niederen Gericht dem Pflegamt Zusmarshausen, die Bestänader des Hofes zu Rieder dem Pflegamt Aislingen. Die klösterlichen Güter zu Eppisburg unterstanden bis 1788 dem hochstiftischen Vogtamt zu Eppisburg, welches im Rahmen der genannten Verwaltungsreform des Hochstifts Augsburg 1789 dem neuerrichteten Pflegamt Weisingen zugeschlagen wurde, in dem auch das vormalige Vogtamt zu Weisingen aufging, das bis zu seiner Auflösung im Jahre 1788 auch für die Inhaber der fultenbachischen Güter zu Weisingen zuständig war. Letztere kamen 1789 ebenfalls unter das neue Pflegamt.

V. Vogtei und Landeshoheit

Da die in der Gründungsurkunde des Klosters von 1130 behauptete Übernahme seines Schutzes durch das Hochstift Augsburg als nachträgliche Interpolation des vermutlich beim Brand von 1152 verlorengegangenen Originals gilt, haben wir keine zuverlässige Aussage hinsichtlich der Vogtei über das Gotteshaus zu Fultenbach bis in das letzte Jahrzehnt des 13. Jahrhunderts[104]. Nach Feist-Helleiner und Schröder sei die besagte Textpassage um 1160 dergestalt verändert worden, daß an die Stelle des ursprünglich festgelegten päpstlichen Schutzes der des Hochstifts getreten sei. Der Grund für die vorgenommene Interpolation sei im Schisma zwischen dem Stauferpapst Viktor IV. und Alexander III. zu suchen[105]. Wie dem auch sei, bei ihrer ersten authentischen urkundlichen Erwähnung am 8. Juli 1293 ist die Vogtei über Kloster Fultenbach in den Händen der Herren von Burgau; ob über eine Belehnung durch das Hochstift Augsburg oder des Reiches oder lediglich infolge verwandtschaftlicher Beziehungen zur Familie der Stifter ist nicht ersichtlich.

Die Herren von Burgau, nicht zu verwechseln mit den namensgleichen Markgrafen aus dem Hause Berg(-Burgau), scheinen ihre Vogtgewalt über Fultenbach aber mehr im eigenen Interesse als zum Nutzen und Wohl des Klosters verstanden zu haben, denn am oben genannten Tage sah sich König Adolf von Nassau auf Klagen des Klosters hin veranlaßt, Graf Ludwig von Oettingen mit dem Schutz Fultenbachs vor seinen eigenen Vögten zu beauftragen[106]. Trotz der schlechten Erfahrungen verpfändet dessen Nachfolger, König Albrecht, den Brüdern Albrecht und Hartmann von Burgau am 26. April 1305 neuerlich für 53 Mark Silber die Vogtei über das Kloster und seinen Hof zu *Winkel (abg. bei Fultenbach)[107]. Andere

---

104 HStAM Hochstift Augsburg U 20; HStAM Domkapitel Augsburg U 4708; HStAM Kloster Fultenbach U 1; vollständiger Abdruck bei A. Hafner, Geschichte des Klosters Fultenbach (1915), Anhang 1, S. 301–303.
105 V. Feist – K. Helleiner, Das Urkundenwesen der Bischöfe von Augsburg von den Anfängen bis zur Mitte des 13. Jahrhunderts, in: Archivalische Zeitschrift 37 (1928), S. 85–88; A. Schröder, Zum hochmittelalterlichen Urkunden- und Kanzleiwesen der Bischöfe von Augsburg, in: Archiv für die Geschichte des Hochstifts Augsburg 6 (1929), S. 806–835; W. Volkert – F. Zoepfl, Regesten, S. 280.
106 R. Dertsch – G. Wulz, Die Urkunden der Fürstl. Oettingischen Archive in Wallerstein und Oettingen 1197–1350, hg. von der Schwäbischen Forschungsgemeinschaft bei der Kommission für bayerische Landesgeschichte, Augsburg 1959, S. 57, Nr. 147.
107 W. E. Vock, Die Urkunden des Hochstifts Augsburg, S. 98, Nr. 187. Zu *Winkel siehe R. H. Seitz, HONB Dillingen, S. 208, Nr. 451.

Güter des Klosters stehen zu dieser Zeit unter der Vogtei der Herren von Villenbach[108].

Auch diesmal scheint die Tätigkeit der Herren von Burgau als Vögte Fultenbachs nicht ohne Mißhelligkeiten und Übergriffe abgegangen zu sein, denn am 11. August 1318 befiehlt Bischof Friedrich von Augsburg in Exekution der päpstlichen Bulle »Contra invasores et detendores bonorum« allen Geistlichen seiner Diözese, für die Rückerstattung der Kloster Fultenbach von seinen Burgauer Vögten entfremdeten Güter und Rechte mit Sorge zu tragen. Um den beständig wiederkehrenden Querelen und Beschwerden ein für allemal ein Ende zu machen, entschließt sich Bischof Heinrich, den Burgauern die Vogtei über das Kloster abzukaufen. Indem er diesen die Pfandsumme von 500 Pfund Hellern erstattete, ging die Vogtei mit Zustimmung Kaiser Ludwigs am 23. März 1346 als Pfandschaft des Reiches von den Herren von Burgau auf das Hochstift Augsburg über[109]. Am 29. März 1346 verzichteten Konrad und Johann von Burgau zu Lauingen feierlich auf alle ihnen bisher aus der Vogtei über Fultenbach zugestandenen Einkünfte und Rechte[110]. Dennoch ist am 18. September 1351 Albrecht von Burgau noch als Vogt der klösterlichen Güter zu Winterbach bezeugt[111]. Die Pfandschaft wird am 24. Dezember 1348 durch Kaiser Karl IV. noch einmal ausdrücklich erneuert[112]. Da sie nie mehr eingelöst wurde, verblieb das Hochstift im Besitz der Vogtei bis zum Ende des Alten Reiches. Die Vogtei über Fultenbach gab dem Hochstift Augsburg nicht nur das Recht, das Kloster, das sich in der ersten Hälfte des 15. Jahrhunderts in widrigen wirtschaftlichen Verhältnissen befand und wohl auch infolge mangelhafter klösterlicher Zucht Anlaß zu Beanstandungen gegeben hatte, im Jahre 1449 einzuziehen und bis zu seiner Wiederherstellung im Jahre 1471 der Verwaltung der Augsburger Weihbischöfe zu unterstellen[113]. Sie lieferte den Bischöfen von Augsburg darüber hinaus auch die rechtliche Handhabe dafür, das Kloster nach und nach vollständig ihrer Landeshoheit zu unterwerfen. Dabei mußte das Hochstift allerdings in eine Auseinandersetzung mit der Markgrafschaft Burgau eintreten, welche ihrerseits Anspruch auf die Landeshoheit über das Kloster erhob[114]. Am 13. Januar 1458 jedoch war Herzog Albrecht IV. von Österreich, seit 1457 mit der Verwaltung der Markgrafschaft Burgau betraut, erst einmal gezwungen, Kardinal Peter von Augsburg für 6200 fl unter anderem die Gerichtsbarkeit der Markgrafschaft Burgau über die Güter des Klosters Fultenbach zu versetzen, um der Expansion Herzog Ludwigs des Reichen von Baiern-Landshut in Mittelschwaben entgegentreten zu können[115]. Damit waren alle Hindersassen Fultenbachs bis zur Wiedereinlösung der Pfandschaft vom Landgericht Burgau befreit und hinsichtlich des Hochgerichts dem Hochstift Augsburg unterstellt[116]. Kaiser Maximilian

---

108 Reg. Boica IV, S. 766 und VI, S. 302.
109 W. E. VOCK, Die Urkunden des Hochstifts Augsburg, S. 161, Nr. 331.
110 Ebd., S. 162, Nr. 332.
111 MB 33b (1842), S. 192, Nr. 186; A. SCHRÖDER, Das Bistum Augsburg, Bd. 5, S. 791, Anm. 7.
112 W. E. VOCK, Die Urkunden des Hochstifts Augsburg, S. 166f., Nr. 344.
113 A. HAFNER, Geschichte des Klosters Fultenbach (1914), S. 34–36.
114 K. FEHN, Historischer Atlas Wertingen, S. 26.
115 HStAM Vorderösterreich U 1458 Januar 13. Die Markgrafschaft Burgau war zunächst für 6000 fl. an Herzog Ludwig von Baiern-Landshut verpfändet worden, der sich zum Mißfallen der Habsburger und der Insassen der Markgrafschaft Burgau sogleich daran gemacht hatte, dieselbe seiner Landeshoheit zu unterwerfen.
116 HStAM Hochstift Augsburg Lit. 145, S. 926–931; W. WÜST, Historischer Atlas Günzburg, S. 40.

bestätigte Bischof Friedrich II. von Augsburg im Jahre 1494 noch einmal die Pfandschaft des Burgauer Gerichts, die Vogtei über das Kloster Fultenbach und das Recht, Güter desselben in dessen Namen zu verleihen.

Nachdem die Habsburger die Markgrafschaft Burgau im Jahre 1559 von den Augsburger Bischöfen ausgelöst hatten, bemühten sich diese auf neuen Wegen, das hohe Gericht über ihre und die Hintersassen der ihnen unterstellten Klöster innerhalb der Markgrafschaft Burgau zurückzugewinnen. Dies geschah auf der einen Seite durch den Versuch, den Hochgerichtsbezirk der Pflege Aislingen auf andere Orte mit immediat hochstiftischen Untertanen auszudehnen, und auf der anderen dadurch, daß das Hochstift mittels des »landt schürmb« und der »Caßten Vogtey«, unter anderem auch über das Kloster Fultenbach, versuchte, den burgauischen Hochgerichtsbezirk zu durchbrechen[117]. Zwar versuchten die Habsburger, ihre Ansprüche auf das Hochgericht am 25. März 1563 durch einen Vertrag mit dem Hochstift Augsburg zu sichern, doch hielt dieses auch weiterhin an der »Obergerichtsbarkeit« und dem Appellationszug für sein »Schutzkloster« fest[118], zumal die hochstiftische Vogtei über Kloster Fultenbach vom Hause Österreich im Jahre 1566 noch einmal ausdrücklich anerkannt wurde. In dem am 3. Mai 1566 zwischen Erzherzog Ferdinand und dem Hochstift Augsburg abgeschlossenen Vertrag gestand das Haus Österreich dem Hochstift unter anderem den Schutz und Schirm über das Kloster Fultenbach zu, stellte aber zur Bedingung, daß die »landesfürstliche Obrigkeit« der Markgrafschaft Burgau davon nicht berührt wurde und das Hochstift das Recht des Klosters, sich jederzeit einen anderen Schutzherren zu suchen, respektierte. Dafür bestätigte Kardinal Otto von Waldburg der Markgrafschaft Burgau das Recht auf die hohe Gerichtsbarkeit über die Hintersassen des Hochstifts, des Domkapitels und der vom Hochstift Augsburg bevogteten Klöster überall dort, wo sich das Hochstift nicht, wie beispielsweise im Falle der Herrschaft Aislingen, auf ein eigenes Blutgerichtsprivileg berufen konnte[119].

Trotz der im Vertrag von 1566 bestätigten freien Wahl des Schutzherren geriet das Kloster faktisch aber immer mehr in die Abhängigkeit vom Hochstift Augsburg. Dies umso mehr, als Erzherzog Leopold Kloster Fultenbach am 29. April 1628 endgültig von allen »Temporalia«, ausgenommen lediglich das Hochgericht, gegenüber der Markgrafschaft Burgau befreite[120], während er im selben Jahre dem Hochstift Augsburg mit der Anerkennung seiner Reichsstandschaft innerhalb der Markgrafschaft Burgau den Appellationszug zum Reichskammergericht freigab[121].

Außer gegen die Markgrafschaft Burgau hatte das Hochstift Augsburg seine Landesherrschaft aber auch noch gegen das Kloster selbst durchzusetzen, das immer wieder sein Recht auf die freie Vogtwahl betonte. So findet sich im Staatsarchiv zu Neuburg an der Donau – jetzt Staatsarchiv Schwaben in Augsburg – neben dem 1767 bis 1775 entstandenen Akt des Klosters Fultenbach über »Die zwischen der Markgrafschaft Burgau und dem Hochstift Augsburg

---

117 HStAM Mediatisierte Fürsten: Vorderösterreich und Burgau, Lit. 53, fol. 5'.
118 StAND Vorderösterreich, Lit. 702 II; W. Wüst, Historischer Atlas Günzburg, S. 59f.
119 HStAM Hochstift Augsburg Neuburger Abgabe Lit. 1741. fol. 49ff; F. Zoepfl, Das Bistum Augsburg im Reformationsjahrhundert, Augsburg 1969, S. 422.
120 HStAM Kloster Fultenbach U 273.
121 W. Wüst, Historischer Atlas Günzburg, S. 62f.

strittige Landeshoheit über das Kloster Fultenbach[122]« auch ein Akt der Markgrafschaft Burgau von 1771 über »Die von der Augsburger Regierung zu Dillingen sich anmaßende Kastellanei- und Schutzgerechtigkeit über die Klöster Holzen und Fultenbach[123]«. Allem vergeblichen Widerstand der Mönche zum Trotz gelang es dem Hochstift Augsburg im Verlaufe des 18. Jahrhunderts zuletzt doch, die gesamte Vertretung des Klosters nach außen, insbesondere mit Steuer und Mannschaft gegenüber dem Reiche, an sich zu ziehen und das Gotteshaus am Fultenbach auf diese Weise zu einem landsässigen Kloster herabzudrücken[124].

Obwohl die Entwicklung von der hochstiftischen Schutzvogtei zur bischöflichen Landesherrschaft auf die Ortsherrschaft des Klosters, das heißt auf Verwaltung und Niedergericht über die Hintersassen Fultenbachs, zunächst noch keinerlei Auswirkungen hatte, so zeigt doch die Umwandlung des Klostervogtamts zu Fultenbach in ein dem Dillinger Burgpflegamt nachgeordnetes und der hochstift-augsburgischen Ämterstruktur angeglichenes Pflegamt im Rahmen der 1788/89 durchgeführten Reform der hochstiftischen Verwaltungsorganisation auch hier die für die Zukunft eingeschlagene Richtung. Immerhin aber wurde Fultenbach bei den Verhandlungen der Reichsdeputation von 1802 in Regensburg noch einmal für einen kurzen Augenblick vom Hochstift Augsburg unterschieden, bevor es mit diesem zusammen von Schicksale der Säkularisation betroffen und aufgehoben wurde[125].

---

122 StAND Kloster Fultenbach Akt 138.
123 StAND Vorderösterreich Akt 458.
124 A. SCHRÖDER, Die staatsrechtlichen Verhältnisse im bayerischen Schwaben um 1801, in: JHVD 19 (1906), S. 192 und 195.
125 Kloster Fultenbach war ursprünglich, anders als das Hochstift Augsburg, nicht für Bayern, sondern für die Entschädigung des Deutschen Ordens vorgesehen gewesen, doch schuf Bayern durch seinen gewaltsamen Zugriff vollendete Tatsachen in seinem Sinne; H. H. HOFMANN, Der Staat des Deutschmeisters (=Studien zur bayerischen Verfassungs- und Sozialgeschichte, Bd. 3), hg. von der Kommission für bayerische Landesgeschichte, München 1964, S. 341.

Neues zum oberdeutschen Ostindienhandel, insbesondere der Herwart in der ersten Hälfte des 16. Jahrhunderts

VON HERMANN KELLENBENZ

I

Die Erinnerung an die Jahre 1487 (Bartolomeu Dias) und 1497 (Vasco da Gama) leiten eine Jubiläumswelle ein, die mit dem Gedenken an 1492 (Christoph Kolumbus) ihren Höhepunkt erlangen wird. Verlage, Schriftsteller der schöngeistigen Literatur, Reisejournalisten und Historiker vom Fach sehen sich aufgerufen, sich mit Beiträgen zu beteiligen. Die Schriftsteller können den angenehmsten Teil der Arbeit für sich in Anspruch nehmen. Sie können sich an die Fährten halten, die ihnen die vorhandene Literatur bietet; sie brauchen nicht nach neuen bislang unbekannten Daten zu suchen. Was schon bekannt ist, können sie in ein mehr oder weniger abenteuerlich romantisches Geschehen zusammenweben. Reisejournalisten können mit einer Beschreibung der historischen Plätze aus eigener Anschauung und mit illustrativen Fotos aufwarten. Das Jubiläumsjahr des Ulrich von Hutten gab so Gelegenheit, sich dem abenteuerlichen Leben seines Vetters Philipp in Amerika zu widmen, und so schrieb der Venezolaner Francisco Herrera Luque über Hutten einen Roman mit dem Titel »La Luna de Fausto«, der auch ins Deutsche übersetzt wurde[1]. Einen ähnlichen Zauber wie das frühe kolonialzeitliche Venezuela und der geheimnisvolle Dorado übt die portugiesisch-ostindische Welt aus. Der Holländer Jacob Slauerhoff nahm die Lusiaden des Camões zum Anlaß, daraus einen Roman zu formen, in dessen Mitte das Streben der Portugiesen nach dem verbotenen Reich der Mitte steht und der in die Gegenwart eines Desperado hereinführt, der seine letzten Jahre in China verbrachte. Das 1932 erschienene Buch gab dem Klett-Cotta-Verlag Gelegenheit, das die Zeit von 400 Jahren umspannende Buch in deutscher Übersetzung herauszubringen[2]. Im selben Verlag erschien die Story des Schweden Rolf Edberg über die Odyssee der Europäer von Kreta und Homer bis Einstein und Los Alamos in deutscher Übersetzung. Darin befindet sich auch ein Kapitel über die Entdeckungen[3]. Über das abenteuerliche und schließlich unglücklich endende Leben des Augsburger Kaufmanns Ferdinand Cron, der lange Jahre in Goa verbrachte, hat neuerdings Karl Heinz Reger ein Jugendbuch verfaßt[4].

Der Historiker hat es schwerer. Seine Arbeit bleibt das mühsame Sammeln und Interpre-

---

1 Francisco Herrera LUQUE, La Luna de Fausto, Caracas, Editorial Pomaire, 1983, deutsche Übersetzung: Faustmond, La Luna de Fausto, Verlag R. S. Schulz, 1986.
2 Jan Jacob Slauerhoff, Das verbotene Reich. Aus dem Niederländischen übersetzt von Albert Vigoleis THELEN, Stuttgart 1986.
3 Rolf EDBERG, ...Und sie segelten weiter. Die Odyssee der Europäer: Von Homer zu Einstein, von Kreta nach Los Alamos. Aus dem Schwedischen von Detlef BRENNECKE, Stuttgart 1988.
4 Karl Heinz REGER, Pfeffer aus Fernost. Das abenteuerliche Leben eines Augsburger Kaufmanns, Ludwigs Reihe Bavaria 26, 1986.

tieren von Mosaikstücken, um sie zu einem Gesamtbild zusammenzufügen. Manchmal gibt es da allerdings auch Funde von Quellen, die bisher bekannte Zusammenhänge und Vorgänge neu beleuchten und zu neuen Interpretationen berechtigen. Von solchen neuen Feststellungen soll im folgenden die Rede sein.

II

Ich beginne mit einem Reisebericht der Wiener Nationalbibliothek, den Christine von Rohr im Jahre 1939 veröffentlicht hat. Der deutsche Text ist mit einer portugiesischen Beschreibung derselben Reise zusammengebunden. Es handelt sich um die zweite Expedition, die Vasco da Gama im Februar 1502 angetreten hat. Beide Berichte sind anonym. Der deutsche Text, offenbar die Abschrift von einem Original, ist dem portugiesischen Bericht hinzugefügt worden. Leider bricht er mitten in den Vorgängen in Indien ab. Der Schreiber schildert anschaulich Völker und Tiere der exotischen Welt sowie die turbulenten Vorgänge in Indien, bringt Entfernungsangaben, ist aber zurückhaltend hinsichtlich der Zeitangaben und Schiffsnamen[5].

Einige Angaben handelsgeschichtlicher Art seien hervorgehoben, so daß man den Zucker von Madeira nach Deutschland bringe, ebenso das Drachenblut, das auf der kleinen Insel »Porta Sancta« wachse. Auch hebt der Schreiber den Zuckerrohranbau auf den Kanarischen Inseln hervor. Daß sie auf der Insel Sofala für Glasperlen, Kupferringe und Tuch 25000 Mitikal Gold eingehandelt hätten, stimmt allerdings mit dem portugiesischen Parallelbericht nicht überein; auch lief das Schiff, auf dem der Schreiber fuhr, Sofala gar nicht an. Der Schreiber, so die Herausgeberin, hatte die Angabe vom Höhrensagen und nachträglich eingefügt, um den »deutschen Kaufmann« für die Geschäftsmöglichkeiten, die sich hier boten, zu interessieren. Leider ist das, was der Schreiber über das Gewürz- und sonstige Spezereigeschäft in Indien bringt zu allgemein, um daraus uns interessierende Schlüsse ziehen zu können. Zuverlässiger ist der portugiesische Bericht und der der Edition beigegebene Bericht des Tomé Lopes, der auf dem Schiff des Ruy Mendes mitreiste.

Wichtiger ist der Hinweis der Herausgeberin, daß die Handschrift im Jahre 1665 vom Schloß Ambras in die kaiserliche Bibliothek nach Wien gebracht wurde und wohl aus dem Besitz der Philippine Welser stammte und daß die Sprache des Schreibers auf den bayerisch-schwäbischen Grenzbereich hinweist, wenn man von Einflüssen absieht, die etwa ein längerer Aufenthalt in Antwerpen gehabt haben konnte. Der Schreiber war wohl ein »Handelsagent«, der seine geschäftlichen Beobachtungen und sonstige Reiseeindrücke an flämische und deutsche Firmen weitergeben wollte. So lag der Schluß nahe, daß eine Abschrift des Berichts in den Besitz der Welser in Augsburg gelangte. Bezüglich der Identifizierung des Schreibers spielt der

---

5 Christine VON ROHR, Neue Quellen zur zweiten Indienfahrt Vasco da Gamas (Quellen und Forschungen zur Geschichte der Geographie und Völkerkunde Bd. 3), Leipzig 1939, S. 8–41 u. 42–51.
5a European Expansion 1494–1519. The Voyages of Discovery in the Bratislava Manuscript Lyc. 515/8 (Codex Bratislavensis). Ed. by Miloslav KRASÁ, Josef POLIŠENSKY and Peter RATKOŠ, Charles University, Prague 1986.
5b Karl Otto MÜLLER, Welthandelsbräuche (Deutsche Handelsakten des Mittelalters und der Neuzeit IX), Stuttgart 1934.

in Lissabon tätige Drucker Valentim Fernandes (de Moravia) eine gewisse Rolle. Er stand jahrelang im Briefwechsel mit Konrad Peutinger, dem Schwager von Anton Welser d. Ä. Es ist nachgewiesen, daß Hans Mayr (Mayer), der 1505 an der Expedition des Almeida teilnahm, schon 1502 im Dienst des Fernandes stand. War er der Verfasser des Berichts? Da von ihm kein Originalbericht vorliegt, ließ Frau von Rohr die Beantwortung dieser Frage offen.

Inzwischen ist ein weiterer anonymer deutscher Bericht über die zweite Expedition des Vasco da Gama bekannt geworden. Er befindet sich in einer Handschriftensammlung in Preßburg (Bratislava). Miloslav Krasá, Josef Polišensky und Peter Ratkoš haben ihn unlängst in einer englischen Edition veröffentlicht. Er ist in derselben Schrift geschrieben wie der Wiener Bericht und hat auch denselben Inhalt. Allerdings werden die Ortsbezeichnungen teilweise in anderer Form gebracht. So wird zum Beispiel statt Lissebon Lissbona oder Ulyxbona geschrieben. Vor allem schildert der Schreiber auch die Rückreise von Indien, von wo sie am 22. Februar 1503 wegfuhren. Nach einem Aufenthalt in Mozambique umschifften sie am 18. Juli das Kap der Guten Hoffnung. Gegen Ende des Monats kamen sie »in die insel de Azeres (Azores) das man das Flemisch erlandt(eilandt) heysst. Da Martin Behem seinen sweher hat, 300 meyl von Portugal«. Hier faßten sie frisches Brot und segelten nach Lissabon weiter. Der Hinweis auf Martin Behaim und seinen Schwiegervater legt den Schluß nahe, daß der Schreiber die Nürnberger Verhältnisse gut kannte. Aber wer war der Schreiber? Auch hier muß die Antwort vorerst offen bleiben[5a].

In diesem Zusammenhang fügen sich auch Angaben über den Indienhandel in der Sammlung von Handelsbräuchen, die Karl Otto Müller im Archiv der ehemaligen Kaufmannsfamilie der Paumgartner gefunden und diesem Augsburger Handelshaus zugeschrieben hat. Auch diese Aufzeichnungen stammen aus den Jahren unmittelbar nach der ersten Expedition des Vasco da Gama nach Ostindien (1497/99). Dazu kommen Unterlagen eines sogenannten Triffasbandes, der 1514/15 niedergeschrieben wurde. Handelsgeschichtlich sind diese Aufzeichnungen von unschätzbarem Wert, weil sie aus dem Reichtum des selbst Erfahrenen schöpfen[5b].

Daß die Nachrichten von der erfolgreichen Rückkehr des Vasco da Gama von seiner ersten Indienfahrt die großen Handelshäuser in Augsburg und Nürnberg aufhorchen ließen, war zu erwarten; insbesondere diejenigen mußten sich dafür interessieren, die über Venedig und Genua am Gewürz- und sonstigen Drogengeschäft beteiligt waren. Aloys Schulte hat anhand der Unterlagen der Großen Ravensburger Handelsgesellschaft gezeigt, wie deren Faktoren über das Ereignis berichteten[6].

Die Aufzeichnungen, die hier besonders interessieren, beginnen mit Angaben über die Route nach Indien. Die atlantischen Zwischenstationen wollen wir hier beiseite lassen und einsetzen mit der Entfernung von Lissabon bis zum Kap der Guten Hoffnung, die mit 1900 Meilen angegeben wird. Dann folgen Angaben über die Stationen an der afrikanischen Ostküste Sofala, Mozambique, Quiloa, Mombasa und Melinde. Von Melinde, heißt es weiter, fahren die Schiffleute nach Calacud (Calicut) oder Paudarane (Panderane), das »ein par 5

---

6 Aloys Schulte, Geschichte der Großen Ravensburger Handelsgesellschaft 1380–1530 (Deutsche Handelsakten des Mittelalters und der Neuzeit I), Wiesbaden 1964, I, S. 277–282 (hat bei Gossembrot irrtümlich statt 3000 nur 300).

meill« vom ersteren entfernt ist. Die Strecke der Überfahrt von Melinde aus wird mit insgesamt 800 Meilen angegeben.

An der indischen Westküste werden die wichtigsten Plätze erwähnt, und zwar von der Insel Amadria an, »do gemainlich alle schiff wasser und holtz nemen, die in India faren als haidn und cristen.« Von Amadria aus gibt der Schreiber folgende Entfernungen an[7]:

Bucaria	8	Canonor	15	Crangalor	15
Nitaree	12	Paudarane	15	Cotchin	12
Mangalor	15	Calecud	5	Tanaraw	17
Ely	20	Ponare	10	Colam	16

Die Entfernung von Calicut nach Silan (Ceylon), »da die canella wechst«, wird mit 250 Meilen angegeben. Insgesamt war es nach den Angaben der Seefahrer von Lissabon nach Calicut 3700 Meilen und von Calicut nach Malacca 700. Das Land von Combayca (Cambay) bis in Amadina (Medina) heißt Gotzurat (Gujarat). Von Amadina bis in Cail, 30 Meilen »dißhalb Ceylon heißt es Melibar (Malabar). Von Cail bis zum Ganges heißt das Land Mahabar, jetzt »gemainlich« Zulmando (heute Koromandel). Vom Ganges bis Malacca heißt das Land Mätzin, von Malacca aber »fort an« alles Land Sey tzin.

Der Schreiber bringt Näheres über die wichtigsten Handelsplätze an der Ostküste von Afrika. Er erwähnt die indischen Maße und Gewichte und vergleicht sie mit den portugiesischen; ebenso bringt er Angaben über die kursierenden Münzen und vergleicht sie zum Teil mit den portugiesischen. Ausführlich handelt er über die Waren, die man in Indien kaufte. Auch über die arabische Konkurrenz bringt der Schreiber einiges. Aus Platzgründen können wir hier nicht näher darauf eingehen, zumal sie K. O. Müller schon abgedruckt hat. Besonders aufschlußreich sind die abschließenden Bemerkungen über die »erst fündung von Calecud« durch Vasco da Gama mit seinen vier Schiffen, die am 8. Juli 1497 von Portugal wegfuhren und von denen drei (nachdem das vierte verbrannt worden war) am 21. Mai 1498 nach Calicut kamen. Erwähnt wird schließlich die Expedition der 13 Schiffe des Pedro Alvares Cabral von 1500, die Entdeckung des Landes von »Presill«, das Schiff, das die Nachricht nach Lissabon brachte, und daß von den 12 Schiffen, die nach Indien fuhren, nur 6 zurückkehrten.

Wie kam es zu diesen Aufzeichnungen? Wer hat dem Schreiber den Auftrag gegeben? Aus wessen Feder stammen sie? Theodor Gustav Werner verdanken wir aufschlußreiche Hinweise. Dieser unermüdliche Wanderer auf den Spuren der oberdeutschen Kaufleute, dessen Lebenswerk leider unvollendet blieb, hat mit großem Fleiß und bewundernswertem Scharfsinn die einzelnen Teile des Paumgartnerschen Sammelbands untersucht und verschiedene Schreiber herausgefunden[8]. Zu dem hier besonders interessierenden Teil I A 2 hat er betont, daß es sich (jedenfalls) nicht um eine Übersetzung aus dem Portugiesischen, sondern um einen

---

[7] Vgl. dazu MÜLLER, Welthandelsbräuche (wie Anm. 5b), S. 202 ff. I: S. 171 ff. Amadria (Amadina, Amandina), zu den Lakkadiven gehörend

Buccaria	= Baccanore	Cananor	= Cannanore	Crangalor	= Crangaore
Nitaree	= ?	Paudarane (Panderane)	= ?	Cotchin	= Cochin
Mangalor	= Mangalore	Calecud	= Calicut	Tanaraw	= ?
Ely	= Helli	Ponare	= Ponani	Colam	= Quilon.

[8] Theodor Gustav WERNER, Repräsentanten der Augsburger Fugger und Nürnberger Imhoff als Urheber der wichtigsten Handschriften des Paumgartner-Archivs über Welthandelsbräuche im Spätmittelalter und am Beginn der Neuzeit, in: Vierteljahrschrift für Sozial- und Wirtschaftsgeschichte 52 (1965) 1–41.

(originalen) Bericht in deutscher Sprache handelt. Viele Eigennamen sind nicht so wiedergegeben, wie sie die Portugiesen schrieben, sondern so wie sie ein Deutscher, genauer gesagt ein Süddeutscher (vermutlich ein Schwabe mit alemannischem Einschlag) hörte. Doch war der Schreiber mit dem Portugiesischen vertraut und hatte sich offenbar schon eine Zeitlang, bevor er eine Reise nach Indien machte, in Portugal aufgehalten. Werner hat vermutet, daß der Verfasser die im Jahre 1503 nach Indien ausgelaufene Flotte des Afonso de Albuquerque begleitet hat und verweist auf die Stelle »im jar 1504 under dem hauptmann Alfonso Dalbuquerque hat die speceri (in Indien) golten« etc.[9]. Wahrscheinlich sei der Schreiber im Auftrag der Welser gereist. Unterstützt wird diese Vermutung durch die Tatsache, daß Aufzeichnungen des Francisco de Albuquerque, der seinem Bruder gefolgt war, in den Besitz von Konrad Peutinger, dem Schwager von Anton Welser d. Ä. gelangten, so vom 27. Dezember 1503 und Nachrichten über die Fahrt nach Calicut vom Jahre 1504[10]. Anton Welser unterrichtete seinen Schwager Peutinger über seine Lissaboner und Antwerpener Faktoren, denn er erhoffte sich eine Fürsprache bei König Maximilian über dessen Sekretär Blasius Hölzl, um seine Pläne eines Ostindienhandels durch Maximilians Vermittlung beim portugiesischen König leichter verwirklichen zu können. In diesem Sinn schrieb Peutinger einen Brief an Hölzl mit dem Datum des 13. Januar 1505. Begleitet von einem Schreiben an Maximilian sollte er die Ausfertigung von zwei Empfehlungsschreiben beschleunigen. Das eine sollte sich an den König von Portugal, das andere an den König von Frankreich richten. Das letztere sollte die Durchfuhr durch die Gewässer Frankreichs, die durch Seeräuberei gefährdet war, sichern. Rühmend heißt es in Peutingers Schreiben an Hölzl:

> »Und uns Augspurgern ains groß lob ist,
> als fur die ersten Teutschen, die India suchen...«[11]

Die Korrespondenz zwischen Peutinger und Hölzl besorgte die Fuggersche Vertretung in Innsbruck. Dazu sei vermerkt, daß Hölzl die begabte Tochter Peutingers, Juliane, heiraten wollte. Die Tatsache, daß König Manuel die Nachricht von der ersten Expedition des Vasco da Gama nach Indien Maximilian in einem Schreiben aus Lissabon vom 26. August 1499 mitteilte, ist neuerdings von Peter Krendl, einem Schüler des Maximilianbiographen Hermann Wiesflecker, sachkundig auf der Basis einschlägiger, auch portugiesischer, Literatur kommentiert worden. In diesem Schreiben wird unter anderem erwähnt, »was von den indischen Märkten an orientalischen Waren, die in aller Welt verbreitet sind, in großer Menge mitgebracht wurde, (nämlich) Zimt, Gewürznelken, Pfeffer, Ingwer, Muskatnuß, Moschus, Benzoeharz (?), Weihrauch, alle Arten von (sonstigen) Spezereien und Wohlgerüchen, Edelsteine, Perlen und vieles andere Wertvolle«[12].

In diesem Rahmen fügen sich die Bemühungen führender oberdeutscher Handelshäuser in Augsburg und Nürnberg um eine Beteiligung an der über Lissabon sich öffnenden Indienfahrt

---

9 MÜLLER, Welthandelsbräuche (wie Anm. 5b), S. 211f.
10 Götz FREIHERR VON PÖLNITZ, Jakob Fugger, Kaiser, Kirche und Kapital in der oberdeutschen Renaissance, I, Tübingen 1949, S. 150; II, 1952, S. 151.
11 Heinrich LUTZ, Conrad Peutinger. Beiträge einer politischen Biographie (Abhandlungen zur Geschichte der Stadt Augsburg. Schriftenreihe des Stadtarchivs Augsburg, Heft 9), Augsburg o. J., S. 58.
12 Peter KRENDL, Ein neuer Brief zur ersten Indienfahrt Vasco da Gamas, in: Mitteilungen des österreichischen Staatsarchivs 33 (1980), 1–21.

um das Kap der Guten Hoffnung. Die Welser und Voehlin gingen voran. Im Dezember 1502 reiste ihr Faktor Simon Seitz in Begleitung von Scipio Leveston und Lukas Rem über Lyon nach Lissabon, wo der portugiesische König am 13. Februar des nächsten Jahres ein Handelsprivileg für die Firma gewährte. Die Verhandlungen über eine Beteiligung an der Flotte des Lope Soares blieben allerdings erfolglos, da der König sich den Handel (mit Gewürzen besonders) allein vorbehalten wollte. Schließlich erreichte aber eine Gruppe von Augsburger und Nürnberger Kaufleuten zusammen mit einer Gruppe von Italienern die Erlaubnis zur Beteiligung an der Flotte des Francisco de Almeida, die im Jahre 1505 auslief. Die Verteilung der Einlagen ist bekannt. Die Welser-Voehlin trugen die größte Summe, 20000 Crusados, bei; die Fugger und Hoechstetter beteiligten sich mit je 4000, die Gossembrot und Imhoff mit je 3000, die Hirschvogel mit 2000. Die Italiener, Bartolomeo Marchionni voran, zahlten zusammen 29400 Crusados. Auch an der Expedition von 1506 beteiligten sich zwei Gruppen von Kaufleuten, einmal ein Konsortium von Florentinern und Genuesen mit Marchionni an der Spitze, dann die Welser, vertreten durch Lukas Rem, und der Portugiese Ruy Mendes[13].

Auffallend ist, daß die Große Ravensburger Gesellschaft, die so aktiv an der Ostküste der Iberischen Halbinsel tätig war, den Sprung der Oberdeutschen an den Tejo nicht mitmachte. Aloys Schulte hat aus seiner Kenntnis der Dokumente der Gesellschaft gezeigt, wie dieses große Unternehmen, das seit dem ausgehenden 14. Jahrhundert bestand, müde resignierend, keinen rechten Drang zum Gewürzhandel hatte. »Sie verließ Venedig, entwickelte den Handel in Genua erkennbar nur in der Zeit, da die Markusrepublik im Kampfe mit der Türkei stand und daher vom Handel mit der Levante abgeschnitten war, erweiterte ihr Gelieger in Spanien weder um ein solches in Sevilla noch in Lissabon und gab auch nach Antwerpen nicht ausreichende Mittel, um wenigstens dort im Handel zweiter und dritter Hand etwas zu bedeuten«[14]. Um die richtige Perspektive für die Beteiligung der Oberdeutschen zu haben, darf, abgesehen von den Portugiesen (Krone, Adel und Kaufleute) nicht die Konkurrenz der Italiener, besonders der Florentiner, übersehen werden[15]. Schon die Expedition von 1501

---

13 Benedikt GREIFF, Tagebuch des Lukas Rem, 1496–1541, in: Jahresbericht des Histor. Ver. f. Schwaben und Neuburg 26 (1861) 1–110, hier S. 6 ff.; Konrad HAEBLER, Die überseeischen Unternehmungen der Welser und ihrer Gesellschafter, Leipzig 1903, S. 8 ff.; Walter GROSSHAUPT, Bartholomäus Welser (25. Juni 1484–28. März 1561). Charakteristik seiner Unternehmungen in Spanien und Übersee, Diss. Graz (masch.) 1987, S. 119 f.
14 SCHULTE, Geschichte der Großen Ravensburger Handelsgesellschaft (wie Anm. 6), S. 282.
15 Archivio Storico Italiano (1845) appendice II, S. 17 f. (Brief des Ca Masser); Marino Sanudo Diarii (1466–1535), Venedig 1879, Tom. IV, 545 ff., 662 ff. u. V, 129 ff., 133 ff., 318 ff. (Briefe von G. F. degli Affaitati, Cesare Barzi und Casano del Nigro); Prospero PERAGALLO, Cenni intorno alla colonia italiana in Portogallo nei secoli XIV, XV e XVI, Genova 1907; Charles VERLINDEN, La colonie italienne de Lisbonne et le développement de l'économie métropolitaine et coloniale portugaise, in: Studi in onore di Armando Sapori, Milano 1957, I, S. 615 ff.; Manuel Nunes DIAS, O capitalismo monárquico português (1415–1549), Contribuição para o estudo das origens do capitalismo moderno II, Coimbra 1964, S. 203 ff. (mit einigen Irrtümern, z. B. Sergini statt Sernigi); Vitorino Magalhães GODINHO, L'économie de l'Empire portugais aux XVe et XVIe siècles (Ecole Pratique des Hautes Etudes, VIe Section, Ports-Routes-Trafics XXVI), Paris 1969, S. 663 ff.; Marco SPALLANZANI, Giovanni da Empoli, mercante navigatore fiorentino, Firenze 1984; DERS., Fiorentini e portoghesi in Asia all'inizio del Conquecento attraverso le fonti archivistiche fiorentine, in: Aspetti della vita economica medievale. Atti del Congresso di Studi nel X Anniversario della morte di Federigo Melis, Firenze-Pisa-Prato, 10–14 marzo 1984, Firenze 1985, S. 321–332.

wurde von einem Konsortium bestimmt, an dessen Spitze Marchionni stand. Die Armada des João da Nova bestand aus zwei Schiffen, die der Krone gehörten. Dazu wurde ein Schiff von Marchionni und seiner Gruppe gestellt. Kommandant war der Florentiner »Fernam Vinet«. An der zweiten Armada des Vasco da Gama, die 1502 mit 20 Schiffen auslief, war ebenfalls ein Italiener, »João de Bonagracia«, Kapitän eines Schiffs, und der Cremonese Giovanni Francesco degli Affaitati schickte seinen Faktor Matteo da Bergamo mit. Von den neun Schiffen der Armada von 1503 gingen vier auf Rechnung des Florentiners Girolamo Sernigi und der Florentiner Gesellschaft der Gualterotti und Frescobaldi in Brügge, für die sich Giovanni da Empoli einschiffte. Von der Armada von 1505 gehörten zwei Schiffe der Krone, ein drittes dem Portugiesen Fernando de Noronha, drei weitere dem schon erwähnten Konsortium der Deutschen und der Italiener.

Die Armada von 1506 rüstete, wie schon erwähnt, eine von Marchionni geleitete Gruppe von Florentinern und Genuesen und die Welser mit dem Portugiesen Ruy Mendes aus. Außerdem hatten der Capitão-Mor Tristão da Cunha und Albuquerque Anteile. Auch an der Armada, die 1509 der Marschall Fernando Coutinho kommandierte, wurden mehrere Schiffe von Kaufleuten ausgerüstet, so vom Portugiesen Jorge Lopes Bixorda und dem Florentiner Francisco Corbinelli. Vier Schiffe, die 1510 unter der Führung von Diogo Mendes de Vasconcelos den Tejo verließen, gehörten wieder privaten Ausrüstern, und Giovanni da Empoli reiste als Faktor mit, während ein Sernigi Kapitän von einem der Schiffe war. 1512 rüstete Girolamo Sernigi ein Schiff direkt nach Malacca aus, von wo im nächsten Jahr eines auf seine Rechnung zurückkehrte. Mit der Armada, die 1515 Lopo Soares kommandierte, fuhr Empoli als Kapitän seines eigenen Schiffes; sieben Fahrzeuge gehörten dem König, fünf wurden von Kaufleuten ausgerüstet. Im nächsten Jahr fuhren von fünf Schiffen zwei auf Rechnung der Königin. Von der Flotte, die 1517 der Vedor da Fazenda Fernão d'Alcáçova kommandierte, gehörte eines der Krone, das zweite D. Nuno Manuel und ein weiteres dem Kaufmann Duarte Tristão. Seine Aktivitäten als Schiffsausrüster wurden später vom Sohn Vicente Gil fortgesetzt. Auch Job Queimado finden wir unter den Ausrüstern. Von 1520 an und in der folgenden Zeit heißt ein Schiff Burgalesa, deren Ausrüster, eine Gruppe von Burgalesen, dem Namen nach leider nicht bekannt ist.

Unter den Ausländern dominierten als Ausrüster sichtlich die Florentiner unter der Führung der Marchionni und Sernigi, hinter denen die Gualterotti und Frescobaldi in Brügge, die Nasi, Gondi und Vecchietti in Lyon und die Gondi sowie die Pigli in Florenz standen, wozu noch die Affaitadi von Cremona kamen, die ihr Schwergewicht nach Antwerpen verlegten und, wie bald auch die Giraldi aus Florenz, in Lissabon und anderen Plätzen der Iberischen Halbinsel eine Rolle spielten. Die Namen der verschiedenen Florentiner, die in dieser Zeit in Indien und den verschiedenen Einflußgebieten der Portugiesen bis Sumatra, den Gewürzinseln und China tätig waren, hat unlängst Marco Spallanzani zusammengestellt. Giovanni da Empoli, dem bekanntesten von ihnen, hat er eine Monographie gewidmet.[16]

---

16 Vgl. dazu SPALLANZANI, Giovanni da Empoli (wie Anm. 15).

III

Verglichen mit dieser überlegenen Konkurrenz der Florentiner ist der Anteil der Oberdeutschen am portugiesischen Indiengeschäft bescheidener. Die Zahl der Deutschen, die in dieser frühen Zeit selbst nach Indien fuhren, kann man wohl an der Hand abzählen[17]. Wieviele es waren, steht allerdings nicht ganz fest. An der Fahrt von 1505 nahm nach bisheriger Annahme nur ein deutscher Faktor teil, nämlich Balthasar Springer (Sprenger); der andere Deutsche, der mitfuhr, wird in der vom Drucker Valentim Fernandes an Peutinger gelangten Aufzeichnung als Faktoreischreiber des Schiffs St. Rafael und dementsprechend als Beamter der Krone gerechnet. Heinrich Lutz hat schon vermutet, daß »die Beteiligung mindestens eines weiteren deutschen Faktors anzunehmen« sei[18]. Das hat sich inzwischen bestätigt. Ob es derselbe ist, der den von den Kollegen in Prag und Preßburg veröffentlichten Bericht über die zweite Expedition des Vasco da Gama schrieb[19], muß allerdings offen bleiben[20]. Über den dritten deutschen Teilnehmer der Almeidaexpedition von 1505/06 hat Christa Schaper in ihrem Hirschvogelbericht wichtige Hinweise gebracht[21] und damit die Zusammenhänge deutlicher gezeichnet, als dies noch Hedwig Kömmerling-Fitzler möglich gewesen war[22]. Außerdem hat der unlängst verstorbene Freiherr Christoph von Imhoff einen Aufsatz veröffentlicht, in dem er auf eine bislang wenig bekannte Arbeit aufmerksam machte, die von Georg von Imhoff stammte. Schaper und Christoph von Imhoff haben gezeigt, daß außer Balthasar Springer und Hans Mayr an der Expedition von 1505 tatsächlich noch ein dritter Oberdeutscher teilnahm, nämlich Ulrich Imhoff (ca. 1476–1507). Er fuhr an Bord des Schiffs St. Hieronymus und kehrte im Mai 1506 nach Portugal zurück. Wie Georg von Imhoff in einem Vortrag von 1895 andeutete, befand sich im Imhoffschen Familienarchiv wichtiges Quellenmaterial über diesen Ulrich Imhoff, das leider mit dem Tod von Georg von Imhoff verloren gegangen ist[23].

Der zweite Teil der Edition der tschechoslowakischen Kollegen, der hier interessiert, bezieht sich auf den Bericht des Lazarus Nürnberger über seine Indienreise. Dieser Sohn eines markgräflich ansbachischen Kastners aus Neustadt an der Aisch war erst 16 Jahre alt, als er am 17. Januar 1517 seine Heimat verließ und über Antwerpen und Seeland nach Lissabon reiste, wo er am 17. März ankam und bald darauf (am 2. April) auf dem Schiff »S. Agno grandi« nach Indien fuhr. Von Goa aus reiste Nürnberger nach dem Königreich Patigala (gemeint ist Vijanayagar). Er rühmt die große »Hantierung« der Hauptstadt Baticala »von allerley tucher

---

17 Es wird sogar angenommen, daß deutsche Seeleute schon an der ersten Reise des Vasco da Gama teilnahmen. Vgl. Nunes Dias, O capitalismo (wie Anm. 15), I, S. 212.
18 Heinrich Lutz, Conrad Peutinger. Beiträge zu einer politischen Biographie (Abhandlungen zur Geschichte der Stadt Augsburg, Heft 9), Augsburg o. J., S. 51 f.
19 Vgl. European Expansion (wie Anm. 5a).
20 Da er die Nürnberger Verhältnisse so gut kannte, möchte man an Ulrich Imhoff denken. Im Jahre 1476 geboren, war er 1502 26 Jahre alt.
21 Christa Schaper, Die Hirschvogel von Nürnberg und ihr Handelshaus (Nürnberger Forschungen 18), Nürnberg 1973, Register: Imhoff, Ulrich.
22 Hedwig Kömmerling-Fitzler, Der Nürnberger Kaufmann Georg Pock (1528/29), in: Portugiesisch-Indien und im Edelsteinland Vijanagara, in: Mitteilungen d. Ver. f. Gesch. d. Stadt Nürnberg 55 (1967/68).
23 Christoph von Imhoff, Nürnberger Indienpioniere, Reiseberichte von der ersten oberdeutschen Handelsfahrt nach Indien (1505/06), in: Reiseberichte der Frühen Neuzeit. Wirtschafts- und kulturhistorische Quellen, Pirckheimer Jahrbuch 1986, Bd. 2, München 1987, S. 11 ff.

auch von allerley edelgestain vnd ser vil perlein, so von Harmuss dar kommen«. Von hier reiste Nürnberger nach Cananore weiter, wo es Ingwer, Pfeffer, Cardamom, Baumwolle und Cassia fistula gab. Schließlich besuchte er noch Calicut und Cochin. Am 12. Januar 1518 verließ er Cochin. Am 13. März kamen sie zum Kap der Guten Hoffnung, »wo die portugalesisch schiff allzeyt wasser nemen«, aber der Wind war so stark, daß sie nicht an Land gehen konnten. Erst in St. Helena konnten sie Wasser fassen. Vom 6. bis 9. Juni berührten sie den Archipel der Azoren. Das Datum der Rückkehr nach Lissabon vermerkt Nürnberger nicht, doch wissen wir von einem Brief, den er am 18. (28.) Juli in der portugiesischen Hauptstadt an Michael Behaim schrieb, der am 7. September in Nürnberg eintraf. Der Bericht über die Indienreise trägt den Vermerk »a Wilibaldo Byrchamero 1519, de 1. decembris«. Der Bericht gelangte also in die Hände des Nürnberger Humanisten Pirckheimer und wurde von diesem an einen anderen Humanisten weitergeleitet, dessen Name vorerst nicht bekannt ist[24]. Um diese Zeit befand sich Nürnberger, entgegen seiner ursprünglichen Absicht, wieder nach Indien zu reisen, bereits in Sevilla, seinem künftigen Tätigkeitsfeld[25].

Im Frühjahr 1520 reiste der in Heidingsfeld bei Würzburg geborene Georg Pock im Auftrag der Hirschvogel nach Indien. Pock verpflichtete sich, drei Jahre in Indien tätig zu sein. Bevor er seine Reise antrat, kam der Augsburger Erasmus Herwart, für den eine Zeitlang der aus Regensburg stammende Erasmus Schleim in Lissabon tätig gewesen war, nach Nürnberg und traf mit den Hirschvogel eine Vereinbarung, wonach ein Drittel des Gewinns von der Ein- und Ausfuhr des Pock zugunsten der Hirschvogel sein und an ihren Lissaboner Vertreter Friedrich Loener gesandt werden sollte. Pock reiste Anfang April mit der von Jorge de Brito geführten Flotte nach Indien. Die Schiffe erreichten Goa, bevor Diogo Lopes de Sequeira von seiner Expedition nach Ormuz zurückgekehrt war, das heißt vor dem 20. September. Pock blieb unter anderem in brieflicher Verbindung mit dem Nürnberger Michael Behaim, an den er am 1. Januar 1522 einen Brief aus Cochin schrieb. Dieser Brief ist seinerzeit von F. W. Ghillany veröffentlicht worden. Frau Hedwig Kömmerling-Fitzler hat ihn noch einmal abgedruckt und neu interpretiert, und Christa Schaper konnte sich darauf stützen. Pock sandte seinen Brief an den Herwartschen Faktor Veit Hörl nach Lissabon, der ihn nach Nürnberg weiterleitete. Pock hatte die Absicht, nach Ablauf seiner Verpflichtung nach Europa zurückzukehren; doch blieb er weiterhin in Indien, wo er 1528 oder 1529 in Bisnaga (auch Narsinga genannt), dem wichtigen Handelszentrum von Vijanayagar gestorben ist[26].

IV

Einen bislang nicht genügend beachteten Platz im Indienhandel nahmen die Augsburger Herwart ein. Sie befanden sich nicht unter den Oberdeutschen, denen es gestattet wurde, sich an der Flotte zu beteiligen, die 1505 den Tejo nach Ostindien verließ. Obwohl patrizischer Herkunft und schon lange im Handel tätig, hatten die Herwart damals ihre Geschäfte noch

---

24 European Expansion (wie Anm. 5a), S. 36ff., 62ff.
25 Enrique Otte, Jacob und Hans Cromberger und Lazarus Nürnberger, die Begründer des deutschen Amerikahandels, in: Mitteilungen d. Ver. f. Gesch. d. Stadt Nürnberg 52, (1963/64) 129–162.
26 Kömmerling-Fitzler, Der Nürnberger Kaufmann Georg Pock (wie Anm. 22) und Schaper, Die Hirschvogel (wie Anm. 22), Register: Pock, Georg.

nicht nach der Iberischen Halbinsel ausgeweitet. Immerhin beteiligten sich Georg Herwart und seine Brüder, unter denen noch Christoph genannt wird, in den Jahren 1498/99 an dem Kupfersyndikat mit den Fuggern, Gossembrot und Paumgartnern, das dazu dienen sollte, die Absatzverhältnisse auf dem Markt von Venedig zu regeln[27]. Bald nahmen sie auch in Antwerpen einen angesehenen Platz ein. 1509 war an der Schelde Claus de Clerck Faktor von Christoph Herwart und seiner Gesellschaft, die hier im Textilhandel erscheint. Zwei Jahre später wird Christoph Herwart (wieder vertreten durch de Clerck) zusammen mit dem Florentiner Filippo Gualterotti als Gläubiger der niederländischen Regierung genannt. 1522 erwarben die Brüder Marcus und Hans Herwart ein Haus in Antwerpen. Ihr Faktor war damals und noch 1524 Andries Smiet. Im Jahr 1522 wird ferner Christoph Herwart und seine Gesellschaft als Gläubiger des Brüsseler Hofs erwähnt. Die Summe 64000 Livres) wurde nach mehrfacher Verlängerung und Abzahlung bis 1525 getilgt. Damals war Lukas von Stetten ihr Faktor. In den Jahren 1529/31 beteiligten sich Hans, Marcus, Georg, Christoph und Erasmus Herwart an großen Geldgeschäften mit der niederländischen Regierung[28]. Außerdem wird 1528 Christoph Herwart in Gemeinschaft mit den Pimmel als Gläubiger von König Ferdinand genannt. Ein Teil der ausstehenden Summe (45000 Gulden) wurde in Leinwand und Tuch geliefert[29]. Wir ersehen aus diesen Angaben, daß die Herwart sich innerhalb verhältnismäßig kurzer Zeit in die Reihe der führenden Augsburger Handelshäuser vorgeschoben hatten.

Als der Nürnberger Arzt Hieronymus Münzer im Jahre 1494 nach Spanien und Portugal reiste, begleitete ihn ein Anton Herwart. Sein älterer Bruder Georg (Jörg) hatte die Leitung des Familienunternehmens bis zu seinem Tod im Jahre 1508. Dann folgte ihm sein oben erwähnter Bruder Christoph. Die Geschäfte seiner Gesellschaft entwickelten sich so gut, daß er schließlich zu den reichsten Bürgern Augsburgs gehörte. Zu den Bankgeschäften fügten sich Warenhandel, außer den erwähnten Textilien solche in Metallen, Juwelen und Perlen.

Die genaue Verzweigung der Familie ist heute noch nicht bekannt. So wissen wir noch nicht genau, wie sich Jörg Herwart in Lissabon in die Augsburger Verwandtschaft einfügt. Er war ein Sohn des Matthäus Herwart und ein Halbbruder von Philipp, Matthäus, Paul und Peter Herwart. 1511 wird er als in Lissabon residierender Kaufmann erwähnt. Damals stand er im Dienst der Fugger. Mit dem verballhornten Namen Elberte oder Emberte finden wir ihn unter den Kaufleuten, die dem Schatzmeister der Casa da India Silber lieferten. Jörg Herwart verstand sich besonders auf das Geschäft mit Juwelen. Im März 1526 bevollmächtigte der in Antwerpen residierende Kaufmann Joachim Pruner den Francisco Witte aus Haarlem, er solle

---

27 Richard EHRENBERG, Das Zeitalter der Fugger, Geldkapital und Kreditverkehr, Jena ³1922, I, S. 396ff., 417ff.; Jakob STRIEDER, Zur Genesis des modernen Kapitalismus, Forschungen zur Entstehung der großen Kapitalvermögen am Ausgange des Mittelalters und zu Beginn der Neuzeit zunächst in Augsburg, München/Leipzig ²1935, S. 107ff.; DERS., Studien zur Geschichte kapitalistischer Organisationsformen. Monopole, Kartelle und Aktiengesellschaften im Mittelalter und zu Beginn der Neuzeit, München/Leipzig ²1925, S. 159.
28 EHRENBERG, Das Zeitalter der Fugger (wie Anm. 27), I, S. 218; Renée DOEHAERD, Etudes anversoises. Documents sur le commerce international à Anvers (Ecole Pratique des Hautes Etudes, VIᵉ Section, Ports-Routes-Trafics XIV), Paris 1962, II, Certificats 1488–1510, 294 (Nr. 2028, 5. IX. 1509).
29 O. THORSCH, Materialien zu einer Geschichte der österreichischen Staatsschulden, Phil. Diss. Leipzig 1891, S. 28, 34, 39, 40ff.; Othmar PICKL, Gli Asburgo austriaci e la concorrenza delle grandi banche dal XIV secolo alla fine del XVII, in: La repubblica internazionale del denaro tra XV e XVII secole, a cura di Aldo De Maddalena e Hermann Kellenbenz, Bologna 1986, S. 162.

vom Schiffer Dierik Ysebrantszon 18 Rubine in Empfang nehmen. Herwart hatte die Juwelen dem Schiffer in einem Kuvert übergeben. In der Nähe von Lissabon hatte Herwart eine Werkstätte zum Schleifen von Edelsteinen[30].

Näheres über die Geschäfte der Herwart in Augsburg und des Jörg Herwart in Lissabon erfahren wir aus der Chronik des Christoph von Stetten. Er war ein Bruder des oben erwähnten Lukas und stand seit 1523 im Dienst der Augsburger Herwart. Eine Vorstellung vom Umfang der Perlengeschäfte bekommen wir, wenn wir in der Chronik lesen, daß Christoph von Stetten 1527 hundert Pfund Perlen in seinem Gepäck hatte, als er von Antwerpen nach Augsburg reiste. Im selben Jahr rechnete er über 6 Quintal und einige Pfund Perlen ab. Die Perlen konnten in Lissabon, aber auch in Sevilla gekauft worden sein, denn um diese Zeit hielt sich Sebastian Neidhart, der Schwiegersohn des Christoph Herwart, als Vertreter der Gesellschaft in Sevilla auf. Hier hatte sich inzwischen auch Lazarus Nürnberger, von dessen Indienreise wir hörten, als Perlenhändler einen hervorragenden Platz gesichert[31]. In Lissabon waren die Geschäfte der Herwart inzwischen so wichtig geworden, daß sie es für nötig hielten, die Faktorei mit zwei Personen aus Augsburg zu besetzen. Bislang hatte Ambrosius Esel die Niederlassung geleitet, der aber Streitigkeiten mit verschiedenen Adligen hatte. Man dachte an Christoph von Stetten und Christoph Pissinger, der bereits eine Zeitlang sich am Tejo aufgehalten hatte, aber nun in Spanien tätig war. Pissinger hatte allerdings nicht die Absicht, nach Lissabon zurückzukehren. Er hegte die Befürchtung, mit Jörg Herwart in Streit zu geraten, der von Stetten als unfreundlich, hinterhältig und mißtrauisch geschildert wird. Außerdem war Pissinger ein Anhänger der Reformation und wollte nicht den Verdacht der Kirche in Lissabon auf sich lenken. So übernahm Christoph von Stetten die Leitung der Faktorei[32].

Aus der Schilderung des Stetten ist zu ersehen, daß Jörg Herwart in dieser Zeit keine direkte Verbindung zur Augsburger Gesellschaft hatte, in deren Dienst Stetten stand. Er zog es vor, seine eigenen Geschäfte zu machen und aus seinen Erfahrungen im Juwelenhandel möglichst viel Gewinn zu ziehen. Dem jungen Stetten fehlte diese Erfahrung. Er behalf sich damit, daß er die Steine, die er erworben hatte oder kaufen wollte, im Original oder in einer Kopie an Pissinger in Sevilla sandte. Auch zu Veit Hörl hielt er Verbindung, der, wie wir hörten, früher im Dienst der Herwart gestanden hatte, nun aber seine Erfahrungen den Fuggern in Spanien zur Verfügung stellte. Veit Hörl verhandelte mit Jörg Herwart über einen

---

30 Dazu und zum folgenden: Stetten-Jahrbuch MCML, II. Band. Derer von Steten Geschlechterbuch MDXXXVIII, bearbeitet und herausgegeben von Albert HAEMMERLE; Hermann KELLENBENZ, Mercadores alemães de Lisboa por volta de 1530, in: Revista Portuguesa de Historia IX, Coimbra 1961.
31 Hermann KELLENBENZ, Aus des Korrespondenz der Juan de Adurza – Ein Perlengeschäft mit Lazarus Nürnberger, in: Centro de História da Universidade do Porto. Actas das II Jornadas Luso-Espanholas de História Medieval, vol. II, Instituto Nacional de Investigação Científica, Porto 1987, S. 609–623.
32 Zu Christoph Pissinger vgl. Stetten-Jahrbuch (wie Anm. 30); KELLENBENZ, Os mercadores (wie Anm. 30); K. LÖCHER, Jakob Seisenegger, München/Berlin 1962, S. 11, 42–43; DERS., Studien zur oberdeutschen Bildnismalerei des 16. Jahrhunderts, in: Jahrbuch der Staatlichen Kunstsammlung in Baden-Württemberg IV, 1967, S. 46; K. L., Bildnis eines Herrn (Christoph Pissinger?), in: Welt im Umbruch II, Augsburg 1980, S. 128f.; Ein Andreas Bissinger aus Straßburg 1546 in Antwerpen: Jakob STRIEDER, Aus Antwerpener Notariatsarchiven (Deutsche Handelsakten des Mittelalters und der Neuzeit IV), Wiesbaden 1962, S. 195 (Nr. 311, 4. II. 1546). Vgl. auch STRIEDER, Zur Genesis des modernen Kapitalismus (wie Anm. 27), Register: Pissinger.

Diamanten, dessen Wert auf etwa 30000 Dukaten geschätzt wurde, und über andere Juwelen, die für die Gesellschaft der Fugger gekauft werden sollten. Dieser Diamant war allerdings zur Zeit vom König beschlagnahmt worden, als Sicherheit für eine Schuld des Herwart.

Eine günstige Phase in Lissabon ging in diesen Monaten zu Ende, während das Geschäft in Sevilla sich im Aufblühen befand. Hier lockten die Goldvorkommen und die Perlen von Cubagua[33]. Karl V. hatte den Deutschen und den Niederländern die Erlaubnis gegeben, sich direkt ins Amerikageschäft einzuschalten[34], während eine solche direkte Beteiligung im Ostindiengeschäft den Deutschen im allgemeinen verboten war. Vermutlich war auch die Konkurrenz der Italiener und Portugiesen überlegen. Dazu kamen noch andere Hindernisse, wie die Gefahr der Pest und der Erdbeben. Die Augsburger Herwartgesellschaft reagierte rasch. Die Faktorei in Lissabon sollte aufgelöst werden. Ludwig Meuting, der zum Personal der Faktorei gehörte, sollte sich nach Sevilla begeben, um die günstige Konjunktur im Amerikageschäft auszunützen. Ein weiterer Angehöriger der Faktorei, Christoph Raiser, sollte nach Indien gehen. Er verließ Lissabon im März 1531 mit einer Ladung Waren, für die er Edelsteine einkaufen sollte. In Indien sollte er Jörg Pocks Posten übernehmen. Doch kam Raiser nur bis zum Kap der Guten Hoffnung, Er war erkrankt und verließ die Flotte, um nach Lissabon zurückzukehren, wo er blieb, bis sein Vertrag mit den Herwart abgelaufen war. Er begab sich dann nach Sevilla, wo er nach einigen Jahren Leiter der Fuggerschen Faktorei am Guadalquivir wurde[35]. Meuting starb an der Pest in Lissabon. Christoph von Stetten war über dieses Ereignis so erschreckt, daß er schleunigst seine Rechnungen erledigte und die für die Lissaboner Geschäfte wichtigen Unterlagen Francisco Lobo, dem Faktor der Firma Schetz in Antwerpen, überließ.

Mit was für spekulativen Geschäften Jörg Herwart in dieser Zeit befaßt war, zeigen die Verhandlungen über einen großen Diamanten, den er durch die Vermittlung des Gesandten von Karl V. Lope Hurtado de Mendoza an den Hof von Kastilien verkaufen wollte. Herwart rechnete mit 160000 Dukaten, aber der Gesandte war der Ansicht, daß Herwart den Stein auch für weniger als 100000 hergeben werde. Der Gesandte wußte, daß der König mit Herwart eine Vereinbarung getroffen hatte, wonach sie alle Edelsteine in Partnerschaft kaufen wollten. Herwart war indessen der Ansicht, gerade diesen Diamanten habe sein Faktor in Indien für ihn allein gekauft. Zu dieser Zeit war der Stein beim Schatzmeister des Königs Fernão Dalvares deponiert[36].

Wir wissen nicht, wie das Geschäft ausging. Einen weiteren Einblick in die Tätigkeiten Herwarts vermittelt uns der Bericht, den der Nürnberger Hieronymus Koeler hinterlassen hat. Koeler reiste im Jahre 1534 über Antwerpen nach Lissabon. Hier trat er in Verbindung mit den Mitgliedern der deutschen Kolonie, darunter auch mit Jörg Herwart. Koeler erfuhr, daß Herwart auf seiner Quinta eine Viertelmeile außerhalb von Lissabon eine Diamantenschleiferei hatte, mit Einrichtungen, die es ihm gestatteten, 365 Steine auf einmal zu schleifen. Herwart hatte die Absicht, Koeler in der Diamantenschleiferei auszubilden; doch wurde aus

---

33 Enrique Otte, Las perlas del Caribe: Nueva Cádiz de Cubagua, Caracas, Fundación John Boulton, 1977, S. 31ff.
34 Enrique Otte, Die Welser in Santo Domingo, in: Homenaje a Johannes Vincke II, Madrid 1962/63.
35 Vgl. dazu Hermann Kellenbenz, Die Fugger in Spanien und Portugal (im Druck).
36 Archivo General de Simancas, Estado 369, s.f.; Kellenbenz, Mercadores alemães de Lisboa (wie Anm. 30), Sonderdruck S. 15f.

diesem Plan nichts, und der junge Nürnberger verließ Lissabon nach einem Aufenthalt von drei Monaten, um nach Sevilla weiter zu reisen[37].

V

Von den in Lissabon residierenden Kaufleuten hatte Herwart offensichtlich die besten Verbindungen zu Indien. Er hatte dort auch seinen ständigen Vertreter. So schloß er am 5. April 1526 einen Vertrag mit Jörg Imhoff, dem Sohn des Jörg Imhoff von Rothenburg ob der Tauber[38]. Imhoff gehörte der bekannten Nürnberger Patrizier- und Kaufmannsfamilie an. Sein Vater war verheiratet mit Veronika Wernitzer, genannt Behaim, aus einer bekannten Rothenburger Patrizierfamilie und war in diesem Zusammenhang Rothenburger Bürger geworden[39]. Die Imhoff gehörten zu den Nürnberger Handelshäusern, die die regsten Beziehungen zu Lissabon hatten. Wegen der schwierigen Aussprache nannte man sie am Tejo Incuria, Emcuria oder ähnlich. Theodor Gustav Werner hat als wahrscheinlich nachgewiesen, daß die Triffasaufzeichnungen im Paumgartnerschen Band über Handelsbräuche aus der Zeit von 1514/15 von dem jungen Endres Imhoff stammen[40]. Er leitete von 1514 bis 1521 die Lyoner Faktorei seiner Familie und machte von hier aus auch Reisen nach der Iberischen Halbinsel. Ob er selbst in Lissabon war oder sich die Aufzeichnungen über den Lissaboner Afrika-, Brasilien- und Indienhandel von der Imhoffvertretung am Tejo beschaffte, muß offen bleiben. Wer die Angaben mit den Aufzeichnungen vom Beginn des Jahrhunderts vergleicht, dem fällt auf, wie anschaulich die Verhältnisse am Tejo geschildert werden, anschaulich wie sie eigentlich nur jemand schildern konnte, der selbst am Tejo weilte, so unter anderem die Münzvergleiche mit den Angaben über die entsprechenden Werte in Flandern und Nürnberg, die Ratschläge über die Möglichkeiten des Kontrabands, die Bemerkungen über die Waren, die aus Afrika, aus Brasilien und aus Indien kamen und ganz besonders, »was die armatores zalen von der specerei, so sy mit urlaub des rex aus India lassen komen«, ein Hinweis darauf, daß es damals durchaus möglich war, vom König die Erlaubnis zu bekommen, ein ganzes Schiff zur Fahrt nach Indien auszurüsten.

Kehren wir zu Jörg Imhoff zurück[41]. Er verpflichtete sich, dem Jörg Herwart, »Sohn des Mathis Herwart von Augsburg, seinem Gesellschafter« in Indien während einer Zeit von 8½ Jahren zu dienen. Die Dienstzeit begann am 1. Februar 1526 und lief bis zum 1. August 1534. Der Vertrag enthielt einige bemerkenswerte Details, die wir hier erwähnen. Wenn die Dienstzeit Imhoffs abgelaufen war, mußte er entsprechend den Anweisungen seiner Prinzipale nach Lissabon zurückkehren. Falls der Faktor sich schon nach 5½ Jahren in Indien nicht mehr wohlfühlte und die Absicht hatte, nach Europa zurückzukehren, dann konnte er dies tun.

---

37 Hannah S. M. AMBURGER, Die Familiengeschichte der Koeler. Ein Beitrag zur Autobiographie des 16. Jahrhunderts, in: Mitteilungen des Vereins für Geschichte der Stadt Nürnberg 30 (1931) 229.
38 Stadtarchiv Augsburg, Reichsstadt, Stadtgerichtsakten 189.
39 Freundliche Auskunft von Herrn Stadtarchivar Dr. L. Schnurrer vom Stadtarchiv Rothenburg ob der Tauber. Vgl. auch SCHAPER, Die Hirschvogel (wie Anm. 22), S. 167.
40 WERNER, Repräsentanten (wie Anm. 8), S. 26ff., sowie MILLER, Welthandelsbräuche (wie Anm. 5b), S. 288ff. (III: 165–199).
41 Stadtarchiv Augsburg, Reichsstadt, Stadtgerichtsakten 189.

Aber nach der Rückkehr durfte er ein Jahr lang keine Geschäfte treiben, und ein weiteres Jahr lang durfte er nicht mit solchen Waren handeln, die er im Dienst der Herwart kennengelernt hatte, das heißt besonders Juwelen und Perlen. Lediglich der Vertrieb von Gewürzen und anderen Artikeln, mit denen er gehandelt hatte, bevor er im Dienst der Imhoff und des Erasmus Schetz gestanden hatte, war ihm gestattet. Während seines Aufenthalts in Indien durfte er nicht für seine eigene Rechnung Geschäfte machen noch für andere tätig sein ohne Kenntnis seiner Prinzipale. Nachdem er die vorgesehene Dienstzeit beendet hatte, noch einmal die Bedingung, ein Jahr lang nicht im Handel tätig zu sein und keinen Bediensteten seiner Prinzipale zu veranlassen, daß er seinen Dienst aufgab oder ihn in seinen eigenen Dienst zu nehmen. Ferner war er verpflichtet, wann und so oft es seine Prinzipale verlangten, Rechnung abzulegen und alle Register und sonstigen Rechnungen, die er in den Händen hatte, zu übergeben. Für die ganze Zeit sollte Imhoff 6000 Gulden Salär bekommen. Starb Jörg Herwart, bevor Imhoffs Dienstverpflichtung abgelaufen war, sollte er von Herwarts Erben weitere 1000 Gulden erhalten sowie 200 Gulden für seinen Verbrauch während eines Jahrs. Doch sollte sein Dienst nur bis zum 1. August des betreffenden Jahres gehen, außer wenn die Erben seinen Dienst verlängerten. Alles, was er während seines Dienstes verdiente, sollte in Lissabon oder in Indien innerhalb von 1½ Jahren nach Beendigung des Dienstes bezahlt werden. Imhoffs Mitarbeiter, Sklaven einbezogen, sollten ohne Kosten der Prinzipale ausgestattet und unterhalten werden. Schließlich versprach Imhoff Stillschweigen zu wahren bezüglich der Geschäftsgeheimnisse seiner Prinzipale, so wie es für einen »frommen, ehrlichen und treuen Diener« üblich war. Überdies versprach Imhoff, nicht für einen andern zu bürgen und jährlich für seinen eigenen Unterhalt nicht mehr als 300 Dukaten auszugeben, außerdem während seines Aufenthalts für nicht mehr als für 200 Dukaten Waren zu kaufen, auch kein Haus zu bauen und beim Spiel während eines Tags und einer Nacht nicht über 5 Dukaten einzusetzen. Schließlich von Seiten der Prinzipale unter anderem das Versprechen, falls er in ihrem Dienst in Gefangenschaft geriet, daß sie ihn für 500 Gulden höchstens freikaufen wollten. Wie wir aus der Vereinbarung sehen, hatte Imhoff zuvor schon zwei Handelshäusern gedient, den Imhoff in Nürnberg und den Schetz in Antwerpen. Wenn er nun in den Dienst der Herwart trat, öffnete sich ihm der Zugang zu Geschäftsgeheimnissen, die anderen nicht zugänglich waren. Deshalb die strenge Verpflichtung, davon anderen nichts mitzuteilen.

VI

Imhoff verließ Lissabon mit einer Fracht von Waren, über die er Rechnung ablegte. Diese Rechnung ist erhalten geblieben dank der Tatsache, daß Jörg Herwart wegen der Indiengeschäfte Imhoffs in einen langen Prozeß geriet, der vor dem Gericht der Stadt Augsburg geführt wurde. Wir können hier aus Platzgründen über die Rechnung nicht im einzelnen berichten[42]. Dies soll an anderer Stelle geschehen. Hier sei nur soviel dazu gesagt, daß die Rechnung Imhoffs ein einmaliges Beispiel für das liefert, was ein Kaufmann, dem die Fahrt nach Indien

---

42 Vgl. dazu einstweilen: Hermann KELLENBENZ, The Herwarts of Augsburg and their Indian trade (First half of the 16th century). Referat, das zum Kongreß eingereicht wurde, der Anfang Februar 1989 in Pondichéry stattfand, aber vom Verf. aus Gesundheitsgründen nicht besucht werden konnte. Die Kongreßakten befinden sich im Druck.

gestattet wurde, an Fracht mitnehmen konnte. Die Frachtlisten zahlloser anderer Schiffe hätten wohl auf ähnliche Waren hingewiesen, wenn die Archivunterlagen Lissabons nicht durch das Erdbeben von 1755 zerstört worden wären. Die Rechnung zeigt, daß die Kaufleute, abgesehen von Bargeld, Metallen wie Kupfer und Quecksilber sowie Lebensmitteln, auch eine gewisse Menge von Manufakturwaren, besonders Textilien, aber auch solchen aus Metall und Glas, mitnahmen. Die Textilien kamen zum Teil aus Portugal selbst, so von Santarem und Chaves, außerdem aus Spanien, wo Toledo und Valencia genannt werden. Andere, die mehr Luxuscharakter hatten, stammten aus den Niederlanden und aus Italien, besonders aus Venedig. Als Lieferanten werden, außer Portugiesen und Herwart mit seiner Gesellschaft, andere oberdeutsche Kaufleute genannt, ferner der Genuese Carlo Cataneo und der Florentiner Francesco Sernigi.

Die Angaben über die Einkäufe in Lissabon wurden ergänzt durch solche in Mozambique, wo das Schiff Zwischenstation machte. Die hier gemachten Eintragungen wurden mit dem Datum des 26. Novembers versehen. Hier erwähnt Imhoff noch Einkäufe von Waffen, die in Lissabon getätigt wurden. Dazu wurden Oliven und Wein gekauft. Die nächste genau datierte Angabe nennt den 7. September, aber mit dem Jahr 1527 und der Ortsangabe Goa. Hier erhielt Imhoff weitere Waren von Herwart nachgesandt. Auch unter dem 16. und 26. Oktober werden noch Wareneingänge verzeichnet. Unter dem 5. Dezember vermerkt Imhoff ein Wechselgeschäft mit dem Gouverneur von Indien, Lopo Vaz de Sampayo, über die Summe von 1 Million Reis, zahlbar durch Jörg Herwart in Lissabon 7 Monate nach Sicht. Ein weiteres Wechselgeschäft erwähnt Imhoff unter dem 10. Dezember. Er gab dem Pedro Mascarenhas seine »scriptura« über 326000 Reis, die Herwart in Lissabon zu zahlen hatte.

In Goa machte Imhoff die ersten Einkäufe von Edelsteinen. Weitere Käufe von Perlen und Steinen erfolgten in Cananore und Cochin. Die letzte datierte Angabe stammt aus Cochin und nennt den 4. Januar (1528). Abschließend erwähnt Imhoff, daß er in seiner Rechnung einige Korrekturen gemacht habe, wie es (begreiflicherweise) oft geschehe. Die Rechnung endet ohne Bilanz von Credit und Debet. Wir vermuten, daß Imhoff die Absicht hatte, das nachzuholen. Warum er es unterließ, erfahren wir nicht.

Über die weiteren Tätigkeiten Imhoffs werden wir in einem anderen Zusammenhang informiert. Von Cochin begab er sich nach Narsinga, dem berühmten Handelszentrum von Vijanayagar. Imhoff unternahm die Reise auf Veranlassung von Herwart, aber nun führte sein Weg in eine Richtung, die nicht im Einklang mit den Verpflichtungen stand, welche er im Vertrag mit Herwart und seiner Gesellschaft eingegangen war. Aus den Papieren des späteren Prozesses erfahren wir, daß Imhoff von der Zeit an, als er sich in Narsinga aufhielt, keine Rechnung an Herwart sandte, ihm auch während einer Periode von vier oder fünf Jahren nicht schrieb. Das war bis zu seinem Tod, der im Jahre 1540 eintrat. Außerdem hatte er, bevor er starb, bankrott gemacht, wobei er Herwart eine beträchtliche Summe schuldete.

Gerade in dieser Zeit unterhielt Hans Welser von der Nürnberger Welsergesellschaft, der in Augsburg lebte, Verbindung mit Imhoff über seinen Beauftragten Hans Schwerzer[43], ohne Herwart davon zu verständigen. Schwerzer reiste nach Indien und bestätigte am 16. November 1534 in Bisnaga ein mit Imhoff getätigtes Juwelengeschäft, wobei er unter anderem mit Imhoff Halbpart machte. Zwei Jahre später wollte Schwerzer wieder nach Indien kommen.

---

43 Schwerzers Name wird in der damals üblichen Weise mit cz, also Schwerczer, geschrieben.

Im Geschäft mit Imhoff gab sich Schwerzer als Diener der Nürnberger Gesellschaft des Jakob Welser aus. Das entsprach nicht der Wahrheit. Vielmehr hatten Hans Welser von Augsburg und sein Bruder Jakob den Schwerzer nach Lissabon gesandt, um Edelsteine zu kaufen. Schwerzer war aber, ohne einen Auftrag zu haben, nach Indien gefahren und hatte das erwähnte Geschäft mit Imhoff gemacht.

Schwerzer wollte seiner Zusage entsprechend 1536 wieder nach Indien fahren, aber als die Güter bereits an Bord waren (mit Ausnahme von einigem Wein für Welser und für Imhoff), befahl der König von Portugal, daß nur naturalisierte Portugiesen nach Indien fahren oder dorthin Güter senden durften. In dieser kritischen Situation heiratete Schwerzer die Tochter eines einfachen Portugiesen ohne Vermögen. Aber auch jetzt gestattete ihm der König nicht, nach Indien zu fahren und zwang ihn, in Portugal zu bleiben und hier ein Jahr lang seinen eigenen Haushalt zu führen. Wir erfahren dies aus einem Schreiben Schwerzers an Imhoff aus Lissabon vom 22. März 1541. Darin betont Schwerzer, das Verbot sei auf Veranlassung Herwarts erfolgt, der König habe aber darauf auch Herwart verboten, »sein volkh« fahren zu lassen. Weitere Details erfahren wir aus einem Schreiben von Hans Welser an Jörg Imhoff vom 22. Oktober 1540. Wir erwähnen daraus nur, daß Welser den Imhoff bat, »schreiben mir newe zeittgung auß Indja, vnnd wie man noch zu Bisnaga stain khauff herus fuer...«

Hans Welser sandte den Brief an seinen Bruder Jakob, der sich um diese Zeit in Antwerpen aufhielt, und ersuchte ihn um Weiterleitung an Servatius Imhoff in Lissabon. Eine Abschrift ging an Servatius Imhoff in Lissabon direkt mit der Bitte, sie nach Indien zu schicken, und zwar mit einem anderen Schiff, damit die Hoffnung bestand, daß wenigstens ein Exemplar ans Ziel gelangte. Eine Abschrift des Briefes blieb in Lissabon und landete bei den Unterlagen des Prozesses, den Jörg Herwart gegen Hans Welser anstrengte. Servatius Imhoff war Schwiegersohn von Herwart, und so lag es nahe, daß dieser davon Kenntnis bekam und mit entsprechenden Maßnahmen darauf reagierte. Auch Abschriften der Briefe Schwerzers gelangten in die Hände Herwarts und dienten diesem als Beweismaterial. Zu Beginn der vierziger Jahre befand sich Herwart in vorübergehenden Geldschwierigkeiten, und in diesem Zusammenhang benützte er die Gelegenheit und verlangte die Bezahlung dessen, was Schwerzer und Welser in ihrem Geschäft mit Imhoff, das sie ohne Herwarts Wissen und Erlaubnis getätigt, verdient hatten. Herwarts Forderung belief sich dabei auf 12000 Dukaten.

In einem Schreiben an Herwart und dessen Schwiegersohn Servatius Imhoff vom 11. Juli 1542 betonte Welser, daß Schwerzer das, was er ihm anvertraut, treulos verwaltet habe. Das meiste, was er ihm anvertraut, habe er, entsprechend der Feststellung von Jörg Herwart, im Spiel verloren. Das übrige, etwa 900 Dukaten, hatte Schwerzer mit sich nach Narsinga genommen. Deshalb stand es Welser zu, sie für sich in Anspruch zu nehmen und weiteres von seiner (Schwerzers) Frau und seinen Erben zu fordern, offenbar ein Hinweis darauf, daß Schwerzer inzwischen auch gestorben war.

In dem Prozeß, der nun in Augsburg geführt wurde, erkannte das Gericht am 6. März 1550, daß der Beklagte (Welser) nicht der Forderung des Klägers (Herwart) nachkommen müsse und verlangte von diesem die Bezahlung der Kosten. Der weitere Verlauf des Prozesses wird an anderer Stelle dargelegt werden.

Kartographische Anmerkungen zur Zielregion des oberdeutschen Indienhandels

von Wolfgang Knabe

»Uf den XIII. tag Septenbris do huben wir unsern äncker widerumb uf unnd säylten noher einm eyland heyßt Ansediffe« überliefert uns Balthasar Sprenger in seiner Merfart[1] und Hans Mayr hebt hervor: »Aos .13. dias setembro chegarom a anjadiva que foy a primeyne terra...[2] Mit der Landung auf dem »ersten Land, das sie sahen«, der größten Insel der Anjediva (Fünfinsel)-Gruppe[3], begann die handelsmäßige Erschließung der südindischen Küstenregionen durch oberdeutsche Handelsgesellschaften.

Die Kolonisation der portugiesischen Seefahrer fußte sowohl an der afrikanischen Ost- wie der indischen Westküste auf der militärischen Inbesitznahme und handelspolitischen Nutzung der dem Festland vorgelagerten Inseln, wobei diesen Inseln auch nach der Vereinnahmung strategisch wichtiger Orte an der indischen Westküste Schutz-, Versorgungs- und aus handelspolitischer Sicht auch Zulieferfunktionen zukamen. Einen exemplarischen Bericht darüber erhalten wir bereits durch Balthasar Sprenger in seiner Beschreibung der Anlandung auf der größten Insel der Anjediven-Gruppe.

Auch mehr als drei Jahrzehnte später, als die Portugiesen längst an der indischen Westküste eine unbestrittene Vormachtstellung erreicht hatten, wird den vorgelagerten Inseln, den Lakkadiven (Lakshadweep), eine überzeichnend betonte Rolle in den Kartenwerken eingeräumt. Zwar ist dies auch mit der großen Zeitspanne zu begründen, die in damaliger Zeit bis zur Produktion der Kartenwerke verging, andererseits beweist die Darstellung die unbestritten dominante Rolle, die die Lakkadiven zu damaliger Zeit gespielt haben müssen, auch wenn uns dazu eingehendere Informationen noch fehlen.

Die betonte Rolle, die die Lakshadweep-Gruppe in der europäischen Seefahrt spielte, dokumentiert der im Niederrheinischen Museum der Stadt Duisburg aufgestellte Weltglobus von Gerhard Mercator von 1541. Vergrößert man aus den in der Editions Culture et Civilisation[4] erschienenen Segmenten die Darstellung der indischen Westküste unter Zurücklassung jeglichen den topographischen Informationsgehalt des Kartenbildes beeinträchtigenden Beiwerks und fügt eine neue übersichtliche Beschriftung hinzu, dann erhält man ein Kartenwerk, das trotz räumlich außerordentlich begrenzter Aussagemöglichkeiten eine erstaunliche Genauigkeit im Informationsgehalt aufweist. Einmal erfahren wir Namen und Lage der wohl bekanntesten Handelsorte an der indischen Westküste, zum anderen die

---

1 Ernst Kuhn, Quellen und Untersuchungen zur Fahrt der ersten Deutschen nach dem portugiesischen Indien 1505/06 von Franz Hümmerich, München 1918, S. 116.
2 Ebd., S. 132.
3 Ebd., S. 116.
4 Editions Culture et Civilisation (Hrsg.), Les Spheres Terrestre et Celeste de Gerard Mercator 1541 et 1551, Bruxelles 1968.

Namen sämtlicher Inseln der Lakshadweep-Gruppe. Untersucht man die Lage der von Mercator genannten Küstenorte in den aktuellen Seekarten[5], dann läßt sich die ausschließlich auf den Seehandel ausgerichtete topographische Lage bei allen angegebenen Orten nachweisen: entweder durch ihre Insellage (Diu und Goa) oder durch ihre Lage an Flußmündungen und/oder schützenden Buchten, deren Schiffbarkeit zumindest für Boote mit geringem Tiefgang selbst die heutigen Seekarten ausnahmslos bestätigen.

Auch die vorgelagerten Inseln der Lakshadweep-Gruppe sind durch die Exaktheit der Mercator-Darstellung durchaus lokalisierbar: so werden die Korallenbänke der Baixos de Padua heute noch auf den Seekarten als »Bassas de Pedro« oder »Padua-Bk« bezeichnet, mit Canicula dürfte, wie die geographische Lage der Insel und die (militärstrategische) Signatur bestätigen, das heutige Minicoy gemeint sein, die übrigen Inseln sind mit heute noch existierenden Atollen gleichzusetzen, wobei eine genauere Zuordnung in einer eingehenderen Forschung über die Lakkadiven erfolgen wird[6].

Auch Hermann Kellenbenz weist in seinem diesen Anmerkungen vorangegangenen Beitrag auf eine Quelle dieser exponierten Inselfunktionen hin, die die Insel Amadria nennt »do gemainlich alle schiff wasser und holtz nemen, die in India faren als haidn und cristen«[8]. Was lag für die Portugiesen näher, als sich dieser Insel zu bemächtigen. Damit müssen auch Spuren geblieben sein, die zur näheren Bestimmung dienen können. Tatsächlich finden wir diese Spuren auf der Insel Amini: »the portuguese built a fort at Amini«[9]. Weiterhin spricht dafür, daß »the beach on all sides of the island is free from any coral debris«[10]. Auch war Amini seit der 2. Reise Vasco da Gamas durch seinen Besuch dort bekannt.

Bestätigt wird diese Annahme auch durch die bei Kellenbenz erwähnten Entfernungsverhältnisse von den Küstenorten, deren Schnittpunkte miteinander sich um den 11. Längengrad bewegen.

Die Entfernungsangaben von Amadria (Amini), die die außerordentliche handelsstrategische Lage der Insel hervorheben, sind wahrscheinlich aus Fahrtzeitaufzeichnungen unter Einfluß von Strömungs- und vor allem von Windverhältnissen entstanden, reine Schätzungen, wie Schulze formuliert[11], möchte der Verfasser hier nicht unterstellen. Dies wäre im Rahmen zukünftiger Forschungen zu klären. Trotz dieser Grobangaben lassen sich Entfernungsverhältnisse nachvollziehen, die einen ersten Einblick in Längen- und Wegstreckenprobleme der damaligen Küstenfahrer geben, wobei nachprüfbar sich die Entfernungen von Amini (Amadria) nach Mangalore (Mangalor), Cannanore (Canonor), Mahe (Pandarane), Cranganur (Crangalor) und Quilon (Colam) entsprechen. Ponnani (Ponare) liegt nur 19 Minuten südlicher als Amini und wird richtigerweise auch mit kürzerer Distanz genannt. Bei der Entfer-

---

5 India – West Coast, Bombay to Cape Comorin, Dehra Dun 1980, May 1989, 2736, 1508, 1564, 1565, 1566, 1586, 1587, 66 A.
6 Ein Forschungsvorhaben, 12. 1991 – 2. 1992 mit dem Forschungsboot »Mercator« zusammen mit der Universität Pondicherry durchgeführt, wird hierzu Ergebnisse liefern.
7 Das Original befindet sich im Niederrheinischen Museum der Stadt Duisburg.
8 Hermann KELLENBENZ, Neues zum oberdeutschen Ostindienhandel, insbesondere der Herwart in der ersten Hälfte des 16. Jahrhunderts, siehe vorliegenden Sammelband.
9 Das, S. T., India, Lakshadweep Islands, New Delhi 1982, S. 18.
10 Das, S. T., 1982, S. 4.
11 Franz SCHULZE, Balthasar Springers Indienfahrt 1505/06, Straßburg 1902, S. 19.

Abb. 1 Stark vergrößerter und überarbeiteter Ausschnitt der indischen Westküste aus einem Segment des Weltglobus von Gerhard Mercator von 1541[7]

nung zwischen »Amadria« und »Calecud« ist nach Meinung des Verfassers ein Schreibfehler Ursache für die irreale Distanzangabe »15« statt »5«. Bei der Entfernung »Amadria« – »Cochin« ist die Angabe ebenso wie bei Barkur (Buccaria, Baccanore) zu niedrig gegriffen. Dies entspricht im übrigen einer Fehlertypologie, die auch Kuhn erwähnt[12].

Bei den Küstenorten handelt es sich wohl um Anlandeorte, in denen die oberdeutschen Gesellschaften in der ersten Hälfte des 16. Jahrhunderts bevorzugt Handel trieben. Der überwiegende Teil dieser Orte lag im Machtbereich des Vijayanagarreiches, eines hinduisti-

12 Ernst KUHN, 1918, S. 23.

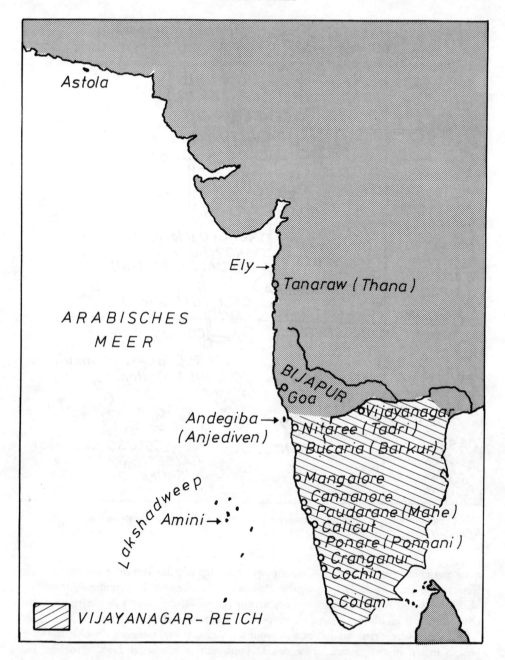

Abb. 2 Orte an der indischen Westküste im Einflußbereich des Vijayanagar-Reiches in seiner größten Ausdehnung um 1529, die im historischen Zusammenhang mit oberdeutschen Handelsgesellschaften stehen

hinduistischen Großreiches, das sich im ersten Drittel des 16. Jahrhunderts von der Südspitze Indiens bis zu den Flüssen Tungabhadra und Krishna erstreckte[13].

Zu Beginn des 16. Jahrhunderts befand sich das Vijayanagarreich noch in einer Konsolidierungsphase. Vira Narasimha, der gerade den Thron bestiegen hatte, war das Auftauchen der portugiesischen Flotte (1505), die die deutschen Kaufleute an Bord hatte, aus innen- wie außenpolitischen Gründen willkommen, »with a view to the better training of his armed forces and the procuring of horses for his cavalry«[14]. Auch sein Nachfolger Krishnadeva (1509–1529) machte sich das Erscheinen der Portugiesen als neuen Machtfaktor zunutze und diese zu seinen Verbündeten. Die Einnahme Goas 1510, die nach vielen Monaten wechselnden Kriegsglückes den Portugiesen schließlich den Sieg über die Truppen Bijapurs brachte, vertiefte die Freundschaft Krishnadevas, der durch die Schwächung des politischen Gegners an seiner Nordwestgrenze sein Reich nach innen stärken und es nach außen weiter ausdehnen konnte. Diese Expansion sicherte den oberdeutschen Händlern eine ungestörte Entfaltung ihrer Handelsaktivitäten im Schutze des hinduistischen Großreiches[15].

Als Grundlage dienten die Kartenblätter über den Indischen Subkontinent in Meyers Enzyklopädischem Lexikon[16]. Die Orte wurden analysiert nach der Karte von Waldseemüller von 1535[17], sowie der in dem Bericht von Fernao Mendes Pinto (1537–1558) enthaltenen Karte »Costa Occidental da India«[18], deren Ortsnamen den bei Kellenbenz erwähnten bei geringfügigen Abweichungen entsprachen. Eine exakte Lokalisierungshilfe gaben die Kartenblätter der Tactical Pilotage Chart[19] und die gebräuchlichen Seekarten[20].

13 The Sultanates of the Deccan and the Hindu Kingdom of Vijayanagar in the sixteenth century, in Collin Davies, C., An Historical Atlas of the Indian Peninsula, Madras 1949, S. 42 f.
14 Nilakanta SASTRI,, A History of South India, Madras 1976, 4, S. 277.
15 Nilakanta SASTRI, 1976, S. 276 ff.
16 Geographisch-Kartographisches Institut Meyer, (Hrsg.), Meyers Enzyklopädisches Lexikon, Band 27, Mannheim, Zürich 1974, S. 191 und 194.
17 Susan GOLE, Early Maps of India, New Delhi 1976, Map. 3.
18 Fernao Mendes Pinto, Merkwürdige Reisen im fernsten Asien, Stuttgart, Wien 1987, S. 51.
19 Defence Mapping Agency Aerospace Center, Tactical Pilotage Chart, ONC K-8, St. Louis 1983, TPC K-8A und K-8D.
20 Siehe Anmerkung 5.

Die Gerichtsordnung von Mickhausen aus dem Jahr 1532

VON RALF HEIMRATH

1. Historische Einordnung

Die Fuggerherrschaft Mickhausen südwestlich von Augsburg war durch Raymund Fugger, den Bruder Antons und Neffen Jakobs des Reichen und Begründer der Linie Kirchberg-Weißenhorn geschaffen worden[1]. Zentraler Ort war das Dorf Mickhausen, entstanden aus vermutlich 2 Siedlungsgruppen. Mitte des 14. Jahrhunderts verpfändete Kaiser Karl IV. die bis dahin freien Bauern von Mickhausen an Heinrich von Freiberg und seine Brüder[2]. In der Familie derer von Freiberg verblieb der Besitz bis zum 3. Juni 1528, als Wolf von Freiberg Schloß und Dorf Mickhausen an den österreichischen Erzherzog Ferdinand verkaufte. Dieser veräußerte den Erwerb nur einen Tag später an Raymund Fugger[3]. Dabei erstreckte sich das Herrschaftsgebiet auch über Birkach.

Seit wann der Besitz von Gütern in Birkach mit Mickhausen verbunden war, ist nicht geklärt. Um die Mitte des 15. Jahrhunderts jedenfalls waren einige Bewohner Birkachs der Herrschaft Mickhausen untertan und 1505 gab es zwischen dem Kloster Oberschönenfeld und dem Inhaber der Herrschaft Mickhausen Streitigkeiten wegen der Gerichtsbarkeit zu Birkach[4]. Beim Erwerb Mickhausens 1528 besaßen die Fugger in Birkach die Taferne, die Badstube, 7 Höfe, 3 Halbhöfe und 4 Erblehengüter[5].

Rielhofen und Münster schließlich, seit 1322 im Besitz des Kollegiatsstifts St. Moritz in Augsburg[6], gelangten 1531 mit allem Zubehör an Gericht, Kirchensatz, Steuer, Bewohnern und Gütern um die großzügige Summe von 3000 Gulden in die Hände Raymund Fuggers[7]. Mit dem Erwerb dieser beiden Dörfer hatte Raymund, der 1530 in den Grafenstand erhoben worden

---

1 Dazu ausführlich: H. KELLENBENZ, Jakob Fugger der Reiche. In: W. ZORN (Hrsg.), Lebensbilder aus dem Bayerischen Schwaben, Bd. 10, Weißenhorn 1973, S. 35–76. DERS.: Anton Fugger. In: A. LAYER (Hrsg.), Lebensbilder aus dem Bayerischen Schwaben, Bd. 11, Weißenhorn 1976, S. 46–124. DERS.: Hans Jakob Fugger, Handelsherr, Humanist, Diplomat. In: A. LAYER (Hrsg.), Lebensbilder aus dem Bayerischen Schwaben, Bd. 12, Weißenhorn 1980, S. 48–104.
2 F. ZOEPFL, Das Bistum Augsburg historisch und statistisch beschrieben, Bd. 9, Augsburg 1934–1939, S. 218. R. VOGEL, Mickhausen. In: Landkreis Schwabmünchen. Landschaft, Geschichte, Wirtschaft, Kultur. Hrsg. v. Landkreis Augsburg, Augsburg 1974, S. 422f.
3 Ebd. – ZOEPFL, S. 220, nennt als Verkaufstag den 8. Juni.
4 Vgl. ZOEPFL, S. 110 Anm. 20.
5 Ebd. S. 111 Anm. 24.
6 Ebd. S. 236f.
7 Ebd. S. 238.

war[8], sein neugeschaffenes Territorium vorläufig abgerundet[9]. Wenn er nun im Jahr 1532 eine für alle Orte gültige Gerichtsordnung im Sinne einer einheitlichen Regelung der rechtlichen Verhältnisse und Zuständigkeiten und des dörflichen Zusammenlebens schuf, zeugt dies von dem Bestreben, seiner Herrschaft eine feste und langdauernde Grundlage zu geben. Gleichzeitig reiht sich die Gerichtsordnung ein in die Menge der ländlichen Rechtsquellen des ausgehenden Mittelalters bzw. der frühen Neuzeit und ist sogar ein symptomatisches Beispiel für diese Zeitenwende: mit dem Verkauf der Herrschaft Mickhausen von den Freibergern auf Raymund Fugger wechselte nicht nur einfach der Grundherr, sondern mit dem Kaufmann Fugger löst hier ein Vertreter des Geldadels den alten, ländlich-ritterlichen Adel ab.

2. Die Quelle

Die Handschrift befindet sich in der Handschriftenabteilung der Bayerischen Staatsbibliothek in München. Sie enthielt ursprünglich 14 Blätter, von denen 12 beschrieben sind. An dem durchgehenden Falz und der Tatsache, daß die obere Hälfte von fol. 1^r abgegriffen und vergilbt ist, läßt sich erkennen, daß die Schrift früher quer gefaltet und offen liegend aufgewahrt worden war. Auf dieser oberen Hälfte von fol. 1^r steht in einer Schrift des 19. Jahrhunderts der Vermerk: »d. K. Hof- u. Staatsbibl. von Birlinger 27. Nov. 1863«. Links darunter fügte der Bibliothekar der Bayerischen Staatsbibliothek die Signatur C. germ. 5046 dazu. An seinem neuen Standort wurde die Handschrift in einen Papierbogen eingelegt und in einem blauen Karton im Format 20 × 25 cm gebunden.

Möglicherweise hat Anton Birlinger die Handschrift direkt von Mickhausen nach München überführt; im Vorwort zu seinem 1864 herausgegebenen Schwäbisch-Augsburgischen Wörterbuch schreibt er in bezug auf die Quellen zu seiner Materialsammlung: »das Fugger-Norden-dorf'sche Archiv, jetzt Rechberg-Donzdorfisch, in Mickhausen, von dem man kaum eine Anung hatte, bot mir unschäzbares Material und birgt dessen gewisz noch mehr als vil«[10]. Birlinger hat also hier gearbeitet, und das Datum der Übergabe der Gerichtsordnung an die Bayerische Staatsbibliothek fällt genau in die Vorbereitungszeit zu seinem Wörterbuch. Die Entfernung der Handschrift aus dem Archiv zu Mickhausen mag auch der Grund dafür gewesen sein, daß Archivbenutzer wie J. Schilcher – aus dessen Arbeit auch F. Zoepfl schöpfte, weil ihm das Achiv selbst zu ungeordnet und unverzeichnet war[11] –, sie nicht gekannt hat.

Inhaltlich vereinigt die Handschrift drei verschiedene Rechtsquellen: die Gerichtsordnung der Herrschaft Mickhausen – d.h. die Orte Mickhausen, Münster, Rielhofen und Birkach betreffend – von 1532, eine Baderordnung von 1510 für Mickhausen und eine Schmiedordnung von 1518, ebenfalls für Mickhausen. Die Gerichtsordnung beginnt mit der Einsetzung

---

8 A. Layer, Die Besitzungen der gräflichen und fürstlichen Familie Fugger. In: M. Spindler (Hrsg.), Handbuch der bayerischen Geschichte, Bd. III/2, München, 2. verb. Aufl. 1979, S. 994f.
9 Zu diesem »geschlossenen« Territorium gehörte laut Kaufregister von 1528 auch noch Streubesitz in Riederhof, Altishofen, Wollmetshofen, Willmatshofen, Langenneufnach und Tronetshofen. Vgl. dazu Zoepfl, S. 222f. und J. Jahn, Augsburg Land (Historischer Atlas von Bayern, Teil Schwaben, Heft 11), München 1984, S. 467–469.
10 A. Birlinger. Schwäbisch-Augsburgisches Wörterbuch. München 1864. S. VI.
11 Zoepfl, S. 216 Anm. 2.

des Vogts und der Dorf-Vierer und läßt sich anschließend zu folgenden Themengruppen zusammenfassen: Gerichtsgebühren (fol. 3ᵛ–4ᵛ), Mehrheitsverhältnisse bei der Urteilsfindung (4ᵛ–5ʳ), Appellationsrecht (5ʳ–5ᵛ), Eidesleistung der Vierer (6ʳ–6ᵛ), Straftatbestand und Höhe des Strafmaßes in 37 Artikeln (6ᵛ–10ᵛ). Die Baderordnung enthält 4 Artikel (11ʳ) und die Schmiedordnung 6 Artikel (11ᵛ–12ᵛ); beide Ordnungen regeln im wesentlichen die Entlohnung und den Arbeitsumfang der genannten Berufe.

3. Der Text

F 1ʳ   Gerichtz Ordnung zu Mickhawsenn
                         Anno 1532

2ʳ   Der Edel vnnd vest Herr Reymůndt Fugger Rhömischer khayserlicher vnnd khunigklicher maiestattis Radt, hat auss bewogenndten gůtten vrsachen, Dieweyl Er das dorff Münster sambt aller zugehördt. kheuffich an sich gebracht. das gericht vom selbenn dorff münster gen Mickhausen verenndertt vnnd auss baidenn gerichten ains gemacht. dasselbig gericht auch. Auff Montag den fünffzehnndten tag dess Monadts Aprilis Im fünffzehennhundertten zwayvnnddreyssigisten Jar durch den Edlenn vnnd vestenn Wolffenn von freyberg derzeit hauptmañ ꝟber die Beraysigenn zu Augspurg vnnd hansen khneysel ThumCapitelschreiber daselbst mitt Nachbenannten personen, So Er darzu erwölt vnd verordent, besetzenn vnnd den auffgeschribenn Aydjnn Nachuolgendter Gerichtzordnung begriffenn So Jnen vorgelösen schwören, auch dabey anzaigen Lassen, das Er bayd Gerichtzordnungen zusamen ziehenn vnnd Ordennliche beschreyben Lassenn, Die sie yederzeitt. Wann sye der Nottürfftig sein bey symon strawsenn seinem vogt. den Er das Gericht zubesitzenn zum vogt gen Mickhausenn angenomen finden werdenn. Nach dem selben hanndlenn vnnd sprechenn mugen. Wölliches alles die Richter gutwillig angenommeñ. Vnnd den Ayd also. wie Er Jnen vorgelösen ist geschworenn habenn deren Namen auss allenn fleckhenn an das Gericht gehörig hernach volgennd

2ᵛ   Die vonn Mickhausenn
        Hanns pauls
        Caspar Berlin
        Hanns petter
        Lienhardt keller
        Thoma Endris

     Die vonn Birckhach
        Berlin Graff
        Peter hieber

     Die vonn münster
        Hanns khögel
        Hanns Khäss
        Gabriel Geyr

Die vonn Rielhoffenn
Hanns Wydenmañ
Hanns Weber

3ʳ Ir Richter so also, wie Ir vernemen durch Ewrenn herrenn. Erwöllt vnnd verordent sein Werden ainen Ayd zu Gott vnnd den Heiligen schwören, Ewrem Gerichts Radt so jr jnn gericht. auch bey Ewren Herrn vnnd vogt Radtweis brauchen oder Reden werdenn, Ewer Lebennlang jnn gehaym zu hallten vnndt zuuerschweygen. Auch was für Euch jnn Recht gebracht wurdet. darjnnen nach Clag annttwŭrtt vnnd allem fürbringen. Ewer verstäntnüss vnnd gewyssenn nach. Recht zuurtailenn vnnd darjnn nit ansehen wöder forcht. sorg. oder feindtschafft weder freundtschafft muett. gab. getrew noch liebs noch ainich ander sachen. Dardurch das Recht nyder gedruckht oder verhindertt werdenn möchte. sonnder zurichtenn Nach dem Rechten. Als jr das gegen Gott am Jungsten gericht veranttwurtte(n) wöllenn getreulich sonnder gevarde

Jtem jr werdent auch jnn Euch selbs Erntstlichenn ersuchenn vnnd Radtpflegenn. Ee jr ain sach schiebent Liederlich vnnd damit jr Ewer gewyssen gnŭgthuendt vnnd vleyss ankherennt. dann vil Argkhwon vnnd Red dardurch beschicht

Jtem Nach dem bisher grosse vnrosstung vnnd zerung auff vrtailbrieff vnnd schubzettel zubeschreybenn ganngenn ist sollich vnrostung zuuermeyden so sollen hinfüro die Richter Mitsampt ainem vogt macht haben, zwen zuerwölen auss dem Gericht Vrtailbrieff vnnd Schubzettel zubeschreyben mittsampt den fürsprechern vnnd sollen dann dieselbigenn Vrtailbrieff vnnd schubzettel für das nächst Gericht bringen vnd lassen verhörenn. Wa aber ainem tayl der verzug bis auff das nächst Recht zu Langg sein Wöllte mag Er jme Gastrecht Lassenn halltenn.

3ᵛ Jtem den Zwayenn Richtern. auch dem Vogt so bey angebung der Vrtailbrieff oder schubzettel sennd auch dem fürsprechen soll yeglichem ain plapart gebenn werdenn vnnd weitter nit schuldig sein.

Jtem Wöllicher ainen fürsprechen auss dem Gericht nembt Jst jm schuldig ain plapart zugeben vnd soll hinfüro khainem fürsprechen jnn Recht mer schadens eingelegt noch erkhannt werdenn. dañ ain Rechtag ain plapartt. Es mag auch ainer wol ain ausswerdige(n) vorsprechenn herbringen. doch soll dem selbigen auch nitt mer dann ain plapart schadenngellt erkhennt werden als ainem Richter hie verordent ist.

Jtem wo ain gericht ausserhalb des ötters gebraucht wurdet. zu khuntschafften. ganntten oder Annderm solle dem vogt zwölff pfenning vnd ainem yedem Richter acht pfenning gegebenn werden, Vnnd von mynnder vnrostung wegen sollen vber sechs Richter nit genommen werdenn. Es were dañ. das ain der bayd partheyenn sich daran nitt benuegenn Lassen wollten. So mag mañ auff jr begeren ain ganntz gericht erforderen mit dem vnrostung wie oben angezaigt ist. dem vogt zwölff pfenning vnnd yeglichem Richter acht pfenning.

Jtem Wöllicher den Anndern jm ötter mit Recht fürnemen will der soll dem vogt von ainer yeglichenn person zwen pfenning furzubietten gebenn. Vnnd Äusserhalb dess ötters sechs pfenning vnnd soll ain Vogt khainen höher beschwärenn noch vonn jme nemen

4ʳ Jtem Wöllicher jm ötter ain Gericht versamlen Last, jst dem vogt schuldig funffzehenn pfenning zugebn vnnd wa ainer Gastrecht habenn will. der soll dem vogt viervnndzwaintzig pfenning vnd yeglichem Richter acht pfenning. auch von der Erstenn klage funffzehenn pfenning. von der andern clag acht pfenning vnnd hinfüro ainen yeden Gerichts tag von yeder Clag vier pfenning gebenn,

Jtem wa der vogt ainem fur Gericht Beuth oder verkhunt vnnd derselb. auss verachtung on Redlich oder Rechtlich vrsach nitt Erscheint oder khumbt derselbig ist dem vogt vnnd den Richtern sechtzig pfenning zu puess schuldig vnnd für vnnd für yeglichenn Rechtag sechtzig pfenning bis auf das dritt Recht soll dem gehorsamen tail gericht werden wie Recht ist, Vnnd wo ainer anwöttet vnd demselbign nitt Nachkhumpt der ist sechtzig pfenning verfallen zu puess nicht destmynnder soll ain Vogt an statt der herrschafft, auff des klägers begeren, dem vngehorsamen pfanndt ausstragen. Souil bis der vergnueget vnnd durch ganntt danen bezahllt werden mag

Jtem wa ainer ainenn Rechtag oder Recht frumbdte oder bestallte. vnnd sich jnn mittlerzeit mit seinem wydertail vertriege. so soll Er sollichs dem Vogt zu gutterzeit ansagenn. Ee vnnd Er das gericht versamle. wa Er das nitt thůtt jst Er dem vogt vnnd dem Gericht sechs pfenning zu puess verfallenn

Jtem wa ainer ums Gichtige oder bekhanntliche schuld verpfenndt wurdet. Jst Er dem vogt zu der Erstenn pfanndung zwen pfenning schuldig zegeben. Zu der

4ᵛ Anndern vier pfenning. Zu der drittenn acht pfenning vnnd der die pfanntschafft begert. soll dem vogt aussrichtung thůn vnnd der mag es auff sein pfandt schlagen Vnnd wann mañ die pfandt vergannten will. soll dem vogt zwölff pfenning von der gandt gegebenn werdenn Vnd die Ersten pfanndt sollenn vierziehenn tag Lygenn darnach der vogt dieselbenn pfañdt erfordern vnnd nach sollicher Erforderung sollen sye Achtag Ligenn vnnd darnach jm Ötter offennlich berueffen vnnd vergannten vnnd darnach aber achttag ligen Lassen, Ob der wider zu der Losung khömen muge wo Er die Losung jnn den Achttagen nit thut, ist das Pfanndt verfallenn dem so am maystenn darauff geschlagen oder botten hat

Jtem wöllicher vor Recht verclagt wirtt es sey vms schuld oder annder anspruch vnnd der Cläger sein Clag nit beybringenn mag vnd dem angeclagten der Ayd mitt Recht aufferlegt würdet so soll der kläger den Ayd mitt fünff schilling haller puessen,

Vnnd dieweyl vogt vnnd Gericht von der herrschafft vnnd öberkhait wegenn verordennt vnnd da sein ist billich. so sich sachenn begeben, das sich ain gericht vnnderredenn wöllte. das dann vogt vnnd Gericht an dem ort da gericht gehalten wurdet bleibenn vnnd nit abgeen dann jnen das etwas schimpflich vonn dem ort. da sye zu gericht sitzenn aussgeen Sonnder sollenn die partheyenn sambt dem hinderstand von jnen abtretten, vnnd hinderstands stattlich berattschlagenn. vnnd wol vnnderreden mugen so sye sich

5ʳ auch ettwann jrrenn oder sunst einannder jnn den sachenn nit versteen würdenn das der vogt guettlich zů stymmen muge. Sye mitt jrem guettenn willen zuuergleichen Vnnd so sich die Richter jnn ainer Vrtail miteinannder zwayenn oder taylen. Also das sechs Richter ainer maynung sein würden, das als dann der vogt sie mitt seinem zufall. so Er den ainen Sechsen thun wurde. entschaidenn. Vnnd also mitt seiner stym̄ ain merers machen muge, damitt ain Rechtmessige vrtail gegeben. das dañ jnn vil sachenn nitt gutt offennlich zubeschehen. sonnder jnn vil weg nachtaylig vnnd bösser jnn abwesenn der partheyenn gehanndlt werdenn

Jtem Wöllicher ainem schuldig ist vnnd würdet mitt Recht vmb die schuld fürgenomen vnd ist jme die schuld bekhanntlich oder vmb Lydlen. dem soll jm Rechtenn khain zug gebenn oder tag gesprochen werden. sonnder Er soll dem klager annttwurt geben, oder nach des dorffs Recht verpfennden Vnnd wöllicher sich des wydert on merckhlich vrsachenn. der ist ain guldin verfallenn

Jtem Wöllicher jnn ain Vrtail Fremder Redt der ist dem vogt vnd Richter vierzehenn pfenning verfallen

Jtem Wöllicher hinfuro Appellieren will der soll Lautt khayserlicher freyhait ain gelerttenn Ayde zu Gott vnnd den heiligenn geschwören das Er sollich Appellation nit von verzugs oder Lengerung wegenn der sachenn thue, sonnder nitt annderst ways noch verstannd ain gerechte sach zuhabenn Dero auch on Verlengerung nachzukhommenn

5ᵛ Vnnd soll Als dann ain Rheinischen guldin vnd zwaintzig pfenning hinder das Gericht Legenn vnnd ausserhalb diser ordnung soll man khainen Appellieren Lassen. Sonnder den so die vrtail gewunnen hatt bey Ergangner vrtayl behalltenn vnnd helffen hanndthaben

Jtem ain yeglicher soll sein Appellation jnn dreyssig tagen anbringen damit die ain herrschafft anneme. Wa aber sollich zeitt verscheynnen last jst die Appellation gefallen vnnd soll der vrtayl anhengig sein

6ʳ Jtem von gutter alter gewonhait wegen vnd den vögten zu hilff hatt die herrschafft allweg macht jnn allen fleckhen vierer zu wölenn,

Dennach hatt herr Raymundt Fugger jnn allen fleckhen yetz gen Mickhausenn gehörig vierer Erwölt und verordnet denen auch des benenntten tags durch vorgemellten wolffen von freyberg vnnd hannsen kneysel der gewonnlich Ayd gegebenn. den sy also gutwillig geschworen habenn vnnd volgen jre Namen hernach geschrieben

Die vierer zu Mickhausen
    Thoma Endris
    Bartlme haffner
    Georig Eberhardt
    Othmar khirchdorffer

Die Vierer zu Birckhach
    Hanns öckher
    Benedict Geydloch

Die viere (!) zu Munster
    Hanns khäs
    Gabriel geyer
    Lentz Reitter
    Georg hartman

Die Vierer zu Rielhoffen
    Melchior mayr
    Melchior Bermeyttinger der Jung

6ᵛ   Der vierer Ayd
Jr werdennt schwören ain Ayd zu Gott vnnd den heyligenn Ewerem herrn getrew vnnd
gewer zu sein auch seinen vnd dess dorffs fromen furdern. Vnnd schadenn wennden
vnd nichtz fürzunemen on wissen vnnd willen der vögt auch die fewrstetten Tryb
Tradt. Wege vnnd steg vnnd alle Eehäfftin Ernstlich sorg vnnd versehung habenn Vnnd
alles annders thun. so von allter Löblich herkhomen vnnd der gebrauch ist trewlich
vnnd vngeuarlich

Jtem was die vierer alltem gebrauch nach vnd mit wissen des vogts gebietten. das soll
gehalltenn werden, Wöllicher es vberfuer, der soll funffzehen pfenning zu puess
zegebenn verfallenn sein,

Jtem was ain vogt von wegen vnnd an stat der herrschafft gebeutt dar jnn soll man jm
gehorsam sein vnd bottmessig Wer aber das nit thätte der soll darumb gestrafft werden
nach gestallt seiner verhanndlung

Jtem ain vogt hatt auch fryd zugebietten bey zehenn guldin oder nach gestallt der
sachenn, bei Leib vnnd gutt. oder so hoch die herrschafft zugebiettenn hatt

Jtem Wöllicher den Anndern on Nottwör Lämig schlöcht. soll der herrschafft zu der
puess verfallen sein. on alle gnad zehenn pfundt haller Vnnd wo Er die zubezallen nitt
hette so söll Er den Fleckhen Raumen vnnd jm verbotten sein. bis Er sich mitt der
herrschafft verträgt. Vnnd dem widertayl sein schadenn abthutt wie Recht ist.

7ʳ Jtem wöllicher dañ den Anndern verwarttet zu dorff oder feldt oder ainem auss seinem
hauss oder gesäss Erfordertt oder zu hauss haimsuchte vnnd begert jne zeschlagenn, der
soll der herrschafft zehenn pfundt haller zu puess gebenn,

Jtem Wöllicher den Anndern. seiner Eeren beschuldiget vnnd denselben mitt dem
Rechten nit yebt als sich geburdt. Wa dann der so seiner Eeren beschuldiget wirtt. der
herrschafft zu klag khumpt vnnd sollicher verlötzung seiner Eeren der wydertail nit jnn
Abred sein mag. Er werde guettlich oder Rechtlich bewysenn, der soll der herrschafft
schuldig sein zugeben zehen pfundt haller zu puess dessgleichen nicht destmynder ob
sollich verlötzung der Eeren vom kläger verschwygen vnnd der herrschafft nit fur-
bracht wurde, Vnnd die herrschafft sollichs zu jm bringen, mag, oder ob Er den Cläger
gestyllt hette, der soll der herrschafft nicht destmynnder die zehenn pfundt haller zu
puess zugeben schuldig vnnd verfallenn sein

Jtem Wöllicher dem Anndern ain Vich zu Todt schlöcht Es sey Ross, khue, Sew Genns
oder hennen, ist zu puess verfallenn ain pfundt haller

Jtem von ainer Bainschröttin wunden ist. der herrschafft zu puess fünff pfundt haller
verfallen,

Jtem vonn einer fliessennden wunden ain guld(en) verfallen,

Jtem von ainem Truckhnen straich ain halben guld(en) verfallen,

Jtem Wöllicher vber den Anndern zuckht. Jst sechtzig pfenning verfallenn,

7ᵛ Jtem es ist auch allenn vnnd yedenn jnn sonderhait verbotten, bey Leib vnnd gutt vnnd
bey dem Ayd so ain yeder dem herrn geschworen hatt, das nyemandt mitt dem
Anndern khain Bruderschafft aynung Pundtnüss noch versamlung hab, oder halt, on
gunst willen vnd wissen des herrn oder seiner Anwäldt

Jtem es ist auch verbotten. das khainen nyemanndt frömbder hawß noch hofe,
sonnder weyß jn. jnn das Wirtzhaus Es sey dann ain Arms mensch das nach dem

heiligen Almusen gang vnnd es die Nacht ergreifft. doch nur ain Nacht vnd nitt Lennger. Es sey dann aines freundt oder Nachpaurn darauff gutt achtung zuhaben, damitt der oder dieselbenn nyemanndt kain schadenn thuen. das ist verbotten bey ainem guld(en)

Jtem Wann Gott Äckhern geyt. Jst verbotten bey ainem guldin. das nyemannd darein treyb noch klawbe on Erlaubnüß der herrschafft

Jtem Wöllicher fruchtbar Baumb als Öpfelbaumb Pyrennbamb (!) Khersperbamb (!) oder aychenn die fruchtpar sein, on Erlaubnüss abhawet oder die Bubenhyrtten vnnd annder feur darunder machten vnd sye verbränttn̄ der ist zu puess verfallenn ain gŭldin on alle gnad zugebenn,

Jtem jnn was gestallt ain yeglich gebott durch ain vogt jnn Namen der Herrschafft beschicht. Vnnd wer das nitt hiellt. Wa bey es dann verbotten, der ist dasselbig on gnad verfallenn der Vogt bedarff. darumb nitt Rechten. darnach wyss sich ain yeder zurichtenn. Er soll jn darumb pfennden. Es wer dann ain grosse vrsach

8ʳ Jtem es ist verbotten bey zehenn pfundt haller Wöllicher der were der bey nächtlicher weyl auff der Gassenn gieng vnzucht oder anderer Bueberey anfienge den Leutten Reichenn oder Armen schadenn thett. Wie der schad genannt were, hatt Ers nitt ain gutt. So soll Er am Leybe darumb gestrafft werden, daruor wys sich ain yeder zu hüetten

Jtem es ist auch bey zehenn pfundt haller verbotten wer geuarlich zu Nacht jnn den Liechtstuben die Liecht Löschet vnnd sollich muttwillen treybt. das dardurch ain mordt möcht erwachsen oder sunst vnerlich sachenn darauß erstan

Jtem es ist auch verbotten bey ainem guldin das nyemannt auss seinem hauss gang es sey tage oder nacht zu der Liechtstubenn, oder jm sumer auff das feldt, Er Lösch dann sein feur ab, oder versehe es mitt ainem vernunfftigen menschen, der sorg hab, Auch wan̄ aines feur hollenn wolle, das Es jnn ainem hafenn vnd nit onsorglich trage, damit nitt schad beschehe, dann es wer das pott on gnad verfallen, vnnd den schadenn nach gestallt der sach zubezallen schuldig

Jtem wer den Anndern v̍beräckhertt v̍bermäht v̍berzeynnt. oder v̍berschneydt. der ist der herrschafft ain guldin zu puess verfallenn,

Jtem Wöllicher dem Anndern auff dem seinem, geŭarlich hüette, es wer Ross oder Rindervich, der ist zu puess verfallenn, bey der nach zwenn guldin vnnd bey dem tag ain guldin,

8ᵛ Jtem wa man̄ sew oder Genns findet jnn ainem schaden so ist yegliche saw fünffzehenn pfenning vnnd ain gans sechs pfenning zu puess verfallen

Jtem Welches des Annder. es sey fraw oder man̄. mitt Scheltworttenn schmächt oder Liegenn haist. dasselbig ist der herrschafft zu puess verfallenn sechtzig pfennig

Jtem es soll sich hinfuro khainer Ausserhalb der herrschafft willenn. frömbder gericht geistlicher noch weltlicher bewilligenn, noch Confessatten v̍ber sich geben, wöllicher das v̍berfört der soll der herrschafft zegeben zehenn pfundt haller zu puess verfallenn sein,

Jtem Wollicher den Anndern. an seinem schaden pfenndt Es sey Ross oder Rynnder oder schmaluich der soll sye jnn des vogts hoff treybenn vnnd soll dem vogt vonn ainem Ross oder Rinderuich viervnndzwaintzig pfenning zu puess gegebenn werdenn.

Vnnd von ainer Ganns zwen pfenning vnnd der vogt soll güettlich oder Rechtlich daran sein damit dem sein schad bekhertt vnnd abgelegt werde,

Jtem wo aber ainer dem Anndern auff mödern oder Äckhern mitt Rossen, Rynnderuich, khölbern oder Gennsen schadenn zufüegte. Vnnd auff dem seinem begriffen würde. Vnnd sich derselbig vnderstüende der pfanndung mitt gewallt zuerwörenn der oder dieselbenn sollenn vmb zehen pfundt haller bestrafft werdenn.

Jtem Nach dem vormals zu Mickhawsenn ain Ordnung gewesenn. Wa ainer herrschafft etwas zugestanden ist vnnd so bald mañ auss der puchsen drey schüss gethan oder mitt den Glockhenn sturmb geleutt hatt, das

9ʳ dann die Armenleutt. bey tag oder nacht. dem schloss zulauffenn seyennd. Also will der herr das sollichs hinfuro auch gehallten werde. Vnnd yeglicher mit seiner wöre zu dem schloss Lauff. Wöllicher solliches vberfuere vnnd nitt thätte der soll zu puess zehen guldin verfallenn sein. Vnnd am Leyb mitt gefänkhnüss gestrafft werdenn

Jtem wa sich ain Auffrur zwischenn haimischen oder frömbden erhuebe. so sollen die nächstenn dabey bey zehen guldin frydbietten. vnd wöllicher aber sollichen fryd bräche vnnd nitt hielte denselben frydbrecher anfallenn vnnd mitt bewarung jnn das schloss fuerenn damit schad vnnderstanden werde, wöllicher aber sollichs auss verachtung nitt thätte, soll nach gestallt der sach gestrafft werden,

Jtem wa sich Aber Ausserhalb dess Ötters ain geschray Erhueb vnnd zu Ross oder fuess geuärlich Leuth gesehenn würden, dardurch ainer herrschafft oder den fleckhenn schaden ersteen möchte. So sollen sye sollichs ainer herrschafft oder dem vogt anzaigeñ vnnd zu dem schloss Lauffenn mit jrer wöre vnnd beschayd empfahenn. Wöllicher das nit thätte soll jnn ainer herrschafft Straff steen vnnd nach gestallt der sachen gestrafft werdenn,

Jtem wo ainer bey der nacht, an geuärlichenn Ennden jnn Öttern stuennde oder gienge vnnd betretten würde. der soll gefragt werdenn. Vnd wo Er nit Redliche anzaigung thun wöllte oder khundte vnd sich dess wydern wurde soll angenommen werden, Wo Er aber zustarckh wäre sollichs der herrschafft oder dem Vogt anzaigenn, damit mañ darjnn handlen muge daruor mañ sich vor schadenn verhüttenn khünde

9ᵛ Jtem mañ soll nyemanndt zu gehewset einnemen. Wer aber das vbertryt vnnd ausserhalb der herrschafft willenn yemanndt einnembt. So ist Er der herrschafft zu puess verfallenn ain guldin zegebenn

Jtem wöllicher den Namen gottes on Nott Laichtfertigklich nembt. es sey mañ weyb. khynd oder Eehalltenn, der oder das solle zu peen vnnd straff gebenn ain halben vierdung wachs. sollich straff. Wa das khinder thundt sollenn vatter und mütter verfallen sein zugeben,

Jtem Gotts schwüre bey seinem heiligenn Leydenn, glydern. oder marter. oder bey seinen Lieben Heiligenn. Wie dann die Gotts schwüre verbracht wurdenn. Dieselbig person solle zu puess zway pfundt Wachs gebenn. an den Baw vnnd Gotzzier Sant Wolfgangs khirchenn zu Mickhawsenn, nicht destmynnder nach gestallt der sach vnnd verhandlung jnn ainer herrschafft straff sein

Jtem wo ainer Gottschwuer thätte, jnn dess anndern gegenwärttigkhait vnnd derselb sein Gotzschwörenn nitt anzaigte. Wa dann sollichs beybracht würdet, sollen sye gleich bayd jnn ainer straff sein wie oben gemellt ist

10ʳ Jtem Wöllicher ainen Gast beherbergt es sey wirth oder Jnnwoner. der soll seinem gast sollich obbestimbt Gotz verbott der Gotzschwörung anzaigenn bey obuermellter Straff dann wa Ers nit thut vnnd vom gast Lytte Gotzschwörung vnnd das ainer herrschafft oder dem vogt nitt anzaigte. der soll sollich puess selbs bezallen, vnnd jnn straff sein
Jtem nach dem das Vischwasser zu Mickhawsenn gehörig der herr kheufflich an sich bracht. Ist dasselbig bey ainem guldin verbotten. Also das fürohin nyemanndt darjnn vischenn soll, wöllicher aber das Ʋbertret der würdet umb den guldin gebiest. Oder so es gar gefärlicher weys beschee, nach gestallt der sachenn noch höher gestrafft werdenn.
Jtem es soll khainer weder Schlach(t)vich Rynnder khölber hennen. höner, ayer. oder derogleichen, nichtz verkhauffenn sonnder Er soll es vor jm schloss ambiettenn. Vnnd darnach dem wirtt wöllicher solliches nit thutt. Jst zu puess ain guldin verfallen

10ᵛ Es ist vor diser Zeit ain Ordnung durch die herrschafft vnnd ganntze gemaynndt zu Mickhausen gemacht wordenn, das die herrschafft, auf anrueffenn, der Gemain den Asanng verbiettenn soll, das nyemant darjnn holtzhawenn soll Aussgenomen Zaunholtz das auch der mass bey ainem guldin verbottenn wordenn ist. Aber auff Anrueffen ainer Gemain durch die Herrschaft Erlaubt. das die von Mickhausen bey der schmutter anfahenn vnnd jnn bemelltem Ansang Allerlay holtz zu Zeynen Brennen. Bortzenn hawenn vnnd machenn mugen. Aussgenomen Aychholtz, standReyser bis auff den weg so bey dess schmyds kholstat hindurch auff Sygertzhouer weg gadt, das Last der Herr also auch beleybenn
Jtem es ist auch bey ainem guldin verbottenn das nyemanndt khain Aych abhawenn oder stymlenn soll jnn der Gemeindt

11ʳ Anno domini im Ailfften hatt die Herrschafft zu Mickhausen aufzaichnet des Baderlon was ain yeglicher jme schuldig zu Lon wie hernach uolgett
Jtem ain yeglichs hawss oder Brott ist schuldig ainem Bader alle Jar zegebenn ain Metzenn Rogenn vnnd ain metzenn habern
Jtem ain Eehallt knecht vnnd magt soll ain metzen haber vnnd nit mer zu Badlon schuldig sein zugebenn vnnd zu den dreyen hochzeittlichen festen ain Hochzeit zubringenn yedermañ nach seinen Eeren stattenn vnnd vermugenn
Jtem ain yeglicher söldner soll dem Bader järlich ain tag holtz hawenn vnnd die Bawren ain yeglicher zway fueder holtz haimzefueren verpflicht vnnd verdingt sein vnnd nitt mer vngeuärde
Jtem dagegenn soll der Bader die Bawren mitt Badenn versehenn. wie zimlich vnd Landtläuffig ist alles oneuärde des last der Herr also bleybenn,

11ᵛ Am Sonntag nach Sannt Pauls bekherung im Neunzehenndten Jar hatt die Herrschafft zu Mickhausen dem Schmid sein belonung gegenn der Gemaindt zu Mickhausenn wie sich die Bawrschafft gegenn dem Schmid vnd ain Schmid gegen der Bawrschafft vnd Söldnern hinfüro halltenn sollenn Ernewert vnd entschaiden Wöllicher entschaid nitt allain gegen dem yetzigen Schmiden krafft habenn damitt die Eehäfftin daselbst zu Mickhausenn, on alle Jrrung vonn dem gemelltenn auch Anndern khunfftigenn Schmidenn vnnd der gemaindt vnd Baurschafft nitt weytter jnn Irrung Wachsenn vnnd khomen mugen, Darauff ist durch die Herrschafft betracht. Was ain yeder Bawr oder Söldener ainem yedem Schmid zubelonung gebenn auch was ain yeder Schmid der Paurschafft hinfüro thun solle wie hernach uolget

12ʳ Jtem Hanns Miller geit alle Jar III X (3½) Metz(e)n Roggen
Jtem der Ennderlin miller gibt alle Jahr 7 vierling Roggen
Jtem Othmar Kirchdorffer Geit Järlich 4½ Metz(e)n Roggen
Jtem Hanns Paul gibt Järlich 3 Metzen ain Vierling Roggen
Jtem Hans Keller gibt Järlich 3 Metzen Roggen
Jtem Georg Schorer yetzundt wirtt geit järlich 5 Metzen Roggen
Jtem Alexander Berlin geit alle jar 4 ½ Metzen Roggen
Jtem Thoma Haffner geit yedes jar 7 vierling Roggen
Jtem Georg Schorer der schmidet vmb das Handtlen
Jtem Caspar Berlin geit Järlich 7 vierling Roggen
Jtem Hanns petter geit järlich 4 Metzen Roggen
Jtem Georig Endris geit alle Jar 3 Metz(e)n Roggen
Jtem Lienhardt Kheller geit Järlich 3 Metz(e)n Roggen
Jtem Thoman Endris geit yedes Jar 4 Metz(e)n Roggen
Jtem Cuntz Gilig oder mynner geit Jarlichen 3 Metzenn Roggen
Jtem Hanns merckh oder Daule soll järlichen gebenn syben vierling Roggen
Jtem ain yeglicher Bawr soll dem schmid järlich Sechs fördt thun

12ᵛ Jtem Es soll ain yeglicher Bawr dem Schmid ain halbenn tag äckhern, Wer aber das sich ainer geuärlich damitt hielte. So mag Er den Vogt vnnd die vierer darauff füerenn vnnd nach Irem Erkhennen Jme äckhern Lassen,
Jtem die Ayrisser so nitt mer dañ ain Roß habenn, sollen dem Schmid. so zwen zusamen setzenn ain halbenn tag zu Ackhern gan. Wa das nitt sollte ainer dem Schmid ain halbenn tag mitt ainem Roß Egenn
Jtem den Sölnern soll der Schmid vmb gelt schmydenn
Jtem vmb disenn vorgenannten Lon vnd Tangellayb soll der Schmid ainem yeglichen Bawrenn schmyden jm Ackher vnnd waran sye khol vnnd eysen wagen Aussgenomen geflyssen arbaitt
Jtem Wöllicher sollicher verayningung nitt nachkhomen würde. der oder dieselbenn sollenn der Herrschafft fünff pfundt haller zu puess verfallenn sein, das Last der Herr Auch also bleybenn

Innerstädtischer Konflikt und oligarchische Verflechtung
Zur Bedeutung der auswärtigen Beziehungen der Augsburger Oligarchie während des Kalenderstreits

VON PETER STEUER

Die Jahrzehnte vor dem Ausbruch des Dreißigjährigen Krieges sind von etlichen religiös motivierten Konflikten im Reich gekennzeichnet, die von der Unzulänglichkeit der Bestimmungen des Augsburger Religionsfriedens von 1555 sowie den allgemein deutlich an Schärfe zunehmenden konfessionellen Gegensätzen zumindest mitverursacht wurden. Ein für solche Auseinandersetzungen besonders günstiger Nährboden waren die bi-konfessionellen Reichsstädte, deren Bevölkerung überwiegend dem Protestantismus zuneigten, während die aus den Patriziaten und den nichtpatrizischen Oberschichten zusammengesetzten Oligarchien in etwa zu gleichen Teilen evangelisch und katholisch waren. In Augsburg war zudem eine durch die Karolinische Verfassungsänderung von 1548 bedingte und wahrscheinlich auch gewollte Bevorzugung der Katholischen bei der Vergabe der wichtigsten Ratsämter gegeben, die konfessionellen Auseinandersetzungen zusätzliche Brisanz verleihen mußte[1].

Die reichsweite Übernahme der von Papst Gregor XIII. initiierten Korrektur des Julianischen Kalenders war 1582 auf die Tagesordnung des in Augsburg versammelten Reichstages gesetzt worden, ohne daß ein beschlußfähiges Einvernehmen erzielt worden wäre. Nach Ende der Verhandlungen ergriffen die katholischen Territorien in dieser Angelegenheit die Initiative und am 15. Januar 1583 gab die Augsburger Ratsführung einem bereits im vorigen September durch Herzog Wilhelm V. von Bayern an sie gerichteten Ersuchen um Anschluß an die Reform statt[2]. Der Rat begründete diesen Entschluß mit Einbußen, die dem heimischen Handel und Gewerbe durch von den umliegenden habsburgischen und wittelsbachischen Territorien abweichende Feiertagsregelungen und Zeitrechnungen erwachsen könnten[3]. Indessen löste die Einführung des Gregorianischen Kalenders eine absurd heftig erscheinende Reaktion seitens der evangelischen Bevölkerungsmajorität und ihrer Wortführer aus, die die

---

1 Zum Übergewicht der Katholiken im Augsburger Rat, das dem Verhältnis der Konfessionen in der Stadt völlig unangemessen war, vgl. O. MÖRKE/K. SIEH, Gesellschaftliche Führungsgruppen, in: G. Gottlieb u. a. (Hg.), Geschichte der Stadt Augsburg von der Römerzeit bis zur Gegenwart, Stuttgart 1984, S. 301-311.
2 Zum Kalenderstreit vgl. allgemein F. STIEVE, Der Kalenderstreit des 16. Jahrhunderts in Deutschland (= Abhandlungen der kgl. bayerischen Akademie der Wissenschaften, Hist. Klasse 15/III), München 1880. DERS., Zur Geschichte des Augsburger Kalenderstreits und des Reichstags von 1594, in: ZHVS 7/1880, S. 157-163. Einen guten Überblick über die Ereignisse in Augsburg bietet P. VON STETTEN, Geschichte der Heiligen Römischen Reichs Freien Stadt Augspurg, Bd. I, Leipzig 1743, S. 659 ff. Siehe auch F. KALTENBRUNNER, Der Augsburger Kalenderstreit, in: MIÖG 1/1880, S. 499-540. Neuerdings: P. WARMBRUNN, Zwei Konfessionen in einer Stadt. Das Zusammenleben von Katholiken und Protestanten in den paritätischen Reichsstädten Augsburg, Biberach, Ravensburg und Dinkelsbühl von 1548-1648 (= Veröffentlichungen des Instituts für europäische Geschichte Mainz, Bd. 111), Wiesbaden 1983.
3 KALTENBRUNNER, Kalenderstreit, S. 504.

Stadt binnen kurzer Frist hart an den Rand eines Bürgerkrieges brachte. Erstmals seit dem Religionsfrieden war die labile Ruhe zwischen den Konfessionen ernsthaft bedroht. Die katholische Ratsmehrheit blieb in den kritischen Jahren bis einschließlich 1586 nur dank der massiven Unterstützung durch Kaiser Rudolph II. und Herzog Wilhelm V. von Bayern Herr der Lage. Auf der Gegenseite vermochten die Kalendergegner die diplomatische Unterstützung der Reichsstadt Ulm, des Herzogtums Württemberg und des Fürstentums Neuburg, im weiteren Verlauf der Auseinandersetzungen auch die der meisten wichtigen west-, mittel- und norddeutschen evangelischen Territorialfürsten für ihre Zwecke zu mobilisieren, insbesondere nach der Ausweisung der prominentesten Evangelischen aus Augsburg. Auf diese Weise trat zu den Turbulenzen im Innern der Stadt auch noch ihre Isolation (besonders gegenüber dem Schwäbischen Reichskreis) nach außen hinzu. Außerdem war durch die vielfältigen Beziehungen der verfeindeten Parteien zu den erwähnten auswärtigen Mächten und deren permanente Inanspruchnahme die reichsstädtische Unabhängigkeit in höchstem Maße gefährdet, engten doch die kaiserlichen Kommissionen und bayerischen Appelle sowie die diplomatischen Vorstöße der evangelischen Fürsten den Handlungsspielraum der Ratsführung erheblich ein. Die Beendigung des Streits Mitte der neunziger Jahre war denn auch nicht so sehr das Ergebnis gleichberechtigter Verhandlungen zwischen Ratsspitze und den Exponenten der Kalenderopposition, als vielmehr ein durch das Eingreifen der evangelischen und katholischen Mächte bewirkter Kompromiß, bei dessen Formulierung die innerstädtischen Konfliktparteien nur noch weitgehend passiv beteiligt waren.

Nun soll nicht der Eindruck erweckt werden, der Augsburger Kalenderstreit sei eine vorwiegend außerhalb der Stadtmauern sich abspielende und auf Reichsebene verhandelte Angelegenheit gewesen. Selbstverständlich waren die Auseinandersetzungen zunächst ein internes Problem, das – neben der bekannten religiösen, politischen und wirtschaftlichen – nicht zuletzt auch eine soziale Komponente aufwies. Alles deutet darauf hin, daß zumindest innerhalb der Oligarchie (Patriziat, Angehörige der Kaufleutestube, Akademiker) die Konfliktparteien schon lange vor dem Kalenderstreit durch ihre teilweise enge soziale Verflechtung Gruppencharakter angenommen hatten[4]. Doch auch der Rückhalt, den die verfeindeten Gruppen bei den genannten Höfen und der Stadt Ulm genossen, war keineswegs ausschließlich oder auch nur überwiegend ein Ausdruck konfessioneller Parteinahme seitens dieser Mächte, sondern vielmehr Resultat wechselseitiger enger Beziehungen, deren Anfänge bis weit in die erste Jahrhunderthälfte (und darüber hinaus) zurückreichten. Auch ist durchaus denkbar, daß das Wissen um die von auswärts kommende Unterstützung die Akteure beider Seiten in ihrer unnachgiebigen Haltung bestärkt und somit den Konflikt verschärft und verlängert hat. Ohne nähere Kenntnis der auswärtigen Verflechtung der Augsburger Oligar-

---

4 Zum Begriff Verflechtung vgl. W. REINHARD, Freunde und Kreaturen. Verflechtung als Konzept zur Erforschung historischer Führungsgruppen. Römische Oligarchie um 1600 (Schriftenreihe der Philosophischen Fachbereiche der Universität Augsburg 14), München 1979. Die Strukturierung der Augsburger Ratsoligarchie durch konfessionell geprägte und vor allem auf Verwandtschaft, Freundschaft und Patronage-Klientel-Beziehungen beruhende Netze hat neuerdings K. SIEH-BURENS, Oligarchie, Konfession und Politik im 16. Jahrhundert. Zur sozialen Verflechtung der Augsburger Bürgermeister und Stadtpfleger 1518–1618 (= Schriften der philosophischen Fakultäten der Universität Augsburg, historisch-sozialwissenschaftliche Reihe, Nr. 29), München 1986, auf breiter Quellenbasis dargestellt. Verfasserin betont S. 193 ff. die Bedeutung der externen Verbündeten der Konfliktparteien während des Kalenderstreits sowie den Einfluß der Theologen.

chie bleiben sowohl Dauer und Heftigkeit als auch die weit über die Stadtgrenzen hinausreichende Wirkung des Kalenderstreits unverständlich.

I. Die Evangelische Partei und ihre auswärtigen Beziehungen

Zwischen den beiden Oligarchien der Nachbarstädte Augsburg und Ulm bestanden bereits Ende des 15. und in der ersten Hälfte des 16. Jahrhunderts recht enge verwandtschaftliche Beziehungen[5]. Wurden zwischen den Führungsschichten beider Städte von 1500 bis 1550 etwa fünfzehn Ehen geschlossen, so stieg die Zahl solcher Heiratsverbindungen in den darauf folgenden 35 Jahren bis zum Kalenderstreit auf zweiunddreißig sichere Eheschließungen an[6]. Dieses Anwachsen der Anzahl der zwischen beiden Städten geschlossenen Ehen ist deswegen von Bedeutung, weil gerade diejenigen Augsburger Familien, die in den achtziger Jahren die engagiertesten Gegner des Gregorianischen Kalenders stellten, überdurchschnittlich stark an dieser Entwicklung beteiligt waren. Noch wichtiger für die zwischenstädtischen Verwandtschaftsbande ist indessen die Tatsache, daß von etwa 1500 bis weit über die Jahrhundertmitte hinaus etliche Mitglieder der Ulmer evangelischen Oligarchie in Augsburg eingewandert waren (etwa die Hainzel, Roth und Neithart), deren Nachkommen den Kontakt mit ihren Ulmer Verwandten aufrechterhielten und pflegten. Auch in umgekehrter Richtung ist eine solche Wanderbewegung, wenn auch weniger stark, zu beobachten[7]. Obwohl sich aufgrund des vor allem für Ulm sehr unzureichenden genealogischen Materials der genaue Verwandtschaftsgrad zwischen den Augsburger Kalenderopponenten und den Angehörigen der maßgeblichen politischen Ratsgremien Ulms nicht detailliert rekonstruieren läßt, bleibt dennoch als gesicherte Tatsache der hohe Grad an Verflechtung zwischen den evangelischen Oligarchiefraktionen beider Städte[8].

Von hohem Nutzen für die Strategie der Augsburger Kalenderopposition waren die vielfältigen beruflichen Verbindungen einiger ihrer Mitglieder zu evangelischen Fürstenhöfen, zur Universität Tübingen und zum Reichskammergericht. Der als Rat und Oberst in Diensten

---

5 Hierzu P. Steuer, Die Außenverflechtung der Augsburger Oligarchie von 1500–1620. Studien zur sozialen Verflechtung der politischen Führungsschicht der Reichsstadt Augsburg (= Materialien zur Geschichte des bayerischen Schwaben, Heft 10), Augsburg 1988, S. 34–44. In der ersten Hälfte des 16. Jahrhunderts waren insgesamt sechzehn Familien entweder in beiden Städten ansässig oder durch Heiraten einzelner ihrer Mitglieder miteinander versippt.
6 Die Zahlen nach A. Haemmerle, Die Hochzeitsbücher der Augsburger Bürgerstube und Kaufleutestube, München 1936. Für den genannten Zeitraum kommen noch zehn weitere bei Haemmerle genannte Ehen in Betracht, bei denen zwar nicht die örtliche Herkunft der Partner vermerkt ist, von denen aber aufgrund ihrer Familiennamen die Abstammung aus einer der beiden Städte anzunehmen ist.
7 Zum gesamten Komplex der im 16. Jh. zwischen beiden Städten existierenden familiären Bande vgl. Steuer, Außenverflechtung, S. 34–44 und 150–159.
8 Immerhin konnte der ab 1580 in den Ulmer Ratswahlakten als Mitglied des Kleinen Rates geführte Johann Walther als Schwager der Augsburger Kalendergegner Karl Reihing und Dr. Nikolaus Varnbüler identifiziert werden. Walthers Bruder bekleidete von 1581–1583 in Augsburg das Amt des Bürgermeisters. 1586 beschwerten sich die zum Städtetag nach Speyer gereisten Augsburger Gesandten bei ihren Ulmer Kollegen heftig über die Unterstützung der Ulmer Obrigkeit für die aus Augsburg »ausgetretenen Exulen«, woraufhin diese die Verpflichtung der Ulmer Ratsführung zur Unterstützung ihrer »Schweger, Vetter und Freund« betonten. In: StA Ulm, Reichsstadt, Nr. 571.

Philipp Ludwigs von Pfalz-Neuburg stehende Hans Jakob Welser von Stepperg war mit Maria Hainzel, einer Kusine der als dezidierteste Wortführer der Kalendergegner hervorgetretenen Augsburger Gebrüder Hans Heinrich und Johann Baptist d.J. Hainzel, verheiratet. Darüber hinaus war er Schwager des Augsburger Bürgermeisters Otto Lauginger d.Ä., der ihn während der Unruhen mit Informationen aus der Ratsführung versorgte, die Welser dann umgehend dem Pfalzgrafen weiterleitete. Dieser Vertraute der Augsburger Evangelischen war zudem Schwager des pfalzgräflichen Kanzlers Walter Drechsel, dessen Sohn Philipp Walter mit Welsers Tochter Anna Katharina vermählt war[9].

Als Kontaktmann der nach Ulm geflüchteten Augsburger Evangelischen zum Neuburger Hof fungierte der aus Dinkelsbühl stammende, in Ulm wohnende Dr. Lukas Berlin, Rat des Pfalzgrafen und – seinen eigenen Worten nach –»Schwager und Bruder« Drechsels[10]. Besonders häufigen Kontakt hatte Berlin mit Hans Heinrich Hainzel, der die Unterstützung des Neuburger Hofes wahrscheinlich durch Geldzahlungen oder durch die Einräumung von Krediten erkaufte und sich hierüber mit Berlin besprach[11]. Hainzel und sein jüngerer Bruder Hans Ludwig waren mit zwei Schwestern Neithart aus der Ulmer Hauptlinie verheiratet.

In Lauingen residierte als Agent und regelmäßiger Korrespondent Philipp Ludwigs von Neuburg Simon Ostermann[12], der mit dem verstorbenen Vater der Hainzel, Johann Baptist d.Ä., befreundet gewesen war. Nach eigener Aussage nährte sich Ostermanns Voreingenommenheit für die Augsburger Kalendergegner aus dieser alten Beziehung[13].

Während der Kalenderstreitzeit gehörte ein Melchior Hainzel dem Neuburger Hofrat an[14], der zwar aus Memmingen gebürtig war, doch über seine Gemahlin Regina Ulstätt Beziehungen zur Augsburger evangelischen Oligarchie besaß. Sein genauer Verwandtschaftsgrad zu den Augsburger Hainzel ist aus den einschlägigen Stammtafeln leider nicht zu ersehen[15].

Ein Schwager des ebenfalls zu den Kalendergegnern zählenden bekannten Augsburger Stadtarztes Dr. Leonhard Rauwolf, Tobias Braun, bekleidete in den späten achtziger Jahren die Position eines Hofpredigers in Neuburg[16]. Als solcher war Braun an der Abfassung einiger Gutachten der Neuburger Kirchenräte beteiligt, die das vom Augsburger Rat im Zusammenhang mit dem Kalenderstreit beanspruchte Predigervokationsrecht als unrechtmäßig verwarfen[17].

9 Zu Welser, einem Sohn des aus Nürnberg gebürtigen Augsburger Reformationsbürgermeisters Hans und der Barbara Adler, vgl. J.M. Frh. VON WELSER, Die Welser. Des Freiherren Johann Michael von Welser Nachrichten über die Familie, Bd. I, Nürnberg 1917, S. 299–303. Lauginger war mit Katharina, der Schwester des Hans Jakob Welser, verheiratet. Zur Zusammenarbeit Welsers mit dem Pfalzgrafen siehe BayHStA, Pfalz-Neuburg, Akten, 1281/IV.
10 BayHStA, Pfalz-Neuburg, Akten, 1281/I.
11 Dies kann jedenfalls aus einer im StA Augsburg aufbewahrten, aus dem Besitz Hainzels stammenden Schrift geschlossen werden. Auf fol. 25 findet sich der Hinweis auf eine Zusicherung Hainzels an Dr. Berlin in Höhe von 2000 fl., die »*ich* (Hainzel) *michs wolt kosten lassen, patriam libertatem, vnd ein mehrers, Lang borgt ist nit geschenkt*«.
12 Über seine Stellung zum Neuburger Hof und seine dort evtl. innegehabten Ämter verlautet aus den Quellen nichts Konkretes.
13 BayHStA, Pfalz-Neuburg, Akten, 1281/IV; Ostermann an Philipp Ludwig am 30. 8. 1585.
14 Hinweis von M. HENKER, München.
15 In den Stammtafeln von Werner/Lilienthal nicht verzeichnet.
16 BayHStA, Pfalz-Neuburg, Akten 1282/II. Hier als »*Ecclesiastes aulae*« bezeichnet.
17 Ebd.

Als Hofrat und Kanzler zu Neuburg fungierte während der Auseinandersetzungen Dr. Georg Ludwig Frölich, ein Sohn des Lauinger Lizentiaten Konrad Frölich[18]. Zwar wirkte der aus der Reformationszeit bekannte Augsburger Stadtschreiber Georg Frölich von der Lemnitz nach dem Schmalkaldischen Krieg eine Weile lang in Lauingen als pfalz-neuburgischer »Rat von Haus aus«[19] und lebte auch nachweisbar noch um 1570[20], doch ist eine Verwandtschaft dieses älteren Frölich mit dem oben erwähnten Neuburger Hofrat, so reizvoll es in diesem Zusammenhang wäre und so viel auch dafür sprechen mag, leider nicht beweisbar.

Der Vorgehensweise der Evangelischen gegen die Ratsführung wurde unmittelbar nach dem Beschluß zur Durchführung der Kalenderkorrektur zweifellos durch die zwischen den Hainzel, Neithart und Walther einer- und dem aus Memmingen oder Augsburg gebürtigen, von 1573 bis mindestens 1585 als Beisitzer am Reichskammergericht tätigen Dr. Johann Hartlieb, gen. Walsporn, andererseits bestehenden Verwandtschaftsbande die Richtung gewiesen[21]. Auf Anstiften Hainzels bewirkte Hartlieb ein Poenalmandat des Reichskammergerichts, das die Einführung des Gregorianischen Kalenders in Augsburg bis zum Ergehen eines rechtskräftigen Urteils aussetzte[22].

Die bereits sattsam bekannten Hainzel und Neithart verfügten über eine wohl weitläufige, aber in diesem Zusammenhang gleichfalls erwähnenswerte Verwandtschaftsbeziehung zu den beiden kurpfälzischen Hofräten und Gebrüdern Dr. Christoph und Sigmund Ehem[23].

Von zentraler Bedeutung für die Unterstützung der Augsburger Evangelischen durch das Herzogtum Württemberg und andere glaubensverwandte Fürsten waren die vielfältigen, über die Familie Varnbüler laufenden Beziehungen zur Universität Tübingen und zum landesfürstlichen Hof in Stuttgart. Zwei Söhne des Lindauer Bürgermeisters Johann Varnbüler und der Augsburger Geschlechterin Agathe Meuting, Dr. Nikolaus d. Ä. und Dr. Hans Jakob, hatten in den vierziger Jahren in die Augsburger Oligarchie eingeheiratet[24]. Während letzterer in Augsburg Bürgerrecht annahm und während des Kalenderstreits auch noch dort wohnte, avancierte Nikolaus zum Professor der Rechte an der Universität Tübingen und zum Rat mehrerer Herzöge aus dem Hause Württemberg sowie der Markgrafen von Brandenburg-

---

18 Hinweis von M. Henker, München.
19 M. Radlkofer, Leben und Schriften des Georg Frölich, Stadtschreiber zu Augsburg von 1537–1548, in: ZHVS 27/1900, S. 46–132, hier: S. 68.
20 BayHStA, Pfalz-Neuburg, Akten, 1480: »*Georgen Fröhlichs von der Lentnitz Newe und Alte Dienst-Vergleichung*« von 1569/70.
21 Bereits 1578 war Hartlieb von Pfalzgraf Friedrich III. zu seinem Rat ernannt worden, von 1585 bis 1589 amtierte er noch einmal als kurpfälzischer Rat. Vgl. V. Press, Calvinismus und Territorialstaat. Regierung und Zentralbehörden der Kurpfalz 1559–1619 (Kieler Historische Studien 7), Stuttgart 1970, S. 260ff. Hartliebs Lebensbeschreibung bei J. F. Unold, Genealogia Memmingiana (undat. Manuskript in der Stadtbib. Memmingen, 4° 2, 29), der als Hartliebs Geburtsort Augsburg angibt, während Press Memmingen nennt. Hartlieb, der bis 1585 – ebenso wie sein Schwager Hainzel – als Beisitzer am Augsburger Stadtgericht fungierte, war durch seine Ehe mit Euphrosina Walther den Kalendergegnern verwandtschaftlich eng verbunden. Sein Bruder Adam heiratete 1585 Elisabeth Hainzel, eine Kusine des schon häufig erwähnten Hans Heinrich, eine Ehe deren Verbindung auch anbahnen geholfen hatte.
22 Kaltenbrunner, Kalenderstreit, S. 506–508.
23 Sebastian Neithart, Schwager der Hainzel, war seit 1585 mit Anna Katharina Ehem, einer Kusine der beiden kurpfälzischen Räte, vermählt.
24 Hans Jakob heiratete 1540 Elisabeth Schmucker, Nikolaus 1547 Regina Walther, deren Familienmitglieder ebenfalls zu den schärfsten Gegnern der Kalenderreform zählten.

Ansbach[25]. Einer seiner Söhne, Dr. Nikolaus d. J., besaß gleichfalls Augsburger Bürgerrecht[26]. Ansonsten heiratete seine umfangreiche Nachkommenschaft in den württembergischen Hofadel ein und bekleidete auch selbst Posten in der herzoglichen Landesverwaltung[27]. Johann Bernhard, ältester Sohn des Tübinger Professors, wurde um 1582 zum Rat Kurfürst Johann Friedrichs von Brandenburg bestellt[28].

Eine weitere Beziehung der Augsburger Evangelischen zum württembergischen Hof bestand über die Tätigkeit des langjährigen reichsstädtischen Kreistagsgesandten, Augsburger Geheimen Rates und Kalendergegners Johann Matthäus Stamler, dessen Enthebung von allen seinen Ratsämtern den Ausschluß seines katholischen Nachfolgers Matthäus Welser von den Beratungen der Kreisstände nach sich ziehen sollte[29].

Es ist nicht möglich, die vielfältigen Kontakte der Augsburger Kalendergegner zu den genannten auswärtigen Verbündeten hier ausführlicher darzustellen[30]. Dennoch ist in diesem Zusammenhang noch auf die Gruppe der Prädikanten hinzuweisen, die von Anfang an geschlossen den Gregorianischen Kalender und vor allem den vom Augsburger Rat erhobenen Anspruch auf die Predigervokation mit einer geradezu alttestamentlich anmutenden Unnachgiebigkeit bekämpfte. Denn zum einen stellte das Ministerium die Propagandisten, die in ihren Predigten der evangelischen Bevölkerung gegenüber die Kalenderreform als einen ausschließlich konfessionspolitisch motivierten Anschlag des »Papismus« und seiner Handlanger in der Augsburger Ratsführung darstellten. Andererseits waren die Beziehungen der Prediger zu etlichen Mitgliedern des evangelischen Teils der Oligarchie eng und herzlich[31]. Wichtiger aber ist drittens, daß alle Prädikanten in Tübingen studiert hatten, einige als Stipendiaten des Augsburger Rates. Ihre Anwerbung in die Dienste der Reichsstadt hatte kein anderer als der damalige Kirchenpfleger Johann Baptist Hainzel d. Ä. vorgenommen[32]. Diese alten Beziehun-

---

25 Zu Lebenslauf, Ämtern und Karriere Nikolaus' d. Ä. Varnbüler vgl. J. HARPRECHT, Oratio: De ortu, cursu et obitu nobilis amplissimi et consultissimi viri DN Nicolai Varenbüleri. Gehalten am 1. 12. 1604 in der Tübinger Universitätskirche, gedr. Tübingen 1605.
26 Verheiratet mit Constantia Jenisch (1577). Bereits 1584 gab Varnbüler sein Bürgerrecht auf.
27 Varnbülers d. Ä. Sohn Anton war bis 1589 Hofprediger in Stuttgart, seine Tochter Felizitas war mit Dr. Martin Aichmann, der hintereinander die Funktion eines Rates Herzog Georg Friedrichs von Brandenburg-Ansbach, eines Oberrichters, Vizekanzlers und Kanzlers am württembergischen Hof (1583–1601) und später die eines kursächsischen Geheimen Rates in Dresden bekleidete, verheiratet. Der Sohn Ulrich amtierte ab 1590 als Ehegerichtssekretär am Stuttgarter Hof. Zu den Staatsämtern der Familie Varnbüler im Herzogtum Württemberg siehe W. BERNHARDT, Die Zentralbehörden des Herzogtums Württemberg und ihre Beamten 1520–1629, 2 Bde., Stuttgart 1973.
28 HARPRECHT, Oratio funebris, fol. 30. Zu 1582 erwähnt er die Ehe des Varnbüler mit einer Esslinger Bürgerstochter und bemerkt zu dessen kurbrandenburgischer Ratsstelle nur, daß sie »postea« angetreten worden sei.
29 STETTEN, Geschichte I, S. 682. In Staats- u. Stadtbib. Augsburg, 4° Cod. Aug. 92 (»Stammbuch der Familie Weiß«), wird Stamler (fol. 34r) württembergischer Kriegsrat genannt.
30 Weitere Nachweise bei STEUER, Außenverflechtung, S. 150–160 u. passim.
31 So vermachte etwa die Frau des Martin Weiß 1571 mehreren Augsburger Prädikanten einige Hundert Gulden. In: StA Augsburg, Steuerbücher, Nachsteuereinträge zu 1571. Der Superintendent Mylius verheiratete sich im Ulmer Exil mit Veronika Weiß, der Kusine der ebenfalls nach Ulm geflohenen Kalendergegner Daniel und Narziß Weiß. Weitere Nachweise für freundschaftliche Kontakte zwischen Predigern und evangelischer Augsburger Oligarchie bei STEUER, Außenverflechtung, passim.
32 BayHStA, Pfalz-Neuburg, Akten, 1281/I. Hainzel d. Ä. war der Vater der oben erwähnten Kalendergegner.

gen des Augsburger evangelischen Ministeriums zur Universität Tübingen dürften wohl – neben den Kontakten der Varnbüler – der Grund für die von Anfang an heftige Polemik dieser Hochschule gegen die Augsburger Ratsspitze und ihre Kalenderpolitik gewesen sein[33]. Da aber die Haltung des württembergischen Herzogs zum Gregorianischen Kalender und den Augsburger Unruhen maßgeblich vom Rat seiner Landesuniversität bestimmt wurde[34], sind die Beziehungen der evangelischen Prediger als eine bedeutende Verstärkung der auswärtigen Verflechtung der Kalenderopposition anzusehen.

Zum kaiserlichen Hof und zu katholischen Fürstenhöfen haben die Evangelischen der Kalenderstreitzeit indessen kaum nähere Kontakte unterhalten. Timotheus Jung, Angehöriger des kaiserlichen Reichshofrates, Schwager des Kalendergegners Dr. Rauwolf und möglicherweise über seine Frau Helene Braun mit dem nachmaligen Neuburger Hofprediger Tobias Braun verwandt, war bereits 1580 verschieden. Und Ludwig Welser, Hauptmann der herzoglich bayerischen Trabantengarde zu München und Bruder des oben erwähnten neuburgischen Rates Hans Jakob Welser von Stepperg, starb 1583, ebenfalls zu früh, um seinen Augsburger Verwandten während des Kalenderstreits als Kontaktmann zu Herzog Wilhelm V. nützlich sein zu können.

II. Die katholische Partei und ihre Beziehungen zu Fürstenhöfen

Augsburgs Blüte als internationales Handels- und Finanzzentrum im ausgehenden 15. und in der ersten Hälfte des 16. Jahrhunderts hatte zweifellos auch zu einer beträchtlichen Intensivierung der Kontakte zwischen seiner Oligarchie und den Fürstenhöfen der näheren und weiteren Umgebung beigetragen. Insbesondere die Kaiser und ihre Zentralbehörden wußten seit den Tagen Maximilians I. von der Kapitalkraft der Augsburger Bank- und Handelshäuser zu profitieren[35]. Seitdem 1519 ein Konsortium oberdeutscher Kaufleute unter Führung der Fugger und Welser die Wahl König Karls I. von Spanien zum römisch-deutschen Kaiser vorfinanziert hatte und die bedeutenderen Handelshäuser der Stadt immer größere Summen in den Kupfer-, Quecksilber-, Zinn- und Silberbergbau der im habsburgischen Machtbereich liegenden wichtigsten europäischen Montangebiete investierten[36], war das Schicksal Augsburgs weit stärker als das jeder anderen Stadt des Reiches mit demjenigen Habsburgs verknüpft. Auch die großen europäischen Staatsbankrotte, die in der zweiten Jahrhunderthälfte etliche der wohlhabendsten Augsburger Bankhäuser in den Ruin trieben,

---

33 Zur Kritik des Tübinger Theologen Dr. Lukas Osiander am Gregorianischen Kalender vgl. STIEVE, Kalenderstreit in Deutschland, S. 40 ff.
34 Einige Gutachten der Tübinger Hohen Schule zur Problematik der Augsburger Auseinandersetzung in BayHStA, Pfalz-Neuburg, Akten, 1281/II u. 1282/II.
35 Zu den besonderen Beziehungen zwischen Augsburg und Maximilian I. vgl. H. LUTZ, Conrad Peutinger, Beiträge zu einer politischen Biographie (= Abhandlungen zur Geschichte der Stadt Augsburg 9), Augsburg 1958.
36 Allgemein: H. KELLENBENZ, Wirtschaftsleben der Blütezeit, in: G. GOTTLIEB u. a. (Hg.), Geschichte der Stadt Augsburg von der Römerzeit bis zur Gegenwart, Stuttgart 1984, S. 258 ff.; J. STRIEDER, Zur Genesis des modernen Kapitalismus. Forschungen zur Entstehung der großen bürgerlichen Kapitalvermögen am Ausgange des Mittelalters und zu Beginn der Neuzeit, zunächst in Augsburg, ²München/Leipzig 1935.

konnten dem Rang der Stadt als Kapitalmarkt nicht allzuviel anhaben, wie die Etablierung des Reichspfennigmeisteramtes in ihren Mauern deutlich belegt[37].

In dem Maße, wie Augsburgs Bedeutung als Bankenplatz und Wirtschaftszentrum stieg, intensivierten sich auch die Beziehungen zwischen seiner Oligarchie und dem kaiserlichen Hof sowie den Höfen der deutschen Territorien. Über die zunächst weitgehend geschäftliche Zusammenarbeit zwischen einzelnen Handelsunternehmen bzw. deren Bevollmächtigten einer- und den kaiserlichen oder fürstlichen Kammerräten andererseits hinaus manifestierte sich bereits in der ersten Hälfte des 16. Jahrhunderts deutlich der gesellschaftliche Ehrgeiz eines immer größeren Teils der Augsburger Finanzwelt, der in den Geschäften mit den Höfen nicht nur eine Möglichkeit der persönlichen Bereicherung, sondern auch die Chance zum sozialen Aufstieg erkannte. Dieses Motiv zur Zusammenarbeit mit Fürsten, insbesondere mit dem Kaiser, läßt sich keineswegs nur bei den bekannten habsburgischen Parteigängern, den Fugger, Welser, Baumgartner, Ilsung, Langenmantel, Peutinger und anderen feststellen, sondern auch bei solchen Personen und Familien, die aufgrund ihrer Entscheidung für den Protestantismus eigentlich bei den Feinden Habsburgs zu vermuten wären[38].

Der im 16. Jahrhundert einsetzende Ausbau der landesfürstlichen Hofhaltung und Zentralbehörden schuf durch den damit verbundenen Personalbedarf die idealen Voraussetzungen für höfische Karrieren von Familienangehörigen verdienter und geschätzter Kreditgeber und Geschäftspartner der Hofkammern. Damit war der Boden für den Eintritt einer nicht unerheblichen Anzahl von Angehörigen bürgerlicher und stadtpatrizischer Familien in höfische Dienste bereitet, fügte sich doch deren auf höfische Positionen und Nobilitierungen gerichtete Nachfrage und das aus dem Repräsentationsbedürfnis der Kaiser und Fürsten wie aus administrativer Notwendigkeit geborene Angebot an Titeln, Ämtern und Funktionen harmonisch zusammen.

Tatsächlich läßt sich ab den dreißiger und vierziger Jahren ein ständig stärker werdender Drang von Mitgliedern der Augsburger Oligarchie nach fürstlichen Diensten und Gnadenerweisen konstatieren[39]. Fürstendienst hatte Konjunktur! Im Zeitraum zwischen 1550 und 1620 wurden nicht weniger als 42 Oligarchieangehörige mit dem Ehrentitel eines kaiserlichen Rates ausgezeichnet. Knappe 30 weitere Peronen nahmen in derselben Zeitspanne Dienste bei Hof,

---

37 Die Reichspfennigmeister sorgten durch mittel- und langfristige Kreditaufnahme auf die von den Reichsständen zur Finanzierung des Türkenkrieges und anderer Aufgaben zugesagten Hilfsgelder für den notwendigen raschen Geldfluß, wobei sie in bemerkenswertem Umfang ihre verwandtschaftliche Verflechtung mit den Spitzen der Augsburger Geschäftswelt zu Hilfe nahmen. Vgl. W. SCHULZE, Reich und Türkengefahr im späten 16. Jahrhundert. Studien zu den politischen und gesellschaftlichen Auswirkungen einer äußeren Bedrohung. München 1978. Bei STEUER, Außenverflechtung, S. 134 ff. einige Beispiele für die von Fürsten zum Zwecke der Kreditmittelbeschaffung konsequent ausgenutzten verwandtschaftlichen und sonstigen Beziehungen ihrer Höflinge zur Augsburger Hochfinanz.

38 Der aus der Augsburger Reformationsgeschichte bekannte evangelische Zunftbürgermeister Jakob Herbrot belieferte unmittelbar nach seinem Sturz im Schmalkaldischen Krieg Karl V. mit kriegswichtigem Material und dessen Bruder Ferdinand I. mit Textilien für die Prager Hofhaltung. In Anerkennung seiner Verdienste wurde Herbrot 1551, nur vier Jahre nach der militärischen Niederlage der Schmalkaldener, vom römischen König zu seinem Rat ernannt (Haus- Hof- und Staatsarchiv Wien, Reichsregisterbücher Ferdinand I., No. 6, fol. 109ff.). Zwei Enkel des alten Herbrot nahmen später Dienste am kaiserlichen Hof an.

39 Hierzu STEUER, Außenverflechtung, S. 81–146 u. 186–243. Siehe auch DERS., Augsburger Oligarchie und kaiserlicher Hof, in: ZHVS 1989, S. 65–79.

den Zentralbehörden oder als außerordentliche Räte mit besonderen Aufgabenbereichen an. Zwar überwiegt bei diesen insgesamt über 70 Personen mit Beziehungen zum kaiserlichen Hof die Zahl derer, die lediglich mit einem ehrenden Titel geschmückt oder einer subalternen Hofcharge versehen wurden, bei weitem. Doch darf dies keineswegs dazu verleiten, die Bedeutung der Verflechtung der reichsstädtischen Oligarchie mit Habsburg gering einzuschätzen, sprechen doch alle Anzeichen dafür, daß zwischen diesen Titel- und Ämtervergaben und dem unersättlichen Geldbedarf des kaiserlichen Hofes ein Kausalzusammenhang besteht[40]. Außerdem haben einige besonders reiche[41], als Juristen qualifizierte wie auch als Organisatoren beschlagene Augsburger Staatsämter von zentraler Bedeutung übernommen[42]. Das Reichspfennigmeisteramt wurde im genannten Zeitraum beinahe ausschließlich von Bürgern der Lechstadt verwaltet. Und daß die Reichsvizekanzler des 16. Jahrhunderts, die zentralen Figuren der kaiserlichen auswärtigen Politik[43], allesamt mit der Augsburger Oligarchie verwandtschaftlich verfilzt waren[44], kann hinsichtlich der Möglichkeiten der Ratsführung während des Kalenderstreits gar nicht hoch genug eingeschätzt werden.

Die Beziehungen der Augsburger Oligarchie zum herzoglichen Hof in München waren ebenso dicht wie die zum kaiserlichen, auch ist das Verhältnis zwischen untergeordneten und hochgestellten Ämtern der reichsstädtischen Höflinge hier annähernd dasselbe wie dort[45]. Der Hof der in Innsbruck residierenden Landesfürsten des ober- und vorderösterreichischen Länderkomplexes fällt als Auffangbecken ambitionierter augsburgischer Oligarchiemitglieder gegenüber den beiden anderen Höfen merklich ab, doch gehörten ihm in der genannten Zeitspanne immerhin 21 Personen dieser Gruppe an[46].

Bezüglich der Konfessionszugehörigkeit der Augsburger Fürstendiener liegen nur in Einzelfällen konkrete Angaben vor[47]. Gleichwohl läßt sich mit Hilfe von Indizien wie Familienzugehörigkeit, Eheschließungen, persönlichen Äußerungen, Verwendung zu

---

40 STEUER, Außenverflechtung, S. 134–146. Überspitzt formuliert: Je nützlicher Personen oder Familien als Kreditgeber oder Finanzagenten den kaiserlichen bzw. fürstlichen Hofkammern waren, desto größer auch die in den Ratsbriefen oder anderen Privilegierungsurkunden erwähnten, aber meist nicht konkretisierten »nützlichen und angenehmen Verdienste«, umso größer auch die Bereitschaft der Fürsten und Kaiser zur Belohnung mit Titeln, Pfründen oder Beteiligungen an der Macht.
41 Die Familie Fugger dominiert bei der Besetzung angesehener Ämter wie dem eines Reichshofratspräsidenten oder Reichshofrates ebenso wie bei der Erlangung von hochgestellten Hofchargen (Truchsessen, Kämmerer, Mundschenken u. dgl.) sowohl am kaiserlichen wie auch am Innsbrucker und Münchner Hof vor anderen Augsburger Geschlechtern.
42 Neben dem bekannten Reichsvizekanzler Georg Sigmund Seld sind die Reichshofräte Timotheus Jung, Johann Hegenmüller, Maximilian Ilsung, Hans Ruprecht Hegenmüller und Georg Fugger d. Ä. sowie der Hofkammerrat Melchior Hainhofer von Hammel zu erwähnen.
43 H. KRETSCHMAYR, Das deutsche Reichsvizekanzleramt, in: Archiv für österreichische Geschichte 84/ 1898, S. 381–501, hier: S. 405.
44 STEUER, Außenverflechtung, S. 102–108.
45 Zweiundsechzig Personen zwischen 1540/50–1620/30. Vgl. STEUER, Außenverflechtung, S. 120–131.
46 DERS., S. 113–120.
47 Etwa bei Timotheus Jung, von dessen noch auf dem Sterbelager erfolgten Konversion zum Katholizismus dessen Reichshofratskollege Hegenmüller dem bayerischen Herzog berichtete. In: BayHStA, Kurbayern, Äußeres Archiv, 4316, fol. 182. Der Lebensweg des Innsbrucker Regimentsrates Johann Chrysostomus Höchstetter, der bei Melanchthon in Wittenberg Theologie studiert hatte und zeitweise in Tübingen immatrikuliert war, legt nahe, daß er evangelisch gewesen ist. In den Hofzahlamtsrechnungen der Münchner Residenz findet sich der aus der Augsburger Reformationsgeschichte bekannte evangeli-

bestimmten Kommissionen durch die fürstlichen Dienstherren u. a. hinreichend sicher annehmen, daß mindestens 90 % der Augsburger Höflinge und Amtsträger in München, Innsbruck und Wien katholisch gewesen sind. Da die Fürstendiener überwiegend aus den Familien der katholischen Ratsaristokratie stammten, sind sie – zumindest potentiell – während des Kalenderstreits als Interessenvertreter ihrer Augsburger Verwandten bei ihren Dienstherren auch in politischen Angelegenheiten anzusehen, ein Umstand, der angesichts der geographischen Lage Augsburgs zwischen wittelsbachischen und habsburgischen Territorien als sehr bedeutsam eingeschätzt werden muß. Vielfältige verwandtschaftliche Beziehungen zwischen den reichsten Angehörigen der katholischen Augsburger Plutokratie und dem Hofadel der drei Residenzen[48] taten ein übriges, um der reichsstädtischen Ratsspitze während des Kalenderstreits verläßliche Verbündete zu schaffen.

III. Der Kalenderstreit als Kampf nach auswärts vernetzter Gruppen

Unmittelbar nachdem am 15. Januar 1583[49] vom Augsburger Rat gefaßten Beschluß zur Übernahme der Gregorianischen Kalenderreform protestierten die drei evangelischen Kirchenpfleger Hans Heinrich Hainzel, Johann Matthäus Stamler und Adam Rem sowie der Steuerherr Ulrich Herwart dagegen[50]. Darüber hinaus stiftete Hainzel seinen Schwager, den gleichfalls evangelischen Kammergerichtsbeisitzer Dr. Johann Hartlieb, dazu an, ein Poenalmandat des Reichskammergerichts gegen die Stadt zu erwirken, das die Korrektur auch wunschgemäß einstweilen verbot.

Die Augsburger katholische Ratsmajorität, die dieses Mandat als einen Angriff auf ihre obrigkeitliche Autorität empfand, setzte alle diplomatischen Hebel in Bewegung, um mit Hilfe des Kaisers und des bayerischen Herzogs die Speyerer Richter unter Druck zu setzen. Sowohl Rudolph II. als auch Wilhelm V. von Bayern verlangten im Laufe des Jahres wieder-

---

sche Stadtarzt Gereon Sailer als Bezieher von Dienstgeld wieder. Zu all diesen Personen siehe STEUER, Außenverflechtungen, prosopogr. Anhang und passim.
48 Zahlreiche Belege bei STEUER, Außenverflechtung, passim u. bes. S. 161 ff. Zum sog. Stuhlfest der Tochter des 1585 zurückgetretenen Stadtpflegers Marx Fuger 1586 (die Hochzeit mit Wolf Konrad Graf von Schwarzenberg fand ein Jahr später statt) erschien die Creme der Münchner Hofaristokratie. Eine Liste der Gäste in StA Augsburg, Literaliensammlung 1586.
49 Dieses und alle folgenden Daten nach dem neuen, dem Gregorianischen Kalender. Folgende Ausführungen halten sich bezüglich des Ablaufs der Ereignisse an die von STETTEN, Geschichte I, S. 659 ff. und Kaltenbrunner, Kalenderstreit gebotene Darstellung, wobei allerdings lediglich die von den Konfliktparteien mit Hilfe ihrer auswärtigen Verflechtungen ins Werk gesetzten Aktionen interessieren.
50 Diese vier Personen traten in der ersten Phase der Unruhen als Wortführer einer Gruppe von evangelischen Bürgern auf, die bereits seit Jahren manche Auseinandersetzung mit dem Rat um das evangelische Schul- und Kirchenwesen ausgefochten hatte. Es ist sicher zutreffend, den Kalenderstreit als Höhepunkt einer langen Reihe von innerstädtischer Querelen anzusehen, deren Akteure sich schon lange vor 1583 zu Gruppen zusammengefunden hatten, und die teilweise miteinander verwandt waren. Im StA Augsburg, Evangelisches Wesensarchiv, 509, die Petitionen von Bürgern des Augsburgischen Bekenntnisses in den erwähnten Konflikten aus den sechziger und siebziger Jahren, deren Unterzeichner weitgehend mit den späteren Kaledergegnern identisch sind. Zu den verschiedenen konfessionellen Konflikten am Vorabend der Kalenderunruhen und besonders zu den verwandtschaftlichen Verflechtungen der evangelischen Gegner des Rates vgl. SIEH-BURENS, Oligarchie, Konfession und Politik, S. 133 ff. u. passim.

holt und energisch die Kassation des Poenalmandates und eine Beschleunigung des Verfahrens[51], wobei zumindest im Falle der kaiserlichen Intervention die Augsburger Ratsführung ihre verwandtschaftlichen Beziehungen zu Reichsvizekanzler Dr. Sigmund Viehäuser spielen ließ[52].

Zwischenzeitlich war auch die Gegenseite nicht untätig geblieben. Ab November begannen die Professoren der Universität Tübingen, von Herzog Ludwig mit einem Gutachten beauftragt, heftig gegen den Gregorianischen Kalender zu polemisieren, indem sie diesen als ein Werk des Antichristen verteufelten[53], wobei sich der mit den Augsburger Kalendergegnern versippte Dr. Nikolaus Varnbüler d. Ä. besonders hervorgetan zu haben scheint[54]. Auf den Ratschlag seiner Hochschule schickte der württembergische Herzog sogar eine Gesandtschaft nach Augsburg, die auf Beibehaltung des Julianischen Kalenders dringen sollte[55].

Das am 28. Juni 1584 ergangene Urteil des Reichskammergerichts, das die Einführung des Gregorianischen Kalenders in Augsburg für rechtens erklärte, bot der katholischen Ratsspitze die willkommene Gelegenheit, die vier oppositionellen Ratsherren ihrer Ämter zu entheben und unter Hausarrest zu stellen[56]. Der Versuch, den als ärgsten Hetzer gegen die Kalenderreform geltenden Superintendenten Georg Mylius unter Anwendung von Gewalt aus der Stadt zu schaffen, endete am 4. Juni in schweren Tumulten, in deren Verlauf viele Bürger beider Konfessionen fluchtartig die Stadt verließen[57]. Noch im selben Monat erreichte eine wahrscheinlich von den Verwandten der unter Hausarrest gestellten Ratsherren zu Hilfe gerufene ulmisch-württembergische Gesandtschaft deren Freilassung, nicht aber die Restitution in ihre städtischen Ämter[58], woraufhin die ersten Kalendergegner Augsburg verließen. Doch mit der Verdrängung ihrer erbittertsten Gegner aus der Stadt, denen sich alsbald auch Hans Heinrich Hainzel anschloß, hatte die Ratsführung ledilich Märtyrer geschaffen, die sich – ihrer Aufsicht nunmehr entzogen – von auswärts um so unangenehmer bemerkbar machen sollten. Unter Zuhilfenahme ihrer vielfältigen verwandtschaftlichen Beziehungen zur Ratsoligarchie der Reichsstadt Ulm ließen sich in der Folgezeit die meisten der aus Augsburg geflohenen

---

51 StA Augsburg, Kalenderstreit, Nr. 37.
52 Dr. Sigmund Viehäuser, von 1577–1587 Reichsvizekanzler, seit 1578 verheiratet mit Felizitas Rehlinger, einer Nichte des Augsburger Stadtpflegers Anton Christoph Rehlinger und Verwandten von dessen Amtskollegen Marx Fugger, war aus bayerischen Hofratsdiensten zu seinem Posten »befördert« worden. Dieses Verfahren, qualifizierte Juristen der eigenen Zentralbehörden dem stets auf der Suche nach geeignetem Personal befindlichen kaiserlichen Hof zu überlassen, wurde im 16. Jahrhundert sowohl von Albrecht V. als auch dessen Sohn und Nachfolger Wilhelm V. geübt. Auf diese Weise traten die Reichsvizekanzler Georg Sigmund Seld, Johann Ulrich Zasius, Johann Baptist Weber und der genannte Viehäuser aus bayerischen Ratsdiensten in die kaiserliche Zentralverwaltung ein. Als Gegenleistung bekamen die Bayernherzöge regelmäßige Berichte ihrer »Ehemaligen«, die auch als kaiserliche Reichsvizekanzler auf den Besoldungslisten des Münchner Hofzahlamts standen. Auch der aus Augsburg stammende Reichshofrat Dr. Johannes Hegenmüller, Stiefbruder Selds, war auf die geschilderte Weise zu seiner Position gelangt.
53 BayHStA, Pfalz-Neuburg, Akten, 1281/II.
54 KALTENBRUNNER, Kalenderstreit, S. 511.
55 Ebd., S. 513.
56 Ebd., S. 518.
57 STETTEN, Geschichte I, S. 667–669.
58 StA Augsburg, Evangelisches Wesensarchiv, 508.

Kalendergegner dort nieder, um von diesem Stützpunkt aus den Kampf fortzusetzen[59]. Insbesondere der nach der Vertreibung des Mylius vom Augsburger Rat erhobene Anspruch auf die Kompetenz der Predigervokation führte in den folgenden Monaten zu einer außerordentlichen Verschärfung des innerstädtischen Konflikts und damit zu einem weiteren Anwachsen der Flüchtlingsgemeinde in Ulm. Die zur Schlichtung der Auseinandersetzungen im Sommer 1584 und ein Jahr später nach Augsburg entsandten kaiserlichen Kommissionen, deren Instruktionen die Verpflichtung der Kalendergegner auf die Ratslinie und im Weigerungsfall die Ausweisung vorsahen, entschieden einseitig zugunsten der katholischen Ratsmajorität[60] und verspielten damit die Chance zu einem baldigen Ausgleich.

Anläßlich der auf Betreiben der Augsburger Ratsführung erfolgten Verhaftung des Hans Heinrich Hainzel (Dezember 1584), der den evangelischen, doch in der Kalenderfrage loyal die Position seiner Dienstherren verfechtenden Ratskonsulenten Dr. Georg Tradel in einem Pasquill lächerlich zu machen versucht hatte, zeigt sich besonders anschaulich die Mobilisierung verwandtschaftlicher Beziehungen durch die Konfliktparteien. Nachdem Hainzel in der vorderösterreichischen Amtsstadt Günzburg eingekerkert worden war, richteten seine Frau und sein Bruder Hans Ludwig sowie deren Ulmer Angehörige einen Bittbrief an den seinerzeit wohl einflußreichsten Höfling der Innsbrucker Residenz, Karl Welser, Bruder der verstorbenen erzherzoglichen Gattin Philippine und Günstling seines fürstlichen Schwagers, in dem sie diesen unter Anspielung auf ihre gemeinsamen Vorfahren und die mithin untereinander bestehende Verwandtschaft baten, sich für Hainzels Freilassung zu verwenden: »*Vnd dis vnser diemüettig begehren thon wir ann E. Gn. desto käcker, getröster vnd mit mehrer Zuversicht, diweil ich (d.i. Hans Ludwig Hainzel, der Verfasser), das ich zuvor als ein junger vnverständiger nit wargenommen, glaubwirdig find, dz diser gefangner mein fraindtlicher lieber brueder vnd wir E. Gn. vnwürdige blutsfraindt, vnd E. Gn. mitt vnserem lieben fromben Vatter säligen, Johann Baptista Hainzell, zue geschwistern kinden vnd allso vns vnd vnserem lieben gefangen brueder In dritthalb graden (wie E. Gn. aus beyligenden sehen künden) mitt bluettsfraindtschafft zuegethan seyen*«. Dem Ersuchen legten die Bittsteller einen Stammbaum bei, aus dem er exakte Verwandtschaftsgrad zwischen den Gebrüdern Hainzel und Karl Welser ersichtlich ist[61]. Dieser entsprach – wenn auch erfolglos – der Bitte.

---

59 Genaue Zahlen über diese Exilantenkolonie sind nicht überliefert. Auf dem Höhepunkt der Auseinandersetzungen, etwa ab Sommer 1585, dürften ungefähr 30–40 Kalendergegner sowie eine nicht einzuschätzende Anzahl von Familienangehörigen im Ulmer Exil gewesen sein.
60 Die meisten Mitglieder der Kommission finden sich auf der Anm. 48 erwähnten Gästeliste zum Stuhlfest der Tochter des Stadtpflegers Marx Fugger wieder. Nach Aussage der Quellen scheint einer der wichtigsten Ratgeber Kaiser Rudolphs II. in Sachen Kalenderunruhen der Augsburger Patrizier Johann Achilles Ilsung gewesen zu sein, kaiserlicher Rat, Inhaber des Palatinats (seit 1583) und Reichspfennigmeister (ab 1586), Schwager und Vetter des seit 1585 amtierenden Stadtpflegers Anton Christoph Rehlinger. Ilsung vertrat unnachgiebig den obrigkeitlichen Standpunkt und denunzierte sogar Angehörige der Kalenderopposition beim kaiserlichen Hof als aufrührerische Elemente (Haus- Hof- u. Staatsarchiv Wien, Kleinere Reichsstände, Fasz. 13: Augsburg).
61 Tiroler Landesarchiv Innsbruck, Ferdinandea, Fasz. 225. Der Absender des Briefes und sein in Günzburg gefangener Bruder waren Enkel von Katharina Welser, einer Tante von Karl und Philippine. Oben zitiertes Dokument ist eine der im 16. Jahrhundert sehr seltenen Belege für die Instrumentalisierung von Verwandtschaftsbeziehungen im Sinne eines Appells an die von Blutsverwandten erwartete Hilfeleistung in einem Notfall. Zum instrumentalen Charakter der Verwandtschaft speziell im Augsburg des 16. Jahrhunderts vgl. Sieh-Burens, Oligarchie, Konfession und Politik, S. 54ff.

Im Februar 1585 gelang Hainzel in einer offensichtlich wohlorganisierten Aktion die Flucht aus seinem Günzburger Kerker.

Die oben bereits erwähnte zweite kaiserliche Kommission in Augsburg endete mit der Ausweisung bzw. Flucht einer größeren Gruppe von Kalendergegnern, die alle in Ulm Aufnahme fanden[62]. Ein knappes Jahr später wies die Ratsführung auch noch sämtliche Prädikanten aus der Stadt, da diese beharrlich das obrigkeitliche Predigervokationsrecht attakiert hatten[63]. Damit wurde die Ulmer Exilantenkolonie weiter verstärkt.

Nach der Abreise der zweiten kaiserlichen Kommission aus Augsburg (August 1585) konzentrierten sich die Bemühungen der Kalendergegner, insbesondere der aus der Stadt vertriebenen, auf die Mobilisierung der Unterstützung evangelischer Fürstenhöfe. Besonders häufig sprachen ihre Abgesandten in den nahegelegenen Residenzen zu Stuttgart, Neuburg und Ansbach vor, was sich wohl weniger mit den verhältnismäßig geringen Entfernungen als vielmehr mit den zu diesen Höfen bestehenden Beziehungen in Verbindung bringen läßt[64]. Zwischen dem neuburgischen Hof und den inner- wie außerhalb Augsburgs sich aufhaltenden Kalendergegnern spielte sich ein weitgehender Informationsaustausch ein, der auch Interna des Augsburger Rates und seiner nachgeordneten Gremien miteinschloß, Nachrichten also, die nur auf dem Weg des Verrates von Amtsgeheimnissen zu beschaffen waren[65]. Darüber hinaus wurden auch die Höfe zu Dresden, Heidelberg, Berlin, Darmstadt und Kassel ebenso routinemäßig aufgesucht wie Deputationstage, an denen Räte dieser Höfe teilnahmen, um die Unterstützung möglichst zahlreicher evangelischer Territorialfürsten gegen die heimische Obrigkeit zu erlangen. Hierbei dürfte sich als hilfreich erwiesen haben, daß der aus Augsburg ausgewiesene ehemalige Superintendent Mylius 1586 zum Professor für Theologie, Kanzler der Universität und Propst der Schloßkirche in Wittenberg ernannt worden war[66]. In seiner Person sowie in Tobias Braun, Hofprediger zu Neuburg, und Dr. Anton Varnbüler, Hofprediger zu Stuttgart (vgl. Teil I) besaßen die Augsburger Kalendergegner zuverlässige Gesinnungsfreunde in einflußreichen Positionen, von denen aus jederzeit um Unterstützung für die als Kampf um die freie Ausübung des evangelischen Bekenntnisses verstandene Opposition gegen die Kalenderreform geworben werden konnte[67]. Nach den zahlreichen diplomatischen Vorstößen, die die erwähnten Fürstenhöfe meist gemeinsam beim Augsburger Rat wie auch beim kaiserlichen Hof zugunsten der Kalendergegner unternahmen[68], zu schließen, waren diese Bemühungen durchaus erfolgreich.

Bei ihrer Abwehr der von den Exilanten bewirkten Einmischung der evangelischen Mächte bediente sich die Augsburger katholische Ratsmajorität ihrer engen Beziehungen zum kaiserlichen Hof und den Zentralbehörden, insbesondere zu Reichsvizekanzler Viehäuser. Bereits im

---

62 STETTEN, Geschichte I, S. 687f.
63 Ebd., S. 695.
64 Siehe oben, Teil I.
65 So sind z. B. die Ausweisungsdekrete gegen die Gegner des obrigkeitlichen Predigervokationsrechtes oder die Urfehden von aus der Haft entlassenen Kalendergegnern im vollen Wortlaut in die Neuburger Registratur gelangt. Hierzu STEUER, Außenverflechtung, S. 179f.
66 Ebd., S. 181f.
67 Ob sich Predigten dieser Hofgeistlichen erhalten haben, entzieht sich meiner Kenntnis. Mylius gehörte überdies dem kursächsischen Konsistorium an.
68 StA Augsburg, Kalenderstreit, passim; Literaliensammlung, passim. BayHStA, Pfalz-Neuburg, Akten, 1281/IV u. 1281/I.

September 1585 baten die beiden Stadtpfleger den »besonder lieber Herr Schwager«, für ihre unverzügliche Verständigung und Anhörung zu sorgen, sollten die Exilanten bei Hof vorstellig werden[69]. Am ersten Dezember ersuchten die Stadtpfleger Viehäuser, dieser möge bei Kaiser Rudolph II. darauf hinwirken, daß der Vorschlag Kursachsens und Kurbrandenburgs, eine weitere Kommission nach Augsburg zu entsenden, zurückgewiesen werde[70]. Der Reichsvizekanzler versorgte seine Verwandten in der Augsburger Ratsführung mit Abschriften der an den Kaiser gerichteten Missiven der evangelischen Kurfürsten[71], und im September 1586 sollte Viehäuser gar auf den Schauplatz des nächsten Reichstages Einfluß nehmen[72], um der Ratsspitze die Peinlichkeit zu ersparen, die der Stadt verwiesenen Prädikanten und anderen Kalendergegner im Gefolge der sie unterstützenden Fürsten wieder einziehen zu sehen.

Die Auseinandersetzungen wurden in den nächsten Jahren in der beschriebenen Weise fortgesetzt. Während die Exilanten an den Kaiser und die evangelischen Fürsten und Stände appellierten, ihnen bei der Rückkehr in ihr »Vaterland« behilflich zu sein[73], beharrte die Ratsführung unnachgiebig darauf, daß ihre ausgewiesenen Kritiker förmlich ihr Unrecht bekennen sollten, bevor über Aussöhnung und Wiedereinlassung geredet würde[74].

Nach langwierigen Verhandlungen zwischen der Reichsstadt Augsburg und den von den Konfliktparteien zu Hilfe gerufenen katholischen und evangelischen Fürstenhöfen, die sich in ihrer letzten Phase nur noch um den Wortlaut des von den wiederaufzunehmenden Exilanten zu leistenden Reverses drehten, erfolgte im Mai 1595 die offizielle Aussöhnung der verfeindeten Parteien[75]. Die eigentlichen Ursachen der Auseinandersetzungen, die Einführung des

69 StA Augsburg, Kalenderstreit, Nr. 30.
70 StA Augsburg, Kalenderstreit, Nr. 34.
71 StA Augsburg, Kalenderstreit, Nr. 40.
72 Augsburger Stadtpfleger am 6. September an Viehäuser mit der Bitte, dieser möge »souil immer muglich verholffen sein, damit derselb (d. h. der geplante Reichstag) nit hieher gelegt werde, weil nämlich zu befürchten sei, daß »sich wol die vsgeschaffte Predicanten vndersteen derfften, vnder anderm Chur oder fl. hofgesind wider hieher zukommen vnd vf das wenigist in den heusern zu predigen«. Die Konzepte der Briefe an Viehäuser tragen meist den Vermerk: »Insimili mutatis mutandi an herrn von Trautson vnd Jakob Kurz«. Bei ersterem handelt es sich um den Reichshofratspräsidenten Paul Sixt Trautson, der mit den Fugger verwandt war (Susanna, die Schwester des bis in den September amtierenden Stadtpflegers Marx Fugger, war laut C. Meyer, Chronik der Familie Fugger von 1599, Augsburg 1902, S. 66, mit Balthasar Trautson vermählt). Daß der Sohn des früheren Fuggerfaktors Sebastian Kurz zur Augsburger Oligarchie enge Beziehungen unterhielt, ist zumindest wahrscheinlich. Alle drei Ansprechpartner der Ratsführung gelten als außergewöhnlich einflußreiche Ratgeber Rudolphs II. Trautson soll gemäß A. Loebl, Beiträge zur Geschichte der österreichischen Zentralverwaltung im ausgehenden 16. Jahrhundert, in: MIÖG 27/1906, S. 629–677, sogar ein kaiserlicher Günstling und von Amts wegen mit der Registratur der beim Reichshofrat eingehenden sowie mit der Fertigung und Siegelung der von ihm ausgehenden Schreiben befaßt gewesen sein (S. 645).
73 Je länger ihr Exil dauerte, desto weniger beharrten die vertriebenen Evangelischen auf ihren ursprünglichen Forderungen.
74 Das Unrecht bestand zur Hauptsache in der Opposition gegen obrigkeitliche Maßnahmen und ganz besonders im Widerstand, der gegen einzelne Anordnungen geleistet wurde. Speziell die Weigerung, vor den kaiserlichen Kommissaren zu erscheinen, die Flucht aus der Stadt ohne Aufkündigung des Bürgerrechts und Entrichtung von Nachsteuern, die Herbeiführung der Einmischung fremder Mächte, dies alles wurde als eklatanter Bruch des bürgerlichen Treueeides gegenüber der Obrigkeit gewertet, die Kalendergegner folglich von Seiten des Rates kriminalisiert.
75 StA Ulm, Reichsstadt, Nr. 571.

Gregorianischen Kalenders und die Beanspruchung der Predigervokation durch den Rat, haben in diesen letzten Verhandlungen keine wesentliche Rolle mehr gespielt.

Daß die Augsburger katholische Ratsmehrheit letztlich ihre Ziele durchgesetzt hat und aus den Auseinandersetzungen als Sieger hervorgegangen ist, liegt natürlich vornehmlich an ihrer besseren Ausgangsposition als Obrigkeit, mit der es die Kalendergegner, ungeachtet allen fürstlichen Beistandes, nie aufnehmen konnten. Nach den Wertmaßstäben der Zeit waren sie Aufrührer, die einen mehrheitlich gefaßten Ratsbeschluß mit bedenklichen Mitteln bekämpften, die allenfalls wohlmeinenden Beobachtern gegenüber mit der stets behaupteten Unterdrückung des Gewissens und der freien Glaubensausübung gerechtfertigt werden konnten. Auch durften die Reichsstadt und ihre mehrheitlich kaisertreue katholische Oligarchie in diesem Konflikt uneingeschränkt auf die Unterstützung Habsburgs zählen, während die der Stadt verwiesenen bzw. aus ihr geflohenen Kalendergegner mit dem Makel der Rechtlosigkeit behaftet waren, was ihre offene Verteidigung durch Ulm und die glaubensverwandten Fürsten gewiß nicht erleichtert hat. Konsequent hat denn auch die Ratsführung jede sich bietende Gelegenheit ergriffen, ihre Gegenspieler zu kriminalisieren und der Konspiration zu bezichtigen[76]. Die Entschlossenheit des bayerischen Herzogs und Erzherzogs Ferdinands II. von Österreich, die Augsburger Ratsführung gegen ihre inneren Feinde notfalls mit Waffengewalt zu unterstützen, stärkte die katholische Partei weiter.

Daneben muß aber betont werden, daß die Kalendergegner zu keinem der sie unterstützenden Fürstenhöfe ein vergleichbar dichtes Netz nützlicher und instrumentalisierbarer Beziehungen unterhielten, wie ihre Gegner zu ihren auswärtigen Verbündeten. Einflußnahmemöglichkeiten, wie sie beim Zusammenspiel zwischen Augsburger Stadtpflegern und Geheimen und Reichsvizekanzler Viehäuser deutlich werden, gingen der Kalenderopposition selbst am Neuburger Hof, zu dem sie noch die besten Verbindungen hatten, völlig ab. Der Sieg der katholischen Partei im Kalender- und Vokationsstreit ist somit keineswegs bloß ein Sieg der stärkeren auswärtigen Schutzmächte über diejenigen der Gegenpartei, muß doch angesichts der notorischen Entscheidungsschwäche Kaiser Rudolphs II. bezweifelt werden, daß er sich ohne den beharrlichen Zuspruch einflußreicher Ratgeber vergleichbar dezidiert für die Belange der Augsburger katholischen Ratsmajorität eingesetzt hätte. Vielmehr zeigt sich an diesen Auseinandersetzungen deutlich die Relevanz privater Verflechtungen für die Durchsetzungsfähigkeit der Politik einer großen Reichsstadt im späten 16. Jahrhundert.

76 StA Augsburg, Kalenderstreit-Criminalia, 1583–1589.

»Die betrangte Stadt Augspurg«
Augsburg im Dreißigjährigen Krieg*

VON WILHELM LIEBHART

»Der dreissigjährige Krieg gehört unstreitig zu den traurigsten Ereignissen, von welchen die Geschichte des deutschen Volkes zu berichten weiss, zu den schlimmsten Heimsuchungen, welche die Vorsehung je über unsere Nation verhängt hat. Um des Glaubens willen griff man zu dem Schwerte, um auf dem Schlachtfelde die Entscheidung einer Frage herbeizuführen, deren Lösung man seit 100 Jahren vergebens in Deutschland versucht hatte. Unsäglich war das Elend, unter dem alle Glieder des Reiches zu leiden hatten, [...]. Fast keine Stadt, ja fast kein Dorf von den Alpen bis zum Meere blieb von den Verwüstungen und Greuelthaten des Krieges verschont«[1].

Dieses Urteil Ludwig Simmets aus dem Jahr 1901 entspricht bis heute der gängigen Vorstellung über die Bedeutung des 30jährigen Krieges als Religionskrieg. Zeitgenössische Tagebücher, zeitgenössische und spätere Propaganda, aber auch Schriftsteller wie J.J.Chr. von Grimmelshausen, F.v.Schiller, G.Freytag, C.F.Meyer, R.Huch bis B.Brecht haben zu diesem festgefügten Bild beigetragen[2]. Unter dem Eindruck der letzten Weltkriege hat der Engländer Sigfrid Henry Steinberg 1947[3] massive Bedenken und Kritik geäußert, welche die Forschung in Deutschland zweifellos stark anregten. Steinberg wies darauf hin, daß das herkömmliche Bild des großen Krieges von der Kriegs- und Nachkriegspropaganda Schwedens und Brandenburgs bestimmt ist und daß nicht alle Quellen, sondern nur Erlebnisberichte ausgeschöpft worden sind. Der Krieg habe nirgends durchgehend 30 Jahre von 1618–1648 gedauert. Er gehöre in eine Abfolge europäischer Auseinandersetzungen von 1609 bis 1659.

Manche Gebiete blieben vom Krieg völlig oder auf längere Zeit hin unberührt. Die Bevölkerung wäre nicht vernichtet, die wirtschaftlichen Folgen seien übertrieben dargestellt worden. Steinberg behauptete auch, daß religiöse Fragen im politischen Kalkül eine untergeordnete Rolle spielten, auch wenn die Masse glaubte, für die rechte Sache der Religion zu kämpfen; vielmehr ging es um die Vorherrschaft in Europa, um den Kampf zwischen den

---

* Dem Beitrag liegt ein Vortrag zugrunde, der am 19. März 1987 vor dem Heimatverein für den Landkreis Augsburg e. V. gehalten wurde.

1 Ludwig SIMMET, Die Reichsstadt Augsburg in der ersten Hälfte des dreißigjährigen Krieges, Augsburg 1901 (Programm des Königlichen Realgymnasiums Augsburg 1900/1901), 3.

2 Herbert LANGER, Neue Forschungen zur Geschichte des Dreißigjährigen Krieges (1968), in: Hans Ulrich RUDOLF (Hrsg.), Der Dreißigjährige Krieg. Perspektiven und Strukturen, Darmstadt 1977 (Wege der Forschung 451), 89–131, hier 89.

3 Der Dreißigjährige Krieg. Eine neue Interpretation (1947), in: RUDOLF (s. Anm. 2), 51–67. Der Originaltitel lautete: The Thirty Years' War. A New Interpretation und erschien in (History 32) 1947, 89–102. – Vgl. auch Sigfrid Henry STEINBERG, Der Dreißigjährige Krieg und der Kampf um die Vorherrschaft in Europa 1600–1660, Göttingen 1967.

spanisch-deutschen Habsburgern mit dem bourbonischen Frankreich und seinem schwedischen Hauptverbündeten.

Die wissenschaftliche Forschung ist sich heute – sieht man vom Gegensatz zwischen marxistischer und sogenannter bürgerlicher Geschichtswissenschaft einmal ab – im wesentlichen einig[4]. Der Dreißigjährige Krieg dauerte in der Tat nirgends 30 Jahre, er hatte regional unterschiedliche wirtschaftliche und soziale Folgen. Dieser Krieg war weniger ein Glaubens- und Konfessionskrieg[5] als eine europäische Auseinandersetzung um Hegemonie und Mächtegleichgewicht auf deutschem Boden.

Was läßt sich dazu aus der Sicht der Reichsstadt Augsburg und ihres Umlandes sagen? Wie lief hier der Krieg ab, was waren seine unmittelbaren Folgen für Land und Leute, Stadt und Bürgertum?

I

Unsere Kenntnisse über Augsburg in der 1. Hälfte des 17. Jhs. beruhen einseitig auf Quellen zeitgenössischer Protestanten (Jakob Wagner, Philipp Hainhofer, Paul Rehm, Philipp Hoechstetter) und auf der imposanten Quellensammlung und Stadtgeschichte des evangelischen Historikers Paul von Stetten dem Älteren (1705–1786) aus dem Jahr 1758[6]. Die Augsburger »Lokalforschung« ist auf dem Stand der Jahrhundertwende stehengeblieben[7]. Diese Vorbemerkungen sagen natürlich nichts über die Qualität der älteren Arbeiten aus. Dennoch bleibt der Vorbehalt, daß das Geschichtsbild evangelisch bestimmt ist. Diese Feststellung ist für den Dreißigjährigen Krieg von eminenter Bedeutung. Es fehlt für Augsburg eine moderne Quellenedition, die sowohl evangelische als auch katholische Zeitzeugen (Anastasius Vochetus, Reginbald Möhner) vollständig und Urkunden, Akten und Literalien des Stadtarchivs in Auswahl bietet. Bernd Roeck hat zuletzt mit seiner Untersuchung über die

---

4 Zum gegenwärtigen Forschungsstand vgl. Konrad REPGEN, Artikel »Dreißigjähriger Krieg« (Theologische Realenzyklopädie 9) 1982, 169–188; Gerhard SCHORMANN, Der Dreißigjährige Krieg, Göttingen 1985; Geoffrey PARKER, Der Dreissigjährige Krieg, Frankfurt a. M. 1987.
5 Dazu knapp STEINBERG (s. Anm. 3, 2. Titel), 118 ff.
6 Geschichte der Heil. Röm. Reichs Freyen Stadt Augspurg. Aus bewährten Jahrbüchern und tüchtigen Urkunden gezogen. 2 Bände. Franckfurt 1743/1758. – Im Folgenden zitiert Band 1 als »STETTEN 1« und Band 2 als »STETTEN 2« mit Seitenangabe.
7 Hermann VOGEL, Der Kampf auf dem westfälischen Friedenskongreß um die Einführung der Parität in Augsburg (Blätter aus der Augsburger Reformationsgeschichte II) 1889, 3–54; DERS., Die Exekution der die Reichsstadt Augsburg betreffenden Bestimmungen des westfälischen Friedens (Blätter aus der Augsburger Reformationsgeschichte III) 1890, 3–50; SIMMET (s. Anm. 1); Wilhelm ROOS, Die Chronik des Jakob Wagner über die Zeit der schwedischen Okkupation in Augsburg vom 20. April 1632 bis 28. März 1635, Augsburg 1902 (Programm des Königlichen Realgymnasiums 1901/1902); Hans Oskar LABER, Die Schweden in Augsburg von 1632 bis 1635 (Münchener Historische Abhandlungen, Zweite Reihe, 1. Heft) 1932, 19–39. Die neue, große Stadtgeschichte von 1985 geht über den großen Krieg mehr oder weniger hinweg. Vgl. die Beiträge Herbert IMMENKÖTTER, Kirche zwischen Reformation und Parität (Geschichte der Stadt Augsburg. 2000 Jahre von der Römerzeit bis zur Gegenwart) Stuttgart ²1985, 391–412; Winfried SCHULZE, Augsburg 1555–1648: Eine Stadt im Heiligen Römischen Reich (Ebd.), 433–447. – Dagegen recht aufschlußreich der Ausstellungsteil von: Welt im Umbruch – Augsburg zwischen Renaissance und Barock. Band I, Augsburg 1980, 392–420.

Nahrungsmittelversorgung der Stadt im genannten Zeitraum Licht in die sozialen und wirtschaftlichen Verhältnisse gebracht[8]. Eine größere Untersuchung Roecks zu diesem Zeitraum bleibt noch abzuwarten.

Kehren wir zu unseren ursprünglichen Fragen zurück: Wie lief der große Krieg in Augsburg ab, was waren seine Folgen für Stadt und Umland?

II

Der große Krieg begann nach vorausgehenden Krisen bekanntlich 1618 mit dem Aufstand der kalvinistischen Stände Böhmens gegen ihren katholischen, habsburgischen König Ferdinand, des designierten künftigen deutschen Königs und Kaisers. Es lebte noch in Wien der alte Kaiser Matthias, der im Juli 1618 von der reichen Reichsstadt Augsburg eine größere Waffenlieferung aus dem städtischen Zeughaus erhielt[9]. Sie war bereits für die kommenden Auseinandersetzungen um Böhmen bestimmt. Augsburg stand unter dem Einfluß der katholischen Liga, eines Defensivbündnisses katholischer Reichsstände, unter Führung des baierischen Herzogs und späteren Kurfürsten Maximilian I.[10]. Die evangelischen und kalvinistischen Stände hatten sich in der sogenannten Union zusammengefunden. Während Bischof Heinrich V. von Knöringen der Liga beitrat, hielt sich Augsburg, das mehrheitlich von Evangelischen bewohnt wurde, zurück. Der konfessionell gemischte, aber von Katholiken beherrschte Magistrat gab seine Neutralitätspolitik im März 1619 insofern auf, als er mit dem baierischen Herzog ein Defensivbündnis abschloß[11], ohne aber der Liga beizutreten. Die benachbarten Reichsstädte Ulm und Kempten waren Mitglieder der Union. Das siegreiche Vorgehen der Ligatruppen unter Graf Tilly und der Truppen des neuen Kaisers und Königs Ferdinand II. in Böhmen 1620 und schließlich bis 1630 im ganzen Reich ließen für Augsburg keine Kriegsgefahr vermuten[12]. Man hatte dort wirtschaftliche Probleme durch die sogenannte Kipper und Wipper-Inflation[13], welche die Getreidepreise hochtrieb und die Stadt in Schulden stürzte. Man beobachtete aber aufmerksam die Kriegsereignisse, an denen man verdiente, und warb von Fall zu Fall Söldner an, die in Bergheim, Haunstetten, Leitershofen, Deubach oder Edenbergen mit Zustimmung der Ortsherren einquartiert wurde. Nur die Pest erreichte schon 1625–1628 die Stadt, 1628 sollen 9000 von rund 45000 Menschen an der Beulenpest gestorben sein[14].

---

8 Bernd ROECK, Bäcker, Brot und Getreide in Augsburg. Zur Geschichte des Bäckerhandwerks und zur Versorgungspolitik der Reichsstadt im Zeitalter des Dreißigjährigen Krieges (Abhandlungen zur Geschichte der Stadt Augsburg 31) 1987.
9 STETTEN 1, 827.
10 Franziska NEUER-LANDFRIED, Die Katholische Liga. Gründung, Neugründung und Organisation eines Sonderbundes 1608–1620, 1968.
11 STETTEN 1, 831.
12 PARKER, 156–178 zu den Jahren 1620–1630.
13 Recht anschaulich ein zeitgenössischer Bericht: Josef HERZ (Hrsg.), Das Tagebuch des Augsburger Arztes und Stadtphysicus Dr. Philipp Hoechstetter 1579–1635 (ZHVS 70) 1976, 180–224, hier 195ff.; allgemein: Fritz REDLICH, Die deutsche Inflation des frühen 17. Jahrhunderts in der zeitgenössischen Literatur. Die Kipper und Wipper, Köln 1972; Hans Christian ALTMANN, Die Kipper- und Wipperinflation in Bayern (1620–1623), 1976.
14 STETTEN 1, 858, 861, 865; STETTEN 2, 16. – Zum komplizierten Problem der Augsburger Bevölkerungsentwicklung zuletzt ROECK (s. Anm. 8), 71–82.

Der Siegesmarsch der Katholiken im Reich führte aber in Augsburg 1628 zu einer Verschärfung der konfessionellen Lage: Bischof Heinrich V. von Knöringen sah die Gelegenheit gekommen, Teile der Augsburger Reformation von 1537 rückgängig zu machen[15]. Diese Pläne trafen sich mit der kaiserlichen Politik, die im sogenannten Restitutionsedikt vom 6. März 1629 alle von den Protestanten rechtswidrig seit 1552 säkularisierten Kirchengüter zurückverlangte[16]. Bischof Heinrich V. verlangte aber mehr, nämlich die Wiederherstellung aller Kirchen, Klöster, Stiftungen und Einkünfte, wie sie bis 1537 bestanden hatten. Der katholische Magistrat fügte sich eher widerwillig den Forderungen von Bischof und Kaiser, die Folge war, daß das »starke Band des wirtschaftlichen Gemeinschaftsgeistes in der Bürgerschaft«[17] zerriß. Eine evangelische Bevölkerungsmehrheit stand seitdem einer katholischen, sich auf die kaiserlich-baierische Garnison stützenden Minderheit feindselig gegenüber. Den evangelischen Predigern verbot der Magistrat alle Amtshandlungen, evangelische Kirchen und Kapellen wurden geschlossen, die evangelischen Patrizier von allen Ämtern ausgeschlossen[18]. Der Augsburger Religionsfriede, der jahrzehntelang den innerstädtischen Religionsfrieden gesichert hatte[19], war einseitig von der Minderheit außer Kraft gesetzt worden. Man kann sich dabei des Eindrucks nicht erwehren, daß es dem Bischof nicht um die Gewinnung der Evangelischen für den katholischen Glauben, sondern mehr um alte Rechtstitel und Einkünfte ging. Das Blatt sollte sich aber wenden[20].

III

Am 6. Juli 1630 landete der schwedische König Gustav Adolf[21] in Deutschland, nicht nur um seinen Glaubensbrüdern zu Hilfe zu kommen, sondern um die schwedischen Wirtschafts- und Machtinteressen durchzusetzen. Diese »Hilfe« des Schwedenkönigs zeigte sich schon bei der Finanzierung seiner Unternehmungen: Deutsches Land, ob protestantisch oder katholisch, mußte sein Heer ernähren, das gefräßig nach Süden zog. Am 17. September 1631 unterlag das kaiserlich-ligistische Heer unter Tilly bei Breitenfeld in Sachsen den Schweden.

15 Die Restitutionspolitik dieses bedeutenden Augsburger Bischofs, die sich auch gegen Memmingen, Kaufbeuren und Kempten richtete, ist bis heute noch nicht untersucht worden. Hinlänglich bekannt sind seine Reformbemühungen im eigenen Bistum: Joseph SPINDLER, Heinrich V. von Knöringen, Fürstbischof von Augsburg (1598–1646). Seine innerkirchliche Restaurationsthätigkeit in der Diözese Augsburg (JHVD24) 1911, 1–138.
16 Auch über die Durchführung des Restitutionsedikts in Augsburg steht eine Untersuchung noch aus. Zu St. Ulrich und Afra vgl. Wilhelm LIEBHART, Die Reichsabtei Sankt Ulrich und Afra zu Augsburg. Studien zu Besitz und Herrschaft (1006–1803), München 1982, 200ff. (mit Edition des betreffenden Abschnittes aus dem Edikt).
17 LABER (s. Anm. 7), 19.
18 SIMMET, 10f.
19 Paul WARMBRUNN, Zwei Konfessionen in einer Stadt. Das Zusammenleben von Katholiken und Protestanten in den paritätischen Reichsstädten Augsburg, Biberach, Ravensburg und Dinkelsbühl von 1548 bis 1648, Wiesbaden 1983, 163f., 166ff., 173ff., 181ff. u. 190f.; detailliert: Dietrich BLAUFUSS, Das Verhältnis der Konfessionen in Augsburg 1555 bis 1648. Versuch eines Überblicks (JVAB 10) 1976, 27–56.
20 PARKER, 199–212 zur Kriegswende.
21 Zuletzt Günter BARUDIO, Gustav Adolf – der Große. Eine politische Biographie, Frankfurt a.M. 1982.

West- und Süddeutschland standen damit dem Feind offen. Als im Februar 1632 ein schwedisches Kontingent in Ulm eintraf[22], wurde offenbar, daß sich die zu erwartende schwedische Frühjahrsoffensive nach Süden, in Richtung Baiern, wenden würde. In diesem Fall mußte Augsburg eine strategische Rolle ersten Ranges zufallen. So sah es in der Tat Gustav Adolf, der später äußerte, daß ihm die Lage Augsburgs und Ulms im Winkel von Donau und Lech erlaubte, seine Pläne fortzusetzen und selbst im Falle eines Rückzugs hier eine nicht zu werfende Stellung einnehmen zu können[23]. Noch im Februar 1632 fragte Kurfürst Maximiian an, wie sich die Reichsstadt bei Heranrücken des Feindes zu verhalten gedenke. Augsburg antwortete hinhaltend, daß die Stadt selbst mit einer stärkeren Garnison angesichts des schlechten Zustandes ihrer Befestigungen nicht zu verteidigen sei. Dennoch mußte die Reichsstadt Ende März 1000 Mann aufnehmen, die bezeichnenderweise bei evangelischen Bürgern in der Jakobervorstadt einquartiert wurden[24]. Die Epoche der lästigen, enorme Kosten verursachenden Einquartierungen begann. Aus Sicherheitsgründen wurde vom 3. bis 5. April die evangelische Bürgerschaft entwaffnet[25]. Am 4. April fiel Donauwörth an Gustav Adolf. Tilly verschanzte sich mit seinem Heer bei Rain am Lech.

Hektische Aktivitäten erfaßten nunmehr auch das Augsburger Umland. Zu Beginn des Monats März hatte der baierische Kurfürst Hochstift und Domkapitel aufgefordert, ledige und taugliche Burschen für die Liga zu mustern[26]. Das Domkapitel versammelte in Kühlental 110 und in Zusmarshausen 118 Rekruten. Am Ende des Monats bewilligte das Domkapitel seinem Bischof den Verkauf des geweihten Kirchensilbers. Für die Bauern änderte sich gleichfalls einiges: Rigoros trieb jetzt das Domkapitel alle Gült- und Zinsreste ein, erhob eine neue Viehsteuer und stellte durch seine Vögte in Dinkelscherben, Holzen, Zusamaltheim, Achsheim, Gersthofen, Steinekirch, Bergheim, Anhausen und Walkertshofen eine Kompanie Landvolk auf, um die Donau sichern zu helfen. Am 6. April beschloß das Domkapitel, den Kirchenschatz nach Salzburg und die Kanzlei auf Schloß Ehrenberg zu flüchten. Einen Tag darauf wurde vereinbart, nach Füssen zu gehen. Man war mit dem Magistrat der Meinung, daß sich die Stadt dem Feind ergeben müsse, wenn Kaiser und Kurfürst nicht zu Hilfe kämen. Zwei Domherren sollten als Bevollmächtigte zurückbleiben. Das vorhandene Bargeld von 16–17000 Gulden wurde der Stadt anvertraut. Die Vorsicht des Domkapitels war berechtigt. Am 14./15. April unterlagen die Feldherren Graf Tilly und Graf Aldringen bei Rain den Schweden, der baierische Kurfürst zog sich nach militärischer Verstärkung aus Augsburg nach Ingolstadt zurück. Der Weg nach Augsburg war damit frei, schon am 17. April bezog Gustav Adolf am späten Nachmittag in Lechhausen sein Lager, die schwedische Artillerie ging in Oberhausen in Stellung[27]. Im letzten Augenblick nahm der katholische Magistrat über den Kunstsammler Philipp Hainhofer Kontakt mit der evangelischen Bürgerschaft auf und ließ anfragen, ob sich die Stadt verteidigen solle oder nicht und ob im ersteren Falle mit Hilfe der Evangelischen zu rechnen sei. Als Hainhofer, wie vom Magistrat gewünscht, 100 führende

---

22 STETTEN 2, 147. – Zum Kriegsverlauf in Schwaben knapp Wolfgang ZORN, Der Dreißigjährige Krieg im schwäbischen Land: Feldzüge der Schweden und Franzosen (Schwäbische Blätter 5) 1954, 73–84.
23 LABER, 19.
24 STETTEN 2, 150.
25 STETTEN 2, 151.
26 BayHStA München, Hochstift Augsburg NA Akten Nr. 5550. Folgendes ebd.
27 SIMMET, 14.

evangelische Patrizier versammelte, wurde er als Helfer der »Papisten« heftig kritisiert. Die Hälfte verließ das informelle Treffen, die andere empfahl die Übergabe an Gustav Adolf, da die Befestigungen unzureichend, die reduzierte baierische Garnison unerfahren und kein Entsatz zu erhoffen sei[28].

Am 19. April gab Gustav Adolf seine Bedingungen bekannt[29]: Die Garnison sei zu entlassen, es dürfe kein Widerstand geleistet und die Stadt müsse sofort auf Huld und Gnade übergeben werden. Erst nachdem die Schweden die rein katholische Verhandlungskommission zurückgewiesen hatten, schickten auch die Evangelischen ihrerseits eine Deputation vor die Tore. Den Evangelischen eröffnete Gustav Adolf seine Augsburger Pläne, die auch modifiziert zur Ausführung kamen[30]: Der katholische Magistrat wurde verdrängt, die katholischen Räte ersetzte er durch evangelische. Eine Garnison von vier bis fünf Regimentern unter einem Militärkommandanten zog in die Stadt ein und logierte diesmal in katholischen Quartieren. Der neue, unter den Augen eines schwedischen Zivilgouverneurs gewählte evangelische Rat mußte monatlich 20 000 Taler für den Unterhalt aufbringen, eine 15 Fähnlein starke Bürgerwehr auf die Beine stellen und die Stadt schwer befestigen. Bemerkenswert ist, daß angeblich evangelische Bürger für die katholischen Ratsfreunde sprachen, obwohl diese ihnen seit 1629 recht übel mitgespielt hatten.

Wir sind aber den Ereignissen schon vorausgeeilt. Am 24. April hielt Gustav Adolf Einzug und nahm vom Fenster seines Wohnhauses, des Fuggerhauses, folgenden Eid von der Bevölkerung entgegen: »Wir geloben und schwören, daß wir dem […] Fürsten und Herrn, Gustav Adolf, der Schweden […] König, […], und der Krone Schweden getreu, hold, gehorsam und gewärtig sein wollen, […], auch alles thun und leisten wollen, was getreuen Untertanen ihrem natürlichen Herrn zu thun und zu leisten obliegt, […], so wahr uns Gott helfe zu Seel und Leib«[31]! Dieser Eid rief nicht nur bei den katholischen, sondern selbst bei evangelischen Reichsständen schärfste Kritik hervor. Die Reichsstadt habe ihre Reichsunmittelbarkeit aufgegeben und sich zu einer schwedischen Stadt gemacht, lautete der Vorwurf. Augsburg hat diesen Vorwürfen stets entgegnet, erst dann den Eid geleistet zu haben, nachdem der König versprochen hatte, sie bei ihren alten Freiheiten zu lassen[32]. Die bisher bekannten Quellen zeigen aber vielmehr, daß der König erst nach der Eidesleistung die Rechte der Reichsstadt schriftlich bestätigte und auch nur insoweit, als sie dem Eid nicht zuwiderliefen[33]. Der neue Magistrat ging nun – wie nicht anders zu erwarten – daran, das Restitutionsedikt rückgängig zu machen, den Evangelischen wieder Kirchen zuzuweisen und die Jesuiten, Kapuziner, Franziskaner, Barfüsser und Karmeliten, die als Reformorden erst während der letzten Jahrzehnte vom Bischof und von den Fuggern nach Augsburg geholt worden waren, zu vertreiben. Anders verhielt es sich bei den alten Stiften, Klöstern und Konventen St. Stephan, St. Moritz, St. Peter, Hl. Kreuz, St. Georg, St. Gertrud, dem Domkapitel, St. Ulrich, St. Katharina, St. Magdalena, Maria Stern und St. Ursula. Von ihnen verlangte der schwedische

---

28 SIMMET, 15.
29 SIMMET, 17.
30 SIMMET, 19.
31 Zitat nach SIMMET, 21.
32 Ebd. 22.
33 ROOS (s. Anm. 7), 6.

Gouverneur am 6. Mai die Eidesleistung[34]. Mit Ausnahme der unbeteiligten Benediktiner von St. Ulrich und Afra beschloß die Geistlichkeit, diesen Eid nicht zu leisten, sondern dem Schwedenkönig nur zu versprechen, ihn zu ehren, nichts gegen ihn zu unternehmen, aber doch finanzielle Unterstützung zu leisten[35]. Da die Benediktiner von St. Ulrich nichts von den Absprachen wußten, ließen sie sich zur Eidesleistung bewegen, was ihnen größten Tadel seitens der Katholiken einbrachte[36]. Die Entscheidung war aber taktisch klug, denn nach vielen Schikanen mußte der gesamte Klerus im Mai 1633 die Stadt verlassen. Alle Kirchen bis auf St. Ulrich wurden geschlossen. Die Mönche von St. Ulrich hielten die katholische Seelsorge für die Bürgerschaft und die in der Stadt verbliebenen Frauenklöster in schwieriger Zeit aufrecht.

Obwohl Gustav Adolf schon am 16. November 1632 in der Schlacht bei Lützen fiel, wandte sich erst 1634, nachdem am 6. September die Schweden bei Nördlingen eine vernichtende Niederlage erlitten hatten, das Kriegsglück zugunsten der Kaiserlichen. Für fast 10 Jahre brach die schwedische Macht im süddeutschen Raum zusammen. Eigentlich hätte der Krieg zu Ende sein können, wenn nicht Frankreich, der alte Rivale des Hauses Habsburg, unter Kardinal Richelieu 1635 in den Krieg eingetreten wäre.

IV

Für Augsburg und sein Umland begann nach der Schlacht von Nördlingen eine Schreckenszeit. Der evangelische Magistrat lehnte ein Vermittlungsangebot ab[37], was insofern ein Fehler war, da man sicherlich günstigere Bedingungen erhalten hätte, als dann nach der siebenmonatigen totalen Blockade seitens der Kaiserlichen, Ende März 1635.

Im Oktober 1634 begann die Belagerung Augsburgs durch die Kaiserlichen. Sie unterbanden zeitweise die Wasser- und die Nahrungsmittelzufuhr. Bauern des Umlandes, die heimlich Nahrungsmittel in die Stadt bringen wollten, sollen zur Strafe Nasen und Ohren abgeschnitten worden sein[38]. Im Dezember 1634 verdreifachten sich die Lebensmittelpreise im Vergleich zum Vorjahr. Als im Januar 1635 die Blockade lückenloser wurde, rationierte der Rat das Brot: Jeder Bürger erhielt pro Woche vier Pfund, ein Soldat zehneinhalb[39]. Der Hunger trieb die Menschen dazu, Tierhäute auszukochen, in Streifen zu schneiden und zu verzehren, aber auch auf Pferde-, Hunde-, Katzen-, Ratten- und Mäusefleisch auszuweichen[40]. Es sollte aber noch schlimmer kommen, wenn auch bei folgenden Berichten Vorsicht angebracht ist. Der Zeitgenosse Jakob Wagner schreibt in seinem Tagebuch, daß es nicht unwahrscheinlich sei, daß Leichen regelrecht »ausgeschlachtet« worden sind[41]. Eine andere Quelle überliefert, daß

---

34 Simmet, 26.
35 Ebd.
36 Zum Problem Blaufuss, 42; Liebhart, 209f. u. 213.
37 Ross, 47.
38 Ross, 53.
39 Roos, 56.
40 Gottfried Lammert, Geschichte der Seuchen-, Hungers- und Kriegsnoth zur Zeit des Dreißigjährigen Krieges, 1890, 175f.
41 Roos, 56.

im Januar 1635 eine Witwe einem bei ihr im Quartier verstorbenen Soldaten bratbares Fleisch herausgeschnitten und gekocht haben soll[42]. Aus dem Umland – und zwar aus Agawang – berichtet ein Pfarrer einen krassen Fall von Kannibalismus. Vier Frauen sollen die Leichen von fünf Verhungerten verspeist haben[43]. Eine aß ihren Mann auf und lobte die Qualität von Hirn, Herz und Nieren! Vielleicht dienten diese Berichte dazu, die Übergabe der Stadt an die Kaiserlichen vor den Schweden und Evangelischen besser rechtfertigen zu können. Am 17. Februar 1635 brach eine städtische Kommission zum kaiserlichen Oberbefehlshaber Graf Gallas auf. Der Stadt blieb nichts anderes übrig, als die kaiserlichen Bedingungen am 14. März, im sogennanten Löwenbergischen Akkord, zu akzeptieren[44].

Das Restitutionsedikt wurde wieder in Kraft gesetzt, den Protestanten gestand Gallas aber den Bau einer Kirche und die Anstellung eines Predigers zu. Rat und Magistrat mußten wie 1629 zusammengesetzt werden. Die Garnison und alle in schwedischen Diensten Gestandene erhielten freien Abzug. Kurfürst Maximilian bekam schwedische Beute zurückerstattet und 50 000 Gulden Ausgleichszahlungen. Eine kaiserliche Garnison und ein kaiserlicher Statthalter übernahmen das Regiment. Die Übergabe an den Kaiser erfolgte am 13. März. Unser Chronist Jakob Wagner berichtet, daß mit der neuen Besatzung am 28. März der Jammer aufs neue anging, »denn die Soldaten viel Essens und Trinkens haben wollen, während wir doch selbst nichts gehabt«[45].

Eine Bevölkerungszählung ergab, daß von ehemals circa 45 000 Menschen nur noch 16 400 in der Reichsstadt lebten[46]. Durch Pest und Kriegseinwirkungen waren binnen 10 Jahre (Normaljahr 1624) rund 64 % der Einwohner umgekommen oder verzogen. Ältere Berechnungen gehen von einer Gesamtbevölkerung von 32–34 000 Menschen aus, was aber immer noch einen Rückgang von 50 % bedeuten würde.

Das Leben ging weiter, aber sicherlich anders als vor 1632.

V

Am 7. April 1635 fand nach drei Jahren wieder eine Sitzung des Domkapitels in Augsburg statt[47]. Die folgenden Sitzungen zeigen die Bemühungen des Kapitels, durch Getreidekäufe in München den Untertanen wieder auf die Beine zu helfen. Man schmolz weiter Kirchensilber ein, um es zu münzen. Die Aufbauhilfen wurden aber nicht unentgeltlich gegeben, sondern sollten in besseren Jahren wieder zurückerstattet werden. Die wirt-

---

42 LAMMERT, 175.
43 Ebd. 174.
44 ROOS, 59–64.
45 Zitat bei ROOS, 69.
46 ROECK (s. Anm. 8), 71–82. Noch verheerender waren die Verluste in Kempten. Die Bevölkerung ging von 6000 im Jahre 1618 auf 3200 im Jahre 1634 und schließlich Ende 1635 auf 900 Einwohner zurück. Danach wären in Kempten nur noch 15 % der Vorkriegsbewohner in der Stadt gewesen, in Augsburg waren es immerhin noch 34 %! Zu Kempten: Alfred WEITNAUER, Der Reichsstadt Kempten Kriegslasten und deren Aufbringung während des Dreißigjährigen Krieges (Allgäuer Geschichtsfreund NF 33) 1931, 62.
47 BayHStA München, Hochstift Augsburg NA Akten Nr. 5551. Folgendes ebd.

schaftlichen und sozialen Folgen der Kriegsjahre 1632–1635 sind für das Augsburger Umland statistisch noch nicht untersucht worden, was eine verdienstvolle Aufgabe wäre.

Die Reichsabtei St. Ulrich und Afra hatte in den Jahren 1637 bis 1640 im Vergleich zu den Vorkriegseinnahmen einen Rückgang von 55–65% zu verzeichnen[48]. Lediglich für das benachbarte Ries liegt eine Modellstudie vor, die für die Grafschaft Oettingen-Oettingen einen Steuerertragsrückgang von 61–68% belegt[49]. Die Verschuldung der Reichsstadt lag abzüglich der Akiva bei knapp 1,4 Millionen Gulden[50]. Gewerbe und Handel erholten sich nur mühsam. Dennoch ging es im folgenden Jahrzehnt aufwärts.

Als im April 1645 ein französisches Heer unter Marschall Turenne den Rhein überschritt, befürchtete man in Augsburg zurecht erneut eine unmittelbare Kriegsgefahr[51]. Nach dem französischen Sieg bei Alerheim über Baiern am 24. Juli 1645 stand Ostschwaben für den Feind offen. Es setzte eine Massenflucht von Donauwörth, Wertingen, Höchstädt, Dillingen, Lauingen und Gundelfingen ins schwer befestigte Augsburg ein[52]. Die Reichsstadt versprach dem baierischen Kurfürsten am 26. Juli, diesmal bei Kaiser und Reich bleiben zu wollen[53]. Der katholische Magistrat war sich der Neutralität seiner evangelischen Bürger sicher, im Stich ließ ihn die katholische Geistlichkeit, die sich trotz baierischer Aufforderung nicht zu bedeutenden freiwilligen finanziellen Leistungen durchringen wollte[54].

Erst Ende August 1646 rückte die vereinigte schwedisch-französische Armee unter Wrangel und Turenne auf Augsburg zu[55]. Der Geheime Rat spielte zeitweise mit dem Gedanken, sich neutral zu erklären, was auf Widerstand in München stieß. Am 5. September 1646 eröffnete der Geheime Rat Versöhnungsverhandlungen mit den evangelischen Mitbürgern, die immerhin soweit gediehen, daß von einer schrittweisen Wiederherstellung der evangelischen Rechte hätte gesprochen werden dürfen[56]. Am 18. September bot der Rat den Evangelischen ihre Wiedereinsetzung nach dem Stand vom 1. Januar 1621 an. Es kam aber zu keiner endgültigen Einigung, da der katholische Magistrat wohl annahm, mit den mittlerweile eingetroffenen kaiserlichen und baierischen Verstärkungen die Stadt auch ohne die evangelischen Mitbürger, die 3368 wehrhafte Männer aufboten[57], verteidigen zu können. Am 16. September kam es zu ersten Scharmützeln mit den Schweden bei Hirblingen und Neusäß[58], am 25. begann die Belagerung Augsburgs. Neunzehn Tage hielten 1258 Mann Besatzung schweren Artilleriebeschuß, Wassersperren, Minen und Angriffe auf das Wertachbruckertor aus[59].

48 LIEBHART, 221f.
49 August GABLER, Die wirtschaftlichen Folgen des Dreißigjährigen Krieges in den Oberämtern Mönchsroth und Aufkirchen der Grafschaft Oettingen-Oettingen (Schwäbische Blätter 13) 1962, 37–70; allgemein vgl. Günther FRANZ, Der Dreißigjährige Krieg und das deutsche Volk. Untersuchungen zur Bevölkerungs- und Agrargeschichte, Stuttgart [4]1979.
50 Ingrid BÁTORI, Reichsstädtisches Regiment, Finanzen und bürgerliche Opposition (Geschichte der Stadt Augsburg. 2000 Jahre von der Römerzeit bis zur Gegenwart) Stuttgart [2]1985, 457–468, hier 457.
51 STETTEN 2, 636.
52 STETTEN 2, 637.
53 STETTEN 2, 638f.
54 STETTEN 2, 643–646.
55 STETTEN 2, 656.
56 STETTEN 2, 668.
57 STETTEN 2, 640.
58 STETTEN 2, 674.
59 STETTEN 2, 684–694.

Ein heranrückendes kaiserliches Entsatzheer unter Erzherzog Leopold Wilhelm veranlaßte den Feind, sich am 11./12. Oktober von der Stadt zu lösen. Dabei gingen Inningen, Göggingen, Pfersee, Oberhausen, Wellenburg und Stadtbergen in Flammen auf[60]. Dem in Richtung Donauwörth abrückenden Feind folgte die kaiserliche Armee nach, die ihrerseits Steppach, Neusäß, Täfertingen und Hirblingen am 14. Oktober in Brand steckte[61]. Stadt und Land kamen während den folgenden Monaten trotz eines Waffenstillstandes Baierns mit dem Feind von März bis September 1647 nicht zur Ruhe. Nach der Schlacht von Zusmarshausen, am 16./17. Mai 1648, brach wie schon 1632 die gesamte baierische und kaiserliche Verteidigung zusammen. Schweden und Franzosen verwüsteten Ostschwaben und Baiern bis an den Inn, ohne aber die Reichsstadt Augsburg wie drei Jahre zuvor zu belagern. Mitte Oktober 1648 verließ der Feind Baiern und zog an Augsburg vorbei nach Norden und Nordwesten. Das auf baierischer Seite nachrückende kaiserliche Heer machte, wie baierische Quellen berichten, dem Lechrain den »Garaus«.

Während des feindlichen Abzugs kam die Nachricht vom am 24. Oktober 1648 abgeschlossenen Frieden von Münster und Osnabrück, der dem Land endlich wieder Ruhe brachte. Die Friedensverhandlungen[62] hatten vier Jahre gedauert. Da sich die evangelischen Augsburger nicht vom katholischen Magistrat vertreten sahen, betrieben sie ihre eigene Diplomatie und bekamen für ihre Interessen die Unterstützung evangelischer Reichsstände. Bis zuletzt versuchte der Magistrat über den baierischen Kurfürsten die sich abzeichnende Parität zu hintertreiben, der konfessionelle Gegensatz war nach wie vor virulent. Der Westfälische Friede führte in Augsburg die »numerische Parität«, die Gleichstellung von Katholiken und Evangelischen, ein[63]. Da die Zahl der Mitglieder des Geheimen Rates (7) und des Kleinen Rates (45) ungerade war, erhielten die Katholiken in diesen wichtigsten Gremien der Stadt jeweils einen zusätzlichen Sitz und damit die relative Mehrheit. Alle anderen Stellen wurden paritätisch oder – wenn gleichfalls ungerade – alternierend besetzt. Während die Evangelischen jubelten, waren die Katholiken eher bestürzt. Das Restitutionsedikt versank sang- und klanglos in der Versenkung. In Erinnerung an den Friedensschluß und die Einführung der Parität feiern die Evangelischen seit dem 8. August 1650 das Friedensfest, das 1949 für den Stadtkreis als staatlicher Feiertag anerkannt wurde.

---

60 STETTEN 2, 695 f.
61 STETTEN 2, 696.
62 Allgemein: Fritz DICKMANN, Der Westfälische Frieden, Münster ⁵1985. – Zu Augsburg: VOGEL (s. Anm. 7).
63 Leonhard LENK, Augsburger Bürgertum im Späthumanismus und Frühbarock (1580–1700) (Abhandlungen zur Geschichte der Stadt Augsburg 17) Augsburg 1968, 75–81; WARMBRUNN, 181 f.

Ein kleines, doch lustiges Waldt-Liedlein aus dem Jahr 1632

VON HERMANN JOSEF SEITZ

Im Rahmen einer mittsommerlichen Nordlandfahrt 1982 besuchten meine Frau Minni und die Tochter Rita Lindacher auch die Universitätsbibliothek in Uppsala. In einer Vitrine entdeckten die beiden ein aufgeschlagenes Traktätchen im Quartformat, eine Flugschrift in Fraktur im Wechsel mit Kursiv mit achtzeiligen Versen, nach allem ein Zwiegespräch oder Wechselgesang zwischen einem »Finnen« und einem »Bäyern«. Aufgeschlagen waren die Verse Ende 7 bis Anfang 12. Und hier war die Rede von »Ingolstade«, von »Thonawerth«, von »Höchstatt vnd Dillingen, Newburg vnd auch Lawingen« – Grund genug zu einiger Überraschung und etwas Aufregung in dem Bestreben, die Entdeckung trotz der üblicherweise gedrängten Zeit im Bild festzuhalten. Ein hilfsbereiter Mitreisender machte dies vermittels eines Spezialobjektivs möglich. Denn daß es sich um ein Geschehnis aus dem Dreißigjährigen Krieg handeln müsse, bezogen zudem auf die engere Heimatlandschaft, war sofort klar. Anhand des Fotos hat dann der Filius vom Schwäbischen Staatsarchiv Neuburg aus die Universitätsbibliothek Uppsala um eine Kopie der Flugschrift gebeten, die in dankenswerter Weise umgehend geliefert wurde.

So kamen wir in den Besitz des »kleinen, doch lustigen Waldt-Liedleins«, das »Von zweyen Soldaten / einem Finnen / vnd einem Bäyern / bey einem lustigen Wäldlein / an der Leche / nicht weit von der Stadt Rayn / im Bäyerlande ... Im Thon: In dulci jubilo« in freilich stark unterschiedlicher Lustigkeit »Newlicher Zeit gesungen« wurde, »Gedruckt im Jahr M.DC.XXXII«, also zuzeiten, nachdem Gustav Adolf durch die Schlacht bei Rain am Lech sich den Weg nach Baiern und Schwaben erzwungen hatte und Tilly im belagerten Ingolstadt seiner Verwundung erlegen ist.

Als Verfasser des Pasquills kann man sich einen deutschen Studenten im Schwedenheer vorstellen, dem Finnisch sicher fremd war, der aber mit der Landschaft vertraut, möglicherweise in ihr sogar beheimatet gewesen ist, wie einige typische schwäbisch-baierische Ausdrücke vermuten lassen.

Während er den »Bäyern« in der zeitgemäßen Sprech- und Schreibweise das bittere Leid des Besiegten klagen läßt, singt der siegreiche angebliche Finne In dulci jubilo, und zwar in einem Kauderwelsch, in dem das Wesentliche in verunstaltetem Deutsch gehalten ist, untermischt mit lateinischen, französischen und aus dem nordisch-germanischen Sprachkreis stammenden Floskeln. Durch das in der Schreibweise bis nahe der Unkenntlichkeit verballhornte Deutsch soll das Radebrechen eines Finnen vorgetäuscht werden.

Die Verse des Baiern sind eindeutig. Daß ihm das »Hertz ... vor Laidt zerspringen« will (2), daß er sich wünscht »zu Rom zu sain« (4) und daß er gleich General Aldringer »thut verzagen« (6), ist nur allzu verständlich. Und auch sein Unmut über den »Bayrfürst«, der »fleucht mit spott« und so auf seine Art kämpft (ho ... fichtst Du so?) (6). Sein Zweifel an den

»Haylgen all« (12) ist begreiflich, ebenso sein Wunsch: »O! wehr ich nicht hierbay« (4), und daß er schließlich resigniert feststellt: »Ho! recht geschicht vns so« (8) und »so gehts denn / wie es geht« (13). Wenn er erst (6) den verwundeten Tilly beklagt, macht er ihm im vorletzten Vers (13) den bitteren Vorwurf: »Hy! schäme dich Tylli.« Er zieht zum Schluß das »Facit«: »Fleuch / kanstu / ist mein Rath« (14). – Der »bäyerische« Text ist problemlos lesbar. –

Der Dichter des Waldliedleins hat die Verfassung des verzweifelten baierischen Soldaten richtig erfaßt. Vielleicht hat in ihm Unterschwelliges mitgeschwungen, denn der Krieg war noch nicht zu Ende und die Möglichkeit, »kein schönrern Tod« zu sterben, immerhin noch gegeben. – Was mit den Schlägen »zweymal auff aine stätt« (13) gemeint ist, bleibt schleierhaft. Vielleicht sind darunter zwei harte Treffen in der einen Schlacht bei Rain zu verstehen. Denn um diese kann es sich ja nur handeln. Möglicherweise aber beziehen sich diese vom Dichter dem Bayern in den Mund gelegten Worte auf ein zweites Ereignis um die Stadt Rain: Nach der Schlacht vom 15. 4. 1632 und nach dem Zug durch Baiern und Schwaben hat Gustav Adolf auf dem Marsch nach Norden die Stadt Rain am 16. 10. 1632 ein zweitesmal berührt. Zwar ohne Kampfhandlungen, doch sicherlich verbunden mit entsprechenden Kontributionen, die ja auch einen »Schlag« bedeuteten.

Schwieriger zu deuten ist der Gesang des Finnen. Ich will versuchen, den Text zu »übersetzen«. Mit Ausnahme einiger Worte, die ich nur vom Sinn her fassen kann, glaube ich, den Inhalt richtig interpretieren zu können (sollte ein Leser hier weiterhelfen können, wäre ich zu Dank verpflichtet). Das Leitmotiv des Gesanges, das Gerippe sozusagen, bildet der »Thon« des bekannten Weihnachtsliedes aus dem 14. Jahrhundert, dessen Rhythmus über alle Verse hin durchgehalten wird. Die lateinischen Passagen werden je nach Stimmungsbedarf variiert. Das wiederholt auftretende Kürzel »J« kann sowohl ich (1), wir (1,3) wie in (1,3,11) bedeuten.

1) Mit süßem Freudenschall
singe(n) ich (wir) »pä Jorden boo«,
voller Herzensfröhlichkeit
liege(n) ich (wir) in diesem Holze da.
Auch habe(n) ich (wir) (eine) Blase vom fetten Schwein,
im Schoß des Waldes.
Wie Alpha war(!) und O(mega).

Die Floskeln in Zeile 2 und 3 kommen zweifelsohne aus dem Schwedischen: hjärta = Herz, glad = froh, fröhlich, freudig. Gladie kann mit Fröhlichkeit u. ä. übersetzt werden. Zu gladius besteht vom Inhalt her keine Beziehung. Jorden? jorda = »erden«, unter die Erde bringen: vielleicht im Wald »geerdet«, verschanzt »wohnend«; bo = wohnen. Man könnte auch an beau denken: schön verschanzt (vgl. Schreibweise in 3: Chäre Camerath). – Die »Blodr« ist eindeutig eine Schweinsblase, die schwäbische(!) Saublauter, Saublodr, in diesem Fall gefüllt mit Preßsack oder Schwartenmagen vom fetten Schwein (fedha, schwäbisch: fedda). – Warum wohl erat statt est? – Graphisch hübsch ist das Kürzel für et.

3) O teurer Kamerad,
(der) über die Brücke mit mir geht.
(Mit) Mut in Gottes Namen

> werfen (wir) auf die Schanze behende,
> arbeiten wir fein zusammen.
> Auch machen Schanzen (retranchement!)
> die Papisten, (die) da liegen.

Das Wort ghahdt ist eindeutig im Sinne von gehen, geht gemeint; schwäbisch: gatt, gaut, gott, goht; dsgl. do, dau = da.

> 5) O Tilly, Du ziemlich Alter, (vetulus)
> Dein Schlafgang mich erfreut.
> (Hilf mit), unsere Soldaten zu trösten,
> du reiches Mönchstum.
> Suchen (wir) Rast bei (den) heiligen Patres.
> O vornehmster (reichster) Schuhriemen,
> ziehe uns dir nach.

Pennghe bedeutet wohl: pennen gehen, schlafen gehen, bezogen auf Tilly: sterben. – Betee(?) dem Sinn nach: erfreut (vgl. 9). Es folgt ein Gedankensprung: Der Reichtum der Klöster, der reiche »Schuhriemen«, soll die Soldaten trösten; ligula ist ein Spottname, in unserem Fall eindeutig für die Mönche, »Schimpfwort: du Schuhriemen« (Lünnemann/Scheller, Lateinisch-deutsches Handwörterbuch, Leipzig 1831).

> 7) O hochgeschätzter (lieber, geliebter) Regent!
> Milder (sanftmütiger) GUSTAV!
> Sie, (die Soldaten) wurden alle gefördert (durch Dich)
> im schwedischen Heer.
> Sie haben sich verschanzt,
> (liegen) gesichert im Versteck,
> da bei Ingolstadt.

Unter förderffuat ist wohl nur fördern, gefördert zu verstehen; förwerffuat heißt wohl verwerfen – mit Erde – d.h. verschanzen, so daß die Soldaten – »tuta latibula« – geschützt, gesichert im Versteck liegen.

> 9) GUSTAV, Du Bester,
> Deine Nähe mich erfreut.
> Tröste mir (das) Herz (und) auch (die) Sinne,
> Durchlauchtigster König.
> Laß mich die Papisten finden,
> wo immer sie sein mögen: (ubicumque)
> In Rom (und) auch (in) Wien.

> 11) Wo ist das Vergnügen (sind die Freuden) zu finden?
> In Rom, in der heiligen Stadt (Schladh!!),
> wo die Papisten singen
> JETZT ein neues Lied
> (und) auch die Glocken klingen

im (am) Hof des Papstes.
Eia! wären wir dort,
Her! Eia wären wir dort.

Sämtliche Verse weisen zum Schluß eine Interjektion auf, wie: Ho!-Hay!-He!-Ha!-Hy!-Hähr! – Sie beziehen sich im Sprachklang durchwegs auf das letzte Reimwort, z.B. (11): »Hähr! Eya wore wy thär« (there). Im »Hähr!« scheint der alte Kampfruf der Landsknechte – »Her! Her!« – noch nachzuklingen.

Soweit das Liedlein. Es kennzeichnet nicht nur die Stimmung der beiden feindlichen Soldaten, sondern auch die politische Gesamtsituation: Die Union ist nach Magdeburg in schwerer Bedrängnis. Der »Löwe aus dem Norden« kommt zu Hilfe, wendet bei Breitenfeld das Blatt und bestärkt seinen Siegeslauf bei Rain. Durch Tillys Tod kommt die Liga in eine verzweifelte Lage: »O sancta Maria, ist denn kein Stern mehr da!« (12).

Das Liedlein ist eine kleine historische Kostbarkeit, die unser Geschichtsbild bereichert, nicht zuletzt dadurch, daß die »besungenen« Ereignisse sich weitgehend auf unserem schwäbischen Heimatboden abgespielt haben. Wir sind der Verwaltung der Universitätsbibliothek Uppsala für die bedingungslose Überlassung der Kopie zu verbindlichstem Dank verpflichtet.

Ein kleines doch lustiges Waldt-Liedlein,

Von zweyen Soldaten/einem Finnen/vnd
einem Bäyern/ bey einem lustigen Wäldlein/
an der Lech/ nicht weit von der Stadt Rayn/
im Bäyerlande/.

Newlicher Zeit gesungen.

Im Thon:

In dulci jubilo.

Gedruckt im Jahr M.DC.XXXII.

Lustigs Waldliedlein/

Gesungen von einem Finnen vnd einem Bayer.

1.
Der Finne.

IN *dulci jubilo*,
Sjunger på Jorden boo/
All war Hiertans Gladie/
Ligger J the Holtze da/
Och Blodr som fedh4 Schwyne
Sylvæ in gremio,
Qui *Alph' erat & O*,
Ho! *Alpha: erat & O.*

2.
Der Bayer.

Ach/ ach/ main Hertz wil mir
Vor Laidt zerspringen schier/
Ich hör ein Finnen singen
In dulci jubilo,
O Weh all vnsern Dingen
Weil er ist so sehr fro/
Fraylich lign wir do/
Ho! fraylich lign wir do.

3. Der-

3.
Der Finne zu andern Finnen.
O Chåre Camerath/
Per Pontem m'dr my ghabdt/
Churasi J Gudes Nahme/
Werpt op the Schantz behendt/
Arbeiter J syn thesahine
Och makr *retrenchement*,
The Papers ligger do/
Ho! The Papers ligger do.

4.
Der Båyer.
Ach/ ach/ wie dringt so sehr/
Der Schwede auff uns her:
Er scheust/ er sticht/ er hawet/
Als wern wir wilde Schwain/
Potz Craitz/ wo mir nicht grawet/
Wünsch mich zu Rom zu sain/
O! wehr ich nicht hier bay/
Hay! wehr Ich nicht hier bay.

5.
Der Finne.
O *Tylli, Vetule*,
Tyn Pennghr migh betee/
Trösta

Trösta mitt ὑsr Soldathres
O Dives Monache,
Shöch Rast bÿd` hilgha Patres,
O Princeps Ligula,
Trahe nos post Te,
He! trahe nos post te.

6.
Der Bayer.

Ach/ ach/ wie ist verwundt
Monsorr Tylli jtzundt.!
Da Ich es nicht darff sagen/
Merode ist gantz todt/
Altringer thut verzagen/
Der Bayrfürst fleucht mit spott/
Bayrfurst fechtstu so?
Ho! Bayrfurst fechtstu so?

7.
Der Finne.

O Regis Charitas !
GUSTAVI lenitas !
Sy wore all förderffuat/
Per arma Svecica,
Sä haffwer Sie förwerffuat
Tuta latibula,

In

In Ingolstadt da/
Ha! In Ingolstadt da.

8.
Bäyer.
Verlohrn ist Thonawerth/
Der SUED gantz vnverseßrt/
Hat vns darauß getrieben/
Per fortza, durch Manheit/
Wie Schelmen/vnd wie Dieben/
Lohnt er vns ab allzeit/
Recht geschicht vns so!
Ho! recht geschicht vns so.

9:
Der Finne.
GUSTAVE optime,
Tyn Nådhe migh bette/
Trösta mit Hierta och Sinne/
Rex Sereniſsime,
Lath migh de Papers finhe/
Sient ubicunq;
J Rôhm/ och/ Vienna,
He! J Rом och Vienna.

10. Bäyer.

10.
Bäyer.

Höchstatt vnd Dillingen/
Newburg vnd auch Lawingen/
Habn wir auch mussn verschencken/
Vnd habns noch keinen danck.
An Rayn wil Ich gedencken
Mein gantzes lebenlang/
Stösse gab es do/
Ho! Stösse gab es do.

11.
Der Finne.

Vbi sunt gaudia ?
Th' Rohm/ J then helgha Schladh/
Ther the Papers stunga
NUNC nova Cantica,
Och the Klocker klinga/
In Papæ Curiâ,
Eya! wore wy thår/
Håhr! Eya wore wy thår.

12.
Der Bäyer.

O sancta Maria,
Ist dann kain Stern mehr da/

Den du ons liesseſt ſchainen/
Seynd denn die Haylgen all
Die Gröſſen mit den Klainen
dem Sehweden Nur zu gfall/
Daß Er vns ſo kömpt bay.
Hay! daß Er vns ſo kömpt bay.

13.
Die Finnen, Ich wol ſeh/
Ihr ſpraach ich nicht verſteh/
Ihr' Schläge ich abr wol fühle/
Zweymal auff aine ſtätt/
Sie fehlen nit wait vom Ziele/
So gehts denn/ wie es geht/
Schäme dich Tylli/
Hy! ſchäme dich Tylli.

14.
Fraylich konſt machen dir /
Das Facit/ daß allhier
Der Schwed es auch ſo machte/
Wie Er bey Leipzig thät/
Drumb Ihn nicht mehr gring achte/
Fleuch/ kanſtu/ iſt mein Rath/
Allmal macht Ers ſo/
Ho! allmal macht Ers ſo.

ENDE.

Höfische »divertissements« in der Bürgerschaft
Das kulturelle Leben in der Reichs- und Residenzstadt Augsburg*

VON WOLFGANG WÜST

1. Einleitung

Das höfische Fest im Barockzeitalter fand als Gegenstand abendländischer Kulturgeschichte in der Forschung regen Zuspruch[1], wobei traditionelle, aus dem Altertum und Mittelalter tradierte Formen des Festes, wie sie im Turnier, Tanz oder im Triumphzug zutage treten, eine glückliche Synthese mit frühneuzeitlichen Elementen wie dem Feuerwerk eingingen. Die Zurschaustellung von Macht und Reichtum, um ein wichtiges systemtragendes Element des barocken Hofzeitalters zu nennen, konnte am unaufdringlichsten in ihrer spielerischen und belustigenden Art – dem Hoffest – erfolgen. Opern und dramatische Inszenierungen, Ballett und Hoftanz, Feuerwerke und Tafelmusik, Jagdausflüge, Kutschfahrten, Turniere und andere höfische Festlichkeiten zogen sich deshalb mit großer Regelmäßigkeit über das Jahr. Die vielen kirchlichen Festtage, Hochzeiten, Geburts- und Namenstage der landesfürstlichen Familien, Regierungsjubiläen, Friedensschlüsse und Besuchstage benachbarter Hofstaaten erforderten einen großen zeremoniellen Aufwand, der in den Hof- und Staatskalendern und in den vielfach erhaltenen Dienstverträgen mit dem Hofstab und landesfürstlichen Beamten minutiös nachvollzogen werden kann[2].

In Ostschwaben erfüllten aber die an eine größere Residenz europäischen Zuschnitts in

---

* Dedicated to art and artists in the Chelsea Hotel, New York

1 Richard ALEWYN, Das große Welttheater. Die Epoche der höfischen Feste, München ²1985; Eberhard STRAUB, Repraesentatio maiestatis oder churbayerische Freudenfeste. Die höfischen Feste in der Münchner Residenz vom 16. bis zum Ende des 18. Jahrhunderts (Miscellanea Bavaria Monascensia 14) München 1969; Norbert ELIAS, Die höfische Gesellschaft: Untersuchungen zur Soziologie des Königtums und der höfischen Aristokratie, Neuwied ³1977; Jürgen FRHR. VON KRUEDENER, Die Rolle des Hofes im Absolutismus (Forschungen zur Sozial- und Wirtschaftsgeschichte 19) Stuttgart 1973; Hubert Ch. EHALT, Ausdrucksformen absolutistischer Herrschaft. Der Wiener Hof im 17. und 18. Jahrhundert (Sozial- und wirtschaftshistorische Studien 14) München 1980; Günter SCHÖNE, Barockes Feuerwerks Theater, in: Maske und Kothurn. Vierteljahresheft für Theaterwissenschaft 6 (1960) S. 351–362; Oskar RASCHAUER, Die kaiserlichen Wohn- und Zeremonialräume in der Wiener Hofburg zur Zeit der Kaiserin Maria Theresia (Österreichische Akademie der Wissenschaften, phil. Klasse 95) 1958; Karin PLODECK, Hofstruktur und Hofzeremoniell in Brandenburg-Ansbach vom 16. bis zum 18. Jahrhundert, in: Jahrbuch d. HV f. Mittelfranken 86 (1971/72); zur Festgestaltung in der monastischen Tradition vgl. neuerdings auch: Franz QUARTHAL, Kloster Zwiefalten zwischen Dreißigjährigem Krieg und Säkularisation. Monastisches Leben und Selbstverständnis im 6. und 7. Saeculum der Abtei, in: Hermann Joseph PRETSCH (Hrsg.), 900 Jahre Benediktinerabtei Zwiefalten, Ulm 1989, S. 401–430.
2 StadtA Kempten, Literalien BII, Nr. 245; StadtA Augsburg, Historischer Verein H 361; BayHStA, Amtsbücherei Z 90.

diesem Feld gesteckten Erwartungen allenfalls die Residenzen der Fürstäbte von Kempten und der Fürstbischöfe von Augsburg, bei denen auch der Gedanke von Sommer- und Jagdschlössern bzw. von Haupt- und Nebenresidenzen eine territoriale Verwirklichung finden konnte. Bei den Augsburger Fürstbischöfen standen neben Dillingen und Augsburg die Sommerresidenzen Marktoberdorf und Hindelang in hohem Ansehen[3]; die Fürstäbte von Kempten verfügten über zahlreiche, an das Stiftsterritorium gefallene Schloßherrschaften und bauten die Burg Liebenthann seit 1447 als ihren Nebensitz aus, dem z.B. im Bauernkrieg 1525 als Zufluchtsort des Fürstabtes der Rang einer Zweitresidenz zugesprochen werden kann[4].

Ebenfalls kamen nur an den beiden führenden geistlichen Höfen Bayerisch-Schwabens die Erbhofämter zu ihrer vollen Entfaltung, über die der benachbarte Adel mit der geistlichen Residenz eine dauerhafte Verbindung einging. Im Hochstift fielen fünf Erbämter jeweils an die Freiherren von Westernach (Marschall), v. Freyberg (Kämmerer), v. Welden (Mundschenk) und v. Zech auf Deubach (Kuchelmeister) sowie an die Grafen v. Stadion für das Truchsessenamt. Im Fürststift bekleideten die klassischen vier Erbämter die freiherrlichen Familien von Praßberg (Marschall), v. Werdenstein (Kämmerer), v. Bodman (Mundschenk) und v. Rodt (Truchseß)[5].

Die zahlreichen anderen Residenzen in Bayerisch-Schwaben, wozu reichsherrschaftliche Prälaturen, großangelegte Stifts- und Klosterresidenzen, Fürsten-, Grafen- und Freiherrensitze und die sehr zahlreichen reichsritterschaftlichen Schlösser zählten, konnten in ihrem architektonischen und gartengestalterischen Gepräge durchaus mit Kempten bzw. mit Dillingen/Augsburg Schritt halten. Doch verhinderten in den Landresidenzen eine territoriale Begrenzung und eine damit verknüpfte steuerliche Minderstellung, die zu geringe Zahl des Hofstaates und das Fehlen einer kulturellen verwöhnten Oberschicht im eigenen Staatswesen die volle Ausprägung des Hoffestes.

Bedeutende schwäbische Reichsstädte, von denen Ausburg im folgenden näher untersucht werden soll, schlossen jedoch diese Lücke, wobei die einwohnerstärkeren Reichsstädte wie Ulm, Augsburg, Nördlingen, Memmingen, Lindau, Dinkelsbühl, Kaufbeuren und Kempten[6] dem Hochstift Augsburg und dem Fürststift Kempten in der Vielfalt gezeigter Feste und Jahrmärkte den Rang abliefen. Andererseits profitierten die Städte ganz eindeutig von der durch das höfische Mäzenatentum geförderten Kleinkunst, da z.B. in Augsburg die meisten Künstler und Akrobaten nicht aus reichsunmittelbaren oder landsässigen Städten vergleichbarer Größe anreisten, sondern aus Residenzstädten, in denen der Hof im 17. und 18. Jahrhun-

---

3 StaatsBi München, Handschriftenabtl., Nachlässe, Fischeriana Nr. 20 (= Nachlaß des kgl. bayerischen Landrichters Ludwig Wilhelm Fischer, 1817–1890, der Augenzeugenberichte zur Hofhaltung des letzten Augsburger Fürstbischofs Clemens Wenzeslaus v. Sachsen auswertete).
4 Das neuerschienene Lexikon der deutschen Länder läßt, ohne die entsprechenden Forschungsarbeiten auch nur annähernd berücksichtigt zu haben, auch diesen Aspekt unberücksichtigt. Vgl. Gerhard Köbler, Historisches Lexikon der deutschen Länder, München 1988, S. 264f.
5 Friedrich Carl v. Moser, Teutsches Hof-Recht in zwölf Büchern, Bd. 2, Frankfurt/Leipzig 1755, S. 136, 142.
6 Die Einwohnerzahlen beliefen sich um 1800 entsprechend der Reihenfolge auf ca. 35000 (Ulm), 30000 (Augsburg), 8000 (Nördlingen), 7000 (Memmingen), 6000 (Dinkelsbühl, Kaufbeuren), 5000 (Lindau) und 3000 (Kempten). Vgl. Staats- und Addreßhandbuch des Schwäbischen Reichs-Kraises, Ulm 1799, S. 358f.

dert eine aktivere Rolle spielte als dies in Augsburg[7] möglich war. Das Einzugsfeld ist weit, es reicht von den habsburgischen Höfen zu Wien und Innsbruck, im Süden von den italienischen Fürstentümern und Republiken Mailand, Venedig, Mantua, Genua und Parma und im Westen von Montpellier, Lyon, Reims bis Cambrai. Stammten aus den Niederlanden vor allem viele Balanciermeister (holländische Tablettkunst), so offerierten aus dem benachbarten England Dressurreiter ihre Künste dem Augsburger Publikum. Im Norden und Osten erstreckte sich der Einzugsbereich bis Dänemark bzw. Sachsen und Schlesien. Daneben belebten aber auch außereuropäische Akrobaten oder zumindest Personen, die für solche gehalten werden wollten, die Jahrmärkte in den Städten Bayerisch-Schwabens. Ihre Geburtsländer lassen sich mit der zeitgenössischen Herkunftsangabe, »indischer«[8] Abstammung, nicht immer zweifelsfrei klären.

Neben der höfischen Kultur kamen in Augsburg aber auch genuin städtische Traditionen im Kunstleben des 18. Jahrhunderts zum Tragen.

Spielten für den Erhalt des frühen neuzeitlichen Kunst- und Straßentheaters die Fürstenhöfe eine dominierende Rolle, so boten sich in Augsburg z. B. für Zunftwettkämpfe wie dem Fischerstechen »nur« städtische Artisten an. So bat 1763 die Ulmer Fischerzunft um Erlaubnis, daß 14 ulmische Fischermeister »mit 4 ihnen associirten allhiesig burgerlichen fischern« im August auf dem Stadtgraben zwischen Wertachbrucker Tor und Judenwall[9] ein Fischerstechen austragen dürften. Das Stechen, das mit Trommlern angekündigt wurde, genehmigte der Augsburger Rat »zu nachbahrlichen ehren der reichsstadt Ulm«[10].

1774 äußerte die Donauwörther Fischerzunft ein ganz ähnliches Begehren, das allerdings aufgrund des Austragungsorts unterhalb der Lechbrücke am Hochzoll eine unverhofft lange Genehmigungsprozedur erforderte. So konnte das zuständige reichsstädtische Bauamt erst den Konsens erteilen, nachdem sich die »imploranten sowohl von seiten Churbayerns als auch von dem löbl. reichsgotteshaus St. Ulrich und Affra[11] allhier wegen eines theils habender jurisdiction in dem Lechstrohm und anderseits zu unterhalten habender Friedberger pruggen« Teilgenehmigungen hatten ausstellen lassen[12].

Die Zünfte hatten aber seit ihrer politischen Entmachtung unter Kaiser Karl V. in Reichsstädten mit patrizischem bzw. teilpatrizischem Stadtregiment nicht mehr ihren gewohnten gesellschaftlichen Stellenwert, so daß sie auch bei öffentlichen »productionen«

---

7 Wolfgang Wüst, Augsburger Bürgerschaft, Domkapitel und Fürstbischöfe im 17. und 18. Jahrhundert: geistlich-weltliche Allianz oder politisch-ständischer Gegensatz?, und Laetitia Boehm, Säkularisation und Stadtkultur: Zur Auswirkung des Reichsdeputationshauptschlusses von 1803 auf süddeutsche Bischofsstädte, in: B. Kirchgässner/W. Baer (Hg.), Stadt und Bischof (Veröffentl. d. Südwestdt. Arbeitskreises f. Stadtgeschichtsforschung 14) Sigmaringen 1988, S. 65–96 bzw. S. 97–136.
8 Vgl. dazu die auf vier Bände ausgelegte Zusammenfassung europäischer Kolonialgeschichte: Wolfgang Reinhard, Geschichte der europäischen Expansion, Stuttgart 1983ff. Bisher erschienen: Bd. 1 (1983), Bd. 2 (1985) und Bd. 3 (1988).
9 Zur Topographie: Hermann Kiessling/Ulrich Lohrmann, Türme – Tore – Bastionen. Die reichstädtischen Befestigungsanlagen (Brigitte Settele Verlag 7) Augsburg 1987.
10 StadtA Augsburg, Reichsstadt, Theater 23/10 (Bauamt), Dekret vom 6.8.1763.
11 Wegen des ulrikanischen Zollhauses war es an der Lechbrücke wiederholt zur Rechtsstreitigkeiten mit der Reichsstadt gekommen. Vgl. Wilhelm Liebhart, Die Reichsabtei St. Ulrich und Afra zu Augsburg 1006–1803 (Historischer Atlas v. Bayern, Teil Schwaben II/2) München 1982, S. 246ff.
12 StadtA Augsburg, Reichsstadt, Theater 23/10, Bericht der Baumeister v. Holzapfel/Morell vom 11.8.1774.

keine Vorreiterrolle mehr einnehmen konnten. Fest und Zeremoniell konnten in dieser von der Zunft diktierten Form nicht ihre höfische Variante erfüllen, die der Hervorhebung der Stellung des Souveräns mit einer möglichst abgestuften Beteiligung der einzelnen Ranggruppen des Hofstaates diente. Es drängte sich daher die Frage auf, ob höfische Traditionen im Bürgerfest des 18. Jahrhunderts gänzlich fehlen oder ob es der Reichsstadt gelang, höfische »divertissements« bei anderen Gelegenheiten in dosierten Formen anzubieten.

2. Masken-, Redoutenbälle und Opera buffa

Ein Spannungsfeld besonderer Art bildeten im Zusammenhang mit der in Residenzstädten zur Schau gestellten Prachtentfaltung die Maskenbälle in der Reichsstadt. Die frühneuzeitliche Reiseliteratur[13] berichtete vielerorts über Tanzvergnügen an Höfen katholischer Landesfürsten, von denen u. a. auch Casanova in seinen Memoiren im Falle eines durch den Kölner Kurfürsten Clemens August zu Bonn veranstalteten Balls folgendes notierte: »Der kleine Ball des Kurfürsten, ein Maskenfest, war sehr hübsch. Wir hatten uns alle in einer besonderen Garderobe des Kurfürsten als Bauern verkleidet (...). Da der Kurfürst selbst ein Bauerngewand trug, hätte sich jeder lächerlich gemacht, der sich nicht ebenso vermummt hätte«[14].

In der Reichsstadt Augsburg sollten aber trotz der Residenzfunktion der Stadt[15] Maskenbälle im 18. Jahrhundert einer strengeren Reglementierung als in Kurköln oder anderen geistlichen Fürstentümern unterworfen werden. Der Rat unterband 1740 generell das Tragen von Masken; lediglich im Gasthof Drei Mohren sollten Verkleidungsbälle gelegentlich möglich sein. Auf die Anfrage des Drei-Mohren-Wirts »für die hohe noblesse allhier die dermahlige fasching hindurch masquirte balls halten zu därffen«, entschied der Rat zunächst, daß es einer »hochen noblesse unverwehrt bleibe, sich in denen gastbehausung mit ein so anderem ball auch in honetten verkleidung jedoch ohne visier oder masque zu divertieren. Hingegen aber solle (...) dem supplicirenden (Abraham) Wahl[16] die haltung aller redouten und masqueraden hiemit bey 50 fl straff gänzlichen verbotten seyn«[17].

Das Verbot gegen die Maskenbälle in reichsstädtischen Gasthöfen und Stadtpalais wurde zwar in der Folgezeit liberalisiert, doch hielt der Rat künftig an seiner rigiden Haltung im Umgang mit benachbarten katholischen Reichsständen fest. Als das Haus Fugger-Wellenburg in den Faschingstagen 1747 in ihrem Stadtpalais am Weinmarkt »masquerades und redouttes«

---

13 Hildebrand Dussler, Reisen und Reisende in Bayerisch-Schwaben (Veröffentl. d. Schwäbischen Forschungsgemeinschaft VI/1 und 2) Augsburg 1968/1974; Franz Walter Ilges, Casanova in Köln, Köln 1926.
14 Giacomo Casanova, Chevalier de Seingalt. Geschichte meines Lebens, Bd. 6, hg. v. Erich Loos, Berlin 1964, S. 56 f.; Clemente Augusto, Arcivescovo di Cilonia. La verita senza velo circa il bion governo dello stato d'un sovrano, Verona 1737; Aloys Winterling, Der Hof der Kurfürsten von Köln 1688–1794. Eine Fallstudie zur Bedeutung »absolutistischer« Hofhaltung (Veröffentl. d. HV f. d. Niederrhein, insbesondere das Alte Erzbistum Köln 15) Bonn 1986, S. 141 f.
15 Zur Forschungslage von Residenz und Stadt: Franz Petri (Hg.), Bischofs- und Kathedralstädte des Mittelalters und der frühen Neuzeit (Veröffentl. d. Instituts f. vergleichende Städtegeschichte in Münster A/1) Köln/Wien 1976.
16 Der Besitzer des Drei-Mohren-Gasthofes am Augsburger Weinmarkt.
17 StadtA Augsburg, Reichsstadt, Theater 3 (Älteres Almosenamt), Dekret vom 30. 1. 1740.

für einen Galaball der nobilitierten Oberschicht vorschrieb, schritt die Augsburger Stadtgarde[18] ein. Zwanzig Gardeoffiziere riegelten den Zugang vom Weinmarkt ab, und zehn Mann erhielten am Zeughausplatz Weisung: »alle eingänge desselben (Fuggerpalais) von fornen und hinten (...) besetzen, keine fremde mannschaft (...zu)zulassen, allenfalls dieselbe mit gewalt delogieren. Zu dem ende auch ein corps de reserve, wie nicht minder zu nöthiger ablößung der wachten bey dermahliger kälte, in dem zeughauß verbleiben solle«[19].

Innerhalb des akzeptierten Rahmens der Maskenbälle fühlte sich der Rat außerdem bemüßigt, mittels seiner Stadtgarde die Gestaltung der Masken zu kontrollieren. Verboten blieben Masken »im geistlichen habit von beeden religionen«, »masquen so in raths-kleidern kommen oder wie doctores daher gehen wie auch diese, so in viehischen oder monstrosen kleidern sich zeigen solten«[20].

Hier stand man neben dem polizeilichen Maßnahmenkatalog der Aufklärung noch ganz in der Traditon reichsstädtischer Kleiderordnungen, die vor allem eine Festschreibung der Standesunterschiede zum Ziel hatten. Trotz oder vielleicht gerade wegen der Eingriffe durch den Rat erfreuten sich die Redoutenbälle in Augsburg großer Beliebtheit, so daß bei einer Gesamteinwohnerzahl von ca. 30 000 Personen jährlich zu den Veranstaltungen im Drei-Mohren-Gasthof zwischen 1000 und 3000 Bürger strömten, wobei ein »entree-geld« für Masken von 1 fl 12 Kr und für Zuschauer von 36 Kr nicht abschreckte. Im Jahr 1783 fanden sich bei neun Redouten 3123 Personen, 1793 bei nur drei Bällen 920 Teilnehmer ein. Die durchschnittliche Frequenz aller Maskenbälle zwischen 1777 und 1805 lag bei 290 zahlenden Bürgern pro Ball, so daß die für eine Residenzstadt so wichtigen Redouten auch im Falle Augsburgs als großes gesellschaftliches Ereignis angesprochen werden können. Die Zahlenangaben, die auf zuverlässigen Statistiken beruhen, lassen im Gegensatz zu den Vorführungen der diversen Straßentheater eine quantitative Analyse über die kulturinteressierte Oberschicht zu. Die Gesamteinnahmen beliefen sich aus den Bällen von 1770 bis 1798 auf 43 640 fl, wovon allerdings 2000 fl in den Fonds des Almosenamtes flossen[21]. Die Bälle fanden in diesem

18 Jürgen KRAUS, Das Militärwesen der Reichsstadt Augsburg 1548 bis 1806 (Abhandlungen zur Geschichte der Stadt Augsburg 26) Augsburg 1980.
19 StadtA Augsburg, Reichsstadt, Theater 3, Dekret vom 21.1.1747.
20 Ebd., »Ordre« für die Stadtgarde vom 21.1.1749.
21 Die Teilnahme im Zeitraum 1777–1798:

Jahr	Personen	Anzahl d. Bälle	Jahr	Personen	Anzahl d. Bälle
1777	2240	sechs	1788	1491	fünf
1778	2480	neun	1789	1707	sieben
1779	1076	fünf	1790	1358	fünf
1780	2123	fünf	1791	1116	sieben
1781	2476	neun	1792	1123	fünf
1782	1909	fünf	1793	920	drei
1783	3123	neun	1794	keine	keine
1784	1950	sieben	1795	keine	keine
1785	1211	vier	1796	1676	vier
1786	1654	acht	1797	2038	fünf
1787	1652	sieben	1798	2836	sieben
Summe:				37189	117

Zeitraum nicht jährlich statt. In den Kriegsjahren 1794/95 war jedes Faschingstreiben untersagt. Die Veranstalter waren überdies vertraglich gebunden, in Friedensjahren alle polizeilichen Auflagen strengstens zu erfüllen: »allda unter denen masquen und zuschauern gute ordnung halten, die vorkommende scandaleuse wider die religion und gute sitten laufenden oder gewiße stände entehrenden masquen alsogleich abschaffen; das demasquiren der tanzenden personen vor zwölf uhr nicht gestatten und alle sich ergeben mögende ohnehin verbottene hohe und hazard-spiele abstellen«[22].

Schließlich sollten im Falle, daß Ballbesucher »miteinander in wortwechsel gerathen oder (es) gar unter denselben zu thätlichkeiten kommen sollte«, die reichstädtischen Ordnungsorgane zu Hilfe gerufen werden. Zu diesem Zweck nahm an jedem Ball ein Offizier der Stadtgarde teil, der gegebenenfalls Mannschaften zur Unterstützung anforderte. Er überwachte auch die in den »avertissements« des Veranstalters festgelegten Einlaßbedingungen. Er achtete ferner darauf, daß die maskierten Damen »mindesten mit einer sogenannten brille und die chapeaux mit einer nasenvisir versehen seyn« sollten. »Ärgerliche, (...) entehrende noch dem wohlstand widrige masquen« blieben ebenso draußen vor der Tür wie Zuschauer mit »stock, degen (oder) hirschfänger«[23]. Da die Wirte zum Gasthof Drei Mohren trotz aller polizeistaatlicher Reglementierung an den Kostümbällen erheblich profitierten, ersuchten andere Gasthäuser den Rat um Redoutengenehmigungen. Eine solche wurde z. B. 1801 dem »Goldenen Reichsadler« erteilt, nachdem sein Besitzer einen neuen Redoutensaal eingerichtet hatte. Die Unkosten der Veranstalter, die sich pro Abend auf ca. 70 fl beliefen, wurden in allen Fällen durch die Eintrittsgelder gedeckt. 1751 verblieben dem Drei-Mohren-Wirt z. B. daraus ein Gewinn bis zu 254 fl pro Abend; hinzu kamen Einnahmen aus den »bey dieser gelegenheit theur angebrachten wein(sorten), speißen etc.«[24].

Neben der Tradition des Maskenballes spielte in Augsburg die italienische Opera buffa eine überragende Rolle für das bürgerliche und höfische Kulturleben. Leiteten die Spielensembles an Höfen Adelige, die sich »directeurs des plaisirs« nennen durften[25], so standen in der Reichsstadt dem 1776 neugebauten Theater am Lauterlech in der Jakobervorstadt, dem ersten Stadttheater, durchweg bürgerliche Schauspieldirektoren vor. Die Zahl der Stücke war sehr beachtlich, kamen doch alleine im Schauspieljahr 1780/81 110 Stücke zur Aufführung.

Die durchschnittliche Spielfrequenz lag allerdings mit ca. 60 Schauspielen bis 1805 weit unter dem Ergebnis der Jahre 1780/81. Das Opernhaus am Lauterlech hatte acht Bühnenbilder; der Zuschauerraum war mit 23 Logenplätzen im Parterre in einen »noble« und »second« Rang sowie in zwei Galerien unterteilt. Die ersten Logen mußten für die Deputierten des älteren Almosenamtes freigehalten werden, die allgemeinen Plätze kosteten 1777 zwischen 3 Gulden (große Loge) und 6 Kreuzern (obere Galerie)[26]. Mit dem Theaterneubau des Jahres

---

22 StadtA Augsburg, Reichsstadt, Theater 3 (Älteres Almosenamt), Dekret vom 6. 12. 1776.
23 Hirschfänger sind Seitengewehre, wie sie ursprünglich vor allem bei der Rotwildjagd zum Einsatz kamen.
24 StadtA Augsburg, Reichsstadt, Theater 3, »Specification« vom 9.–24. Februar 1751.
25 So z. B. am kurbayerischen Hof.
26 Vgl. u. a. zum Augsburger Theaterleben: Friedrich August WITZ, Versuch einer Geschichte der theatralischen Vorstellungen in Augsburg. Von den frühesten Zeiten bis 1876, Augsburg 1876; Gerhard HETZER, Augsburger Theaterwesen zwischen 1770 und 1850, in: Aufbruch ins Industriezeitalter 2, München 1985, S. 527–543; Bernd Roeck betonte dagegen zurecht den wachsenden Einfluß der freien Theatertruppen, die die zünftisch organisierten Meistersinger im 18. Jahrhundert zusehends zurückdräng-

1776 verbesserte sich die Situation für die meist italienischen Wandertheater enorm, war doch der Vorgängerbau, der »Komödienstadel« der Meistersinger, längst baufällig geworden, und vom Theater bei den Jesuiten rieten selbst die Deputierten »über die Meistersinger«[27] ab. Für eine Opera buffa war jener Bau zu »schmahl, niedrig und rug (= rückwärtig)«. Außerdem stand keine feste Bestuhlung, so daß die »herren patres Societatis Jesu, wann und wie offt sie eine comoedie exhibiren, allezeit 2 biß 3 reyhen sessel stellen und solches hierzu entlehnen« mußten. Außerdem wies der Theaterbau weder Logen noch »raitraits« auf, und es war offenbar, daß sonn- und feiertägliche Proben »wegen der immediate gegenüber situirten kirche den gottesdienst nicht wenig turbiren würden«[28]. Mit der Erstellung eines Theaterneubaus fielen auch teilweise die für die Fastenzeit und die Sonn- und Feiertage geltenden Spielverbote, wobei jeder Schauspieldirektor mit dem Rat unterschiedliche Verträge aushandelte. Die erste Adventshälfte sowie der Georgs- (24. 4.), Maria-Magdalena- (22. 7.), Jakobs- (25. 7.), Anna- (26. 7.), Afra- (7. 8.), Laurentius- (10. 8.), Bartholomäus- (24. 8.) und Martinstag (11. 11.) zählten so Ende des 18. Jahrhunderts zu Spieltagen.

Im neuen Theater zeigten sich fast ausnahmslos Italiener, wobei der Hof zu Innsbruck eine willkommene Zwischenstation bildete. So erkundigte sich der Direktor »einer compagnie italienischer singspieler«, Peter Rossa, von Innsbruck aus »wegen der bedingungen und abgaben des theaters (zu Augsburg), um vorher wohl unterrichtet zu seyn«[29].

Rossa bat um 24 Aufführungen zu je vier Aufzügen. Es kam durchaus vor, daß die Anträge in italienischer Sprache abgefaßt und für den Rat übersetzt werden mußten. Rücksichtnahmen auf den fürstbischöflichen Hof in Augsburg bewiesen trotz eines fehlenden hochstiftischen Theaters in der Domstadt vor allem auch die italienischen Opernleiter. Der Tod des Fürstbischofs Joseph von Hessen-Darmstadt 1768 und eine selbstauferlegte Kondolenzzeit trafen z. B. den Intendanten Philipp de Sales finanziell hart, da er 14 Tage mit 22 Personen in Augsburger Gasthöfen untätig »auf große kösten« leben mußte. Die ursprünglich an Augsburg geknüpften monetären Erwartungen sollten sich so nicht erfüllen. So hatte de Sales »ummillissime, devotissime e obligatissime« vom Innsbrucker Hof an den Augsburger Rat geschrieben: er hoffe, »mezzo di potere cosi riparare alle perdite sue fatte in Inspruck e pagare li viaggi di tutta la compagnia«[30].

Die Opera buffa setzte sich in Augsburg und andernorts als beherrschender Spielplan durch, wobei außer Italienern auch wiederum benachbarte Residenzstädte ihre Ensembles anboten. So fand 1775 eine kurbayerische »opera« für acht Wochen Aufnahme, die der Hofrat und Agent Karl Heinrich Zermak vermittelt hatte. Neben der italienischen oder italienisierten Opera deutscher Höfe zogen aber auch exotischere Spielvarianten ins reichsstädtische Theater ein. 1746 offerierte nach Gastspielen in Wien und Innsbruck Emanuel de Salazar, der nach eigenen Angaben aus »Indien« stammte, eine »mahlerische und mathematische opera«. Der

---

ten. Bernd ROECK, Geistiges Leben 1650–1800, in: Gunter GOTTLIEB u. a. (Hg.), Geschichte der Stadt Augsburg von der Römerzeit bis zur Gegenwart, Stuttgart 1984, S. 484 f.
27 Die Meistersinger wandten sich seit Mitte des 16. Jahrhunderts auch dem Theaterwesen zu, wobei dieser Bereich im 18. Jahrhundert zur Hauptbeschäftigung der Meistersinger geworden war.
28 StadtA Augsburg, Reichsstadt, Theater 8/2 (Bauamt), Bericht der Baumeister und Meistersingerdeputierten vom 17.3.1761.
29 StadtA Augsburg, Reichsstadt, Theater 1a/2, Supplik vom 25.1.1777.
30 StadtA Augsburg, Reichsstadt, Theater 8/2, Supplik vom 25.8.1768.

Rat genehmigte das ungewohnte Spielgesuch schließlich nur mit der Auflage, daß er »nichts ärgerliches produciere und dem allmosenamt nicht minder praestanda (= Gebühren) praestiere«[31].

Eine weitere Variante bildete die »pantomimische« Oper – eine Theaterversion, die vom Rat am häufigsten mißbilligt werden sollte. Dieses Ergebnis überrascht, da durchaus seriöse Intendanten unter den abgewiesenen Kandidaten zu finden sind. So mußten 1751 der Direktor der pantomimischen Operngesellschaft und gräflich oettingische Hofkommediant Johannes Joseph Brunian und 1757 der Italiener Antonio de Angeli, nachdem er die »curieusesten posituren« angekündigt hatte, auf ein Debüt in Augsburg verzichten. Andrea Fero Cappo, »directore di pantomime«, erhielt 1753 lediglich im Theatersaal des Fuggerschlosses Wellenburg eine Spielerlaubnis. Entscheidend blieb hierbei auch die Formulierung des Lizenzantrages und die beigebrachten auswärtigen Gutachten. So konnte der Rat 1762 den Antrag eines Jean Rossi, dem Zertifikate aus Frankfurt, Straßburg, Düsseldorf, Karlsruhe, Toulouse und Montpellier unterlegt waren, schlecht etwas entgegnen, wenn er schreibt, daß »derlei repraesentationes, wo zumalen die sprache nicht misbraucht werden kann, keineswegs anstösig oder den guten sitten z(u)wider seyn können«[32].

3. Feuerwerke und technische Wunder

Feuerwerke bildeten in der Regel als »barockes Theater« den illuminierten Höhepunkt der Hoffeste, die an allen frühneuzeitlichen Residenzen mit ungeheurem Kostenaufwand ausgerichtet werden sollten. Zahlreiche Städte versuchten, dieser Prachtentfaltung nicht nachzustehen, so erteilte das reichsstädtische Almosenamt insbesondere jenen Feuerwerkern die Aufenthaltsgenehmigung, die bereits bei auswärtigen Höfen approbiert waren. So baten 1767 die französischen Kunstfeuerwerker Gaspar Boutri und Pascal Rous um Vorführgenehmigungen in der Augsburger Fechtschule, da »wir in der (...) residenz-stadt München eine solche praesentation vor S. Churfürstl. Durchlaucht in bayern gemachet, wir hierüber (...) ein offenes attestatum mit angehängter recomendation erhalten haben, woraus (...) zu ersehen, daß unßere feuerwerck guten beyfall gefunden haben«[33].

Die Vielfalt der Feuerwerke überrascht; sie reichte von »lusträdern von farbenfeuer (...), so nicht hochsteiget noch etwaß weder ober- noch um sich außwirfft« – also eine Art Zimmerfeuerwerk – über großangelegte »französische« bis zu exotischen Feuerwerken, in denen »brillianten-drehende« Sonnen, »türkische caprice«, biblische Szenen, »chinesische spiegel« oder »egyptische pyramiden« im Zentrum standen[34].

---

31 Ebd., Supplik vom 17.5.1746.
32 StadtA Augsburg, Reichsstadt, Theater 22/6, Suppliken vom 1.2.1753 und 13.7.1762.
33 StadtA Augsburg, Reichsstadt, Theater 23/11 (Almosenamt); Vgl. zur Stellung des Feuerwerks im Hofzeremoniell: Johann Christian Lünig, Theatrum ceremoniale historico-politicum oder historisch- und politischer Schauplatz aller Ceremonien (...), 2 Bde., Leipzig 1719/20.
34 »Caprice« ist terminus technicus für Freudenfeuer, die in Anklang an den Begriff Capriccio in musikalischer Umrahmung vorgeführt wurden. Vgl. Casimir Simienowicz, Vollkommene Geschütz-Feuerwerck- und Büchsenmeisterey-Kunst etc., übersetzt v. Thoma Leonhard Beeren, erweitert v. Daniel Elrich, Frankfurt 1676.

Abb. 1 Feuerwerk vom 2. 9. 1685 für »illustribus et maxime generosis domino Octaviano Langenmanteljo et domino Leonhardo Weissio« (Stadtpfleger), 43 × 32 cm. Kupferstich von Jakob Koppmayer. Städt. Kunstsammlungen Augsburg, Graph. Sammlung G 1601–53

Für häufiger gezeigte Feuerwerke steht ein 1780 von dem Danziger Johann Christian Kesener gezeigtes »spectaculum«, das sich in sechs Illuminationen gliederte[35].

Den Reigen eröffneten vier »fontainen«, die sich schließlich in chinesische »itianomiatri bäume« verwandelten. Es folgten eine Sonne in dreißig Variationen, zwei Sonnen im Gegenüber, eine »caprice« in dreizehn Ausführungen, das Augsburger Stadtwappen, »als wäre es von lauter jeweelen zusamengesetzt«, und schließlich das Grab Christ, »so wie es von hiesigen meistern gezeichnet worden und präsentirt in brilliant feuer«, das sich in einen »sehr prächtigen triumpfbogen« verwandelte[36].

Früher inszenierte Feuerwerke hatten ähnliche Effekte. So stand 1776 ein Tempel im illuminierten Mittelpunkt, in dessen »mitte ein grosser chinesischer spiegel, auf denen beyden seiten zwey egyptische pyramiden, auf der höhe 4 caprice, welche sich öffters verändern, und wird begleitet mit zwölf hundert stück bedarten«[37]. Trotz einer modebedingten Thematik, wie sie sich gerade im zeitgenössischen Chinabild dokumentiert[38], berücksichtigten die Schausteller den lokalen Bezug. Hingegen fand das allgemeine Repertoire auch an anderen Residenzorten Zustimmung. Der Baseler Schausteller Samuel Christoph Moachanin rekurrierte so z. B. vor seinem ersten Augsburger Debüt sogar auf die aktive Teilnahme eines fürststiftisch-kemptischen Stiftsherrn. Er teilte dem Almosenamt mit, daß er ein »chinesisch transparentes feurwerk ohne feur und pulver-dampf besitze, welches in 50 merkwürdigen darstellungen besteht und wovon die mehresten aus dem fürstlich-kemptischen kunstkabinet von Sr. gnaden dem kemptischen capitular herr(n) von Schönau, einem großen mechanicus«, verfertigt wurden. Es war jenem aufklärerischen Wirken ostschwäbischer Residenzen und Klöster zu verdanken, daß klassisches Bildungsgut auch zum Bestandteil öffentlicher Feuerwerke wurde.

Moachanins Programme enthielten deshalb neben Hinweisen auf »einige der ersten romisch- und griechischen gelehrten«[39] Anspielungen zu den verschiedensten Bereichen der antiken Mythologie. Der hochgeschraubte Erwartungshorizont eines höfischen Publikums machte es aber für die Schausteller zunehmend schwieriger, ohne Zuwendungen aus landesfürstlichen Kassen finanziell bestehen zu können. So sind Verlängerungsgesuche finanziell ruinierter Feuerwerker keine Seltenheit. 1762 appellierte der Franzose Paul Varinot an die Augsburger Ratsdeputierten, weitere Feuerwerke inszenieren zu dürfen, da das Gezeigte »nur zimmliche uncösten causirt und (ich) mich so gestreckht haben, daß ich mit ehren fast nicht mehr von hier abzureysen vermöchte«.

Der Kostenaufwand für Feuerwerke, auch wenn eine gewisse Dramatisierung der finanziellen Angelegenheiten seitens der Bittsteller in Rechnung gestellt werden muß, entwickelte sich geradezu explosionsartig. Über den monetären Rahmen solcher Vorführungen sind wir

---

35 Festfeuerwerke konnten dagegen aus mehreren Teilen mit je fünf bis sechs Illuminationen bestehen. Aloys WINTERLING, Der Hof der Kurfürsten von Köln, S. 144.
36 StadtA Augsburg, Reichsstadt, Theater 23/11 (Almosenamt).
37 StadtA Augsburg, Reichsstadt, Theater 25/32, Druckschrift für den 17. 1. 1767.
38 Exotische Welten. Europäische Phantasien. Katalog zur Ausstellung des Instituts f. Auslandsbeziehungen und des Württembergischen Kunstvereins, Stuttgart 1987.
39 Walter BRANDMÜLLER, Geistiges Leben im Kempten des 17. und 18. Jahrhunderts, in: ZBLG 43 (1980) S. 613–632; StadtA Augsburg, Reichsstadt, Theater 23/11, Supplik vom 28. 1. 1804. Naturwissenschaftliche Forschungen standen demnach offenbar nicht in Widerspruch zu den Idealen eines »honnête homme«, die für das stift-kemptische Geistesleben der frühen Neuzeit eine entscheidende Rolle spielten.

im Falle des Franzosen Gaspar Boutry gut unterrichtet, der 1770 in Augsburg 17 kleinere Kunstfeuerwerke entfachte, mit denen er glaubte, daß er sich dadurch von den »in verwichenem jahr (1769) gehabten schadens ein wenig erhollen und meine allhiesige creditores schuldigster massen befridigen könne«[40]. Eine kleinere Feuerwerksserie schlug demnach mit ca. 100 fl zu Buche – eine Summe, die allerdings »ohne pulver, schwefel, salbeter, bindfaden, pabier und andern unkösten« kalkuliert wurde. Boutry stellte dafür zwei Taglöhner in seine Dienste, die insgesamt für 15 Tage je 3 fl berechneten. Der Musikus kassierte bei Tagessätzen von 44 Kreuzern 8 fl 48 Kr, der Schlosser über 9 fl, der Zimmermann über 7 fl, ein Gärtner über 2 fl und die Wachgarde 2 fl 45 Kr. An Platzmieten fielen 2 fl 24 Kr und für den Sprachmeister Keppler 6 fl an. Interessant sind für den Ablauf der Festivitäten auch Einzelbelege beteiligter Handwerker.

So wurden z. B. zahlreiche durchlochte Eisenscheiben und Stangen als Abschußrampen konstruiert, Feuerpfannen, Raketenständer und Eisenhüte rundeten das Bild ab. Um diese Eisenteile im Feuerwerk einzubinden, benötigte Boutry außerdem 36 Pfund »papetekel und spagatt«[41].

Für Teile seiner Auslagen erhielt Boutry aus den Reihen des Patriziats[42] und der Bürgerschaft offenbar Zuwendungen; für eventuelle Schulden blieb das Almosenamt haftbar, das sich deshalb durch die Forderung hoher Hinterlegungsbeträge seinerseits absicherte.

Neben dem Kostenfaktor machte den Feuerwerkern auch die Witterung zu schaffen. So kündigte sich 1767 ein Feuerwerk unter dem Motto »Der Tempel Salomonis« in der städtischen Winterreitschule mit der Nachricht an, »daß weil das lezteremahl einige stücke gefehlt haben und nicht recht gegangen seynd, die schuld nicht an dem feuerwerker ist, sondern die feuchtigkeit hat sich in das papier gezogen. Man wird sich aber anjetzo besser vorsehen«[43].

Aus diesem Grund standen auch die in den schwäbischen Reichsstädten gezeigten Feuerwerke in enger Verbindung zu Residenzstädten. Nur die mäzenatische Rolle der Residenz ermöglichte den international hohen Standard der Feuerwerkskunst, und die Reputation einer Hoflizenz öffnete den Wrg zu reichsstädtischen Finanzzentren. So berief sich der aus Kalabrien stammende Feuerwerker Joseph Antoni Clauß vor seinem Augsburger Auftritt 1753 auf jene »testes oculati omni fide maiores«, wenn er seinem Aufenthaltsantrag für Augsburg zufügt, daß sein Feuerwerk »dergleichen ich auch an dem hochfürstl. Baaden-Badischen hoff selbsten in dem fürstl. schloß lauth erhaltenen attestati abbrennen (habe) müssen, den geringsten schaden oder besorgliche entzündung nicht causiren kan«[44].

Bei städtischen Freudenfeuern fehlten allerdings die bei Hoffeuerwerkern üblichen illuminierten Initialen des Landesfürsten, die auf Raketenstühlen die Gesamtszenerie beherrschten. Die Rolle der Stadtpfleger war hierzu doch nicht singulär genug[45]. Die Aufkärungsepoche

---

40 StadtA Augsburg, Reichsstadt, Theater 23/11 (Almosenamt), Supplik vom 6.5.1762. Gaspar Boutry zeigte die Feuerwerke »S.r königlich mayestät in Franckreich« auf dem Gelände vor dem Katzenstadel außerhalb der Stadtbefestigung.
41 StadtA Augsburg, Theater 23/11, »Conto«-Beilage zur Supplik vom 15.2.1770.
42 1685 wurde bereits unter maßgeblicher Beteiligung des Augsburger Patriziats ein großangelegtes Feuerwerk inszeniert, das aus Anlaß der Geburt Erzherzogs Karl Franz v. Österreich, dem späteren Kaiser Karl VI., stattfand. Städt. Kunstsammlungen Augsburg, Graph. Abtl., Inventar-Nr. G 1601-53.
43 StadtA Augsburg, Theater 25/32, Druckschrift des Feuerwerkers Brandstetter für den 17.1.1767.
44 StadtA Augsburg, Theater 23/11, Supplik vom 26.6.1753.
45 Wilfried HANSMANN, »Kunst- und Freuden-Fewrwerck« unter Kurfürst Joseph Clemens in Bonn, in: Bonner Geschichtsblätter 36 (1984) S. 49–78.

hatte zu einem Aufschwung der naturwissenschaftlichen Forschungen geführt, der keineswegs auf zentrale Institute wie die Akademie der Wissenschaft beschränkt blieb, sondern der sich über Klöster und Stifte landesweit ausdehnte[46]. Ansatzpunkte dieser technischen Aufbruchstimmung spiegeln sich auch im Spielleutemilieu wider. In diesem Bereich kam es 1748 in Augsburg mit der Präsentation des an der französischen Akademie der Wissenschaft entwikkelten »mécanisme du fluteur automate«[47] im Gasthof Drei-Mohren zu einem ersten Höhepunkt. Im Mittelpunkt dieser Präsentation, die für 36 Kr zu sehen war, standen drei mechanische Kunststücke, »welche menschlichen Verstand zu übertreffen scheinen und deren werth allein von grossen kennern eingesehen und erkläret werden kan, enthalten in ihrem innerlichen bau einen zusammenhang von vielen künsten und wissenschafften, hauptsächlich aber sind es meisterstücke in der anatomie, physic, mechanic und music«[48].

Die musizierenden Figuren waren imstande, »20 unterschiedene arien auf einer pfeiffe (...) nebst rührung der trommel mit der einen hand (...) wie ein lebendiger mensch« zu bewerkstelligen. Die Messing- und Stahlgebilde wiesen eine sehr komplizierte Beschaffenheit auf, so befand sich z. B. auch eine Ente darunter, deren Flügel sich aus 400 Einzelteilen zusammensetzten, damit sie diese »ober, unter sich und zur seite schlägt, schnadert und alles dasjenige verrichtet, was eine natürliche ente thun kan«[49].

Zweifelsohne förderte auch bei dieser technischen Meisterleistung der Hinweis auf den höfischen Konsens – »avec permission du roi« – die Rezeption der gezeigten Automaten in der Bürgerschaft. Mirakel technischer Art blieben keine singulären Akte. 1757 führte der Jesuit Athanasius Kircher ein »miraculum mundi« vor, das aus drei mechanischen Figuren bestand. »Die erste statua stellet einen tuchhandler vor, welcher (...) tücher von vilerley farben« dem Publikum präsentierte. Daneben stand ein Bacchus, »der respektiven zuschauern aus dem zapffen entweder weissen, rothen oder melirten wein ohne anrührung menschlicher hand einschencket«. Die dritte Figur schließlich verstand »alles, was mit ihr gesprochen wird«, sie zeigte außerdem mit Hammerschlag das Datum an oder zeigte, wenn zuschauer »mit einem oder zwey wirffeln werffen«, an, »wievil augen da geworffen sind«[50].

---

[46] Unter dieser Fragestellung konnten bisher die oberbayerischen Stifte und Klöster am eingehendsten erforscht werden, wo bekanntlich Polling unter seinem Propst Franz Töpsl (1744–1796) einen Höhepunkt der Naturforschung setzen konnte. Das bisher gewonnene Bild wird möglicherweise bei einer Analyse ostschwäbischer Klöster des 18. Jahrhunderts ergänzt werden können. Dort scheint in der Benediktinerabtei Elchingen, im Fürststift Kempten und andernorts ebenfalls intensive naturwissenschaftliche Grundlagenforschung betrieben worden zu sein. Vgl. Andreas Kraus, Die historische Forschung an der Churbayerischen Akademie der Wissenschaften 1759–1806 (Schriftenreihe zur bayer. Landesgeschichte 59) München 1959; Ludwig Hammermayer, Die Aufklärung in Wissenschaft und Gesellschaft, in: Handbuch der bayer. Geschichte, Bd. 2, 2. Aufl., hg. v. M. Spindler/A. Kraus, München 1988, S. 1135–1197 (dort finden sich weiterführende Literaturnachweise). StadtA Augsburg, Historischer Verein, H 150 (= »Merkwürdigkeiten des Reichsstiftes Elchingen von 1785–1818, 5 Bde., verfasst v. Stiftsarchivar Benedikt Bader«).
[47] M. Vaucanson, Le mécanisme du fluteur automate, presenté à messieurs de l'académie royale des sciences, Paris 1738.
[48] StadtA Augsburg, Reichsstadt, Theater 23/15 (Almosenamt), Druckschrift von 1748.
[49] Ebd.
[50] StadtA Augsburg, Reichsstadt, Theater 22/5, »Sapientia occulta« von 1757.

4. Tanz, Akrobatik und Skurriles

Die zahlreich gezeigten Vorführungen der dem Gauklermilieu entstammenden Akrobatengruppen hatten dagegen seltener Gelegenheit, vor Hof Darbietungen präsentieren zu können. Ihre »exercitia« fanden vielmehr bei Jahrmärkten, Kirchweihfesten und ähnlichen Anlässen, allerdings mit einem strikten Spielverbot für Fastenzeit und Sonntage, ein dankbares Publikum. In Augsburg trat diese Kleinkunstszene vor allem auf den Jahrmärkten am Obstmarkt, in der Judengasse und um den Neptunbrunnen, am Weinmarkt sowie im Gefolge der großen Kirchweihfeste zu St. Ulrich (4. 7.), St. Jakob (25. 7.) und am St. Michaelstag (29. 8.) in Erscheinung. Angesichts der territorialen Vielfalt im Schwäbischen Reichskreis und der Tatsache, daß Kirchweihfeste noch mit den Patrozinien begangen wurden, hatte diese fahrende »comedia« ihr Auskommen, da sich ihre Vorführungen praktisch über das ganze Jahr hinzogen. Trapezspringer oder »Voltigier«-Künstler, Seiltänzer, Balanciers und Taschenspieler beherrschten dort die Szene. Aber selbst dort rekurrierten Künstlergruppen, deren Wortführer sich hochtrabend als »maitres« bezeichneten, auf französische und holländische Vorbilder und auf die Symbole eines galanten Zeitalters. Sensationelles stand aber naturgemäß im Vordergrund. So versprach der Lothringer Nicolaus Orlan mit seinen Seiltänzern 1713 dem Publikum, daß seine »compagnie (...) – darunter auch kinder von 3½ und 4½ jahren – die rareste exercitia sowohl auf dem tanz- und schwing-seil als auch auf ebnem boden item mit lufft-sprüngen, taschen-spielen und noch sehr viel andere dergleichen galante künsten zu praestieren«, fähig sei[51].

Die Konkurrenz erforderte in diesem Metier eine große Mobilität der Beteiligten und die Notwendigkeit, möglichst während des ganzen Jahres künstlerisch aktiv zu sein. So führte der Hellene Atanasius Appo-Rosa in seinem Aufenthaltsgesuch für Augsburg, das er im Januar 1747 stellte, aus: »wozumahlen die eingefallene kälte weder mir noch denen spectatoribus die geringste hindernuß in weg leget, indeme bey meiner starcken bewegung mir nur allzu warm wird. Gemeine leuthe, wovon der gröste zulauff ist, die kalte lufft nicht sonderlich achten, vornehme hingegen sich genugsam verwahren. (...) Vielmehr die winters-zeit vor uns am profitabelsten gehalten wird, weilen man im sommer und übrigen jahrs-zeiten sich auf dem land und in denen gärten zu ergözen pfleget und dergleichen lustbarkeiten nicht sonderlich achtet«[52].

Wenige aus den Reihen der Balancier-, Voltigier- und Seiltanzakrobaten erreichten den professionellen Zuschnitt, den traditionsreichere höfische Darbietungen wie Redouten, Feuerwerke oder die Opera buffa aufweisen konnten.

So zählte das Management der kaiserlich privilegierten »sailtäntzer, balancier und voltisierer wie auch holländischer tabletkünstler« eines Johann Friedrich Schüz 1757 zu den seltenen Ausnahmen. Gedruckte Programme kündigten dem Publikum eine mehrstündige professionell aufgemachte »curieusität« an, die auf den ersten drei Rängen zwischen 3 und 17 Kr Eintritt kosten sollte. Zu bestaunen waren Balanceakte mit dreistöckigen Glaspyramiden, großen Kerzenleuchtern u. a. Ein »maitre de balance« ließ außerdem einen Degen in einem

---

51 StadtA Augsburg, Reichsstadt, Theater 22/4 (Almosenamt), Supplik des Nicolai Orlans aus Lothringen vom 8. 4. 1713.
52 StadtA Augsburg, Reichsstadt, Theater 22/3 (Almosenamt), Supplik des Athanasius Appo-Rosa vom 5. 1. 1747.

Spitzglas tanzen, Hanswurste und Tänzerinnen zeigten »sich sehr honet« und versuchten, sich auf dem »steiffen sail« dem Publikum aufs beste darzubieten. Schließlich folgten Glasbläser; dabei wurde Fensterglas »in feuer gesponnen, und (es) wird so subtil als ein menschen-haar auf einen grossen haspel aufgehaspelt, es wird auch von dem gesponnen glas eine ordentliche tresierte peruque nebst einem von glas geflochtenem hute wie auch eine gläserne bürste gezeigt. Hiebey ist die curieusität, daß die paruque ordentlich kan ausgekämmet werden und dannoch ohne zerbrechen die gläserne haare in ihrer fresur verbleiben«[53].

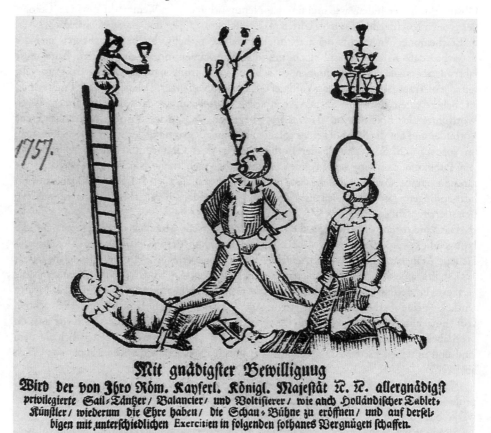

Abb. 2 Werbeplakat für holländische Tablettkünstler, 1757. StadtA Augsburg, Reichsstadt, Theater 22/5

An der sensationsträchtigen Aufmachung dieser fahrenden Künstler hatte sich in der frühen Neuzeit wenig geändert. Ein Jahrhundert zuvor hatte 1665 der Utrechter Reijnhart Christoffel seine seiltänzerischen »spectacula« ganz ähnlich angepriesen. Sie konnten »mit tantzen ob dem sail, sowohl ohne alß andere mit stangen, auch auf dem obersail voltisieren mit

---

53 StadtA Augsburg, Reichsstadt, Theater 22/5, Supplik vom 22. 9. 1757.

(...) doppelten strabaten (Spagate) machen, neben mithinaufgehen auf einem sail; warob andere heruntergefahren, wir inngleichem mit lufft-springen unnd (...) palleten auf dem theatro« unser Können unter Beweis stellten[54].

Um publikumsträchtig zu sein, gingen Akrobaten sogar aufs Wasser. 1732 ersuchte der Sachse Andreä Härtling sowohl den kurbayerischen Landrichter zu Friedberg als auch den Augsburger Rat um Konsens für seine Wasserspiele im reichsstädtisch-kurbayerischen Grenzsaum auf dem Lech. Härtling, der für die habsburgische Residenzstadt Wien auf der Donau bereits Ähnliches gezeigt hatte, entschloß sich, da »dergleichen in allhiesiger revier noch niemahlen« gezeigt worden war, im Lech »einige exercitia und sprünge auf dem wasser zu machen«[55]. Neben akrobatischen Darbietungen auf hohem Niveau fand aber auch Skurriles Eingang in die Kulturszene, das dem Publikum in professioneller Art vorgeführt wurde. So kündigte der Franzose Johann Gottfried Daude 1741 auf Programmen mit gedrucktem Reichsadler eine vielseitige »starcke« Frau an. Sie war u.a. befähigt, einen Amboß »mit ihren eigenen haaren von der erde auf(zu)heben«, und sie legte Haupt und Füße auf Stühle und ließ danach »4 biß 5 männer von den allerschwäresten, so sich in der compagnie befinden, auf dem leib stehen, so lang, biß sie der gantzen compagnie gesundheit ausgetruncken hat«. Schließlich legte man ihr einen 600 Pfund schweren Stein auf, ließ einen Mann daraufspringen und dann »lässet sie disen stein auf ihrem leib von zwey schmidten in 2 biß 3 stück zerschlagen«. Wer immer noch nicht vom Zauber dieser Frau überzeugt war, der staunte spätestens dann, als man sie »schweffel, pech und terpentin anzünden und selbiges mit einem löffel ausessen (sah), daß die flammen eine halbe elle hoch aus dem munde fahren«. Es war keine Frage, daß diese Darbietungen auch »von verschiedenen printzen, fürsten, grafen und anderen hohen standespersonen mit grosser verwunderung angesehen« wurden[56].

Eine solche Bandbreite dargebotener Kleinkunst wurde selten erreicht. Deshalb blieben die Akrobaten von anderen Referenzen abhängig. Eine beliebte Variante lag hierbei beim Nachweis internationaler Spielerfahrung. So gab der Venezianer Francesco Pergami 1754 bei seinem Augsburger Auftritt vor, »balancirkunst halber an vielen großen orthen, zum exempel in Chambery in Savoyen, zu Genev, Straßburg und andern, wie davon die beygehende attestata authentica (...) bezeugen«, gewesen zu sein – sicherlich eine Tournee mit dem »erwünschten applausum«[57]. In jener Notwendigkeit zur Mobilität lagen selbstverständlich andererseits finanzielle Risiken, die auch in Augsburg virulent werden konnten. 1751 begründete der englische Luftspringer Andreas Schäffer den Wunsch nach Aufenthaltsverlängerung so: »(...) denn da ich mich genöthiget gesehen, die fasten hindurch allhier stille zu ligen und meine durch verschiedene unglücksfälle wenig gewordenen baarschafft gänzlich zu verzehren, so habe nunmehro nichts mehr übrig (...), so ich meinem haußwirth (...) abführen könnte.«

1708 hatte der Tanzmeister einer Seilgruppe vor den Deputierten des Rats ähnliches erklärt: »wann mir aber diser tagen das wetter sehr invidios gewesen, sodan meine exercitia zur gänze nicht (habe) aufführen können, jedessen aber zimbliche unkösten auffgewendet«[58].

54 Ebd., Supplik vom 3.10.1665.
55 StadtA Augsburg, Reichsstadt, Theater 21/2 (Privatacta), Supplik vom 18.9.1732.
56 StadtA Augsburg, Reichsstadt, Theater 25/32, Druckschrift von 1741.
57 StadtA Augsburg, Reichsstadt, Theater 22/5 (Almosenamt), Supplik vom 2.11.1754.
58 Ebd., Supplik vom 6.4.1751, und Theater 22/4, Aufenthaltsgesuch von Johann Otto Rossetter, 17.11.1708.

In solchen Fällen konnten die Antragsteller in der Regel mit einer Verlängerung rechnen, nachdem zuvor die Deputierten den Sachverhalt geprüft hatten. Bei nachgewiesenen finanziellen Ungeregeltheiten blieben demzufolge auch Auftrittsverbote nicht unausgesprochen.

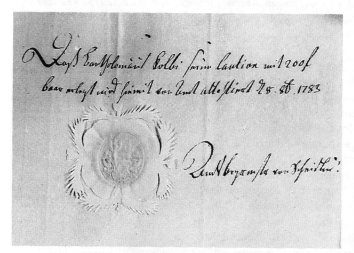

Abb. 3 Amtlicher Kautionsbeleg für den Künstler Bartholomäus Kolbi, 1783. StadtA Augsburg, Reichsstadt, Theater 22/5

So lehnte der Rat Aufenthaltsbegehren des Balanciermeisters Johann Gottfried Sartor 1772 ab, obwohl dieser angekündigt hatte, daß »in dieser berühmten reichsstadt persohnen von hohem und nidern stand gefunden werden, welche derley künste von niemahls gesehener art als etwas vorzügliches zu estimieren wißen«[59].

Das Bürgermeisteramt ging deshalb dazu über, beim Almosenamt als der zuständigen Aufsichtsbehörde die Zahlung von Amtskautionen zur Voraussetzung für Genehmigungen zu machen. So wurde es Mitte des 18. Jahrhunderts üblich, daß Bittsteller im Bürgermeisteramt eine reale oder »fide jussorische« Kaution in Höhe von 200 Gulden zu hinterlegen hatten.

Neben der Kaution, die als polizeiliche Maßnahme ohne finanzielle Bedeutung war, bestanden die städtischen Einnahmen aus Platz- und Almosengeldern. So hatte 1783 der italienische Balancier Bartholomäus Colbi/Colpi aus insgesamt 14 Auftritten[60] 224 fl »comödiengelder« abzuführen, womit jede Vorstellung mit 16 fl Unkosten belastet war. Legt man einen durchschnittlichen Eintrittspreis von 6 Kr zugrunde, wurden Einzelveranstaltungen erst mit einer Zuschauerfrequenz von mindestens 160 (!) Personen profitabel. An freiwilligen Almosen gingen außerdem 42 fl 26 Kr ein, wobei die Spenden der Zuschauer pro Vorstellung zwischen 6 fl 20 Kr und 56 Kr schwankten. Daraus ist zu schließen, daß akrobatische Vorführungen ein sehr unterschiedliches Echo erzielten, womit das unternehmerische Risiko der Schauspieler nicht zu gering einzuschätzen ist[61].

---

59 StadtA Augsburg, Reichsstadt, Theater 22/5, Supplik vom 18. 9. 1772.
60 Die Auftritte erfolgten in rascher Folge am 10., 12., 13., 14., 16., 17., 19., 20., 21., 23., 24., 26., 27. und 28. Oktober 1783. Die Vorführungen erfolgten somit bei Beachtung sonn- und feiertäglicher Spielverbote täglich.
61 StadtA Augsburg, Reichsstadt, Theater 22/5, Beiakten zur Supplik vom 8. 10. 1783.

Riesen und Zwerge

Besondere Anziehungskraft im überschaubaren Alltag der frühen Neuzeit genoß das Exotische. Zweifelsohne zählten Zwerge und Riesen zu dieser Kategorie, deren Auftritte mit großem Aufwand in der Reichsstadt angekündigt wurden.

1717 gastierten »2 kleine, ieder ein eelen hoche indianische zwergl mit gerader schöner leibsstatur« in der goldenen Krone. Ihr Alter wurde mit 34 bzw. 38 Jahren angegeben. Diese beiden Indios waren ebenso wie ein 1790 auftretender Franciscus Adalentes aus Peru von Geschäftsmännern[62] über den Sklavenhandel gekauft worden, die sie unter ihrem Namen rücksichtslos vermarkteten. Die Zwerge konnten in der Goldenen Krone am Weinmarkt für 5 Kr besichtigt werden, wobei der Rat einen achttägigen Aufenthalt zugestand.

Mit dieser Art »indianischer« Darbietung vollzog die Reichsstadt ebenfalls eine ältere höfische Modeerscheinung, die sich bei Residenzen vor allem im Bauprogramm wiederfindet. So ließ Fürstbischof Clemens August von Kurköln im Schloß Brühl beispielsweise ein »indianisches Lackkabinett« ausmalen, das allerdings dem chinesischen Kulturkreis zuzuschreiben ist[63].

Ein 1701 auftretender Riese, Maximilian Christopherus Müller aus Weißenfels in Sachsen, schloß jedoch als unbevogtete Person mit dem Rat einen direkten Kontrakt. An seinem Aufenthalt ist auch der Fürstbischöfliche Hof zu Augsburg interessiert, der unter dem damaligen Bischof Alexander Sigmund von Pfalz-Neuburg (1690–1737) vor dessen Erkrankung[64] eine intensivere Residenzhaltung durchlebte. Der Riese bat schließlich den Rat um Aufenthaltsverlängerung, da »ohne ferners erhaltende obrigkeitliche erlaubnus mir nicht gebüren will, meine lange persohn weiters sehen zu laßen, gleichwohlen aber auch des herrn bischoffens allhier hochfürstl. durchlaucht meine statur gnädigst zu sehen verlangen und allso nit weiße, wan deroselben (...) beliben wirt, mich vor sich zu erfordern«[65].

Diese Eingriffe des Residenzherrn in das reichsstädtische Kulturgefüge blieben allerdings selten, da der Bischofssitz in der Neuzeit zur Nebenresidenz der Augsburger Fürstbischöfe verkümmert war[66].

---

62 Es handelte sich um den Piemontesen Etiene Comoglio de Casae.
63 Wilfried Hansmann/Gisbert Knopp, Schloß Brühl. Die kurkölnische Residenz Augustusburg und Schloß Falkenlust, Köln 1982.
64 Die Ernsthaftigkeit eines Nervenleidens führte im Januar 1708 bereits zur Spendung der Sterbesakramente. Vgl. Peter Rummel, Fürstbischöflicher Hof und katholisches kirchliches Leben, in: Gunther Gottlieb u. a. (Hg.), Geschichte der Stadt Augsburg von der Römerzeit bis zur Gegenwart, Stuttgart 1984, S. 530–541, hier: S. 532.
65 StadtA Augsburg, Reichsstadt, Theater 32/13 (Almosenamt), Supplik vom 15.12.1701.
66 Wolfgang Wüst, Die Fürstbischöfliche Residenz zu Augsburg. Ein Beitrag zum hochstiftischen Hof- und Verwaltungswesen im 17. und 18. Jahrhundert, in: ZBLG 48 (1985) S. 353–367; Ders., Der »teufelsbauwurmb«: Ausführung und Konzeption fürstbischöflicher Residenzbauten im Barock und Rokoko, in: ZHVS 81 (1988) S. 33–50.

5. Die Reitkunst und Pferderennen

In einem höfischen Umfeld, wie es die neuzeitliche Schaustellerei bildete, durfte keinesfalls die Reitkunst fehlen, die nicht nur Reminiszenzen an einen ritterlichen Ehrenkodex beinhaltete, sondern die als Fortbewegung zu den umumstößlichen Notwendigkeiten des Alltags zählte. Reitkunst und Pferdedressur standen deshalb auch als Attraktionen hoch im Kurs.

1717 führte der Friesländer Georg Künstlich auf dem Augsburger Weinmarkt diese Disziplin einem vorläufigen Höhepunkt entgegen, zumindest dann, wenn man seinen Ankündigungen Glauben schenken darf. Er präsentierte ein Pferd, das nicht nur »englisch, frantzösisch und teutsch« verstand, sondern es wartete »seinen meister auff wie ein diener«, es ging »sitzend auff dem hindersten wie ein hund«, es konnte Geld zählen und es dazu vor allem für den Dressurmeister einsammeln, es leckte »mit der zunge ein glaß wein oder wasser aus wie ein hund«, sprang »durch 8 reiffen, jeden ein fuß von einander«, es wußte schließlich auch »das schönste frauenzimmer« aufzusuchen »und machet davor ein reverenz und ist sehr notabel« und »zum letzten thut es sich gegen alle zuschauer mit einem kniefälligen compliment bedancken«[67]. Es war keine Frage, daß der Pferdeführer vor seinem Augsburger Auftritt Gelegenheit gehabt hatte, nicht nur »vor ihro kayserlichen majestät, sondern auch vor vielen königen, fürsten und damen in Europa dises pferdes künste zu präsentiren und zu exerciren«[68].

Die Dressurmeister entstammten wiederum einem internationalen Milieu, so traten 1777 und 1783 die beiden Engländer John Hyam und Peter Price mit Dressurnummern auf, wobei sich letzterer als »königlich grosbritischer bereiter« bezeichnen durfte. 1774 präsentierte der Frankoitaliener Joan Fabro mit Gefolge als Höhepunkt seiner Darbietung einen »luftspringer, der über 4 pferd und über 10 mann springt.«

Trotzdem gab es mit der behördlichen Genehmigung Schwierigkeiten, da Fabro für die »zwischenzeit, wo der lüfte-springer, um die künstler ausruhen und athem hohlen (zu lassen), sowohl zu auf- als (auch zu) unterhaltung deren zuschauern ein zeitvertreibendes interludium« zu inszenieren gedachte. Der Aufwand zur Finanzierung dieser auf hohem Standard stehenden Dressuren war dementsprechend hoch. So reiste z.B. Peter Price mit 14 Turnierpferden an und ließ seine Programme auf seidenen Tüchern ausdrucken; John Hyam, der englisch und französisch parlierte, reiste mit eigenem Dolmetscher an. Diese Art der Sprachvermittlung leisteten sich ansonsten nur Schauspieler wie der Veroneser Bartolomäus Kolpi, wenn er sich 1783 zu Augsburg »mit einem dolmetscher verstehe, der allzeit in theater gegenwärtig seyn solle, damit man die nöthige verfügungen ihme verstandlich machen könne«[69].

---

67 StadtA Augsburg, Reichsstadt, Theater 22/9, Werbezettel vom 30.7.1717.
68 Ebd.
69 StadtA Augsburg, Reichsstadt, Theater 22/5, Suppliken vom 30.9.1774 und vom Oktober 1783.

Abb. 4 Werbeplakat für die Darbietungen des Dressurmeisters Georg Künstlich auf dem Augsburger Weinmarkt, 1717. StadtA Augsburg, Reichsstadt, Theater 22/9

PFERDERENNEN

Neben der Pferdedressur zählten mit der Anlage von Reitbahnen, die selbst in kleineren Residenzen wie Günzburg zur Ausführung kamen[70], auch Pferderennen zum festen Bestandteil des höfischen Lebens. In Augsburg agierte in diesem Feld allerdings nicht der fürstbischöfliche Hof, da eine Reitbahn fehlte, sondern es entschieden die reichsstädtischen Ämter über Zulassung und Abwicklung von Pferderennen. Bei dem einzigen in größerem Rahmen 1791 durchgeführten Wettrennen auf der Haunstetter Chaussee gab es allerdings zahlreiche Probleme, die als Indiz für das ungewohnte Metier, mit dem sich die Reichsstadt konfrontiert sah, gelten können. Bedenken wurden reichsstädtischerseits dahingehend geäußert, »ob die kostbare chausée zu pferderennen schicklich seyn, ob die gesetzte bäume nicht niedergerissen oder durch das hinaufsteigen beschädiget (und ob) die commerzialstraße, wo nicht gesperret, doch den posten, post- und güterwägen, auch andern reisenden beschwerlich gemachet und unglücksfällen ausgesetzt werden möchte«[71]? Neben diesen Bedenken wurde geltend gemacht, daß der Veranstalter den Renntermin noch vor einer behördlichen Genehmigung in den Zeitungen bereits angekündigt hatte.

70 Wolfgang WÜST, Historische Einleitung zu: Stadt Günzburg (Die Kunstdenkmäler von Bayern, Teil Schwaben) bearb. v. Klaus Kraft, München 1990.
71 StadtA Augsburg, Reichsstadt, Theater 21/2 (Einnehmeramt), Bericht vom 19. 9. 1791.

6. Menagerie und Tierhatz

Menagerien zählten ähnlich wie Orangerien zum festen Bestandteil im Bauprogramm absolutistischer Residenzgestaltung. Menagerien im kleineren Stil füllten aber auch das Beiprogramm kirchlicher und städtischer Feste. Die Augsburger St.-Ulrichs- und St.-Michaels-Dulten boten Gelegenheit, Tierschauen zu präsentieren, wobei der Rat mit Lizenzen geizte. 1788 erhielt der Venezianer Anton Nicolet erst im zweiten Anlauf den Konsens, da er ansonsten außerstande gewesen wäre, für seine »königliche« Tiermenagerie die nötigen täglichen Fleischrationen von 65 Pfund zu finanzieren. 1781 durfte der Turiner Stefani Roussette einen »auslandischen weisen vogel«, seinen berühmten »tartarischen« Leoparden, chinesische Mäuse und ein indianisches Stachelschwein erst nach Zahlung der doppelten Gebühr in das Almosenamt präsentieren[72]. Der Aktionsradius dieser wandernden Menagerien war beachtlich, so daß die gleichen Regionen nur in einem mehrjährigen Rhythmus bedient werden konnten. So bezog sich Anton Nicolet mit seiner achtköpfigen Reitertruppe 1788 auf ein zehn Jahre zurückliegendes Engagement ähnlicher Art in Augsburg; die Menagerien blieben deshalb auch entsprechend spektakulär. So gestalteten sich die Fähigkeiten eines exotischen Vogels dergestalt, daß er nach siebenjähriger Zucht »nach ordnung der zahlen zählet, rechnet, die stunden und minuten auf der sackuhr weiset, den preiß des geldes kennt, die verschiedene farben der kleidungen unterscheidet, den unterschied des metalls zeiget, balancirt, apportirt, exercirt und andere ungläubliche kunststücke macht«[73].

Noch seltener wurden offenbar Tierhatzen durchgeführt. 1710 stellte der Roßschlächter Michael Reischle einen Antrag, auf dem Gelände der städtischen Fechtschule eine Ochsenhatz mit Jagdhunden zu veranstalten. Er schloß bezeichnenderweise die Bitte an, das Fechtschulgelände zu sanieren, da dort das »holzwerk verfault, die bretter (...) herausgerissen (...) und auch wo noch einige siz (seien, dieser sich) jedoch ohne augenscheinliche lebensgefahr die zuschauer nicht bedienen könnten«. Wiederum standen hinter diesem Ansinnen höfisch-adelige Interessen. So gab Michael Reischle an, einen Ochsen deshalb hetzen zu lassen, da »ich 2 starcke hetzhunde nicht nur selbsten habe, sondern eine gewise allhiesige hochgräffliche persohn mir gleichfalls etliche dergleichen hierzue anerbotten, mithin mich zu disem beginnen mehrers animiert hat«[74].

Hier ist eine Beteiligung aus Kreisen des Domkapitels denkbar, wobei in erster Linie die 1709 ins Augsburger Domkapitel hinzugewählten Grafen Johann Franz Philipp von Lerchenfeld und Marquard Wilhelm von Schönborn in Frage kommen dürften. Der Rat machte diesmal zur Auflage, daß jeder »zueschauer in die allmuesen bix ein geltern wie bey denen comoedien zu zahlen pflegt«, daß das Ochsenfleisch ausschließlich den beiden konfessionsgebundenen Waisenhäusern, den Armenhäusern und dem Pilgerhaus kostenlos zur Verfügung stehen sollte oder, falls diese wegen der warmen Jahreszeit nicht alles abnehmen könnten, »solches armen leuten umb geringe bezahlung zue überlassen«[75].

---

72 StadtA Augsburg, Reichsstadt, Theater 23/14 (Almosenamt), Supplik vom 25. 9. 1781; StadtA Augsburg, Reichsstadt, Ratsbuch Nr. 253, S. 440.
73 StadtA Augsburg, Reichsstadt, Theater 23/14, Supplik vom 25. 9. 1781.
74 StadtA Augsburg, Reichsstadt, Theater 25/23 (Almosenamt), Supplik vom 19. 7. 1710.
75 Peter HERSCHE, Die deutschen Domkapitel im 17. und 18. Jahrhundert, Bd. 1, Bern 1984, S. 69; StadtA Augsburg, Reichsstadt, Theater 25/23, Ratsdekret vom 31. 7. 1710.

7. Die Fechtkunst

Die Tage, an denen galante Fechtübungen zu den hohen Tugenden einer höfischen Gesellschaft zählten, waren im 18. Jahrhundert zusehends verblaßt. So sind vor allem die in den schwäbischen Reichsstädten und bis zu einem gewissen Grad auch die an benachbarten Fürstenhöfen auftretenden Fechtmeister zu dieser Zeit auch eher einem Außenseitermilieu zuzurechnen, da nach Einschätzung des Rats »das instruieren im fechten aber eine in einer wohlangerichteten republique (stadtregiment) brodlose kunst und mehr schädliche als nützliche sache ist«[76].

Die Fechtkunst blieb so bei den in Augsburg und um Aufenthalt nachsuchenden Personen Accessoire sonstiger Randgruppenberufe[77]. So hatte z.B. der Fechtmeister Franz Stigelmaier »im fechten neben haltung eines schwungrades und mit handlung einiger kleinigkeiten seiner profession v(erbi) gr(atia) scheermesser, lanzetten, aderlaß-eisen etc. ohne mäniglichs praejudiz oder eintrag seinen unterhalt zu suchen«. Gesellten sich hier mit der Scherenschleiferei und einer Kramer- bzw. Hucklergerechtigkeit zwei Berufe sozialer Unterschichten zur Fechterei, so spielten in anderen Fällen meist glücklose Militärlaufbahnen eine Rolle.

So bewarb sich 1779 der elsässische Korporal Andoine Dietrich bei der Reichsstadt als »fechtmeister, feuerwercker oder visirer« und machte dabei allerhand soldatische Erfahrung geltend: Teilnahme im französischen Heer am Siebenjährigen Krieg (1756–1763), Regimentsfreiwilliger nach dem Friedensschluß von 1763 für drei Jahre und eine sich anschließende elfjährige Dienstzeit in der kurbayerischen Artillerie. Dort erwarb Dietrich jene Fähigkeiten, von denen er glaubte, daß sie ihn als perfekten Fechtmeister und Feuerwerker auswiesen. Nach eigenen Angaben beherrschte er »die mathes in vollem umfang als algebra, die theoretisch- und practische geometrie, gradlinichte trigonometrie, sterometrie, palistic, mechanic, hydraulic, hydrostatic, cometrie, nivellier- und ingenieur-kunst, theorie von denen mienen, dann die in die artillerie einschlagende fäll in lust- und ernstfeuerwerck, auch angebung des groben geschüz nebst desen zugehör und bestandtheilen und die vixierung eines faß, eines cylinder oder was imer fleißigen materie«[78]. In der Tat rekrutierten sich »lustfeuerwercker« an größeren Fürstenhöfen in der Regel aus Artilleristen. Der Rat verwarf jedoch dieses Ansinnen ebenso wie das eines hitzköpfigen französischen Abenteurers, der 1785 seine Fechtkünste zum öffentlichen Ärgernis darzubieten wußte. »Das drolligste anbey ist, das er (Peter Joseph Dubreiul) sogar während der zeit als er seine suplique in der er seine lebensbesserung versprache bey einem hochlöbl. magistrat eingereiche sich nicht von händl (hatte) enthalten können, wo er einen gewiesen monsieur Minar, deme er an einer billard-schulde 4 fl 48 Kr verblieben auf das abscheulichste mit ehrenrührischen worten mishandelt, ihm mit

---

76 StadtA Augsburg, Reichsstadt, Theater 21/1 (Gewerbe- und Handwerksgericht).
77 Vgl. zur Randgruppenproblematik: Bernhard KIRCHGÄSSNER/Fritz REUTER (Hg.), Städtische Randgruppen und Minderheiten (Veröffentl. d. Südwestdt. Arbeitskreises f. Stadtgeschichtsforschung 13) Sigmaringen 1986; Pankraz FRIED, Historisch-statistische Beiträge zur Geschichte des Kleinbauerntums (Söldnertums) im westlichen Oberbayern (Mitteilungen d. Geographischen Gesellschaft in München 51) München 1966, S. 5–39; DERS., Voraussetzungen und Auswirkungen der frühen Industrialisierung in Bayern – Die Situation auf dem Lande (Aufbruch ins Industriezeitalter 2) München 1985, S. 412–442; Beate FUHL, Randgruppenpolitik des Schwäbischen Kreises im 18. Jahrhundert. Das Zucht- und Arbeitshaus zu Buchloe, in: ZHVS 81 (1988) S. 63–116.
78 StadtA Augsburg, Reichsstadt, Theater 21/1 (Almosenamt), Supplik vom 15.7.1779.

fleis in allen caffee-häusern aufsuchte und endlich anstatt der schuldigen bezahlung auf den deegen fordert: dies ist also nur eine kleine, aber doch neue probe seiner versprochenen lebensbesserung«[79].

Die Fechtkunst glitt somit in der städtischen Bürgerschaft zu einer Tugend des Abenteuerertums ab, zu der sich offenbar vor allem dem französischen Kulturkreis zuzurechnende Personen bekannten, die der Musketiertradition verhaftet waren.

8. SCHLUSSBETRACHTUNG

Das finanzstarke Bürgertum der Reichsstadt Augsburg war in der Barock- und Aufklärungsepoche durchaus in der Lage, als Auftraggeber für nicht seßhafte Künstler- und Akrobatengruppen mit den höfischen Zentren Südwestdeutschlands gleichzuziehen. Die Reiserouten der fahrenden *comedia del arte* zeigen, daß Augsburg von den großen Ensembles der frühen Neuzeit regelmäßig als Stationsort aufgesucht wurde. Die örtliche Spielfrequenz erhöhte sich auch dann nicht, als der fürstbischöfliche Hof unter der Ägide der beiden letzten Fürstbischöfe Joseph v. Hessen-Darmstadt und Clemens Wenzeslaus v. Sachsen für das städtische Kulturleben wieder eine aktivere Rolle spielte.

---

79 StadtA Augsburg, Reichsstadt, Theater 21/1 (Bürgermeisteramt), Supplik vom 8. 1. 1785.

Die staatliche Neuorganisation Bayerns auf der mittleren Verwaltungsebene zu Beginn des 19. Jahrhunderts*

VON PANKRAZ FRIED

Das Thema, das Gegenstand meiner Darlegungen sein soll, hat im bekannten Handbuch der bayerischen Geschichte Eberhard Weis unter dem Kapitel »Die Reformen in Staat, Verwaltung und Gesellschaft unter Montgelas (1799–1817)« abgehandelt. Im Unterkapitel »Verwaltungsreform und Beamtentum« ist dort ausgeführt: »Alle diese Reformen, durch die ein Staat von Grund auf umgestaltet wurde, waren nur möglich, weil Montgelas sich zunächst das Instrument hierzu geschaffen hatte, eine neue Verwaltung, organisatorisch, rechtlich und personell.« Dieser Neuaufbau des Staates begann bei den Zentralbehörden, bei der Einrichtung der Ministerien, und endete 1808 bei der Schaffung der Generalkommissariate, den Vorläufern der späteren Kreis- und heutigen Bezirksregierungen. Die Generalkommissariate waren in Ausführung der Constitution von 1808 durch Verordnung vom 17. Juli 1808 über die »Formation, den Wirkungskreis und den Geschäftsgang der Kreisverwaltungsstellen, welche den Namen General-Kreis-Kommissariat erhielten«, gebildet worden. Vorausgegangen war durch Verordnung vom 21. Juni 1808 die Einstellung des Königreiches in 15 Kreise, die französischem Vorbild folgend, nach Flüssen benannt wurden; wir führen die Namen an, um eine Vorstellung vom Umfang des damaligen Bayern zu vermitteln: Mainkreis (Bamberg), Pegnitzkreis (Nürnberg), Naabkreis (Amberg), Rezatkreis (Ansbach), Altmühlkreis (Eichstätt), Oberdonaukreis (Ulm), Lechkreis (Augsburg), Regenkreis (Straubing), Unterdonaukreis (Passau), Isarkreis (München), Salzachkreis (Burghausen), Illerkreis (Kempten), Innkreis (Innsbruck), Eisackkreis (Brixen), Etschkreis (Trient). Die Kreise hatten einen Generalkommissär als Vorstand, einen Kreiskanzleidirektor und drei bis fünf Kreisräte. Ihre amtliche Wirksamkeit erstreckte sich im allgemeinen auf »alle Theile der Staatsverwaltung und inneren öffentlichen Angelegenheiten«, welche nach der Ministerialorganisation vom 29. Oktober 1806 zum Ministerium des Äußeren oder Innern gehörten und nicht besonderen Zentralstellen und ihren Unterbehörden übertragen waren.

Durch die Kreisreform vom Jahre 1808 wurde das neue Bayern zum zentralen Einheitsstaat, in dem die letzten historisch gewachsenen Verwaltungseinheiten beseitigt wurden. Auch wenn die staatlichen Mittelbehörden in den Regierungen und Rentämtern des Kurfürstentums Bayern eine gewisse Tradition hatten, so waren sie doch, wie Heinz Lieberich immer wieder betont hat, ursprünglich als »Vitztumämter« so etwas wie »in die Provinz versetzte Hofgerichte« und waren im Spätmittelalter wittelsbachische Teilherzogtümer gewesen. Als selbständige Herrschafts- und Verwaltungseinheiten mit eigenen Landständen hatten sich bis zum Ende des 18. Jahrhunderts noch die ehemaligen Herzogtümer Pfalz-Neuburg und die Oberpfalz erhalten, die direkt von

---

* Festvortrag am 26. Nov. 1987 in der Regierung von Schwaben anläßlich der Errichtung des Kreises »Schwaben und Neuburg« vor 150 Jahren am 29. Nov. 1837.

Neuburg bzw. Amberg aus verwaltet wurden. Reformen größeren Stils begannen mit dem Regierungsantritt Kurfürst Max IV. Josef und dem Wirken seines Ministers Montgelas. Nach dem Anfall der zahlreichen, ehedem staatlich weitgehend selbständigen Gebiete in Franken und Schwaben durch Säkularisation und Mediatisierung bestanden seit 1803 fünf sogenannte Landesdirektionen in den Provinzen Bayern, Neuburg, Oberpfalz, Franken und Schwaben, letztere mit Sitz im bayerisch gewordenen Ulm. Auch wenn ihre Präsidenten 1804 zu General-Landes-Commissären ihrer Provinz und als solche zu Organen des Ministeriums ernannt worden waren, so hatte man doch noch in Namen und Gebietsumfang die historische Eigenart der Provinzen geschont. Den Bruch mit Geschichte und Tradition brachte dann die Gebietsreform von 1808, auf die bereits 1810 eine neue folgen sollte: Durch Verordnung vom 23. September teilte man das Königreich in 9 Kreise ein: Mainkreis (Bayreuth), Rezatkreis (Ansbach), Regenskreis (Regensburg), Oberdonaukreis (Eichstätt), Unterdonaukreis (Passau), Illerkreis (Kempten), Isarkreis (München), Salzachkreis (Salzburg), Innkreis (Innsbruck). Zu einer »dezentralisierenden« Entlastung der Ministerien wurden im gleichen und in den nächsten Jahren Zuständigkeiten an die Generalkreiskommissariate übertragen.

Eine neuerliche Veränderung brachte das Jahr 1817. Durch Verordnung vom 20. Februar wurde nunmehr das Land in 8 Kreise eingeteilt: Isarkreis (München), Unterdonaukreis (Passau), Regenkreis (Regensburg), Oberdonaukreis (Augsburg), Rezatkreis (Ansbach), Obermainkreis (Bayreuth), Untermainkreis (Würzburg), Rheinkreis (Speyer).

Nach dem Vorbild, das bereits ein Jahr zuvor in der Pfalz verwirklicht worden war, wurden durch Formationsverordnung vom 27. März 1817 »Kreisregierungen« geschaffen, die sich unter einem Generalkommissar und Präsidenten als Vorstand in zwei Kammern, des Innern und der Finanzen, gliederten. (Die Regierung als Behörde könnte heuer und heute zugleich ihr 170jähriges Bestehen als zweites Jubiläum feiern!)

Angesichts der drei »Gebietsreformen« von 1808, 1810 und 1817 könnte man zur Meinung gelangen, hier hätte sich die Organisationswut der neu installierten Ministerialbürokratie Montgelas' ausgetobt. Obgleich nicht unbedingt die Abrede zu stellen ist, daß eine gewaltige Dispositionsmasse von Ländern und Ländchen aus dem Erbe des Alten Reiches zum experimentierenden Planspiel hätte verlocken können, so waren doch die Zeitläufe und die Absichten der leitenden Beamten viel zu ernst, als daß man das Ganze als Spiel der Verwaltung auffassen könnte. Bei der ersten, einschneidenden Gebietsreform des Jahres 1808 ging es den Gestaltern des neuen Staates um nichts Geringeres als einen symbolisch bedeutsamen Teil ihres Reformprogramms in die Wirklichkeit umzusetzen. Als dessen wichtigsten Grundsatz hatte der leitende Referendär im Innenministerium, Georg Friedrich Frhr. v. Zentner, einer der bedeutendsten Mitarbeiter Montgelas', die Vereinheitlichung des Staates, die Gleichbehandlung der Teile und die Verschmelzung zu »einem unzertrennbaren einzigen Staate« in einer Denkschrift vom Jahre 1815 folgendermaßen dargestellt: »...der König nahm den einfachen Titel eines Königs von Bayern an, auf gleiche Art wurde das Wappen und die Siegel eingerichtet; für die mit Bayern vereinigten, in Franken, Schwaben und Tirol gelegenen Provinzen und Bezirke, Herzog- und Fürstenthümer, Graf- und Herrschaften wurden keine besonderen Symbole oder Wappenzeichen eingeführt, nur durch 42 theils sichtbare, theils durch das Herzschild, das Symbol der Souveränität, verdeckte Rauten, wurden jede der Provinzern als nun einverleibte Bestandtheile des Königreichs angedeutet. In demselben Geiste ist auch die neue Constitution für Bayern verfaßt, die Einheit des Staates in Verfassung, Gesetzen und Verwaltung soll erhalten und das ehemalige Provinzsystem soll nicht wieder hergestellt werden... herrührenden Titulaturen und Wappenzeichen wieder einzuführen, es ist zu fürchten: daß dadurch der alte Provinzial-Geist wieder geweckt werde, der Franke, Schwaben und Rheinländer von dem Baier getrennt bleibe und folglich die dem baierischen Staate einverleibten Völker nie einen Nationalgeist erhalten und sich als Theile eines Ganzen ansehen werden.«

Prägnanter findet man kaum an anderer Stelle ausgedrückt, welche Ziele die bayerischen Staatsreformer unter Montgelas verfolgten und welcher Geist sie beseelte. Bei den wechselhaften politischen Konstellationen und Kriegsausgängen in der napoleonischen Ära mußten die verantwortlichen bayerischen Staatsmänner und leitenden Beamten ihre gesamte Energie aufwenden, den erst kurz zuvor aus den verschiedensten Territorien zusammengewürfelten Staat zu einer Einheit zu verschmelzen. So sind denn auch die Gebietsreformen von 1810 und dann 1817 bedingt durch eine Neugestaltung des Staatsgebietes infolge von Friedensschlüssen: Bayern mußte im Pariser Vertrag mit Frankreich 1810 das südliche Tirol mit Trient und Osttirol abtreten, bekam aber dafür das ersehnte Salzburg und Berchtesgaden, das alte bayerische Innviertel (erst seit 1779 österreichisch) und Hausruckviertel. Im bayerischen Innenraum schloß sich mit der Erwerbung des bisher fürstlich Dalbergischen Regensburg die letzte kleine Lücke, in Franken schloß sich die letzte große mit dem Erwerb von Bayreuth. Im schwäbischen Bereich wurde gegenüber dem Königreich Württemberg die noch heute bestehende Staatsgrenze festgelegt, die für Bayern den Verlust Ulms im Gefolge hatte und zum ersten Male ehemalige Herrschaftsgebiete wie das Rothenburger Landgebiet, die Hohenlohischen Lande und die Grafschaft Oettingen und damit das Ries rigoros zerriß, aber immerhin den Zugang zum Bodensee sicherte. Nach der Niederlage Napoleons 1813 kam es wiederum zu größeren Ländertauschen, die auch ihre Auswirkung auf die Staatseinteilung haben mußten: Tirol und Vorarlberg (ohne das Amt Weiler) mußten nach der Pariser Konvention von Bayern sofort an Österreich zurückgegeben werden, wofür Würzburg und Aschaffenburg an Bayern kamen. Im Münchner Vertrag von 1816 hatte Bayern unter dem Druck der Großmächte das Inn- und Hausruckviertel, das ehemalige Hochstift Salzburg, bis zur Salzach-Saalach-Linie gegen die aus 40 Territoriensplittern zusammengefügte Rheinpfalz herausgegeben. Es ist leicht erklärlich, daß im folgenden Jahr das Land wiederum eine neue Kreiseinteilung erhalten mußte. Bayerische Staatsraison und außenpolitische Gründe waren also die Ursachen für die zentralistischen Gebietsreformen in der Montgelas-Zeit. Daß diese nach dem Vorbild Frankreichs nur zentralistisch ausfallen konnten, beruht nicht unbedingt so sehr auf der Nachahmung französischer Verhältnisse als vielmehr auf der Tatsache, daß man damit – wie in Frankreich – die Erinnerung an die alten historischen Herrschaftsstrukturen am nachhaltigsten aus dem Gedächtnis auszumerzen und ein einheitliches bayerisches Staatsbewußtsein schaffen zu können glaubte.

II

Als Montgelas und seine Beamten noch an der Durchführung ihrer zentralistischen Reformen arbeiteten, stand schon der Mann bereit, der aus seiner Begeisterung für Volkstum, Tradition und Geschichte keinen Hehl machte. Es war dies kein geringerer als Kronprinz Ludwig selbst, der noch vor der Regierungsübernahme tiefe Bewunderung für die Volksaufstände der Vendeer, Tiroler und Spanier hegte, sah er doch in deren Katholizismus die

Substanz und den Motor ihres Widerstandes gegen die jakobinische Revolution und gegen Napoleon. »Im Gegensatz zu Montgelas und seiner Schule«, so hat zuletzt Heinz Gollwitzer in seiner Ludwig-Biographie festgestellt, »betrachtete Ludwig, Sohn eines neuen Zeitalters, regionale Überlieferungen, soweit sie sich ohne Nachteil für das an erster Stelle stehende Staatsganze in die politische Kultur des Landes einfügen ließen, eher als Bereicherung denn als Gefährdung der bayerischen Staatlichkeit« (S. 362). Dies kam unter anderem bei seinen Überlegungen zur Neugestaltung des Staatswappens und der großen Titulatur zum Ausdruck, in denen er die verschiedensten historischen Bestandteile des Königreichs berücksichtigt wissen wollte und auf die er große Mühe verwandte. Zur Überraschung der Öffentlichkeit verkündete Ludwig am 18. Oktober 1835 die Änderung seines Wappens und seiner Titulatur. Der »König von Bayern« nannte sich fortan »von Gottes Gnaden König von Bayern, Pfalzgraf bei Rhein, Herzog von Bayern, Franken und in Schwaben etc. etc.«. Im Wappen ließ Ludwig, um »die im Staate vereinigten Stämme der Bayern, Franken, Schwaben und Pfälzer« zu symbolisieren, diese durch historische Bilder darstellen, die den Sinnbildern der Fürsten und Territorien des Alten Reiches entnommen wurden. Im Herzschild des Wappens stehen für Altbayern als Träger der staatlichen Traditionen weiß-blaue Rauten, die von den Wittelsbachern von den 1242 ausgestorbenen Grafen von Bogen übernommen worden waren und bald als vornehmstes Wahrzeichen der Herzöge von Bayern und ihres Landes galten. Im ersten Feld (oben links) in Schwarz der Goldene Löwe der Pfalzgrafschaft bei Rhein, die 1214 an die Wittelsbacher gekommen war; daneben in Rot der »fränkische Rechen«, aus der Sturmfahne des »Herzogtums Franken«, dessen Titularinhaber die Fürstbischöfe von Würzburg waren, als gesamtfränkisches Wahrzeichen. In der unteren Reihe stehen zwei neu in das bayerische Wappen aufgenommene Bilder: für Schwaben die Symbole der Markgrafschaft Burgau, die erst 1805 von den Habsburgern an Bayern gekommen war, und daneben in Silber der blaue, sogenannte Veldenzer Löwe aus dem Wappenwesen der pfälzischen Wittelsbacher des 15. Jahrhunderts, den Ludwig I. als Hinweis auf die Abstammung des Königshauses in das Wappen aufnahm. (Der Veldenzer Löwe entfiel jedoch, wenn nur die Stämme gezeigt werden sollten, wie z.B. in den Reliefs des Thronsaales der Münchner Residenz). Dieses von Ludwig geschaffene Wappen blieb nicht nur bis 1918 bayerisches Staatswappen, sondern ist bis heute noch wittelsbachisches Hauswappen. Das Wappen des Freistaats Bayern von 1950 griff (im Gegensatz zum Wappen von 1923) wieder auf Ludwigs Idee zurück, die Rauten im Herzschild als gesamtbayerisches Symbol zu verwenden und die einzelnen Landesteile durch historisch begründete Abzeichen darzustellen. Schwaben ist darin übrigens mit den drei staufischen Löwen symbolisiert, die diesmal ganz, im Gegensatz zum Wappen von 1923, wo sie nur halb im Bild erscheinen, Aufnahme fanden.

Als der Verwaltungsakt, der sich vor allen anderen auf den innerbayerischen Regionalismus auswirken sollte, ist die vor 150 Jahren durch königliche Verordnung vom 29. November 1837 am 1. Januar 1838 in Kraft getretene Neueinteilung Bayerns hervorzuheben, die demgemäß auch der Anlaß der heutigen feierlichen Erinnerung ist. Die Vorgeschichte dieser Reform reichte bis in die Anfänge der Regierungszeit Ludwigs I. zurück. Ursprünglich argumentierte man, wie übrigens auch bei späteren Gebietsreformen, nur mit Flächenumfang und Bevölkerungsgröße der neugebildeten Kreise und den Gesichtspunkten, die für eine zweckmäßigere Administration sprachen. Die Ministerialverwaltung kannte damals, wie auch später, nur diese Argumente. Es ging ganz allein auf den König zurück, wenn dann durch das Ministerium

Wallerstein, das die Reform durchzuführen hatte, als zusätzliches Element auch der historische Gesichtspunkt Berücksichtigung fand.

Der damals durch den König ins Leben gerufene neubayerische Regionalismus schlug sich in einer, bis zum heutigen Tage erhalten gebliebenen und kaum veränderten Namensgebung nieder: Ober- und Niederbayern, Oberpfalz und Regensburg, Schwaben und Neuburg, Unterfranken und Aschaffenburg, Mittelfranken, Oberfranken und Pfalz. Nur in einem Falle kam es zur Verlegung des Regierungssitzes (Landshut statt Passau). Die bei der Gebietsreform 1837 vorgenommenen Grenzveränderungen sind in einer Reihe von Fällen durch die Herstellung der alten Territorialgrenzen bestimmt, wie dies bei Schwaben und Neuburg der Fall war: Um die alten Grenzen des Fürstentums Neuburg und der Reichskreise Schwaben und Franken, die durch die ahistorischen Gebietsreformen Montgelas durchbrochen worden waren, wiederherzustellen, trennte man von Schwaben die altbayerischen Landgerichte Friedberg, Aichach, Schrobenhausen und Rain wieder ab und teilte sie Oberbayern zu. (Die Gebietsreform von 1972 nahm die Traditionen Montgelas' wieder auf und gliederte den altbayerischen Landkreis Aichach mit Wittelsbach wiederum Schwaben an; der Landkreis Friedberg war durch Abstimmung vorher schon wegen seiner Nähe zum Zentrum Augsburg umgegliedert worden.) Etwas Ähnliches spielte sich auch im Bereich des Rieses ab: hier wurden 1837 die Landgerichte Monheim, Nördlingen und Wemding sowie die Oettingischen Herrschaftsgerichte vom Rezatkreis (Mittelfranken) zum Kreis Schwaben gezogen.

In einer mit dem Vermerk »anticipando« versehenen Denkschrift »über die gegenwärtige Kreiseinteilung Bayerns, Titel und Wappen seines Königs« faßte der König seine historischen und politischen Motive folgendermaßen zusammen: »Ein trauriges Gefühl erregt es, die Namen von Volksstämmen verschwinden zu sehen; ihnen wird der geschichtliche Boden damit entrissen und nach und nach erlöschen die Erinnerungen. Warum als neu erscheinen lassen, was uralt ist! Erfreulich hingegen: Namen und Wappen wieder ins Leben einführen zu sehen, die eine Reihe von Jahrhunderten geglänzt und im Staate das, was eines Volksstammes oder seit langer Zeit enge verbunden ist, wieder vereinigt zu finden; hierauf gründet sich Bayerns jetzige Kreiseinteilung, Titel und Wappen seines Königs«.

Der historischen Gebietsreform Ludwigs I. war die Gründung von historischen Vereinen, die nun die neuen Namen der Kreise annahmen, vorausgegangen, ebenso die von oben angeregte historisch-topographische Landesbeschreibung und der von Ludwig höchstpersönlich angeordnete Denkmalschutz. War hier, so könnte man unter heutiger Sicht fragen, ein historisierender Romantiker auf dem Königsthron am Werk, weltabgeschieden und fern den tatsächlichen Problemen des Landes auf wirtschaftlichem und gesellschaftlichem Gebiet? Was man mit einer gewissen Berechtigung seinem Enkel Ludwig II. zum Vorwurf machen kann, das verfängt bei Ludwig I. nicht: kein bayerischer König hat sich gleichzeitig auch so den wirtschaftlichen und sozialen Bedürfnissen seiner Zeit angenommen wie er. Ludwig wußte aber auch, daß der Mensch nicht vom Brote allein lebt, daß er der Religion, der Geschichte und der Kunst bedarf, um ein sinnerfülltes Leben führen zu können, das die Ratio allein nicht zu vermitteln imstande ist. Sinnfindung besteht für den Menschen auch in der Selbstfindung, in der Selbstgeborgenheit einer Identität. Schwaben wie Franken haben durch die königliche Namengebung diese heimatbezogene Identität wieder erhalten. Aus den Resten des alten, von Ludwig sicherlich romantisierenden und idealisierten Stammesbewußtseins konnte ein neuer stammlich geprägter Regionalismus entstehen, in dem sich auch der Mensch der modernen Industrie- und Massengesellschaft zunehmend geborgen fühlt.

LITERATUR

WEIS, Eberhard: Die Reformen in Staat, Verwaltung und Gesellschaft unter Montgelas (1799–1817), in: SPINDLER, Max, Handbuch der bayerischen Geschichte 4/1, München 1974, 3–88.
DERS., Montgelas'innenpolitisches Reformprogramm: Das Ansbacher Memoire für den Herzog vom 30.9.1796, in: ZBLG 33/1, 1970, 219–256.
SPINDLER, Max: Die Regierungszeit Ludwigs I. (1825–1848), in: SPINDLER, Max, Handbuch der bayerischen Geschichte IV/1, München 1974, 89–227.
DERS., Erbe und Verpflichtung. Aufsätze und Vorträge zur bayerischen Geschichte. Hrsg. von Andreas KRAUS. München 1966.
DERS., Bayerischer Geschichtsatlas. München 1969. (Karte 36a–d: Das Werden des neuen Bayern).
GOLLWITZER, Heinz: Ludwig I. von Bayern. Königtum im Vormärz. Eine politische Biographie. München 1986.
DERS., König Ludwig I. und der bayerische Staat des 19. Jahrhunderts, in: ZBLG 49/3, 1986, 597–609.
Vorwärts, vorwärts sollst du schauen. Geschichte, Politik und Kunst unter Ludwig I. Katalog zur Ausstellung und Aufsätze. Hrsg. v. Johannes ERICHSEN und Uwe PUSCHNER bzw. Michael HENKER (Veröffentlichungen zur Bayerischen Geschichte und Kultur Nr. 8 u. 9) München 1986 (darunter von K. BOSL, König Ludwig I. und die Stämme. Bayern ein Stammesstaat? [9, 219–236]; »Der geschichtliche Boden ist wahrlich ein fester« Wappen – Titel – Kreiseinteilung [8, 177]).
KIESSLING, Rolf und SCHMID, Anton: Regierungssystem und Finanzverfassung (Dokumente zur Geschichte von Staat und Gesellschaft in Bayern, hrsg. v. K. BOSL, Abt. III: Bayern im 19. und 20. Jahrhundert Bd. 3). München 1977.
SEYDEL, Max: Bayerisches Staatsrecht. Bde. 1 u. 2, München 1884/85.
STETTER, Gertrud: Die Entstehung der historischen Vereine in Bayern. Ein Kapitel aus der bayer. Nationalgeschichte. 1963.
FRIED, Pankraz (Hrsg.): Probleme der Integration Ostschwabens in den bayerischen Staat. Bayern und Wittelsbach in Ostschwaben (Augsburger Beiträge zur Landesgeschichte Bayerisch-Schwabens Bd. 2) Sigmaringen 1982.
ZORN, Wolfgang (Hrsg.): Historischer Atlas von Bayerisch-Schwaben. Veröffentlichung der Schwäbischen Forschungsgemeinschaft. Augsburg 1955 (Karte 52–56).

Die Juden in Schwaben im jungen Königreich Bayern
Ein thematisches Beispiel für das
Programm restaurierter Synagogen in Schwaben

VON GEORG SIMNACHER

Die Geschichte der Juden in Bayern allgemein, im bayerischen Schwaben im besonderen, ist wie überall geprägt von Phasen jahrhundertelangen friedlichen Zusammenlebens wie bitterer Unterdrückung und Verfolgung*. Dabei ist die Lage bis weit ins vorige Jahrhundert differenziert und zersplittert wie die deutsche und ganz speziell die schwäbische Geschichte, überhaupt. Die Einzelstaaten hatten in der vorausgegangenen Zeit, selbst noch im vorigen Jahrhundert bis zur Entstehung des deutschen Reiches sehr unterschiedliche Rahmenbedingungen geschaffen, auch wenn die grundlegenden Entwicklungen der neuen aufgeklärten Geisteswelt einheitlich gegolten haben mögen. Die lokale Emanzipation kann anders verlaufen sein, als in Wittelsbacher-Bayern. In Schwaben waren die vorderösterreichischen Lande der Markgrafschaft Burgau, auch die Oettingenschen Fürstentümer bzw. Grafschaften für Judenansiedlungen freundlich eingestellt gewesen. Es gibt deshalb sehr unterschiedliche Traditionen der Judenpolitik in den Einzelbereichen des heutigen bayerischen Staates, auch hinsichtlich deren Folgewirkungen für die Entwicklung zur Emanzipation und sozialen Sicherung. Gerade unter diesem Gesichtspunkt verdiente die Untersuchung des sogenannten Landjudentums vermehrte Aufmerksamkeit, da sich sozial und religiös das Verhältnis zu den Juden auf dem Lande oft unterschiedlich zu den Großstadtgemeinden entwickelt hat. Innerhalb der Markgrafschaft Burgau gab es einige gewichtige schwäbische jüdische Gemeinden wie Ichenhausen, wo die Juden ab ca. 1540 angesiedelt worden waren und über die Ortsherrschaft von Roth später von Stain zur vorderösterreichischen Markgrafschaft gehörten. Dies brachte erwünschte Wirkungen, besonders finanzieller Art, die sich auch noch nach der Eingliederung ins bayerische Staatsgebiet entfalteten. Im 18. Jahrhundert muß ein gutes Einvernehmen zwischen Juden und Christen gerade in Ichenhausen geherrscht haben, wie sich nicht zuletzt aus dem Bau der dortigen Barocksynagoge ergibt, die von dem benachbarten Wettenhauser Klosterbaumeister Josef Dossenberger errichtet worden war. Für die Ichenhausener wie andere markgräflich-österreichische-jüdische Gemeinden war das Toleranzedikt des österreichischen Kaisers Joseph II. aus dem Jahre 1781 bzw. das Juden-Regulativ von 1782 wichtig. Diese Dokumente wirkten sich positiv aus. Zugleich durften die Ichenhauser Juden auch noch nach der Jahrhundertwende im 19. Jahrhundert von der Monopolstellung der markgräflichen Hauptstadt Günzburg profitieren. In Schwaben leben 1818 15 % der bayerischen Juden, das

---

* Die historischen Ausführungen des am 13. 9. 1988 in Augsburg gehaltenen Vortrags stützen sich auf:
Stefan SCHWARZ, Die Juden in Bayern im Wandel der Zeiten, München 1963
Manfred TREML (Hrsg.) u.a., Geschichte und Kultur der Juden in Bayern (Veröffentlichungen zur Bayerischen Geschichte und Kultur Nr. 17 u. 18). München, Haus der Bayer. Geschichte 1988.

waren 6500. Von den Juden im Oberdonaukreis, wie damals Schwaben hieß, lebten wieder 15 % in Ichenhausen. Die kraft königlich-bayerischen Auftrags vorgenommene Bestandaufnahme der jüdischen Familien ergab, daß im Jahre 1811 in Ichenhausen 192 jüdische Familien mit 893 Menschen lebten, im Jahr 1830 sogar 203 Familien mit rund 1300 Angehörigen. In Augsburg lebten demgegenüber zur gleichen Zeit etwa 100 Juden. Trotz des jüdischen Zuzugs in die größeren Städte waren um 1900 in Augsburg erst rd. 1000 jüdische Einwohner vorhanden. Aufgrund des bayerischen Judenedikts von 1813 mußten die jüdischen Familien neue Familiennamen annehmen. Dies war für die ehedem österreichischen Gemeinden kein Problem. Sie hatten dies längstens im voraus aufgrund der kaiserlichen Anordnungen getan. In den ehemals vorderösterreichischen Gebieten war demgemäß die lokale Emanzipation stärker vorangekommen als es die hinkende bayerische Entwicklung erlaubte. Insbesondere der liberale wie tolerante Kaiser Joseph II. mit seinen Impulsen des sogenannten Josefinismus, hatte trotz gelegentlich bedenklicher Einzelabwicklungen vieles Gute für die Juden bewirkt, ehe die mittelschwäbischen jüdischen Gemeinden Teil des Königreiches Bayern wurden. Daraus ist auch zu erklären, daß sich in diesen Bereichen eine eigenständige religiöse und soziale Tradition entwickelte.

Noch lange nach der Bildung des jungen Königreiches Bayern gab es keine eigenständige überörtliche jüdische Kirchenadministration, was sich bei dem Ringen um die künftige Verfassungsgebung nachteilig auswirken sollte. Vielleicht ist deshalb zu verstehen, warum bei den während des Dritten Reiches geflohenen und wieder zu Besuch kommenden Juden, das Landsmannschaftliche, das Lokal-heimatliche eine so große Rolle spielt. Mit dem Staat verbindet sich der Begriff des Nationalstaates und seiner Tendenzen wie die Verfolgung im Dritten Reich. Die Erinnerungen sind eher mit der unmittelbaren schwäbischen Heimat, ihrem typischen Dialekt, der Landschaft wie dem Ort der Ruhestätten der Vorfahren, auch den äußeren Gewohnheiten verbunden. Auch dies sollte uns Anlaß sein, über die Fragen der Heimat und die Bedeutung des landsmannschaftlich-regionalen Elements nachzudenken.

Die Wurzeln der jüdischen Emanzipation, die sich im wesentlichen zwischen 1780 und 1860 vollzog und gewissermaßen Hand in Hand mit der allgemeinen bürgerlichen Freiheitsbewegung der Deutschen ging, reichen bis ins 16. Jahrhundert zurück. Als Schwaben dürfen wir dabei auf den kämpferischen Landsmann und Humanisten Johannes Reuchlin (1455–1522) hinweisen, der mit seinen Schriften ein neues Verständnis für das Judentum versuchte und insbesondere auf die alten Verbindungen des jüdischen Elementes mit der antiken Philosophie, der jüdischen Weisheitslehre wie dem christlichen Glauben hinwies. Christliches Interesse und Humanismus haben sich auch bei anderen Verfassern verbunden, die immer wieder auf die weit verbreitete Unwissenheit der Konfessionen untereinander hinwiesen, was in nicht wenigen Fällen Anlaß für Judenverfolgungen war. Die Forderung des Nürnberger Juristen Johann Christoph Wagenseil (1633–1705) nach mehr Aufklärung der Christen über die Juden war damals und ist heute noch aktuell. Die Aufklärung fügte diesen frühen Forderungen einen großen weiteren Schritt bei. Die Förderung der Vernunft, aus der sich Toleranz und Gleichberechtigung ableiten sollte, war eigentlich die logische Antwort für diese Entwicklung. Doch der gerade daraus abgeleitete Erziehungsoptimismus zur Vernunft hatte für die Juden nicht unerhebliche Belastungen gebracht, weil er konsequenterweise Identität verlangt. An die Stelle der früheren Übereinstimmung mit dem Christentum trat nun ein aufgeklärtes Bürgertum, das zugleich stark mit dem Nutzen des Staates, wie des Landesherren verbunden war: dies löste auch innerhalb des Judentums Diskussionen aus.

In diesem Jahr sind zwei Jahrhunderte seit der französischen Revolution vergangen. Ihre Bedeutung für die Emanzipationsbewegung auch der Juden muß hervorgehoben werden. In Frankreich erhielten die Juden 1791 das volle Bürgertum, das über die napoleonischen Entwicklungen und staatlichen Neubildungen, auch Bayerns, in das die Pfalz mit allen Rechten aus Frankreich zurückkehrte, die Forderungen nach einer Vereinheitlichung des Rechtssystems immer lauter erhob. Montgelas nahm sie auf und versuchte seine Vereinheitlichungsreformen auf der Grundlage des Staatsabsolutismus. Dabei war die Ausgangslage für die Juden mit ihrer Minderheit und ihrer fehlenden Organisation sehr erschwert. Dazu kam, daß eine Reihe ihrer Gemeinden mit ihren lokal erworbenen Selbstverwaltungsrechten durchaus zufrieden waren. Schließlich fehlte auch eine echte jüdische Oberschicht, vor allem eine, die in München Einfluß gehabt hätte. Der mühselige Prozeß, der sich in Eingaben der Juden an den König äußerte, wurde immer wieder von feindseligen Gegenstimmungen begleitet. Schon damals war nicht zu übersehen, daß die Judenfeindschaft ein ständiger Begleiter der Emanzipationsbewegung war. Der bayerische Kurfürst Max Joseph legte zwar in einem Reskript im Jahre 1801 die Grundpositionen fest, aber entscheidende Impulse kamen erst nach der Eingliederung der neuen bayerischen Gebiete Frankens und Schwabens. Die Entstehung der ersten Verfassungsentwürfe von 1808, auch später der Verfassung von 1818, war entscheidend, weil in ihnen die Religions- und Gewissensfreiheit garantiert wurde. Am 10. Juli 1813 wurde nach mehrjährigen Vorbereitungen und Gutachten das Judenedikt vom bayerischen König erlassen. Es war ein Instrument des monarchischen Staates und seiner starken Verwaltung. Zwar beruhte es auf dem Grundsatz der Religionsfreiheit und schuf zugleich massive Ausnahmeregelungen. Auch in anderer Hinsicht wurden schwerwiegende Eingriffe in die grundsätzlich zugestandene Freiheit verfügt. Dies galt bei den Juden in besonderer Weise hinsichtlich ihrer Niederlassungsfreiheit. So bestimmte der § 12 »die Zahl der Judenfamilien an den Orten, wo sie dermal bestehen, darf in der Regel nicht vermehrt werden, sie soll nach und nach vermindert werden, wenn sie zu groß ist. Ausnahmen dürfen nur genehmigt werden, bei Fabrik-, Handels-, Handwerks- oder Bauernhofgründungen.« Um die Begrenzung festzulegen, mußten alle Familien in eine örtliche Matrikel eingetragen sein. Man brauchte eine sogenannte Matrikelstelle. Schacherhändler sollten nur eingeschränkt eine Heiratserlaubnis erhalten. Verboten war der Hausier-, Not- und Schacherhandel. Die Auflösung der Judenkorporationen und die Einbeziehung von Juden in die jeweilige Gemeinde zerstörten andererseits die korporative Autonomie des Judentums, bot aber auch neue Chancen zur Integration. Die eingeräumte Gewissensfreiheit sicherte den Status einer Privatkirchengesellschaft. Für die Bildung einer kirchlichen Gemeinde waren mindestens 50 Familien Voraussetzung. Über die Anerkennung eines Rabbiners entschied der Generalkommissar des Königs. Ein solcher mußte auf jeden Fall königlicher Untertan sein und wissenschaftliche Bildung nachweisen; sein Lebenswandel mußte makellos sein. Vor ihrem Dienstbeginn hatten die Rabbiner einen eigenen Eid zu leisten, da sie ihre Lehre gegenüber dem Staat loyal zu vertreten hatten. Die Rabbiner waren nur für kirchliche Verrichtungen zuständig und verloren damit ihre frühere Macht. Jüdische Schulen waren unter Bedingungen erlaubt, zugleich wurden alle Schulen auch für jüdische Kinder geöffnet.

Das Edikt war also wenig vom Geist der neuen bayerischen Verfassung und von der Idee der Toleranz geprägt. Vor allem wirkte der Matrikelzwang anstößig. Er hatte zur Konsequenz, daß die Juden keine Niederlassungsfreiheit besaßen und nur durch langes Zuwarten oder andere problematische Entscheidungen, wie Witwenheirat, Verzicht des Vaters, Mitgiftgewährung, die angeführte notwendige Matrikel erhielten. Als letzter Ausweg blieb oft nur die Taufe, die allerdings überall nur eine ausgesprochene Ausnahme blieb. Die Behörden hatten zudem einen großen Ermessensspielraum erhalten, der sich häufig in der Ausübung nach regionalen Traditionen richtete. Gravierende Unterschiede sind dabei bei der Behandlung der städtischen Oberschicht und dem ärmeren Judentum festzustellen. Damit wurde die Kluft zwischen reichen und armen Juden noch größer. Die Folgen waren der Rückgang der Hausier- und Betteljuden, dagegen scheiterte die Verbürgerlichung durch handwerkliche und bäuerliche Tätigkeiten wegen fehlender wirtschaftlicher Förderung. Zugleich wurde, unter ganz anderem Aspekt, der einstige mittelalterliche Spruch: »Stadtluft macht frei«, auch für die Juden erstrebenswert.

Die massiven Einschränkungen des Judenediktes führten zu einer Auswanderungsbewegung, hauptsächlich nach Amerika. Der bayerische Anteil der jüdischen Bevölkerung ging zwischen 1816 und 1871 von 20% auf 10% zurück. Dabei sind hauptsächlich jüngere, arbeitsfähige Leute ausgewandert. Auch von Augsburg und von Ichenhausen sind ab 1830 viele junge Juden über den Ozean weggewandert, weil sie keine Chancen in ihren Heimatstädten mehr sahen. In Ichenhausen war die Höchstzahl der Matrikelnummern auf 203 festgelegt. Die Augsburger Matrikelliste von 1813 wies 13 Familien einschließlich des Dienstpersonals mit 104 Personen nach, hinsichtlich der Sozialstrukturierung in beiden Gemeinden gehobener Mittelstand, auch wirtschaftliche Führungsschichten. Dabei hat unser Bezirksheimatpfleger Dr. Fassl bereits darauf hingewiesen, daß auch die jüdische Augsburger Oberschicht durchaus bestrebt war, die Zahl der Augsburger Juden möglichst klein und exklusiv zu halten. Sie wehrte sich deshalb gegen die Aufnahme weiterer Juden unter Berufung auf das Judenedikt. So war es nicht erstaunlich, daß sich die Zahl der Augsburger jüdischen Familien bis zu der allseits als Höhepunkt erwiesenen Jahrhundertmitte nur gering auf etwa 20 vermehrte. Mit der Abwehr durch die jüdische Oberschicht verband sich auch die aus Konkurrenzfurcht ebenfalls gegen Judeneinwanderung eingestellte bürgerliche-christliche Oberschicht, wobei die Auswirkungen der Augsburger Parität eine religiöse wie gleichzeitig staatspolitische Begründung abgab. Insgesamt ist dieser Zeitgeist aber auch in anderer Hinsicht feststellbar: von der Ablehnung der Judenemanzipation begleitet war auch die Zurückweisung liberalen freiheitlichen Gedankengutes. Auch gegenüber schwäbisch-christlichen Landbewohnern galt das Verbot der Ansässigmachung, der Verehelichung von Fabrikarbeitern, wie überhaupt außerhalb der paritätischen Selbstverwaltung stehende Elemente möglichst von der Gemeindepolitik ferngehalten werden sollten. Die immer erfolgreicher werdenden jüdischen Familien im Bankiers-, Kaufmanns- und Industriebereich waren allerdings wegen der erstrebten Wirtschaftskraft gegen Mitte des vorigen Jahrhunderts beliebter geworden. Anders war die Situation in Ichenhausen, wo die Ortsherrschaft äußerst interessiert war, die Matrikelzahl möglichst hoch zu halten, da das absterbende Feudalsystem das Geld der jüdischen Abgaben durchaus zu schätzen wußte. Von nun an ging in allen schwäbischen Kommunen mit jüdischer Bevölkerung deren Anteil zurück. 1840 lebten noch 88% der bayerischen Juden auf dem Lande, 1910 waren es nurmehr 22%. 1890 lebten von den 4300 Juden im Regierungsbezirk Schwaben etwa die Hälfte in Städten, davon 1100 in Augsburg. Der Emigrationsprozeß ging stark weiter, auch noch nach dem Ersten Weltkrieg, bis schließlich 1933 nur noch 2350 Juden in Bayerisch-Schwaben lebten, davon die Hälfte in Augsburg.

Wegen der sozialen Folgen des Ediktes von 1813 rissen die Proteste der jüdischen Gemeinden in der Folgezeit nicht ab. Nachdem die neue Verfassung von 1818 die Gewissens- und Religionsfreiheit erneuert hatte, befaßte sich seit dieser Zeit der Landtag mit der Judenfrage, wobei dort in erster Linie der Hausierhandel eine Rolle spielte. Im Landtag wurde, wie in der Bevölkerung, kontrovers diskutiert, wobei ein Abgeordneter auch die völlige Assimilation gefordert hatte. Es blieb bei Debatten und allenfalls Absichtserklärungen. Begleitet waren die Parlamentsdebatten von öffentlichen Diskussionen in Flugschriften, Zeitungsartikeln, Gutachten, staatsrechtlichen Abhandlungen. Ende 1849 ging insbesondere von Augsburg eine sogenannte Petitionenbewegung gegen die vom Landtag bereits beschlossene Gleichberechtigung der Juden aus. Der Kampf der Meinungen ging ein halbes Jahrhundert hin und her: Es gab zwei Grundmeinungen, zwei Alternativen für die Juden: Sie sollten sich entweder der christlichen Religion nähern, um Staatsbürger zu werden, oder sich zu den Lehren der Rabbiner bekennen und dann nur eine Duldung beanspruchen dürfen. Bei dem fast noch stärkeren Streit um den Handel der Juden waren Geschäftsinteressen und Konkurrenzneidstimmungen feststellbar. Immer wieder erhoben sich zugleich Stimmen, auch von katholischen Pfarrern, die die Gleichberechtigung der Juden verlangten. Meist anonym gebliebene Schriften wandten sich dann gleichzeitig entschieden gegen diese Bestrebungen. An den ersten Höhepunkt der Gleichberechtigungsdiskussion schloß sich von 1819 bis 1822 im fränkischen und oberpfälzischen Raum sogar ein Pogrom mit Verfolgungen, Sachbeschädigungen, Vertreibungen und Synagogenbränden an. In Schwaben hörte man davon allerdings nichts. Auch in den folgenden Entwicklungsphasen standen Fortschritte in ständiger Relation zu Gegenkräften.

Die Revolution des deutschen Bürgertums von 1848 hatte auch in Bayerisch-Schwaben ihre Auswirkungen. Nicht uninteressant ist die Haltung der Juden zur deutschen Freiheitsbewegung in jenen Monaten. Die staatliche Regierung hatte später eine sogenannte »Schwarze Liste« über jene Personen angelegt, welche sich in den Jahren 1848/49 gegen den allerhöchsten bayerischen Thron und die Regierung hervorgetan hatten. Aus ihnen ergab sich z.B. in Ichenhausen, daß die Juden nicht wenig an den aufrührerischen Bestrebungen zur Erlangung der bürgerlichen Freiheiten beteiligt waren, wie es im damaligen Wortlaut hieß. Der Günzburger »Märzverein« hatte sogar eine Dependance in Ichenhausen errichtet. Diesem Verein gehörten immerhin 150 Mitglieder an. In dem Regierungsuntersuchungsbericht wurde darauf hingewiesen, daß Ichenhausen und seine Juden ein Stützpunkt der liberalen Bewegung waren. Als Hauptredner des »Märzvereins« hätte sich der Sohn des damaligen Rabbiners und selbst Rabbinatskandidat, Heinrich Hochheimer, hervorgetan; außerdem der Gemeindevorsteher Georg Moll. Hochheimer wurde später wegen seiner Reden sogar verhaftet, konnte dann nach Amerika fliehen, durfte aber später wieder zurückkehren. In einem weiteren Bericht vom 30. Mai 1849 wurde darauf hingewiesen, daß sich die Judenschaft Ichenhausens tags zuvor bei einer Volksversammlung stark für diese Versammlungstätigkeit engagiert habe. Die Gebäude, besonders die Judenhäuser, seien mit deutschen Fahnen geschmückt gewesen. 4000 bis 5000 Menschen hatten an der Versammlung vor dem Hause des Gemeindevorstehers Moll teilgenommen. Die Juden waren zumindest in Ichenhausen wahrscheinlich auch anderwärts aufgrund der allgemeinen Rechtslage interessierter Motor für eine Veränderung, wobei sie nichts gegen eine monarchische Verfassung hatten, sondern in erster Linie das Bestreben nach freiheitlicher Gleichberechtigung zeigten. Auch in einem weiteren Bericht wies die königliche Regierung von Schwaben und Neuburg darauf hin, daß neben wohlhabenden christlichen Bürgern die meisten wohlhabenden Juden die Ziele des sogenannten »Märzvereins« für die angestrebte deutsche Reichsverfassung mit ihrer voraussichtlich dadurch erreichbaren Emanzipation unterstützten. Der Staat hatte den Juden 1836 eine Synagogenordnung abgerungen, die sich mit vielen Einzelheiten beschäftigte. Sie regelte so viel für den Gottesdienst, daß man sich wundern muß, wie diese Inhalte Staatsrecht werden konnten. Es ist für heutige Vorstellungen nicht nachvollziehbar. Allerdings bekamen die Rabbiner in dieser Ordnung eine ziemlich starke Stellung. Zum Gottesdienst gehörte das Gebet für seine Majestät den König, das der Rabbiner mit der Thora im Arm vorzutragen hatte. Ein anständiger Gesang wurde gefordert. In den israelischen Schulen des Königreichs Bayern mußte ein durch ein Formular der Regierung festgelegtes Gebet für den König verrichtet werden. Erst im Jahre 1861 fiel in Bayern wenigstens die Matrikelbestimmung. Sie hatte Bayern innerhalb des deutschen Bundes in eine Ausnahmestellung gebracht. Die in Ichenhausen aufgrund des sogenannten Burgauer Rezesses vom 9. November 1717 an den katholischen Pfarrer zu zahlenden Stolgebühren, die diesem jährlich insgesamt 34 Gulden und damit 4 % seines Einkommens einbrachten, wurden erst durch ein bayerisches Gesetz im Jahre 1881 aufgehoben. Seit den Unruhen von 1848 hatten sich einige liberale Juden geweigert, diese weiter zu bezahlen, was zu Rechtsstreitigkeiten führte.

In den 60er Jahren näherte man sich auch in Bayern in mehreren Schritten der Rechtsgleichheit der Juden bis dann ein Reichsgesetz des jungen deutschen Reiches im Jahre 1871 die völlige bürgerlich-politische Gleichstellung im ganzen Deutschen Reich und damit auch in Bayern sicherstellte. Zugleich wurde ein neuer organisierter Antisemitismus spürbar, der sich gegen jeden weiteren Fortschritt, vor allem bei der sozialen Integration der Juden wehrte. Diese Kräfte wurden schließlich im 20. Jahrhundert siegreich, denn die Begründung war schon damals rassistisch. Die Ereignisse des Dritten Reiches machen zugleich die Bewertung der Emanzipation der Juden im vorigen Jahrhundert schwieriger. War sie, wie Martin Buber urteilte, nur »eine traurige Episode unserer Geschichte«, ein Irrtum des bürgerlich aufgeklärten Judentums? Waren Kultursynthese und gesellschaftliche Integration, vor allem nach den ruhigen Jahrzehnten nach 1871, lediglich eine Selbsttäuschung der Juden? Schon orthodoxe Zeitgenossen hatten warnend vor der Emanzipationsbewegung als dem »Grab des ganzen Judentums« gesprochen. Für die Mehrheit der Juden hat dies ohne Zweifel bis Mitte des vorigen Jahrhunderts gegolten, denn sie waren kaum an einer echten Assimilation interessiert. Wie in der Literatur vermutet wird, waren etwa um 1850 von den 58000 bayerischen Juden mindestens 39000 noch nicht in den deutschen Kulturkreis eingebunden. Sprache, religiöse Erziehung und Brauchtum waren Integrationselemente für die gewünschte Eigenständigkeit des jüdischen Milieus, vor allem im Landjudentum. Die sogenannte »Orthodoxie« prägte weite Teile der bayerischen Juden. In der Stadt Augsburg entstand die »Neoorthodoxie«, die eine vermittelnde Stellung einzunehmen versuchte. Von ihr führte der Weg weiter zur jüdischen Nationalbewegung, in der eine Chance gesehen wurde, die Identität von Menschtum und Judentum durch die Anerkennung des jüdischen Interesses als einzige Norm für individuelles Leben und sein Verhältnis zur Umwelt zu erstreben. Der Bildungsoptimismus der Aufklärung und seine Anpassungsforderungen im 19. Jahrhundert gerieten damit ins Wanken. Heute wissen wir im Rückblick, daß dieser Vorgang durchaus eine Medaille mit zwei Seiten dargestellt hat. Hinter dem Begriff der Befreiung, der Freilassung stand zugleich mit der Anpassung auch die Gefahr der Selbstaufgabe. Anderseits war die Emanzipation der Juden eine aus dem modernen Staatsgedanken und seinen Verfassungen nicht wegzudenkende Folgerung, die letztlich auf die französische Revolution und die Aufklärungsideen zurückzuführen war. Auch das Judentum konnte sich diesem Modernisierungsprozeß nicht entziehen, dies umso weniger als Teile seiner Oberschicht überzeugte Anhänger der Ideen dieser Aufklärung waren. Die immer größere Dynamik der bürgerlichen Bewegung erfaßte die Juden, wie auch deren Stocken. Damit sind innerhalb der Juden zugleich neue Fronten und Diskussionen entstanden. Am Ende dieser Entwicklung stand 1871 die Emanzipation und die Judenfrage hatte sich scheinbar politisch erledigt. Aber an anderer Stelle waren die soziologischen Judenfragen heraufbeschworen worden, die sich zu einer Sozialproblematik entwickelten (so KATZ, Assimilation, S. 171). Bayerische Juden hatten später, auch noch in diesem Jahrhundert hervorragende Beispiele und Beiträge für deutsche Kultur und Wissenschaft, für Engagement in Politik und Wissenschaft gegeben. Leider blieb Reifung und Aufbewahrung durch die baldigen Ereignisse im Dritten Reich aus. Diese Unterbrechung war total. Bis heute noch gilt dieser Untergang. Ich möchte mich in der Wertung deshalb der Meinung Tremls anschließen, der ausgeführt hat:

»So war die Emanzipation der Juden zugleich ›bridge and barricade‹. In ihrer Brückenfunktion jedoch war ihr nur kurzfristige Entfaltung und Blüte vergönnt, weil der rassische Antisemitismus zur Staatsideologie und der Massenmord zur Praxis deutscher Politik wurde. Und dennoch ist daraus nicht der Schluß zu ziehen, daß dieser Versuch einer positiven Neugestaltung des Verhältnisses zwischen Juden und Nichtjuden prinzipiell gescheitert ist oder gar von vornherein zum Scheitern verurteilt gewesen wäre. Emanzipationsgeschichte soll daher Realität von Integration ebenso aufzeigen wie mögliche Alternativen der gesellschaftlichen und politischen Entwicklung. Vor allem aber muß sie den Blick auf die Frage lenken, welche Denkmuster, politischen Ideologien, wirtschaftlichen Interessen und gesellschaftlichen Kräften ursächlich für die verhängnisvolle Entwicklung in Deutschland waren. Nur so läßt sich für die Zukunft allen Anfängen wehren und letztlich auch eine wirksame Lehre aus der Vergangenheit ziehen.«

Heuer sind es 75 Jahre seit der Erste Weltkrieg ausbrach. Das Thema des Ersten Weltkriegs und die Haltung der Juden in ihm soll deshalb nicht ausgespart bleiben. Angesichts der erhaltenen Ehrentafeln gefallener Juden, auch beispielsweise in der Ichenhauser Synagoge, hat das alte Klischee vom deutschen Helden und dem feigen Juden keine Berechtigung. Gerade angesichts des 75jährigen Gedenkens haben wir, wie Pinchas Lapide vor kurzem im Rheinischen Merkur ausführte, die Pflicht, der Geschichte die Ehre zu geben und auch der Einstellung der deutschen Juden in den Kriegsjahren zu gedenken. Im Ersten Weltkrieg standen mehr als 100 000 deutsche Juden bei den Waffen, davon mehr als 10 000 als Freiwillige, 12 130 fielen für Deutschland, mehr als 30 000 wurden mit Orden ausgezeichnet. Es ist die Tragik, daß viele von ihnen als Träger des Eisernen Kreuzes nicht glauben konnten, daß ihnen der deutsche, auch der nationalsozialistische Staat etwas anhaben könne. »Sie glaubten sich durch ihre Eisernen Kreuze vor den Gaskammern sicher.« Lapide hat bemerkenswert wie folgt darauf hingewiesen:

»Aus der Gesamtschau deutsch-jüdischer Beziehungen wird es immer klarer, daß die deutschen Juden richtig vernarrt in Deutschland waren. Wie anders läßt es sich erklären, daß Leo Baeck, die letzte Leuchte des deutschen Rabbinats, der im Jahre 1915 das Eiserne Kreuz erhalten hatte, noch Ende 1933 öffentlich erklären konnte: »Die Erneuerung Deutschlands ist ein Ideal und eine Sehnsucht innerhalb des deutschen Judentums«; daß Hauptmann Löwenstein, der Vorsitzende der »Jüdischen Frontsoldaten«, noch im Jahre 1934 schreiben konnte: »Wir haben den heißen Wunsch, unsere Kraft, unser Leben und Wirken für den nationalen Wiederaufbau Deutschlands einzusetzen«; daß Hans Joachim Schoeps, der Philosoph und Religionswissenschaftler, noch im Jahre 1935 Hitler eine Denkschrift zu überreichen versuchte, die der Integration der Juden in die deutsche Gesellschaft gewidmet war.

»Sollte man mich zwingen, mein Deutschtum von meinem Judentum zu trennen, dann würde ich diese Operation nicht lebens überstehen.« Dieses Wort von Franz Rosenzweig, einem freiwilligen Frontsoldaten im Ersten Weltkrieg, wurde blutiger Ernst für Tausende seiner Glaubensgenossen, die an dieser Amputation seelisch dahinwelkten.

War ihr begeisterter Einsatz für Deutschland letzten Endes sinnlos oder gar illusorisch? Sie taten das für ihre Umstände, ihre Zeit und ihren Ort ihnen als richtig Erscheinende. Was nachher kam, konnten sie in ihren düstersten Alpträumen genausowenig voraussahen wie die damaligen Staatsmänner aller Welt. Ganz abgesehen von der Tatsache, daß die Völker der freien Welt ihre Tore vor den jüdischen Flüchtlingen dichtmachten in der Stunde der größten Not – was allerdings die Schuld der Mörder und der Wegschauer nicht mindert.

»Die Juden« hat man in deutschen Landen seit dem Mittelalter als Drückeberger, Feiglinge, Schacherjuden und Judasse verteufelt. Im Ersten Weltkrieg wurden viele von ihnen als Helden geehrt und als Freunde gefeiert, im Zweiten Weltkrieg hingegen wie Schädlinge und Ungeziefer vergast. Die deutsch-jüdische Wahlverwandtschaft wurde in kurzer Zeit zur blutigen Qualverwandtschaft.

Warum an diese Zeit erinnern – heute, wo jährlich rd. 80000 junge Männer in der Bundesrepublik aus Gewissensgründen den Wehrdienst verweigern und Zivildienst leisten? Wozu eigentlich an Juden erinnern, die freiwillig für Deutschland gekämpft haben und auch gefallen sind? Sie waren weder Militaristen noch schießfreudige Killergestalten. Ihr Dienst im deutschen Heer war die notwendige Eintrittskraft in die damalige deutsche Gesellschaft, in der Hoffnung auf volle Gleichberechtigung.

In diesem an Gedenktagen reichen Jahr sollte man sie nicht vergessen. Nach 1500 Jahren von Gegeneinander und brutalen Judenverfolgungen war es anfangs dieses Jahrhunderts zu einem friedlichen Nebeneinander von Juden und Christen in Deutschland gekommen. Was folgte, war eigentlich eine nationale Selbstverstümmelung, in der in einem Kulturvolk ein Großteil seiner treuesten Bürger und Patrioten vernichtet wurde. Erst in unseren Tagen beginnt ein noch zaghaftes Miteinander der nichtjüdischen Altersgenossen mit den Enkeln und Urenkeln jener jüdischen Stiefkinder Deutschlands, von denen hier die Rede war.« Soweit Lapide.

Umso weniger sind schließlich schon wenige Jahre später die Verfolgungen im Dritten Reich zu verstehen. Sie beruhten allerdings, wie wir mehrfach hörten, auf einem längeren Reifungs- und Entfaltungsprozeß. In Schwaben prägten unsere jüdischen Mitbürger über Jahrhunderte hinweg gedeihlich und tolerant das wirtschaftliche wie auch das kulturelle Leben. Sie waren Bürger unter Bürgern. Von den noch in Schwaben im Jahre 1933 lebenden 2359 Juden erkannte etwa die Hälfte die gefährlichen Signale der Zeit und hatte auch die finanziellen Voraussetzungen, um ihres Überlebens wegen auszuwandern. Sie waren Vertriebene. Rund 900 wurden deportiert und verloren dabei fast durchwegs ihr Leben. Nur einzelne, wenige konnten ihr Leben retten.

Von den wenigen noch vorhandenen Synagogen konnten bisher unter großem Aufwand angesichts des Grades der Zerstörung und Vernachlässigung nur die in Augsburg und Ichenhausen, mit großer baudenkmalerischer Strahlkraft wiederhergestellt werden. Die Synagoge in Hainsfarth soll wiedererbaut, auch die in Buttenwiesen restauriert werden. Hat dies noch einen Sinn – wo es nur noch ein kleine, jüdische Gemeinde in Schwaben gibt, für die im Grunde eine Synagoge ausreichen würde? Haben die Juden insgesamt Zugang zu der Frage der Restaurierung von ehemaligen Synagogen, wo keine jüdische Gemeinde mehr existiert? Zwar empfinden wir Freude über wiederentstandene Schönheit, über Stuck, Farben, Fenster, Symbole und doch ist der Glanz ein anderer geworden. Wir empfinden nämlich mehr als bloße Freude über die wiedereröffneten bedeutenden Baudenkmäler von nationalem Rang in Augsburg und Ichenhausen. Mit ihren und den noch zu restaurierenden früheren Synagogen wird nämlich nicht nur ein Beispiel für Baudenkmalspflege gegeben, sondern werden gewissermaßen spirituelle Denkmäler wieder aufgebaut, die uns Anlaß geben, über Taten und Untaten, Leid und Freude, Gegensätzlichkeit und Harmonie in der deutschen Geschichte im Verhältnis zwischen Christen und Juden nachzudenken. Nicht zuletzt hat der in den vergangenen Jahren ausgetragene sogenannte Historikerstreit die Geschichtserinnerung durchwegs zu einer Gegenwartsfrage gemacht. Auch nach einem halben Jahrhundert seit der Schädigung der Synagogen und der Vertreibung der Juden aus Deutschland ist jene Vergangenheit unter uns noch gegenwärtig, gegenwärtiger als manches andere, was sich in der Zwischenzeit ereignet hat. Diese Gegenwärtigkeit ist es auch, die über das Problem der gesellschaftlichen Geschichtserinnerung hinaus im Sinne des Erinnertwerdens zu einer Kraft der versuchten Wiedergutmachung führen kann. Die Frage nach dem Sinne des geschichtlichen Denkens, das Fragen, wer wir sind und woher wir kommen, ist heute in einer heimatbewußten Zeit wichtig geworden. Aber niemand von uns sucht sich seine Vergangenheit aus, denn einiges aus ihr hat seine Folgen, ob wir wollen oder nicht. Zwar sind wir mittlerweile fast alle aus einer Generation, die nicht für die Untaten des nationalsozialistischen Deutschlands haften kann, und dennoch müssen wir, wie unser Bundespräsident Richard von Weizsäcker gesagt hat, unsere Vergangenheit annehmen und sind von ihren Folgen betroffen. Darin liegt ein wichtiger Teil unserer gesellschaftlichen Identität. So gesehen gibt es keinen Schlußstrich unter die Geschehnisse während des Dritten Reiches, sondern nur Erkenntnisse für ein anderes menschliches Handeln und das Versprechen, daß wir daraus lernen, jedwede Wiederholung in der geistigen Einstellung zu vermeiden. Würden wir nämlich die Erinnerung an das damalige Geschehen und an unsere Opfer nicht mehr wachhalten, dann würde auf uns, die heute lebenden Bürger, *unsere* Schuld fallen. Die sanierten ehemaligen Synagogengebäude sind deswegen auch eine Erinnerung an die Opfer und an ein Geschehen, durch das die Weltgeschichte anders geworden ist.

In Schwaben gab es im Jahre 1870 noch 18 Synagogen, davon wurden zwei noch vor der Zeit des Dritten Reiches abgebrochen. Die verbleibenden wurden alle während der Ereignisse der Reichskristallnacht mehr oder weniger innen zerstört, drei so stark, daß sie in der Zeit zwischen 1938 und 1945 abgebrochen wurden, weitere drei wurden nach 1945 beseitigt. Die frühere Buttenwiesener Synagoge wird heute als Volksschule genutzt. Fünf weitere dienen jetzt als Wohngebäude. Neben der herrlichen Augsburger wie der Ichenhausener Synagoge, die bereits das Glück der Restaurierung erfahren haben, hat mittlerweile der Landkreis Dillingen mit der Absicht, die Binswanger Synagoge als einen Kulturraum wiederherzustellen, ein beachtliches Zeichen gesetzt. Auch mit der Restaurierung der Hainsfarther Synagoge wurde begonnen. Sie soll ebenfalls für kulturelle Veranstaltungen im Ries genutzt werden. Keine Aktivitäten zeigen sich für die Wiederherstellung der im Eigentum der Stadt Augsburg stehenden ehemaligen Synagoge in Kriegshaber. Die Restaurierung der Augsburger Synagoge hat der Bezirk Schwaben mit 935 000 DM, die Ichenhausener mit 300 000 DM bezuschußt. Für die Errichtung des jüdischen Kult- und Kulturmuseums in Augsburg gewährt der Bezirk Schwaben jährliche Zuschüsse, in diesem Jahr 80 000 DM. Für den Betrieb der Ichenhausener Synagoge wurden bislang vom Bezirk keine Zuschüsse, vom Landkreis Günzburg dagegen nicht unerhebliche gewährt. Für die künftige Stiftung ›Ehemalige Synagoge Ichenhausen‹, hat der Bezirk Schwaben einen Betrag von 50 000 DM als Stiftungskapital aufgebracht. Bei der Heimatpflege des Bezirks Schwaben wird zur Zeit an einer Dokumentation zur Geschichte der Juden in Schwaben gearbeitet. Wir würden es auch sehr begrüßen, wenn an der Universität Augsburg ein Institut für Judaistik entstünde, wie in Bamberg ein solches für den Islam geschaffen wurde. Theodor Heuss, der erste deutsche Bundespräsident hat einmal ausgeführt: »Ein Erbe, das wir in Trümmern empfangen haben, muß in erneuerter Gestalt als Erbe denen weitergegeben werden, die uns folgen.« Aus dieser Verpflichtung und ohne Verdrängung der schrecklichen Ereignisse in den Jahren 1938 bis 1945 geht der Bezirk Schwaben vor und hofft, daß er mit Hilfe des schwäbischen Synagogenprogramms viele positive Schritte zur Überwindung trennender geistiger Linien tun kann. Wir wollen den Blick auf die Zukunft richten. Vertrauensvoll hoffen wir, daß sich durch eine Vielzahl von Begegnungen und Veranstaltungen das Bemühen um Versöhnung zwischen den Konfessionen und das Streben um Frieden vor Ort und in aller Welt entfalten kann. Die geistigen und kulturellen Leistungen einer Minderheitenkonfession, wie es die Juden bei uns stets waren, können auch ein Hoffnungsschimmer für künftige Jahre werden. Im Geiste der Toleranz und der Begegnung sollen nicht nur theologische und konfessionelle Gespräche, wie Vorträge im engeren Sinne, sondern auch das geistige und musische Leben, wie es von der jüdischen Religion oder schlicht und einfach von Juden geprägt wurde, wieder aufgenommen werden. Wir wissen zu wenig voneinander. Diese Klage, die seit Jahrhunderten auch in Schwaben zu hören war, gilt im Grunde heute noch mehr wie in der Vergangenheit. Deswegen sind alle Bemühungen, dieses Wissensdefizit zu überwinden, zu begrüßen. Alle wiederhergestellten Synagogen, auch dort, wo es keine jüdische Gemeinde mehr gibt, können dafür Ansatzpunkte sein. Wie mir scheint, werden sich gerade die Bestrebungen in Augsburg und Ichenhausen sehr gut entwickeln. In und an den beiden Synagogen werden Programme möglich sein, die sich hervorragend ergänzen. Sind in Augsburg mehr die Fragen des städtischen, so in Ichenhausen die des Landjudentums Gegenstand der Ausstellung und Dokumentation, so sind darüber hinaus in beiden nach unterschiedlichen Einzugsbereichen Bildungsmöglichkeiten gegeben. Das Kuratorium für die Ichenhauser Synagogenstiftung erlaubt viel hoffnungsvolle Erwartung, Augsburg hat ohnedies alle Vorzüge einer Regierungshauptstadt. Die Begegnungsmöglichkeiten haben abgenommen und dennoch muß Vertrauen zwischen den Religionen wachsen können, vor allem zwischen den Religionen, die gemeinsam an den einen allmächtigen Gott glauben. Aus diesem Glauben kann Gerechtigkeit, Frieden und bewahrte Hoffnung kommen. In diesen Versöhnungauftrag müssen wir auch den Umgang mit der Natur und den Ausgleich zwischen Ethik, Technik und Geisteswissenschaften einbeziehen. Minderheiten hatten es in der Geschichte oft sehr schwer. Dies gilt gerade für religiöse. Der jüdische Geist hat in der deutschen Kulturgeschichte bewiesen, daß sich geistige Elemente häufig in einer sie nicht begünstigenden Umwelt durchsetzen können. Dafür hat unsere heutige Massenkultur verhältnismäßig wenig Verständnis. Die Wechselbeziehungen zwischen den geistigen Entwicklungen und der allgemeinen Volkskultur bedürfen der Aufhellung und auch der Anteil der Juden an der schwäbischen wie deutschen Kultur in Literatur, Theater und Musik. Gerade hier ist der Bruch besonders groß geworden im letzten halben Jahrhundert. Deswegen ist mir auch die Pflegestätte jüdischer Musik, wie es durch das Europäische Zentrum für jüdische Musik in Augsburg beabsichtigt ist, wichtig. Man verachte nicht das Indirekte, das sensitive Element, das gerade mit Hilfe der Musik in den Begegnungen zwischen Menschen, Rassen und Religionen zum Schwingen zu bringen ist. Nach den ersten Schritten des Wiederaufeinanderzukommens müssen viele weitere erfolgen. Das Band der Tradition ist zwar unterbrochen, aber es hat sich gleichzeitig in den letzten 30 Jahren im Verhältnis zwischen Christen und Juden eine Wandlung vollzogen, die undenkbar erschien. Nicht zuletzt im Hinblick auf jüngste, in einem unserer Nachbarländer geführten Diskussionen habe ich deshalb den Ausspruch Papst Johannes Paul II. zum Kriegsausbruch vor 50 Jahren begrüßt, der gesagt hat: »Die Feindseligkeit oder, noch schlimmer, der Haß gegen das Judentum stehen in vollkommenem Widerspruch zur christlichen Auffassung von der Würde des Menschen«. So beflügelt uns letztlich die Hoffnung, daß der Weg in die Zukunft von Toleranz und Ausgleich, Verständnis und Frieden begleitet ist.«

Das organisierte Übersee-Auswanderungswesen im bayerischen Schwaben 1840–1863, dargestellt am Beispiel der Auswanderungsagentur Leipert

VON WOLFGANG KNABE

1. Armut und der Traum vom besseren Leben

Die Literatur über die Ursachen der Überseeauswanderungen aus dem süddeutschen Raum ist vielfältig[1], nicht zuletzt, weil die große Auswanderungswelle des 19. Jahrhunderts in Süddeutschland ihren Ausgangspunkt genommen hatte. Faßt man die in zahlreichen Publikationen analysierten Ursachen zusammen, dann waren das Zusammentreffen von Agrarkrisen, der zeitabschnittsweisen Übertreuerung der Roggenpreise, Bevölkerungswachstum, neuen industriellen Fertigungsverfahren, die daraus resultierende deutliche Nachfragereduzierung, vor allem in den mit überhohem Anteil an Arbeitskräften arbeitenden Textilindustrien und Kleingewerben[2], und eine Stagnation der Löhne, dem damit einhergehenden Zersetzungsprozeß im Kleingewerbe und Rückgang der Heimindustrie, um nur die dominanten Ursachen zu nennen, die bestimmenden Faktoren für die seit Beginn des 19. Jahrhunderts konstant wachsende Verelendung breiter Bevölkerungsschichten.

Auch die sich 1848 entladende Revolution war in erster Linie »nicht einfach politisch, sondern eine soziale…«, wie uns der Zeitzeuge Rudolf Virchow berichtet[3]. Auf das zahlenmäßig größte Bevölkerungspotential, die bäuerliche Bevölkerung und das Handwerkertum, wirkte der Ausgang der 48er Revolution stimulierend zu einer Übersee-Auswanderung. Der durch das Absterben der Heimindustrien lebensnotwendiger Nebenerwerbsquellen beraubten bäuerlichen Bevölkerung, die, wie beispielsweise in Schwaben oder Mittelfranken, ihren Forderungen nach preiswertem Saatgut, nach Reduzierung der Abgaben, Befreiung von der drückenden Schuldenlast usw. mit der Gründung von Bauernvereinen Nachdruck verleihen wollte, blieb nur Zukunftslosigkeit in einer weiter um sich greifenden Verelendung der Massen, die, als Pauperismus bezeichnet, Gegenstand zahlreicher Veröffentlichungen wurde[4].

Dennoch muß der politische Aspekt auch als solcher eingestuft werden, für das bayerische Schwaben nicht in dem Ausmaß, daß er Überseeauswanderungen in größerem Umfang

---

1 Eine informative Abhandlung über Auswanderungen aus Württemberg im 19. Jahrhundert gibt Wolfgang v. HIPPEL, Auswanderung aus Südwestdeutschland, Stuttgart 1984.
2 Hermann-J. RUPIEPER, Probleme einer Sozialgeschichte der Revolution 1848/49 in Deutschland, in: Michael SALEWSKI, Die Deutschen und die Revolution, Göttingen, Zürich 1984, S. 162.
3 RUPIEPER, 1984, S. 158.
4 Vgl. dazu insbesondere Carl JANTKE, Die Eigentumslosen. Der deutsche Pauperismus und die Emanzipationskrise in Darstellungen und Deutungen der zeitgenössischen Literatur, Freiburg, München 1965, Zur Deutung des Pauperismus, S. 7–47.

hervorrief, wohl aber aufgrund seiner unbestreitbar stimulierenden Funktion. Denn seit der erfolgreich verlaufenen Französischen Revolution war diese in Deutschland zum Hoffnungsträger für ein in erster Linie ökonomisch besseres Dasein des Einzelnen geworden.

Über die Hauptursachen, die auch im bayerischen Schwaben zum Verlassen der angestammten Heimat zwangen, geben uns die im Staatsarchiv Augsburg, in Archiven bayerisch-schwäbischer Städte und Gemeinden, im Hauptstaatsarchiv München, aber auch in Kirchen- und Privatarchiven erhalten gebliebenen Auswanderungsakten und Dokumente ein beredtes Zeugnis. Sie berichten vor allem über die auf öffentliche Unterstützung angewiesenen Auswanderer, die gezwungen waren, ihre Heimat zu verlassen: arme Familien, erwerbslose junge Männer und Frauen, junge Mütter mit unehelichen Kindern, herangewachsene Kinder, die nach dem Tod der Mutter nun »drüben« ihren Vater suchten, Mütter mit ihren Kindern, die, vom Vater in der Heimat zurückgelassen, nun nachfolgen wollten, oder umgekehrt Eltern, die nun zu ihren Kindern fuhren. Und immer wieder findet sich in den Akten der Vermerk: »Gibt an, seine Familie nicht mehr ernähren zu können.«

Viele Dokumente schweigen über die Auswanderungsgründe. Doch zwischen den Zeilen oder in der Berufsangabe des Auswanderers wird auch hier der Auswanderungsgrund offenbar, im Falle des Bleibens durch Erwerbslosigkeit zu chancenloser Armut verurteilt zu sein[5]. Deutlich heißt es dazu in einem Artikel des Schwäbischen Merkur, München, vom 4. April 1843:

»Je unzweifelhafter es ist, daß weit weniger die nur strichweise Mißernte im vergangenen Jahre die Ursache der gegenwärtigen Not ist, sondern daß ... die Hauptursache des eintretenden großen Elends in dem totalen Darniederliegen aller dort üblichen Industriezweige gesucht werden muß, um so mehr ist leider wohl Veranlassung gegeben, der Zukunft mit neuen Besorgnissen entgegenzusehen.«[6]

So haben die hohen Auswanderungszahlen vorwiegend junger Menschen aus dem bayerischen Schwaben in überseeische Länder, vor allem in die Vereinigten Staaten von Nordamerika, ihre wahren Ursachen nahezu ausschließlich in der wirtschaftlichen Verelendung. Bei diesen Auswanderern handelte es sich nicht um Arbeitsunwillige, Bettler, Vaganten[7] und um sonstige, der Armenkasse zur Last fallende Untertanen, sondern um ein Bevölkerungspotential, das neben dem Willen zur Arbeit auch oft eine abgeschlossene Berufsausbildung aufwies und auch noch über eine, wenn auch im Schnitt oft nur minimale, Barschaft von wenigstens 150 Gulden verfügte.

Bei Auswanderern, die weniger besaßen, wurde die Barschaft von der Gemeinde, von Eltern, Geschwistern, Verwandten, auch von Freunden auf im Durchschnitt 150 Gulden aufgestockt. In den Auswanderungsakten ist, wie das nachfolgende Beispiel zeigt, exakt belegt, daß in manchen Gemeinden auch bei Mittellosigkeit für eine gesicherte Finanzierung des Auswanderers gesorgt worden ist: »Durch eine Sammlung in der Gemeinde Grönenbach

---

5 Religiös motivierte Auswanderungen werden hier keiner näheren Betrachtung unterzogen.
6 Carl JANTKE, 1965, S. 52.
7 Carl JANTKE, 1965, S. 53 f.

(zu diesem Zweck genehmigt) kamen 53 fl für die Auswanderung des Rauh Andreas zusammen. Zusätzlich erhält er noch 50 fl, die bei der Gemeindeverwaltung für seine Auswanderung hinterlegt sind.«

Die meisten Akten geben nur kurze Bemerkungen wieder, beispielsweise: »Die Auswanderungskosten von insgesamt 150 fl trägt die Gemeinde (da mittellos)«, »150 fl, mit öffentlicher Unterstützung ausgewandert«, »zum Zwecke der Auswanderung 50 fl von der Gemeinde«, »erhält 100 fl Elterngut und 100 fl von der Armenfürsorge«, »erhält von seinem Vater 150 fl«, »hat 50 fl Eigenvermögen u. 150 fl Elterngut«, »seine Geschwister haben ihm 150 fl aus Nordamerika geschickt«, »hat 100 fl, erhält 50 fl von Freunden« oder »Haben ihr Haus für 2400 fl verkauft; nach Abzug aller Schulden bleiben 1069 fl« (für eine Familie mit 4 Kindern). So lauten in regelmäßiger Wiederkehr die Aktenvermerke. Mit dieser Summe mußte der Auswanderer seine Reise zum Atlantikhafen, den dortigen Aufenthalt[8] und die Überfahrt finanzieren.

Allerdings scheiterte ein Teil derjenigen Auswanderer, die ein überseeisches Ziel vor Augen hatten, bereits auf dem beschwerlichen Fußweg nach Mannheim, ein weiterer Teil verhungerte im wahrsten Sinne des Wortes in Le Havre, Antwerpen, Rotterdam und Amsterdam, und viele Auswanderer standen nach erfolgter Atlantiküberquerung ohne jegliche Barschaft im Zielhafen. Dies betraf nicht nur diejenigen, die illegal ihre Heimat verlassen hatten. Auch ein Teil der legalen Auswanderer wagte den Schritt in eine ungewisse Zukunft mit einer Barschaft, die das Existenzminimum während der Reise nicht sicherstellen konnte. Rezente Forschungsergebnisse, die auf einem Sample von 800 Fällen basieren, zeigen, daß das von bayerischen Schwaben für eine Auswanderung eingebrachte Vermögen zu einem hohen Prozentsatz an der unteren Grenze der Finanzierbarkeit von Anreise, Überfahrt, Verpflegung und Übernachtungen im Abfahrts- und Ankunftshafen lag. So brachen zwischen 6–10 Prozent der Überseeauswanderer mit einem Pro-Kopf-Vermögen von lediglich 100 fl auf, weitere 26 Prozent verfügten gerade über die behördlich als ausreichend für eine Auswanderung angesehenen 150 fl (siehe Abb. 1).

1850 betrug der Überfahrtspreis nach New York, wie wir der Anzeige der Agentur Leipert in der Augsburger Abendzeitung entnehmen[9], ab Mannheim über Antwerpen, ohne Verpflegung, für einen Erwachsenen 50 fl und für ein Kind 40 fl; über Bremen hingegen hatten der erwachsene Auswanderer 75 fl und das Kind 60 fl, allerdings mit Verpflegung, zu zahlen. Wie wir aus einer Reihe persönlicher Berichte von Ausgewanderten wissen, kamen diejenigen Auswanderer, die Eigenverpflegung vorzogen, aufgrund der hohen Lebensmittelpreise in den Hafenstädten, wo sie sich für die Überfahrt verproviantieren mußten, teurer weg als diejenigen, die über Bremen und Hamburg reisten, wo den Schiffahrtsgesellschaften der Transport von Auswanderern inklusive Verpflegung behördlich vorgeschrieben war. Nicht zuletzt in der ministeriellen Verordnung von 1844, die vom Auswanderer bei Antragstellung für den

---

8 1844 wurde mit Ministererlaß verordnet, daß Auswanderer 50 Gulden für die Bestreitung der Aufenthaltskosten am Ausschiffungshafen mitführen müssen. Georg KRIEG, Entwicklung und gegenwärtiger Zustand des Auswanderungswesens im Königreich Bayern, in: E. v. PHILIPPOVICH, Auswanderung und Auswanderungspolitik in Deutschland, Leipzig 1892, S. 23.
9 Augsburger Abendzeitung, Nr. 151, vom 31. Mai 1850, S. 1088.

Aufenthalt in den Abfahrtshäfen einen zusätzlichen Nachweis von 50 fl forderte[10], wird deutlich, daß 100 fl für die Überseeauswanderung eines Erwachsenen einschließlich eines neuen Existenzaufbaus kaum ausreichen konnten.

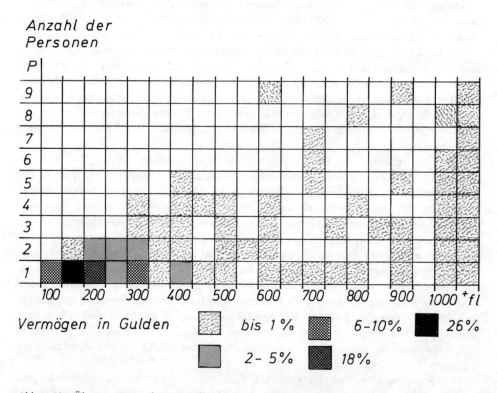

Abb. 1 Vor Übersee-Auswanderung vorhandenes Pro-Kopf-Vermögen

Die bayerische Regierung, die nicht daran interessiert war, daß ihre Untertanen bereits in den Atlantikhäfen mittellos dastanden, sagte vor allem dem Gewerbe der Winkelagenten den Kampf an, wie die folgende Regierungsanweisung vom 4. Mai 1842 beweist[11]. Darin heißt es:

> »Mit dem Eintritte der günstigen Jahreszeit hat bereits die Auswanderung nach Nordamerika in den deutschen Seehäfen wieder reges Leben gewonnen, und es wird nach vorliegenden Berichten namentlich aus Bayern dem Zuströmen von Auswanderern entgegen gesehen. Da die Zahl der nach Maßgabe der Allerhöchsten Entschließung vom 8. Mai 1842 aufgestellten Agenten verhältnismäßig nicht bedeutend ist, und daher kaum anzunehmen ist, daß diese für die angekündigte namhafte Zahl von Auswanderern die Überfahrts-

---

10 Siehe Anmerkung 8.
11 Intelligenzblatt Schwaben und Neuburg, Mai 1842.

Verträge vorschriftsmäßig vermittelt haben, so dringt sich die Besorgniß auf, es möchten wieder Winkelagenten thätig gewesen seyn, um für die Auswanderung zu werben und allenfalls auch heimliche Entweichungen unberechtigter Individuen im Werke seyn. Sämtliche Polizei-Behörden werden hierauf aufmerksam gemacht und zu ernstgemessener Wachsamkeit und unnachsichtiger Einschreitung gegen jede unbefugte Besorgung von Auswanderungs-Angelegenheiten sowohl von Seite hiezu nicht autorisirter Kaufleute, als insbesondere von Winkel-Agenten, Emissären, Hausirern u.d.gl. aufgefordert, und beauftragt, von den bestätigten Agenten Aufschlüsse über die Zahl der von ihnen für die neu beginnende günstige Schiffahrtszeit seit dem letzten Herbste vermittelten Auswanderungen und Überfahrts-Verträge zu erholen, und das Ergebniß binnen 4 Wochen a recepto anzuzeigen.«

Besonders die heimliche Auswanderung wurde in den folgenden Jahren strikt verfolgt, und immer wieder beweisen Aktenvermerke, daß bei der Kontrolle der Übersee-Auswanderer auch eine Zusammenarbeit zwischen dem Königreich Württemberg und dem Königreich Bayern stattfand. So hatte der Landgerichtsoberschreiber Georg Muggenhoefer aus Burgau, der am 7. Mai 1854 »nach Amerika durchgebrannt« war, keine Chance, weiterzureisen, nachdem er in Stuttgart kontrolliert und festgenommen worden war: Er wurde am 17. August »nachmittags 1 Uhr von Stuttgardt auf dem Schub hierher zurückgebracht«[12].

Im Regierungsbezirk Schwaben und Neuburg vollzog sich der Auswanderungsprozeß, wie die Graphik in Abb. 2 zeigt, analog der Entwicklung im Königreich Bayern. Insgesamt wanderten zwischen 1842 und 1863 11528 Untertanen legal aus, davon 6487, das sind 56,3 Prozent, »nach Amerika«. Darüber hinaus »entfernten sich« 629 Auswanderer »heimlich«. Hier lagen die Gründe oft in der völligen Verarmung, die eine legale Auswanderung nicht gestattete[13].

2. Die große Auswanderungswelle und die Entwicklung der rechtlichen Grundlagen für das organisierte Auswanderungswesen

Mit Beginn des Jahres 1843 entwickelte sich im Königreich Bayern die große Auswanderungswelle des 19. Jahrhunderts. Sie bestand aus einer Vorwelle zwischen 1843 und 1849 und der sich ab 1850 anschließenden Hauptwelle, die 1854 ihren Höhepunkt erreichte, im Folgejahr abrupt wieder abfiel und bis 1863 verebbte.

Die schlechten Erfahrungen, die die Auswanderer auf ihrem Weg zum Atlantikhafen sowie mit ihrer Schiffspassage machten, führten 1837 zu der Anordnung der Königlich Bayerischen

---

12 Stadtarchiv Burgau, Bestand 23.
13 Die den Polygonzügen zugrundeliegenden Daten entstammen den Beiträgen zur Statistik des Königreichs Bayern, für die Verwaltungsjahre 1841/42–1843/44 Heft 1, München 1850, S. 196, 1844/45–1850/51 Heft 3, München 1854, S. 322, 1851/52–1856/52 Heft 8, München 1859, S. 240, 1857/58–1861/62 Heft 11, München 1863, S. 16, 1862/63 und 1863/64 Heft 33, München 1865, S. 29. Die Angaben des jeweiligen Verwaltungsjahres wurden entsprechend der Verteilung Abb. 3 prozentual auf das jeweilige Kalenderjahr umgerechnet und die Verwaltungsjahre 1841/42 und 1863/62 saisonangepaßt. Siehe dazu auch: Beiträge zur Statistik Bayerns, Nr. 197, München 1955, S. 45.

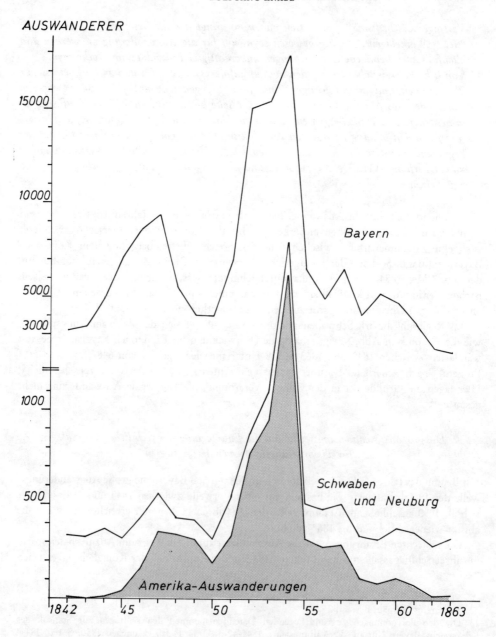

Abb. 2 Legale Auswanderungen aus Bayern und dem Regierungsbezirk Schwaben und Neuburg zwischen 1842 und 1863, unter besonderer Berücksichtigung der dortigen Amerika-Auswanderungen (siehe auch Anmerkung 13)

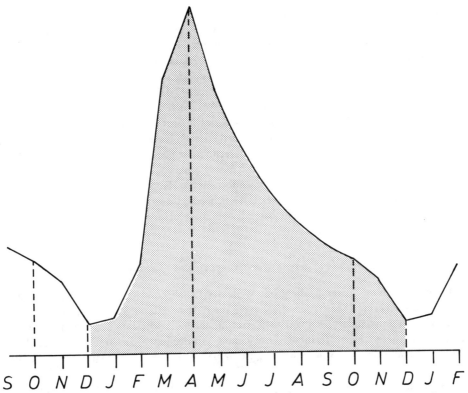

Abb. 3 Die Verteilung der Übersee-Auswanderungen im Jahresverlauf. Die gestrichelten Linien begrenzen das bis 1871 in der statistischen Erfassung übliche Verwaltungsjahr, die mittlere Linie markiert den Kulminationspunkt der saisonalen Welle[14].

Regierung, daß nur dann die Auswanderungsbewilligung und der Reisepaß ausgehändigt werden dürften, wenn der Betreffende einen Überfahrtsvertrag nachgewiesen habe, der mit dem Visum des zuständigen Konsulates, das eine Kontrollfunktion über die Schiffsmakler wahrzunehmen hatte, versehen war[15].

Doch damit löste der Gesetzgeber die Entwicklung eines neuen unkontrollierten Gewerbezweiges aus: Reisende Makler und Agenten traten verstärkt auf, darunter viele, die in betrügerischer Absicht Überfahrtsverträge verkauften. Die Regierung war zum Handeln gezwungen und führte mit Ministerialerlaß vom 8. April 1840 das »Institut der Auswanderungsagenten« ein. Darin wurde vorgeschrieben, daß der Schiffseigner sich im Verkauf von Überfahrtsverträgen von nun ab nur noch der von der königlichen Regierung als geeignet befundenen einheimischen Kaufleute bedienen durfte, die einen guten Leumund aufzuweisen hatten und deren Agenturtätigkeit von der königlichen Regierung vor Aufnahme des

---

14 Der Verteilung lag ein Sample von 1800 Fällen aus dem Regierungsbezirk Schwaben und Neuburg der Jahre 1840–1863 zugrunde.
15 Georg KRIEG, 1892, S. 48.

Geschäfts bestätigt werden mußte. Zugelassen waren nur noch »solide Handlungshäuser«[16] in den größeren Städten des bayerischen Königreiches. Am 8. September 1845 wurde diese Verordnung dahingehend ergänzt, daß die Auswanderungsbewilligung nur dann ausgesprochen werden durfte, wenn der zugrundeliegende Überfahrtsvertrag entweder mit den hierzu ermächtigten Schiffseignern selbst oder deren »legitimierten inländischen Agenten abgeschlossen« worden war[17]. 1849 wurde die Verordnung von 1840 dahingehend weiter verschärft, daß die Schiffahrtsgesellschaften, welche bayerische Auswanderer befördern wollten, dazu eine Konzession des Königlichen Staatsministeriums des Innern erwerben mußten. Diese wurde nur dann erteilt, wenn der Schiffseigner einen bayerischen Untertanen, der Kaufmann war, als Hauptagenten aufstellte. Dieser war dann berechtigt, seinerseits Unteragenturen, allerdings nur mit Genehmigung der einschlägigen Kreisregierungen, zu errichten, und mußte der Staatsregierung und den Auswanderern gegenüber für die Handlungen seiner Agenten und des von ihm vertretenen Expedientenhauses in jeglicher Weise geradestehen. Zur Sicherstellung eventueller Entschädigungsansprüche hatte der Hauptagent eine angemessene Kaution, in der Regel von 5000 fl, zu entrichten[18].

3. Die Gründung der Auswanderungsagentur Carl August Leiperts

1843 begann sich die später als die große Welle des 19. Jahrhunderts bezeichnete Auswanderung zu entwickeln. 1847 hatten die bayerischen Auswanderungen bereits mehr als das Dreifache der Auswanderungen von 1843 erreicht, allein die schwäbischen waren um fast das Eineinhalbfache gestiegen. In dieser Entwicklung sah der junge, zielstrebige und geschäftstüchtige Kemptener Kaufmann Carl August Leipert einen für ihn ertragreichen Geschäftszweig.

So suchte August Leipert am 19. Januar 1847 um die Bewilligung zur Übernahme einer Agentur zur Vermittlung von Überfahrtsverträgen für Auswanderer nach Nordamerika nach. Bereits neun Tage später reagierte die Regierung von Schwaben und Neuburg und forderte den Magistrat der Stadt Kempten auf, binnen acht Tagen über die Rechtlichkeit und die kaufmännische Solidität des Bittstellers gutachtlich Bericht zu erstatten[19].

Nachdem August Leipert seitens der Stadt Kempten »nicht nur die zur Führung der nachgesuchten Agentur nöthigen Kenntnisse« bescheinigt bekam, sondern er »auch wegen seines soliden Charakters u. seiner guten Vermögensverhältnisse mit Recht empfohlen werden könne«[20], erhielt der 25jährige Kemptener am 23. Februar 1847 die offizielle Vollmacht mit dem Begleittext:

---

16 Diese Verordnung wurde 1847 dahingehend modifiziert, daß auch in anderen Berufsständen tätigen »soliden Personen« die Bewilligung zur Eröffnung einer Auswanderungsagentur erteilt werden konnte.
17 Georg KRIEG, 1892, S. 48–49.
18 Georg KRIEG, 1892, S. 49.
19 Schreiben der Regierung von Schwaben und Neuburg vom 28. Januar 1847 an den Magistrat der Stadt Kempten.
20 Schreiben des Magistrats der Stadt Kempten vom 8. Februar 1847 an die Regierung von Schwaben und Neuburg.

Abb. 4 Reisepaß eines Auswanderers, der nach Nordamerika wollte (Staatsarchiv Augsburg)

»Dem Kaufmann August Leipert in Kempten wird auf sein Gesuch vom 19ten v. Mts. die Bewilligung ertheilt, die ihm durch den Spezialagenten der Eigenthümer der regelmäßigen Postschiffs-Verbindung zwischen Havre und Newyork, Washington Finlay zu Mainz, übertragene Agentur zur Vermittlung von Ueberfahrtsgelegenheiten für Auswanderer nach Nordamerika aus dem Regierungsbezirke von Schwaben und Neuburg zu übernehmen. Kaufmann Leipert ist hiervon unter Aushändigung der anliegenden Vollmachts-Urkunde geeignet in Kenntniß zu setzen.« [21]

Der sicherlich zufällige Vorsprung vor der Ministerialerschließung vom 11. Juli 1847, »auch anderen ...soliden und geschäftstüchtigen Personen als den Inhabern von Handlungshäusern die Bewilligung zur Übernahme von Auswanderungsagenturen zu erteilen« [22], sicherte August Leipert bereits zu Beginn einen regionalen Einflußbereich, den der Kemptener geschäftstüchtig auszuweiten wußte.

4. Die Kaufmannskarriere August Leiperts

1842, in einer Zeit, da weite Teile der Bevölkerung der Verelendung anheimgefallen waren, da mehr und mehr bayerische Untertanen ihre Heimat verließen, um in Übersee ein neues Leben zu beginnen, bewarb sich der erst 20jährige ledige Kaufmann Carl August Leipert um die Aufnahme als Kemptener Bürger und die Genehmigung zur Eröffnung eines Detailwaren-Ladens [23]. Eigentlich hatte er gute Chancen für einen erfolgreichen Start ins Berufsleben: Er kam am 21. Juli 1821 als Sohn des Kartenfabrikanten Franz Jakob Leipert in Kempten zur Welt, absolvierte von 1836 bis 1839 eine Kaufmannslehre bei der Firma D.C. Weiß in Ulm, die er am 30. Juni 1839 mit der Aushändigung seines Lehrbriefes erfolgreich beendete; er unterzog sich am 28. April 1842 in Kempten der Meisterprüfung und wurde »zur selbständigen Gewerbsausübung als Meister tüchtig befunden« [24]. Daneben war er auch nicht unvermögend, ja geradezu in diesen wirtschaftlichen Krisenjahren als reich zu bezeichnen, denn sein Vermögen belief sich auf 10000 Gulden sowie den Besitz des elterlichen Hauses, das er bereits von seinem Bruder für 5500 Gulden gekauft hatte [25].

Doch er hatte die Rechnung ohne die Kemptener Krämerinnung gemacht. Am 17. Mai 1842 protestierten die Vorstände der Krämerinnung, Josef Koch und Jakob Zorn, vor dem Magistrat gegen die Verleihung der Konzession an Leipert mit der Begründung, daß in Kempten bereits 27 Kaufleute ansässig wären, von denen 17 ihr Gewerbe im Detailhandel ausübten. Weiterhin gäbe es 18 Krämer, die alle offene Läden führten, wobei zwei ruhten. Demnach existierten in Kempten bereits 33 Detailhandlungen. Auch seien am Ort noch

---

21 Schreiben der Regierung von Schwaben und Neuburg vom 17. Februar 1847 an den Magistrat der Stadt Kempten.
22 Georg KRIEG, 1892, S. 49.
23 Schreiben von August Leipert vom 29. April 1842 an den Magistrat der Stadt Kempten, Gesuch über Bürgeraufnahme und um eine Kaufmannskonzession zum Detailbereich mit offenem Laden.
24 Gesuch von August Leipert vom 23. April 1842 an den Magistrat der Stadt Kempten um eine Kaufmanns Conzession.
25 Dem Schreiben vom 29. April 1842 beiliegend befindet sich eine Bestätigung des Kemptener Magistratsrats Josef Weidenberger, des gerichtlichen Kurators der Leipertschen Kinder, daß August Leipert ein reines Vermögen von 11000 Gulden besitzt.

Abb. 5 Ansicht des Wohnhauses und der Auswanderungsagentur von Carl August Leipert, 1855 (Privatbesitz)

30 Huckler, zahlreiche Leinen-, Baumwoll- und Seidenweber mit Handel, Trödler, Kleiderhändler, Lodner, Tuchmacher, Posamentierer, die alle, so die Vorsitzenden der Krämerinnung, »auf unser Gewerbe den nachtheiligsten Einfluß üben«. Doch nicht genug damit, in der ganzen Umgebung, in jedem Dorf und jedem Flecken rund um Kempten gäbe es inzwischen so viele Detailhändler, daß die Bauern in zunehmendem Maße ihre Einkäufe nicht mehr in der Stadt erledigen würden, sondern vor Ort. Schuld seien außerdem noch die Großhändler und die örtlichen Jahrmärkte, daß es den Detailhändlern zunehmend schlechter gehe[26].

Man spürt in diesem Dokument geradezu die Ohnmacht eines ganzen Gewerbes: in der Suche nach den Schuldigen, die für die schlechte Wirtschaftslage verantwortlich zu machen wären, im Unmut auf alle, die mögliche Kunden abspenstig machten, und in der einstimmig ablehnenden Reaktion eines Neuankömmlings, auch wenn es ein geborener Kemptener war, weil auch dieser eine potentielle Gefahr für das gesamte Gewerbe darstellte. Da war jedes Mittel recht, Leipert nicht in der Stadt zu haben: Er sei ja noch nicht einmal volljährig, wurde ihm vorgeworfen (ihm fehlten tatsächlich noch etwas mehr als zwei Monate!), er habe seinen Militärdienst noch nicht abgeleistet (wofür er allerdings eine Kaution bezahlt hatte), und schließlich sei ja Magistratsrat Weidenberger bei ihm wie bei seinem Bruder (siehe Abschnitt 8) als »dessen Vormünder bestellt und verpflichtet...«[27] Dieser Vorwurf bedeutete

---

26 Protestation gegen die nachgesuchte Verleihung einer Detailhandlungsgerechtsame für Carl August Leipert vom 17. Mai 1842.
27 Ebd.

nichts anderes, als daß wohl der Magistratsrat Weidenberger bei dieser Geschichte seine Hand im Spiel gehabt haben müsse.

Und damit verlagerte sich die Argumentation in den emotionalen Bereich und wurde zum Politikum. Da schon damals in der Kommunalpolitik galt, daß dort, wo eine Lobby, für sich Rechte proklamierend, Einfluß nimmt, die der Sache dienende Entscheidung auf der Strecke bleibt, war die Ablehnung des Leipertschen Gesuches vorprogrammiert, auch wenn das Gesuch noch den üblichen Verwaltungsweg über den Vorstand der Gemeindebevollmächtigten der Stadt Kempten und den Armenpflegschaftsrat der Stadt Kempten nahm. Beide Stellen[28] beschlossen, daß dem Gesuch des Antragstellers stattgegeben werden könnte, wenn der Magistrat demselben eine Kaufmannskonzession erteilen würde, »woran sie nicht zweifeln«[29].

Doch der Kemptener Magistrat lehnte das Gesuch von August Leipert nur einen Tag nach der positiv abgegebenen Stellungnahme des Armenpflegschaftsrates ab[30]. Als Grund wurde die einseitig ausgeprägte Infrastruktur des Kemptener Handels angeführt. Damit hatte sich erwartungsgemäß die Krämerlobby mit ihrer Argumentation beim Magistrat der Stadt Kempten durchgesetzt.

Allerdings dauerte es dann noch elf Tage, bis August Leipert die Ablehnung zuging[31]. Gegen diesen Beschluß, wurde er belehrt, könnte er in einer Frist von 14 Tagen Einspruch erheben. Und August Leipert erhob Einspruch. Bereits kurz nach Ablauf der Einspruchsfrist forderte die Kammer des Innern der Königlichen Regierung von Schwaben und Neuburg die Stadt Kempten zu einer Stellungnahme auf[32] und dazu, von Leipert Auskunft über die Art seines Geschäftes einzuholen. Leipert teilte der Stadt Kempten mit, daß er zunächst beabsichtige, einen Spezereihandel aufzumachen[33]. Einen Tag später übersandte die Stadt Kempten der Kammer des Innern ein detailliertes Verzeichnis sämtlicher Großhändler, Kaufleute und Krämer in Kempten[34].

Leipert mißtraute dem Kemptener Magistrat und wollte sich keinesfalls unterkriegen lassen. Also verfaßte er drei Tage später ein Schreiben direkt an die Königliche Regierung von Schwaben und Neuburg[35]. In diesem sozialgeschichtlich wertvollen Dokument (1842) analysierte Leipert, gerade 21 Jahre alt geworden, auf zehn Seiten die Marketingstrategien des städtischen Einzelhandels: die tatsächliche wirtschaftliche Situation der Kaufleute in Kempten, ihr Geschäftsgebaren, ihre Methoden, Gewinnspannen, Einkaufsquellen, potentielle Absatzmärkte für verschiedene Waren, schließlich das Bevölkerungswachstum im Verhältnis zur Zahl der Händler. Den seiner Ansicht nach überholten Methoden der alteingesessenen Händlerbranche, die er kritisierte, da sie aus dritter oder vierter Hand kaufe und dazu noch

---

28 Auszug aus dem Ratsprotokoll vom 16. Juni 1842, Beschluß des Armenpflegschaftsrates.
29 Protokoll der Gemeindebevollmächtigten der Stadt Kempten vom 27. Mai 1842.
30 Sitzungsprotokoll des Magistrats der Stadt Kempten vom 17. Juni 1842.
31 Bescheid des Magistrats der Stadt Kempten vom 28. Juni 1842.
32 Schreiben der Regierung von Schwaben und Neuburg, Kammer des Innern, vom 15. Juli 1842 an den Magistrat der Stadt Kempten.
33 Schreiben von August Leipert vom 17. August 1842 an den Magistrat der Stadt Kempten.
34 Schreiben des Magistrats der Stadt Kempten vom 18. August 1842 an die Regierung von Schwaben und Neuburg, Kammer des Innern.
35 Schreiben von August Leipert an die Regierung von Schwaben und Neuburg, Kammer des Innern, vom 20. August 1842.

mit viel zu hohen Gewinnspannen rechne, stellte er seine Version eines modern geführten Geschäftsbetriebes gegenüber: Steigerung des Bedarfs in der Region durch Erschließung größerer und neuer Absatzmärkte. Das bedeutete im konkreten Falle: Expansion des Absatzmarktes in das Oberland, denn jeder

»...*kent die Wohlhabenheit des Oberlandes und die tägliche Erfahrung lehrt, daß namentlich die Würtembergischen Kaufleute bis zur Stunde in unserm Oberlande sehr gute Geschäfte machen. Was diese Ausländer von unsern Landsleuten gewinnen, könen wir wohl selbst verdienen.*«

Dies allerdings sei nicht mit überholten Gewinnvorstellungen zu erreichen, wo man früher

»...*allgemein höhere Procente im Handel gewonnen hat, als man es jetzt thun muß, um die Concurrenz ertragen zu können. Man muß sich, um mit der jetzt herrschenden Sitte im Handelsverkehr gleichen Schritt zu gehen, mit geringerem Gewin begnügen und eine viel größere Thätigkeit entwickeln, als daß bisher gewöhnlich gewesen ist.*«

Der Verdienstausfall aufgrund des Verzichts auf hohe Gewinnspannen, so zeigte Leipert auf, ist dann sogar in größere Gewinne umwandelbar, wenn der Wareneinkauf aus erster Hand erfolgt, wenn ein höherer Produktabsatz erreicht wird, der ja aufgrund der wachsenden Bevölkerung gewährleistet ist, und wenn die Konkurrenz durch die niedrigeren Preise ausgeschaltet wird. Durch sein Vermögen, so führte August Leipert aus, sei er in der Lage,

»...*die Waren aus den ersten Quellen (zu) beziehen, während die Kaufleute und Krämer in Kempten, namentlich Cafe & Tabak aus der dritten und 4ten Hand nehmen, ja selbst die beßeren Kaufleute sich mit dem Bezug aus der 2. Hand begnügen.*«

Dieser Argumentation aufgrund einer klaren marktwirtschaftlichen Analyse entzog sich die Königliche Regierung von Schwaben und Neuburg nicht und teilte 5 Wochen später dem Magistrat der Stadt Kempten mit, daß August Leipert

»...*die persönliche Concession zur selbstständigen Ausübung des Spezereihandels in Kempten zu ertheilen sey, weil er sich über seine Befähigung und den Besitz eines Vermögens von 10 000 fl ausgewiesen hat, weil dieses Gewerbe nicht auf den örtlichen Absatz beschränkt ist, und weil aus dem steigenden Preise der realen Handelsrechte in Kempten hervorgeht, daß dieselben noch nicht übersetzt sind.*«[36]

12 Tage später, am 10. Oktober 1842, wurde die offizielle Zulassung von August Leipert als Spezereiwarenhändler öffentlich verkündet[37]. Damit hatte Leipert zwar einen formalen Sieg errungen, doch Freunde scheint er dabei nicht gewonnen zu haben. Noch arbeitete die gesamte Krämerinnung weiter gegen ihn. Dies wird deutlich in der fünf Monate später verfaßten Beschwerde sämtlicher Detailhändler in Kempten gegen Leipert als Spezereiwarenhändler[38]. Das Verfahren wird 1843 endgültig zugunsten Leiperts entschieden mit der

---

36 Schreiben der Regierung von Schwaben und Neuburg, Kammer des Innern, vom 28. September 1842 an den Magistrat der Stadt Kempten.
37 Bekanntmachung des Stadtmagistrats Kempten vom 10. Oktober 1842.
38 Beschwerde der Kemptener Detailhändler vom 8. März 1843 an den Magistrat der Stadt Kempten.

Begründung, daß das Auskommen der bereits ansässigen Händler durch die Konzessionierung Leiperts nicht gefährdet werde[39].

Unmittelbar nach der Konzessionierung erscheint Leipert vor dem Magistrat der Stadt Kempten und bittet um Aufnahme als Bürger und um Bewilligung zur Verehelichung mit der ledigen Kaufmannstochter Emma Augusta Barbara Stieler aus Heilbronn, die, wie Leipert auch ausführte, ein Vermögen von 850 Gulden und eine »...anständige Ausfertigung« mit in die Ehe brächte[40]. Am 21. Oktober 1842 wird August Leipert als Bürger der Stadt Kempten aufgenommen und gleichzeitig wird ihm die Genehmigung zur Verehelichung erteilt[41].

5. Die Tätigkeit der Auswanderungsagentur Leipert

Erinnern wir uns: Am 23. Februar 1847, mit 25 Jahren, stieg August Leipert in das Auswanderungs-Agenturgeschäft ein. Die Dokumente beweisen, daß er mit klaren Zielvorstellungen dieses Agenturgeschäft aufbaute:

1. Erkundung des Marktes, vor allem Klärung der zukünftigen Marktentwicklung im Regierungsbezirk.
2. Sicherung möglichst großer Marktanteile im Regierungsbezirk durch Übernahme einer Generalagentur (Bremen) für den gesamten Bezirk.
3. Flächendeckende Marktnutzung durch Aufstellung von Unteragenten im gesamten Regierungsbezirk.
4. Sicherung weiterer Marktanteile im Regierungsbezirk durch die Übernahme einer weiteren Hauptagentur (Antwerpen).
5. Verbesserte Marktnutzung durch Übertragung der neuen Agenturgeschäfte auf seine Unteragenten.
6. Marktsicherung durch Verdichtung seines Agenturnetzes im Regierungsbezirk Schwaben und Neuburg, hartes Vorgehen gegen jegliche Konkurrenz, Ausschöpfung des Marktes mit verbotenen Werbemethoden.

Die Vermittlung von Überfahrtsverträgen war seitens der bayerischen Regierung an Bestimmungen gebunden, die restriktiv einzuhalten waren: So durften nur Untertanen vermittelt werden, die eine obrigkeitliche Genehmigung zur Auswanderung nachweisen konnten, jegliche Verführung zur Auswanderung war strengstens untersagt[42], und ein Überfahrtsvertrag wurde von den Polizeibehörden nur dann akzeptiert, wenn er mit dem Visum des entsprechenden Konsulates versehen war[43].

Eigentlich beeinträchtigten diese Bestimmungen, jedenfalls aus der Sicht Leiperts, das Überfahrtsgeschäft. Und daher nahm Leipert diese Auflagen, wie wir auch in der Folgezeit sehen werden, nicht so genau, ja er setzte sich, je intensiver er in das Auswanderungsgeschäft

---

39 Ablehnung der Beschwerde mit Schreiben der Regierung von Schwaben und Neuburg vom 8. Dezember 1843 an den Magistrat der Stadt Kempten.
40 Protokoll der Erklärung von August Leipert am 13. Oktober 1842 vor dem Magistrat der Stadt Kempten.
41 Magistratsbeschluß der Stadt Kempten vom 21. Oktober 1842.
42 Georg KRIEG, 1892, S. 48.
43 Georg KRIEG, 1892, S. 50. Diese Anordnung galt von 1837 bis 1857.

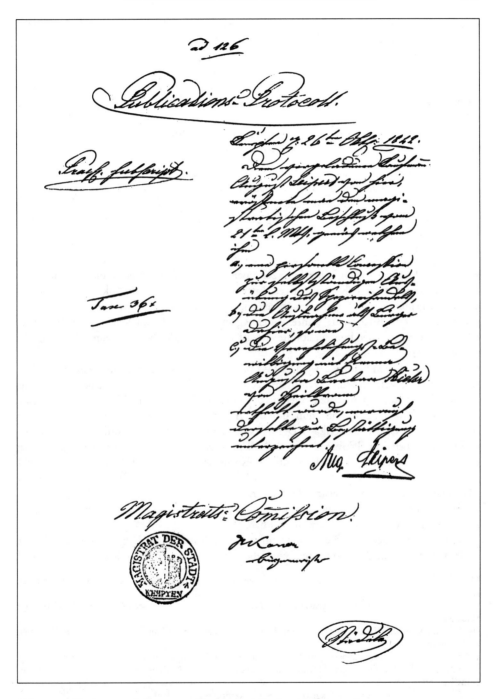

Abb. 6 Publikationsprotokoll vom 26. Oktober 1842 (Stadtarchiv Kempten)

einstieg, um so großzügiger darüber hinweg. Allerdings ließ er zwischen den einzelnen Vorgängen, mit denen die Königliche Regierung von Schwaben und Neuburg reagierte, immer wieder eine Zeitlang Gras über die Angelegenheit wachsen.

Bereit fünf Monate nach Beginn der Agenturtätigkeit verließ Leipert den Boden der behördlichen Vorschriften: Dem Auswanderer Joseph A. Hartmann aus »Mergisried« hatte Leipert erklärt, wenn er bei ihm den Überfahrtsvertrag abschließe, brauche er kein konsularisches Visum. Die Königliche Regierung von Schwaben und Neuburg wies die Stadt Kempten an, Leipert eine Rüge zu erteilen[44], und vier Monate später forderte sie einen weiteren Bericht vom Kemptener Magistrat an, vor allem darüber,

»...in welcher Weise und in welchem Umfange der Komissions Bureau Inhaber Martin Schmidt und der Kaufmann August Leipert die von ihnen übernommenen Agenturen zur Vermittlung von Ueberfahrtsverträgen für Auswanderer nach Amerika betreiben, und ob hirbei Klagen wegen Uebervortheilung von Auswanderern, wegen Verlockung zur Auswanderung u.s.w. laut geworden seyen...«[45]

Verlockung zur Auswanderung wurde von den Behörden streng verfolgt. Dennoch hat sich August Leipert, wie wir in der Folgezeit noch sehen werden, dieser Methode bedient, um noch mehr Geschäftsabschlüsse zu tätigen. Nicht alle seine Geschäftspraktiken scheinen dabei ans Licht gekommen zu sein, denn bereits im Gründungsjahr weist seine Agentur eine nachdenkenswerte Bilanz auf: während der Agent Martin Schmidt keinen einzigen Überfahrtsvertrag abschließen konnte, konnte August Leipert im gleichen Zeitraum 60 Vertragsabschlüsse tätigen[46].

Die geschäftlichen Erfolge des Jahres 1847 bewegten August Leipert zum weiteren Ausbau seines Agenturgeschäfts. Seine Agentur arbeitete erst im achten Monat, als Leipert sich bereits um die Übernahme der nächsten Agentur bemühte: nach der Havre-Linie von Washington Finlay in Mainz ging es ihm nun um die Agentur für Eduard Ichon in Bremen für Auswanderer nach Nordamerika[47]. Der Vorstoß klappte, und die behördliche Bewilligung wurde ihm noch vor Jahresende erteilt[48]. Was zuerst wie eine geschäftliche Expansion erschien, war eigentlich die marktorientierte Einstellung Leiperts auf die künftige Entwicklung der Verkehrsströme: Zwei Monate nach Erhalt der Agentur für Bremen, am 30. Januar 1848, erklärte er vor dem Magistrat der Stadt Kempten, daß er die ihm von Washington Finlay aus Mainz übertragene Auswanderungsagentur zurückgegeben und eine Agentur zu gleichem Zweck für Ichon in Bremen übernommen habe[49].

Worin finden sich nun die Gründe für diesen Schritt, zumal Leipert, wie er ja selbst angegeben hatte, mit der Vermittlung von Überfahrtverträgen für Washington Finlay gutge-

---

44 Schreiben der Regierung von Schwaben und Neuburg vom 3. Juli 1847 an den Magistrat der Stadt Kempten.
45 Schreiben der Regierung von Schwaben und Neuburg vom 25. November 1847 an den Magistrat der Stadt Kempten.
46 Schreiben des Magistrats der Stadt Kempten vom 8. Dezember 1847 an die Regierung von Schwaben und Neuburg.
47 Schreiben von August Leipert vom 25. Oktober 1847 an die Regierung von Schwaben und Neuburg.
48 Schreiben der Regierung von Schwaben und Neuburg vom 29. November 1847 an den Magistrat der Stadt Kempten.
49 Erklärung Leiperts vor dem Magistrat der Stadt Kempten am 30. Januar 1848.

hende Geschäfte gemacht hatte? Die Antwort liegt in der maschinentechnischen Entwicklung, die zur Mitte des 19. Jahrhunderts zwei Bereiche maßgeblich beeinflußte: den Eisenbahnbau und den Schiffsbau. Beide Bereiche führten zur Veränderung der traditonellen Verkehrswege, die von den Auswanderern aus Bayern benutzt wurden. Überland- wie Seereisen wurden zeitlich kürzer und vor allem durch die expandierende Dampfschiffahrt fahrplanmäßig möglich[50]. Der Atlantikhafen Le Havre, der bis dahin bei Auswanderern durch geringe Wartezeiten auf eine Überfahrtsgelegenheit bekannt war, da er bereits in den vierziger Jahren einen wöchentlichen Liniendienst garantierte[51], büßte in der Folgezeit auch durch die im Vergleich zu Bremen umständlicher gewordene Anreise und durch eine schlechtere Betreuung der Auswanderer an Attraktivität ein.

Leipert behielt in seiner Entscheidung durch die nachweisbar eintretende Verlagerung der traditionellen Auswandererverkehrsströme recht. Le Havre war für Bremen auch in der Zukunft keine Konkurrenz, und auch Hamburg überflügelte bald darauf den französischen Atlantikhafen, da auch hier die Schiffahrtsgesellschaften das weitere Wachstumsraten versprechende Geschäft mit Überseeauswanderungen zu nutzen verstanden, weil es die Tonageraten im Güterverkehr minimalisierte und dem Schiffseigner beachtliche Gewinne eintrug. Es war somit zu erwarten, daß Leipert auch in das Hamburggeschäft einstieg.

Vorerst jedoch visierte er den Aufstieg zum Generalagenten des Schiffsmaklers Eduard Ichon in Bremen für Schwaben und Neuburg an[52]. Bereits am 29. Mai 1848 konnte Leipert dem Kemptener Magistrat dazu die vom Königlichen Generalkonsul in Bremen gegengezeichnete Vollmacht Ichons vorlegen[53], die am gleichen Tag noch an die Königliche Regierung von Schwaben und Neuburg nach Augsburg gesandt wurde. Diese teilte 15 Tage später dem Kemptener Magistrat mit, daß August Leipert als Generalagent von Ichon in Bremen zur Vermittlung von Überfahrtsverträgen für Auswanderer nach Nordamerika aus dem Regierungsbezirk Schwaben und Neuburg bestellt worden sei und auch das Recht habe, Unteragenten zu beschäftigen. Allerdings, heißt es in der Entschließung, ist »für jeden aufzustellenden Unteragenten indeß durch die Polizeybehörde seines Wohnortes die diesseitige Genehmigung einzuholen«[54].

Dies bedeutet nichts anderes, als daß die Polizeibehörde des Wohnortes für jeden der von Leipert aufgestellten Unteragenten bei der Königlichen Regierung von Schwaben und Neuburg eine Genehmigung einzuholen hatte. Dieser Passus stellte, wie bereits oben angedeutet, für Leipert schlichtweg ein Geschäftshemmnis dar, und so versuchte er in seiner weiteren Agenturarbeit immer wieder, diese Bestimmung zu umgehen.

10 Monate später brachte ihn eine von ihm am 10. April 1849 in der Augsburger Abendzeitung aufgegebene Bekanntmachung in Schwierigkeiten mit den Behörden; in dieser Annonce wies er auf seine Unteragenten hin, mit denen Überfahrtsverträge nach Nordamerika abgeschlossen werden könnten[55]. Allerdings waren von den neun in dieser Annonce aufge-

---

50 Peter MARSCHALCK, Deutsche Überseeauswanderung im 19. Jahrhundert, Stuttgart 1973, S. 43.
51 Hermann FREEDEN, Georg SMOLKA, Auswanderer. Bilder und Skizzen aus der Geschichte der deutschen Auswanderung, Leipzig 1937, S. 51.
52 Gesuch Leiperts an die Regierung von Schwaben und Neuburg am 9. Mai 1848.
53 Vollmacht des Schiffsexpedienten E. Ichon für August Leipert vom 29. Mai 1848.
54 Entschließung der Regierung von Schwaben und Neuburg vom 14. Juni 1848.
55 Annonce in der Augsburger Abendzeitung, Nr. 100, vom 10. April 1849, S. 712.

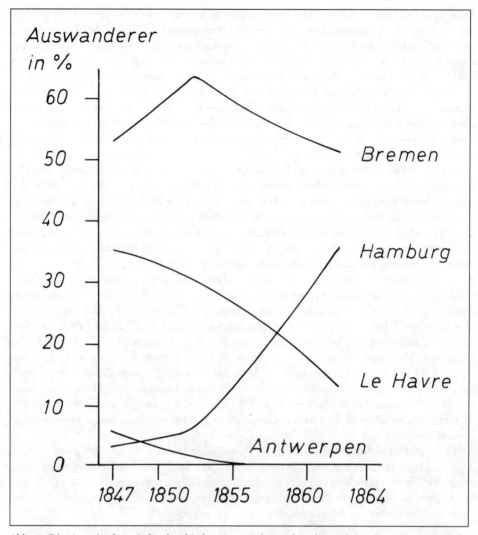

Abb. 7 Die Ausreise bayerisch-schwäbischer Auswanderer über die traditionellen Kontinentalhäfen Antwerpen, Bremen, Hamburg und Le Havre zwischen 1847 und 1864 im Vergleich

führten Unteragenten nur drei, Josef Lang für Dillingen, Caspar Schradler für Füssen und Josef Schweicker für Lindau, entsprechend der oben angeführten Regierungsentschließung zur Ausübung ihrer Tätigkeit berechtigt, die anderen sechs Unteragenten für Augsburg, Donauwörth, Hürben, Kaufbeuren, Memmingen und Mindelheim hatten keine Genehmigung seitens der Königlichen Regierung von Schwaben und Neuburg. Diese beauftragte deshalb den Magistrat der Stadt Kempten, Leipert »schleunigst« zur Rede zu stellen und darüber zu berichten⁵⁶. Leiperts in diesem Zusammenhang vorgebrachte Erklärungen wurden als nicht zufriedenstellend erachtet, und so wurde er zu einer Geldstrafe von 50 Gulden und zur öffentlichen Rücknahme seiner Bekanntmachung bezüglich seiner Unteragenten binnen drei Tagen in der Augsburger Abendzeitung verurteilt⁵⁷.

Wie wir Leipert inzwischen kennengelernt haben, war er mit diesem Urteil nicht einverstanden. So kam es zu einer weiteren Verhandlung vor dem Kemptener Magistrat, wo Leipert erklärte, daß er sehr wohl gewußt habe, daß er laut Weisung vom 14. Juni 1848 verpflichtet sei, für jeden Unteragenten über die Polizeibehörde in dessen Wohnort die Genehmigung der Königlichen Regierung von Schwaben und Neuburg einzuholen; darauf habe er auch die jeweiligen Unteragenten stets aufmerksam gemacht. Dies bewiesen auch beigebrachte Geschäftsbriefe dieses Inhalts, die er an die Unteragenten gesandt habe. Doch sei es ihm erst am heutigen Verhandlungstage bewußt geworden, daß er sich auch persönlich an die königliche Regierung hätte wenden müssen, und zwar für jeden Unteragenten, den er aufstellen wollte⁵⁸.

Leiperts Ziel ist es hier wie später, mit einer Mischung aus Ahnungslosigkeit, Unkenntnis, die er den verschiedenen Behörden zuschob, der Demonstration seines guten Willens unter Hervorhebung, schon immer das Richtige im Interesse der Auswanderer getan zu haben, sowie ausdrücklichem Bedauern über die aus den Mißverständnissen resultierenden Fehler sein Fehlverhalten herunterzuspielen. Dies liest sich im Originaltext so:

»*Ich habe nun zwar den Fehler begangen, meine Unteragenten, bevor sie diese Bestätigung erlangt hatten, zu veröffentlichen, jedoch nicht um gegen die erhaltenen Aufträge zu handeln, sondern mehr aus Unkenntniß u. in dem guten Glauben, daß, da ich nur vorzüglich beleumdete Persohnen, die zugleich Geschäftskenntniße besitzen im Interesse der Auswanderer und in dem meinigen als Unteragenten aufstellte...*«⁵⁹

Damit hatte Leipert Erfolg. Die über ihn verhängte Strafe von 50 Gulden wurde auf nur noch 5 Gulden reduziert⁶⁰ und von ihm innerhalb Wochenfrist bezahlt⁶¹. Auch die Königliche Regierung von Schwaben und Neuburg schien besänftigt, denn zwischenzeitlich hatte sie auch zwei seiner illegal aufgestellten Unteragenten bestätigt: Kaufmann Knode für Augsburg und Johann Friedrich Besenfelder für Memmingen. Einige Tage nach Abschluß des Verfahrens wurde auch die Aufstellung von Friedrich Roth für Kaufbeuren genehmigt⁶². Abgelehnt wurden die gewünschten Unteragenten für Mindelheim, Donauwörth und Hürben.

Nachdem Leipert den Auswanderungsmarkt insbesondere hinsichtlich seiner zukünftigen Entwicklung kennengelernt hatte, arbeitete er nun an der Sicherstellung der zukünftigen Marktanteile im Regierungsbezirk. Bereits drei Monate nach der zufriedenstellenden Beendigung der Streitigkeiten mit der Königlichen Regierung von Schwaben und Neuburg bean-

---

56 Schreiben der Regierung von Schwaben und Neuburg vom 13. April 1849 an den Magistrat der Stadt Kempten.
57 Entschließung der Regierung von Schwaben und Neuburg vom 19. April 1849.
58 Verhandlung vor dem Magistrat der Stadt Kempten am 23. April 1849.
59 Ebd.
60 Entschließung der Regierung von Schwaben und Neuburg vom 1. Mai 1849.
61 Einzahlungsbestätigung der Königlichen Strafhausverwaltung.
62 Schreiben der Regierung von Schwaben und Neuburg vom 3. Mai 1849 an den Magistrat der Stadt Kempten.

tragte er die Konzession für eine Hauptagentur für den »Consul, Kaufmann und Schiffs Rheder H. Serigiers« für Antwerpen. Seine Begründung, daß immer wieder Auswanderer den Wunsch äußerten, über diesen Hafen auszuwandern, mochte zwar stimmen, da dieser über die Flußschiffahrt den Rhein hinunter relativ leicht und preiswert zu erreichen war, faktisch aber brachte ihm diese Konzession nach bisherigen Forschungsergebnissen vorerst keinen durchschlagenden Geschäftserfolg, da Auswanderungen erst in den achtziger Jahren in stärkerem Maße über Antwerpen geführt haben.

Was also war der Grund für dieses geschäftliche Engagement? Es liegt nahe, daß Leipert zum einen seine Agentur ausbauen wollte, um so, wie wir im nächsten Kapitel sehen werden, in der Lage zu sein, Fahrten in alle Welt mit den jeweils geeignetsten Schiffahrtslinien zu vermitteln, daß er aber andererseits auch darauf zu spekulieren schien, bei entsprechend niedrigen Preisangeboten Auswanderer über Antwerpen zu schicken und dadurch wiederum die Konkurrenz auszuschalten bzw. höhere Gewinne zu erwirtschaften. Neueste Forschungsergebnisse beweisen, daß letzteres ihm nicht geglückt ist, denn nur eine geringe Zahl der Auswanderer aus Schwaben und Neuburg reiste über Antwerpen in die neue Welt (siehe Abb. 10).

Die Königliche Regierung von Schwaben und Neuburg beauftragte den Magistrat der Stadt Kempten, dieser solle über das Gesuch von Leipert einen gutachterlichen Bericht abgeben, was dieser auch tut[63]. Darin heißt es:

»Die Verleihung einer Agentur um an einer belgischen oder holländischen Ueberfahrts-Station Auswanderer nach Amerika (zu) befördern, wäre für die hiesige Gegend nicht allein vortheilhaft, sondern auch dem Bedürfniß entsprechend.
Es kommt nämlich öfter vor, daß die Ueberfahrts-Preise in folge zufälliger Umstände oder veränderter merkantilistischer Beziehungen an den Stationen wechseln, und anderswo niederer stehen als in Bremen. In diesem Falle können also die Auswanderungslustigen hiesiger Gegend welche in Kempten nur Verträge über Bremen abzuschließen Gelegenheit haben von den sonst bestehenden niederern Preisen keinen Vortheil ziehen.
Auch herrscht in den meisten Auswanderern hiesiger Gegend der Glaube vor, daß der Weg am Rhein hinunter näher an die See, und in kürzerer Zeit nach Amerika führe, was auch nicht ohne Grund ist wenn man auf... die jetzigen Verbindungen Rücksicht nimmt.
Auswanderer nun, die ohne vorherige Abschließung eines Vertrags an Niederländische Häfen sich begeben, müssen dort trotz der etwa niederern Preise weit mehr bezahlen, als ein ordentlicher Agent in der Heimath verlangt hätte, da(hier) wegen Unkenntniß der Verhältnisse sehr häufig unbekannten und unredlichen Mäklern in die Hände fallen und ihrer Habe beraubt werden.
Ferner kann man in den niederländischen Häfen, insbesondere in Antwerpen auch ohne Kost accordiren, was in Bremen nicht der Fall ist. Aus diesem Grunde würde manche Auswanderer-familie die von Hause hinreichenden Mundvorrath mitnehmen und dadurch wohlfeiler überfahren kann, die Station Antwerpen vorziehen, zumal die Schiffmannskost vielen nicht behagt.
Um daher für Auswanderer hiesiger Gegend die Vortheile, welche die niederländischen Ueberfahrtsplätze bieten, nur einigermaßen zugänglich zu machen, erlaubt sich der

---

[63] Gutachterlicher Bericht des Magistrats der Stadt Kempten vom 10. September 1849 an die Regierung von Schwaben und Neuburg.

Magistrat Kempten das Gesuch des Kaufmanns Aug. Leipert um so mehr zu begutachten, als derselbe bei allen bisher als Agent abgeschlossenen Schiffahrtsverträgen den Ruf eines soliden Geschäftsmannes sich bewahrt hat.«

Die genaue Kenntnis der Materie und auch die Ähnlichkeit mit den Formulierungen der Argumentationsführung in dem Leipertschen Gesuch an die Königliche Regierung von Schwaben und Neuburg verrät, daß diesem Gutachten zumindest eine Urfassung Leiperts zugrundegelegen haben muß. Aufgrund dieses Gutachens entschloß sich die Regierung, Leipert auch die Bewilligung für die Übernahme der Agentur für den Schiffsmakler Serigiers in Antwerpen zu erteilen[64].

Damit hatte Leipert die Voraussetzung für die weitere Expandierung seines Geschäfts geschaffen, und so erschien er bereits am 13. Oktober 1849 vor dem Kemptner Magistrat und bat, dieser möge bei der Regierung für ihn die Genehmigung erwirken, daß seine Unteragenten auch die Konzession für Serigiers erhielten, nicht aus Eigeninteresse, sondern um

»...nun die für Auswanderer so vortheilhaften Bedingungen in weiterem Keise zu verbreiten u. denselben soviel als möglich unnötige Kosten zu ersparen...«[65]

Drei Wochen später erhielt Leipert von der Königlichen Regierung von Schwaben und Neuburg die Genehmigung. Sie betraf die Unteragenten in Dillingen (Joseph Lang), Augsburg (August Knode), Memmingen (J.J. Besenfelder), Kaufbeuren (J.F. Roth), Füssen (Kaspar Schradler) und Lindau (Joseph Schweicker)[66].

Nun war es Leiperts Ziel, seinen Geschäftsbereich zu sichern: er versuchte, sein Agentennetz im Regierungsbezirk zu verdichten, er überwachte argwöhnisch jede sich zeigende Konkurrenz und scheute auch nicht vor unlauteren Werbemethoden zurück, um den im Regierungsbezirk Schwaben und Neuburg rückläufigen Markt wieder in Gang zu bringen. Das zeigt sich, wie wir unten noch sehen werden, besonders in seiner Annonce »Einladung an deutsche Auswanderer nach Nordamerika«, die er im Juli 1850 in der Augsburger Abendzeitung und anderen Blättern aufgibt, in einem Jahr, in dem die Auswandererzahlen im Regierungsbezirk Schwaben und Neuburg gegenüber dem Vorjahr erheblich rückläufig waren. Doch der Reihe nach: Im Februar 1850, drei Monate nach der Konzessionierung seiner Unteragenten auch für Serigiers, richtete er wieder einmal direkt an die Kammer des Innern der Königlichen Regierung von Schwaben und Neuburg die Bitte, die Aufstellung seines Unteragenten, des Kaufmanns V. Vogel, für die Schiffsmakler Ichon (Bremen) und Serigiers (Antwerpen) für Nördlingen zu bestätigen[67]. Ein Blick auf sein bisheriges Agenturnetz zeigt, daß Leipert damit die Auswanderer des nördlichen Teils des Regierungsbezirkes Schwaben und Neuburg nicht der aus seiner Sicht dort bisher ungestört arbeitenden Konkurrenz überlassen wollte.

---

64 Schreiben der Regierung von Schwaben und Neuburg vom 14. September 1849 an den Magistrat der Stadt Kempten.
65 Protokoll der Erklärung August Leiperts vor dem Magistrat der Stadt Kempten vom 13. Oktober 1849.
66 Entschließung der Regierung von Schwaben und Neuburg vom 6. November 1849.
67 Schreiben von August Leipert vom 16. Februar 1850 an die Regierung von Schwaben und Neuburg, Kammer des Innern.

Abb. 8 Karte des Regierungsbezirks Schwaben und Neuburg mit dem Agenturnetz August Leiperts

Als Begründung führt Leipert an, daß in Nördlingen keine gesetzliche Agentur bestehe, daß aber C. Pullich im Namen der Schiffahrtsgesellschaft Bödecker in Bremen dort schon lange Zeit gesetzwidrig eine Agentur betreibe. Dieser Vorwurf, mit dem Leipert einen lästigen Konkurrenten auszuschalten gedachte, erwies sich als nicht stichhaltig. Die Regierung schob in ihrer Antwort, die zwei Tage später erfolgte[68], der weiteren Expansion der Leipertschen Agentur im nördlichen Regierungsbezirk unmißverständlich den Riegel vor. Leipert hat

68 Schreiben der Regierung von Schwaben und Neuburg vom 18. Februar 1850 an den Magistrat der Stadt Kempten.

daraufhin seine weitere Expansion innerhalb des Bezirks eingestellt, er ging, wie wir sehen werden, neue Wege. Die Regierung stellte klar, daß erstens im Nördlinger Raum die Konkurrenz bereits zu groß sei, zweitens in den nahegelegenen und durch den Bau der Eisenbahnen noch schneller zu erreichenden Städten Donauwörth und Öttingen bereits Agenturen bestünden, drittens diese den Bedürfnissen dieses Einzugsgebiets vollkommen genügten und viertens aus diesen Gemeinden bereits mehrere Gesuche um Aufstellung von Unteragenten abgelehnt worden seien.

Auch in der Folgezeit war Leipert aufmerksam darauf bedacht, keine illegale Konkurrenz in seiner Region aufkommen zu lassen. Er beobachtete daher seinen Markt genau und reagierte sofort, wenn Konkurrenten mit unlauteren Mitteln versuchten, in *seinem* Regierungsbezirk tätig zu werden. Dies beweisen neben anderen die folgenden Fälle:

1. Anzeige gegen den Agenten Dürr: Hier machte Leipert den Magistrat darauf aufmerksam, daß in der Kemptner Zeitung eine Annonce des Georg Dürr für Auswanderer erschienen sei, wobei dieser dazu gar keine Berechtigung hätte, und er bat den Magistrat, entsprechende Schritte gegen Dürr zu unternehmen[69]. Dieser befragte Dürr am folgenden Tag, und Dürr erklärte sich bereit, solche Inserate in Zukunft zu unterlassen, bis er dazu berechtigt sei. Allerdings wolle der Kaufmann Karl Leo in Kitzingen für ihn eine Genehmigung als Agent beantragen.

2. Anzeige gegen den Generalagenten Keck: Hier legte Leipert dem Stadtmagistrat Kempten zwei Briefe des Kaufmanns Carl Keck aus Schwabmünchen sowie einen Schiffskontrakt vor[70] und wies darauf hin, daß Keck Auswanderungsgeschäfte für das Handelshaus Demler/Melder in Nürnberg für den Schiffseigner Carl Pokrantz & Co. in Bremen betreibe. Dabei hätte er gegen mehrere geltende Vorschriften verstoßen[71]. Daraufhin brachte der Stadtmagistrat Kempten diesen Fall bei der Königlichen Regierung von Schwaben und Neuburg in Augsburg zur Anzeige. Diese war für das Handelshaus Demler/Melder jedoch nicht zuständig und leitete die Anzeige an die Königliche Regierung von Mittelfranken weiter, die sie ihrerseits an den Magistrat der Stadt Nürnberg weitergab. Offensichtlich hatte Leipert, der mit dieser Anzeige seine genaue Kenntnis geltender Vorschriften bewies, gravierendes Fehlverhalten der Konkurrenz aufgedeckt: So wurde das Handelshaus Demler/Melder durch den Magistrat der Stadt Nürnberg zu einer Geldstrafe von 50 Gulden verurteilt[72] und die Hauptagentur dem Kaufmann Keck in Schwabmünchen entzogen und dem Kaufmann F. J. Weber in Bamberg übertragen. Damit war für Leipert ein weiterer Konkurrent aus dem Wege geschafft. Ähnlich gelagerte Fälle weisen darauf hin, daß diese Geschäftspraktiken zwischen Agenten damals gang und gäbe waren[73].

Nach den von der Königlichen Regierung von Schwaben und Neuburg gestoppten weiteren Expansionsversuchen der Leipertschen Auswanderungsagentur im Ries hören wir

---

69 Anzeige von August Leipert am 19. Februar 1852 vor dem Magistrat der Stadt Kempten.
70 Protokoll der Erklärung August Leiperts vor dem Magistrat der Stadt Kempten am 15. September 1853.
71 Insbesondere gegen die Ministerialerschließung vom 8. Mai 1848.
72 Mitteilung der Regierung von Schwaben und Neuburg vom 14. Juni 1854 an den Magistrat der Stadt Kempten.
73 Schreiben der Regierung von Schwaben und Neuburg vom 17. Juni 1850 an den Magistrat der Stadt Kempten.

Einladung an deutsche Auswanderer nach Nordamerika.

2. (a) Im Staate Wisconsin, Bezirk Sheboygan, wird eine deutsche Kolonie gegründet, wo das Klima dem deutschen ganz ähnlich und die Luft völlig gesund ist. Ein sowol zum Mühlenbau als zum Transporte tauglicher Fluß durchschneidet die Gegend, auf welcher der gemeinsame Wohnort errichtet werden soll; und haben sich zu dieser Kolonie bereits 30 deutsche Familienväter, theils Feldbauer, theils Handarbeiter, wie auch ein katholischer Pfarrer und ein Schullehrer angemeldet, so daß auch für die geistige Wohlfahrt schon Sorge getragen ist. — Es ergeht deshalb an unsere auswandernden Landsleute die öffentliche Einladung, an diesem gemeinnützigen Unternehmen theilzunehmen und wollen sich ordentliche und arbeitslustige Auswanderer bei

Herrn **Aug. Knode**, Philippine-Welser-Straße in **Augsburg**,
„ **Jos. Lang** in **Dillingen**,
„ **Jos. Schweicker** in **Lindau**,
„ **Casp. Schradler** in **Füssen**,
„ **J. F. Roth** in **Kaufbeuern**,
„ **J. J. Besemfelder** zum Schwerdt in **Memmingen**,
„ **J. C. Develey** in **München**,
„ **N. Wachter jun.** in **Ulm**,
oder bei „ **Aug. Leipert** in **Kempten**

zum Anschluß melden, wo die nöthigen Schiffskontrakte abgeschlossen werden.

Es diene noch zur Nachricht, daß der erste Auswanderungszug nach der neuen Kolonie am **8. August** von **Augsburg**, und am **15 August** von **Bremerhafen** abgehen und die Reise von **Augsburg** bis nach **New-York** samt Beköstigung sich auf circa 95 fl. für die erwachsene Person belaufen wird.

Nähere Auskunft erhält man durch obige Adressen, oder durch Herrn Pfarrer **G. Felsch** in Hulting bei Neuburg a. d. D.

Die Direktion der Kolonie Sheboygan.
Milwaukee im Staate Wisconsin, 15 April 1850.

F. J. Pfaller, katholischer Pfarrer aus Bayern.

Abb. 9 Annonce der Auswanderungsagentur August Leipert

einige Monate lang nichts von ihm. Dann erschien am 5. Juni 1850 in der Augsburger Abendzeitung folgende Anzeige[74]:

Die Königliche Regierung von Schwaben und Neuburg reagierte unmißverständlich: sie forderte den Magistrat der Stadt Kempten auf, Leipert »sofort« zu vernehmen und über das Ergebnis dieser Vernehmung »ungesäumt« zu berichten[75]. Am 17. Juni 1850 gab Leipert über das Zustandekommen seiner Annonce seine Erklärung ab, die das bereits bekannte Muster aufwies, nämlich nach dem Anzeigenerfolg, der ja bekanntlich immer länger anzuhalten pflegt, jetzt auf Schadensbegrenzung hinzuarbeiten. Seine Argumentation, für den Leser durchsichtig, verdient es, aufgrund des unbestreitbar daraus erkennbaren werbepsychologischen Geschicks Leiperts wiedergegeben zu werden[76]:

---

74 Augsburger Abendzeitung, Nr. 156, vom 5. Juni 1850, S. 1124; siehe auch Lindauer Wochenblatt, Nr. 24, sowie andere Zeitungen im Regierungsbezirk Schwaben und Neuburg.
75 Schreiben der Regierung von Schwaben und Neuburg vom 13. Juni 1850 an den Magistrat der Stadt Kempten.
76 Verhandlungsprotokoll des Magistrats der Stadt Kempten vom 17. Juni 1850.

»*Vorigen Jahres*« so Leipert, »*schloß ich durch meinen Unteragenten August Knode mit einem angeblich katholischen Pfarrer J. Fr. Pfaller aus Eichstädt einen Ueberfahrts-Vertrag nach Neu York in Amerika ab. Vor ungefähr 14 Tagen schickte mir August Knode einen Originalbrief des Pfarrers Pfaller aus Amerika, welcher die im Lindauer-Wochenblatte Nr. 24 enthaltene Bekanntmachung beinahe dem ganzen Wortlaute nach enthielt, mit der Bitte, diese Einladung durch öffentliche Blättern Auswanderungslustigen bekannt zu geben. Da Pfarrer Pfaller die Veröffentlichung seiner Bekanntmachung, welche mehr Reiz zur Auswanderung enthielt, auf seine Kosten verlangte, so nahm ich keinen Anstand eine etwas gemäßigtere Einladung seinem Willen gemäß in einigen Blättern auf seine Rechnung zu veröffentlichen, zumal mir das Clima als sehr gesund, insonderheit für Deutsche u. das Land als sehr fruchtbar durch Bücher u. Zeitschriften bekannt ist.*«

Leipert schloß mit dem Hinweis, daß die von ihm veröffentlichte Annonce

»*...blos den Zweck (hatte), Auswanderungslustige vor unbekanntem Schaden zu schützen u. so wohlfeil als möglich ihrem Ziele zuzuführen.*
Meine Absicht war hauptsächlich, diese empfehlenswerte Gegend Auswanderungslustigen bekannt zu geben, keineswegs aber die Leute zur Ansiedlung in dieser Colonie zu bestimmen.«

Uns fehlt leider der von Leipert auch nach den Unterlagen nicht beigebrachte Brief des Pfarrers Pfaller aus Eichstätt. Vor allem aber aus der Argumentation des letzten Satzes, daß es lediglich Leiperts Absicht gewesen sei, die »empfehlenswerte Gegend Auswanderungslustigen bekannt zu geben, keineswegs aber die Leute zur Ansiedlung... zu bestimmen«, spricht schlichtweg Unglaubwürdigkeit, anders formuliert: einem Hungrigen wird das Brot zwar vor die Nase gesetzt, aber man will ihn damit keinesfalls zum Essen verleiten. Werbepsychologisch erfüllt die Annonce hervorragend den Zweck, der ihr offiziell bestritten wird: Es wird die Zielgruppe der Handwerker und Bauern angesprochen, eine einem Kurorte ähnliche intakte neue Heimat vorgestellt und von katholischen Pfarrern Glaubwürdigkeit vermittelt. Daß Leipert bei der ganzen Sache ein schlechtes Gewissen hatte, beweisen seine Schlußworte vor dem Stadtmagistrat:

»*...u. ich selber bin bereit, falls eine hohe k. Regierung der Verbreitung dieser Bekanntmachung, welche ich in der besten Absicht erlassen habe, ihre Zustimmung nicht ertheilt, dieselbe augenblicklich öffentlich zu widerrufen.*«

Daraufhin wies die Königliche Regierung von Schwaben und Neuburg den Kemptner Magistrat an, Leipert zu ermahnen, sich auf die Vermittlung von Überfahrtsverträgen zu beschränken und »jede Veröffentlichung von Einladungen zur Auswanderung dahin bei ernstgemessener Einschreitung zu unterlassen«[77]. Am 5. Juli 1850 wird Leipert zu einer öffentlichen Berichtigung seiner Annonce aufgefordert. Diese erscheint in der Augsburger Abendzeitung am 8. Juli mit folgendem Inhalt[78]:

77 Schreiben der Regierung von Schwaben und Neuburg vom 27. Juni 1850 an den Magistrat der Stadt Kempten.
78 Augsburger Abendzeitung, Nr. 189, vom 8. Juli 1850, S. 1372.

»Berichtigung!
In der von der Direktion der Kolonie Sheboygan ergangenen Einladung an deutsche Auswanderer heißt es irrthümlich, daß Herr Pfarrer G. Felsch aus Hütting nähere Auskunft über die Kolonie geben werde, während Herr Pfarrer Felsch in keiner Verbindung mit der Direktion der Kolonie ist, und deshalb auch keine Auskunft darüber geben kann.«

Diese Berichtigung entlarvt die Erstannonce endgültig und dient dabei wiederum als Werbeschachzug. Daß damit die Regierung in keiner Weise einverstanden sein konnte, liegt auf der Hand. Dennoch verzichtete sie auf eine weitere Auseinandersetzung mit Leipert, allerdings unter der Bedingung, daß dieser seine Unteragenten anweise, keine weiteren Veröffentlichungen dieser Art vorzunehmen und Einladungen zur Auswanderung zu unterlassen. Damit ging auch dieser Konflikt mit der Königlichen Regierung von Schwaben und Neuburg zugunsten Leiperts aus.

Leipert blieb seinen erfolgreichen, wenn auch immer den Konflikt mit der Regierung riskierenden Werbemethoden treu. 1853 wies die Königliche Regierung den Magistrat der Stadt Kempten an, daß Bekanntmachungen von Auswanderungsagenten in Wirts- und Gasthäusern verboten seien; dies sei dem Auswanderungsagenten August Leipert mitzuteilen[79].

Ein Jahr später entwickelte sich der bis dahin für Leipert folgenschwerste Konflikt mit der Königlichen Regierung von Schwaben und Neuburg: Im Februar 1854 hatte Leipert für den Witwer Gerhard Bernhard aus Simmerberg im Allgäu einen Überfahrtsvertrag abgeschlossen und für diesen, noch bevor das Auswanderungsgesuch Bernhards vom zuständigen Landgericht Weiler positiv beschieden worden war, ein Visum vom Generalkonsulat in Bremen eingeholt. Damit verstieß Leipert gegen geltende Vorschriften[80] und wurde deshalb aufgefordert, Stellung zu nehmen. Die Verteidigung Leiperts scheint in der hier des öfteren angesprochenen Weise verlaufen zu sein, diesmal allerdings ohne Erfolg. Denn am 9. März 1855[81] wurde August Leipert zu einer Geldstrafe von 15 Gulden verurteilt. In der Bgründung heißt es:

»Wenn A. Leipert in seiner Vernehmung vom 1. d. Mts. widerspricht, mit dem Witwer Gebh. Bernhard von Simmerberg selbst einen Schiffahrts=Akkord abgeschlossen zu haben, so ist dies eine ungebührliche Verdrehung des Sachverhaltes...«

Seine Verurteilung erfolgte aufgrund wiederholter Übertretung seiner Befugnisse als Auswanderungsagent. Gleichzeitig wurde angedroht, daß ihm im Wiederholungsfalle seine Agenturbewilligung entzogen würde. Die Kosten des Verfahrens hatte der Beklagte zu tragen.

Auch ein ähnlich gelagerter Fall aus dem Landgericht Illertissen gibt Einblick in Leiperts Geschäftsgebaren: Hier hatte Leipert mit mehreren jungen Männern, die sich noch im militärpflichtigen Alter befanden, Überfahrtsverträge abgeschlossen.

Deren Auswanderungsgesuche waren jedoch von den Behörden abgelehnt worden, da die Betroffenen nicht in der Lage waren, die erforderliche Kaution zur Stellung von Ersatzpersonen aufzubringen. Daraufhin hatte Leipert seinen Vertragspartnern, die wenigstens ihre an ihn

---

79 Schreiben der Regierung von Schwaben und Neuburg vom 2. Mai 1853 an den Magistrat der Stadt Kempten.
80 Regierungsausschreibung vom 2. Mai 1852.
81 Schreiben der Regierung von Schwaben und Neuburg vom 9. März 1855 an den Magistrat der Stadt Kempten.

bereits bezahlte Provision zurückerstattet bekommen wollten, geraten, sich wegen ihrer Auswanderungsgesuche direkt an die Königliche Regierung von Schwaben und Neuburg zu wenden, da die Ablehnung der Gesuche nach seiner Ansicht ungesetzlich sei. Dies gelangte dem zuständigen Landrichter zu Ohren, der daraufhin in einem Schreiben schärfsten Tons[82] den Magistrat der Stadt Kempten aufforderte, Leipert wegen dieses Rates zu rügen, und darüber hinaus androhte, daß, falls es in Zukunft zu ähnlichen Äußerungen käme, die Königliche Regierung dessen Agenturbewilligung zurückziehen werde. Außerdem wies der Landrichter darauf hin, daß Leipert sein »Daraufgeld« (Provision) sehr wohl zurückzahlen könne, da er sicher keine Schwierigkeiten haben werde, die Überfahrtsplätze auch an andere Auswanderer zu verkaufen.

Zwar überschätzte der Landrichter seine Kompetenzen in der Androhung, daß seine Äußerung für die Regierung ausreichen würde, Leipert die Gewerbeausübung zu untersagen, sein Zorn wird jedoch dadurch erklärbar, daß Leipert den Richter mit der Begründung, er hätte eine ungesetzliche Entscheidung gefällt, in den Augen der jungen Männern zum Schuldigen für den Verlust auch ihrer an Leipert gezahlten Provision werden ließ. Diese und die folgende Begebenheit zeigen, daß Leipert sich im Umgang mit seinen Kunden nicht immer so korrekt verhalten hat, wie er dies vorgab:

Mit Schreiben vom 21. Juli 1857[83] beauftragte die Königlich Regierung von Schwaben und Neuburg den Kemptener Magistrat, August Leipert darüber zu befragen, warum er für das Schiff »Ella« des Schiffseigners Ichon in Bremen für den 1. und für den 10. August 1857 Überfahrtsverträge abgeschlossen habe – es könne ja wohl kaum sein, daß Ichon zwei Schiffe gleichen Namens besitze, die in einem Abstand von nur zehn Tagen von Bremen abgingen –, und warum darüber hinaus für die gleiche Passage auf dem gleichen Schiff unterschiedliche Preise, nämlich einmal 83 Gulden und einmal 89 Gulden, gefordert worden seien. Leiperts Erklärungen[84], die eine Differierung der Überfahrtspreise beinhalteten, akzeptierte die Königliche Regierung nicht, da sie am Kern der Vorwürfe, nämlich der Abfahrt ein und desselben Schiffes an zwei kurz aufeinanderfolgenden Terminen, vorbei gingen. Leider haben wir keine Unterlagen darüber, wie dieser Disput schließlich ausging.

---

82 Schreiben des Königlichen Landgerichts Illertissen vom 28. Februar 1854 an den Magistrat der Stadt Kempten.
83 Schreiben der Regierung von Schwaben und Neuburg vom 21. Juli 1857 an den Magistrat der Stadt Kempten.
84 Schreiben August Leiperts vom 28. Juli 1857 an die Regierung von Schwaben und Neuburg.

6. Die Ausdehnung der Leipertschen Agenturgeschäfte auf Österreich und die Gründung von Unteragenturen in anderen bayerischen Regierungsbezirken

Selbst die Grenzen Bayerns waren Leipert noch zu eng: der k. k. österreichische Bezirkshauptmann von Bludenz teilte am 12. August 1852 dem Magistrat der Stadt Kempten mit[85], daß die vier Auswanderer aus Bludenz, Ignatz Vaplon, Jakob Ma..., Johann Brunold und Franz Josef Waechter, bereits über Mannheim nach Bremen abgereist seien; seine mit diesen abgeschlossenen Verträge seien jedoch, wie bei der Bremer Polizei und dem Schiffskapitän zu erfahren sei, nicht an Dritte weitergegeben, sondern von den Vertragspartnern selbst genutzt worden.

Es bleibt unklar, aufgrund welcher Hintergründe diese Mitteilung an den Kemptener Magistrat gesandt worden war, trotzdem beweist dieses Schreiben, daß Leipert 1852 seine Geschäfte bereits auf den österreichischen Markt ausgedehnt hatte. Daß dieser Einstieg mit den besten Voraussetzungen erfolgte, beweisen zwei Fakten:

1. die Anfrage des k. k. österreichischen Bezirksgerichts Innsbruck an den Kemptener Magistrat[86],

   »...ob Leipert ein solider Mann sei ob allenfalls auswandernde Personen von jugendlichem Alter vor den Gefahren der Verführung und Prellereien geschützt werden, wie hoch die Kosten von Kempten aus sich für eine Person belaufen, und ob allenfalls Herr Leipert für Unterkunft oder einen Dienst, oder sonstigen Erwerb in Amerika auch sorgen werde.«

Daraus spricht, daß im Falle der Soliditätserklärung des Kemptener Magistrats ein echtes Interesse an den Vermittlungsdiensten der Agentur bestand. Erwartungsgemäß gab der Stadtmagistrat die gewünschte Garantieerklärung[87], indem er darauf hinwies, daß Leipert durch Regierungsentschließung vom 14. Juni 1848 als Generalagent für Auswanderungen von der Königlichen Regierung von Schwaben und Neuburg bestätigt worden sei und daß diese offizielle Bestätigung eine Garantie für die Solidität Leiperts darstelle.

2. die Anzeigen im Tiroler Boten, dem Amtsblatt in Innsbruck, wo Leipert mehrmals mitteilte, daß er an jedem 10. und am 26. Tag eines Monats Auswanderer nach Nordamerika befördere.

Gleichzeitig versuchte Leipert bayernweit, durch die Gründung von Unteragenturen sein Auswanderergeschäft weiter zu vergrößern. Zwar erhielt er 1854 auf sein Gesuch um die Vergabe einer Konzession an seinen Agenten für Oberbayern/Freising, Johann Eberlindober, eine Absage mit der Begründung, daß in diesem Gebiet bereits genügend Agenten tätig seien[88], doch er ließ nicht locker. 1855 versuchte er vorerst im Regierungsbezirk Schwaben und Neuburg weiteren Boden zu gewinnen[89], wo er nach 1849 einen zweiten Anlauf unternahm, in Donauwörth eine Unteragentur zu etablieren. Doch er blieb auch diesmal

---

85 Schreiben des Bezirkshauptmanns von Bludenz vom 12. August 1852 an den Magistrat der Stadt Kempten.
86 Schreiben des österreichischen Bezirksgerichts Innsbruck vom 4. März 1854 an den Magistrat der Stadt Kempten.
87 Antwort des Magistrats der Stadt Kempten vom 18. März 1854 an das österreichische Bezirksgericht Innsbruck.
88 Schreiben der Regierung von Schwaben und Neuburg vom 14. Juni 1854 an den Magistrat der Stadt Kempten.
89 Gesuch von August Leipert vom 12. Februar 1855.

erfolglos. Lediglich in Memmingen, wo er bereits eine Unteragentur besaß, gelang es ihm, seinen dortigen Marktanteil mit einer neuen Genehmigung für Friedrich Gradmann zu halten[90].

Nachdem für Leipert eine Expansion innerhalb des Regierungsbezirkes Schwaben und Neuburg nicht mehr möglich war und die Bezirksregierung von Oberbayern ihm ebenfalls die Errichtung einer Unteragentur versagt hatte, sah er eine letzte Chance für die Ausdehnung seines Geschäftsbereiches in der Übernahme einer weiteren Hauptagentur, um damit in bewährter Weise innerhalb des Regierungsbezirkes wie nach außen seinen Wirkungskreis nochmals zu vergrößern. Am 18. August 1856 bat er die Königliche Regierung von Schwaben und Neuburg um die Bewilligung, sein Geschäft durch die Übernahme der Hauptagentur für den Schiffsmakler A. Bolten mit der Linie Hamburg Amerikanische Paketfahrt Aktiengesellschaft (HAPAG) ausweiten zu dürfen. In der Begründung führte er an, daß der Hamburger Hafen in den letzten Jahren als sehr geeignet für Auswanderungen nach Nordamerika bekanntgeworden sei und daß die Boltensche Schiffahrtsgesellschaft außerdem über ausgezeichnete Schiffe verfüge[91].

Die Königliche Regierung sah sich außerstande, das Gesuch zu behandeln, da eine General-Agentur-Bewilligung für den Regierungsbezirk Schwaben und Neuburg nur möglich sei, wenn der Schiffsmakler Bolten bereits einen Hauptagenten für das gesamte Königreich aufgestellt und hierfür die Genehmigung des Staatsministerium des Innern erhalten hätte. Da dies nicht der Fall sei, müsse sich zuerst Bolten an die entsprechenden Stellen wenden[92]. Dies geschah dann auch[93], wobei Bolten seinen Antrag allerdings so mißverständlich formulierte, daß die Regierung von Schwaben und Neuburg beim Stadtmagistrat in Kempten nachfragte[94], ob Leipert nun Hauptagent für Bayern werden wolle, da er ansonsten, weil es bisher keinen Hauptagenten der Firma Bolten gäbe, auch nicht Generalagent für einen Regierungsbezirk werden könne.

Dreieinhalb Monate später, am 30. März 1857, übernahm Leipert nun auch die Hauptagentur des Schiffsmaklers Bolten[95]. Dabei wurde ihm zur Auflage gemacht, daß diese Genehmigung nur für Überfahrtverträge nach Nordamerika gelte, und weiterhin, daß er eine Kaution von 5000 Gulden zu hinterlegen habe, damit im Falle von auftretenden Ansprüchen im Rahmen seiner Haftung für die von seinen Agenten abgeschlossenen Überfahrtsverträge auch wirklich eine Entschädigung gewährleistet sei. Am 21. Juni 1857 wurde Leipert vom Königlichen Staatsministerium des Innern auch für Ichon als Hauptagent bestätigt[96].

Sechs Wochen nach Aufnahme des Hamburger Überfahrtgeschäfts beantragte Leipert

---

90 Genehmigung der Regierung von Schwaben und Neuburg vom 20. November 1855.
91 Schreiben August Leiperts vom 18. August 1856 an die Regierung von Schwaben und Neuburg.
92 Antwort der Regierung von Schwaben und Neuburg vom August 1856 an den Magistrat der Stadt Kempten.
93 Antrag des Schiffsmaklers Bolten vom 14. Oktober 1856 an das Königliche Staatsministerium des Innern.
94 Schreiben der Regierung von Schwaben und Neuburg vom 13. Dezember 1856 an den Magistrat der Stadt Kempten.
95 Schreiben der Regierung von Schwaben und Neuburg vom 3. April 1857 an den Magistrat der Stadt Kempten.
96 Schreiben der Regierung von Schwaben und Neuburg vom 1. Juli 1857 an den Magistrat der Stadt Kempten.

beim Magistrat der Stadt Kempten, ihm auch für die anderen Schiffahrtslinien der Reederei Bolten die Vermittlung von Überfahrtsverträgen zu gestatten, da Bolten neben der Beförderung nach Nordamerika auch die Personenbeförderung nach Zentral- und Südamerika sowie nach Australien betreibe[97]. Nach einigen Rückfragen der damit befaßten Regierungsstelle, insbesondere was die Anzahl der in die angesprochenen Länder beförderten Passagiere anlangte, erteilte das Staatsministerium des Innern am 21. September 1857 die Genehmigung, zunächst für Bolten und später auch für dessen Hauptagenten August Leipert[98]. Nun nahm Leipert mit der neuen Berechtigung als Hauptagent sein ursprüngliches Ziel wieder auf, mit seiner Agentur eine marktbeherrschende Stellung im bayerischen Königreich zu erreichen, und bat um Genehmigung zur Aufstellung weiterer Unteragenten in anderen Regierungsbezirken. Doch damit erreichte er die Grenzen seiner Möglichkeiten. Zwar wurde Leipert über den Stadtmagistrat Kempten am 20. Juli 1857 von der Königlichen Regierung von Schwaben und Neuburg mitgeteilt, daß, falls er seinen Wirkungsbereich auf Oberbayern auszudehnen gedenke, er bei den dortigen Behörden ein entsprechendes Gesuch einreichen müsse. Doch bestände in diesem Bezirk neben den bereits vorhandenen Agenten kein Bedürfnis an der Einrichtung weiterer Agenturen. Einen späten Erfolg konnte Leipert noch bei der Königlichen Regierung von Oberpfalz und Regensburg verzeichnen, von der er am 18. August 1857 die Genehmigung zur Gründung einer Agentur im Sinne einer Generalagentur erhielt. Agent wurde der Kaufmann Johann Huber in Sulzbach[99].

Damit stand die Auswanderungsagentur Leipert nach 10 Jahren 1857 im Zenit ihrer Expansion. Sie arbeitete von Kempten aus als bayerische Hauptagentur für Ichon in Bremen, als bayerische Hauptagentur für Bolten in Hamburg und als bayerische Hauptagentur für Serigiers in Antwerpen. Unteragenturen bestanden in Augsburg, Dillingen, Füssen, Kaufbeuren, Lindau, Memmingen, München, Ulm und Sulzbach. 90 Prozent der Überfahrtsmärkte im Regierungsbezirk Schwaben und Neuburg lagen in ihrem Einflußbereich (siehe Abb. 10). Und von Kempten aus bediente die Leipertsche Agentur den österreichischen Markt. Darauf und auf den gesamtbayerischen Markt war sie insbesondere nach 1855 in wachsendem Maße angewiesen, da die Auswanderung aus dem bayerischen Schwaben spätestens mit dem Jahr 1858 auszuklingen begann. Deutlich zeigt dies der in Abb. 10 eingeblendete Polygonzug der legalen Amerikaauswanderer aus dem Regierungsbezirk Schwaben und Neuburg.

Die Auswandereragentur Leipert hatte seit ihrer Gründung bis auf einen geringen Einbruch im Jahr 1855 jeweils den Atlantikhafen in ihrem Geschäftsbereich, der über 50 Prozent der gesamten Überfahrtsmarktanteile aller Anbieter im Regierungsbezirk Schwaben und Neuburg verzeichnen konnte. Ab 1859 konnte Leipert dann durch seine 1857 erfolgte Übernahme der Agentur Bolten in Hamburg trotz der ausklingenden Auswanderungswelle im bayerischen Schwaben noch einmal seinen Einflußbereich im Überfahrtsgeschäft über 50 Prozent erweitern. Inwieweit er diese Marktanteile bei wachsender Konkurrenz auch tatsächlich für sich sichern konnte, ist nicht belegt. Antwerpen spielte ebenso wie Rotterdam zumindest im bayerischen Schwaben nur eine kleine Nebenrolle im Überfahrtsgeschäft.

97 Schreiben August Leiperts vom 16. Mai 1857 an den Magistrat der Stadt Kempten.
98 Schreiben der Regierung von Schwaben und Neuburg vom 30. September 1857 an den Magistrat der Stadt Kempten.
99 Schreiben der Regierung von Schwaben und Neuburg am 18. August 1857 an den Magistrat der Stadt Kempten mit Beilage einer Abschrift der Bekanntmachung der Regierung von Oberpfalz und Regensburg.

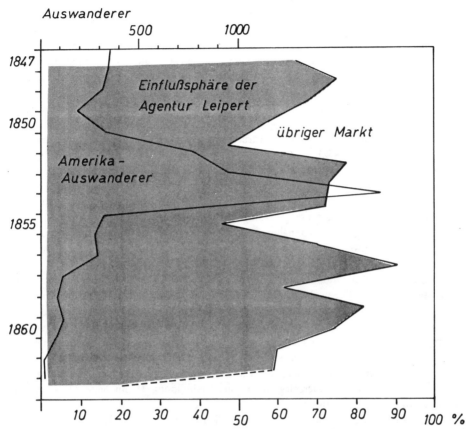

Abb. 10 Die Überfahrtsmärkte im bayerischen Schwaben und der Einflußbereich der Agentur Leipert

7. Das Ende der Auswanderungsagentur Leipert

Im Jahr 1857 hatte Leipert die höchste Konzentration seiner Bevollmächtigung erreicht. Im gleichen Jahr verlor er die Hauptagentur für Serigiers an den Kaufmann Carl Sieber in Würzburg. Am 17. August 1857 wurde der Magistrat der Stadt Kempten von der Regierung von Schwaben und Neuburg aufgefordert, dem Kaufmann Leipert mitzuteilen, daß

> »...er sich von nun an jeder Ausübung dieser Hauptagentur zu enthalten und die auf seinen Antrag bestätigten Unteragenten demgemäß gleichfalls anzuweisen habe, widrigenfalls die Einschreitg. wegen Agentur-Anmaßung beziehungsweise wegen unbefugter Agentur-Ausübung erfolgen würde.«

Wir kennen die Hintergründe nicht, die Serigiers zu diesem Schritt veranlaßt hatten. Unsere aktuellen Forschungergebnisse weisen darauf hin, daß Antwerpen bei Auswanderern aus dem Regierungsbezirk Schwaben und Neuburg den niedrigsten Prozentsatz ausmachte. Ebenso fällt auf, daß Serigiers Leipert im selben Jahr die Konzession entzog, in dem dieser mit Bolten die zweite deutsche Schiffahrtsgesellschaft in seine Vermittlungstätigkeit aufnahm.

Im Laufe der folgenden Jahre schränkte Leipert seine Aktivitäten mehr und mehr ein. Ein maßgeblicher Grund war der erkennbare Ausklang der großen Auswanderungswelle, sowohl im Regierungsbezirk Schwaben und Neuburg wie im Königreich Bayern. Leipert begann sich anderen Verdienstquellen zuzuwenden, da das Geschäft mit Übersee-Auswanderungen für ihn nicht mehr lukrativ war. Zu sehr war dieser Markt durch eine Vielzahl von Agenturen und Unteragenturen gesättigt, die nun in erdrückender Konkurrenz um die immer weniger werdenden Auswanderer kämpften. So war es nicht verwunderlich, daß, nachdem Hamburg zumindst im bayerischen Schwaben an die erste Stelle bei Übersee-Schiffspassagen zu rücken begann, Bremen für August Leipert zweitrangig wurde. Daher trennte er sich am 21. März 1861 von seiner zweiten Hauptagentur, der des Bremer Schiffseigners Ichon. Somit blieb Leipert nun allein für Bolten tätig – allerdings für nur mehr zwei Jahre.

In den Jahren 1860 bis 1863 nahm die Zahl der Amerika-Auswanderungen aus dem Regierungsbezirk Schwaben und Neuburg stetig ab: Sie betrug 1863 mit 28 Personen nur noch ein Viertel der Auswanderungen von 1860.

Am 20. August 1863 wurde August Leipert vom Stadtmagistrat in Kempten mitgeteilt, daß August Bolten den Kaufmann Franz Josef Botthof in Aschaffenburg zum Hauptagenten für Bayern bestellt habe[100]. Leipert erklärte, daß er auf die Ausübung der Hauptagentur verzichte bzw. diese niederlege[101]. Gleichzeitig bat er den Stadtmagistrat, die ihm für die Ausübung der Agentur geleistete Kaution von 5000 Gulden zurückzubezahlen. Dieser wies darauf hin, daß vor der Rückerstattung der Kaution bezüglich etwaiger Forderungen eine landesweit erscheinende Annonce aufgegeben werden müsse, in der bekannt zu machen sei, daß Leipert die Hauptagentur für Bolten niedergelegt hätte (siehe Abbildung 11 auf Seite 33, »Bekanntmachung« vom 20. August 1863).

Offensichtlich hatte niemand Ansprüche gegen Leipert anzumelden, denn nach Ablauf der sechsmonatigen Frist wird ihm am 15. März 1864 der Betrag von 5000 Gulden aus der Depositen-Kasse des Magistrats wieder ausgehändigt.

Leipert wendet sich nun anderen Geschäften zu – und dies offensichtlich mit Erfolg. 1865 steigt er ins Versicherungsgeschäft ein und wird am 29. September 1866 vom Königlichen Staatsministerium des Handels und der öffentlichen Arbeiten für Bayern als Hauptagent der Württembergischen Transportversicherungsgesellschaft Heilbronn bestätigt.

Im Jahre 1876 starb Carl August Leipert im Alter von 55 Jahren in Karlsbad. Er wurde nach Kempten überführt und dort beigesetzt[102]. Seinen Söhnen August, geboren 1844, und Constantin, geboren 1846, hinterließ er den finanziellen Ertrag seines arbeitsreichen Lebens: ein Bankhaus, das im Jahre 1908 in der Bayerischen Vereinsbank aufging.

100 Schreiben der Regierung von Schwaben und Neuburg vom 12. August 1863 an den Magistrat der Stadt Kempten.
101 Protokoll der Erklärung von August Leipert am 20. August 1863 vor dem Magistrat der Stadt Kempten.
102 Familienbogen Carl August Leipert im Stadtarchiv Kempten.

Abb. 11 »Bekanntmachung« aus dem königlich bayerischen Kreisamtsblatt von Oberbayern, Nr. 80 vom 8. September 1863, S. 290

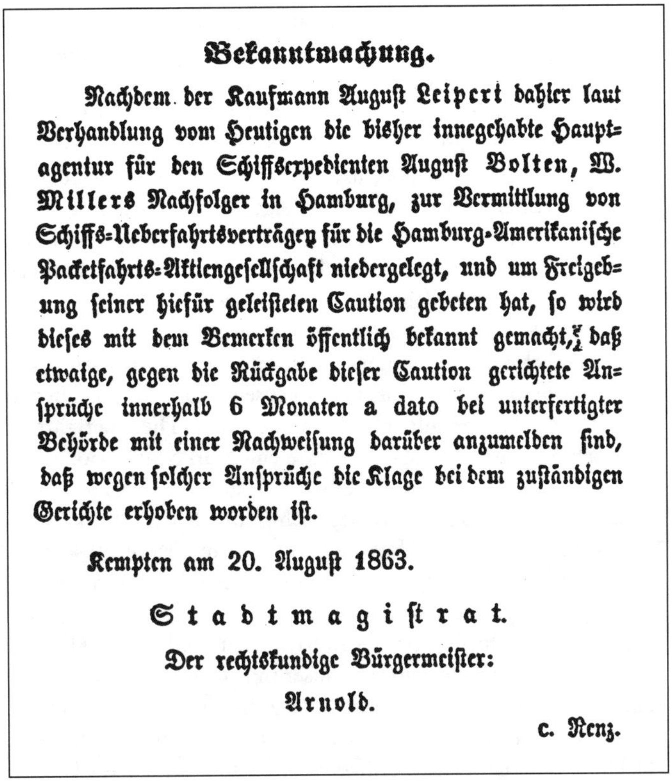

> **Bekanntmachung.**
>
> Nachdem der Kaufmann August Leipert dahier laut Verhandlung vom Heutigen die bisher innegehabte Hauptagentur für den Schiffsexpedienten August Bolten, W. Millers Nachfolger in Hamburg, zur Vermittlung von Schiffs-Ueberfahrtsverträgen für die Hamburg-Amerikanische Packetfahrts-Aktiengesellschaft niedergelegt, und um Freigebung seiner hiefür geleisteten Caution gebeten hat, so wird dieses mit dem Bemerken öffentlich bekannt gemacht, daß etwaige, gegen die Rückgabe dieser Caution gerichtete Ansprüche innerhalb 6 Monaten a dato bei unterfertigter Behörde mit einer Nachweisung darüber anzumelden sind, daß wegen solcher Ansprüche die Klage bei dem zuständigen Gerichte erhoben worden ist.
>
> Kempten am 20. August 1863.
>
> S t a d t m a g i s t r a t.
>
> Der rechtskundige Bürgermeister:
>
> Arnold.
>
> c. Renz.

8. Der Bruder Alois Leipert – ein Auswandererschicksal

Carl August Leipert war der nachgeborene Sproß in der Familie. Sein um 15 Jahre älterer Bruder Alois, am 11. Mai 1806 ebenfalls in Kempten geboren, übte seit seiner Verehelichung mit Cäcilia Rinding in Günzburg den Beruf des Kammachermeisters aus. 1833 übersiedelte er mit seiner Frau und einem Kind wieder nach Kempten[103]. Die Kemptener Innung und mit ihr der Kemptener Magistrat wandten sich gegen seine Ansässigmachung und Gewerbeausübung. Es wurde das gleiche Spiel gespielt, wie es später sein Bruder August erlebte, wenn auch nicht mit der Härte, die später die Krämerinnung gegen August Leipert an den Tag legte. Als Alois zusammen mit seinem Vater diese Schwierigkeiten bereinigt hatte, übertrug ihm sein Vater das elterliche Anwesen für 3400 Gulden, von denen ihm 2100 Gulden als versprochenes Hochzeitsgeschenk erlassen wurden[104].

---

103 Übersiedlungsgesuch des Alois Leipert, Kammachermeister in Untergünzburg, vom 17. Februar 1833 nach Kempten.
104 Protokoll der Erklärung von Jakob Leipert vom 11. Februar 1833 vor dem Magistrat der Stadt Kempten.

Alois Leiperts wirtschaftliche Situation verschlechterte sich offensichtlich zunehmend, weil er sein Haus, für das er faktisch 1300 Gulden an seinen Vater bezahlt hatte, für 5500 Gulden an seinen Bruder August verkaufen mußte, möglicherweise, um bereits hoch angewachsene Schulden zu bezahlen. Und auch diese 5500 Gulden schienen vier Jahre später nahezu verbraucht zu sein (siehe Anmerkung 109), als sich Alois Leipert im Jahr 1846, nunmehr 40jährig, entschloß, nach Nordamerika auszuwandern. Er sah dies wohl, wie auch aus seinem Brief hervorgeht, als einzige Möglichkeit, mit seiner Familie, seiner Frau und seinen fünf Kindern – Jacob, Alois, Wilhelmine, Joseph und August Karl – aus dem Elend herauszukommen. Daß er dabei die feste Absicht hatte, Frau und Kinder nachzuholen, ist durch seine Korrespondenz unstrittig erhärtet.

So verließ er im Frühjahr des Jahres 1846 seine Heimatstadt Kempten und reiste, wahrscheinlich über Memmingen, Ulm und Stuttgart, nach Mannheim, fuhr mit dem Schiff den Rhein hinunter bis Köln und wechselte dort auf ein Niederrheinschiff nach Le Havre. Dort verließ sein Seeschiff am 14. Juli den Hafen. Die Überfahrt schildert er als ausgesprochen stürmisch, und am 16. August knickte eine starke Sturmböe den mittleren Mastbaum. Sturm und widrige Winde ließen die Überfahrt auf eine nahezu doppelte Fahrzeit anwachsen, bis endlich, nach 59 Tagen, das Segelschiff die Küste vor New York erreichte. Es war der 2. September 1846, und Alois Leipert notierte begeistert: »Amerika's Grenze gewährte uns einen für das Aug prachtvollen ergötzenden Anblick. Nun wurden die Herzen aller Menschen auf dem Schiffe wieder aufgemuntert.«

In New York hielt er Ausschau nach einer Verdienstmöglichkeit in seinem Handwerk. Da, wie er erlebte, »dorten wirklich unsere Profeßion fällig darniederliegend« war, verließ er die Stadt bereits nach kurzer Zeit und reiste nach Philadelphia. Hier fand er eine seiner Ausbildung entsprechende Arbeit in der HC August Neißer's Kamm Manufactory. Er war glücklich über sein erstes verdientes Geld und schrieb am 19. Oktober seiner Frau:

»...habe die Woche fünf Dollar's, d.i. nach unserem deutschen Gelde zwölf Gulden 30 Kr. logiere einstweilen beim Klingensteiner, u. bezahle wöchentlich dort für Kost und Logie gegen zwei Dollar's, u. genieße hier eine gute Hausmans-Kost.«

Alois Leipert sah seine derzeitige Arbeit lediglich als Übergangsbeschäftigung und bemühte sich, so schnell wie möglich die Landessprache zu lernen:

»Ein Geschäft hier anzufangen, ohne der englischen Sprache fähig zu sein, ist nicht ganz rathsam; indem der Verkehr meines Geschäftes mit den amerikanischen Kaufleuten verbunden ist. Mein Prinzipal wie seine übrigen Gehülfen sind geborene Amerikaner, verstehen bereits nichts deutsches, sprechen alle englisch, daher glaube ich, daß mir diese Sprache in kurzer Zeit verständlich wird. Die Horn sind hier sehr billig 100 Stück Ochsenhorn zu 3 Dollar. Ich wollte ich hätte meinen leichten Handwerkszeug nebst mehreren Dutzend Laubsegen bei mir, so wie auch meine schönere Durchbrechmuster. Wen dieses durch einen Speditär wohlfeil könte sicher geschickt werden? Aber frey! Durchbrechsegen könnte ich wie wenig 50 Dutzend gebrauchen den hier sind selbe sehr theuer, zwei Dutzend kosten einen halben Dollar, u. sind zudem noch sehr schlecht. Kanst mit meinem Bruder August darüber reden. Sollte das Schicken zu viel kosten, dan lasse es nur bleiben, bis du selbst zu mir kommst. Hier wird zwar ganz anders gearbeitet wie in

> *Deutschland, nemlich alles mit Maschienen. Ich hoffe, daß wir in wenigen Jahren wieder zusammenkommen, u. hätte ich bis Frühjahr so viel erspartes Geld dich in Deutschland abzuholen so würde ich diese sehr beschwerliche Reise mit größten Freuden wieder machen. Hier köntest du mit waschen, bügeln auch wohl was verdienen, den für ein Hemd zu waschen muß ich 5 Sent d.i. 9 kr. bezahlen. Überhaupt was Kleidungsstücke sind, sind sie sehr theuer, ein Hut kostet 5 Dollars eine Hose ordinär 10 Dollars, 1 paar Stiefel 6 Dollars. Darum sind Schuster und Schneider hier Herrn, und ihre Profession geht so zusagen am besten. Die Lebensmittel sind hier sehr bilig. Die Miethen einer Loggie dagegen sehr theuer.«* [105]

Er plante zielstrebig mit den Mitteln, die ihm zur Verfügung standen, für sich und seine Familie die gemeinsame Zukunft. Er schien sich sicher, bald die ganze Familie nachholen zu können, und obwohl, wie er schreibt, ihn die Überfahrt 185 fl kostete und man damals pro Kind wenigstens 50 fl dazulegen mußte, hätte er, bei einer Ersparnis von 2 Dollar pro Woche, nach spätestens 2½ Jahren das Geld für die Überfahrt der ganzen Familie beisammen gehabt.

Doch vorerst wollte er im Frühjahr 1847 weiter ins Land hinein reisen, weg von den Großstädten an der Küste, in denen das Leben so teuer war: nach St. Maria (ein Ort, den im übrigen eine ganze Anzahl Auswanderer aus Schwaben und Neuburg als Auswandererziel angaben) und vielleicht weiter nach St. Louis, »wo man die billigsten Lebensmittel erhält u. wo der rohe Stoff meines Gewerbes bereits nichts kostet«.

Daß er drüben für seine Familie lebte, beweist vor allem die Sorge um seine Kinder:

> *»Wie hat sich Jakob in disem vergangene Studium-Jahre gehalten? Sage ihm, daß er mir die größte Freude macht, wen er sich in seinem Studium gut vorran macht, besonders fremde Sprachen auch lernt, den der Mensch weiß nicht wo sein Bestimmungsort in seinem Leben ist. Wer hätte gedacht, daß ich nach Amerika reisen würde? um dort für meine Familie einen glücklichen Erfolg zu suchen. Was machen wohl die übrigen Kinder, sind selbe recht gesund?«*

Und an anderer Stelle:

> *»...so wünsche ich dir ...alles möglich Gute, besonders aber, daß der Allmächtige dir dauerhafte Gesundheit zur Erziehung unserer Kinder schenken wolle ... u. kein Tag vergeht an dich u. Kinder zu denken.«*

Alois Leipert liebte seine Familie. Hätte es in Kempten eine Möglichkeit gegeben, dieselbe zu ernähren, er wäre nicht ausgewandert. So überspielte er seine Gedanken an die Heimat in den abschließenden Worten:

> *»unweit von hier ist ein Dorf, das sich Kemden nent, bin auf dem Dellawara Fluß schon ein paar mal hingefahren, da gibt es sehr schöne Anlagen, überhaupt bin ich hier sehr gerne.«* [106]

Aus dem Brief eines Kemptener Mitauswanderers vom 30. März 1847 [107] wissen wir, daß Alois Leipert bis zum Jahresende 1846 noch in der Kammfabrik arbeitete und bis dahin

---

105 Brief von Alois Leipert vom 19. Oktober 1846 aus Philadelphia an seine Frau Cäcilie.
106 Siehe Anmerkung 105.
107 Brief von Haggenmüller, datiert mit 30. März 1847, aus Philadelphia an seine Schwester in Kempten.

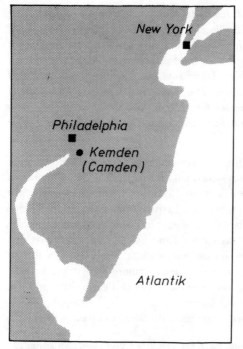 

Abb. 12 Die Aufenthaltsorte von Alois Leipert in Amerika. Sein Sterbeort »Point Isabel in Texas« ist das heutige Port Isabel

28 Taler verdient hatte. Dann widerfuhr ihm ein Unglück, indem er sein ganzes Geld durch irgendeinen Umstand verlor. So konnte er nicht einmal mehr Kost und Logis bezahlen, »und nur, da er sich nicht zu helfen wußte«, meldete er sich am 22. Februar 1847 in Philadelphia als Freiwilliger für die Infanterie der Vereinigten Staaten von Amerika für den Krieg gegen Mexiko. Dadurch hatte er wenigstens Verpflegung und Kleidung vom Militär, ein kleines Entgelt und die Erwartung, als Kriegsfreiwilliger bei Kriegsende oder Entlassung aufgrund Untauglichkeit 160 Acres Land zu bekommen. Am 2. April 1847 marschierte er mit einer deutschen Kompanie unter Capitän Syberg zu General Taylors Armeecorps an die Front. Bereits zu diesem Zeitpunkt schrieb der in Philadelphia zurückgebliebene Kemptner Haggenmüller über seinen Freund: »Besonders glaube ich, daß Leipert nicht wieder zurückkommt, da er schon kränklich fortging.« Diese Ahnung sollte sich bewahrheiten.

Sieben Monate später, am 14. November 1847, erhielt die Schwester des Kemptner Auswanderers Haggenmüller die Nachricht[108], daß es in der deutschen Kompanie viele Kranke gegeben hätte,

---

108 Brief von Haggenmüller, datiert mit 14. November 1847, aus Philadelphia an seine Schwester in Kempten.

»...*von denen auch Leipert einer war; welcher, wie ich dieser Tage von einem neben ihm im Spital zu Puebla :in Mexico: gelegenen Kameraden bestimmt erfuhr, daß er gestorben ist*«.

In dem Schreiben von Haggenmüller heißt es weiter:

»*Diese Trauernachricht kanst du seiner Frau u. seinem Bruder mittheilen, mit dem Bedeuten, daß, wen sie mir eine Vollmacht senden wollte, ich mich dafür verwenden will, daß die Wittwe Leipert die, von den vereinigten Staaten angesetzten 160 Acres Land, oder eine Obligation von 100 Dollars, aber selbe Summe erst nach sechs Jahren, mit 4 Prozent zahlbar erhalten wird ... Diese Vollmacht muß vom Stadtgericht Kempten ausgestellt, u. durch den Vereinigten=Staaten=Consul Herrn Guedie in Basel contrasigniert sein...*«

Diese Todesnachricht ihres Mannes erreichte Cäcilie Leipert zu einem Zeitpunkt, da sie mit ihren Kindern in bitterster Armut lebte. In einem Zeugnis des Magistrats der Stadt Kempten heißt es über die Familie[109], daß sie

»...*weder Eigenthum noch das geringste Vermögen besitze, und sich nur kümmerlich fortbringe, daher auch schon aus Mitteln der Armenpflege Unterstützung genossen habe.*« (siehe Abb. 13).

Nach einem sich daraufhin über zwei Jahre hinziehenden Schriftverkehr zwischen dem Königlich Bayerischen Konsul in Philadelphia, Friedrich Hagedorn, und dem Konsul der Vereinigten Staaten von Amerika in Augsburg, Carl Obermayer, sowie den beteiligten Behörden mit einer Flut von zu erbringenden Bestätigungen, Beglaubigungen und zu erteilenden Vollmachtserklärungen wurde der Witwe von Alois Leipert, Cäcilie, der endgültige Bescheid am 25. Mai 1850 vom amerikanischen Innenministerium mitgeteilt[110]:

»*Widows Claim*
I certify, that in conformity with the 2nd section of the act of July 21, 1848, Cecilia Leipert widow of Alois Leipert, who was a private, Compy. I. 11th regt. US Infy. and died on the ninth day of June 1847, is entitled to receive five years half=pay at the rate of three dollars and fifty cents per month, commencing on the ninth day of June 1852, and in case of the death or marriage of said widow before the expiration of said five years, the half=pay for the remainder of the time shall go to the children of the said decendent.«

Für den Zeitraum von fünf Jahren erhält die Witwe Cäcilie Leipert eine Witwenrente von 3 Dollar 50 Cent; falls sie sich innerhalb dieses Zeitraumes wiederverheiratet oder stirbt, geht die Pension für die restliche Zeit an die Kinder aus ihrer Ehe mit Alois Leipert.

Aus dem Schriftwechsel über die Pensionsansprüche der Cäcilie Leipert erfahren wir auch noch Genaueres über die Umstände des Todes von Alois Leipert: Er starb, offensichtlich nicht

---

109 Zeugnis des Magistrats der Stadt Kempten vom 19. Februar 1848.
110 Mitteilung des amerikanischen Department of the Interior vom 25. Mai 1850.

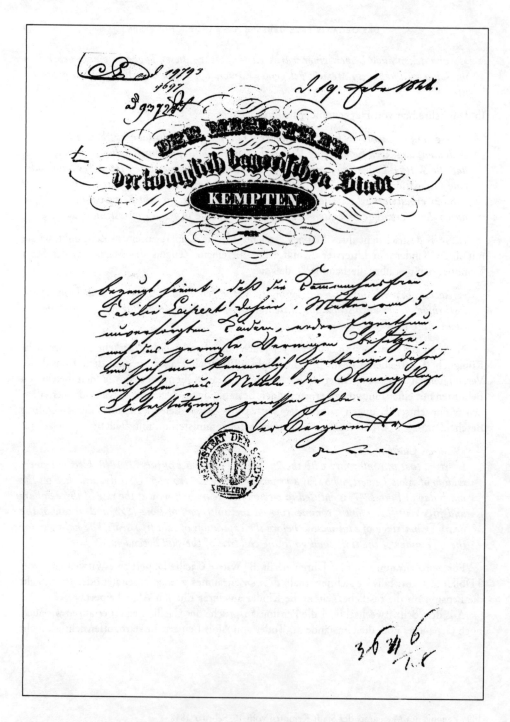

Abb. 13 Zeugnis des Magistrats der Stadt Kempten für Cäcilie Leipert (Stadtarchiv Kempten)

Abb. 14 Siegel des Konsulates der Vereinigten Staaten von Amerika in Augsburg (Staatsachiv Augsburg)

Abb. 15 Unterschrift des amerikanischen Konsuls Carl Obermayer, Bankier in Augsburg (Staatsarchiv Augsburg)

…ndlich dessen mit meiner Namensunterschrift
meinem amtlichen Siegel.

Augsburg d. 19. Juli 1853.

Das Consulat der
Vereinigten Staaten von Nord-America

Carl Obermayer

Consul.

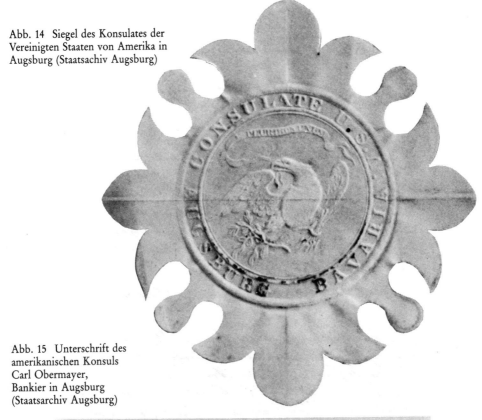

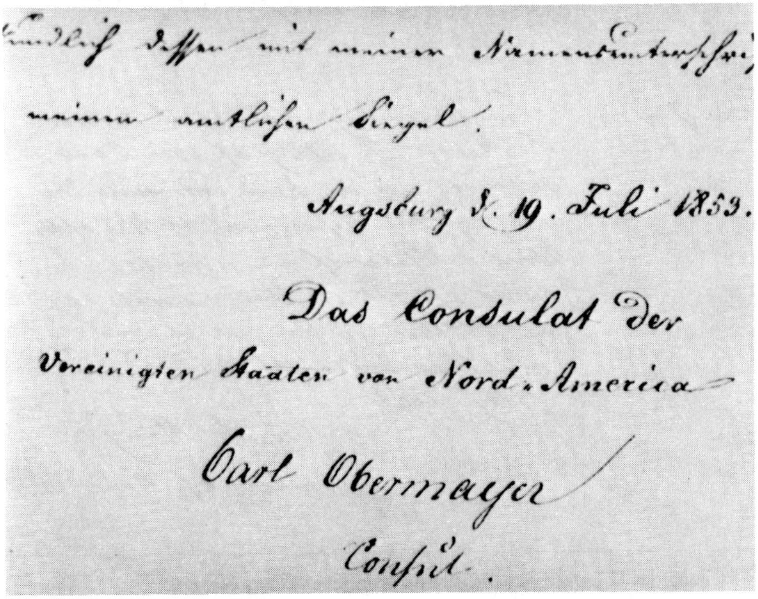

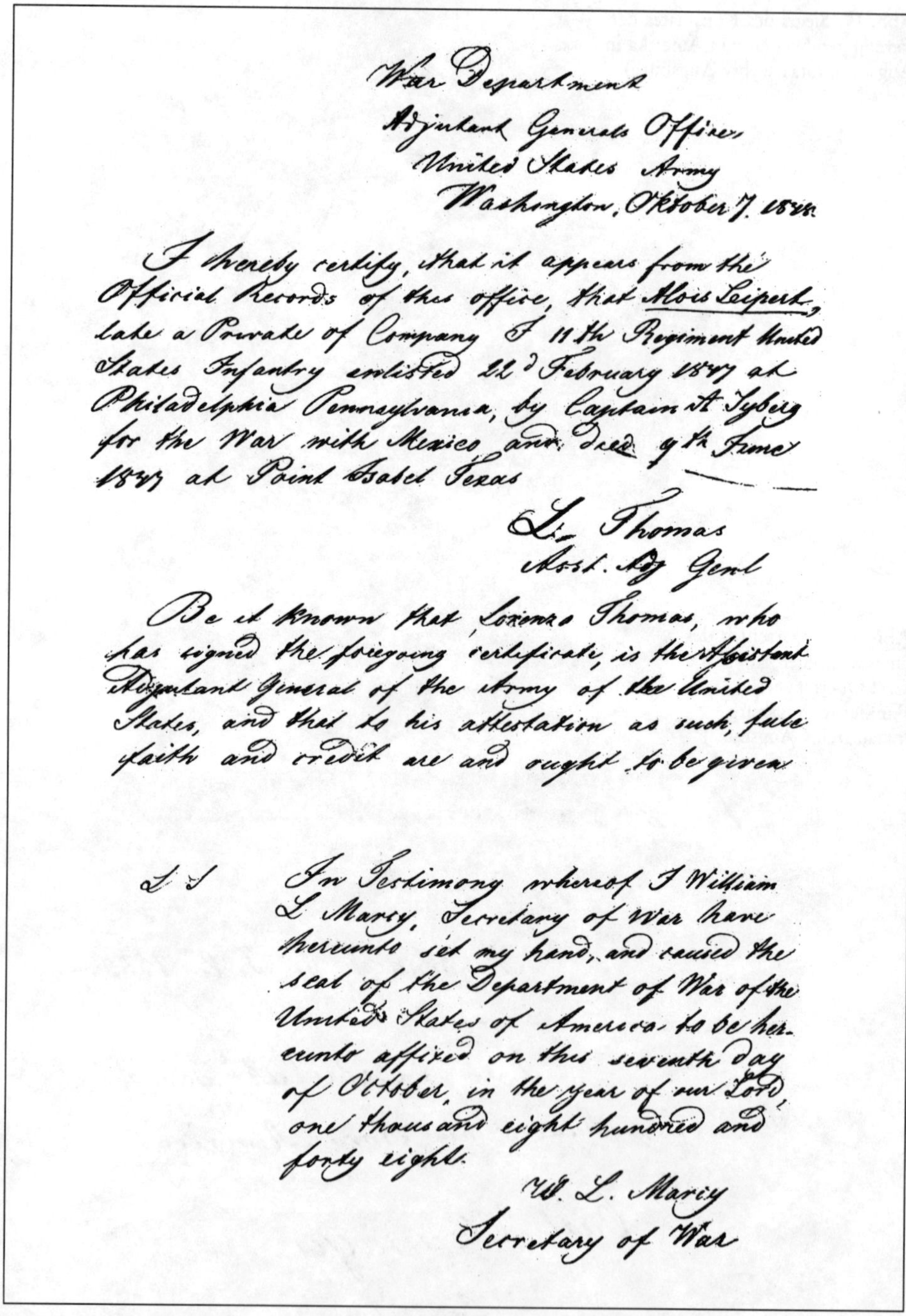

> War Department
> Adjutant Generals Office
> United States Army
> Washington, Oktober 7. 1848.
>
> I hereby certify, that it appears from the Official Records of this office, that Alois Leipert, late a Private of Company I 11th Regiment United States Infantry enlisted 22d February 1847 at Philadelphia Pennsylvania, by Captain A. Tyberg for the War with Mexico and died 9th June 1847 at Point Isabel Texas
>
> L. Thomas
> Asst. Adj Genl
>
> Be it known that Lorenzo Thomas, who has signed the foregoing certificate, is the Assistant Adjutant General of the Army of the United States, and that to his attestation as such, full faith and credit are and ought to be given.
>
> L S In Testimony whereof I William L. Marcy, Secretary of War have hereunto set my hand, and caused the seal of the Department of War of the United States of America to be hereunto affixed on this seventh day of October, in the year of our Lord, one thousand eight hundred and forty eight.
>
> W. L. Marcy
> Secretary of War

Abb. 16 Mitteilung des War Department, Washington (Stadtarchiv Kempten)

im Feld, sondern an einer nicht näher bezeichneten Krankheit, am 9. Juni 1847 in Point Isabel, dem heutigen Port Isabel in Texas[111]. (Seine letzten Tage hatte er in der dortigen Nachschubbasis Fort Taylor, dem späteren Fort Brown verbracht.)[112] Cäcilie Leipert erhielt ihre Rente allerdings nur ein Jahr, bevor sie am 25. Juni 1851 in ihrem 43. Lebensjahr verstarb[113].

QUELLENANGABEN

Wesentliche Inhalte dieser Abhandlung basieren auf Teilergebnissen der Vorarbeiten der 1990 erscheinenden Publikation:
Wolfgang KNABE, Legale Auswanderungen aus Bayerisch-Schwaben zwischen 1800 und 1914 in das außereuropäische Ausland.
Die Angaben
– betreffend Carl August Leipert, seine Konzessionierung als Kaufmann, seine Ansässigmachung und Verehelichung entstammen dem Aktenbestand PA Leipert 1584/112 im Stadtarchiv Kempten,
– betreffend die Auswanderungsagentur Carl August Leiperts entstammen dem Aktenbestand PA Leipert 1591/82 im Stadtarchiv Kempten,
– betreffend die Ansässigmachung Alois Leiperts entstammen dem Aktenbestand PA Leipert 1583/83 im Stadtarchiv Kempten,
– betreffend Alois Leiperts Auswanderung nach Nordamerika und dessen dortigem Aufenthalt entstammen dem Aktenbestand PA Leipert 1585/176 im Stadtarchiv Kempten,
– darüber hinaus wurden die entsprechenden Familienbögen im Stadtarchiv Kempten ausgewertet.

NACHBEMERKUNG

Seit 1986 wurde von Herrn Prof. Dr. Pankraz Fried, Lehrstuhl für Bayerische und Schwäbische Landesgeschichte, Universität Augsburg und Dr. Wolfgang Knabe, Bayerische Akademie der Wissenschaften, mit Unterstützung der Deutschen Forschungsgemeinschaft sowie der Schwäbischen Forschungsgemeinschaft ein bezirksweites Forschungsprojekt über Auswanderungen in das außereuropäische Ausland zwischen 1800 und 1914 durchgeführt. Dabei wurde das in den Stadt- und Gemeindearchiven, in Kirchen-, Zeitungs- und Privatarchiven in Bayerisch-Schwaben, im Staatsarchiv Augsburg und im Hauptstaatsarchiv München lagernde relevante Aktenmaterial gesucht, gesichtet, mittels elektronischer Datenverarbeitungsanlagen erfaßt und ausgewertet. Bislang wurden über 8000 Auswanderungen bearbeitet und in 25 außereuropäischen Staaten mit wissenschaftlichen Institutionen Kontakte aufgenommen, um Spuren zu verfolgen: in Kanada, den USA (33 Bundesstaaten), Mexiko, Costa Rica, Guatemala, Nicaragua, Bolivien, Brasilien, Argentinien, Uruguay, Chile, Südafrika, Nambia, Tansania, Kamerun, Algerien, Ägypten, Israel, Syrien, Persien, Indien, Thailand, Indonesien, China und in Australien.

---

111 Bestätigung des Todes von Alois Leipert am 7. Oktober 1848 durch das War Department, Washington.
112 Familienbogen von Alois Leipert im Stadtarchiv Kempten.
113 Walter Prescott WEBB, The Handbook of Texas, Austin 1952, Vol. II, S. 394.

Während die Quellensuche im Ausland unter Mitwirkung vieler Institutionen betrieben wurde, von denen ich, ohne damit die wertvolle Zuarbeit bis hin zu Privatleuten zu schmälern, den VDA und die German Genealogical Society (USA) dankend erwähnen möchte, arbeiteten die beiden hauptamtlichen wissenschaftlichen Mitarbeiter, Herr Otto Hallabrin, M.A., und Herr Peter Maidl, M.A., mit 39 ehrenamtlichen Mitarbeiterinnen und Mitarbeitern die Stadt- und Gemeindearchive, Kirchen- und Privatarchive zwischen Lindau, Ulm, Oettingen und Füssen durch. Frau Claudia Eberle speicherte die bezirksweit erhobenen Daten, ein Systemfachmann, Herr Hans-Jürgen Lichter, arbeitete ehrenamtlich an der Weiterentwicklung der eigenen Speicher-Analyseprogramme.

*

Mit dieser Veröffentlichung als Teilresultat des DFG-Forschungsprojektes »Auswanderungen aus Bayerisch-Schwaben zwischen 1800 und 1914 in das außereuropäische Ausland« bietet sich erstmals die Möglichkeit, allen Beteiligten ein herzliches Dankeschön zu sagen. Besonders möchte ich hier die unermüdliche Mitarbeit unserer bislang 39 ehrenamtlichen Mitarbeiterinnen und Mitarbeiter würdigen, ohne die diese bezirksweite Erhebung nicht hätte durchgeführt werden können. Mein Dank gilt auch den Bürgermeistern, Archivleitern, allen Mitarbeitern in Städten wie Gemeinden und den vielen Bürgerinnen und Bürgern, die uns durch wertvolle Hinweise unterstützt haben. Danken möchte ich auch insbesondere Herrn Prof. Dr. Pankraz Fried und Herrn Prof. Dr. Peter Atteslander, die dieses Forschungsprojekt auf seinem Weg durch die Genehmigungsinstanzen tatkräftigst unterstützten.

Im Zusammenhang mit dieser Veröffentlichung danke ich besonders dem Leiter des Staatsarchivs Augsburg, Herrn Dr. Reinhard Seitz, ebenso Herrn Dr. Gerhard Hetzer für seine unermüdliche Unterstützung; dem Leiter des Stadtarchivs Augsburg, Herrn Dr. Wolfram Baer, ebenso Herrn Dr. Wolfgang Wüst; dem Leiter der Augsburger Stadt- und Staatbibliothek, Herrn Dr. Helmut Gier; dem Leiter des Stadtarchivs Günzburg, Herrn Walter Grabert; dem Leiter des Stadtarchivs Kempten, Herrn Dr. Wolfgang Haberl, sowie seinem Mitarbeiter, Herrn Roland Riedel, und Herrn Dr. Bernd Ziolkowsky für das die Arbeit außerordentlich bereichernde Material aus seinem Familienarchiv.

Der Lechrain als sprachliche Saumlandschaft zwischen den süddeutschen Großmundarten Bairisch und Schwäbisch-Alemannisch

VON EDUARD NÜBLING

VORWORT

Folgende Abhandlung wurde auf Wunsch und im Auftrag des langjährigen Heimatpflegers des Altlandkreises Aichach, Herrn Professor Toni *Grad*, vor einigen Jahren abgefaßt, der einen größeren Leserkreis in einem Sammelband auch (wie er sagte) über die »Mischmundarten« des östlichen Lechrains aus wissenschaftlicher Sicht, jedoch allgemeinverständlich, unterrichten wollte.

Wegen des leider inzwischen erfolgten Ablebens dieses Auftraggebers hat sich entgegenkommenderweise der Herr erste Vorsitzende der Schwäbischen Forschungsgemeinschaft, Prof. Dr. Pankraz Fried, bereiterklärt, die weitgehend geförderte Arbeit in Reihe 7 der Veröffentlichungen seiner Gemeinschaft mitaufzunehmen. Für diesen Zweck wurde, um die Vergleichbarkeit zwischen dem rechts- und linkslechischen Gebiet zu verdeutlichen, die Zahl der Sprachbeispiele erhöht. Ferner habe ich mich bemüht, die Probleme in engere räumliche und sachliche Zusammenhänge zu stellen.

Von dem nach Anlage und Zweck dieser Abhandlung vorgegebenen Grundsatz der Allgemeinverständlichkeit konnte nicht mehr abgegangen werden.

INHALT

Vorwort	235
Schriftsprache und lechrainische Mundarten	236
Mundartforschung auf dem Lechrain	239
Mundartgrenzen auf dem Lechrain	243
Linie 1 (mhd. a)	245
Linie 2 (Endung -en)	247
Linien 3 und 3a (sagt, gesagt)	248
Linien 4, 4a und 4b (mhd. ei)	248
Linie 5 (mhd. â)	250
Linie 6 (mhd. î, iu und û)	251
Linie 7 (aufhin)	252
Linie 8 (mhd. ô)	252
Linie 9 (Hemd/Pfeit)	253
Linien 10 und 10a (mhd. -lîn)	253
Linien 11 und 11a (westgerm. g und k)	254

    Linie 12 (mhd. ou) 255
    Linie 13 (ihr, euch/es, enk) 257
    Linie 14 (Aftermontag/Ertag) 260
    Linie 15 (mhd. e und o) 262
    Linie 16 (mhd. -aere) 262
    Linie 17 (mhd. ist) 263
    Linie 18 (mhd. ë) 264

Weitere besonders kennzeichnende und auffällige Sprachformen:
    1) germ. -h- 264
    2) Vokal + nk 267
    3) die Liquiden l und r 270
       a) mhd. l 270
       b) mhd. r 273
       c) Beispiele aus dem mittleren Lechrain 275
       d) Sproßvokale und Svarabhakti 275
       e) mhd. r westlich des Lechs 277
       f) mhd. r vor Zahnlauten 277
       g) Schwund von r + Dental rechtslechisch? 280
    4) die Verben »gehen« und »stehen« 281
    5) Mhd. i und u + Nasallaut 284
    6) Dativ und Akkusativ im Bairischen 284
    7) die Fürwörter »uns, əis, ins« 285

Bairisch-schwäbische Grenzprobleme. Der Lechrain im engeren Sinne 285

Zur Wortkunde 293

Rückblick und Ausblick. Der Lechrain als Saumlandschaft 296

Anhang:
Mundartmerkmale, die nur rechtslechisch vorkommen 300

Mundartmerkmale, die nur linkslechisch vorkommen 301

Mundartmerkmale, die beiderseits des Lechs anzutreffen sind 302

Die Stadtmundart von Augsburg und Umgebung 303

Gegenüberstellung von Sprachproben:
    a) unterer Lechrain: Eisenbrechtshofen/Todtenweis 308
    b) mittlerer Lechrain: Untermeitingen/Scheuring 310
    c) oberer Lechrain: Lechbruck/Ursprung 311

Literaturverzeichnis 312

Karten:
    1) Mundartgrenzenkarte mit 17 Grenzlinien 244
    2) Kartenskizze mit Grenzen für germ. h und k 268

Schriftsprache und lechrainische Mundarten

Von der **Volkssprache** soll hier die Rede sein, wie sie auf dem östlichen Lechrain heimisch ist, also im westlichen Oberbayern, im Landkreis Aichach-Friedberg und in den rechtslechischen Teilen der Landkreise Donau-Ries und Ostallgäu. Zum Vergleich muß aber auch die linkslechische Volkssprache dienen. Die Volkssprache ist keineswegs einheitlich, sondern besteht aus vielen Einzelmundarten, die oft nur einen oder wenige Orte umfassen, unter sich aber meist nahe verwandt und einander sehr ähnlich sind. Echte Ortsmundart kann aber nur bei der fest ansässigen Bevölkerung gehört werden. Sie muß von Kindheit an erlernt und geübt worden sein, zunächst im Familienkreis und im Umgang mit den Spielgefährten, dann in der Schule und im täglichen Verkehr mit seinesgleichen. Dort allein ist echte Heimatmundart zu Hause. Sie ist die wirkliche »Muttersprache« der allermeisten, nicht etwa die Schriftsprache, die erst in den Schulen mehr oder weniger gut erlernt wird. Die Mundart aber lernt sich in Rede und Gegenrede von selbst. Sie lebt ohne Schule und bedarf keines Lehrers. Eine oberflächlich denkende Öffentlichkeit hat lange geglaubt, daß die Mundarten abgesunkene, entartete Ableger der Schriftsprache seien, die es schnellstens auszurotten gelte. Die Wahrheit ist indessen, daß die Mundarten viel älter sind als unsere erst zu Beginn der Neuzeit allmählich entstandene Schriftsprache, die auf vorwiegend mitteldeutscher Sprachgrundlage erwachsen ist. Die Mundarten sind zwar Wildwuchs, aber »Eigenwuchs« wie die Heckenrosen am Dorf- und Waldesrand, während die Schriftsprache als kunstvoll gezüchtete Treibhausblume in Erscheinung tritt. Die Mundarten tragen die Kennzeichen des Urwüchsigen und Bodenständigen, die Schriftsprache die der Vornehmheit, Allgemeingültigkeit und Weltläufigkeit an sich. Letztere allein hat die Funktion und Aufgaben einer Kultursprache.

Dabei gehen beide auf die gleichen Wurzeln zurück und gehorchen weitgehend denselben Entwicklungstendenzen; denn beide sind lebendige, ständiger Veränderung unterworfene Sprachen. Weil die Mundarten aber keine Bindung an die Schrift und keine Regelung durch Schulen und Behörden erdulden mußten, konnten sie sich im engen Kreis ihrer Sprecher völlig frei und ungehemmt entwickeln und erweisen sich deshalb in mancher Hinsicht fortgeschrittener und moderner als die durch Schrift und ständige Regelung gezügelte Hoch- oder Schriftsprache, auch wenn die Mundarten viel altes Sprachgut und mancherlei Formen viel treuer bewahrt haben als jene. Dabei ist das Wachstum unserer Mundarten keineswegs regellos vor sich gegangen. Aber es sind ungeschriebene Regeln, denen sie, für die Sprechenden ganz unbewußt, in ihrem Werdegang gefolgt sind; und sie beruhen zumeist auf sehr langer Tradition.

Beispielsweise hat niemand unsere Mundartsprecher darüber belehrt, daß das schriftdeutsche *o* im Worte »rot« seiner Herkunft nach ein anderes ist (und daher anders gesprochen wird) als im Worte »Boden«, das *e* im Worte »weh« ein anderes als in »legen«, das *au* in »laufen« anders als in »Haus«, das *ei* in »heiß« anders als in »weiß«. Aus diesen wenigen Beispielen, die sich leicht verdutzendfachen lassen, geht zweierlei klar hervor: 1) die Unabhängigkeit unserer süddeutschen Mundarten von der Entwicklung der Schriftsprache, 2) dagegen ihre enge Bindung an die eigene Vergangenheit zumindest von der mittelhochdeutschen Sprachperiode (um 1200) her. Denn seit vielen Jahrhunderten haben sich diese Lautpaare gesondert entwickelt (sie lauteten ahd. und mhd. *ô / o, ê / e, ou / û, ei / î*), während sie in der Schriftsprache jeweils in einen Laut zusammengefallen sind.

Noch deutlicher zeigt sich diese eigenständige Entwicklung in einem ziemlich großen Gebiet beiderseits des Lechs, das auf unserer Mundart-Grenzen-Karte zwischen den Linien 11 und 11a liegt und sich über die Donau hinaus keilartig bis Wemding erstreckt. Dort wird das schriftdeutsche *-ck-* in Wörtern wie »Brocken, Decke, drücken, ersticken, Locken, Schrecken, verrecken, wecken / Brücke, Ecke, Hecke, Mücke, Schnecke, (Brot)Wecken« nicht wie in den benachbarten bairischen Mundarten im Osten und den schwäbischen im Westen der besagten Linien abweichend von der Hochsprache als ziemlich weiches *-gg-* ausgesprochen. Vielmehr treffen wir zwischen diesen Linien in einem Teil der Wörter ein sehr hartes, ja rauhes *-ck-* an, meist sogar ein *-ckch-*, während in einem kleineren Teil der Wörter ein weicheres *-gg-* oder *-kk-* zu hören ist. Geht man dem Grund für diese unterschiedliche Behandlung nach, so stellt sich heraus, daß die Wörter mit der weicheren Aussprache in der westgermanischen Sprachperiode kein *-kk-*, sondern ein *-gg-* enthielten. Sonach hat sich in den Lechrain-Mundarten die Erinnerung an diesen Sprachunterschied bis in unsere Tage erhalten, während in den übrigen Gebieten schon in althochdeutscher und erst recht in späterer Zeit beide Lautungen vereinheitlicht wurden. Auf bairischer Seite östlich Linie 11a aber hat sich als Folge des einstigen Unterschiedes noch eine verschiedene Aussprache der Endung *-en* erhalten, die bei den ehemaligen *-kk-*Wörtern nunmehr *-a* lautet, bei den früheren Wörtern mit *-gg* aber *-n oder -ng*. Zum einstweiligen Beweis führe ich aus Ilmbergers »Bairischer Fibel« folgende Beispiele an: 1) für die *kk*-Gruppe *Brogga, drugga, daschdigga, schmegga, varegga, wegga,* 2) für die *gg*-Gruppe *Bruggn* und *Muggn*. Weitere Beweise liefern die Doktorarbeiten zur Mundartkunde des östlichen Lechrains, deren sehr unterschiedliche Schreibweise allerdings für unseren Zweck erst in die normale Rechtschreibung umgesetzt werden muß. Kufner liefert für die Münchener Stadtmundart folgende weitere Beispiele: *Degga, daschregga, vaschdegga,* aber für die 2. Gruppe: *Eggng* (= Ecken). Drei Doktorarbeiten betreffen das Gebiet westlich Linie 11a: **Großberghofen** (Lkr. Dachau) unterscheidet einerseits *flackha* (= liegen), *hockha, schmeckha,* andererseits aber *Schneggn*. **Dießen** (Lkr. Landsberg), das keinen Selbstlaut in der Endung kennt, stellt reiches Material zur Verfügung: *brokchn* (Brocken und pflücken), *Dekchn, drukchn, lokchn, varekchn, vaschdikchn* und *wekchn,* aber für die 2. Gruppe: *Brukng, Ekng, Mukng, Schnekng* und *Wekng* (= Brotwecken). **Böbing** (Lkr. Weilheim-Schongau), das westlich Linie 2 liegt, wo alle *en*-Endungen nur den Selbstlaut *-a* zeigen, unterscheidet aber die beiden Wortgruppen in der verschiedenen Aussprache des *-k*-Lautes. Dort heißt es: *brokcha* (= pflücken), *bukcha* (= bücken), *flakcha* (= liegen) und *schlekcha,* aber für die 2. Wortgruppe: *Brukka, Ekka, Mukka, Schnekka,* die fast als *Brugga* usw. zu lesen wären.

Das Erstaunliche an der Beibehaltung dieses geringfügig erscheinenden Unterschiedes, den unsere Schriftsprache nie gekannt hat, liegt in der Tatsache, daß der Anlaß dafür nachweislich runde eineinhalb Jahrtausende zurückliegt und daß ein Großteil unserer Lechrain-Mundarten sonach auf ein bewundernswertes Sprachgedächtnis ihrer Benützer schließen läßt. Unseren Kultursprachen stehen zur Bewahrung ihres sprachlichen Erbes nicht nur Presse und Literatur, sondern auch Wörterbücher und Grammatiken zur Verfügung, unseren Mundarten aber nichts davon. Sie haben sich nur von Mund zu Mund, von Generation zu Generation fortgeerbt und konnten trotzdem ihren sprachlichen Bestand mit Hunderten von Wörtern gegenüber allen Fremdeinflüssen bewahren, einschließlich aller Regeln des Sprachbaues. Denn jede dieser Mundarten hat auch ihre ungeschriebene Grammatik, die ebenfalls von Geschlecht zu Geschlecht überliefert wurde, auch wenn sie im Laufe der Zeiten sinnvolle Änderungen erfahren hat. Es kann nicht anders sein, als daß jeder Mundartsprecher ein beachtliches Kompendium an sprachlichem Wissen wie in einem Computer gespeichert in sich trägt, das jederzeit zu Gesprächen abrufbereit ist. Dieser gedächtnismäßig gespeicherte Sprachbestand liegt aber unterhalb der Schwelle des wachen Bewußtseins eines jeden. Selbst das »Ansprechen« der Details beim Sprecher und ihr »Anklingen« beim Hörer spielen sich im wesentlichen »unbewußt« ab. Trotzdem sind unsere Mundartsprecher alles andere als lebende Computer. Anders gäbe es nämlich keinen Sprachwandel, weil sich jede Sprechgemeinschaft für jede sprachliche Einzelheit die Wahlfreiheit zwischen Beharrung und Fortschritt vorbehält. So hat die Tatsache, daß im Bereich unserer Mundarten keine Regel ohne Ausnahme bleibt, zur Folge, daß unsere lechrainischen Mundarten in Lauten, Wörtern und grammatischen Formen eine erstaunliche Vielfalt aufweisen, jedoch stets so, daß frühere Entwicklungslinien immer wieder deutlich durchscheinen, so wie dies an den wenigen oben genannten Beispielen sichtbar geworden ist.

Mundartforschung auf dem Lechrain

Die deutsche Sprache war jahrhundertelang im Schatten der lateinischen und zeitweilig auch der französischen Sprache gestanden. Nach dem Aufkommen der deutschen Schriftsprache aber blieben die Mundarten, aus deren Schoß die edlere Tochter entsprossen war, lange unbeachtet, ja sogar verachtet. Waren sie doch nur die ungeschriebene Sprechweise der »ungebildeten« bäuerlichen und werktätigen Bevölkerung! Das änderte sich seit dem Ausgang des 18. Jahrhunderts und insbesondere im Zuge der Romantik, die in Volkslied und Volksmärschen die Volksseele am Werke sah. Von Goethe stammt das Wort: »Jede Provinz liebt ihren Dialekt, denn er ist doch eigentlich das Element, in welchem die Seele ihren Atem schöpft.« Mehr und mehr meldeten sich im Gefolge Johann Peter Hebels auch die Mundartdichter zum Wort. Selbst die Regierenden glaubten sich nun dem Wissen um die Mundarten verpflichtet. So ist auf Anregung des späteren bayerischen Königs Ludwig I. der Oberpfälzer Johann Andreas Schmeller zum eigentlichen Begründer und Wegbereiter nicht nur der bayerischen, sondern der gesamtdeutschen Mundartforschung geworden. Schon 1821 erschien seine Darstellung über »Die Mundarten Baierns«, 1827–1837 die 1. Auflage seines bis heute unersetzten »Bayrischen Wörterbuchs«, von dem mancherlei Anregung zur Aufstellung auch örtlicher Wörtersammlungen ausging. Aber in der eigentlichen Mundartforschung gab man sich bei uns nun lange mit dem hier Erreichten zufrieden. Dabei spielte auch die große Schwierigkeit eine Rolle, die bei der genauen schriftlichen Wiedergabe der einzelnen Ortsmundarten zu bewältigen ist. Schon Schmeller hatte sich damit auseinanderzusetzen gehabt. Denn die Elemente jeder gesprochenen Sprache sind die Laute. Unsere aus dem antiken mittelmeerischen Kulturraum überkommene Schrift mit ihren 26 Buchstaben ist aber zur genauen schriftlichen Kennzeichnung unserer Mundartlaute nur sehr unvollkommen geeignet. Schon für das Schriftdeutsche benötigen wir die zusätzlichen Zeichen *ä, ö, ü* und *ß*. Für einige Laute haben wir überhaupt kein eigenes Zeichen, sondern müssen uns dafür mehrerer Buchstaben bedienen, z. B. bei *ch, sch, ng*. Andererseits enthält das antike Alphabet verschiedene Buchstaben für ein und denselben Laut, z. B. *f/ph, k/c/ck* und *z/c/tz*. Demgegenüber gilt in der wissenschaftlichen lautgetreuen Schreibung der unumstößliche Grundsatz, daß für jeden unterscheidbaren Laut nur ein und dasselbe Zeichen verwendet werden darf. Nun sind aber einerseits die Laute oft von Mundart zu Mundart verschieden, andererseits gibt es individuelle Unterschiede bei den Sprechenden und Auffassungsunterschiede bei den Hörenden. So kommt es, daß die Mundartforscher zum Teil erheblich verschiedene Zeichensysteme für die Wiedergabe ihrer Mundarttexte verwenden, so wie ja auch die Mundartdichter in ihrer Schreibung manchmal stark voneinander abweichen. Beispielsweise glaubt Kufner (1961) für die Münchner Stadtmundart mit 27 Zeichen (13 für Selbst-, 14 für Mitlaute) auskommen zu können, während

Gladiator (1971) für die Mitlaute der Mundart von Großberghofen bei Dachau neun Zeichen mehr benötigt. Freudenberg verwendet für Böbing bei Schongau 43 Zeichen, Michael Lechner für Eurasburg und Umgebung nur 34, Joseph Lechner für Rehling 38, Ibrom für den ganzen unteren Lechrain 39 und Kranzmayer für den Gesamtbereich der bairisch-österreichischen Mundarten 49 Zeichen. Leider bedienen auch sie sich verschiedener Zeichen, was natürlich die Vergleichbarkeit der dargestellten Mundarten ziemlich erschwert.

Die Nachfolger Schmellers, wie Bremer, Birlinger, Weinhold, Kauffmann und Brenner haben mehr für die sprachhistorischen Grundlagen als zur Erkundung der Einzelmundarten beigetragen. Dies änderte sich, als der rheinische Sprachforscher Wenker 1887/88 auch in Süddeutschland Unterlagen für einen geplanten Atlas aller deutschen Mundarten in sämtlichen Schulorten anfertigen ließ. Die vorwiegend von Lehrern in den Ortsmundarten abgefragten 40 Wenkerschen Sätze ergaben so in fast 53 000 ausgefüllten Fragebogen das Material für den von Wrede, Mitzka und Martin 1926–1956 herausgegebenen »Deutschen Sprachatlas«, der in 129 Karten vorliegt. Schon ein Jahr vor Wenker aber hatte der schwäbische Sprachforscher Hermann Fischer zur Erkundung des schwäbischen Sprachgebietes an über 3000 Pfarrämter ebenfalls Fragebogen versandt, mit denen die mundartgetreue Lautung von 189 Wörtern nebst der Beantwortung von sechs Fragen erbeten wurde. Das durch ihn bearbeitete Material ist schon 1895 in seinem »Atlas zur Geographie der schwäbischen Mundart« erschienen. Er sollte als geographische Grundlage für das von Fischer und Pfleiderer in den Jahren 1904–1936 herausgegebene sechsbändige »Schwäbische Wörterbuch« dienen. Dieser Atlas erfaßt zwar wesentlich weniger Orte als der viel später erschienene »Deutsche Sprachatlas«, spricht aber mehr eigentlich süddeutsche Sprachprobleme an. Übrigens behandelt er den östlichen Lechrain mit, weil seine Karten bis vor die Tore Münchens reichen. Mit diesen beiden Atlanten brach sich nun in der Dialektforschung eine neue Methode Bahn, die sich zur Darstellung der verschiedenen Sprachformen der Landkarte bedient, die *Dialektgeographie*. Dazu müßte eigentlich die Kenntnis sämtlicher Einzelmundarten eines Sprachgebietes vorausgehen; denn die Karten sollen ja zeigen, aus welchen Lauten sich von Ort zu Ort die Wörter zusammenfügen, welche Vor- und Nachsilben verwendet werden, welche Wortformen vorkommen, welche Bedeutung die Wörter haben und vieles andere mehr. Der Idealfall für die Mundartforschung wäre es wohl, wenn sich aus jedem größeren Ort einer Sprachlandschaft ein mit der Ortsmundart aufgewachsener Sprachkundiger bereitfände, seine Heimatmundart in Laut- und Formenbestand zusammen mit dem gebräuchlichen und womöglich auch aussterbenden Wortschatz schriftlich darzustellen; denn nur ein am Ort Geborener besitzt das »Sprachgefühl« für untrügliche Mundartechtheit. Dann wäre es ein leichtes, in der Zusammenschau dieser Arbeiten zu einer umfassenden und fundierten Dialektgeographie dieser Landschaft zu kommen. Doch wird dieses Ideal kaum jemals zu verwirklichen sein. So mußten sich die Dialektgeographen damit begnügen, aus den bereits erarbeiteten, noch ziemlich spärlichen Kenntnissen lechrainischer Ortsdialekte trotzdem Einblicke in die Gesamtstruktur dieser interessanten Grenzlandschaft zwischen den beiden süddeutschen Großmundarten Bairisch und Schwäbisch-Alemannisch zu gewinnen. Zu diesem Zwecke wurden die sprachlichen Einzelformen kartenmäßig aufgezeichnet und soweit möglich gegeneinander abgegrenzt. Denn wo immer sprachliche Unterschiede feststellbar sind, fallen an den Rändern der Verbreitungsgebiete *Mundartgrenzen* an, z. B. bei den Lautungen des Wortes »heiß« zwischen der Ostform *hoaß* und den beiden Westformen (nordwestlich von Augsburg) *hoiß* und (südwestlich von Augsburg) *haiß* und natürlich auch zwischen den beiden letzteren. Wo sich dann die Grenzen verschiedener Merkmale zu Bündeln oder Strängen vereinigen und gleichlaufen, spricht die Dialektgeographie von *Sprachschranken*. Für Sprachgrenzen, die auffälligere Mundartgebiete trennen, hat sich die Bezeichnung *Sprachscheide* eingebürgert.

Nach dem Erscheinen von Fischers Schwäbischem Sprachatlas bemühte sich besonders der alemannische Sprachforscher *Karl Bohnenberger*, die Grenzen des schwäbisch-alemannischen Sprachgebiets zu erkunden. Davon zeugen seine Abhandlungen »Von der Südostecke des Schwäbischen« (1902, Nr. 6), »Die alemannisch-fränkische Sprachgrenze vom Donon bis zum Lech« (1905), »Über die Ostgrenze des Alemannischen« (1928, Nr. 7), »Von der Mundart um die Iller« (1930) und endlich sein nachgelassenes Werk »Die alemannische Mundart« (1953, Nr. 8).

Seit dem ersten Jahrzehnt unseres Jahrhunderts arbeitet in München eine Kommission an der Materialsammlung für die Neuherausgabe eines »Bairischen Wörterbuches«. Unter den Forschern Lüers und Kranzmayer wurde dort auch in den zwanziger und dreißiger Jahren eifrig an der Gewinnung weiteren dialektgeographischen Materials gearbeitet. Leider ist der damals geplante »Bairische Sprachatlas« wegen der Kriegs- und Nachkriegsereignisse niemals abgeschlossen und veröffentlicht worden. Er soll bis 1937 auf 1200 Einzelkarten angewachsen sein, die derzeit wahrscheinlich in Wien liegen. Obwohl auch seine Angaben großenteils aus Laienhand stammen, hat *Kranzmayer* doch viel eigenes Material in zahlreichen Kundfahrten dazugesammelt und sich damit zur kritischen Auswertung der Laienangaben besonders befähigt. Nicht in der Zahl der so erfaßten Orte, wohl aber in der Genauigkeit der lautlichen Unterschiede wie auch in der Erfassung sonstiger kennzeichnender Sprachformen und vor allem eines reichen Wortschatzes ist dieser Atlas weit über die Ergebnisse des »Deutschen Sprachatlasses« hinaus gediehen. Erst 1956 konnte Kranzmayer anhand dieses Materials wenigstens die »Historische Lautgeographie des gesamtbairischen Dialektraumes« mit 27 Karten und 4 Hilfskarten (Nr. 43) als Quintessenz seines Forscherlebens veröffentlichen. Allerdings sind seine Karten so kleinmaßstäblich, daß sie für unser Gebiet nur ungefähre Einblicke ermöglichen. Doch hat der Autor in diesem Werk die Mundartprobleme in große räumliche und sprachhistorische Zusammenhänge zu stellen vermocht.

Der Grenzcharakter der Lechrainer Mundarten hat ja schon im vergangenen und erst recht in unserem Jahrhundert das Interesse einer ganzen Reihe namhafter Forscher auf sich gezogen, die sicher erwartet haben, hier klare Aufschlüsse über die Struktur solcher Grenzmundarten zu erhalten. Indessen zeigen die weit auseinandergehenden Meinungen, daß sich unsere Landschaft in ihrer sprachlichen Vielfalt klaren Deutungsversuchen weitgehend verschließt. Es dürfte gegenwärtig auch verfrüht sein, angesichts des immer noch ungenügenden Forschungsstandes bereits tiefgehende Deutungsversuche zu wagen, solange nicht der ganze Lechrain in seinem Laut- und Formenbestand wie auch in seinem gebräuchlichen und schwindenden Wortgut *engmaschig*, d.h. von Ort zu Ort, eingehend erkundet ist. Deshalb ist es erfreulich, daß sich neuerdings nachstrebende Forscher wieder Einzelbeschreibungen von Ortsdialekten oder kleinräumigen Untersuchungen zugewandt haben. Bevor aber von diesen die Rede ist, muß ein einheimischer Sprach- und Heimatforscher erwähnt werden, der kurz vor dem Auftreten Kranzmayers mit großer Liebe und Sachkenntnis Sprache und Volkstum seiner lechrainischen Heimat zu erkunden begonnen hat: der aus Dießen gebürtige langjährige Schriftleiter der Heimatzeitschrift »Lechisarland« *Bruno Schweizer*. Nachdem er sich 1925 mit einer leider ungedruckt gebliebenen Doktorarbeit über den Konsonantismus seiner Heimatlandschaft (Nr. 70) eingeführt hatte, mußte er den mit einem Forschungsstipendium ausgestatteten Kärntner Kranzmayer verständlicherweise als lästigen Eindringling empfinden, den er dann auch mehrfach scharf angriff. Ähnlich wie Kranzmayer wollte auch Schweizer laut öfteren Ankündigungen einen dialektgeographischen Atlas von Südbayern herausgeben, der aber leider niemals erschienen ist. Außer seiner Dissertation und zahlreichen Aufsätzen seiner Zeitschrift Lechisarland hat er für den Lechrain nur zwei abgeschlossene wissenschaftliche Arbeiten hinterlassen: ein umfangreiches, aber ungedrucktes »Dießner Wörterbuch« vom Jahre 1946 (Nr. 74) und seine 1957 erschienenen »Flurnamen des südwestlichen Ammerseegebietes«. Der geistige Nachlaß des so leider im Schatten Kranzmayers Verbliebenen ist dem Vernehmen nach zwischen Marburg und München aufgeteilt worden. Für Tirol wurde neuerdings sein erarbeitetes Material im Tirolischen Sprachatlas (Nr. 34) mitverwertet.

Die neueren mundartkundlichen Arbeiten verteilen sich auf den westlichen und östlichen Lechrain. *Georg Moser* untersuchte in den zwanziger Jahren das »Staudengebiet« südwestlich von Augsburg und Schwabmünchen in einer sehr genauen, materialreichen Doktorarbeit (Nr. 57), wobei er auch die unmittelbar östlich anschließenden rechtslechischen Orte zwischen Kissing und Kaufering mit einbezog. Im gleichen Bereich (um Graben) hat *Werner König* seit 1970 vor allem wortkundlich weitergeforscht. (Übrigens ist der Landschaftsname »Staudengebiet« durch Kranzmayer fälschlicherweise auf das unterste rechtslechische Gebiet übertragen worden.) Östlich an Moser anschließend erarbeitete *Michael Lechner,* von seinem Geburtsort Eurasburg ausgehend, die mundartgeographischen Grundlagen für den Bereich zwischen Aichach und Ammersee, wobei er fast bis Altomünster und Fürstenfeldbruck vordrang (Nr. 48). Den beiderseitigen unteren Lechrain zwischen Augsburg und der Donau hat *Ibrom* erschlossen (Nr. 29 und 30). Dazu kommen an wertvollen Einzeluntersuchungen von Ortsmundarten: München und Umgebung von *Stephan Wittmann* (1943, Nr. 87), die Münchner Stadtmundart von *Herbert L. Kufner* (1961, Nr. 45), Böbing bei Schongau von *Rudolf Freudenberg* (1959, Nr. 11), Großberghofen (zwischen Dachau und Altomünster) von *Klaus Gladiator* (1971, Nr. 22), ferner eine vorwiegend dem landwirtschaftlichen Bereich gewidmete Wörtersammlung für Rehling und Umgebung (nordöstlich Augsburg) von *Joseph Lechner* (1983, Nr. 47) und die Dissertation über die Mundart des linkslechischen Höchstädt a. d. Donau von *Werner R. Stirnweiß* (1975, Nr. 84), endlich aus jüngster Zeit als Magisterarbeit eine Querschnittsuntersuchung durch den mittleren Lechrain zwischen Untermeitingen und Schöngeising von *Martin Wölzmüller* (1986, Nr. 88), welcher der Verfasser ein inhaltsreiches, allgemeinverständliches Buch über Volkstum und Sprache seiner Heimatlandschaft mit einer »Lechrainer Wortschatzsammlung« folgen ließ (1987, Nr. 89).

Aus der näheren Umgebung des Lechgebietes wären noch zu nennen: die Dissertation über die Mundart von Irgertsheim (unmittelbar nördlich der Donau von *Petronilla Funk* (1957, Nr. 20) und meine eigene dialektgeographische Arbeit über die Mundarten zwischen der Lechmündung und Gunzenhausen (1938, Nrn. 59 und 61).

Freudenberg hat seine Forschungen später im Lechgebiet fortgesetzt. Besonders bedeutsam ist dafür seine Monographie »Der alemannisch-bairische Grenzbereich in Diachronie und Synchronie« (1974, Nr. 13) mit sprachhistorisch wichtigen Kapiteln, insbesondere zum Konsonantimus und Vokalismus der lechrainischen Mundarten. Wir werden darauf zurückkommen müssen. Auch auf kürzere Berichte zur Volkssprache wie die von *Spannagl* (Nr. 80) für

Hörbach und die Wörtersammlungen aus Mering von *F. Knittel* (Nr. 51) sei hier anerkennend hingewiesen, nicht zu vergessen ferner die knappen, aber inhaltsreichen Beiträge von *Pankraz Fried* über seine lechrainische Heimatsprache (Nrn. 16–18).

Von der Mundartforschung nicht ganz übersehen zu werden verdienen auch einige ernstzunehmende Mundartdichter, die sich redlich bemüht haben, sich in einem reinen Ortsdialekt auszudrücken und diesen auch in möglichst genauer Schreibweise darzustellen, die dem Dialektologen eine zureichende Interpretationsmöglichkeit offenläßt. Solche Informationsquellen aus der Mundartdichtung können, selbst unter Zubilligung einiger dichterischer Freiheiten, insbesondere für die Kenntnis der Sprachzustände früherer Jahrzehnte wichtig werden.

Besonders erfreulich für die süddeutsche Mundartforschung ist die Tatsache, daß hier gegenwärtig ganz neue Sprachatlas-Unternehmen im Gange sind. So befindet sich an der Universität Augsburg unter der Leitung von *Dr. Werner König* seit 1984 beim Lehrstuhl für Deutsche Sprachwissenschaft eine Arbeitsstelle zur Schaffung eines »Sprachatlasses von Bayerisch-Schwaben«, der auch den östlichen Lechrain miterfassen wird. Sein außerordentlich umfangreiches Material ist bereits in direktem Verfahren von eigens dafür vorgebildeten Exploratoren (Edith Funk, Nicoline Neureiter, Manfred Renn und Brigitte Schwarz) abgefragt worden. Dadurch kann die früher zu Recht oft beklagte Uneinheitlichkeit und Ungenauigkeit der lautlichen Transskription vermieden werden. Dieser neue Sprachatlas wird allerdings im Süden nicht den ganzen Regierungsbezirk umfassen, weil das südliche Allgäu als vorwiegend niederalemannisches Sprachgebiet bereits in den von *Eugen Gabriel* herausgegebenen »Vorarlberger Sprachatlas mit Einschluß des Fürstentums Liechtenstein, Westtirols und des Allgäus« (VALTS) miteinbezogen ist, der seit 1985 lieferungsweise in Bregenz erscheint und gegenwärtig (Mai 1989) bis zur Karte 157 vorliegt. Der in Augsburg entstehende Atlas wird deswegen dem Vernehmen nach im Süden nur bis zu einer Linie Kreuzthal – Wiggensbach – Kempten – Betzigau – Oberthingau – Stötten am Auerberg – Bernbeuren – Steingaden – Wildsteig – Kohlgrub – Oberau – Garmisch-Partenkirchen reichen.

Sicher wird mit diesen Atlanten eine neue Ära unserer süddeutschen Mundartforschung eröffnet werden. Ihr ganz besonderer Wert liegt überdies darin, daß damit dem Aussterben preisgegebenes Sprachgut vor dem völligen Vergessenwerden bewahrt wird.

Mundartgrenzen auf dem Lechrain

1) Nach herrschender Ansicht gilt der östliche Lechrain als westlichster Teil des *mittelbairischen* Sprachgebiets. Nur ein ganz schmaler gebirgiger Streifen wird dem *Südbairischen* zugerechnet, während das *Nordbairisch-Oberpfälzische* (ohne Neuburg und Ingolstadt) von Norden her bis zur Donau reicht. Dort heißt es *Dooch, Brejf, Grejch, Hout* und *Schouch* für »Tag, Brief, Krieg, Hut und Schuh«.

Um den Lesern wenigstens eine schwache Vorstellung von der lechrainischen Mundartlandschaft zu vermitteln, habe ich auf beigegebener Kartenskizze einige der wichtigsten und genügend gesicherten Dialektgrenzen eingezeichnet. Sie zeigt, daß die Mehrzahl dieser Grenzen wie die Alpenflüsse in Südnordrichtung verläuft. Der Lech selbst ist nur in seinem Unterlauf zwischen Augsburg und der Mündung eine sehr starke Mundartgrenze, hier sogar eine der mächtigsten Sprachschranken des deutschen Sprachgebiets überhaupt. Natürlich muß

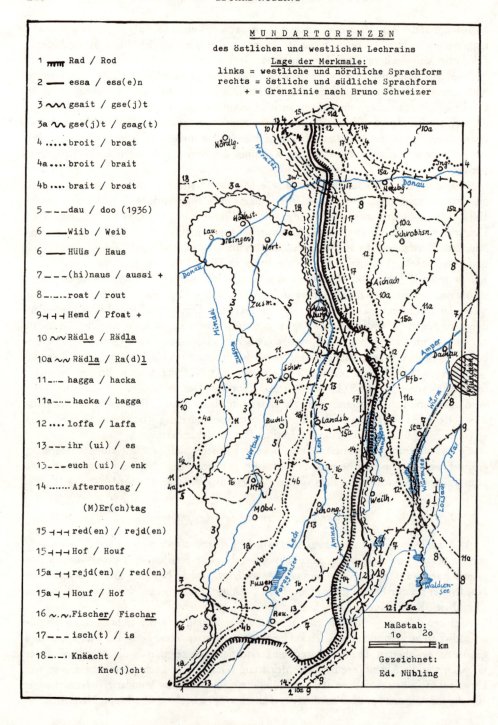

MUNDARTGRENZEN
des östlichen und westlichen Lechrains
Lage der Merkmale:
links = westliche und nördliche Sprachform
rechts = östliche und südliche Sprachform
+ = Grenzlinie nach Bruno Schweizer

1 Rad / Rod
2 essa / ess(e)n
3 gsait / gse(j)t
3a gse(j)t / gsag(t)
4 broit / broat
4a broit / brait
4b brait / broat
5 dau / doo (1936)
6 Wiib / Weib
6 Hüüs / Haus
7 (hi)naus / aussi +
8 roat / rout
9 Hemd / Pfoat +
10 Rädle / Rädla
10a Rädla / Ra(d)l
11 hagga / hacka
11a hacka / hagga
12 loffa / laffa
13 ihr (ui) / es
13 euch (ui) / enk
14 Aftermontag / (M)Er(ch)tag
15 red(en) / rejd(en)
15 Hof / Houf
15a rejd(en) / red(en)
15a Houf / Hof
16 Fischer / Fischar
17 isch(t) / is
18 Knäächt / Kne(j)cht

Maßstab:
10   20
km

Gezeichnet:
Ed. Nübling

man sich die vielen dort nebeneinanderlaufenden Linien *übereinanderliegend* vorstellen, weil hier fast alle auf dem Lech verlaufen. Der Mittel- und Oberlauf des Lechs wird von weniger auffälligen Mundartgrenzen begleitet. Dagegen bilden Ammer- und Starnberger See für einige Grenzen einen natürlichen Halt.

Die *wichtigste* Grenze ist unsere **Linie 1,** die das fast zu o verdumpfte bairische *a* gegen das hellere schwäbische *a* scheidet. Diese Linie läuft von der Lechmündung südwärts den Fluß entlang bis vor Augsburg, wo sie sich nach Südosten dem Haspelmoor und Ammersee zuwendet, dann der Länge nach diesen durchläuft, nun weiter südwärts über den Osthang des Peißenbergs und über die Zugspitze zieht, dann nach Westen abbiegt, das Tal Zwischentoren und das Tannheimer Tal nördlich lassend, zum Osthang der Allgäuer Bergkette läuft und, Mädelegabel und Arlberg überschreitend, bei der Grenze des deutschen Sprachgebiets an der Silvretta endigt. Es ist ein bedeutsamer Verlauf, der sich teils an deutliche natürliche Grenzen hält, teils durch weite ehemalige Ödstreifen zieht, niemals aber in einer Verkehrslandschaft verweilt, sondern sie schnell durcheilend durch unwegsameres Gelände weiterzieht. Ihrer Wichtigkeit wegen soll die Linie in ihrem derzeitigen Verlauf durch den östlichen Lechrain genau verzeichnet werden:

Ostform *o*:	Mühlhausen –	Derching –	Stätzling –	Wulfertshausen –	Friedberg –
Westform *a*:	Augsburg-Firnhaberau,	-Hammerschmiede,	-Lechhausen,	-Hochzoll –	
o:	Wiffertshausen –	Hügelshart –	Rinnenthal –	Rehrosbach –	Rohrbach –
a:	St. Afra –	Rederzhausen –	Ottmaring –	Kissing –	Bachern – Asbach –
o:	Eurasburg –	Freienried –	Oberumbach –	Weitenried –	Pfaffenhofen a. d. Glonn –
a:	Zillenberg –	Holzburg –	Eismannsberg –	Baindlkirch –	Tegernbach –
o:	Egenburg – Weyhern –	Egenhofen –	Poigern –	Oberweikertshofen –	Unterschweinbach –
a:	Glon –	Vogach –	Mittelstetten –		
o:	Günzlhofen –	Oberschweinbach –	Haspelmoor –	Hattenhofen –	Loitershofen –
a:	Längenmoos –	Althegnenberg –	Hörbach –	Luttenwang –	
o:	Peretshofen –	Mammendorf – Aich –	Fürstenfeldbruck –	Babenried –	Landsberied –
a:	Nassenhausen –	Adelshofen –	Pfaffenhofen üb. FFB –	Jesenwang –	Moorenweis –
o:	Schöngeising –	Wildenroth –	Grafrath –	Arzla – Inning –	Buch –
a:	Kottgeisering –	Pleitmannswang –	Zankenhausen –	Eching –	Unterschondorf –
o:	Breitbrunn – Ried –	Lochschwab –	Herrsching –	Andechs – Erling –	Wartaweil –
a:	Utting – Holzhausen –	Rieden –	Riederau –	Bierdorf – Lachen –	St. Alban –
o:	Aidenried – Fischen –	Pähl –	Wielenbach –	Unterhausen –	Weilheim – Oderding –
a:	Dießen – Sölb –	Raisting – Haid –	Wessobrunn –	Paterzell –	Forst –

o:	Polling – Peißenberg – Ammerhöfe – Schöffau – Saulgrub – Bad Kohlgrub –
a:	Hohenpeißenberg – Böbing – Rottenbuch – Schönberg – Wildsteig – Bayersoien –
o:	Unterammergau – Oberammergau – Graswang – Ettal – Oberau – Farchant –
a:	Trauchgau – Buching – Linderhof – Schwangau –
o:	Garmisch-Partenkirchen – Untergrainau – Obergrainau – Zugspitze.
a:	Hohenschwangau – Füssen

Diese besonders auffällige und wichtige Mundartgrenze ist in den letzten Jahrzehnten wegen der Höherwertigkeit des Münchnerischen, dem Druck aus der Landeshauptstadt nachgebend, etwas nach Westen zurückgedrängt worden. So konnte Bohnenberger 1920 (Nr. 7, S. 224) für die Orte Babenried und Landsberied noch die *a*-Aussprache verzeichnen. Auch Ottmaring mit seinem Nachbarort Gaggers scheint zunehmend auf die Ostseite zu wechseln. Neuerdings hat Wölzmüller (Nr. 88) im Widerspruch zu obiger Darstellung Kottgeisering und (teilweise auch) Jesenwang der Ostseite zugeteilt. Dankenswerterweise vermittelte eine erst jüngst durch Prof. Fried durchgeführte Überprüfung die Erkenntnis, daß tatsächlich in den beiden letztgenannten Orten ein erheblicher Teil der jüngeren Generation die *o*-Aussprache bevorzugt, während die ältere Generation bei der *a*-Aussprache beharrt, dort also beide Sprachformen in Gebrauch sind. Ganz ähnlich verlautet aus der Arbeitsstelle für den neuen Sprachatlas von Bayerisch-Schwaben, daß in Ottmaring die über 65 Jahre Alten noch zäh an der älteren Westform mit *a* festhalten. Es ist eine dem Dialektologen vertraute Erfahrung, daß in solchen Übergangsgebieten da und dort konkurrierende Sprachformen gleichzeitig in Gebrauch sind, und zwar solange, bis eine von beiden (meist die ältere) endgültig ausgestorben ist. Auch in einigen Orten der Ammersee-Westseite scheint sich ein ähnlicher Vorgang abzuspielen.

Nun muß allerdings darauf hingewiesen werden, daß vorwiegend im Gegensatz zum westlichen Lechrain die ostlechischen Orte für mhd. *a* nicht ausnahmslos diesen Laut beibehalten haben. Besonders haben dem ursprünglichen *a* folgende *r* zur Verdumpfung geführt. Schon südlich Friedberg wird das Eigenschaftswort »hart« als *hort*, das Hauptwort »Garten« als *Gordda* oder *Gordn* ausgesprochen. Diese Lautungen reichen weit in den Süden. Erst aus Schwabsoien und Wildsteig werden weitere *a*-Lautungen gemeldet *(hart);* aus Böbing berichtet Freudenberg *Baart, hart* und *Farb*. Stark modifizierend wirkte auch folgender Nasallaut auf vorausgehendes mhd. *a:* Das Wort »Mann« lautet selten *Maa^n*, meist *Mou^n*, *Moo^n* oder *Moọ* (mit offenem *o*), die »Kanne« teils *Kanna*, aber auch *Kouna* und *Konda*. Selbst folgendes *s* hat manchenorts auch westlich Linie 1 die reguläre Entwicklung verändert: so finden wir in Hörmannsberg beispielsweise eine Lautung *Nosn* für »Nase«.

Die besondere Bedeutung und Wichtigkeit dieser Lautgrenze liegt darin begründet, daß sie die Entwicklungsergebnisse dreier mittelhochdeutscher Selbstlaute scheidet, die auf den zentralsten und sangbarsten althochdeutschen Vokal *a* (bzw. wenn umgelautet auf *â*) zurückgehen, nämlich mhd. *a, ä* und *æ*.

Dabei wird deutlich, daß westliche und östliche Lautung auf verschiedener Artikulationsbasis beruhen. Das westliche *a* steht östlichem (teils offenem, teils geschlossenem) *o* längs dieser Grenze unvermittelt gegenüber. Weil aber seit althochdeutscher Zeit ein ehemaliges, in einer Folgesilbe stehendes *i* eine Angleichung des *a* an das inzwischen geschwundene oder geschwächte *i* bewirkte, ist beim sogenannten *i*-Umlaut innerhalb der Selbstlautreihe *i – e – a – o – u* eine Verschiebung des neu entstandenen Lautes nach links (zum *i* hin) eingetreten: schwäbisches *a* rückte mit *i* (wie in der Hochsprache) bis zum *e* (oder *ä*), bairisches *o* aber nur bis zum *a* entgegen. Das gleiche trifft auf bairisches altlanges *â* zu, während im schwäbischen Bereich dieses *â* zunächst einer Verzwielautung zu *au* verfiel, das aber später vielfach wieder zu meist offenem *o* vereinfacht wurde (s. Linie 5).

Das bairische zu *o* verdumpfte *a* ist für das gesamtbairische Sprachgebiet kennzeichnend, während das schwäbische *a* hier in solchen Wörtern als »unbairisch« empfunden und daher strikt abgelehnt wird. Umgekehrt empfindet der Schwabe das bairische *o* als etwas Fremdes, seiner Art Ungemäßes, weswegen sich diese Mundartgrenze seit langer Zeit ausgeprägt erhalten hat. Launig weist auf diesen Tatbestand die durch Gregor Spannagl berichtete Ortsneckerei aus Hörbach hin, daß der »Has« von Hörbach ins »Moos« (Haspelmoor) hinein»hupft« und zu Hattenhofen als »Hos« wieder herauskommt. Lechner stellt dafür zwischen Eismannsberg (schwäbisch) und Eurasburg (bairisch) folgende kennzeichnenden Wortpaare zusammen: *Glas / Glos, Rad / Rod, Schlag / Schlog, Nag(e)l / Nogl* und dazu auch folgende Umlautpaare: *Greesla / Graasla* (Gräslein), *Beechla / Baachla* (Bächlein), *Scheefla / Schaafla* (Schäflein), ferner *Greet / Graat* (Gräte), *Kees / Kaas* (Käse), *speet / spaat* (spät), *zeech / zaach* (zäh). Die Bedeutung dieser Linie 1 wird auch dadurch verstärkt, daß sie nicht nur Hauptgrenzlinie des Schwäbisch-Alemannischen gegenüber dem Bairischen, sondern im Norden und Nordwesten bis zum Neckar auch gegenüber dem Ostfränkischen ist, worauf u. a. Jutz (33, 28) und Kranzmayer (43, § 1b 2) hingewiesen haben. Darüber hinaus ist sie gleichzeitig die Grenze für die Lautungen des Wortes »Ente«, nämlich *Ent(n)* gegenüber bairisch *Antn;* ferner fällt sie weitgehend auch mit der Trennlinie für das Gegensatzpaar *Schtree (Schträä)* gegen bairisch *Schtraa* »Streu« (mhd. *öu*) zusammen.

2) Ähnlich wichtig ist unsere **Linie 2**, die die Mundartformen der in der deutschen Wortbildung so häufigen Endung *-en* abgrenzt. Hier steht der verselbstlauteten westlichen Form, die wir nur annähernd mit einem *-a* wiedergeben können, auf der bairischen Ostseite ein Formenpaar gegenüber, das entweder nur den Mitlaut *-n* oder wie im Westen nur den Selbstlaut erhalten zeigt, der hier aber meist noch deutlicher zu *-a* hin anklingt. Die Hauptform bleibt indes hier wie im Ostfränkischen die des Mitlauts *-n*, der jedoch nach einem Lippenlaut zu einem *-m* angeglichen wird (*gem* »geben«, *glam* »glauben«, *gumpm* »pumpen«), nach einem Kehllaut aber zu *-ng* (*biang* »biegen«, *leeng* »legen«, *schlaang* »schlagen«; weitere Beispiele wurden oben schon für München und Dießen angeführt). Die verselbstlautete Form *-a* tritt meist nur nach den Nasalen *m, n* und *ng* sowie nach den Mitlauten *ch, (c)k* und *f(f)* auf (z. B. in »kommen, brennen, singen, lachen, hacken, laufen«); doch finden sich auch Abweichungen, z. B. in Dießen *lachn, Kchnochn, loffn* (»laufen«) und *Hauffn*. Diese Grenze scheint ziemlich alt und ortsfest zu sein. Sie verläuft südlich von Friedberg zunächst etwas westlich Linie 1, ebenso am Südwestufer des Ammersees, während sie weiter südlich zum Staffelsee ausbiegt und jenseits der Bundesgrenze ganz nach Süden abschwenkt. Auch dieser mundartlichen Unterschiede hat sich der Volksmund humorvoll angenommen. In Hörmannsberg, das wie Hörbach südlich Friedberg zwischen den Linien 1 und 2 liegt, werden die benachbarten Kissinger (westlich Linie 2) mit dem Spruch geneckt: »Habe, sage, Bira raschlaga und doch nix habe«; denn in Hörmannsberg heißt es dagegen: »Ham, sang, Bi(r)n raschlang und doch nix ham.«

Linie 2 bildet übrigens auch die Ostgrenze für den in den ostschwäbischen Mundarten so kennzeichnenden Sproßlaut in Wörtern wie »Hirn, gern, Horn, Turm«. Freudenberg führt dafür aus Böbing (nordwestlich des Staffelsees) die Lautungen *Hiara, geara, Hoara, Tuara, Wuara* an. Nur in der Stadt Augsburg sind die heute als »grob mundartlich« geltenden Formen wohl gegen Ende des letzten Jahrhunderts ausgestorben; denn Birlinger meldete sie 1864 (5, 128) noch als »augsburgisch«. Doch hat sich dort bis heute der Name des volkstümlichen *Turamichale*, das alljährlich am Michaelstag zum Drachenstich am Perlachturm erscheint, in seiner früheren Mundartform als Relikt erhalten.

Schon der Fischersche Atlas vom Jahre 1895 (Nr. 10, Karte 18) zeigte, daß sich diese seltsamen Sproßvokale in den Wörtern auf *-rn* (seltener auf *-rm*) vom bayerischen Schwaben her südlich Friedberg bis an den Ammersee westlich unserer Grenzlinie 2 und weiter bis ins Gebirge, von Kissing bis vor Oberammergau, ausgebreitet haben und dort auch heute noch heimisch sind. Lediglich das südwestliche Allgäu hat daran keinen Anteil. Dazu einige weitere Beispiele: aus Utting *(gerɒ, Wurɒ, Garɒ)*, aus Landsberg *(gärɒ, Korɒ)*, aus Schongau *(Khɒɒrɒ, Zwirɒ, Wurɒ* »Dorn, Zwirn, Wurm«), aus Kohlgrub *(Hirɒ, Dɒɒrɒ, Hɒɒrɒ, Khɒɒrɒ)*, aus Oberammergau (die Zwitterform *Gɒɒrən*), aus Garmisch-Partenkirchen (als einzige Ausnahme *Khɒɒrɒ*, sonst aber *Hɒɒ[r]n* »Horn«, *Duurn* »Turm«, *Wurm*). Diese Beispiele zeigen, daß der Nasalkonsonant in der Regel geschwunden ist. Es gibt aber auch Fälle, besonders bei *-rm*, in denen *m* oder *n* erhalten geblieben sind.

Dießen, als westlich Linie 2 gelegen, steht außerhalb dieser Entwicklung. Dort lauten die Wörter »Hirn, Wurm, Turm« *Hirn, Wurm* und *Turn*, während sich bei den Wörtern, die auf *-orn* endigen, zwischen *o* und *r* ein Sproßvokal einschiebt, nicht aber nach dem *r*. So ist es dort nach Schweizers Wörterbuch zu den Ausspracheformen *Doɒrn, Hoɒrn* und *Kchoɒrn* für »Dorn, Horn und Korn« gekommen. Lediglich für »Zorn« gibt Schweizer zwei Aussprachemöglichkeiten an, nämlich *Zoɒrn* und *Zoɒrɒ*.

Linie 2 scheint ziemlich alt und ortsfest geblieben zu sein.

3) Die **Linien 3 und 3a** umschließen einen west- und ostlechischen Bereich, in dem die Zeitwortformen »sagt« und »gesagt« eine ganz besondere Bildung (Schrumpfung) zeigen. Sie lauten dort *seet* und *gseet* bzw. nördlich Linie 15a zwischen Landsberg und Kissing *sejt* und *gsejt*, während der bairische Osten die Normalformen *sagt* und *gsagt*, in Lechnähe diese aber ohne *-t*, also *sagg* und *gsagg*, spricht. Im schwäbischen Westen herrscht dagegen die sehr alte Schrumpfform *sait* (bzw. *gsait*) vor. Die nach Schweizer bis zum Starnberger-, Kochel- und Walchensee reichende **Linie 3a** grenzt auch die westlichen Schrumpfformen für das Mittelwort »gehabt« *ghett, kchejt, kcheet* gegen das weit verbreitete östliche *ghoot* ab.

4) Die **Linien 4, 4a und 4b** trennen drei große Verbreitungsgebiete für mhd. *ei*, das überall scharf unterschieden wird von dem viel jüngeren schriftdeutschen *ei*, welches aus mhd. *î* entstanden ist (davon mehr bei Linie 6). Das ältere *ei* mit seinen zahlreichen Vorkommen lautet östlich des Lechs und auch in einem schmalen Streifen westlich des mittleren und oberen Lechs durchwegs *ɒa (Q, hɒaß, brɒat, Gɒaß, Tɒag, wɒach* für »Ei, heiß, breit, Geiß, Teig, weich«). Hierzu gehören auch die typisch altbairischen Dialektwörter *Qachkatzlschwɒaf* »Eichkätzchenschweif« und *Lɒawedɒag* »Laibchenteig«, deren lautgetreue und mühelose Aussprache den nach München *Zuagrɒastn* »Zugereisten« unter den »Urmünchnern« erst das Gastrecht sichert. Übrigens konnte dieses alte bairische *ɒa* auch einen *i*-Umlaut bilden, z.B. *bräatɒ, wäachɒ, hääßɒ, Gääßlɒ, Bräɒn, kleanɒ* »breiter, weicher, heißer, Geißlein, Breite,

kleiner«. Da dieser Umlaut der Schriftsprache ganz fremd ist, wird er leider zunehmend gemieden. Ein kleines, aber sehr häufig vorkommendes Wort tanzt in dieser *ei*-Gruppe völlig aus der Reihe: das Wörtlein »nein«, das sowohl in den Großstädten München und Augsburg, aber auch schon in vielen anderen Orten (wie Dießen, Böbing, Todtenweis) *na^n* oder verdoppelt *nana^n* (mit deutlicher Nasalierung) lautet. Die Experten sind sich nicht einig, ob es sich dabei um wienerischen, fränkischen oder anderen Import handelt.

Besonders im mittleren Teil des östlichen Lechrains ist bei dem alten *ei*, wenn diesem ursprünglich ein *n* oder *m* folgte, eine deutliche Verengung zu *uɒ* zu hören, dem umgelautet ein *iə* entspricht. Diese verengten Doppellaute beginnen südöstlich Friedberg bei Kissing, Zillenberg, Ried, Mering und Hörmannsberg und reichen, teilweise durch östliche *oɒ*-Formen unterbrochen, bis Buching und Füssen. Die Verbreitung ist nicht ganz regelmäßig und geschlossen. Zumeist heißt ein »Stein« dort *schduɒ^n*. Beispiele aus Ried (*kluɒ^n* »klein«, *aluɒ^n* »allein«, *buɒ^n* »Bein«, *zwuɒnzg* »zwanzig« aus zweinzig), aus Zillenberg (*gliənər* »kleiner«), aus Wabern (*drhua* »daheim«, *Huamɒd* »Heimat«, *Lejchruanr* »Lechrainer«), aus Prittriching (*annuas* »uneins«, *fuama* »schäumen« von mhd. veim, *Huagordda* »Heimgarten«, *uaschiachdi* »alleinstehend«), aus Penzing (*Schdua* »Stein«, *klienər* »kleiner«). Dagegen werden *oɒ*-Formen gemeldet aus Hattenhofen, Mammendorf, Kaufering, Eresing, Landsberg, Schwifting, Reisch, Riederau, Dießen, Pähl, Schongau und Böbing; aus Rottenbuch dagegen nur *uə* und sogar die Umlautsform *kliənər*.

Die linkslechischen (schwäbischen) Entsprechungen für mhd. *ei* sind nördlich **Linie 4a** *ǫi* (*Qi, họiß, brǫit, Gǫiß* »Ei, heiß, breit, Geiß«), südlich davon *ai* (*Ai, haiß, brait, Gaiß*). Für beide ist vor Nasalkonsonanten die Form *oi^n* in Gebrauch, die im südlichen Allgäu durch die verengte Form *ui* abgelöst wird. Diese aber ist mehr im Gebiet an der Iller und im Lkr. Lindau bezeugt, während ich sie im Lechgebiet nur für die Orte Reisgang und Kirnberg bei Tannenberg als *Schtui* belegt finde. Um Pfronten dagegen wird *Schdoi^n* und *Schdui^n*, in Schwangau *Schdoɒ^n* gesprochen.

Während die Verbreitung der nicht durch folgenden Nasalkonsonanten beeinflußten *ei* engmaschig erkundet ist – die Grenzen, hier mit den Linien 4, 4a und 4b bezeichnet, haben sich seit langem als äußerst ortsfest erwiesen –, dürften die Lautgrenzen für die durch Nasalfolge veränderten *ei* nur schwierig, wenn überhaupt, darstellbar sein. Denn einerseits gebrauchen nicht alle Orte eines solchen Sprachbereichs die Sonderform, andererseits werden an zahlreichen Orten Sonder- und Normalform nebeneinander benützt, so daß sich der Dialektgeograph hier mit der punktuellen Eintragung der jeweiligen Vorkommen begnügen muß und das Verbreitungsgebiet nur ungefähr umreißen kann. Ich habe oben bereits die nördlichsten der mir bekanntgewordenen Vorkommen angegeben. Ibrom (Nr. 29, 121) erwähnt die Sonderformen nur beiläufig. Doch wurden mir aus Stadelham (Gemeinde Tandern) insulär die Umlautsformen *uɒ^n* »ein«, *gluɒ^n* »klein« und *dɒhuɒm* »daheim« gemeldet. Der Ammersee dürfte die Ostgrenze des *uɒ*-Bereiches bilden.

Übrigens herrscht *oi* für mhd. *ei*, vom schwäbischen *ǫi* allerdings durch bairisches *ǫɒ* getrennt, im Nordbairisch-Oberpfälzischen nördlich von Neuburg und Ingolstadt vor; daher findet sich **Linie 4** auch nördlich der Donau. Das Verbreitungsgebiet für die Lautung *oi* muß früher allerdings noch weiter nach Westen und sogar südlich über die Donau gereicht haben; denn einerseits hatte ich um 1936 noch ein Übergangsgebiet mit den Doppelformen *ǫɒ* und *oi* auf meiner Sprachkarte (Nr. 59 mit der Grenzlinie 11e) zu berücksichtigen, andererseits führte

1971 Ibrom (Nr. 29,I, S. 117 und 119) sogenannte »Restbelege« aus den südlich der Donau gelegenen Orten Burgheim (moi^n, $Schdoi^n$, $droit$, $loisn$ »(ich) meine, Stein, Getreide, Wagenspur«), Ortlfing ($kloi^n$, $broid$, $droit$, $woisch[t]$ »klein, breit, Getreide, [du] weißt«) neben anderen Beispielen an, die auf früher allgemeinere Verbreitung der *oi*-Formen auch südlich der Donau schließen lassen. Ich selbst besitze weitere Belege aus dem Jahr 1936 für die Orte Staudheim, Burgheim, Straß, Leidling, Rohrenfels, Obermaxfeld, Zell und Heinrichsheim mit *oi*-Formen für die Wörter »Eier, zwei, daheim, klein, Stein, breit, Weizen«, ferner aus dem Jahr 1871 für *Oiv* »Eier« in Joshofen. Kranzmayer (Nr. 43, Karte 16) hat deshalb die Grenze 1956 zu Recht für die Lautung *oi* die Donau nach Süden überschreiten lassen, während offenbar Gütter 1971 (Nr. 26, Karten 20 und 21) nur die jüngeren Formen berücksichtigt hat.

Hier ist also während der letzten Jahrzehnte in aller Stille ein *Lautwandel* zugunsten der mittelbairischen Lautform *ǫv* mit Zurückdrängung der Lautgrenze nach Norden vor sich gegangen.

5) Noch Auffälligeres kann von **Linie 5** berichtet werden, die heute ganz linkslechisch verläuft. Sie betrifft die Entwicklungsformen des altlangen mhd. *â*, die im Mittelbairischen schon seit dem Hochmittelalter mit denen des mhd. kurzen *a* (wie bei Linie 1) zusammengefallen erscheinen und daher zumeist als offenes, in Lechnähe auch öfters als geschlossenes *o* gesprochen werden. Im Nordbairischen dagegen ist das altlange mhd. *â* (nicht aber das kurze *a*) zu dem Doppellaut *ou* weiterentwickelt worden, während im schwäbischen Westen dafür beiderseits der Linie 5 zweierlei Lautungen vorkommen: dem Lech zugewandt ein offenes *ǫ* (ähnlich wie im Mittelbairischen), westlich Linie 5 aber der Doppellaut *au* oder *ao*. Im Westen heißt es *dau, Aubad, Schwaub, Grauf, Jaumr* für »da, Abend, Schwabe, Graf, Jammer«, östlich davon *dǫǫ, Qǫbad, Schwǫǫb, Grǫǫf* (mit offenem *ǫ*!), *Joomr*. Nun wissen wir aus älterem Schrifttum, daß dieser Zustand nicht seit langer Zeit besteht. Im Augsburger Stadtrechtsbuch vom Jahre 1276 finden sich all diese Wörter wie auch in bairischen Urkunden derselben Zeit noch in der alten Lautform mit *â*; schon hundert Jahre später aber erscheint dieser Laut als *au* (*haut* »hat«, *strauffen* »Strafen«, *Raut* »Rat«, *Aubent* »Abend«, *laussen* »lassen«). Da auch die öttingischen Urkunden des 14. Jahrhunderts bereits ähnliche Schreibungen zeigen (*Raut* »Rat«, *Aulbrecht* »Albrecht«, *Elsauzen* »Elsaß«, *Auln* »Aalen«), desgleichen die von Kaufbeuren und Füssen (dort *haut* »hat«), so dürfen wir annehmen, daß seit Ende des 14. Jahrhunderts westlich des Lechs für mhd. *â* der Doppellaut *au* gegolten hat; dies aber nicht bis in unsere Zeit. Denn im Ries und im Allgäu, also im Norden wie im Süden des ostschwäbischen Bereichs, später auch westlich des mittleren und unteren Lechs, wurde zunehmend der Doppellaut *au* zu einem offenen *ǫ* vereinfacht, und dieser Vorgang ist noch heute lebendig, so daß diese Mundartgrenze ständig nach Westen zurückweicht. Für Augsburg hat Birlinger (Nr. 4) 1862 berichtet, daß das *ao* »fast nicht mehr bräuchig« sei, aber schon vor Augsburgs Mauern *dernao* (»darnach«) beginne; für Ries und Allgäu liegen noch ältere Belege mit *o* vor. Schon der Fischersche und der Deutsche Sprachatlas zeigten in der Wiedergabe dieser Grenze eine auffallende Unsicherheit. Der heutige Befund erweist sie als unfest, brüchig und durchlässig. Zwar hat Stirnweiß für Höchstädt a. d. Donau noch 1975 nur *ao* als mundartgerecht verzeichnet; aber das westlicher gelegene Dillingen benützt heute schon weitgehend die *ǫ*-Formen. Auch glaubte Ibrom 1971 die Grenze als »sehr scharf und einheitlich« erkannt zu haben, aber König spricht für die Gegend um Schwabmünchen von einem deutlich wahrnehmbaren »Lautwandel«, der sich auch auf die Umlautsformen aus-

wirke. Er bringt dafür die Beispiele: *Schtrauß* gegen *Schtrooß* »Straße«, *Schlauf/Schloof* »Schlaf«, *Pfail/Pfääl* »Pfähle«, *maia/määa* »mähen«. Früher habe es dort *Maimaschiina* gegeben, heute gebe es nur noch *Mähdrescher*. Übrigens hatte Georg Moser (Nr. 57, S. 41, Anm. 6) schon 1933 berichtet, daß in der gleichen Gegend mit der *ao*-Aussprache die Umstandswörter »wo« (mhd. wâ) und »da« in betonter Stellung *wao* und *dao*, in unbetonter Satzstellung *wǫǫ* und *dǫǫ* lauteten. Es liegt nahe, das Vordringen der *o*-Formen bairischem Einfluß zuzuschreiben. Dem widersprechen allerdings folgende Tatsachen: a) Nördlich der Donau, wo die *o*-Formen nachweislich sehr früh aufgetreten sind, standen auf der Ostseite keine *o*-, sondern *ou*-Formen gegenüber; b) am unteren Lech grenzt heute weitgehend offenes schwäbisches *ǫ* an geschlossenes *o* auf bairischer Seite; c) wenn im Allgäu bairische Sprachformen lautgestaltend wirksam gewesen wären, dann hätte ihr Einfluß quer durch das ganze Allgäu, durch Oberschwaben westlich der Iller entlang bis Ulm und sogar über die Donau hinaus bis in die Schwäbische Alb hinein wirksam sein müssen. Deshalb ist hier eher ein innerschwäbischer Lautwandel anzunehmen, der bis heute nicht zum Stillstand gekommen ist und das ostschwäbische *au*-Gebiet zwischen Lech und Iller, auch von letzterer her, abbaut. Im übrigen konnte ich den in wenigen Jahrzehnten vor sich gegangenen Wandel vom Diphthong *au* zum Monophthong *o* in Nr. 61, S. 310, mit den Grenzlinien 6 und 7 kartographisch zur anschaulichen Darstellung bringen, woraus klar wird, daß der Einbruch in das *au*-Gebiet nicht nur von Osten, sondern ebenso von Süden und Westen her erfolgt ist.

6) Damit haben wir eine großflächige und langdauernde Sprachbewegung am Lechrain kennengelernt, wie in den vergangenen Jahrhunderten sicher mehrere davon über unseren Bereich hinweggegangen sind, wobei die vielen Einzelmundarten jeweils in der großen Strömung mitgeführt wurden. Eine der wichtigsten, weil auffälligsten, betraf die Spaltung der mhd. langen Selbstlaute *î* und *û* in die dann auch von der heutigen Schriftsprache übernommenen Doppellaute *ai (ei)* und *au* in Wörtern wie »Weib« und »Haus«. Auch dieser so extreme Lautwandel läßt sich anhand der Urkundensprache deutlich nach Ort und Zeit verfolgen: Im 12. Jahrhundert von Kärnten ausgehend, konnte er sich nach und nach über einen Großteil des deutschen Sprachgebietes ausbreiten; im 13. Jahrhundert zunächst über Österreich und Altbayern, wo er bei Regensburg sogar schon die Donau überschritt. Dagegen fand er westlich des Lechs zunächst keine Aufnahme. Während die Augsburger Schreiber der Neuerung gegenüber noch eine zwiespältige Haltung zeigten, setzte sie im 14. Jahrhundert in den heute fränkischen Teilen Bayerns ihren Siegeszug fort, wobei Schwaben und Württemberg noch ausgespart blieben. Erst im Laufe des 15. Jahrhunderts konnte sie dann von Norden einschwenkend allmählich auch hier Fuß fassen, mit voller Kraft allerdings nur noch im Ries bis zu *ai* und *au*. Südlich der Donau reichte die Kraft der Selbstlautspaltung nicht mehr aus, die volle Lautkomponente *a* zu erlangen. Offenbar erlahmend erreichte der Wandel hier nur noch die »schwächeren« Doppellaute *ǝi* (= etwa *öi*) und *ou* und kam dann im südlichen Allgäu sogar vollends zum Stillstand, womit er Vorarlberg und die Schweiz nicht mehr erfassen konnte. Die so zustande gekommene Grenze nördlich von Hindelang, Sonthofen und Weitnau, unsere **Linie 6,** scheidet seitdem das nördliche Doppellautgebiet, wo *Wǝib* und *Hous* gesprochen werden, von dem Gebiet des Monophthongs, wo diese Wörter *Wiib* und *Hüüs* lauten. Sie gilt seit dem vergangenen Jahrhundert zugleich als Grenze zwischen dem Schwäbischen und dem Alemannischen im engeren Sinn. Die Grenzlinie zwischen dem westlich des Lechs vorhandenen Doppellautpaar *ǝi* und *ou* und dem ostlechisch-bairischen *ai* und *au* dürfte am Lech

enstanden sein, verläuft heute aber südlich Landsberg etwas westlich des Lechs, so daß Füssen, Lechbruck und vor allem Schongau die Ostaussprache zeigen. Auch Augsburg mit seinen Vororten steht heute völlig auf der Ostseite, desgleichen Donauwörth mit Mertingen (nicht Wertingen!), Tapfheim und dem ganzen Kesseltal. Im allgemeinen ist diese Grenze jedoch ziemlich unsicher und stark individuellen Unterschieden unterworfen, weshalb auf ihre Einzeichnung verzichtet wurde. Die bairische Ostform, unterstützt durch die Schriftsprache, ist hier sehr im Vordringen begriffen.

7) **Linie 7** zeigt nach Bruno Schweizer (Nr. 75, S. 27) die Grenze, auf deren Südostseite die Umstandswörter »hin« und »her« in den Zusammensetzungen mit »ab, auf, aus, ein« nicht voran-, sondern nachgestellt werden (abhin, aufhin, aushin usw.), wodurch sich die meist als typisch bairisch geltenden Richtungsadverbien *owi, auffa, auffi, aussa, aussi, eina* und *aini* ergeben.

Diese Mundartgrenze 7, die dem Münchner Dialekt die enklitisch angefügten (nachgestellten) Richtungsadverbien zuweist, scheint zunächst, nachdem sie Garmisch-Partenkirchen und Mittenwald auf der Ostseite belassen hat, südlich Füssen und Unterpinzwang am Lech zu endigen. Dieser Schein trügt jedoch; denn das Tannheimer Tal mit Nesselwängle *(aussi)* verbleibt nun auf der Südseite der zunächst verschwundenen Grenze, und mindestens für das Jahr 1936 ist für das Ostrachtal noch die Aussprache *üssə* bezeugt, für die siebziger Jahre ein *üssə* in Fischen, ein *ussɒ* in Riezlern und ein *ussi* in Schruns, ferner eine ganze Reihe enklitischer Formen im Lkr. Lindau bis Nonnenhorn *(üssə)*. Dazwischen haben indessen die proklitischen Formen (meist *nüß*) überhandgenommen. Gruber, dessen Beschreibung der Westallgäuer Mundart in den vierziger Jahren abgefaßt wurde (Nr. 25, II, S. 62), gibt für die Richtungsadverbien jeweils die ältere (enklitische) und die jüngere (proklitische) an, z.B. *hinaus = ussə, jünger nuß*. Damit ist festgestellt, daß in Bayerisch-Schwaben die enklitischen Formen im Aussterben begriffen sind. Besser scheint es für letztere in Vorarlberg, in Liechtenstein und vor allem in der Schweiz zu stehen. Denn der Deutsch-Schweizerische Sprachatlas spricht nur vom Vorkommen enklitischer Formen *(ussə, ussa, ussi)*. Wir dürfen uns also wohl vorstellen, daß Linie 7 nicht am Lech endigte, sondern vom Nordrand des Ostrachtales, etwa in Richtung Isny, zog, ohne hier allerdings den Verfall der enklitischen Formen nachhaltig abwenden zu können. Jedenfalls hat der Lech dafür zwar eine Laut-, nicht jedoch eine Wortformgrenze dargestellt.

8) Eine sehr alte, aber auch ziemlich unsicher und brüchig gewordene Grenze zeigt **Linie 8**, die die heutigen Lautungen für mhd. *ô*, in vielen Fällen auch für mhd. *ê* und *œ* (= altlanges *ö*), scheidet. Sie steht damit für eine große Anzahl von Wörtern wie »rot, Not, groß, hoch, Klee, Schnee, Reh, See, böse, öd, größer, höher, blöd«. Die bemerkenswerterweise beiderseits des Lechs vorherrschenden westlichen Formen lauten *oɒ* und *äɒ*, die nur im bairischen Sprachraum auftretenden Ostformen aber *ou* und *ä(i)*. Schon Kranzmayer (Nr. 43, § 10a.2) hat darauf hingewiesen, daß die sonst auffällige parallele Entwicklung der hohen (s. unsere Linie 6) und der halbhohen Selbstlaute (s. unsere Linien 15 und 15a) bei mhd. *ê* und *ô* nicht in gleicher Weise zu erkennen ist, und auch die einschlägigen Karten des Deutschen Sprachatlas für »weh, hoch, schön« zeigen, daß die Form *hoach* weiter nach Osten reicht als *wää* und *schea[n]*. Trotzdem konnten sowohl Ibrom wie auch unsere Untersuchungen nachweisen, daß die westlichen *ää* noch ziemlich nahe an unsere Linie 8 heranreichen, wo die östlichen *ou*-Formen kurz vor München und östlich des Würmsees anfangen. Aber es beginnen sich

zunehmend die der Schriftsprache ähnlicheren einfachen Formen *o* und *e* (für letzteres auch *ä*, z. B. in München *blääd* »blöde«) dazwischenzuschieben und dies vor allem in den Städten (wie Augsburg, das nur noch die einfachen Formen wie *bleed* kennt), in weiteren größeren Verkehrszentren wie Aichach, Schrobenhausen, Landsberg und längs des Ammersees, und natürlich erst recht in München, für das Kufner auch nur *e* und *o* meldet, Wittmann jedoch auch *roud*, *houch*, *Schnää* und *Klää*. B. Schweizer nennt für Dießen nur die Altformen *roat*, *Noad*, *hoach*, *Kchlea*, *Schnea*, *Sea*, *beas*, *ead*, *Heach* »Höhe«, während jüngere Gewährsleute die *e*- und *o*-Formen anführen.

Übrigens ist entrundetes *œ* über *ee* vor einem Nasenlaut *(n)* auf dem östlichen Lechrain häufig durch **Erhöhung** zu *ia* geworden, so daß dort das Wort »schön« oft als *schia^n* lautet, parallel zu der bei den Linien 4 erwähnten Aufhöhung von *oa* (aus mhd. *ei*) zu *ua* vor Nasalen. So wurde mir aus einer erheblichen Zahl von Orten aus der Aichacher Gegend längs des östlichen Lechrains bis über Füssen und Schwangau hinaus für den Ausdruck »ein schöner Klee« die Lautung *a schiana(r) Khläa* gemeldet, ganz im Gegensatz zur Artikulationsweise westlich des Lechs im mittleren und nördlichen Schwaben, wo die früheren *i* und *u* vor Nasalen zu *e* und *o* **gesenkt** erscheinen (Kind zu *Kend*, Hund zu *Hond* usw.). Erst im Allgäu erlischt diese Lautentwicklung und nähert sich der des östlichen Lechrains an (z. B. südlich des Alpsees *a schüna Khlee*).

9) Für jede Großmundart gibt es sogenannte Kennformen und Kennwörter, an denen die Zugehörigkeit zu dem betreffenden Mundartbereich besonders deutlich wird. Für das Bairische liegt dazu eine umfassende Zusammenstellung von Kranzmayer (Nr. 44) vor. Ein solches Kennwort, dessen Ursprünge ins Griechische zurückreichen, ist das bairische Dialektwort für »Hemd«, nämlich »Pfeit« *(Pfoad)*, das heute selbst in ländlichem Bereich leider im Aussterben ist. Die Feststellung seines Verbreitungsgebietes auf dem Lechrain verdanken wir wiederum B. Schweizer, der die Nordgrenze dafür nördlich Garmisch bis zum Staffelsee und weiterhin südlich des Würmsees und Münchens in unserer **Linie 9** ausfindig gemacht hat. Ilmberger (Nr. 144) führt es noch für das »Gebirge« und den Bayerischen Wald auf.

10) Ziemlich deutlich und fest haben sich die Grenzen für die Verkleinerungsformen der Hauptwörter (»-lein«) erhalten. Auf dem östlichen Lechrain herrschen dafür hauptsächlich zwei Formen vor, die durch unsere **Linie 10a** begrenzt sind: im Osten *-l* bzw. erweitert *-erl* (das oft als *-al* ausgesprochen wird), in *Saggl* »Säcklein«, *Fassl* »Fäßlein«, *Kindl* »Kindlein«, *Drepfal* »Tröpflein«, *Reggal* »Röcklein«, *Schdiwal* »Stübchen«, *Frichdal* »Früchtchen, Frechling«, wozu in der Mehrzahl die Endung *-n* angefügt werden kann: *Radln* »Fahrräder«, *Madln* »Mädchen«. Im Westen der Linie 10a lautet die Verkleinerungsendung *-la* in Wörtern wie *Backla* »Päckchen«, *Schdickla* »Stücklein«, *Re(j)ckla* »Röcklein«, die in der Mehrzahl ebenfalls ein *-n (-lan)* hinzunehmen, dies jedoch nur rechtslechisch. Im linkslechisch schwäbischen Westen gilt südlich **Linie 10** in Ein- und Mehrzahl nur die Verkleinerungssilbe *-la*, also z. B. *Räädla* »Rädchen«; nördlich dieser Linie aber wird die Einzahlform *-le* von der Mehrzahl auf *-la* deutlich unterschieden. Hier heißt es *oi^n Räädle*, aber *zwoi Räädla* »ein/zwei Rädchen«. Augsburg hält sogar mit seinen rechtslechischen Vororten im ganzen immer noch an diesen einheimischen Westformen fest, wenn auch gelegentlich die »fescher« anmutenden Formen der Landeshauptstadt auftauchen. Vor allem sind es gastronomische Betriebe, die der Münchner Verkleinerungsform den Vorzug geben und ihr Lokal lieber ein *Stüberl* als ein einheimisches *Stüble* nennen. Auf der Gartenschau des Jahres 1985 bot der Restaurateur nur *Schalerl*

Kaffee an, die kein echter Ausburger jemals so bezeichnet. Seit einigen Jahren findet das Volksfest des westlechischen Stadtteils Bärenkeller laut Plakatanschlägen am *Bärenbergl* statt. Der im Stadtplan noch nicht aufgenommene Name dürfte dem Münchner Stadtteil *Hasenbergl* nachgebildet sein. Doch ist es bisher auch dem kessesten Neuerer noch nicht eingefallen, aus dem seit Generationen altvertrauten *Turamichale* ein »Turm-Micherl« machen zu wollen.

Übrigens hat B. Schweizer die Grenzlinie für die bairische Verkleinerungsform noch viel weiter östlich als wir gezogen, nämlich östlich vom Kochel- und Walchensee, dann durch den ganzen Würmsee und weiter nördlich entlang der Würm, was beweist, daß diese Grenze in einem halben Jahrhundert auf dem östlichen Lechrain um über 20 km nach Westen vorgedrungen ist.

11) Von den **Grenzlinien 11 und 11a,** die einen von den Alpen längs des Lechs bis in den Fränkischen Jura bei Wemding und Wolferstadt reichenden zungenartigen Keil besonders auffälliger, harter Aussprache vordeutscher *k(k)* im In- und Auslaut gegenüber dem nördlich anschließenden ausgedehnten schwäbisch-fränkisch-bairischen Mundartbereich scheiden, in dem die Abschwächung der altererbten harten Verschlußlaute *p, t, k* zu *b, d, g* erfolgt ist, war schon eingangs ziemlich ausführlich die Rede. Nördlich davon sind nur die Wörter mit anlautendem *k* wie »Kasten, Kegel, Kirche, Kohle, Kunst« von der Erweichung der anlautenden *k-* zu *g*-Lauten verschont geblieben. In der nördlich der Donau liegenden Keilspitze südlich der Linien 11 und 11a werden zwar anlautende *k* vor *l, n* und *r* noch zu *g* erweicht *(Glev, Gnia, Graut),* aber südlich der Donau werden sowohl auf bairischer wie etwas südlicher auch auf schwäbischer Seite soviel wie ausnahmslos die südlich dieser Linien vorkommenden *k* (und erst recht *ck*) stark behaucht *(kh)* oder sogar zu *kch*-Lauten aufgerauht ausgesprochen. Sogar die Lautgruppe *ger-* wie in *kchraad* »gerade« ist davon betroffen.

Linie 11 zieht auf der Westseite von Wemding der Lechmündung zu, folgt dann dem Lech nach Süden, seine Westseite bis Augsburg und sogar mit dessen ostlechischen Vororten der weichen Aussprache zuweisend. Zwischen Augsburg und Schwabmünchen biegt diese Grenze dann aber nach Westen, später nach Süden der Mindel und Iller zu, ab, wobei Mindelheim und Memmingen heute eine Zwitterstellung zwischen harter und weicher Aussprache einnehmen. Das südliche Allgäu kennt nur die harten Laute. Auf der Ostseite des Lechs bezieht **Linie 11a** das ganze bairische Ostufer in einer Breite von oft mehr als 20 Kilometern in ein Gebiet auffällig harter Aussprache ein und strebt dann, nur den Würmsee, nicht aber Ammer-, Staffel-, Kochel- und Walchensee, auf der Ostseite mit weicher Aussprache belassend, in südöstlicher Richtung stracks dem Nordrand der Bayerischen Alpen zu, die insgesamt, wie auch die Allgäuer Alpen sowie Vorarlberg, Liechtenstein und die deutschsprachige Schweiz, für die vordeutschen *k*-Laute noch die volle Auswirkung der hochdeutschen Lautverschiebung bis zum Reibelaut *ch* aufweisen. Der östliche und großenteils auch der westliche Lechrain nehmen damit ihr gegenüber eine markante Sonderstellung ein. Kranzmayers Karte 21 seiner »Historischen Lautgeographie« (Nr. 43) bietet dafür ein einprägsames Bild. Doch hätte er den Würmsee auf der Ostseite der Grenze belassen sollen. Hierzu einige Beispiele: Besonders betroffen sind davon die Lautverbindungen *kl-, kn-* und *kr-* im Anlaut, sondann *ck, lk, nk* und *rk* im In- und Auslaut. a) Beispiele außerhalb des *k*-Keiles: München (nach Ilmberger und Wittmann): *gloa* »klein«, *Gnia* »Knie«, *Graud* »Kraut«, *schmegga, mäika* »melken« (unbehaucht!), *dengga, müaka* »merken« (unbehaucht!), *Soog* »Sack«, *Buggl, daschregga* »erschrecken«, *Gloschda* »Kloster«, *gniagln* »knien«, *dringga* »trinken«, dagegen dieselben Wörter aus dem vorwiegend linkslechischen Augsburg: *gloi^n*, *Gngia*, *Graud*, *schmögga*, *melga*, *dengga*, *mörga*, *Sagg*, *Buggl*, *vrschregga*, *Glooschdr*, *gngiagla*, *dringga*; b) Beispiele innerhalb des *k*-Keiles: aa) **rechtslechisch**: urasburg (nach M. Lechner): *moikcha* »melken«, *hackcha*, *flickcha*, *Boikcha* »Balken«, *Gloukcha* »Glocke«, *Dejkcha* »Decke«, *schluckcha*, *schdejckcha* »stecken«, *schleckcha*, *Schbejck* »Speck«, *Schdrikch* »Strick«, *Sokch* »Sack«; ferner aus Dießen (nach B. Schweizer): *kchloa^n*, *Kchnia*, *Kchraut*, *schmeckchn*, *mölkchn*, *mörkchn*, *tengkchn* »denken«, *tangkchn* »danken«, *Saakch* »Sack«, *trickchna* »trocknen«, endlich aus Böbing bei Schongau (nach Freudenberg): *schdinkcha* »stinken«. Aichach, obwohl innerhalb des Gebietes mit harter *k*-Aussprache liegend, distanziert sich heute weitgehend von seinem bäuerlichen Hinterland und bekennt sich mehr zu den »städtischen« (obschon nicht schriftsprachlichen) Formen: *Gläa* »Klee«, *Gngeecht* »Knecht«, *gloa^n* »klein«, *Griak* »Krieg«, *Woigng* »Wolken«, *dengga* »denken«, *dringga* »trinken«, *Deggng* »Decke«, *lägga* »lecken«, *bagga* »backen«, *schmegga* »schmecken«. bb) **Linkslechisch**: Konradshofen im Staudengebiet südwestlich Augsburg (nach Gg. Moser): *kchaofv*, *Kchläv*, *Knävcht*, *mälkchv*, *Wolkchv*, *Penkch* »Bänke«, *trenkchv* »trinken«, *tenkchv* »denken«, *Schdörkche* »Stärke«, *Hackchv* »Hacke«, *Töckchv* »Decke«, *läckchv* »lecken«, *Packchv* »Backe, Wange«, *schmöckchv* »schmecken, riechen«, *frröckchv* »verenden«, *Schpäckch* »Speck«, *Schdrükch* »Strick«, *kchrankch* »krank«. Diese harten und großenteils rauhen Ausspracheformen der alten *k*-Laute gelten mit geringen Schattierungen auf der Westseite des Lechs in immer breiter werdender Front tief in die Alpen bis zur deutschen Sprachgrenze. Hierzu nur noch einige ergänzende oder leicht abweichende Formen aus Schlingen bei Bad Wörishofen (*schlikchv* »schlucken«, *Schdukch*, *drikchnv*, *flakchv* »liegen«, *hokchv*, *Akchr* »Acker«, *bukchv*, *Dekchl*, *dräkchvt* »dreckig«, *Wekchr*, *zokchv* »zucken«, *Dokchv^{n}nandl* »Puppe«, *mäkchrv* »meckern«), aus Kaufbeuren (*khoofv* »kaufen«, *dengkchv*, *dringkchv*, *bakchv* »Backe«, *Sakch*) und Kraftisried bei Marktoberdorf (*Gnakch* »Genick«, *vrschdikchv* »ersticken«, *trukchv* »drücken und trocken«, *Kchrukchv* »Krücke«, *nakchvt* »nackt«, *Lukchv* »Lücke«, *zrukch* »zurück«). Gerade hier im Süden Augsburgs zeigen sich vielerlei Ähnlichkeiten zwischen dem westlichen und östlichen Lechrain.

12) Mhd. *ou*, das in der Schriftsprache wie mhd. *û* zu *au* weiterentwickelt wurde, zeigt sich in unserem Gebiet weitgehend zu einem Selbstlaut vereinfacht, nämlich östlich **Linie 12** vorwiegend als helles *a* (ähnlich wie das aus mhd. *ä* und *æ* entstandene *a*), westlich davon beiderseits des Lechs als teils geschlossenes, teils offenes *o* (welch letzteres wir hier durch *ǫ*, wenn überoffen durch *å* bezeichnen wollen). Die Linie 12 trennt damit westliches *loffv*, *lǫffv* und *låffv* von östlichem *laffv* »laufen«. Die Grenze für *koffv* gegenüber *kaffv* »kaufen« verläuft dagegen etwas weiter westlich. Linkslechisch endet die *o*- oder *ǫ*-Aussprache bei **Linie 12a**, westlich deren sich ein tief nach Württemberg-Baden reichendes Gebiet mit den Formen *au* oder *ao*, im allgäuischen Süden auch mit *ou* und noch weiter südlich mit *öü* anschließt. Dort findet sich also westliches *glaubv* gegenüber östlichem *glǫǫbv* oder *gloobv* (östlich Linie 2 als *gloom*) für »glauben«. Doch zeigen sich insbesondere rechtslechisch vielfach Unregelmäßigkeiten, worauf schon 1956 Br. Schweizer (Nr. 75, S. 29f.) ausdrücklich hingewiesen hat. Gleiches zeigt die Karte 108 von Ibrom (Nr. 29), der sogar glaubt, daß sich »gelaufen« der Entwicklung von mhd. *o* angeschlossen habe, was angesichts der übrigen Beispiele mit *o*-Lauten jedoch wenig begründet erscheint. Dagegen hat er sicher recht mit der Feststellung, daß die *o*-Formen rechtslechisch als älteste zu gelten haben, auch wenn sie zunehmend durch

ao- und *a*-Formen teilweise bis zum Lech zurückgedrängt werden. Am weitesten östlich hat sich bis vor kurzem ein einzelnes *o* für das Bindewörtchen »auch« behauptet. Die Münchner Mundart kennt dagegen nur *a* und *ao: Aog, Raach, laffv, raffv, kaffv, glaam* »glauben« und *aa* »auch«, während die Augsburger Stadtmundart im allgemeinen nur die *ao*-Formen zuläßt, jedoch ausdrücklich auf den Ausnahmen bei *lǫffə, kǫffə, ǫǫ* für »auch« und *glǫǫbə* für »glauben« in scharfer Opposition zu München beharrt. Der Grenzverlauf von Kranzmayers Karte 17 am Ostufer des Würmsees ist nach heutigen Befunden nicht mehr haltbar. Unsere Linie 12 hält sich etwa an die Grenzziehung von Schweizer und Michael Lechner, ergänzt durch eigene Erhebungen. Neuburg, Schrobenhausen, Aichach, Altomünster, Olching und Starnberg anerkennen nur noch die *ao-* und *a*-Formen, doch finden sich im bäuerlichen Hinterland östlich Schrobenhausen und Aichach gelegentlich noch Restformen mit *o*-Lauten, z.B. in Waidhofen *iwaloffv* in der Bedeutung »bewölkt, von Wolken überzogen«, in Stadelham *Schoowv* (zu mhd. schoup »Strohbündel«) oder (nach Gladiator) in Großberghofen bei Dachau *lååwa* für »Laub«; ferner will Schweizer bei den alten Einwohnern von Seeshaupt am Südufer des Würmsees für ihren Ort noch die Aussprache *Seasóp* gehört haben, alles Zeugnisse dafür, daß die *o*-Laute für mhd. *ou* auch hier noch galten, während sie seit Jahrzehnten in ständigem Rückzug nach Westen begriffen sind, denn auch westlich Linie 12 haben sie nur noch ein sehr beschränktes Heimatrecht gegenüber nachdrängendem *ao, a* und sogar *å* und *ǫ*. So meldet Neukirchen, Lkr. Augsburg (nur 7 km vom Lech entfernt) die Aussprache *au* für »Auge, genau, hauen, Laub, Saum und Staub«, *a* für »Rauch, Taufe, taufen«, aber *ǫ* nur für *khǫǫfv* und *lǫǫfv* »kaufen, laufen«, das südwestlich davon gelegene Todtenweis *Rǫǫch, Raach* und *Raoch* für »Rauch«, *låfə, khåfə,* aber *gloom* »glauben«, *Loob* »Laub«, *Aug* neben älterem *Oog* und *Schtaob* neben älterem *Schdoob*. (Wir haben hier also teilweise zwei bis drei Formen nebeneinander im Gebrauch.) Ähnlich meldet Eurasburg südöstlich Friedberg: *Laob* und *Laab, Schtaob* und *Schdaab, glaum* und *glaam, khafv* und *khofv, lafv* und *lofv, Aog* und *Oog, Raoch, Raach* und *Rooch*. Aus Dießen meldet Schweizer *kchoffn* »kaufen«, *loffn* »laufen«, *Loob* »Laub« und *Loog* »Lauge«, aber *schaun* »schauen«, für Böbing nordwestlich des Staffelsees Freudenberg (Nr. 11): die Lautform *ou* für die Wörter »Auge, Laub, Lauge, Staub, glauben«, aber *o* in *lofv* »laufen« und *kchofv* »kaufen«, sowie *au* in »rauchen, Taufe, hauen, genau«.

So unregelmäßig diese Entwicklung von mhd. *ou* verlaufen ist und so sehr die neueren östlichen Laute nach Westen vordringen, hat das helle bairische *a* bis jetzt doch noch nirgends den Lech überschritten, dem schwäbischerseits im Norden bis etwa Buchloe meist offenes *ǫ*, südlich davon geschlossenes *o* gegenübersteht. Ähnlich wie mhd. *ou* hat sich auch der Umlaut davon, mhd. *öu*, sehr unregelmäßig weiterentwickelt (meist zu *a, ai, ä* oder *e*), weshalb wir ihn hier nicht genauer verfolgen können, weil diese Entwicklung wie bei mhd. *ou* immer noch in vollem Gange ist. Aber auch linkslechisch sind die Grenzverhältnisse bei **Linie 12a** nicht so stabil, wie es Ibrom angibt; denn sowohl nördlich der Donau, an der Donau selbst, dann um Augsburg und im Allgäu ist in den letzten fünf Jahrzehnten eine Westausdehnung der *ǫ*- und *o*-Laute erfolgt, die kaum zu übersehen ist. Neuerdings machen sich die *ǫ* nicht nur in Höchstädt und Dillingen, sondern ganz besonders westlich und südlich von Augsburg bis Schwabmünchen, dann um Wörishofen usw. breit, so daß wir auch hier von einer im Gang befindlichen Sprachbewegung sprechen müssen. Eigenartigerweise ist sie auch hier wie im ostlechischen Gebiet gegen die Schriftsprache gerichtet, denn sowohl bairisches *a* wie schwäbisch-lechrainisches ǫ oder o breitet sich gegen das der Schriftsprache nähere au aus. Damit sehen wir für die weitere Entwicklung von mhd. ou beiderseits des Lechs eine Ostwestbewegung im Gange, im Osten allerdings stärker als westlich vom Lech. Beiden Seiten gemeinsam ist dabei das offenkundige Streben nach **Monophthongierung** (Vereinfachung des Doppelselbstlautes zum einfachen Laut): rechtslechisch zu a, linkslechisch zu ǫ oder o. Doch ist kaum der Druck aus dem mittelbairischen Raum von Osten her auch für die Veränderungen westlich des Lechs als Ursache anzusehen; denn einerseits ist jeweils das Ergebnis ein anderes (östlich a, westlich ǫ und o), andererseits hängt die Wieder-Monophthongierung von mhd. â über au (oder ao) zu ǫ und o, wie auch Ibrom (S. 126) hervorhebt, eng mit der Weiterentwicklung von mhd. ou zusammen. Es scheinen hier also innerbairische wie innerschwäbische Lautentwicklungen parallel zu verlaufen. Ergänzend sei noch angefügt, daß sich westlich **Linie 12a** das nördlich gesprochene au (auch ao) zunehmend ab Kempten mehr und mehr zu ou (auch ǫu) verengt, noch weiter, etwa südlich Immenstadt und nach Westen bis hinüber zum Bodensee, zu öü-Lauten verfärbt.

13) Zwei unserer Grenzlinien betreffen weitere typisch bairische »Kennwörter«, die allerdings zunehmend durch schriftsprachliche Formen ersetzt und verdrängt werden. **Linie 13** zeigt die äußerste Westausdehnung des Bereichs, in dem innerhalb des bairisch-österreichischen Sprachraums die Fürwörter der 2. Person Mehrzahl *eß* (auch *ejß*), *enk* und *enker* statt der in der Schriftsprache und den meisten deutschen Mundarten allein gebräuchlichen Mehrzahlformen *ihr*, *euch* und *euer* schon seit dem Hochmittelalter zur fast ausschließlichen Geltung gelangt sind. Als Erbgut aus dem Germanischen vertraten *eß* und *enk* ursprünglich nur eine Zweizahl, bedeuteten also nur »ihr/euch beide«, die in fast allen übrigen deutschen Dialektbereichen schon in althochdeutscher Zeit als entbehrlich aufgegeben wurden. Umgekehrt haben die bairischen Mundarten *eß* und *enk(er)* zu echten Mehrzahlformen erhoben und dafür auf »ihr, euch« und »euer« verzichtet. So ist es dahin gekommen, daß die *eß/enk(er)*-Formen über das ganze bayerische Herrschaftsgebiet einschließlich Pfalz-Neuburgs nördlich des Lechs (mit Ausnahme des erst 1567 durch den Bayernherzog Albrecht V. erworbenen Pfleggerichts Hohenschwangau) bis an den Lech heranreichen. Nur die unmittelbar östliche Umgebung Augsburgs macht noch eine Ausnahme, soweit sie zum Stadtgebiet gehört. Merkle führt in seiner »Bairischen Grammatik« (Nr. 52) dafür folgende Beispiele an: *Lebbds ees aa no?* »Lebt Ihr auch noch?« *Mia ham engg nimma gsäng.* »Wir haben euch nicht mehr gesehen«. *Seids ees need dimma?* »Seid ihr nicht dümmer?« *Då miaßds es zåin.* »Da müßt ihr bezahlen«. *Ia habds gnua* (nach Ilmberger auch *gmua*). »Ihr habt genug«. *Eia/engga Fensdda* »euer Fenster«. Erläuternd fügt Merkle an, daß *ees* = »ihr« heute in der Stadtmundart verhältnismäßig oft verwendet wird im Gegensatz zum selten vorkommenden *enk* = »euch«. Daraus wird zweierlei deutlich: Die Form *enk(er)* ist schon heute im Aussterben begriffen und wird durch der Schriftsprache lautlich angenähertes *aich* bzw. *aja* ersetzt, während *ees* noch häufiger im Gebrauch ist, jedoch auch schon durch das schriftsprachliche *ia* = »ihr« vertreten, wenn nicht verdrängt wird. Aber dieses *e(e)s* erhält sich insoferne noch ziemlich zäh, als es sich auch nach Schmellers Meinung gewissermaßen verdoppelt in apostrophierter (um das *e* gekürzter Form) an das zugehörige Zeitwort anhängt und damit enklitisch noch eine ziemlich zählebige Restform des *eß* darstellt. Es verträgt sich sogar als Zwitterform zusammen mit dem moderneren *ia* (*ia habds, kimmts, schaugts*). In dieser Form hält es sich vor allem in den Verkehrszentren Schrobenhausen, Aichach, Pöttmes, Landsberg und Schongau, ja setzt sich

sogar neuerdings auch in Augsburg und seinem Umland westlich des Lechs fest, so daß man hier gelegentlich insbesondere von jüngeren Einheimischen Sätze hören kann wie z. B. *Gell, dǫ schau(g)ts!* »Gelt, da schaut (= staunt) ihr!« Somit ist hier seit einigen Jahrzehnten ein Verfall der ursprünglich im bairischen Sprachraum fest beheimateten Fürwörter *eß* und *enk(er)* aus (mhd./ahd. *ëz* und *ënk[er]*) zugunsten schriftsprachähnlicher Formen in raschem Gange, während sich nach Westen hin unter der Strahlkraft Münchens bastardisierte Restformen davon ins linkslechisch-schwäbische Gebiet hinein ausbreiten. Beispielsweise verwendete der Mundartdichter Michl Ehbauer für seine auf Münchnerisch geschriebene »Baierische Weltgschicht« statt des urbairischen *enk* nur noch »euch«, reimt es aber auf »Leich und Bereich«, weil es ja in München als *aich* ausgesprochen wird; *es* und *ös* für altes *eß* aber ersetzt er häufig durch schriftsprachliches »ihr« (als *ia* zu sprechen), z.B. »es dumme Teufeln, ös blöden Hirschen», aber »ihr Lümmel«, ferner »Gehts her, ös Paar! Jatz muaß i mit euch redn und euch a Lebensaufgab gebn«.

Westlich des Lechs stehen, von den genannten östlichen bastardisierten »Einbruchsformen« abgesehen, nur die eigentlichen Mehrzahlformen (aus mhd./ahd. Werfall *ir*, Wemfall *iu*, Wenfall *iu(wi)ch*, besitzanzeigend *iuwer*) gegenüber, allerdings in mehrerlei und verschieden verbreiteten Bildungsformen. So zieht sich für den Werfall vom Ries etwa südlich der Wörnitz (der ehemals pfalz-neuburgischen Grenze) her ein breiter Streifen über die Donau bis an das untere westliche Lechufer mit den auffälligen, gegenüber dem bairischen Ostufer so gegensätzlichen Formen *ui* oder (soviel wie gleichbedeutend) *uir* (= »ihr«), der 1936 noch bis kurz vor Augsburg reichte, inzwischen aber bis in die Gegend von Meitingen und Gablingen den von Westen vordringenden *ihr*-Formen den Platz geräumt hat, woran sicher auch der Einfluß von Augsburg mitbeteiligt ist. Die Südgrenze dieses *ui(r)*-Gebiets verlief 1936 etwa von Lauingen bis in die westliche Umgegend von Augsburg, vor einem Jahrzehnt nur noch von Gundelfingen über Welden bis Gablingen (mit ganz wenigen südlicheren Ausnahmen). Diese seltsamen *ui*-Formen erklären sich nur als Ersatz des Werfalls aus anderen Fällen mit altem *ui*, wobei *uir* eine Mischform zwischen *ui* und *ihr* zu sein scheint. Südlich dieser *ui(r)*-Zone schließt sich, einerseits bis an den Lech, andererseits bis an den Bodensee, nach Oberstdorf und Füssen reichend, ein großer Bereich mit *ihr*-Formen an, die nach Süden zu mehr und mehr in *dir*-Formen übergehen. Letztere sind sich durch falsche Wortabtrennung, besonders in der Frageform, entstanden (z.B. »habt ihr« als *hond ihr* zu *hon dir*). Da beide Formen oft gleichwertig nebeneinander gebraucht werden, läßt sich eine genaue Abgrenzung nicht vornehmen. *Dir* findet sich aber erst südlich einer Linie Graben – Mickhausen – Kirchheim – Schöneberg an der Mindel – Lauben an der Günz (nicht in Memmingen, aber ab Maria Steinbach und Legau auch westlich der Iller, am dichtesten längs des westlichen Lechufers, am wenigsten im Lkr. Lindau). Am Lech stehen also bairischem *ees* und *ejs* von Nord nach Süd zunächst *ui* und *uir*, dann *ihr* und weiter südlich *dir* auf schwäbischer Seite gegenüber. Zwitterformen mit dem angehängten »falschen« bairischen *-s* (aus *eß*) sind lückenhaft jedoch in ganz Schwaben sogar nördlich der Donau z.B. in Lutzingen anzutreffen *(ui hands eich frlaufa)*, vielfach um Augsburg, z.B. in Straßberg *(ir habds aich frlǫffa, ir miaßds, kennds)*, sogar in Kempten und Lindau *(iar hobts, schaots, därfts)*, so daß sich hier allmählich eine neue Endung des Zeitworts in der 2. Person der Mehrzahl auf *-ds (-ts* oder *-z)* einzustellen beginnt. Einfacher ist die schwäbische Nachbarschaft für die östlichen Formen bei Wem- und Wenfall des Fürworts *enk* sowie seiner besitzanzeigenden Form *enker (enka)*, während hier bairischerseits eine Vielzahl von Lautungen zu hören ist, auf die wir nur beiläufig eingehen können (*enk, engg, eng, ench, ejnk, aink, ej^{n}ch, ejngg, ej^{n}h* usw.). Hier stehen westlich nur zwei Formen des persönlichen Fürwortes gegenüber: nämlich im Norden allein *ui* und südlich Kaufbeuren *uib*, für das besitzanzeigende Fürwort nur *uir-* und *uib-* mit verschiedenen Endungen. Dafür, daß auch hier Zwitterbildungen möglich sind, nur ein Beispiel aus Trauchgau: *dir hand engk ferloffa*. Die eigenartigen *uib*-Formen finden sich südlich Kaufbeuren, um Marktoberdorf westlich bis Unterthingau, ferner zwischen Wertach und Lech bis Wertach, Füssen und Schwangau, weiter längs der oberen Iller bis Oberstdorf und im Tannheimer Tal, jedoch nicht in Kaufbeuren selbst, auch nicht in Kempten, Immenstadt und im Lkr. Lindau. Diese schwäbischen Formen mit *ui* leiten sich von unumgelautetem mhd. *iu* her, das sich, allerdings lautlich gestürzt, in Ostschwaben bis weit in württembergisches Gebiet hinein in einer Vielzahl von Wörtern wie *duir, Fluig, Fuir, nui, Stiur, Zuig* usw. gegenüber schriftsprachlichem *eu* mindestens außerhalb der großen Verkehrszentren (wie Augsburg) zäh erhalten hat. Rechtslechisch findet sich dieses *ui* vor allem in Lechnähe nur noch in verhältnismäßig wenigen Restformen des bäuerlichen Sprachgutes, z.B. in Thierhaupten: *uma druijɒ, Fuir, Gruim* »Speckgriebe«, *huir, Luiksn* »Strebe am Leiterwagen«, *nui, ruin*, teilweise auch *Fluing* »Fliege«; in Böbing: *druijɒ* »3 Uhr«, *Fluigɒ* »Fliege«, *Fuir, huir, Kchnuidl* »Knäuel«, *khuijɒ* »kauen«, *nui, Schprui* »Spreu«, *schuich* »scheu«; in Dießen: *Fluing* »Fliege«, *Luiksn, nui*. Letzteres Wort wird aus vielen Orten westlich und südwestlich des Ammersees gemeldet, während die Zeitangabe *um druija* vor etwa 50 Jahren sogar noch im Lkr. Neuburg gebraucht wurde, heute aber nur noch in den Landkreisen Aichach-Friedberg, Landsberg und (Weilheim-)Schongau, ja sogar in Mittenwald. Für München finde ich bei Ilmberger nur das Wort *Gruim* »Speckgriebe« hierhergehörig. Ganz anders erklärt sich dort die Herkunft des heutigen *ui* aus den Lautgruppen *il* und *ul* in »Bild, wild, Pulver«, worüber noch zu reden sein wird. Obige Nennungen dürfen jedoch nicht darüber hinwegtäuschen, daß rechtslechisches *ui* aus mhd. *iu* in raschem Verschwinden begriffen, wenn nicht schon ausgestorben ist. Ibrom heißt sie daher mit Recht »Erinnerungsformen«. Erst kürzlich konnte ich eine bei Thierhaupten beheimatete junge Frau nach dem jetzigen Gebrauch der oben für Thierhaupten aus dem Jahre 1967 gemeldeten *ui*-Wörter befragen. Sie behauptete, daß alle diese Wörter mit Ausnahme des in ihrer Mundart offenbar unersetzten Wortes *Gruim* nur noch mit *ai* (also z.B als *nai*) gesprochen werden, und setzte mit dem Brustton der Überzeugung hinzu: »*Ui sɒgng blɒuß d Schwɒbm*«. Dagegen seien die Fürwörter *eß* und *enk* bei ihr in Mehrzahl und Höflichkeitsform weiterhin im Gebrauch

Nach Kranzmayer soll im westlichen Oberbayern unumgelautetes altes *iu* »mit mannigfachen Varianten« auch als langes *i* weiterbestehen. Meinen Nachforschungen zufolge ist es noch mehr dem Verfall preisgegeben gewesen als obiges *ui*. Ibrom führt 1971 dafür nur noch die Vorkommen von *Lüksn* in Ottmaring und Schnellmannskreuth, ferner von *Li(i)ksn* in Unterbernbach und Sielenbach auf. Nach meinen Unterlagen wurde die Form *um dri(i)a* etwa 1970 noch in folgenden ostlechischen Orten verwendet: Kissing, Merching, Unterbergen, Steinach, Schmiechen, Heinrichshofen, Wabern, Utting (am Ammersee) und Urspring (südlich Schongau).

Weiter enthält meine Belegsammlung noch die Form *Schbrüwər* für »Spreu(er)« aus Schmiechen und Heinrichshofen. Prof. Fried verdanke ich die Angabe *Grüwɒ* für »Speckgriebe« aus seinem Heimatort Wabern bei Walleshausen. Joseph Lechner (Nr. 47, S. 199) führt dafür die Mehrzahlform *Grüüm* an. Endlich möchte ich auf Karte 34 bei Michael Lechner (Nr. 48) verweisen, der für das leider fast ausgestorbene Wort »Leuchse« (Stützstange für die Leitern am bäuerlichen Leiterwagen) noch ein großes Verbreitungsgebiet in drei nebeneinanderlaufenden Streifen mit ihren Grenzen aufzeigte: vom Lech her bis zu unserer Grenzlinie 2 mit der Form *Lüksə,* dann nach Osten anschließend die Form *Lüksn* (etwa bis zu unserer Linie 12 reichend) und weiter östlich einen Streifen mit den beiden Formen *Luiksn* und *Lüksn,* die dort ohne weitere östliche Begrenzung nebeneinander gültig waren. Joseph Lechner gibt für Rehling ebenfalls die Form *Luigßn* an. Mit Sicherheit wird es immer schwieriger und zufallsbedingter, verlässige Gewährsleute für solch aussterbendes Wortgut zu finden.

14) Etwas günstiger scheint es um den Fortbestand der bairischen Kennwörter unter den Wochentagsnamen für den »Dienstag« und »Donnerstag« bestellt zu sein, die einst im ganzen bairisch-österreichischen Sprachraum vorherrschend waren. Sie weisen auf sehr frühe Einflüsse aus dem griechisch-gotischen Kulturkreis hin; denn der bairische *Ertag* ist zunächst der dem griechischen Kriegsgott Ares geweihte Tag gewesen, wenn er auch in christlicher Zeit Arius, dem Oberhaupt des Arianismus, umgewidmet worden sein sollte, dem sowohl die Goten wie auch die Langobarden jahrhundertelang anhingen. Der Name »Er(ch)tag« ist östlich **Linie 14** noch heute in vielen Ausspracheformen statt des schriftsprachlichen »Dienstag« verbreitet. Von der Donau nach Süden fortschreitend hören wir: *Örchdɒ, Äɒchdɒ, Örədɒ, Mör(ə)dɒ, Mürədɒ, Mejrədɒ, Mirɒ, Miɒdɒ, Mürdɒ, Iɒdɒ, Iɒchdɒ, Ürdɒ, Miɒrɒdɒ, Möɒrɒdɒ, Mǫǫdɒ, Jörchtɒ, Murchdɒ, Mörchdɒ, Mölchdɒ, Äɒchding* (letzte 4 Formen vom Staffelsee über Mittenwald bis nach Tirol reichend). Die Vielzahl der keineswegs vollzählig aufgeführten Beispiele zeugt für die Originalität und das Selbständigkeitsstreben der lechrainischen Sprecher. Kein einziges reicht auf das westliche Lechufer hinüber. Die Formen mit anlautendem *M* erklären sich wie beim schwäbischen Fürwort *dir* aus falscher Wortabtrennung: Sie sind aus »am Ertag« unter Auslassung des »*a*« entstanden und müssen demnach älter sein als der Verlust des Wemfall-*m* in den bairischen und erst recht fränkischen Mundarten zugunsten des Wenfall-*n* bei einigen Fürwörtern (z. B. in dem Fragesatz: *Was gibt's heit zun Essn?*).

Der urbairische »Donnerstag« aber ist der ebenfalls aus dem griechischen Sprachbereich stammende *Pfinztag,* vom griechischen Zahlwort *pentê (pemptê)* = »fünf«, als dem fünften Wochentag nach dem Sabbat, ähnlich dem schriftdeutschen Festtagsnamen »Pfingsten« vom griechischen *pentêkostê,* dem fünfzigsten Tag nach Ostern, der über die Kirchensprache zu uns gelangt ist. Wahrscheinlich sollte dieser nüchterne Name, der ebenfalls östlich Linie 14 in den Lautungen *Pfinzdɒ* und *Finzdɒ* verbreitet war und großenteils noch ist, einen heidnischen Götternamen aus dem Gedächtnis neu bekehrter Christen verdrängen, so wie dies westlich Linie 14 im Bistum Augsburg mit dem Ersatznamen *Aftermontag* (= Nachmontag) für den heutigen Dienstag der Fall war, durch den das Andenken an den germanischen Kriegsgott Ziu ausgemerzt wurde. Nur westlich der Augsburg-Konstanzer Bistumsgrenze hat sich der *Ziestag* (teilweise in »Zinstag« umgedeutet) im Lkr. Lindau und in angrenzenden Orten westlich des Niedersonthofer und Alpsees meist in der Lautform *Ziis(ch)dag* erhalten. Zwischen den Verbreitungsgebieten von Zis- und Ertag dehnt sich also in breiter Front von Oberstdorf bis nach Mittelfranken hinein, östlich bis fast an den Ammersee, nördlich Augsburgs jedoch nur bis zum Lech reichend, das auch heute noch weitgehend mit dem Bistumsbereich Augsburg übereinstimmende Verbreitungsgebiet des Namens *Aftermontag* (aus mhd. *aftermæn-* bzw. *mêntag*) aus, von dem uns hier nur die wenigen ostlechischen

Aussspracheformen *Aftrmee^{n}dɒ, Afdɒmejdɒ, Afdrmiindɒ, Afdɒmaa^{n}dɒ* und *Aftəmendə* näher zu interessieren brauchen. Der beidseits der Linie 14 immer mehr auch in mundartlichen Gebrauch kommende Ersatzname ist der »Dienstag« in jeweils örtlich besonders ausgeprägten Lautformen, für den bairischen Pfinztag jedoch der »Donnerstag«. Die Westgrenze für *Pfinztag* deckt sich in unserem Bereich größtenteils mit unserer **Linie 14**, weshalb wir auf die Einzeichnung einer besonderen Grenzlinie verzichtet haben. Sie biegt von Süden kommend, am Nordwestufer des Ammersees allerdings etwas früher nach Nordwesten zum Lech in Höhe von Beuerbach und Pestenacker ab, wodurch südöstlich von Friedberg in Richtung Ammersee ein Zwickel entsteht, in welchem zwar schon *Pfinztag*-, aber noch *Aftermontag*-Formen zu hören sind. In manchen dieser Grenzorte sind ohnehin für den »Dienstag« sowohl Ost- wie auch Westform in Gebrauch (z.B. in Hörmannsberg und Hörbach). Im übrigen ist hierzu auch zu bedenken, daß sich das Bistum Augsburg seit Jahrhunderten bis weit in den Regierungsbezirk Oberbayern hinein erstreckt. Ilmberger (Nr. 32) führt in seiner »Bairischen Fibel« *Irda* und *Pfinzda*, allerdings ohne Ortsangabe, nach wie vor als bairische Wochentagsnamen auf.

15) Die bisherigen einigermaßen lautgetreuen Mundartbeispiele haben sicher schon den Eindruck einer verschwenderischen Vielfalt der Lautungen auf dem östlichen Lechrain vermittelt und damit die Schwierigkeit verdeutlicht, der hier jeder Mundartforscher gegenübersteht, erst recht einer, der eine Gesamtschau zu ermöglichen bestrebt ist. Fast jeder aus dem Mittelhochdeutschen ererbte Laut hat sich seitdem irgendwie verändert. Entrundet wurden alle *ö* und *ü* zu *e* und *i*, und viele einfachen Selbstlaute wurden verzwielautet oder haben in der Nachbarschaft von Mitlauten eine ganz andere »Färbung« angenommen. Ebenso ost- wie westlechisch ist damit auch eine Verschiebung der Artikulationsstelle zur »**Mittelgaumigkeit**« hin, wie auch Freudenberg (Nr. 13, S. 80f.) hervorhebt, eingetreten. So ist beispielsweise mhd. *ë* und *o* vor *r* in den Wörtern »Berg, Dorf, gestorben, morgen, Orgel, sorgen, verdorben, werfen« im Südosten von Friedberg weitgehend zu *a*, in Dießen und Böbing zu *ä* geworden. Die obigen Wörter mit *o* zeigen in Thierhaupten, Todtenweis und Eurasburg vorwiegend den Selbstlaut *å*. In anderer lautlicher Nachbarschaft haben die Ortschaften südöstlich Friedbergs mhd. *ë* zum Doppellaut *ej* weiterentwickelt (*lejm* »leben«, *Nejwə* »Nebel«, *Lejdə* »Leder«, *ejßn* »essen«, *Flejkh* »Fleck«, *sejchə* »sehen«), während nördlich und südlich davon meist einfaches *e* oder *ä* vorkommt. In Böbing jedoch treffen wir vor *r* auf offenes *ǫ̈* (*Bǫ̈rk* »Berg«, *schtǫ̈rwɒ* »sterben«, *wǫ̈rfɒ* »werfen«), ebenso vor *l* (*mǫ̈lkchɒ, hǫ̈lfɒ, sǫ̈lwr* »selber«), aber auch auf »schwäbisches« *eɒ* in *schteɒlɒ* »stehlen« und *Meɒl* »Mehl« (letzteres auch in Dießen). Ansonsten gilt hier das reine geschlossene *e* (*Leedr, Weedr* »Wetter«, *Leewr* »Leber«, *Reegɒ* »Regen«). Besonders starke Veränderungen haben auch die Nasallaute vor allem nach mhd. *a, e, ë, o, ie* und *uo* verursacht, wodurch mindestens östlich Linie 1 neue nasalierte Doppelselbstlaute entstanden sind, so für mhd. *an*: *ou^n* oder *au^n*, für *en*: *ej^n* oder *ai^n*, für *on*: *ou^n* oder *ao^n*, für *ien*: *iə^n*, *eə^n* oder *eɒ^n*, für *uon*: *uə^n*, *oə^n*; dafür je ein Beispiel aus Eurasburg bei Friedberg: *Gao^{n}s* »Gans«, *nej^{n}mə* »nehmen«, *defao^n* »davon«, *deɒ^{n}nə* »dienen«, *bloɒ^{n}mə* »Blume«. Über die Wirkung von *l* und *r* auf vorausgehende Selbstlaute soll später gesondert berichtet werden.

Von den mhd. kurzen Selbstlauten haben nur die halbhohen, *e* und *o*, in normaler betonter Stellung, jeweils parallel zueinander, eine gesonderte Entwicklung genommen. Während sie gedehnt oder ungedehnt im Süden des östlichen Lechrains ihre meist geschlossene Qualität beibehalten haben, erstreckt sich über die Donau von Wemding her ein breiter Keil mit den verzwielauteten Formen *ej* und *ou* entlang dem östlichen Lechufer bis vor Landsberg und die Nordspitze des Ammersees (s. die **Linien 15 und 15a**). Gefährdet davon ist heute die letztere östliche. Innerhalb dieses Keils ist das Vorkommen sehr vielseitig, auch vor Nasalen. Ich zitiere wieder aus Eurasburg: *Ejsl* »Esel«, *lejng* »legen«, *Bejt* »Bett«, *Ejng* »Egge«, *Gejschd* »Gäste«, *Ejpfə* »Äpfel«, *Sejkch* »Säcke«, *Rejde* »Räder«, *Blejdə* »Blätter«, *bejsə* »besser«, *fʊschdejkchə* »verstecken«, *Mejdsgə* »Metzger«, *Hej^{n}mət* »Hemd«, *frej^{n}m* »fremd«, *khej^{n}nə* »kennen«, *Mej^{n}nə* »Männer«; für mhd. *o*: *Bout* »Bote«, *douch* »doch«, *Gout* »Gott«, *Houf* »Hof«, *Khoupf* »Kopf«, *nouwə* »nobel«, *Rouschd* »Rost«, *Frousch* »Frosch«, *Soukchə* »Socke«, *Droupfə* »Tropfen«, *schloudən* »schlottern«, *Joubm* »Joppe«, *gsoun* »gesotten«, *Broukchə* »Brocken«, *Schdoukch* »Stock«, *Fougl* »Vogel«. Im großen und ganzen dürfte die Ausdehnung dieses Keils östlich Linie 1 auch die nasalierten Formen für mhd. *a* + Nasal mit erfassen, die hier mit *o* + Nasal zusammengefallen sind, z.B. *Hao^{n}nt* »Hand«, *Schao^{n}nt* »Schande«, *Dao^{n}nə* »Tanne«, *dao^{n}ndsn* »tanzen«, *Wao^{n}mbm* »Wamme, Wampe«, *Schlao^{n}ngə* »Schlange«, *Hao^{n}mə* »Hammer«, *Saoʋrao^{n}pfə* »Sauerampfer«, *Mao^n* »Mann«, *Dsao^n* »Zahn«. Doch muß hier hinzugefügt werden, daß diese Formen insbesondere in den Verkehrszentren Schrobenhausen, Aichach, Altomünster, Landsberg und teilweise auch in Pöttmes offenbar zunehmend als bäuerlich-grobmundartlich empfunden und daher weitgehend gemieden werden. Ähnliches ist von *ej*- und *ou*-Formen zu berichten, die früher von den Alpen bis zum Kochel- und Walchensee herunterreichten. Garmisch-Partenkirchen ist heute davon ganz frei. Einige Restformen haben sich um Mittenwald erhalten.

16) Ein gemeinsames Merkmal der Allgäuer Mundarten war bis in die jüngste Zeit die Endung *-ar* bei Berufsbezeichnungen, das sich vom mhd. *-ære*, ahd. *-âri* herleitet, z.B. *Fischar*, *Le(a)hrar*, *Mǫǫlar*, *Pfarrar*. Diese volltönende Endung ist aber an Stelle von schriftsprachlichem *-er* südlich unserer **Linie 16** auch in andere Hauptwörter und in die Beugungsendungen der Eigenschafts- und Fürwörter eingedrungen, z.B. in Ratholz am Alpsee: *Akchar* »Acker«, *Kchäʋfɒr* »Käfer«, *Kchäʋlar* »Keller«, *irar Feel* »ihrer Tochter«; in Stöttwang bei Kaufbeuren: *Khällɒr*, *Maular* »Maler«, *Khäafɒr*, *Dällar* »Teller«, *Neeschthokchar* »Jüngster im Nest«; rechtslechisch aus Rottenbuch: *Kchäʋlɒr*, *Mǫǫlar* »Maler«, *Ändar* »Enterich«, *Godsakchar* »Friedhof«, *Nǫǫchtswuudslar* »Jüngster im Nest«. Die einstige Grenze ist heute jedoch deutlich im Zurückweichen nach Süden und im Brüchigwerden begriffen, weil sich insbesondere die jüngere Generation nicht mehr zur alten vollen Lautung bekennen will, sondern die Endung *-ar* zu *ʋr*, *ər*, silbischem *r* oder *ʋ* und *ə* unter Verlust des *r* abschwächt. Aus Kaufbeuren wurden 1929 noch folgende Wörter als gebräuchlich berichtet: *manchar*, *Leahrar*, *Pintschar* »Pinscher«, *Schloarger* »Pantoffel«. Heute sind dort solche Formen ebenso wie in Kempten zugunsten der Schriftsprache näherer preisgegeben. Ähnlich scheint es sich bei Dießen zu verhalten, für welches Schweizer 1946 in seiner Wörtersammlung (allerdings aus dem Munde »ältester Gewährsleute«) u. a. folgende Beispiele aufführt: *Aalegar* »Ableger von Pflanzen«, *Fischar*, *Laichtar* »Leuchter«, *mearar* »mehr«, *Mǫǫlar* »Maler«, *Schnaufar* »Atem«, *Schloßar* »Schlosser«. Konnte ich auf Grund von Angaben aus den dreißiger Jahren noch Lachen, Ottobeuren, Irsee, Kaufbeuren, Untergermaringen, Oberdießen, Asch und Leeder in die *-ar*-Zone mit einbeziehen, so muß ich heute feststellen, daß sich die Grenze dafür besonders in Illernähe um 10–20 km nach Süden zurückgezogen hat. Am liebsten hätte ich deshalb auf eine neue Grenzziehung verzichtet. Weil Freudenberg (Nr. 13) jedoch den

Zusammenhang dieser »Rückzugslandschaft« der Allgäuer mit den tirolischen Mundarten so erwähnenswert findet, daß er ihm ein eigenes Kapitel mit den Karten A 11 und B 18 widmet, habe ich in unserer **Linie 16** bei allem Vorbehalt unter Hinweis auf Brüchigkeit und voraussichtlich geringe Beständigkeit eine neue Grenzziehung versucht, die sich im ostlechischen Bereich an Freudenberg anschließt. Das Stadtgebiet Kempten muß dabei ohnehin als ausgenommen gelten.

17) Das Gegenteil trifft auf unsere **Linie 17** zu. Sie hat sich offenbar lange Zeit unverrückt verhalten, wobei sie allerdings nördlich Augsburgs durch den Lech eine starke natürliche Stütze gehabt hat. Im Süden folgt sie auf weite Strecken unserer Linie 2. Sie betrifft das häufig gebrauchte Hilfszeitwörtchen »ist«, das östlich nur *is*, westlich aber *ischt* oder *isch* lautet. Diese Grenze ist insofern von besonderer Bedeutung, als sie den ganzen ostlechischen *is*-Bereich von dem großen Gebiet ausnimmt, in dem sonst alle *st* nicht nur im An-, sondern auch im In- und Auslaut zu *scht* geworden sind. Die Grenze zwischen den Lautungen *fescht* und *fest*, westlich deren in- und auslautendes *-st* zu *-scht* wurde, verläuft nämlich viel weiter östlich, so daß sie kaum mehr in den Bereich unserer Kartenskizze fällt. Erst im eigentlichen Stadtgebiet von München wird reines *st* gesprochen, also (nach Merkle) *håsd, gäst, Misd, Huɒsdn* »hast, gehst und Gäste, Mist, Husten«, jedoch bei Lautverbindung *-rst*: *diɒschdn* »dürsten« als Sonderfall. Wittmann läßt übrigens für den weiteren Stadtbereich Münchens auch *Huɒschtn* und *Müsch(t)* gelten. Nach Schwäbl wird *sp* auch in ganz Ostbayern als *schb* (oder *schp*) gesprochen: *Hǫschbe, Kaschbɒl, Veschpɒ* »Haspel, Kasperl, Vesper«. Den Verlauf der *fescht/fest*-Grenze hat Bernhard Martin (Nr. 49, 148) nach dem Stand des »Deutschen Sprachatlasses« Ort für Ort beschrieben. Nach ihm reicht *fest* noch bis in die Gegend westlich von Pfaffenhofen a.d. Ilm, nicht aber bis Schrobenhausen, dann bis in das westliche Stadtgebiet von München, über Gräfelfing, Unterpfaffenhofen bis Gauting, nicht aber nach Starnberg, und weiter über Schäftlarn unter Auslassung von Icking und Wolfratshausen bis Neufahrn. Ammer- und Würmsee bleiben also davon ausgenommen. Merkwürdig ist dabei, daß diese schon vor bald einem Jahrhundert aufgenommene Abgrenzung, von wenigen Ausnahmen wie z.B. Starnberg abgesehen, sich nicht wesentlich nach Westen verschoben hat. Schrobenhausen, Pöttmes und Aichach sprechen auch heute noch meist die *scht*-Formen. Auch der Vorstoß eines *-st*-Keiles bei Pfaffenhofen, Scheyern und Ilmmünster ist in den heutigen Mundarten noch erkennbar, ebenso die Erhaltung der *scht*-Formen um Icking. Weiter gilt nach Martin *scht* noch in Bad Tölz, Schliersee (nicht aber Tegernsee!) und Bayrischzell.

Für den eigenartigen westbairischen Gebietsstreifen zwischen unserer **Linie 17** und der genannten *fescht/fest*-Grenze, in dem nur die Lautung *is* gilt, hat schon Kranzmayer (Nr. 43, § 32 b 5) zu Recht gemutmaßt, daß »dessen *-t* so früh abgefallen« sein muß, daß das nunmehr auslautende *s* eine Teilnahme an der Sonderentwicklung der Wörter mit verbliebenem *st* verhinderte. Diese einleuchtende These wird übrigens dadurch wesentlich gestützt, daß sich mindestens der Nordteil des östlichen Lechrains, aber auch Gebiete westlich des Ammersees, um den Staffelsee sogar bis Mittenwald erstaunlich anfällig für den Schwund von *-t* bei den Zeitwortendungen der 3. Person Einzahl und 2. Person Mehrzahl wie auch beim Mittelwort der Vergangenheit erweisen, wie folgende Beispiele zeigen: die Ausdrücke »(er) kommt, liegt, sagt, schlägt, trägt, zieht, ihr habt, schaut, gefragt, gesagt, gewest« lauten in Todtenweis unmittelbar östlich des Lechs nach einer meiner eigenen Aufnahmen des Jahres 1964: *khʔⁱmp,* *likh, sak(h), schlak(h), trak(h) ziŋgh, ejs haps, ejs schaoks, kfrak(h), ksak(h), gwe(j)s.* Die Endung *-t* fällt hier also keineswegs, wie Ibrom meint, nur nach Kehllauten aus. Trotzdem glaube ich, können diese Beispiele zur Erklärung für den frühen Ausfall von *-t* im Wörtchen »ist« dienen.

Die Nordgrenze dieser eigenartigen nur auf dem östlichen Lechrain beheimateten endungslosen Formen bildet die Donau bis südöstlich Neuburg (aber ohne dieses selbst), die Westgrenze der Lech etwa bis Kaufering (jedoch ohne Landsberg). Eine genaue Ost- und Südbegrenzung der Verbreitung konnte ich nicht feststellen. Meine östlichsten Belege stammen aus Zell (südöstl. Neuburg), Berg im Gau, Waidhofen, Gerolsbach, Hirschenhausen, Hilgertshausen, Günding (westl. Dachau); meine südlichsten aus Hofheim (Gem. Spatzenhausen, nordöstl. des Staffelsees), Mittenwald, Neuleutasch und Zirl. Garmisch-Partenkirchen bekennt sich offenbar nicht dazu.

18) **Linie 18** zeigt für mhd. *ë* die Ostform *e(j)* und die Westform *äv* im Worte »Knecht«.

Weitere besonders kennzeichnende und auffällige Sprachformen

Schon die bisherigen Betrachtungen haben genugsam gezeigt, daß es sich beim östlichen Lechrain und im weiteren Sinne im ganzen Lech-Isar-Land um eine hochinteressante, überaus formenreiche Sprachlandschaft handelt. Man könnte darin leicht Hunderte von Sprachgegensätzen ausfindig machen, die zur Grenzziehung Anlaß böten. Dazu bedürfte es allerdings einer engmaschigen Durchforschung des **ganzen** Gebietes von der Donau bis zu den Alpen in einer möglichst einheitlichen Methode und mit möglichst gleichem oder mindestens vergleichbarem Untersuchungsmaterial in Form einer Abfrageliste, damit die Ergebnisse der Befragung möglichst vergleichbar und unterscheidbar sind. Nicht zu Unrecht hat nämlich Freudenberg (13,7) beklagt, daß bisher vorliegende Arbeiten »nicht homogen und in den Ergebnissen nicht kommensurabel« (vergleichbar) seien. Leider ist die von ihm angekündigte »Sprachgeographie des oberen Lechrains« (13,9) offenbar bis heute nicht erschienen und damit das darin angekündigte Forschungsmaterial für mich nicht verwertbar gewesen. Trotzdem habe ich versucht, an Hand der mir erreichbaren Literatur und meiner eigenen ungedruckten Belegsammlung einen knappen Abriß der kennzeichnendsten und auffälligsten Sprachmerkmale der Lechlandschaft zugleich mit einer Darstellung des derzeitigen Forschungsstandes in allgemeinverständlicher Form zu bieten.

Das Erscheinen des in Bälde zu erwartenden »Sprachatlasses von Bayerisch-Schwaben« dürfte die Forschungslage grundlegend und ganz umfassend verbessern.

1) Es bleibt uns also noch die Aufgabe, uns mit einigen wichtigen Problemen zu befassen, die nach dem jetzigen Wissensstande noch nicht in genauen Mundartgrenzen über das Gesamtgebiet hin dargestellt werden können. Dazu gehört zunächst die Weiterentwicklung von **germanischem *h* zwischen Selbstlauten und im Auslaut,** das wowohl ost- wie linkslechisch in besonders bemerkenswerten Formen auftritt. Wir tun gut, uns dabei der Probleme um germanisches *k* zu erinnern, die uns im Abschnitt 11 beschäftigt haben und damit in sachlichem und räumlichem Zusammenhang stehen; denn sowohl östlicher wie auch westlicher Lechrain nimmt damit eine Sonderstellung im deutschen Sprachgebiet ein, vor allem gegenüber unserer Schriftsprache, die die aus germanischer Zeit ererbten *h* besonders im In- und Auslaut ihrer ursprünglichen Funktion weitgehend entkleidet hat. Entweder ließ sie die

ehemals als Hauch- oder Reibelaute gesprochenen *h* wie in »rauh, Reh, roh, zäh« ganz verstummen oder beließ sie als stummes Relikt am Stammschluß wenigstens in der Silbengrenze wie bei »geschehen, sehen, ziehen« oder aber gab ihnen als sogenanntem Dehnungs-*h* wie in den Wörtern »Huhn, kühl, Zahn« eine ganz neue, ebenfalls stumme, nur orthographische Funktion.

Dieser Entwicklung haben sich unsere lechrainischen Mundarten beiderseits des Lechs deutlich widersetzt. Aber ihr Verhalten wie auch die räumliche Verbreitung ihrer Formen sind rechts- wie linkslechisch oft so verschieden, daß sie in Mundartgrenzen schwer, in ihrer Gesamtheit überhaupt nicht zu erfassen sind, zumal der fast überall bemerkbare Mundartverfall auch hierin ziemlich spürbar ist.

Freudenberg (Nr. 13) hat sich mit den Problemen des germ. *h* im alemannisch-bairischen Grenzbereich in mehreren Kapiteln intensiv auseinandergesetzt, konnte aber nur Teilbereiche erfassen. Da hier nicht der Raum ist, uns damit näher zu beschäftigen, müssen wir uns mit einer kurzen Bestandsbeschreibung begnügen, die ich vorwiegend aus eigenem Material beisteuern kann. Denn seit 1930 habe ich aus dem ganzen bayerischen Schwaben und seinen bairischen und fränkischen Grenzgebieten umfangreiche Belegsammlungen aus über 1500 Orten angelegt.

Wie bei den *k*-Lauten besteht auch für germ. *h* ein deutlicher Zusammenhang mit dem Bereich nördlich der Donau, nur wesentlich umfassender, der sogar das Ries beteiligt zeigt, sich ähnlich wie bei *k* bis Laub, Wemding, Wolferstadt, ja bis in den Hahnenkamm hinein und dann weit nach Osten erstreckt, so daß eine Ostgrenze in unserem Kartenumfang nicht mehr erfaßbar ist. Mit Recht stellt Freudenberg für das mundartliche Vorkommen altererbter *h* zunächst drei »Entsprechungen« fest, nämlich a) völligen Schwund, b) deutlichen Hauchlaut und c) den Reibelaut *ch*, denen er als vierte Ersatzform d) den Verschlußlaut *g* anfügt und mit Braune-Mitzka (Nr. 96, § 102) als »grammatischen Wechsel« erklärt, wie er beim Zeitwort in der Ablautreihe »ziehen – zog – gezogen – Zug« vorliegt. Schon hier sei bemerkt, daß dabei der Reibelaut *ch* wohl als älteste, *g* und völliger Schwund als jüngste Entwicklungsformen anzusprechen sind. Dazu die Beispiele: zunächst rechtslechisch aus Waidhofen (östl. Schrobenhausen): *Schuach* »Schuhe«, *Floch* »Floh«, *hoch* »hoch«, *Hävch* »Höhe«, *Vüch* »Vieh«, *däv sicht* »der sieht«, *Waichbrunnv* »Weihwasser«, aber: *Druuhv* »Truhe«, *waihv* »weihen«, *laihv* »leihen«, *gliihv* »geliehen«, *hävhv* »höher«, *Baihe* »Beil« (aus mhd. bîhel). Aichach als Stadt und Verkehrsmittelpunkt zeigt zweierlei, ältere, den umgebenden Landmundarten näherstehende und jüngere, der Verkehrssprache entnommene Formen: *Druuchv* und *Druuə*, *Baichvl* und *Bail*, *Vüch* und *Vü*, *laichv* und *lain*, *Schuach* und *Schuə*, *Hävch* und *Hee* »Höhe«, nur *zach* »zäh«, aber bereits die über *g* + *n* zu *ng* gewordenen Formen: *gschechv* und *gscheng* »geschehen«, *sechv* und *seng* »sehen«. Aus München meldet Wittmann: *Zähv* »Zehe«, *Ehv* »Ähre«, *i laih* »ich leihe« (wobei *h* ausgesprochen wird), *houch* »hoch«; selten seien nur noch zu hören *säähv* und *kschäähv*, wofür heute *gseng* und *gscheng* vorwiegen, dazu *ziang* für »ziehen«. Immerhin verzeichnet Ilmberger, der doch vorwiegend für das Münchnerische zeugt, den Reibelaut *ch* noch für *Drucha* »Sarg«, *Faiche* »Feile« (zu ahd. fîhala), *gschücht* »geschieht«, *laicha* »leihen«, *rauch* »rauh«, *Rech* »Reh«, *schaicha* »scheuen« (mhd. schiuhen), *Schuach* »Schuhe«, *Saicha* »Seiher, Sieb«, *Waichbrunna* »Weihwasser«, *zaach* »zäh«, *Ziach* »Zieche, Überzug«, aber auch *schiaggln* für »schielen« (mhd. schilhen). Michael Lechner meldete vor etwa 40 Jahren für Eurasburg bei Friedberg in diesen und ähnlichen Wörtern nur *ch*-Formen, darunter *Naach* »Nähe« und *zej^{n}chə* »zehn«, ähnlich B. Schweizer für Dießen, darunter *laichn* »leihen«, *waichn* »weihen«, *Waihar* »Weiher« und das auch westlechisch verbreitete Eigenschaftswort *weech* »stolz, hoffärtig« (zu mhd. wæhe); ferner Freudenberg für Böbing *Foϙrchϙ* »Föhre«, *fϙϙchϙ* »fangen« (mhd. fâhen), *Blaachϙ* »Teppich« (mhd. blahe, Plane), *Viϙch* »Vieh«.

Gerade die letzten Beispiele beweisen deutlich, wie beharrlich und kräftig das sogar auslautende *-h* sich durch viele Jahrhunderte auf dem östlichen Lechrain erhalten konnte, ja so kraftvoll, daß es entgegen sonstiger Lautregelung vorausgehende Kurz- und Langvokale zu Diphthongen aufzuspalten vermocht hat. Zwar treffen wir diese Formen mit Doppelvokal nicht regelmäßig und nur in Lechnähe auf dem östlichen Lechrain an; doch scheinen sie sich in diesen Orten noch ziemlich zäh erhalten zu haben. So kann ich die Form *Viϙch* (mhd. vihe) als gebräuchlich melden in Kissing, Ried, Zillenberg, Hörmannsberg, Merching, Hattenhofen, Unterbergen, Hörbach, Schmiechen, Heinrichshofen, Egling, Reisch, Utting und Steingaden, nicht aber in Dießen. Nahezu parallel dazu sind in diesen Orten auch die Formen *Gschiϙchd* »Geschichte«, und *i siach* »ich sehe« und *zäϙch* »zäh« (mhd. zæhe) zu hören, ebenso in Tegernbach, Althegnenberg, Prittriching, Kaufering, Penzing, Schwifting, Kinsau und Schwabsoien. Doch darf dieser jetzige Zustand nicht darüber hinwegtäuschen, daß diese altertümlichen Sprachformen durch schriftsprachliche ersetzbar und leider allmählich im Aussterben begriffen sind. Es wäre daher ein nutzloses Unterfangen, hierfür Mundartgrenzen ziehen zu wollen, zumal besonders rechtslechisch die Aussprache von *ch* und *h*, insbesondere im Auslaut, nur sehr schwierig unterscheidbar ist. Josef Martin Bauer schreibt dazu (Nr. 2, S. 80), wobei er allerdings mehr innerbairische als lechnahe Verhältnisse anspricht: »Es gehört natürlich ein feines Sprechorgan und ein feines Gehör dazu, um trotz der beinahe vollständigen Lautlosigkeit das *h* am Ende des Wortes erkennbar zu machen, in Wörtern wie *Reh, Fleeh, Schuah, Schleeh*, in der *Näh*«.

Westlechisch ist germanisches *h* nicht ganz so zäh wie im Osten entweder als *ch* oder zumindest als *h* oder *g* erhalten geblieben. Vor allem die Gegend um Augsburg zeigt hier Ausfälle. Ibrom stellt die Formen *Eehər* »Ähre« und *saihϙ* »seihen« südlich der Donau noch in einem bis zu 5 km breiten Streifen westlich des Lechs bis Langweid fest, die Adjektivformen *roϙch* »roh« und *hoϙch* »hoch« bis zur Zusam. Ich selbst kann nachweisen, daß beim Mittelwort »gesehen« die Aussprache mit Reibelaut *ch* noch um 1935 auch westlich Zusmarshausen, weiter südlich sogar um Mindelheim westlich der Mindel heimisch war und sich von dort auch mit den Adjektiven »rauh« und »zäh« (als *zääch*) über Kempten bis nach Oberstdorf erstreckte. Seitdem ist Ostschwaben mindestens teilweise zum Rückzugsgebiet für diese Formen geworden. In den siebziger Jahren war *gsäϙchə* nur noch in Wertingen, Zusmarshausen, Ziemetshausen, Pfaffenhausen, dann westlich der Wertach, (in Kempten nur noch mit Restformen) und erst wieder längs der oberen Iller zwischen Burgberg und Oberstdorf nachweisbar. Am reinsten haben sich die Formen mit Reibelaut *ch* südlich Augsburgs in Nähe von Lech und Wertach sowie an der obersten Iller erhalten, und dies in Wörtern wie »Beil« (mhd. bîhel), Floh, geliehen, geschehen, gesehen, Höhe, hoch, näher, roh, sehen, Truhe (Sarg), Vieh, wäh (mhd. wæhe »vornehm, stattlich«), weihen, Weihwasser, zäh«. Der Türkheimer Mundartdichter Schuhwerk (Nr. 78, S. 103) verwendet sogar noch das in dieser Form völlig veraltete Zeitwort *fliacha* (»fliehen«). Aber als Zeichen des Verfalls sind in vielen Orten alte und der Umgangssprache entnommene Neuformen nebeneinander in

Gebrauch, z. B. in Altensteig *gschäəchə* und *gschääŋ* »geschehen«, *häŋchr* und *hääər* »höher«, *Vüch* und *Vü* »Vieh«, *wääch* und *wää* »vornehm«, *Floŋch* und *Floŋ* »Floh«.

Am ausgeprägtesten haben sich die älteren Formen jedoch in dem oft gebrauchten Zeitwort »ziehen« sowohl rechts- wie linkslechisch, allerdings auch mit der Wechselform *g* statt *(c)h*, erhalten, wie dies besonders klar Karte A 7 bei Freudenberg (Nr. 13) nach dem Deutschen Wortatlas, Bd. 5, zeigt. Daraus wird besonders deutlich, daß der Lech für die Weiterentwicklung germanischer *h* keineswegs eine Grenze, sondern eher ein Bindeglied darstellt, ganz ähnlich, wie wir dies auch für die Entwicklung westgerman. *k(k)* feststellen konnten. Für *h* zeigt sich zu beiden Seiten des Lechs ein breiter Streifen mit dem Reibelaut *-ch-*, der sich über die Donau hinaus bis Mittelfranken erstreckt. Ihm schließt sich im Osten ein breites Gebiet mit dem Verschlußlaut *-g-* eng an, während im Westen schon jenseits von Zusam und Mindel ab das Schwundgebiet beginnt, in dem *-h-* nur noch eine orthographische Bedeutung hat. Ich habe versucht, beide Grenzverhältnsse in einer einzigen Skizze zu vereinigen, weil sie veranschaulichen kann, daß der Lech hier geradezu ein Rückgrat bildet in einem Bereich, der zur zweiten Lautverschiebung im deutschen Sprachgebiet eine Sonderstellung einnimmt. Die Realisation beider aus dem Germanischen ererbten Laute hat hier rechts- wie linkslechisch ihre unverkennbaren konsonantischen Spuren hinterlassen, wodurch sich dieser rechts- wie linkslechische Bereich als ein zusammengehöriges besonders interessantes *Reliktgebiet* erweist.

Übrigens reicht das Verbreitungsgebiet der Beugungsform »er zieht« wesentlich weiter nach Westen als das des Infinitivs, nämlich in Mittelschwaben bis zur Günz und etwas darüber hinaus, im Allgäu sogar über die Iller hinweg. Dabei befinden sich auch heute noch seltene Belege mit *ui*, also *zuicht*. Augsburg spricht heute *ziət*, aber seltener auch *ziəgt*.

2) In dieses Bild einer bemerkenswerten Reliktlandschaft, die sich unschwer aus der langen politischen und stammlichen Grenzlage erklären läßt, paßt eine allerdings nur rechtslechisch vorhandene, besonders auffällige Lautverbindung, die ebenfalls mit der Verschiebung ehemals westgermanischer *k* zusammenhängt. Sie betrifft **Lautverbindung** *Vokal + nk*, wobei das *k* unter Dehnung und Nasalierung des Vokals sowie völligem Schwund des Nasals (*n* bzw. *ng*) zum gutturalen Reibelaut *ch* bzw. *h* verschoben erscheint. Schon 1931 hat Leo Jutz (Nr. 33, S. 215) darauf hingewiesen, daß dieser Fall nicht mit dem einzig vergleichbaren Vorgang im hochalemannischen Wallis in Beziehung gebracht werden könne. Ähnlich äußerte sich Kranzmayer 1956 (Nr. 43, S. 107, § 38a4), der die lechrainischen Formen zwischen Fürstenfeldbruck, Ammersee, Weilheim und Starnberger See vorgefunden hat. Bruno Schweizer (Nr. 75, S. 27 u. 30) umfaßte das Verbreitungsgebiet mit seiner Grenzlinie 10 sogar noch etwas weiter, die unmittelbar westlich München beginnt, das ganze Ostufer des Starnberger Sees in ziemlicher Breite mit Münzing mit einbezieht, ebenso Schleedorf am Nordufer des Kochelsees, den Bereich um Riegsee und Staffelsee sowie Weilheim und das Ostufer des Ammersees mit einschließt, jedoch am Nordrand seiner Karte östlich Türkenfeld endigt. Von dort setzt Michael Lechner (Nr. 48) für das Musterwort »Bänke« (*Bej^nch*) die Grenzziehung nach Norden bis vor Aichach fort. Er zieht in den Bereich des Reibelautes von der Nordspitze des Ammersees ab folgende Orte ein: Inning, Wildenroth, Holzhausen, Fürstenfeldbruck, Mammendorf, Hattenhofen, Günzelhofen, Ober-/Unterschweinbach, Poigern, Egenhofen, Egenburg, Pfaffenhofen/Glonn, Unterumbach, Freienried, Eurasburg, Rehrosbach, Rinnenthal, Harthausen, Tattenhausen, Wessiszell, Laimering, Gallenbach, Blumenthal, Klingen und

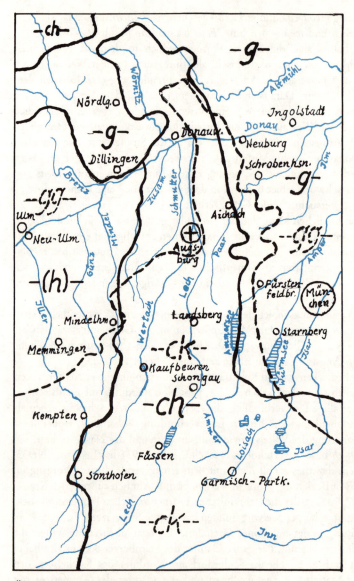

Älteste konsonantische Mundartgrenzen des Lechrains:

westgerman. -h- in [zie]h[en]: -(h)- | -ch- | -(n)g
(nicht unterbrochene Linie)
(+ in und um Augsburg bedeutet: -(h)-)

westgerman. -kk- in [hak]ck[en]:
(unterbrochene Linie) nördlich: -gg-   Linie -h- nach Dt. Wortatlas
                       südlich: -ck-   (Nr. 55, Bd. 5)

Ecknach. Eine Ostgrenze für diese Formen fällt offenbar nicht mehr in Lechners Untersuchungsgebiet. Sehr ergiebig meldet er für seinen Heimatort Eurasburg (S. 35): *Bao^{n}ch* »Bank«, *krao^{n}ch* »krank«, *schlao^{n}ch* »schlank«, *dej^{n}chə* »denken«, *dao^{n}chə* »danken«, *fərej^{n}chə* »verrenken«, *schdii^{n}chə* »stinken«, *sii^{n}chə* »sinken«, *wii^{n}chə* »winken und Winkel«, *Fii^{n}ch* »Fink«, *Bej^{n}ch* und *Bejnkch* »Bänke«, *hej^{n}chə* »aufhängen«, sogar für seinen nicht in die Grenze mit einbezogenen Nachbarort Eismannsberg: *Baa^{n}ch* »Bank«, *khraa^{n}ch* »krank«, *Schraa^{n}ch* »Schrank«.

Weiter nördlich griff auch Ibrom 1971 dieses Lautproblem von neuem auf (Nr. 29, S. 160 u. 232 Anm. 1). Er bezeichnete diese Lautungen allerdings nur als der Altersmundart zugehörige »Erinnerungsformen«, gab aber für drei Wörter in Karte 152 Nordgrenzen an: die nördlichste für »krank« (*krao^{n}ch*) verläuft nach Ibrom nördlich Aindling, Binnenbach, Alsmoos, Ainertshofen, Inchenhofen, Radersdorf, Walchshofen, Oberwittelsbach, Unter-/Obermauerbach, Thalhausen bis südlich Altomünster, schließt also Aichach mit ein, das jedoch kaum daran teilhat. Die Grenze für »stinken« verläuft nur wenig südlicher, beginnt nördlich Anwalting, umgeht ebenfalls Inchenhofen und folgt der vorigen Linie bis vor Altomünster. Die Grenze für »trinken« liegt noch weiter südlich, beginnt nördlich Derching, erreicht nur noch Igenhausen, nicht mehr jedoch Aichach und endigt wie die beiden vorgenannten vor Altomünster. Alle übrigen Angaben mußte ich anderen Untersuchungen oder eigenen Erkundungen entnehmen. So konnte ich beispielsweise in Todtenweis folgende Doppelformen verzeichnen: *schaengkhə* und *schae^{n}hə* »schenken« (das *ae* ist hier übrigens als *a-e* zu lesen; es ist als eine durch Senkung entstandene Weiterentwicklung des *ej* innerhalb der Grenzlinien 15 und 15a zu verstehen, wie dies auch viele der folgenden Beispiele erweisen); *taongkhə* und *tao^{n}hə* »danken«, *taengkhə* und *tae^{n}hə* »denken«, *trinkhɒ* und *trii^{n}hə* »trinken«, *schwaengkhə* und *schwae^{n}hə* »schwenken«, aber nur *zae^{n}hə* »zehn«. Der Dissertation von Gladiator für Großbergholen (Nr. 22) entnehme ich: *dåå^{n}hɒ* »danken« 56, *gwuu^{n}hɒ* »gewinkt« 59, *drii^{n}hɒ* »trinken« 85, *schee^{n}hɒ* »schenken« 85, *duu^{n}hɒ* »dunkel« 85, *dee^{n}hɒ* »denken« 56, *schdii^{n}hɒ* »stinken« 56.

Etwas nördlicher, als Ibrom angibt, liegen mir außer den bereits aus Todtenweis genannten noch folgende hierhergehörigen Formen vor: *dej^{n}hə* aus Rehling sowie *aehɒre* »eure« aus Königslachen bei Mühlried (Schrobenhausen), ferner *grau^{n}ch* »krank« aus Grimolzried (östl. Pöttmes) und Schiltberg (südl. Schrobenhausen), (lt. Mitt. von Herrn Renn, Explorator beim neuen Sprachatlas von Bayerisch-Schwaben) und *aichəre Gäins* »eure Gänse« aus Rettenbach (südlich Schrobenhausen), endlich aus Schrobenhausen selbst die allerdings selten gewordene Form *a(e)hɒre Geens*, die sonst durch *aere G.* ersetzt wird. Aus dem Jahre 1936 liegt mir aus Hollenbach (südlich Neuburg) noch eine Meldung vor *(ej^{n}heri Ga^{e}ns)*, die dort vermutlich heute nicht mehr im Gebrauch ist. Wittmann (Nr. 87) berichtet sogar für München: »Beachtenswert sind die vereinzelten *schtii^{n}hɒ* und *trii^{n}hɒ*.« Aber auch im Süden wird Schweizers Grenzziehung aus Uffing am Staffelsee (mit den Formen *dee^{n}hə* und *Kraa^{n}chət* »Krankheit«) sowie aus dem benachbarten Hofheim am Riegsee (mit ähnlichen Formen) bestätigt. Dießen, weil am Westufer des Ammersees, bleibt außerhalb des Geltungsbereichs.

Gerade das im Bairischen althergekommene duale Fürwort der 2. Person Plural im Wem- und Wenfall *e(j)nk* »euch« sowie das dazugehörige besitzanzeigende Fürwort *e(j)nkɒ* »euer« spielen bei diesen seltsamen Lautungen wegen des enthaltenen *-nk(-)* eine besondere Rolle, zumal sie sehr häufig vorkommen. Deswegen haben sie auch oft, ja fast regelmäßig, ihre ehemalige Nasalierung verloren. Sie sind in mancherlei einander oft sehr ähnlichen Formen zu hören, wie z. B. als ej^nch, ej^nh, $ejch$, ejh, $äi(c)h$, $ai(c)h$, $ae(c)h$. Bei der besitzanzeigenden Form folgt darauf die jeweils ortsübliche Endung für »-er«, also $-vr$, $-ər$, $-r$, $-v$ oder $-ə$. Dadurch nehmen diese altbairischen Fürwörter des ehemaligen Duals »enk« und »enker« häufig eine der Schriftsprache ähnliche Form an, wie beispielsweise in Rehling, wo *aich* für altbairisches »enk« ausgesprochen wird, oder wie in Heretshausen *aihəre Gäns* für »eure Gänse«. Hier entspricht also die frühere Zweizahlform zumindest annähernd dem schriftsprachlichen Plural. In dieser ostlechischen Landschaft ist demnach aus mhd. enk entstandenes *aech* oft schwierig von dem aus mhd. iuch gewordenen *aich* zu unterscheiden; denn der mit dieser Mundart nicht Vertraute versteht dann »euch« und »euer«, wo der Einheimische *enk* und *enker* sagen will. Das an 2. Stelle folgende *i*, *j*, oder *e* des Doppellautes *ej* wird natürlich nur westlich unserer Grenzlinie 15a gesprochen, nicht im Süden des östlichen Lechrains, wo die Fürwörter »eß« und »enk« mit dem Einzelvokal auskommen.

Dem häufigen Gebrauch dieser eigenartigen Fürwörter entspricht natürlich auch ein vergrößertes Verbreitungsgebiet, weshalb wir die Lechnersche Westgrenze für »Bänke« dafür weiter nach Westen und Norden vorgerückt sehen, also etwa ab Hattenhofen (mit *dejchə* und *ejheri*), Pfaffenhofen an der Glonn und Eurasburg weiter nach Eismannsberg, Ottmaring, Rederzhausen, Paar, Wulfertshausen, Stätzling, Derching, Mühlhausen, Anwalting, Rehling und Todtenweis. Den Lech aber hat diese Grenze nirgends überschritten.

3) **Die Liquiden** *l* **und** *r* (von Bruno Schweizer auch Zungenblattlaute genannt): Die bairischen Mundartsprecher einschließlich derer des östlichen Lechrains haben die Vokalisierung der Liquidlaute (*l* zu *i*, seltener zu *e* sowie *r* zu *a*) weitgehend begünstigt, wodurch die vorausgehenden zuvor selbständigen Vokale vielfach in Mitleidenschaft gezogen, insbesondere oft stark verfärbt wurden. Allerdings büßten die Liquiden dabei auch verschiedentlich ihre eigene Existenz ein, z.B. bei *Föö* »Fell«, *mökchv* »melken«, *öf* »elf«, *bö* »bald«, in der Endung *-el*, die durch die Vokalisierung zu *-e* oder *-ə* wurde, oder in der Endung *-er*, die als *-v* ihren auslautenden Konsonanten *r* verlor. Es entstanden so vielfach ganz neue Lautqualitäten, durch Verschmelzung auch neue Diphthonge, die für den Forscher häufig sehr schwierig graphisch darstellbar sind. Sie haben zu einer starken Bereicherung der bairischen Lautpalette, aber auch dazu beigetragen, daß das Bairische für andere Mundartsprecher kaum oder nur sehr schwierig nachahmbar ist.

Doch ist die offenbar erstrebte Vollvokalisierung nicht überall und auch nicht in allen Wörtern erreicht worden, schon gar nicht im Anlaut und auch nicht in den Lautverbindungen Reibe- und Verschlußlaut + Liquida *l* oder *r*, am leichtesten nach Vokalen oder im Auslaut. Auch in den Randzonen des Bairischen, wie z.B. auf dem östlichen Lechrain, konnte sich die Vokalisierung in der Nachbarschaft der schwäbisch-alemannischen Mundartsprecher vielenorts nur zum Teil durchsetzen, wodurch Übergangszonen entstanden.

a) Am vielseitigsten und buntesten zeigen sich die Verhältnisse beim **Liquidlaut** *l:* Deshalb gehen hier auch die Meinungen der Forscher z.T. weit auseinander.

Die einfachste und damit auch einprägsamste kartographische Darstellung der bairischen Liquidenvokalisierung hat uns Kranzmayer auf Karte 26 seiner »Lautgeographie« (Nr. 43, dazu Text § 49, nicht 44, wie auf der Karte angegeben!) hinterlassen. Er verzeichnet zwischen dem »normalen«, mit der Zungenspitze an den Alveolen (dem Zahndamm) erzeugten *l* und dem Bereich der Vollvokalisierung nur **eine** Übergangszone mit *ü*-haltigem *-l-*, deren Westgrenze der Lech von seiner Mündung bis etwa vor Schongau bildet, dann zur oberen Amper und bereits im nördlichen Tirol nach Osten abbiegt, um sich dort östlich der oberen Isar mit der Vollvokalisierungsgrenze zu vereinigen. Diese aber zieht in nordwestlicher Richtung schräg durch den Starnberger See, den Ammersee in der Übergangszone belassend, zum unteren Lech, um bei dessen Mündung der Donau nach Osten zu folgen. Kranzmayers Angaben sind nur als ungefähre Daten zu werten. Sie stützen sich auf ein Belegmaterial, das meist in den zwanziger Jahren aufgenommen wurde. Außerdem gibt Kranzmayer hier kein »Leitwort« an, auf das sich die hier angegebenen Grenzen beziehen. (Sie gelten für die vorherrschende Tendenz.) Wir dürfen daher annehmen, daß, nachdem die Kranzmayerschen Belege fast zwei Generationen zurückliegen, seine Grenzen sich unter dem starken Druck der Münchner Mundart (wie in manchen anderen Fällen) nach Westen vorgeschoben haben. Der Deutsche Sprachatlas vermittelt dazu leider keine annähernd brauchbare Auskunft. Freudenberg (Nr. 13, S. 47) verzeichnet in seiner Dissertation für die Mundart von Böbing außer schwacher Palatalisierung und Velarisierung (Vorder- und Hintergaumigkeit) keine besonderen *l*-Qualitäten.

Sehr eingehend hat sich Bruno Schweizer (Nr. 70, S. 78 ff.) mit den *l*-Lauten befaßt. Er glaubte in seinem Heimatgebiet ein eigenes »Dießener *l*«, ja darüber hinaus sogar einen besonderen »L-Umlaut«, jedenfalls aber einen »breiten Gürtel von Zwischenformen« zwischen »reinem« *l* und dessen Vollvokalisierung feststellen zu müssen, in dem das *l* »je nach Gegenden und Wörtern in ziemlich weitem Spielraum zwischen *a, e, i, ü, y* variiert« (S. 80). Das »Dießener *l*«, das selbst wieder etliche örtliche Varianten habe, charakterisierte er als einen unreinen zwischen Mit- und Selbstlaut artikulierten, einem trüben *ü* nahestehenden, für jeden Fremden unnachahmbaren und unaussprechlichen Laut. Dieser werde, nachdem sich seine Artikulation in Dießen »verdichte«, in einem etwa 20 km breiten Streifen westlich der *a*-Linie (unserer Linie 1) einschließlich Stätzling und Dasing gesprochen (S. 81).

Es kann hier nicht der Platz sein, uns mit diesen komplizierten Lautverhältnissen kritisch auseinanderzusetzen. Dies ist 1974 durch Freudenberg (Nr. 13, S. 47 ff.), allerdings nur für den südlichen Teil des Lechrains, geschehen. Er hat unter Westverschiebung der Kranzmayerschen Westgrenze dem »Dießener *l*« mit seiner »Zone III« noch eine palato-velare (mittelgaumige) Zwischenform vorgelagert. Mit dieser neuen Sachlage hat sich Wölzmüller (Nr. 88, S. 39 ff. und 87 ff.) in seinem schmalen Untersuchungsgebiet zwischen Schwabmünchen und Fürstenfeldbruck aufs neue befaßt. Uns haben hier vor allem dessen Untersuchungsergebnisse zu interessieren. Die Westgrenze beläßt er (im Widerspruch zu Freudenberg) wie Kranzmayer am Lech, dem sich östlich im Kerngebiet des Lechrains der Bereich mit der Teilvokalisierung der *l* anschließt. Die Vollvokalisierung beginnt bei ihm in einer Linie, die vom Nordende des Ammersees bei Inning direkt mit unserer Linie 1 nach Norden zieht, wobei Jesenwang auf der West-, Landsberied auf der Ostseite bleiben. Gegenüber Kranzmayers Grenzziehung erweist sich hier also die erwartete Westverlagerung der Vollvokalisierungsgrenze. Hierzu einige Beispiele in West-Ost-Richtung: »Feld« *Fäld/Food/Fejd*, »alt« *aldd/aλdd/oidd*, »Schuld« *Schuld/Schüüd/Schuid* (das Zeichen λ steht hier für palatales *l*).

Hier schließt sich nach Norden das Untersuchungsgebiet von Michael Lechner an, das die Vollvokalisierungsgrenze noch weiter in Lechnähe gerückt zeigt. Das Übergangsgebiet ist dementsprechend schmaler geworden. Es wäre jedoch falsch, hier eine einheitliche Vokalisierungsgrenze zu erwarten. Die Grenzverhältnisse sind bei den einzelnen Wortgruppen ziemlich verschieden, auch wenn sie im großen und ganzen eine Hauptrichtung einhalten. Auch hierzu einige Beispiele in West-Ost-Richtung: »bellen« *böön/büün/buin*, »elf« *ööf/oif/oif*, »Fell« *Föö/Foi/Fej*, »Milch« *Müüi/Muui/Muich*, »melken« *möökchə/moikchə/mejchɒ*, »Müller« *Müüɒr/Müüɒ/Muuiɒ*, »Nebel« *Nejwλ /Nejwjə/Neewə*, »Silber« *Süüwr/Süüwə/Suiwə*, »Teil« *Dǫǫɒl/Dǫǫɒ/Doi*. – Noch bunter und teilweise unübersichtlicher gestalten sich die Lautverhältnisse im unteren Teil des östlichen Lechrains, den Ibrom (Nr. 29, S. 165–177) vorbildlich bearbeitet hat. Nur im Anlaut und im Inlaut nach Konsonanten ist *l* hier als dentaler bis alveolarer Liquidlaut erhalten.

In den übrigen Fällen tritt *l* in den uns schon von Kranzmayer bekannten beiden Möglichkeiten entgegen, entweder in Lechnähe als halbkonsonantisches *ü*-haltiges *l* oder weiter östlich in verschieden breiter Zone vollvokalisiert, wobei es als *i* mit dem vorausgehenden Vokal als Diphthong vereinigt oder zu einem Monophthong verschmolzen erscheinen kann. Als weitere Möglichkeit kommt der ersatzlose Abfall des *l* hinzu. Da hier eindeutige Grenzen nur in ganz geringer Zahl anfallen, hat Ibrom für 35 Wörter Einzelbeschreibungen ihrer möglichen Lautungen aufgeführt, von denen nur einige, wieder in West-Ost-Richtung, hier folgen sollen: »spielen« *schbüλn/schbüin/schbün/schbuin*, »melken« *möüλk(ch)ɒ/möükɒ/möügɒ*, »stehlen« *schdǫ̈üλn/schdǫ̈ǫ̈n/schdäɒn*, »gelb« *gǫ̈üb/goi/göö/gööb*, »Balken« *bǫλkɒ/bǫek(ch)ɒ/bǫegɒ/bǫegng*, »holen« *hooln/huuln/huin/hoin*, »elf« (mhd. eilf, einlif) *oüλf/ǫ̈λf/ǫ̈üλf/ǫ̈üf/öüf/oif/uif*. (Ich muß hier allerdings durch die Einführung des griechischen Buchstabens Lambda (λ) als Kennzeichen eines deutlich *ü*-haltigen *l* die Möglichkeiten einer nur behelfsmäßigen, nicht wissenschaftlichen Lautschrift um einiges überziehen.)

Die Autoren Wölzmüller (Nr. 89, S. 25 f.) und Ibrom (Nr. 29, S. 166 f.) führen noch eine weitere *l*-Qualität an, die alveolar artikuliert wird. Wölzmüller sagt, sie entspreche etwa dem dumpfen englischen *l* wie im Verbum »call«. Ibrom findet sie vorwiegend in den Endungen *-del* und *-tel* vertreten. Beispiele nach Wölzmüller: *Ool* »Odel, Jauche«, *Drool* »Kreisel, Windhose«, *Noul* »Nudel«; nach Ibrom: *We(j)l* »Wedel, Kuhschwanz«, *Dool* »Patin«. M. Lechner meldet dazu *Khambl* »Kamm«.

Linkslechisch werden dem *l* keine auffälligen Qualitäten zugesprochen. Hier ähnelt es sehr dem Bühnen-*l*. Ibrom stellt, abhängig von den jeweiligen vorangehenden Vokalen, lediglich unbedeutende Verschiebungen der Artikulationsstelle fest. Ganz bemerkenswert ist beim linkslechischen *l* gegenüber dem östlichen Lechrain die fast ausnahmslose Festigkeit sowohl im An- wie im In- und Auslaut. Ausnahmen bilden hier wegen ihrer besonderen Häufigkeit lediglich die Verbalformen *sott (sodd)* »sollte« und *wott (wodd)* »wollte«, die übrigens sogar in den oberbayerischen Orten westlich des Lechs Schwabsoien, Altenstadt und Reisgang, ferner rechtslechisch in Buching, Füssen und Schwangau zu hören sind.

Zusammenfassend können wir hier feststellen, daß die Kranzmayersche Grenzziehung für *ü*-haltiges und vollvokalisiertes *l* im großen und ganzen für den Nordteil des östlichen Lechrains auch heute noch gültig ist.

Besondere Aufmerksamkeit hat Freudenberg (Nr. 13, S. 52, Anm. 34 und Karte A 10) dem nur rechtslechisch nachgewiesenen, auffälligen Schwund des *-l-* im Adverb »gleich« (jedoch nur in der Bedeutung ›sofort‹, nicht im gleichnamigen Adjektiv mit der Bedeutung ›gleichartig, gleichgültig‹) gewidmet. Meine eigenen Belege für dieses *gai* reichen den östlichen Lechrain entlang von Rain bis Scheuring in nahezu lückenloser Dichte. Linkslechisch findet sich diese *l*-lose Form jedoch nirgends, während meine rechtslechischen Belege über Schrobenhausen hinaus bis Weilenbach, Gerolsbach und Hilgertshausen reichen. (Die Freudenbergsche Karte zeigt nach den Angaben des Deutschen Sprachatlas die seinerzeitige Verbreitung noch über Dachau und den Würmsee hinaus bis Bad Tölz und Uffing.)

b) Beim **Liquidlaut** *r* sind weniger Qualitätsunterschiede als solche der Intensität festzustellen. Sie reichen vom Doppel-*r* (*Pfarr*) »Pfarrer« über kaum noch hörbaren Schwachlaut ͬ bis zum völligen Schwund. Normalerweise wird rechts- wie linkslechisch das Zungenspitzen-*r* gesprochen. Gaumen-*r* dringen höchstens ausnahmsweise aus städtischer Umgebung ein. Die Vollvokalisierung lautet mindestens rechtslechisch -ɐ, teilweise auch -ə.

In manchen Orten des östlichen Lechrains ist die Form *Oɐ* sowohl in der Einzahl wie in der Mehrzahl für »Ei« gebräuchlich, so nach Freudenberg in Böbing, nach B. Schweizer in Dießen und nach Spannagl in Hörbach.

Ähnlich findet sich die Einzahlform *Äschɐ* für »Asche« in den Orten Rottenbuch, Wildsteig, Urpring, Wies bei Steingaden, Fronreiten und sogar in Nesselwängle (im Tannheimer Tal); sonst jedoch nur rechtslechisch. Nach Freudenberg verfärbt folgendes *r* vorangehendes *e* zu *ö*, *i* zu *ü* und *o* zu *ä*. Die Ortsadverbien werden teilweise, wenn sie Ferneres bedeuten, ohne *r* gebildet, also *dunt* »drunten«, *daus(t)* »draußen«, *din* »drinnen« und *dent* »drüben«.

In Karte B 17 verzeichnet Freudenberg (Nr. 13) eine Vokalisierungsgrenze für im nebentonigen Auslaut stehendes *r* in den Wörtern »aber, breiter, eher, früher, größer, kleiner, Leber, Leiter, Natter, oder, Winter«. Sie zieht die folgenden Orte des südlichen Lechrains auf die Ostseite mit der vokalischen Endung -ɐ: Schöffau (westlich des Staffelsees), Ammerhöfe, Peißenberg, Oderding, Wessobrunn, Haid, Schellschwang, Raisting, Sölb und Fischen (am Südufer des Ammersees). Westlich davon gilt die abgeschwächte, aber noch konsonantische Form -ər. Die Verlängerung dieser Lautgrenze nach Süden müssen wir in den Karten 90 und 91 des Tirolischen Sprachatlas (Nr. 34) mit den Leitwörtern »heuer, teuer, Steuer, Feuer, Bauer, Schauer, Feier« suchen, die uns zeigen, daß in Tirol konsonantisches -*r* weiter nach Osten reicht als in Bayern, nämlich bis westlich des Achensees mit Jenbach und Stans, wo erst die Endung -ɐ beginnt. Von dort muß die Linie längs der bayerischen Staatsgrenze scharf nach Westen abbiegen, weil Mittenwald, Kaltenbrunn bei Wamberg und Garmisch-Partenkirchen fast nur vokalische Endungen zeigen (Zirl und Nesselwängle nur konsonantische, dagegen Neuleutsch nur -ɐ). Aus Oberammergau wird das Verhältnis vokalischer Endungen zu den konsonantischen mit 38:8 gemeldet. Damit ist der Anschluß an die Freudenbergsche Grenze südlich des Staffelsees hergestellt, die sich »zwischen Vokalisierung und Erhaltung des *r* völlig klar und scharf« zeige. Die Mundart mache von der Möglichkeit zur Bildung von Übergangslauten hier keinen Gebrauch. Damit widerspricht Freudenberg allerdings mindestens für Böbing seiner 1959 (Nr. 11, S. 47, § 44) geäußerten Feststellung: »-er im Auslaut zu ər, meist *r*, jung durchgängig vokalisiert zu ɐ.« Vermutlich hat Freudenberg in seiner jüngeren Darstellung und Abgrenzung mehr die Sprache der älteren Generation berücksichtigt. Einige voneinander erheblich abweichende Meldungen nähren hier die Meinung, daß insbesondere westlich der angegebenen Grenze östliche und westliche Formen ohne Übergangslautungen nebeneinander gebräuchlich sind. Aus Schongau werden vorwiegend vokalische Endungen (ə und ɐ), aus Landsberg konsonantische (*r* und ər) gemeldet. B. Schweizer verzeichnet für Dießen meist -ər, das heute wahrscheinlich weitgehend überholt ist. Jedenfalls ist auch für die Endung »-er« die vokalische Ostform im Vordringen.

Freudenberg hat diese Mundartgrenze bis zum Südende des Ammersees eingezeichnet.

Vermutlich bestimmt der See nach Norden den weiteren Verlauf, obwohl sich das Westufer in mehreren Meldungen für die Ostform sehr anfällig zeigt. Sogar Utting verzeichnet 6 konsonantische neben 5 vokalischen Formen. Über den weiteren Grenzverlauf berichten nun Wölzmüller und Michael Lechner. Ersterer (Nr. 88, S. 90f. und Karte 74) führt die Grenze von der Nordspitze des Ammersees zwischen Moorenweis (konsonantisch) und Jesenwang sowie Kottgeisering (beide vokalisch) nach Norden, wofür er u. a. die Beispiele »Stern« *Schdävʀ* gegen *Schdävn*) und »Hammer« (*Haaⁿmʀ* gegen *Hamv*) anführt. Michael Lechner (Nr. 48) bringt dazu mehrere Karten, die den ganzen Grenzverlauf vom Ammersee bis Friedberg aufzeigen. Darnach haben die Ostform: Inning, Unteralting, Kottgeisering, Wildenroth, Landsberied, Jesenwang, Adelshofen, Grunertshofen, Luttenwang, Hochdorf, Baierberg, Ried, Bachern, Ottmaring und Friedberg, die Westform: Eching, Zankenhausen, Moorenweis, Steinbach, Erisried, Hörbach, Althegnenberg (?), Steinach, Mering, Hörmannsberg und Kissing. Dazu zwei Beispiele: »Kater« (Karte 27) *Khoudr* gegenüber *Khoudə* und *Khoodə;* »Silber« (Karte 53) *Süüwr* gegenüber *Süwv* und *Suiwv*.

Diese Grenzlinie wird unter östlicher Umgehung des Augsburger Stadtgebiets durch Ibrom bis zur Donau weitergeführt (Nr. 29, S. 183 ff. u. Karte 120). Wir folgen hier einem ziemlich starken Bündel von Lautgrenzen für die Endung -*er*, die wenig voneinander abweichen. Ibroms ostlechisches Untersuchungsgebiet zeigt ohnehin außer der überaus starken Lechschranke nur wenige markante Grenzen. Die Lautgrenze für die Endung von »Leder« (westlich -*ər* und -*vr*) verläuft nördlich Augsburg zunächst am Lech, biegt aber südlich von Anwalting schon etwa 2 km nach Osten ab, um dann parallel zum Lech weiter nach Norden zu ziehen. Vor Holzheim und Riedheim wendet sich die Grenzlinie aufs neue nach Osten, umfaßt dann aber in weit ausgreifender Nordkurve Haselbach, Ehekirchen und Dezenacker, um nun in nordnordwestlicher Richtung zwischen Burgheim/Moos und Unterhausen der Donau zuzustreben. Dies ist mit dem geringen Unterschied von 2 km die Stelle, an der ich bei meinen Unersuchungen nördlich der Donau vor mehr als 50 Jahren zwischen Stepperg/Riedensheim (mit -*r*) und Bittenbrunn (mit -*v*) die Grenze zwischen konsonantischer und vokalischer Aussprache auffand.

Ich kann hierfür allerdings nicht verschweigen, daß ich in jüngeren Belegen, die etwa gleichzeitig mit Ibrom aufgenommen wurden, auch westlich der Ibromschen Grenze vokalische Aussprache als vorwiegend gemeldet bekam, z.B. in Todtenweis und Münster am Lech. Dies sei nun keineswegs Ibrom als Fehler angekreidet, sondern beweist m. E., daß auch hier die Ostform im Vordringen begriffen ist und mancher Gewährsmann sich lieber zu der jüngeren Lautform bekennt. Mit der Kranzmayerschen Grenze für die Vollvokalisierung des -*r* hat dies alles jedoch bestimmt nichts mehr zu tun, denn Kranzmayer hat sogar die Landeshauptstadt München der konsonantischen Westseite zugeteilt. Vermutlich hatte er dabei inlautendes -*r*- in haupttoniger Stellung im Auge. Wie sehr aber gerade die Vokalisierung von *r* die bairischen Mundarten kennzeichnet, geht in besonders anschaulicher und ebenso launiger Weise aus Michl Ehbauers »Baierischer Weltgschicht« (Nr. 9) hervor, der ohne Rücksicht auf jede Schulorthographie und genauere Lautschrift folgende Reimpaare zusammengefügt hat, die bei ihm als völlig »reine« Reime zu lesen sind: *Herrn – tean* (zu lesen: *Hean – dean*), *Ruabm – Turm, Hammer – zsamma, gschlicha – sicher, Bezirk – Krieg, eahm – Sterbn, spanna – Planer, begreifa – Eifer, Deandl – Sterndl, Junker – gwunka, nur – Ruah, kniagel – Schmirgel, dürr – wia, Küah – Stier, mirkt – kriagt, Buabn – Sturm.* So weit gehen in der Tat mundartlich bairische Aussprache und schriftdeutsche Rechtschreibung auseinander. Daraus mag es sich erklären, daß ein Büttenredner des Kölner Karnevals 1989 behauptete, die Türken sprächen für ihn ein verständlicheres Deutsch als die Bayern. Umgekehrt beklagt W.J. Bekh in seinem Büchlein »Richtiges Bayerisch« (Nr. 3), daß die norddeutschen Sprachregler dem bairischen Dialekt, den er »bayerische Hochsprache« nennt, dauernd Gewalt antäten, weil sie nur ihre norddeutschen »tiefsprachlichen« Formen gelten ließen; ja er bedauert sogar, daß König Ludwig I. den bairischen Dialekt nicht nach dem Beispiel der Niederlande zu einer eigenen Schriftsprache mit besonderer Grammatik erheben ließ (S. 12), womit er allerdings übersieht, daß damit der große Gesamtbereich der deutschen Literatur höchst folgenreich beeinträchtigt worden wäre. Sicher hätte dies auch nicht im Sinne Schmellers gelegen.

Ich habe diese Reimbeispiele nur angeführt, um zu verdeutlichen, wie eng im Bairischen vokalische und konsonantische Lautformen miteinander verzahnt sind, ja in Wechselwirkung zueinander stehen. Einem gewandten Mundartdichter eröffnen sich dadurch ungeahnte Kombinationen, die auch nicht in Nachbarmundarten übertragbar sind. Allerdings hat der Lechrain daran höchstens im Norden seinen bescheidenen Anteil. Aber auch der mittlere Lechrain weist, wenn auch auf teilweise anderer Grundlage, einen besonderen Vokalreichtum auf, wobei die Diphthongierung mittelhochdeutscher ë, e, ö zu ej und o zu ou, die Verfärbung von Vokalen vor allem in Nachbarschaft der Liquidlaute *l* und *r* sowie die vorher erwähnte Vokalisierung und Teilvokalisierung dieser Konsonanten eine maßgebliche Rolle spielen.

c) Hier seien dafür einige **Beispiele aus dem mittleren Lechrain** angeführt, die zumeist dem Buche von Wölzmüller (Nr. 89), aber auch Fried (Nr. 16) und M. Lechner (Nr. 48) entnommen sind: *Argl* »Orgel«, *Barg* »Berg« (dazu auch Karte 5 von Lechner), *Boarkurcha* »Kirchenempore«, *Boarza* »Reisigbündel«, *bööʋ* und *büüʋ* »bellen« (Lechner Karte 4), *Darf* »Dorf«, *diamö* »manchmal, mehrmals«, *Eabbr* »Erdbeere«, *Ejla* »Großmutter« mhd. enelîn, *Ejna* »Großvater«, *ejwi* »eben, gerade«, *Farcha* »Föhre«, *farchda* »fürchten«, *Faichl* »Feile«, *fierschi* »nach vorne«, *foocha* »fangen« mhd. vâhen, *Forddigung* »Fertigung, Mitgift«, *Furdda* u. *Fördda* »Fürtuch, Schürze« (Lechner Karte 51), *Geariawla* »gelbe Rübe, Mohrrübe«, *Gööd* »Geld«, *Harrgodd* »Herrgott«, *Hengk* »Honig«, *höö* u. *hehl* »gefroren, eisglatt«, *Kloudsa* »Fensterladen«, *Khnejcht* »Knecht« (Lechner Karte 30), *khoaddi* »voller Erde, schmutzig«, *Khrejwas* »Krebs«, *Huagordda* »Heimgarten«, *Meachlring* »Ehering«, *neachd* »gestern«, *nianaschd* »nirgends«, *Ouwas* »Obst«, *rougli* »locker, mürb« mhd. rogel, *Saaler* »Sattler«, *Schdingl* »Stengel«, *Schduafuadder* »Wetzsteinbehälter«, *Schejwla* »Getreidebüschel« zu mhd. schoup, *schwoawa* »schwemmen, ausspülen« mhd. sweiben ›spülen‹, *Sejgas* »Sense« mhd. segense, *warfa* »werfen«, *Wööd* »Welt«. Nur das Münchner Paradewort *Fiddrioioi* »Vitriolöl« (Nr. 32, S. 62) hat auf dem östlichen Lechrain kein Heimatrecht gefunden.

d) Das Beispiel *Boarkurcha* weist uns auf ein besonderes Bestreben der mundartlichen *r* zur Dehnung des vorangehenden Vokals hin. Ein ähnliches Streben ist uns schon aus der Bühnensprache z.B. aus den Wörtern »Bart, Herd, Wert« bekannt. Unsere Mundarten gehen aber darüber noch um einiges hinaus. Sie fügen der leichteren Sprechbarkeit wegen zwischen Vokal (nicht bei *a*) und Liquida einen schwächer betonten Gleitvokal ein, der in der Lautqualität zwischen *a*, *e* oder *ö* liegt, meist aber (wie in obigem Beispiel) als *a* geschrieben wird. Freudenberg führt die Beispiele *foar* »vor«, *Joar* »Jahr« und *iǝr* an. Deutlicher kommt dieser Zwischenlaut bei *Bävr* »Bär« zum Ausdruck. Er ist (nach Ibrom) ebenso linkslechisch als *hävr* »her« und *Hävrd* »Herd« wie rechtslechisch anzutreffen; *Hävrt* »Herd« (hier allerdings nur in einem schmalen Streifen am unteren Lechrain). Man nennt diese Zwischenlaute, die den Eindruck erwecken, als sei der vorangehende Vokal diphthongiert worden, gerne »**Sproßvokale**«.

Es gibt beiderseits des Lechs aber noch eine andere Form der Sproßvokale, nämlich zwischen *r* und einem Folgekonsonanten (insbesondere den Nasalen *n* und *m*) in Wörtern wie »Arm, Darm, Dorn, Garn, gern, Hirn, Horn, Kern, Korn, Stern, Turm, Zwirn«. Bei diesen hat sich, auch der leichteren Sprechbarkeit wegen, häufig ein *e*- oder *a*-ähnlicher Sproßlaut eingeschoben, wodurch diese Wörter zu Zweisilbern wurden, also etwa zu »Aram, Garen«. Die auf -*n* endigenden, wozu von Hause aus auch »Turm« (mhd. turn) gehört, haben unter Beihaltung des Sproßvokals wie alle im Ostschwäbischen auf nebentoniges -*en* auslautenden Wörter schon früh ihr -*n* verloren, während ihre schwachtonige 2. Silbe je nach Gegend auf -ʋ oder -ə endigt. Die ursprünglich auf -*m* auslautenden Wörter haben dieses teilweise nach dem Sproßvokal beibehalten, teils haben sie das -*m* abgestoßen. Manche von diesen Wörtern haben auf diese Weise zwei Sproßvokale bis in unsere Zeit erhalten, z. B. in Prittriching *Schdävrʋ* »Stern«, in Heinrichshofen *Khoʋrə* »Korn«. Die Mannigfaltigkeit der Formen ist deswegen ziemlich groß und läßt damit auch individueller Sprechweise Spielraum.

Es handelt sich bei diesem Sproßvokal um eine sehr alte, in vielen Sprachen auftretende, in der indogermanistischen Grammatik als *Svarabhakti* bezeichnete Lautentwicklung, die bei den hochdeutschen Mundarten schon in althochdeutscher Zeit in mehrfacher Form verbreitet war, zeitweilig wieder etwas zurücktrat und im ausgehenden Mittelalter erneut vielfach gebraucht wurde. Dafür gibt es viele Beweise: Ulm 1270 *keren* (Kern), Augsburg 1328 *helem* (Helm), Stadtrecht *sturengloggen*, K. Hätzlerin 1471 *Horen, Zoren, geren* (Horn, Zorn, gern). Fischers Atlas (Nr. 10, Karte 18) zeigt die weite Verbreitung dieser Svarabhaktiformen über fast das ganze Ostschwaben bis zum Ammersee um 1895. Nur der untere Lech bildete dafür auch damals schon so wie heute eine feste Grenze, die sich über Wemding, Hohentrüdingen, Dinkelsbühl bis über den Wörnitzursprung hinaus nach Franken erstreckte. In Württemberg reichten die Svarabhaktibildungen bis nach Zwiefalten, Göppingen und Schwäbisch-Hall. Lediglich das südwestliche Allgäu hatte schon damals wie auch heute daran keinen Anteil. Bohnenberger (Von der Mundart um die Iller, 1930) hielt in einer Karte die Südgrenze fest, die bei ihm an der Iller zwischen dem württembergischen Aitrach und dem bayerischen Volkratshofen beginnt, dann der Iller aufwärts folgt, bei Reicholzried nach Osten abbiegt und nördlich Haldenwang, Kempten, Nesselwang und Pfronten an der bayerischen Staatsgrenze endet. Nach meinen etwas jüngeren Belegen sind inzwischen die Orte Kardorf, Schrattenbach, Hopferbach, Wildpoldsried, Kraftisried und Betzigau auf die der Schriftsprache nähere Südseite übergewechselt, während Legau, Lautrach und Kronburg beiderlei Formen in Gebrauch haben (*rn* und *rə*). Letztere Form gilt noch in Weißensee, Eisenberg, Enzenstetten, Rückholz, Görisried, Ober- und Unterthingau, Aitrang, Immenthal, Obergünzburg, Untrasried (?), Ronsberg, Ollarzried, Böhen, Grönenbach, Zell, Woringen, Dickenreishausen und Volkratshofen. Ins unreine gesprochen gehören die Bereiche um Memmingen, Ottobeuren, Obergünzburg, Kaufbeuren (nicht: Kempten), Marktoberdorf, Füssen und das Tannheimer Tal zum Svarabhaktigebiet. Östlich des Lechs reichen die Svarabhaktiformen nur in Ausnahmefällen etwas über unsere Grenzlinie 2 hinaus, wo ohnehin die unbetonte Endung -*en* vokalisch (auf -ʋ oder -ə) zu lauten aufhört. Doch verzeichne ich noch einige wenige

Ausnahmeformen aus Kohlgrub (*Hüərə, Dɒɒrɒ. Hɒɒrɒ, Khɒɒrɒ,* aber *Garn, Durm* »Turm«, *Darm, Wurm, Arm*), aus Garmisch-Partenkirchen (*Khɒɒrɒ*, aber *Hɒɒʳn, Wurm*) und Oberammergau (*Gɔɔrən* »Garn«). Aus Dießen meldet Schweizer nur die Formen auf auslautendes *-n*, jedoch sowohl *Zoarn als auch Zoɒrɒ*. Mit diesem Streifen zwischen Lech und unserer Linie 2 partizipiert der östliche Lechrain an der ostschwäbischen Svarabhaktilandschaft.

e) In Abschnitt 3b haben wir uns eingehend mit den Erscheinungformen von mhd. *r* auf dem östlichen Lechrain beschäftigt. Nun erhebt sich die Frage, welches Bild sich dafür westlich des Lechs bietet, soweit es nicht die eben besprochenen Sproßvokale und Svarabhaktiformen betrifft. Denn es wäre denkbar, daß sich westliche Lautverhältnisse auch auf ostlechisches Gebiet ausgewirkt hätten.

Dazu ist zunächst festzustellen, daß westlechische *r* weniger der Vokalisierung ausgesetzt waren, als wir dies östlich des Lechs beobachten konnten. Gemeinsam ist beiden Seiten nur die Neigung zur Dehnung vorangehender Vokale durch folgendes *r*.

Auffälligerweise zeigt sich im ostschwäbischen Bereich schon vom Ries her die deutliche Neigung, in der schweren Konsonantenverbindung *-rst* das *r* ganz schwinden zu lassen. Ich zitiere aus der Gegend unmittelbar südlich des Oettinger Forstes: *Büscht* »Bürste«, *Bɒɒscht* »Borste«, *Duuscht* »Durst«, *äɒsscht* »erst«, *Füscht* »First«, *Gäɒscht* »Gerste«, *Wuuscht* »Wurst«, Formen, die sich linkslechisch über die Donau hinaus bis tief ins Allgäu südlich Kaufbeuren, Marktoberdorf und Kempten verfolgen lassen. Erst im obersten und im Westallgäu fehlen sie bis auf den ohne *r* gesprochenen Wochentagsnamen *Donnerstag*. Rechtslechisch ist in diesen Wörtern das *r* zumeist vokalisiert (*ɒ*). Nur in ganz wenigen lechnahen Orten finden sich Formen wie *Büüschn* »Bürste« (in Todtenweis, Rehling, Mühlhausen), wo das geschwundene *r* seine Spur jedoch in der Vokalverfärbung hinterlassen hat, während auf der schwäbischen Seite diese Wörter mit den hohen Vokalen *i* und *u* sogar ohne jeden Sproßvokal auskommen und *ü* immer zu *i* entrundet wurde.

Konnten wir bei den *l* auf schwäbisch-alemannischer Seite jede Neigung zur Vokalisierung auschließen, so gilt dies für *r* linkslechisch zumeist, aber nicht ausschließlich. In Nord- und Mittelschwaben erscheint das persönliche Fürwort »er« nämlich stets mit deutlich »rollendem« *r* als *er, är, äɒr, äər* oder zumindest als silbenbildendes *r*. Im südlichen Schwaben und besonders im Allgäu zeigen sich jedoch etwa ab Asch und Leeder zunehmend nach Süden hin vokalisierte Formen, zunächst noch teilweise mit *r*, südlicher ohne solches, so daß dort je nach dem Betonungsgrad folgende Formen zu hören sind: *däɒ* (dieses als entlehntes Demonstrativpronomen), *äɒ, eɒ, eə, a, ɒ* und *ə*. Man könnte bei den 3 letzten Fällen im Zweifel sein, ob es sich hierbei um einen Schwund des *r* mit lautlicher Veränderung des vorangehenden Vokals handelt oder um eine *r*-Vokalisation unter Schwund des Vokals. Jedenfalls ergibt sich damit eine unverkennbare Ähnlichkeit mit rechtslechischen Lautungen, und dies nicht nur an diesem Beispiel.

f) So finden wir eine der bairischen *r*-Vokalisierung ähnliche Lautentwicklung des *r* vor Zahnlauten (*d, t, s, sch, z*) im schwäbisch-alemannischen Sprachbereich auch heute noch weit verbreitet, die mit einigen Formen sogar auf das rechte Lechufer übergreift. Nach Fischers Atlas (Nr. 10, Karte 17) erstreckte sich dieser Lautstand vor etwa einem Jahrhundert noch über den Neckar bis in den nördlichen Schwarzwald, während er im Norden des Regierungsbezirks Schwaben gänzlich fehlt. Er erscheint auch heute noch in Wörtern wie *dett* »dort«, *feet* »(er) fährt«, *futt* »fort«, *Ga(a)tɒ* »Garten«, *heet* und *hedd* »hart, mhd. herte«, *Heez* und *Häɒz*

»Herz«, *Ka(a)tv* »Karten«, *keez* »Kerze«, *khuuz* »kurz«, *Schuuz* »Schürze«, *schwaaz* »schwarz«, *Witte* »Wirtin«, *Wovt* »Wort«, *Wuuz(l)* »Wurzel«. In vielen Fällen ist also das *r* völlig geschwunden. Dabei gilt aber immer noch, was Jutz schon 1931 (Nr. 33, S. 262) festgestellt hat: »Die Scheidung zwischen Vokalisierung und Ausfall ist vielfach ganz unregelmäßig.« Auch sind vielenorts vokalisierte und Schwundformen nebeneinander in Gebrauch (z. B. *Hävz* neben *Heez*). Trotzdem sind letztere besonders in ländlicher Umgebung immer noch häufig zu hören, obwohl sie allmählich unter dem Druck der Umgangssprache im Zurückweichen begriffen sind. Eine genaue Grenzziehung ist deshalb heute kaum mehr möglich. Das derzeitige Verbreitungsgebiet erstreckt sich vom württembergischen Westen her über mittlere und untere Iller sowie die Donau zwischen Ulm und Mindelmündung in Richtung Welden (ohne dieses), bis nahe an Augsburg heran, das mindestens heute umgangen wird. Nach Birlinger (Nr. 5, S. 368 f.) war der Ausfall des *r* im In- und Auslaut im »Niederschwäbischen« weit verbreitet, während der Augsburger Mundart des Jahres 1862 (Nr. 4, S. 15) »ein gewisses Festhalten des *r*« eigentümlich sei. Hier scheinen die *r*-losen Formen also selbst im vergangenen Jahrhundert nicht gebräuchlich gewesen zu sein. Auch aus Lauingen, Dillingen und vor allem dem ganzen Ries fehlt jeder Hinweis auf ein *r*-loses Vorkommen. Meine nördlichsten Belege für ein solches stammen aus Günzburg, Reisensburg, Aislingen, Weisingen, Altenbaindt, Hennhofen, Hegnenbach, Bocksberg und Achsheim (nördlich Augsburg). Ibrom meldet etwa gleichzeitig aus Feigenhofen (westlich Achsheim) ein *r*-loses *fut* »fort«, ferner die Formen *Hävd* »Herd« aus Pfaffenhofen an der Zusam und sogar aus Genderkingen (westlich der Lechmündung), aus dem ich 1969 auch die Lautungen *Baad* »Bart« und *duschdi* »durstig« gemeldet bekam. Letzteres grenzt schon an den bairischen Grenzbereich, zu dem auch noch Druisheim mit *ovdvle* »ordentlich« zu rechnen wäre. Die Ortsnamenforschung bietet Beweise für ein früheres Vorkommen aus Häder (nordwestlich Augsburg), das 1331 als *Härtriv*, 1343 als *Haerdren* beurkundet ist, ferner aus Diedorf (westl. Augsburg, mundartlich *Diədorf*), 1085 und noch 1492 als *Tierdorf(f)* beurkundet. Einen weiteren Beleg für die langlebige Gültigkeit dieser Lautformen bietet auch der Ortsname Bedernau (Lkr. Unterallgäu, mundartlich *Bävdrnao*, 1172 *Berdernouue*), einem Orte allerdings, der auch heute noch an Ausspracheformen wie *Gäätla, Schuuz, Wivt, Büschdə, heet* (hart), *feedəg* (fertig), *Baat* (Bart), *waatə* (warten), *Gaatə* festhält. Ich besitze dafür allein 26 Belege.

Dieses geradezu klassische Verbreitungsgebiet für *r*-Schwund vor Dentalen setzt sich dann bis zum Lech südlich Oberottmarshausen und dann lechaufwärts in fast lückenloser Form bis in die jüngste Zeit fort, und zwar in reichem Maße über Mindelheim, Buchloe, Kaufbeuren, Kempten, Marktoberdorf, ja sogar noch bis Sonthofen. Erst im Westallgäu und in der Gegend um Pfronten und Füssen werden die Belege spärlich. Im Tiroler Sprachatlas fehlen sie gänzlich. Selbst für Oberstdorf stellt Th. Steiner (Nr. 83, S. 32) fest: »Urdeutsch *r* ist teils erhalten, teils vokalisiert, in einzelnen Fällen auch geschwunden.« (Sogar aus dem Kleinen Walsertal mit Rieglern habe ich dafür 4 Belege.) Für diese eigenartigen, vor allem im Mittelschwäbischen beheimateten, sicher einige Jahrhunderte alten Lautformen bildet im allgemeinen der mittlere und obere Lech die Ostgrenze, die nur an wenigen Stellen um ein geringes überschritten erscheint: so in Pitzling bei Landsberg (*Gaatə, Schuuzə* »Schürze«, *feescht* »du fährst«, *fut* »fort«, *Wuuzl, Kchöözə* »Kerze«; aber *forti* »fertig«); Birkland-Ried (*feet* »fährt«); Steingaden (*feet* »fährt«); Trauchgau (*Wiədin* »Wirtin«; Schwangau (*Wiətən*

»Wirtin«, *Schuuz, fut* »fort«, *feet* »fährt«, *Wiǝt* »Wirt«, *feetig* »fertig«); sogar Garmisch-Partenkirchen führt als Sonderform *fååd* »fährt«.

Natürlich müssen die völlig *r*-losen Lautungen als Extremfälle verstanden werden, denen in vielen Fällen auch teilvokalisierte Formen (mit Gleit- oder Sproßvokal) zur Seite stehen, wie *feet* und *feʋt, Keez* und *Keʋz, Widde* und *Wiǝde* manchmal sogar mit leisem ʳ-Nachschlag *(Wiǝʳde)*. Meines Wissens ist der eigenartige, auch räumlich sehr ausgedehnte Problembereich bis jetzt nicht eingehend behandelt worden. Außer in meinen frühen Arbeiten über die nordostschwäbischen Mundarten, in denen Vokal + *rst* (Bürste zu *Bischt*, Wurst zu *Wuscht*) die enthaltenen *r* zum Verstummen brachten, sah ich mich in meiner Abhandlung über »Die Mundarten im Landkreis Unterallgäu« (Nr. 61, S. 295) mit diesen Lautungen unausweichlich konfrontiert, weil sie das ganze Landkreisgebiet ausfüllen. Nun, in Vorschau auf die vergleichbaren Verhältnisse im Bereich des östlichen Lechrains, mußte ich mich damit noch genauer befassen. Ich nutze daher hier die Gelegenheit, aus dem mittelschwäbischen Kerngebiet für diese Schwundformen in der Lautfolge *r + Dental* einen besonders ergiebigen Ort herauszugreifen, für den mir eine sehr geeignete Gewährsperson uneingeschränkt zur Verfügung stand. Sie ist dort seit früher Kindheit aufgewachsen und hat diese Mundart bis heute als die ihr eigene liebgehalten und treu bewahrt. Es handelt sich dabei um das etwa 185 Einwohner zählende Pfarrdorf Christertshofen (Gde. Buch, Lkr. Neu-Ulm). Ich zitiere daraus alle mir besonders auffälligen Wörter, wobei einfacher Vokal stets als Kurzvokal zu lesen ist, während Vokaldehnung durch Doppelschreibung bezeichnet wird: Bart *Baat*, Bürste *Büscht*, dort *det*, Durst *Duuscht*, durstig *duuschdik*, (er) fährt *feet*, fertig *fedik*, fort *fut*, Garten *Gaddǝ*, Gärtlein *Gädle*, Gerste *Gäscht* und *Gäʋscht*, Gürtel *Giǝdl*, hart *het*, ein hartes Bett *ʋ hets Bet*, Harz *Haaz*, Herd *Häʋt*, Herz *Heez* und *Häʋz*, Karte *Khath*, Karten *Khaddǝ*, Kerze *Khez*, Kerzen *Khezǝ*, kurz *khuuz*, kürzer *khüzǝr*, Mörtel *Mördl* und *Mäʋdl*, Schürze *Schuuz*, Schürzen *Schuuzǝ*, Schürzlein *Schüzle*, schwarz *schwaaz*, schwärzer *schwätzǝr*, Warze *Watz*, werden *wärǝ*, wird *wiǝt* und *wet*, Wirt *Wiǝt*, Wirtin *Wiǝde*, Wort *Woʋt*, Wörtlein *Wäʋdle*, Wurst *Wuuscht*, Würste *Wüscht*, Wurzel *Wuuzl*, Wurzeln *Wuuzlǝ*, würzen *wiǝzǝ*.

Diese Liste ergibt als Vergleichsmaterial in der Lautfolge mhd. Kurzvokal + *r* + *Zahnlaut (Dental)*

32 Fälle mit völligem *r*-Schwund (=73%), (darin sind aber 7 Fälle auf die Endung -*rst* enthalten, die leicht vermehrt werden könnten und ein größeres Verbreitungsgebiet besitzen),

10 Fälle mit *r*-Schwund, aber vorhandenem *Gleitvokal* (=23%),

2 Fälle mit erhaltenem *r* (=4%). In diesen beiden letzten Fällen handelt es sich bei »werden« um ein häufig gebrauchtes Hilfszeitwort, das eigenen Entwicklungstendenzen gefolgt ist, bei »Mörtel« um ein Lehnwort, das überdies mehr der Wirtschaftssprache als der Mundart angehört. Wörter mit mhd. Langvokal wurden nicht berücksichtigt, da wie bei »hört« (mhd. *hoert*) zweifelhaft bleibt, ob der Gleitvokal beim mundartlichen *häʋt* durch den Langvokal oder durch das *r* bedingt ist.

Jedenfalls zeigt diese Liste, daß ein großer Teil Ostschwabens den *r*-Schwund vor Dental außerordentlich begünstigt, und dies südlich Oberottmarshausen fast überall und kaum vermindert bis unmittelbar zum Lech, teilweise, wie oben berichtet, sogar darüber hinaus. Geradezu eine Fundgrube dazu bilden die Mundartgedichte von Luitpold Schuhwerk aus Türkheim (»Des hau mer denkt«, Nr. 78), der mit seltener Begabung und Verantwortungsfreude äußere und innere Sprachform seiner Heimatmundart darzustellen weiß. Auch wenn er wahrscheinlich in Wort und Lautung manches Veraltete mit einfließen läßt, erweist er damit auch unserer Sache einen wertvollen Dienst. Die Türkheimer Mundart zeigt sich darin etwas breiter und »behäbiger« als die Christertshofer, was sich schon darin äußert, daß sie auch Wörter mit geschlossener (auf Mitlaut endigender) Stammsilbe dehnt (also *Gaatv* und *Gäätlv* anstatt *Gaddə* und Gäddle) und auch mit Sproß- bzw. Gleitvokalen etwas großzügiger verfährt (z. B. *weat* statt *wet* »wird«, *wearv* statt *wärə* »werden«). Aus Schuhwerks reichhaltigem und vielseitigem Wortschatz seien hier (in seiner eigenen Schreibweise) nur noch folgende Wörter genannt: Reisigbündel *Boaza*, Gewürze *Gwiezer*, Hirtenbube *Hiatabua*, langdauerndes Kartenspiel *Katerei*, März *Meaz*, vorne *voana* (auch *n* ist ein Zahnlaut!), Wertach *Weata*, Wörter *Weater*. Daß die Belegzahl für den *r*-Schwund zum Lech hin nicht abnimmt, beweisen folgende Zahlen aus meiner Sammlung: Langerringen 14, Großkitzighofen 13, Honsolgen 13, Waal 14, Pitzling 8, Welden (Gde. Leeder) 13, Ingenried 10, Rettenbach 18, Steinbach 16, Seeg 9, Hopferau 9, Pfronten 8, Schwangau (wie bereits erwähnt) 6. Damit allerdings scheint das große ostschwäbische *r*-Schwundgebiet seine Ostgrenze gefunden zu haben; denn rechtslechisch ändern sich die Verhältnisse zum großen Teil grundlegend.

g) **Schwund von *r* vor Dental im rechtslechischen Gebiet?** Zur Untersuchung dieses Problems müssen wir uns erinnern, daß das linkslechische Schwundgebiet vom württembergischen Westen her an der Donau nur etwa bis zur Mündung der Mindel (östlich Günzburg) reicht und die Ostgrenze dieses Schwundgebiets heute in sehr ungenauem, oft unterbrochenem südöstlichem Verlauf erst südlich Augsburg etwa bei Oberottmarshausen den Lech erreicht, dann aber diesem entlang, erst vor Füssen undeutlicher und schwächer werdend, bis zur bayerischen Staatsgrenze bei Füssen zieht. Aus Oberottmarshausen wurden mir 1972 dafür folgende Lautformen gemeldet: Bürste *Bischd*, (er) fährt *feed*, fort *fudd*, Gärtlein *Gädle*, hart *heed*, hörst du *hävschd*, ordentlich *ǫvdvle*, Schürze *Schuz*, Wirt *Wüd*, Wirtin *Wüde*, Wurzel *Wuuzl*.

Da der untere Lech von diesen Sprachformen nicht berührt wird, erscheint es zweifelhaft, ob in dem bairischen Grenzgebiet nordöstlich Augsburgs ähnliche Formen anzutreffen sind. Dazu können wir zunächst den Forschungen Ibroms folgendes entnehmen (Nr. 29, S. 185 ff.): »Im Hauptgebiet bleibt ›r‹ in dieser Stellung als Konsonant erhalten. An der Donau, besonders um Neuburg, ist die Aussprache extrem flüchtig und bewirkt den Ausfall des ›r‹ vor dentalen Verschlußlauten.« Letztere Beobachtung entspricht auch meinen eigenen Befunden, die sich über die Donau bis nach Mittelfranken verfolgen lassen (*Godn, Gadlv, Wedlv, Wedi, fedig, fot, Bǫǫt* »Bart«). Ibrom setzt sich aber auch noch mit einigen Wörtern im einzelnen auseinander, die teilweise andere Lautungen zeigen (a.a.O. S. 186 f. sowie Karten 39, 68, 81 u. 123). Bei »hart« ist ›r‹ überall im ganzen Untersuchungsgebiet als Konsonant erhalten. Uneinheitlich zeigen sich die Lautverhältnisse beim Eigenschaftswort »schwarz«, bei dem ›r‹ zwar fast überall bestehen geblieben ist. Doch schieben sich ganz unregelmäßig verstreut wenige Formen mit *r*-Ausfall *(schwoz)* und Vokalisierung *(schwǫvz)* dazwischen. Aus meinen Belegen kann ich jedoch dazu ergänzen, daß in der Zusammensetzung »Schwarzbeere« das *r* fast regelmäßig geschwunden ist *(Schwozbön, -bün)*. Ähnliche Verhältnisse zeigt das Wort »fertig«: Meist ist hier das *r* zwar erhalten geblieben *(färti, fürti)*, doch hat sich nördlich Schrobenhausen teilweise auch ein Gleitlaut eingeschoben *(fiərdi)* und einige wenige Streuformen zeigen vokalisiertes *r (füədi)*. Beim Wort »Herd« kommen mit Ausnahme ganz weniger lechnaher Orte nur vokalisierte Formen *(Hävt)* vor, ähnlich bei »Wörter« *(Wävdv,* ganz selten

Wüɒdɒ), während »Wirt« und »fort« das *r* meist behalten haben. Doch erschöpfen sich damit die möglichen Formen längs des unteren Lechs in keiner Weise. Meine eigene Belegsammlung enthält noch eine Reihe von Wörtern, die ebenfalls einen völligen *r*-Schwund vor Dentalen aufweisen. Ich zitiere aus Mittelstetten (südwestlich Neuburg): *Gadlə, Wödlɒ, Widin, Schüdsn, fǫdjǫǫng, fad* »fährt«, *haad* »hart«, *Wuzl, födig, Khözn;* aus Wagenhofen: *Gaadl, fad, haat, wadn* »warten«; aus Hollenbach: *Gadlə, Wödlə, Widi, futjǫǫng, Wuzl, Bǫǫd* »Bart«, *Khözn;* aus Münster: *oundndli* »ordentlich«, *fudjǫǫng.* Da solche Formen nach Süden zu schnell abnehmen, müssen wir sie wohl der auch von Ibrom (a. a. O. S. 185) genannten Gruppe um Neuburg zurechnen, die sich nur nach Norden, aber keinesfalls nach Westen verfolgen läßt, wohin keine erkennbare Verbindung besteht, da dieses westlechische Gebiet nur Formen mit ausgeprägtem *r* auch vor Dentalen kennt. Es wäre deshalb günstig, wenn die weitere Ausdehnung des Neuburger Schwundgebietes nach Norden und Osten genauer bekannt wäre. Irgertsheim (20,51) meldet starke Vokalisierung. Nach heutig mundartlichen *a* ist eine solche wegen der Lautähnlichkeit *(a/ɒ* kaum möglich.

Verfolgen wir die hier möglichen Wortreihen auf dem östlichen Lechufer nach Süden weiter, so fällt deutlich auf, daß schon nordöstlich Augsburg (etwa ab Derching) nur Formen mit deutlichem *r* gesprochen werden, ein Zustand, der mit ganz verschwindend geringen Ausnahmen bis Füssen anhält. Damit kommen wir zu einem ganz eigenartigen Befund: Am unteren Lech fehlt bis in die Gegend von Günzburg und zur Mindel der *r*-Schwund vor Dentalen (mit Ausnahme der Endung *rst,* die auf Sonderverhältnissen beruht) völlig, während ostlechisch solche Formen in begrenzter Zahl vor allem um Neuburg vorhanden sind (vielfach in anderen Wortformen). Nordöstlich und südlich Augsburgs treten rechtslechisch *r*-Schwundformen vor Dental nur noch in unmittelbarer Lechnähe und in seltenen Einzelformen auf, während dort die Formen mit deutlichem *r* oder die Vollvokalisierung des *r* vorherrschen. Linkslechisch ist diesem Gebiet gegenüber südlich von Oberottmarshausen der *r*-Schwund vor Dental in reichem Maße vertreten. Für einen etwa anzunehmenden örtlichen Zusammenhang fehlt also über den Lech hinweg jeweils das nötige Gegenüber.

Aufgrund dieser Sachlage glaube ich zu folgender *Schlußfolgerung* berechtigt zu sein: Der im ostschwäbischen Mundartbereich so auffällige *r*-Schwund vor Dentalen ist eine vorwiegend alemannische Eigentümlichkeit, die nach Osten über den Lech kaum eine Fortsetzung findet. Was im bairischen Sprachgebiet an ähnlichen Formen zu hören ist, dürfte auf andere Ursachen zurückzuführen sein. Denn hier hat der Grundsatz zu gelten, der jeden Dialektologen angeht: »Gleiche Sprachformen brauchen nicht auf gleiche Ursachen zurückzugehen.«

4) **Die Verben »gehen« und »stehen«:** Ein sehr altes und wichtiges Unterscheidungsmerkmal zwischen dem alemannischen und bairischen Mundartraum bilden die Formen der Zeitwörter »gehen« und »stehen«. Ihr heutiger schriftsprachlicher und mundartlicher Bestand setzt sich aus zwei verschiedenen althochdeutschen Verbalstämmen zusammen, für »gehen« aus *gangan* und entweder *gân* oder *gên,* bei »stehen« aus *stantan* und *stân* oder *stên.* Der Einfachheit halber will ich sie hier als Lang- und Kurzformen bezeichnen. Die mhd. Langformen heißen *gangen* und *standen;* die Kurzformen haben sich auch im Mhd. nicht verändert. Die Mittelwörter der Vergangenheit sind aus den Langformen hervorgegangen, die Nennformen unserer Mundarten teils aus Kurz-, teils aus Langformen. Die alemannischen Mundarten kennen als Gegenwartsformen nur solche mit *â,* die bairischen nur solche mit *ê.* Neben den Mittelwörtern *(ge)gangen* und *(g)estanden* gibt es nur noch die Möglichkeitsfor-

men der Vergangenheit: *gienge(n),* die wir hier nicht weiter verfolgen können. Damit sind die lautlichen Möglichkeiten vorgegeben: fürs Alemannisch-Schwäbische die Lautformen *a, au, ou, ǫ* und *o,* die sich alle aus ahd./mhd. *â* herleiten, fürs Bairische ein- und doppellautige *ę, e, ęv, eə,* ja sogar *ia* und *iə,* weil im Bairischen ehemalige *ê* und *œ* vor Nasallauten öfters als *iv* oder *iə* weiterentwickelt erscheinen (z.B. »schön« als *schia^n* in Mering). Hier vermissen wir die *a* der Langformen *gangen* und *standen.* Die vollbairischen Mundartsprecher scheinen dagegen aber eine solche Abneigung gehegt zu haben, daß sie diese nur für die Mittelwörter der Vergangenheit übernahmen, für die Mehrzahlformen der Gegenwart jedoch neue *e*-Lautungen bildeten (sei es nun in Anlehnung an die Einzahl oder, wie Wittmann Nr. 87, S. 138 annimmt, an die Möglichkeitsform der Vergangenheit). Jedenfalls lauten heute die vollbairischen Gegenwartsformen der 1. bis 3. Person Plural: *genga* (oder *gema*)*, gedds* und *genga(n),* woraus sich als neue bairische Behelfsnennformen *genga* und *schdenga* ergeben; denn die Formen beider Zeitwörter laufen im allgemeinen parallel. (Dazu als weitere Literatur Nr. 52, S. 46 und Nr. 90, S. 98.)

Bohnenberger hat 1928 versucht (Nr. 7, S. 232 f.), die wichtigste und auffälligste Grenze zwischen den beiden Seiten ausfindig zu machen. Er wählte dazu die Einzahlformen der 3. Person (Westseite *gǫt,* Ostseite *gēt, geət*). Der Westseite teilte er zu: das Tannheimer Tal, das Lechtal bei Weißenbach, Füssen, Schwangau, Buching, Trauchgau, dann Saulgrub, Bayersoien, Schönberg, Böbing, Peiting, Schongau, Apfeldorf; der Ostseite Bichelbach, Ober- und Unterammergau, Kohlgrub, Hohenpeißenberg, Wessobrunn, Rott und Reichling. Von dort an folge die Grenze dem Lech. Unverständlich bleibt, wieso Nesselwängle im Tannheimer Tal auf der Ostseite stehen soll. Ferner hat Freudenberg (Nr. 11, S. 71) 1959 für Böbing folgende Gegenwartsformen gemeldet: *gev, gevscht, gevt, gean,* auch gleichlautend die Formen für »stehen«. Leider reichen meine eigenen Mundartbelege gerade für diesen Südteil des Lechrains nicht annähernd zu einer stichhaltigen Überprüfung der Bohnenbergerschen Angaben aus. Eindeutige Westformen besitze ich nur aus Füssen, Schwangau, Hohenschwangau, Buching, Fronreiten, Steingaden, Ursprung, Wies, Wildsteig und Birkland, nicht jedoch für Rottenbuch. Aus Schongau habe ich die widersprüchlichen Formen *schdǫscht,* aber *get;* dagegen aus Landsberg: neben Ostformen auch *schdǫsch* und *gǫd,* ferner die gleichen Belege aus Pitzling. Diese Grenze scheint also nicht sehr fest zu sein. Im ganzen dürfte stimmen, daß der Lech ab Reichling den Verlauf mit folgender Ausnahme angibt: Augsburg und sein Einzugsgebiet haben die *e*-Formen. Der Tirolische Sprachatlas (Bd. I, Karte 27) bestätigt die Angaben Bohnenbergers mit Ausnahme von Nesselwängle, das zur Westseite gehört.

Im übrigen habe ich alle mir verfügbaren rechtslechischen Belege genauestens überprüft und dabei folgendes feststellen können. Wie oben ausgeführt, erkennt das Vollbairische die Mehrzahlformen mit *a* nicht als echt bairisch an. Nun reiht sich der vorher genannten Grenze eine erhebliche Zahl von Orten des östlichen Lechrains an, die zwar die Einzahl-, nicht aber die Mehrzahlformen mit dem voll gültigen *e* (sondern mit *a* als *ganga, schdanda, schdanna*) sprechen. Sie bilden also eine Randgruppe mit Grenzcharakter. Sicher habe ich sie nicht vollzählig erfassen können. Die von mir festgestellten Orte sind folgende (von Süd nach Nord): Fronreiten, Wies, Ursprung, Steingaden, Wildsteig, Schongau, Birkland, Pürgen, Pitzling, Utting, Schwifting, Reisch, Landsberg, Schondorf, Kaufering, Penzing, Eresing, Scheuring, Heinrichshofen, Egling, Prittriching, Schmiechen, Unterbergen, Brunnen, Hörbach, Steinach, Merching, Mering, Hörmannsberg, Kissing.

Das ostlechische Gebiet erweist sich sonach als Sprachlandschaft, die für die Zeitwörter »gehen, stehen« vorwiegend *e*-Formen verwendet. Ihr ist östlich des Lechs vorgelagert das im Süden von Bohnenberger erkundete Gebiet mit *o*-Formen, sodann der eben in ungefährer Ausdehnung angesprochene, etwa bis Kissing reichende Streifen aus den Mehrzahlformen mit *a*. Als Einsprengsel finden sich in dieser Landschaft aber auch noch die Formen mit *ie*, wie beispielsweise *schtiǝnǝ* in Inchenhofen, Tandern, Adelzhausen, Rederzhausen, Tegernbach, *schdiǝngǝ* in Zillenberg und Hattenhofen sowie *schtiǝ* in Ried. Doch kommen dort stellvertretend auch die reinen *e*-Formen vor.

Völlig andersartig zeigen sich die Verhältnisse westlich des Lechs, wo die auf ahd./mhd., *gân* und *stân* zurückgehenden Kurzformen vorherrschen. Sie beginnen schon nördlich der Donau im Ries, wo die Einzahlformen *gǫt* und *schtǫt*, die Mehrzahlformen *gǫnt* und *schdǫnd* lauten. Die Mundartgrenze zwischen alemannischem *gǫt, schdǫt* und bairischem *gęt, schdęt* läuft von Nordwesten kommend direkt auf die Lechmündung zu, wo sie sich dann lechaufwärts fortsetzt. Linkslechisch reichen die hier genannten *o*-Formen *gǫt, gǫnt* und *schdǫt, schdǫnd* nach dem Überschreiten der Donau nicht genau abgrenzbar etwa bis zu einer Linie von Höchstädt über Binswangen, Wertingen, Bocksberg, Bonstetten, Adelsried noch in die nordwestliche Umgebung Augsburgs. Unter südwestlicher Umgehung Augsburgs, das heute nur noch *e*-Formen anwendet, endigen die *o*-Formen etwa südlich Bobingen und Königsbrunn am Lech, wo sie an die dortigen *a*-Formen bei Kissing, Mering und Merching angrenzen. Aber auch dieses linkslechische *o*-Gebiet ist teilweise mit *a*-Formen (*gangǝ, schdandǝ, schdandnd*) durchsetzt.

Südwestlich dieser unscharfen Grenze des *o*-Bereichs beginnt ein großes, fast dicht geschlossenes Gebiet mit den für das Ostschwäbische so charakteristischen Lautungen *gau^n* und *schdau^n*, dem sich als weitere Kurzformen *lau^n* (aus mhd. *lân* zu *lâzen* »lassen«) und *hau^n* (aus mhd. *hân*, Kurzform zu *haben*) einfügen. Für diesen Bereich bildet dann ab Oberottmarshausen bis Füssen wiederum der Lech die Ostgrenze, jedoch einschließlich Forggensee, Trauchgau, Buching und Schwangau. Nach Karte 27 des Tirolischen Sprachatlas zählen sogar jenseits der bayerischen Staatsgrenze Unterpinswang, Wängle, Höfen, Weißenbach, Heiterwang und der Plansee zu diesem *ǫo*-Gebiet, das sich nach Fischers Atlas (Nr. 10, Karte 8) vor hundert Jahren noch über die Iller weg durch Württemberg bis in die Schwarzwaldtäler von Nagold, Murg und Kinzig erstreckte. Seine Südgrenze in Bayerisch-Schwaben war noch 1936 deutlich ausgeprägt in den Orten Wertach, Vorderburg, Martinszell, Niedersonthofer See, Memhölz, Buchenberg und Kreuzthal. Heute weicht diese Grenze nur unerheblich nach Norden zurück, weil sie durch das unmittelbar südlich anschließende und ebenfalls ziemlich dicht geschlossene Gebiet mit den parallelen Kurzformen *gong, schtong, long, hong* abgeschirmt ist. Es reicht im Westen fast bis zum Bodensee, wo dann in Lindau und nördlich davon »gehen« als *gǫǫ* zu hören ist. Im Süden des *gau^n*-Bereiches verengen sich die Lautungen oft zu *ǫo^n*- und *ǝu^n*-Formen. Dies sind jedoch nur Infinitive (Nennformen), deren zugehörige Beugungsformen in Weiterentwicklung von mhd. *â* die Vokale *a, au, ao, ǫo, ǫu, ǫ* und *o* (z.B. *gangǝ, gat, gǫut, schdǫǫschd, schdandǝt, schdondǝd, gond*) in vielfach wechselnder Form enthalten. Für das Westallgäu zitiert Gruber (Nr. 25, II 46): *gǫ, gǫǫ, gǫscht, gǫnd*. Es gibt auch hier eine Möglichkeitsform der Vergangenheit, die auf mhd. *gieng* fußt. Jedenfalls bleibt es besonders bedeutsam, daß sich in diesen Sprachverhältnissen alemannisches und bairisches Stammesgebiet trotz jahrhundertelanger territorialer Zersplitterung bis in die

Gegenwart überraschend klar abgegrenzt gegenüberstehen. Daran vermag auch die Sonderstellung Augsburgs mit seinen *e*-Formen (die keineswegs als Vordringen bairischer Sprachformen sondern als verhältnismäßig junges Leihgut aus der überlandschaftlichen Verkehrssprache zu werten sind) nichts zu ändern.

5) Hier sei auch noch auf einen geringeren, weniger alten und gebietsmäßig beschränkteren Unterschied in den Lautungen zwischen den beiden Lechseiten hingewiesen. Er betrifft die nur linkslechisch auftretende **Senkung der Kurzvokale mhd.** *i* **und** *u* **vor den Nasallauten** *n*, *m* **und** *ng*. Mhd. *ü* braucht hier nicht besonders erwähnt zu werden, da es, wie auch rechtslechisch durch Entrundung mit i (im Schwäbischen nach Bohnenberger schon im 15. Jahrhundert) zusammengefallen war. Jedenfalls ist (ebenfalls im 15. Jahrhundert nachweisbar) in weiten Teilen des schwäbischen Sprachgebiets nasaliertes *i* zu *e* und nasaliertes *u* zu *o* gesenkt worden. Auch diese Lauterscheinungen treten schon im nördlichen Ries auf und verbreiten sich dann linkslechisch auch weit über die Donau hinaus nach Süden. Besonders auffällig sind diese gesenkten Vokale, wenn sie auch noch gedehnt auftreten, wie beispielsweise im Lkr. Donau-Ries oder Dillingen als *Wee^{n}d* »Wind« oder *Hoo^{n}d* »Hund«. Aber auch in den ungedehnten Wörtern sind sie noch eigenartig genug, z.B. in *fendə* und *gsond* »finden, gesund«. Allerdings nehmen zunächst die gedehnten Formen, weiter südlich auch die ungedehnten in Richtung Allgäu immer mehr ab, so daß dann am Oberlauf von Lech, Wertach und Iller zunehmend nur die reinen *i*- und *u*-Formen zu hören sind. In vielen Orten des Lkr. Unterallgäu hören wir schon gesenkte und ungesenkte Aussprache nebeneinander im Gebrauch. Immerhin gibt es dort noch Wörter wie *Hee^{n}ml* »Himmel« und *Oo^{n}früdə* »Unfrieden«, aber schon in der Gegend von Kaufbeuren verlieren sich solche Ausspracheformen immer mehr. Eine genaue Grenze ist dafür kaum anzugeben, zumal diese Lautungen stark individueller Vorliebe unterworfen sind. Nicht besonders erwähnt seien hier die modernen Lautungen der mhd. Doppelvokale *ie (üe)* und *uo* vor Nasal, weil diese auch im rechtslechischen Gebiet häufig in gesenkter Lautung vorkommen, z.B. *deənə* »dienen«, *Blǫəmə* »Blume(n)«, *greeə^n* »grün«.

6) **Gebrauch von Dativ- und Akkusativendungen im Bairischen.** In seinem Atlas zur deutschen Sprache (Nr. 37, S. 156) gibt Werner König eine sehr verkleinerte Karte des Deutschen Sprachatlas wieder, auf welcher die Endungen des Pronomens in dem Ausdruck »hinter uns-*erem* Hause« im deutschen Sprachgebiet dargestellt sind. Hier zeigt sich westlich des Lechs bis über den Rhein hinaus die Endung *-(er)m*, östlich davon in breiter Front bis zur Nordsee aber ein Gebiet mit der Endung *-(er)n* oder *-an*. Es handelt sich dabei also um eine sehr weitverbreitete Besonderheit unserer deutschen Mundarten im Gebrauch dieser Fürwortendung. Betroffen sind davon zunächst der männliche und sächliche Artikel der Einzahl im Dativ, sodann die damit zusammenhängenden Pronominal- und Adjektivendungen, die seit althochdeutscher Zeit als wesentlichen konsonantischen Bestandteil *-m* enthielten, das östlich des Lechs häufig als *-n* erscheint (zu*n* Wirt, mit*'n* Auto, mit mei*n* Hund, we*n* gibsch des?). Wir wollen uns hier nicht mit den bairischen Dialektgrammatikern auseinandersetzen, die trotzdem einen Zusammenfall von Dativ und Akkusativ (wie etwa bei den englischen Fürwörtern, *him, her* und *it*) strikt in Abrede stellen. Außerdem würde dies auf die weiblichen Formen im Bairischen nicht zutreffen. Jedenfalls können wir auf dem größten Teil des bairischen Lechrains pronominale Dativformen sowohl mit *m* als auch mit *n* antreffen, ohne daß dabei besondere Regeln erkennbar würden (außer, daß sich der Lippenlaut *m* leichter zu

einem folgenden Lippenlaut fügt). Linsklechisch fehlen die *n*-Formen völlig, während sie schon bei Rain und Feldheim an die im ehemals pfalzneuburgischen Territorium beheimateten *n*-Formen dicht anschließen. Sie nehmen dann südlich der Donau an Zahl und Dichte nach Osten etwas zu. Nach Süden folgen sie den Lech entlang flußaufwärts, jedoch unter Umgehung des Augsburger Einzugsgebietes. Südlich Augsburgs werden sie spärlicher, fehlen dann ab Landsberg über Schongau, Ursprung, Trauchgau, Schwangau und Füssen in Lechnähe gänzlich, sind jedoch westlich des Ammersees, vor allem in Dießen, Peißenberg, Böbing, Wildsteig und Garmisch-Partenkirchen wieder deutlich nachweisbar. Aus Dießen z. B. meldet B. Schweizer *pain pekchn* »beim Bäcker«, *in main öltar«* »in meinem Alter«, *was ischt aus ten woarn* »was ist aus dem geworden«. Daß im Innerbairischen ein Akkusativ auch ein *m* annehmen kann, sei hier nur beiläufig erwähnt: *Schaug eam o!* »Schau ihn an!« (Nr. 90, S. 109).

7) **Uns – əis – ins.** Ob die heutigen links- und rechtslechischen Formen der Fürwörter *uns* und *unser* miteinander in Beziehung gebracht werden können, wage ich an Hand des immer noch ziemlich lückenhaften Bestandes an verlässigen Belegen nicht zu entscheiden. Sicher ist dabei lediglich, daß ein Großteil der auch heute noch vorhandenen Fürwörter dieser Gruppe Umlautformen sind und daher auf den ahd. Akkusativ *unsich* (mhd. *üns*) zurückgehen müssen. Beiderseits des Lechs stehen sie gegenwärtig in Konkurrenz zum verkehrssprachlichen unumgelauteten *uns*.

Rechtslechisch hat sich das normalerweise entrundete *ins* noch bis in die Gegend von Schrobenhausen (Mühlried, Aresing), Aichach (von Todtenweis über Hollenbach bis Gerolsbach, Hirschenhausen, Hilgertshausen, Tandern, Altomünster) erhalten, dann weiter südlich über Eurasburg, Kissing, Hörmannsberg, Zillenberg, Tegernbach, Mering, Merching, Steinach, Schmiechen, Prittriching, Heinrichshofen, Egling, Scheuring; ferner über Kaufering, Reisch, Schwifting, Pürgen, Eresing, Schondorf, Utting, Peißenberg, Böbing, Rottenbuch, Wildsteig und Mittenwald bis Zirl in Tirol, wie dies Karte 39 des Deutschen Sprachatlas ungefähr andeutet.

Linkslechisch stehen den bairischen *uns* und *ins* im Norden die durch Nasalierung gesenkten *oo^{n}s* und *ons* gegenüber, die heute in Lech- und Schmutternähe weitestgehend in *uns*-Formen umgewandelt wurden. Sogar die Orte an der Zusam sind schon davon betroffen. Ein direkter Zusammenhang mit dem bairischen *ins*-Gebiet besteht damit am unteren Lech überhaupt nicht. (S. hierzu Karte 85 bei Ibrom, Nr. 29.) Nach Westen reicht dieses Verbreitungsgebiet bis gegen Günzburg. Daran schließt sich unmittelbar ein großer, fast geschlossener Bereich, der sich nach Westen über die Iller bis in den Schwarzwald ausdehnt (s. Fischers Atlas, Karte 5). Darin wurde die Lautgruppe *ins* (mit *üns*) in eigenartiger Weise zu *ai^{n}s* und *əi^{n}s* umgestaltet, ein intensiver Lautwandel, dem auch unser Fürwort *uns* (bzw. *üns*) unterworfen wurde. Dieses überaus häufige *əis* erfüllt nun mit Ausnahme der großen Verkehrszentren den ganzen südlichen Restbereich des heutigen Regierungsbezirkes Schwaben. Die Nordgrenze hierfür verläuft etwa von Günzburg über Ichenhausen, Krumbach einschließlich Markt Wald bis in die Gegend von Landsberg, wo sie (heute südlich Landsberg etwa bei Leeder) längs des Lechs an die bairischen *ins/uns*-Formen anschließt. Die *eis-* und *ais-*Formen erfüllen noch den ganzen Altlandkreis Füssen, ja überschreiten bei Fronreiten, Trauchgau und Buching sogar den Lech.

Bairisch-schwäbische Grenzprobleme. Der Lechrain im engeren Sinne. Noch vor Kranzmayer hat Bruno Schweizer die Grenzprobleme zwischen den beiden Großmundarträumen Bairisch und Schwäbisch-Alemannisch deutlich angesprochen. Er vor allem wies auf den Ammersee als wichtige Dialektgrenze hin, die ihn als Anwohner des Sees von Jugend auf interessieren mußte. Sein dementsprechend ziemlich persönlich gehaltener Artikel »Der See als Dialektgrenze« vom Jahre 1926 (Nr. 71) hat bis heute kaum etwas an Aktualität verloren. Ich zitiere das Wichtigste daraus:

»Sagen Sie mir doch, wo fängt das Schwäbische an?« ist stets die erste Frage, die der Laie stellt. Auch dem Verfasser stand anfangs dieses Problem an der Spitze seiner Ziele, oder vielmehr es schien ihm, als geborenem Diessner von vornherein gelöst: »Das Schwäbische beginnt in Dettenschwang« – darüber sind sich nämlich die Diessner einig. Als aber der Verfasser nach Dettenschwang kam, vernahm er zu seinem Erstaunen, das Schwäbische gehe erst in Rott oder Wessobrunn an. Doch auf seine Nachfrage in diesen beiden Orten entgegnete man ihm empört: »Mi senn koana Schwoowa idda«, man erklärte die Apfeldorfer und Birklander für Schwaben, diese aber schoben's auf die Kinsauer, diese auf die Seestaller (bereits im Kreis Schwaben). Doch erst die Lengenfelder hatten nichts mehr dagegen einzuwenden. – Aber als dann der Verfasser sich nach Osten wandte, kam es noch erstaunlicher. Da ward ihm in Fischen gesagt: »Ees Diassner Schwoom, ees!« Doch zu seinem Trost galten auch die Fischener und Erlinger am Würmsee als Schwaben. Ja, sogar die Starnberger und das ganze Westufer der Isar heißt man auf dem Ostufer »schwäbisch«.

Kurz, die Begriffe »schwäbisch« und »bayrisch« erwiesen sich als äußerst relativ. Nach den neuesten Resultaten des Verfassers besteht übrigens kein Zweifel mehr, daß die älteste Besiedelung unseres Gebietes zwischen Isar und Lech (der »Huosigau«) alemannisch war und daß in den Dialektgrenzen heute noch die Spuren dieser Verhältnisse nachweisbar sind. So weit B. Schweizer. Er ergänzt, daß der Ammersee für 12 Wortgruppen und über 30 Einzelworte (diese Begriffe bleiben bei ihm leider unklar) eine Grenze bilde; unter den ersteren sei vor allem die Ausprache des *a* hervorzuheben, die am Ostufer zu dem *o*-artigen bayrischen Laute werde; der Umlaut davon laute westlich *ä*, östlich stehe dafür ein helles *aa*, z. B. westlich: *nächt* = gestern, *Täg* = die Tage, *wäschn* = waschen; östlich: *naacht* = gestern, *Taag* = die Tage, *waaschn* = waschen.

Diese Darstellung enthält außer den mit unseren Erkenntnissen übereinstimmenden sprachlichen Angaben zwei für uns wichtige Tatsachen: 1) Die viele Jahrhunderte alten Stammesbezeichnungen »Bayern, bayrisch« und »Schwaben, schwäbisch« haben nicht nur historische und verwaltungsmäßige Bedeutung; sie sind auch in der Volkssprache immer noch in regem Gebrauch, selbst wenn damit keine eindeutigen Begriffe verbunden werden. Gemeint ist mit dem Namen »Schwabe« in der Regel der westwärts Wohnende. 2) Selbst diejenigen, die sich als Bayern fühlen und darauf Wert legen, als solche zu gelten, werden von den östlicher Wohnenden öfters wegen ihrer dem Schwäbischen etwas näheren Aussprache als »Schwaben« gehänselt, was diese wiederum sehr verdrießt, ja »empört«. Bairische, insbesondere Münchner Aussprache besitzt auf dem östlichen Lechrain einen wesentlich höheren Kurswert als die lechnähere »schwäbelnde«. Und es ist eigenartig: die »Altbayern« besitzen ein überaus feines Gehör und Sprachgefühl für solche oft nur geringfügigen sprachlichen, ja selbst nur lautlichen Unterschiede. Da kann es nicht wundernehmen, wenn bei den Lechrainern gegenüber den selbstsicheren Vollbayern Minderwertigkeitsgefühle aufkommen. Aus solcher Lage dürfte das hübsche Gedicht von Prof. Fried stammen, das ein Zwiegespräch mit seiner Großmuter wiedergibt.

S'Lejchruanr Biawla (Bübchen).

Bua, Boara (Bayern) semmer (sind wir), hod s Ejla (Großmutter) gsejd (gesagt),
d'Schwoowa fanga easchd iwern Lejch dennd (drüben) a.
Sou isch ba ins (uns) scha (schon) alwl (immer) gwejsa,
seid daß dr Harrgodd d'Wööd (Welt) erschaffa hod.
Ejla, dejs glouwi wöll (wohl), hod s Biawla gsejd,
Sauboara hawas ins oufd (oft) scha ghoaßa (geheißen), d'Schwoowa.
bal (wenn) mrs dretzd (geneckt) und gschbejddld (verspottet) haawa:
»Schwebla magsch koi (keine) Zwieblassubb« (Zwiebelsuppe)!
Ejla, frogg (fragt) dr Bua awr weiddr, wiasou (wieso) kimmbs (kommt es),
daß d'Boara z Brugg (Fürstenfeldbruck) und z Mingka (München) dinn
ins o (auch) als Schwoowa schimpfa (schimpfen),
bal mr rejda wia ba (bei) ins drhua« (daheim)?

Mei liawr Bua, hoddn (hat ihn) s Ejla dreaschd (getröstet),
dejs isch a gschbessiga (gespaßige) Gschiachd (Geschichte),
Kraad (gerade) Unddrländar sens, dej Möüddl (junge Stiere),
dej wou ins als Schwoowa arg varschbejddla (verspotten)!
Awer Biawla, loß dr dejs idd (nicht) zucke (nahegehen), mork (merke) dr:
Mi (wir) schweewla (schwäbeln) idd und diana (tun) o idd mööddla (reden wie
die »Unterländerbüffel«).
Mi rejda ganz an eigana Schbrooch (Sprache)
am Lejchrua (Lechrain), do wou insr Huamad (Heimat) isch.

Es sind also nicht nur die östlichen Nachbarn der Lechrainer jenseits von Ammer, Ammersee und Amper, deren Spott wegen ihrer etwas andersartigen Mundart sie sich ausgesetzt sehen, sondern auch die in ihren Augen grobschlächtigeren »Unterländer«, die nördlich der Eisenbahnlinie Mering – Fürstenfeldbruck beheimatet sind. Auch von ihnen fühlen sich die Lechrainer zu Unrecht angegriffen und unterschätzt, weshalb sie von den Verspotteten auch nicht sehr freundlich als »Möltl« tituliert werden. Keinesfalls aber wollen die Lechrainer als »Schwaben« gelten, über die sie sich nach Fried »grundsätzlich überlegen und erhaben« fühlen.

Um diesen Sachverhalt richtig erfassen zu können, bedarf es allerdings einer Klarstellung des Begriffs »Lechrain«. Der eigentliche Historiker dieser Landschaft, Johann Georg von Lori, hat 1765 darunter das Land zu beiden Seiten des Lechs verstanden, in seiner ganzen Länge von Füssen bis Rain am Lech. Dieser Auffassung haben auch wir von Anfang an Rechnung getragen, um über den Lech nach Westen ausgreifende Sprachmerkmale weiterverfolgen zu können. Demgegenüber herrscht sowohl bei Sebastian Münster (1550) wie bei den späteren Historikern und Berichterstattern die Meinung vor, daß der Lechrain nur ostlechisches Gebiet umfasse. Insbesondere ist dies die Meinung derer, die sich selbst »Lechrainer« nennen und unter ihrer engeren Heimat nach Fried (Nr. 18, S. 287–295, besonders S. 293) etwa das Gebiet der ehemaligen Landkreise Landsberg und Schongau verstehen. Darin habe mindestens noch vor wenigen Jahrzehnten unter der dort ansässigen Bevölkerung ein eigenes »lechrainisches Bewußtsein« bestanden, weil sie ihre Mundart als »Sproch für si sölwr«, als eigenständige Mundart, als ursprünglich und urtümlich anmutenden Dialekt begriff. »Angesprochen auf ihre eigentümliche Mundart, die weder ganz baierisch und noch schwäbisch klingt, und befragt, ob sie nun Baiern oder Schwaben seien, bekam man zur Antwort: Bayern wohl, aber was die Sprache angeht, sind wir halt ›Lechrainer‹ (S. 291)«. Fried zitiert in diesem Zusammenhang einige bemerkenswerte Stellen aus den »Statistischen Aufschlüssen über das Herzogthum Baiern« aus der Feder des kurbayerischen Staatsrats Joseph *von Hazzi* aus dem Jahre 1802: Im Gericht Mering seien die großen hageren Männer meist blau gekleidet und gleichen immer mehr den Schwaben, »deren Sprache sie beinahe ganz haben«. Mit Kissing könne man den »wohltätigen Lechrain als geendet« ansehen. Die Bewohner des Gerichtes Aichach werden hingegen sehr verschieden von den Lechrainern geschildert: die Männer klein und dunkelhaarig, die Frauen ebenso kleinwüchsig und mit »wilden Zügen«. Die Bewohner des Gerichts Schongau »tragen sowohl dem Karakter als der Kleidung nach das Gepräg der Mischung, halb schwäbisch, halb baierisch...« (S. 289). Bezeichnend für das Sonderbewußtsein des Lechrainers war es (nach Fried S. 291), »daß er sich auch gegenüber den Baiern abgrenzte, obwohl er sich durch und durch als solcher fühlte und sein baierisches Überlegenheitsgefühl bei jeder Gelegenheit dem Schwaben gegenüber zum Ausdruck brachte«. Der Lech galt dabei als die unverrückbare Grenze.

Zur sprachlichen Situation des Lechrains im engeren Sinne folgendes: In der Tat fächert sich die außerordentlich starke Sprachschranke zwischen dem Bairischen und Schwäbischen vom unteren Lech her südöstlich Augsburgs und südlich Friedbergs in unverkennbarer Weise auf: rein bairische Sprachmerkmale treten in südöstlicher Richtung auf den Ammersee zu zurück und geben damit Sprachformen aus der schwäbischen Nachbarschaft Raum. Hier sind vor allem zu nennen die nicht zu *o*-Lauten verdumpften *a* (»Tag«), die unbairischen Umlaute dazu (»*Greesla, Kees*« statt »*Graasla, Kaas*«), die stets vokalische Endung *-a* für unbetontes »*-en*«, das so häufig vorkommende Hilfszeitwort *isch* (»ist«), wohl auch die Pluralform *sen* »sind« statt *san, sain* und *han*, die Verkleinerungssilbe der Einzahl *la* statt bairischem *-l*, das Ersatzwort für den »Dienstag« *Aftermontag* statt des bairischen *Merda*, die zwar nicht häufigen, dafür aber um so auffälligeren, nur im Alemannischen beheimateten Wörter mit *sch*- und *s*-Umlaut (*wäschɒ* »waschen«, *Äschɒ* »Asche«, *Fläschɒ* »Flasche«), ja sogar *Nees* »Nase« und *Bääs* »Base«, die allerdings im Aussterben begriffen sind. Etwas problematisch bleibt, ob die sonst nur linkslechisch vorkommenden Kontraktionsformen für »sagt, gesagt« *(sejd, gsejd)* hierher zu rechnen sind. Diese und noch manch andere sind Sprachmerkmale, die sowohl bei Laien wie auch bei Sprachforschern zu der Überzeugung geführt haben, daß die Lechrainer »schwäbeln«, also zumindest keine unverfälschte bairische Mundart sprechen.

Andererseits liegen den lechrainischen Mundarten ebenso unverkennbar bairische Sprachformen zugrunde, die teilweise sogar bis zu 10 Kilometern nach Westen über den Lech hinaus greifen, wie beispielsweise bei den mhd. *ei*, die im bairischen Osten *ɒɒ*, im schwäbischen Westen aber *ɒi* oder *ai* lauten, also *brɒɒt* »breit« gegenüber schwäbischen *brɒid* oder *brait*. (Die *ɒɒ* sind schon in Ellighofen, Asch, Leedr, Ingenried, Roßhaupten, Hopferau, Weißensee und Füssen zu hören.) Ähnlich liegen die Verhältnisse bei den mhd. *î, iu* und *û*, die im Lechrainischen nicht wie im Schwäbischen *ɒi* und *ou*, sondern *ai* und *au (Waib, Haus)* lauten, sowie den mhd. *ë*, bei denen schwäbischem *äɒ* bairisches *e* oder *ej* gegenübersteht, also für »Leder« *Läɒdr* statt bairischem *Leedr* oder *Lejdr*. Ganz besonders aber erweisen, mit Ausnahme der Gegend um Füssen und Schwangau, die alten Zweizahlformen der Fürwörter

»ihr« und »euch« *e(j)s* und *eng(ch)* gegenüber schwäbischem *i(ə)r, di(ə)r* und *ui(b)* die uralte bairische Herkunft. Ferner zeigen, wie bereits berichtet, bei den häufigen Zeitwörtern »gehen, stehen« die östlichen e-Formen am Lech eine klare Abgrenzung gegenüber den westlichen Formen mit *a, au, o, ou*. Nur rechtslechisch ist der Schwund der Beugungsendung -t bei Zeitwörtern wie »kommt« und »gesagt« *(kimpp, gsagg)* anzutreffen, während linkslechisch kein halbvokalisiertes (»Diessener«) *l* wie in *wü^{l}d* »wild« und *Fö^{l}d* »Feld« zu hören ist. Ähnlich steht es um die mundartlichen Formen für mhd. *e, ë, ö und o*, die als *ej* und *ou* in Wörtern wie »reden, Knecht, Öfen, Hof« allerdings nur im Nordteil des östlichen Lechrains (etwa bis vor Landsberg und zum Ammersee, s. unsere Linie 15a!) und im äußersten Süden um Mittenwald, immer aber nur östlich des Lechs, zu hören sind. Auch für einzelne Wortteile, wie für Endsilben (z.B. die Endung *-in*) bildet der Lech wenigstens teilweise eine Grenze zwischen dem Lechrainischen und dem Schwäbischen. Natürlich trifft dies auch auf ganze Wörter und Namen zu. So wird hier gerne auf den in den Mundarten verschiedenen Namen des »Katers« hingewiesen, der auf dem östlichen Lechrain besonders als *Koder, Kouder* und *Kodv*, nordöstlich Augsburgs jedoch als *Leal* oder *Lial* auftritt, im schwäbischen Westen dagegen *Katzabǫǫlv, Bǫǫlv, Bǫǫli* und *Baulv*, nordwestlich Augsburgs bis über Dillingen und Donauwörth hinaus aber vorwiegend *Kuuder* genannt wird. Westliche Formen wurden mir aber auch aus der Wies, Rottenbuch und Wildsteig gemeldet. Sicher ist hierzu das sowohl als Umstands- wie als Bindewort verwendete Wörtchen *ba(l)* in den Bedeutungen »wenn, falls, sobald, beinahe, fast, bald, demnächst« zu zählen, das linkslechisch in dieser Form ganz ungebräuchlich ist, im Bairischen jedoch überaus häufig und vielseitig verwendet wird. Hierzu einige Beispiele: »Bal i kimm. Balsch forddi bisch. I hedd bal mein Nama nimmer gwißd. I kimm bal varbei.« Das hier verwendete Zeitwort »kommen« wird übrigens westlich des Lechs ebenfalls in anderen Formen gebraucht als ostlechisch, nämlich westlich mit den Vokalen *o* und *u*, östlich *i, e* und *ej*.

Der Lech bildet also nicht bloß nördlich Augsburgs, sondern auch südlich davon eine, wenn auch vom Norden verschiedene Sprachgrenze. Georg Moser (Nr. 57, S. 95) will zwischen Kissing und Kaufering über 500 sprachliche Unterschiede, wohl vor allem wortkundlicher Art, festgestellt haben, ohne sie jedoch nach Osten ins rechtslechisch-bairische Gebiet hinein weiter zu verfolgen. Leider hat sich bis jetzt niemand dieser sicher sehr mühsamen und zeitraubenden Aufgabe unterzogen. Immerhin unterstützt diese Feststellung die These der Lechrainer, daß sie eine »Sproch für si sölwer«, eine eigenständige Mundart hätten, die sich sowohl vom schwäbisch-alemannischen Westen wie vom vollbairischen Osten, aber auch von der Sprache der »Unterländer« und wohl auch der im Altlandkreis Füssen, wenn nicht schon der südwestlich des Ammersees unterscheidet. Fried (N. 16, S. 286f.) führt dafür folgende Argumente an, die uns teilweise schon bekannt sind:
a) Entwicklung von mhd. *e* vor *r* zu *a* (Berg > *Barg*, werfen > *warfa*), von mhd. *o* vor *r* zu *a* (Dorf > *Darf*, Orgel > *Argl*),
b) mhd. *l* als verdumpftes *ü^l* (*Föüd* »Feld«, *Göüd* »Geld«),
c) bei einer Reihe von Hauptwörtern eine Mehrzahlendung auf *-ach* (sog. Kollektivplural, z.B. *Hennach* »Hennen«, *Wegach* »Wägen«; aus Merching *Diarach* »Mägde«), bei M. Lechner, Karte 28: *Khejdach* »Ketten« gegenüber östlichem *Khejnv*;
d) erhalten gebliebenes germanisches *-h-* im Inlaut (*zejcha* »zehn«, *Weichar* »Weiher«) und stark aufgerauhtes (affriziertes) germ. *k* (*Kchurcha* »Kirche«); diese Lautung ist jedoch auch auf einem größeren Bereich rechts-und linkslechisch verbreitet!);

e) die mhd. Verkleinerungsform *-lîn* am Lechrain teilweise noch erhalten *Melin* »Mädchen«, *Kchealin* »Milchschüsselchen«; (hierfür liegen dem Verfasser allerdings nur Belege aus Todtenweis vor);
f) selten anzutreffende Diphthongierungen (*zoucha* »gezogen«, *louffa* »laufen«, *fej* »fein«, *kchejt* »gehabt«),
g) spärlich erhaltenes sehr altes Wortgut (*Kchloutza* »Fensterladen«, *foocha* »fangen«, *ejn-kenta* »im Herd oder Ofen Feuer machen«, Lehnwort vom lat. incendere),

Ich selbst kann diese Liste noch leicht um einige Punkte erweitern:
a) Die Lautgruppe *ar* wird nur im Gebiet des engeren Lechrains zu *or* verdumpft: *Gorddɒ* »Garten«, *Boort* »Bart« (dies weist sogar Karte 2 des Fischerschen Atlas Nr. 10 aus),
b) weder nördlich noch südlich des engeren Lechrains wird die Lautgruppe *ei + Nasal* zu ua^n gesenkt: $Lejchrua^n$ »Lechrain«, hua^nli »heimlich«, $drhua^n$ »daheim«, $kchua^ndsi$ »minderwertig, abscheulich«, aus »keinnützig« zusammengezogen);
c) *e*, *ä* und *i* vor *ch* aus germ. *h* werden zu *ea* und *ia* diphthongiert (*neacht* »gestern«, *zeach* »zäh«, *Gschiachd* »Geschichte«);
d) mhd. *ë* als *ej* (*lejwɒ* »leben«, *Drejkch* »Dreck«, *Khnejcht* »Knecht«);
e) mhd. *an* als aa^n gegenüber östlichem ao^n und oo^n (Maa^n »Mann«, Zaa^n »Zahn«)
f) mhd. *ir* als *ur* (*Kchurch* »Kirche«, *Furddɒ* »Fürtuch, Schürze«);
g) mhd. *ou* als *o* gegenüber östlichem *a* (*oo* »auch«, *Schdoob* »Staub«);
h) mhd. *öu* als *e* gegenüber östlichem *a* (*Schdree* »Streu«);
i) auslautendes *l* erhalten gegenüber östlicher Vokalisierung (*Dɒl* »Teil« gegenüber östlichen *Dɒi* und *Dɒʋ*);
k) *r* in schwachtoniger Endsilbe *-er* erhalten geblieben (*Fuɒdr* »Futter«, *Kchoudr* »Kater«, *Kchlɒʋschdr* »Kloster«) gegenüber östlich zu *-a* vokalisiertem »r«;
l) erhaltenes *-nd-* in *gschdandɒ* »gestanden« gegenüber östlichem *gschdannɒ* oder *gschdaonɒ;*
m) *haawɒ* »haben« gegenüber östlichem *ham* oder *hom;*
n) *gwejs* »gewesen« gegenüber östlichem *gwejn;*
o) *Mellɒ* »Mädchen« gegenüber östlichem *Malɒ* oder *Maa(d)l.* Diese Benennung ist für den Lechrain im engeren Sinne besonders kennzeichnend. Michael Lechner (Nr. 48) gibt auf Karte 35 als östliche Begrenzungsorte an: Ottmaring, Bachern, Rohrbach, Holzburg, Eismannsberg, Zillenberg, Weitenried, Baindlkirch, Tegernbach, Mittelstetten, Haspelmoor, Nassenhausen, Luttenwang, Adelshofen, Pfaffenhofen, Jesenwang, Kottgeisering, Eching. Weiter gilt offenbar das Westufer des Ammersees als Ostgrenze. Meine Belege nennen auch noch Rederzhausen, Gagers und Utting (nicht jedoch Rohrbach). Auch Schweizer meldet für Diessen *Mälla.* So weit folgt die Grenze unserer Linie 1, wobei der Lech die Westgrenze des Verbreitungsgebiets ist. Landsberg spricht *Madlɒ;* Kaufering, Pitzling, Schongau, Birkland, Rottenbuch, Ursprung, Steingaden, Fronreiten, Wies und Wildsteig sagen schwäbisch *Määdlɒ*, Peißenberg, Oberammergau, Garmisch-Partenkirchen, Mittenwald, Neuleutsch und Zirl gebrauchen das echt bairische *Maadl. Mellɒ* bleibt also Sonderform des engeren Lechrains.
p) Ähnlich gibt es noch Dutzende von Wörtern, die für den engeren Lechrain besonders kennzeichnend sind. Aus Zeit- und Raumgründen muß ich mich hier jedoch auf die Nennung nur noch eines einzigen Wortbeispiels beschränken. Es ist der im engeren Lechrain übliche Name für den Wetzsteinbehälter, der dort *Schduafuaddr* lautet, aber

sicher auch wegen des geringeren Gebrauchs der Sense allmählich selten wird. M. Lechner gibt dafür in Karte 67 ein nicht genau begrenztes Verbreitungsgebiet an. Östlich davon findet sich der Name *Kumpf,* der aber auch im Schwäbischen ziemlich weit bekannt ist, wie sich dies dem schwäbischen Wörterbuch von H. Fischer (IV, 836) entnehmen läßt. Weiteres einschlägiges Wortmaterial findet sich bei Wölzmüller (Nr. 89), für Mering auch bei Knittel (Nr. 51). Wie schon berichtet, bietet Wölzmüller in seiner Magisterarbeit (Nr. 88) in einem west-ötlichen Querschntt eine dialektgrammatische Darstellung seiner lechrainischen Heimatlandschaft, die sich auch mit wortkundlichen Problemen befaßt. Der Mundartforscher Gregor Spannagl, selbst Philologe, bot mit einigen Aufsätzen interessante Einblicke in seine ebenfalls dem engeren Lechrain angehörige Heimatmundart von Hörbach. Ihm verdanke ich die briefliche Mitteilung, daß er zwecks Aufhellung der Beziehungen dieses Dialekts zu den Nachbarmundarten eine kleine wortkundliche Statistik angelegt habe. Von einer »Zufallsauswahl« von 182 Wörtern habe sich ergeben, daß 43 schwäbischen, 32 bairischen und 107 »eigenständigen« Aussprachecharakter gezeigt hätten. Wenngleich dieses Untersuchungsergebnis aus einem Material nur beschränkten Umfanges stammt und als solches m. W. noch nicht veröffentlicht und überprüft ist, könnte es als Stütze der Friedschen Hypothese von der weitgehenden Eigenständigkeit des lechrainischen Mundartbereiches dienen. Denn der Anteil von 24 % schwäbischen, 17 % bairischen und 59 % »eigenständigen« Sprachguts ist zweifellos sehr bemerkenswert. Aber eine solche Untersuchung erfordert eine genaue, noch viel materialreichere Überprüfung, die allen dafür erforderlichen Kriterien genügt, zumal Stammesbegriffe nach wie vor sehr umstritten sind. Zu warnen ist auch vor auf nur ungenügendes Beweismaterial gestützen sprachlichen und insbesondere historischen Erklärungen. Deshalb muß das Bestreben der bevorstehenden Forschungen auf möglichst umfassende und engmaschige sowie zeitlich festlegbare Materialsammlungen ausgerichtet sein.

Auch wenn die jetzt laufenden Sprachatlasunternehmen nicht ganz diejenige Belegdichte liefern, die sich Dialektgeographen, Sprachhistoriker und insbesondere Historiker mit Rücksicht auf die Territoriengeschichte wünschen, werden sie schon durch die Fülle des Materials viele bisher bestehenden Forschungslücken zu schließen vermögen und insbesondere ganz neue, bisher unbekannte Materialansätze liefern, die dann Gelegenheit bieten, noch bestehende Probleme leichter weiter zu verfolgen. Selbstverständlich wird dazu auch die Verbindung zu Nachbar- und Hilfswissenschaften dringend erforderlich sein.

Daß mit ungenügendem Belegmaterial verlässige Deutungen nicht möglich sind, dafür hat selbst ein so renommierter Sprachforscher wie Adolf Bach (Nr. 1, S. 105) einen Beweis geliefert, wenn er folgendes schreibt: »Der Lech z. B., die alte Grenze zwischen Bayern und Alemannen, ist seit nahezu 150 Jahren nicht mehr bayr. Staatsgrenze; er bildet daher heute kein Verkehrshindernis mehr. Die einst sehr scharfe Lechgrenze ist *infolgedessen neuerdings zu einer breiten Grenzzone ausgefasert...*« Er glaubt damit, ohne auch die *a/o*-Linie zu erwähnen, daß die Grenzen für Aftermontag/Ertag (Linie 14), isch/is (Linie 17), und sogar fescht/fest erst im Laufe des vergangenen Jahrhunderts festgeworden seien. Daß er den Bericht Joseph von Hazzis aus dem Jahre 1802 nicht kannte, darf ihm nicht zum Vorwurf gemacht werden. Daß er aber einem so gewissenhaften Forscher wie Johann Andreas Schmeller zutraut, solch schwerwiegende Tatsachen übersehen zu haben, ist peinlich. Immerhin hat Bach seine 1934 (S. 46) vertretene These, »die Vorstellung, daß Mundartgrenzen im Zusammenhang stehen mit den *Stammes- und Gaugrenzen* des alten Deutschland«, sei wohl ein für allemal abgetan, in der Auflage von 1950 (S. 95) einer gründlichen Revision unterzogen: »Dennoch vollzieht sich Bildung und Wachstum der Mdaa in der Tat noch heute *auf der Grundlage der Stammeszeit.* Ihrem ›stammhaften Gefüge‹ sind unsere heutigen territorial bedingten sprachlichen Kerngebiete in vielem Wesentlichen noch immer eingelagert... Trotz aller Kulturströmungen und Strahlungen dürfen die alten StammesMdaa *als beharrende Grundlage der Entwicklung* nicht vergessen werden... es kann kein Zweifel darüber aufkommen, daß etwa Formen wie bayr. *ös, enk* »ihr, euch« oder das alte Lehnwort *Ertag* »Dienstag« in die bayr. Stammeszeit zurückweisen.« Daß die ungemein starke Mundartschranke am unteren Lech zwischen Augsburg und seiner Mündung auf der alten Stammesgrenze zwischen Baiern und Alemannen beruht, ist bisher kaum in Zweifel gezogen worden. Um so schwieriger ist die Ausfächerung südöstlich von Augsburg und Friedberg zu erklären, zumal dort sowohl von Forschern wie auch von Laien schwäbisch-alemannische Einflüsse nicht in Abrede gestellt werden können. Wir dürfen uns dabei auch wieder der sicher nicht oberflächlichen Beobachtungen von Hazzis erinnern. Unbestreitbar ist der in dieser Gegend noch in lebhafter Erinnerung befindliche Dinkel- oder Fesenanbau (Wölzmüller, Nr. 89, S. 41 u. 108), der vor allem bei den Alemannen verbreitet war. Der Name »Fesen« ist auch nur in der Gegend seines Anbaues besonders bekannt. Mir liegen dafür Belege von Hörmannsberg über das westliche Ammerseegebiet bis Fronreiten vor. Daß der Ostwind sowohl auf dem östlichen wie auch dem westlichen Lechrain noch immer *Boarwind* »Bayerwind« heißt, läßt darauf schließen, daß sich die Lechrainer trotz aller entgegenlautenden Beteuerungen nie als echte Vollbaiern gefühlt haben; denn nach sich selbst benennt niemand eine Bewegung, die auf einen zukommt.

Von sprachlichen Fakten, die auf alemannische Herkunft hinweisen, war schon wiederholt die Rede. Hier sei noch einmal auf das sonst nur im alemannischen Sprachgebiet nachweisbare Vorkommen des sogenannten *sch-* und *s*-Umlauts eingegangen, das sich deutlich über den östlichen Lechrain in nicht geringer Ausdehnung erstreckt. Zunächst ist es nicht verwunderlich, daß die Belege von Gagers bei Friedberg den Lech aufwärts bis Steingaden reichen. Sie lauten *wäschə* »waschen«, *Äschə* »Asche«, *Nees* »Nase«, *Bees* »Base«, in Böbing sogar *Fläschv* »Flasche«, *Däschr* »Tasche« und *Wääsv* »Torf«. Lediglich die Städte Landsberg und Schongau nehmen sich davon aus. Eigenartigerweise berichtet Ibrom (Karte 102) sogar noch von einem nördlicheren Vorkommen des *sch*-Umlauts, jedoch in dem Bereich nordöstlich unserer Linie 1, wo mhd. *a* bereits zu *o*-Lauten verdumpft ist und der Umlaut hiervon nicht wie im Süden *ä* sondern *a* (*Waaglv, Graaslv, Haaslv, Baaslv*) lautet. Auch dort hat Ibrom die umgelautete Form *Aschn* südlich einer Linie von Todtenweis über Aindling, Motzenhofen, Ober-Unterschneitbach, Gallenbach, Sielenbach bis Tödtenried vorgefunden, die Form *waschn* ebenfalls ab Todtenweis, Aindling, Igenhausen, Oberschneitbach, Nisselsbach und weiter bis Tödtenried. *Daschn* »Tasche« fand er erst weiter südlich in Derching, Haberskirch, Unter-/Oberzell, Rettenberg, Harthausen und Paar vor. Für »Flasche« und »Nase« hörte er jedoch nur die nicht umgelauteten Formen *Floschn* und *Noosn*.

Wie viele andere Sprachprobleme ist dieses unerwartete Vorkommen schwer erklärbar. Wir müssen es einstweilen mit der Feststellung des Tatbestandes bewenden lassen.

Ein kurzes Wort sei noch den anscheinend von allen Ostlechrainern verachteten und gemiedenen Schwaben gewidmet. Diese Geringschätzung geht sicher auf Jahrhunderte zurück und dürfte ihren Hauptgrund im ruhmlosen Untergang der Staufer haben. Seitdem ist das ehemalige Herzogtum Schwaben Beuteobjekt landhungriger Territorialherren gewesen und geblieben, bis Napoleon den Rest der »Konkursmasse« dem neuen Königreich Bayern einverleibte. Ein Zusammengehörigkeitsgefühl der Schwaben, erst recht der heute bayerischen Schwaben, ist so niemals entstanden. Auf den Bühnen spielte der angeblich stets tölpelhafte Schwabe nur die Rolle des Hanswursts. So kam es, daß kaum ein Allgäuer, Rieser, Württemberger, erst recht kein Badener oder gar ein Schweizer schwäbischer Herkunft sein will, obwohl die Sueben (= Schwaben), schon von Caesar genannt, einer der volkreichsten und kampfesmutigsten germanischen Stämme waren. Die Alemannen, erst 213 ebenfalls in kriegerischer Auseinandersetzung mit den Römern genannt, sind ja nur ein kleiner Teil der suebischen Nachkommen. Anscheinend gehört heute Bekennermut (oder Minderwertigkeitsbewußtsein?) dazu, sich als ostlechischer Schwabe zu bezeichnen. Da hatte es der westlechische Oberbayer in Holzhausen bei Buchloe leichter, von sich zu sagen: »Miər khäərət zwaar nǫǫch Oobrbaerə, sind aabr Schwoobə.« Immerhin gibt es noch einige Mundartdichter, die ihr Schwabentum sogar verteidigen. So Poldl Schuhwerk aus Türkheim (Nr. 78, S. 13: »Wia a Kletta an 'ma Gwand hängt mei' Heaz am Schwaubaland!« oder Alois Sailer aus Lauterbach (Nr. 65, S. 38 f.): »I ben a Schwob ond mag mei Hoimat geara. Ond allas andre isch fer mi so fremd« und »Schwoba semmer, rechte Leit. Ons hommer jeda Gob (Gabe). Eahrle, pfiffe ond no gscheit, so isch a jeder Schwob«. Der Heimatdichter aus Leeder Harald Zahn (Nr. 79, S. 98) verfaßte sogar aus Protest gegen die Gebietsreform von 1972, die die »Fuchstaler« an Oberbayern angliederte, »'s Gmoadslied«, das nur zu lang ist, um hier mitgeteilt zu werden. Auch die Augsburger scheuen es bis heute kaum, sich Schwaben nennen zu lassen, obwohl gerade sie oft schwäbische Spracheigentümlichkeiten meiden. – Merkwürdigerweise haftet dem Begriff »Alemanne«, obwohl er genau genommen Pars pro toto ist, nicht der üble Beigeschmack wie dem Namen »Schwabe« an. Und wahrscheinlich nicht ohne Mitberücksichtigung dieser Tatsache (wobei gerne Johann Peter Hebel eine Initiative zugesprochen wird) hat sich die deutsche Sprachwissenschaft daran gewöhnt, »Alemannisch« als Haupt-, »Schwäbisch« nur als Teilbegriff gelten zu lassen, wozu später für die Zusammenfassung beider Teilbereiche der Terminus »Gesamtalemannisch« getreten ist.

Zur Wortkunde

Daß die Mundartgeographie auf die Wortforschung nicht verzichten kann, ist wohl selbstverständlich. Deshalb mußten wir auch die großen Sprachatlanten zu Rate ziehen.

Zunächst zum *Deutschen Sprachatlas*: Eine augezeichnete Veranschaulichung zum Verbum »gehen« stellt dazu Karte 106 mit der Befehlsform »geh!« dar. Sie enthält für das Lechgebiet die 3 Formen *gang/gea/ge* (von West nach Ost). Die Grenze zwischen den beiden ersten Formen folgt dem Lech von der Mündung bis Schongau, schwenkt dann etwas zur Ammer ab, umgeht den sogenannten Pfaffenwinkel und die erst 1567 an Bayern gekommene Herrschaft Hohenschwangau und biegt südlich Füssen wieder westlich über den Lech zurück. Die östliche Grenze zwischen *gea* und *gee* verläuft etwas unregelmäßig von der Lechmündung südlich zum Ammersee, berührt das Südufer des Würmsees und biegt dann nach Südosten ab.

Die Grenzen für »Aftermontag/Ertag« und »ist« decken sich mit unseren Linien 14 und 17

(»Ammerseegrenze«), während die Grenze für »ihr, euch« (unsere Linie 13) eine Lechgrenze ist, allerdings auch mit Umgehung des Herrschaftsgebietes Hohenschwangau und der Stadt Füssen. Karte 89 »hoch« mit den getrennten Formen *hoach/houch* ist identisch mit unserer Linie 8, die bis zum Würmsee und darüber hinaus reicht. Karte 23 mit der Grenze zwischen *fescht* und *fest* fällt größtenteils nicht mehr in unseren Kartenbereich, berührt aber noch das westliche Weichbild Münchens. Karte 121 mit der Grenze für die Endung von »(dresch)en« entspricht unserer Linie 2.

Schon hier sei kurz erwähnt, daß Wrede das Übergangsgebiet zwischen dem alemannischen und bairischen Großmundartbereich durch die Grenzen für »ihr/euch« (also etwa den Lech) und »fescht/fest« umrissen hat, womit er übrigens das Münchnerische nicht als kern-, sondern als randbairisch kennzeichnete.

Nun zum *Deutschen Wortatlas* (Nr. 55): Ich hatte gehofft, daß dieses umfängliche, 22bändige Werk noch mehr vergleichbares Wortmaterial für die Lech-, Ammersee- oder Würmseegrenze beisteuern könnte. Nicht einmal ein Fünftel der genau 200 dargestellten Wörter erweist sich für diesen Zweck einschlägig. Im Gegenteil zeigt ein Großteil der dafür in Frage kommenden Wörter keine echten Synonyme, sondern bloß lautliche Varianten oder geringfügige Abwandlungen des Beispielwortes. Ich habe sie trotz dieses Mangels teilweise hier herausgestellt, weil sie dennoch einiges auszusagen schienen.

(Ich zitiere die Wörter nach Band und Nummer des »Deutschen Wortatlasses«.) (Reihenfolge der Mundartbelege von West nach Ost: wo nötig, auch von Nord nach Süd. Abkürzungen: ll = linkslechisch, rl = rechtslechisch.)

»Mücke« (1,2): bis weit östlich des Lechs und über den Ammersee *Schnake*, im ll SW *Mugge* / rl bairisch *Staunze* (bei Ilmberger nicht erwähnt, jedoch bei Schmeller 2,799)

»Holunder« (3,5): stark ausgeprägte Lechgrenze: ll *Holder* / rl *Holler, Huller, Huier, Höier*. Also vorwiegend Lautgrenze für Konsonanz *ld*«, die jedoch den Lech zwischen Schongau und Füssen wenige Kilometer überschreitet

»Heuschrecke« (4,7): Grenze folgt nur ungefähr dem Lech; ll *Heischniggl, Heujucker, Heuschreckl* / rl *Heihupfer*. Zwischen Landsberg und Mindelheim reicht *Heihupfer* auch nach Westen ins Schwäbische (bairischer Verwaltungseinfluß?)

»Kröte« (4,11): Teilweise vom Lech geschieden, meistens aber Lechgrenze. ll *Kroot (Groot)* / rl *Brauz, Brooz, Brouz, Broaz* bis zum Inn. rl nur zwischen Schongau und Füssen *Kroot*

»Pate« (4,16): deutliche Lechgrenze, ll *Dot* (zwischen Wertach und Lech auch *Dotle*); rl bis zur Amper *Det*, weiter östlich *Göd*

»Roggen« (4,18): zeigt keine Beziehung zum Lech

»Ameise« (5,1): deutliche Lechgrenze; ll *Hagamois* / rl *Amoas, Oumas*

»Beule« (5,2): deutliche Lechgrenze; ll *Nulla, Knipfl* / rl *Binkel, Binggel*

»hageln« (5,3): beiderseits des Lechs *hageln*, rl auch *schauern*

»weibliches Kalb« (7,1): der Lech bildet nur im Unterlauf eine Wortgrenze, im übrigen Lautgrenze; ll *Kuahkälble* / rl von Lechmündung bis Nordspitze Ammersee *Kiaßl(a)*, südlich und östlich *Kuahkaibala*

»Ferkel« (7,4): Grenze folgt teilweise dem Lech; ll südlich der Donau *Duttensäule*, südlich Augsburg bis Füssen *(Milch-)Säule* / rl *Fackl(a), Facke* bis Österreich, im Lkr. Landsberg *Fekla*, beiderseits des oberen Lechs *Schweila*

»männl. Ente« (7,5): Lech bildet ziemlich genau die Grenze; ll *Anteler* / rl *Anterer* bis tief nach Österreich; bei Schongau und Füssen greift die Grenze etwas über den Lech nach Osten

»männl. Gans« (7,6): Meist bildet der Lech die Grenze; nördlich Augsburg ll *Gansger* / rl *Gai(d)l*; südlich Augsburg: ll *Gaus(el)er* / rl *Ganserer* (so in ganz Oberbayern); dazwischen beiderseits des Lechs *Ganser* ab Landsberg bis über Weilheim nach Osten ausgreifend

»Pflugwende« (8,4): Grenze folgt unregelmäßig dem Lech; ll *Anwander, Anwand, Anwander, Anwand* / rl *Einkehr, Amat, Voramat, Einkehr* (im Hauptteil Oberbayerns einschl. des Seengebiets und Münchens)

»irdener Topf« (8,6): nur teilweise Wortgrenze, Linie folgt der a/o-Grenze, ll *Hafa* / rl *Hofa* (für dieses aber auch *Wei[d]ling*)

»Himbeere« (10,3): ll *Ho(h)lbeer* / rl *Hoierbeer, Muibier, Moibiern, Moierbör*, nö Augsburgs *Moyerbör*; München u. Neuburg *Himbeer*, westl. Ammersee *Mollbeer*, um Füssen *Holbeer*

»Kartoffeln« (11,3): ll von N nach S: *Äbern, Erdäpfel, Erdbire, Kartoffel*, im Allgäu *Bodabira, Grumbir, Erdäpfel* / rl fast nur *E(r)däpfe(l)*

»Mohrrübe« (11,4): Grenze zwischen ll *gelbe Rüab(l)a* und rl *Geiruam* folgt nahezu der a/o-Grenze

»Baumrinde« (11,6 + 7): Die Grenze folgt fast der Linie 2 (Ammerseegrenze); ll *Rend, Rinda* / rl *Schoitn, Rindn*

»Mütze« (12,4): der Lech bildet keine Grenze; ll und rl *Kapp(a)*, östl. Ammersee dazu auch *Haub(m)* bis tief nach Österreich

»Pfriem« (12,6): nur Lautgrenze längs Linie 1: ll *Ahla* / rl *Ohl(n), Oil(n)*, nö Augsburgs auch *(N)öö* im Lkr. Aichach-Friedberg

»Kater« (13,6): Lechgrenze bis Schongau ziemlich ausgeprägt; ll *(Katza-)Baule* / rl *Learl* (längs des unteren Lechs), *Ko(u)dr*, südl. Schongau *Katza(-Pala)*

»Grummet« (14,1): rl Großgebiet *Groamat*, das südl. Augsburg über Lech und Wertach bis Kaufbeuren reicht; ll bis zur Iller *Auma(h)d*, südwestlich davon *Omad*; am oberen Lech *Gruamat*

»Heu wenden« (14,2): ll *umkehra* / rl *wenden*. Von Augsburg zieht die Grenze für *wenden* ostwärts zwischen München und Würmsee über die Isar bis ins Gebirge, sw davon ein großes Gebiet mit *umkehrn*

»jäten« (14,3): ll meist *eäta* / rl *ausgråsn*; südl. Augsburg zwischen Lech, Wertach und Ammersee *jäte*

»Eichelhäher« (15,1): ll *Nußjäck(el)* / rl *Eichelhäher*, ab Seengebiet *Nußkrätscher*

»Glucke« (15.5): ll bis über den Lech verbreitet *Bruətel* / rl und Allgäu *Bruathenn(a)*

»voriges Jahr« (16,6): der Lech bildet keine Grenze, rl nur *voarigs Johr*, das weit über Lech und Wertach bis Dillingen nach Schwaben reicht, westlich anschließend *feart*, an der unteren Iller *vorigs Jaur*

»Nachmittag« (16,8): Im allgemeinen gilt ll und rl *Namittag*, doch schiebt sich am östlichen Lechrain ein Streifen mit den Ersatzformen *Nowat, z'obats* und wieder *Nowat* über Ammer- und Würmsee und weiter ostwärts dazwischen

»Frühling« (16,11): ll bis etwa zum Lech *Früaling* / rl am unteren Lech *Auswärts*, südlich davon *Früahjohr* bis zum Würmsee

»Gurke« (17,2): ll und rl *Gugumer,* nur am mittleren und oberen Lech beidseitig *Gurka*

»Meerrettich« (17,5): Der Lech bildet die ungefähre Grenze: ll *Meerrettich* und rl *Kren(wurz)*; westlich des Ammersees greift *Meerette* etwas über den Lech

»Schnittlauch« (17,2): Nur Lautgrenze, die der a/o-Linie beinahe folgt; ll *Schniedling* und südl. *Schnittling* / rl *Schnilla, Schnilling, Schnittlauch* und südlich Würmsee wieder *Schnilla*

»Sauger« (Schnuller, 18,6): Grenzverlauf ziemlich weit östlich des Lechs; ll *Zapfa* / rl *Dietzl,* südl. Ammersee *Dutz(e)l,* dazwischen *Detzl,* am oberen Lech *Zuller*

»kämmen« (19,5): der Lech ist scharfe Grenze (mit Ausnahme östl. Füssen) für ll *strähla* und rl *kampeln* (letzteres in einigen lautlichen Spielformen)

»leihen« (19,7): nur Lautgrenze, ll Grenzverlauf sw Augsburgs, westl. der Wertach bis zum Illerursprung *lei(h)e* / rl *leicha,* südl. *leichn*

»Mund« (20,11): Grenze folgt im allgemeinen der a/o-Linie, biegt jedoch südl. des Staffelsees ganz nach Osten ab; sw Donauwörth *Gosch,* sonst ll *Maul* / rl *Mai* (Lautgrenze)

»weinen« (20,13): Vielerlei Formen ohne Betonung der Lechgrenze; ll von N nach S: *heinen, plärren, fuden, göllen, nearen,* westl. auch *bellen* / rl von N nach S: *blecken, heanen, pflennen* (östl. des Ammersees), *heanen, rearen,* weiter nach Osten zu: *woanen, zahnen, trenzen*

»zerrissen« (22,2): östl. der Lechmündung *zammgrissen*; die sonstige Grenze verläuft in der verlängerten Ammerseeachse: ll *vrrissa* / rl *derrissn* (also weit östl. des Lechs)

Rückblick und Ausblick. Der Lechrain als Saumlandschaft

Man kann jede Sprachlandschaft mit einem archäologischen Grabungsfeld vergleichen, in dem Bauschichten neben- und übereinander liegen, Baulinien verschiedensten Alters sich oft überkreuzen und zu verschiedenster Deutung Anlaß bieten. So setzt sich auch eine Sprachkarte wie die unsere aus Genzlinien sehr unterschiedlichen Alters zusammen, deren Entstehungsgründe stark voneinander abweichen können. Eine verlässige Deutung lassen sie erst zu, wenn das g a n z e Grabungsfeld bis auf den gewachsenen Grund restlos untersucht ist. Da in dieser Abhandlung versucht wurde, den derzeitigen, noch vielfach ungenügenden Forschungsstand kritisch zu würdigen, so soll hier auch kein Deutungsversuch gewagt werden, es sei denn an relativ unbedeutenden Einzelheiten.

Mundartgrenzen umschließen **Flächen**, innerhalb deren nur ein und dieselbe Sprachform (angefangen vom Laut über Lautverbindungen, Silben uws.) vorwiegend gebraucht wird. Da es nun viele Hunderte von unterscheidungsfähigen Sprachformen und damit von Mundartgrenzen gibt, muß es ebensoviele Flächen für diese Sprachformen geben. Ein einzelner Ort gehört also bezüglich der in ihm benutzten Sprachformen oft ganz verschiedenen Sprachgebietsflächen an. Insofern ist jede Mundartkarte zugleich ein Soziogramm, das die Vielheit der Beziehungen zu anderen Orten innerhalb dieser Flächen aufzeigt. Der Dialektologe wird also bei seinen Deutungsversuchen diesen Beziehungen nachgehen und sie in seine Überlegungen einbeziehen müssen, so verschieden auch die Gründe dieser »Beziehungen« (angefangen von der Stammeszugehörigkeit, sonstiger Herkunft, Verwaltungszugehörigkeit, über Verkehrsnähe, Gruppengeist bis zu bloßer Sympathie) sein mögen. Jedenfalls ist durchaus nicht immer die räumliche Nähe dabei ausschlaggebend.

Leider reichen die heutigen Kenntnisse der Sprachstruktur des Lechgebietes noch nicht annähernd aus, um größere Sprachräume und kleinere Sprachgebiete gegeneinander abgrenzen zu können. Dazu fehlt noch eine Vielzahl von Mundartgrenzen.

Bei den »Lejchruanern« (im engeren Sinn) mit ihrem Zusammengehörigkeitsgefühl wäre wohl eine sprachwissenschaftliche Begründung dafür erwünscht. Einstweilen scheint auf dem östlichen Lechrain eine Nord-Süd-Gliederung eher begründet als eine solche in West-Ost-Richtung. Auch die wortkundlichen Untersuchungsergebnisse haben sich eher als Verstärkung der Lechgrenze einerseits und der Ammerseegrenze andererseits erwiesen. Linie 15a, die nördliches *ej/ou* gegen südöstliches *e/o* aus mhd. *e/o* abgrenzt, ist offenbar zu wenig einschneidend und auffällig, um eine echte Abgliederung zu begründen. So bleibt einstweilen doch wohl nur eine provisorische Dreiteilung des östlichen Lechrains zu erwägen: 1) einen Nordteil von der Donau etwa bis zur Höhe von Augsburg und Friedberg, wo die starke Lechschranke nach Osten und Süden ausfächert, 2) einen Mittelteil von hier bis etwa zum Südufer des Ammersees, wo allerdings noch jede stärkere Mundartgrenze mit Ausnahme der Endung -*ar* (Nr. 16) fehlt, und 3) einen Südteil von hier bis zur bayerischen Staatsgrenze. Dies wäre allerdings mehr ein pragmatisches als ein sprachwissenschaftliches Vorgehen. Immerhin ließe sich dazu anführen, daß von Augsburg nach Süden hin die alemannischen Sprachelemente zunehmen, so sehr, daß im Südteil die Unterschiede zwischen West und Ost auf ein Minimum schrumpfen. Als Beweismittel dafür habe ich die 3 Gegenüberstellungen der Mundartproben als Anhang beigegeben. Es kommt in Zone 3 hinzu, daß die konsonantischen Tatbestände dort den Lech geradezu als Brücke erscheinen lassen. Die Orte des Pfaffenwinkels und der Herrschaft Hohenschwangau liefern dazu viele Beispiele. Sogar die schwäbische Verbalendung -*at* (aus mhd. -*ent*) erscheint dort in Ursprung, Wies, Fronreiten, Buching und Schwangau. Bruno Schweizer glaubte auch an einen Zusammenhang zwischen den im Mittelteil vorkommenden -*ach*-Pluralen und den Plural-Endungen der schwachen Feminina auf langes -*aa* schon in Peiting (*Garbaa*), wobei er den Schwund des auslautenden -*ch* voraussetzt. Eigenartigerweise setzen sich diese Bildungen nach Westen über den Lech ins Ober- und Westallgäu fort, wo der Plural beispielsweise in Ratholz am Alpsee *Khamraa*, *Khiirchaa*, *Fluigaa* lautet, der Singular aber die Endung -ə hat.

Fürs Westallgäu vgl. dazu Gruber (Nr. 25, S. 219f.), der allerdings das lange feminine Plural-*â* mit Braune (Nr. 96, §§ 207–209) als ahd. Relikt erklärt.

Wo übrigens das volle Mittelbairisch beginnt, ist m.W. nirgends nachgewiesen, so daß die Grenze zwischen dem östlichen Lechrain und dem Mittelbairischen bislang hypothetisch bleibt. Joseph Martin Bauer (Nr. 2) ist allerdings der Meinung: »*Heit konn's passier'n, daß mitt'n in Oitbayern von zehne drei oder viere oder no mehra des Boarische nimma so genau kennan... I hob des G'fuih, daß unsa oitboarische Sprach schö staad untageht.*« Und weiter: »Das Altbayerische ist eine so schwierige und – für den, der die Sprache einmal kennt – so kunstvoll gefügte Sprache, daß ein Vergleich mit dem Gefüge einer anderen lebenden Sprache soviel wie unmöglich ist. Man müßte diese Sprache von Grund auf lernen, um sie als Erachsener fehlerfrei zu gebrauchen. Das ist aber nur möglich, wenn das Kind am Rockzipfel der Mutter bereits jene Sprachgesetze in sich aufnimmt, die zu einem erheblichen Teil grammatikalisch gar nicht fixierbar sind.« Damit ist wohl einer der Hauptgründe angesprochen, weshalb die »Lejchruaner« von den »richtigen« Altbayern (*Boa'n*) als *Schwoom* tituliert werden: den *Lejchruanern* fehlte der altbairische Rockzipfel, d.h. sie wuchsen von früher Kindheit an in einer Umgebung auf, deren Sprachvorstellungen und Sprechmotorik von der

»altbairischen« Mundart verschieden war. Daß der »Altbaier« für solche Sprachunterschiede, die beim einfachen Laut beginnen, ein sehr feines Ohr und ein empfindliches Sprachgefühl hat, mußte ich schon mehrfach betonen. Eine aus München stammende gebildete Dame, die gegenwärtig im schwäbisch-bairischen Übergangsgebiet wohnt, zeigte sich mir gegenüber geradezu unglücklich, daß ihre beiden Kinder aus Kindergarten und Schule das helle »schwäbische« *a* mitbrächten, das in München nur als Umlaut (wie in *Kaas, zaach, Blaal* = »Käse, zäh, Blättlein«) gebraucht werden kann: jedoch keinesfalls in Wörtern wie »Tag, sagen, was«. Hier stoßen eben zwei verschiedene Artikulationssyteme aufeinander, die seltsamerweise bis heute nicht zu einem Ausgleich führten, weil die damit zusammenhängenden Lautvorstellungen und die Sprechmotorik zutiefst im Unbewußten verankert sind.

Auf die Rolle des Unbewußten beim Sprechvorgang hat Porzig (Nr. 62, S. 164 ff.) sehr deutlich hingewiesen. Zwar wird Sprache nicht angeboren, sondern angelernt. Aber in diesem jahrelangen Lernvorgang wird sie zu fast »eiserner« Gewohnheit, daß es eines langen Trainings bedarf, sich davon auch nur teilweise zu lösen. Bauer (Nr. 2, S. 11) geht entschieden zu weit, wenn er sagt: »Es ist bei uns Altbayern zwar nicht ganz so wie bei den Schwaben, die schon mit einer Gaumenbildung geboren werden, die ein anderes Sprechen als ein schwäbisches überhaupt nicht erlaubt. Eine Sicherung dieser Art ist in unsere altbayerischen Sprechwerkzeuge nicht eingebaut, und dennoch ist es einem Menschen, der auf dem Boden der altbayerischen Sprache herangewachsen ist, *im ganzen Leben nicht mehr möglich, ein Hochdeutsch zu sprechen, das nicht deutlich die Eigentümlichkeiten des Altbayerischen aufgeprägt trüge ... Leute wie ich, Bauernbuben aus dem Dorf, sind zweisprachig aufgewachsen und wissen sehr wohl, was es um diese Zweisprachigkeit ist, bei der fürs ganze Leben die erste dominant bleibt*« (S. 10). Damit ist zugleich erwiesen, daß unsere Mundarten keineswegs leicht veränderliche Gewohnheiten sind, »Flugsand«, wie schon gesagt wurde, der von jeder Wind- und Modeströmung mitgetragen wird. Sie wurzeln tief im Volksbewußtsein, besser gesagt: im Gedächtnis der Sprachgemeinschaften, worin mindestens in Einzelheiten manches viele Jahrhunderte überdauert hat. Trotzdem sind sie in ihrer Entwicklung, weil sie nur gesprochen, kaum geschrieben wurden, im ganzen moderner als die durch die Bindung an die Schrift gezügelte Hochsprache. Merkle (Nr. 52, S. 13) hebt z. B. in seiner »Bairischen Grammatik« hervor, daß das Hochdeutsche mit vier Diphthongen auskomme, während das Bairische deren elf und noch zwei weitere »unselbständige« Diphthonge habe, und dies, obwohl es durch die Entrundung von ö und ü zwei Vokale einbüßte. Allerdings hat es die mhd. Diphthonge *ie* und *uo* beibehalten und fünf neue durch Vokalisierung der Liquiden *l* und *r* geschaffen.

In einem Punkt (S. 98) kann ich Merkle nicht folgen: Bei der Frage, ob die pronominale Dativ-Endung *-m* durch die Akkusativ-Endung *-n* ersetzt werden könne, stellt er diesen Ersatz in Abrede (»der Dativ wird nicht etwa durch den Akkusativ ersetzt, er sieht bloß genauso aus«). Ein Altbaier mag solche Beispiele als Dative empfinden *(mid mein Hund zun Doggda)*, aber *mid den Kind zun Haus nei* sind nun einmal keine Dative mehr. (Was übrigens der Originalität des Bairischen nicht den geringsten Abbruch tut. Auch durch Mundfaulheit oder Abschwächung von *m* zu *n* läßt sich dies nicht genügend erklären.)

Zur **Struktur des Lechgebiets** läßt sich beim gegenwärtigen Forschungsstand wenig Beweisbares sagen. Bruno Schweizer bietet in Nr. 10 »Lech-Isar-Land«, S. 148 f., eine Vielzahl von Mundartgrenzen, ohne eine einzige zu benennen. Die ganze Landschaft östlich des Lechs bezeichnet er als »friedlichen Kampfplatz zwischen Bairisch und Schwäbisch«.

Kärtchen 1 soll die schwäbischen Einflüsse kennzeichnen, Kärtchen 2 (geringer an Zahl) die bayerischen Einwirkungen. Er nimmt dabei an, daß das ursprünglich alemannisch besiedelte Lech-Isar-Land inzwischen »bajuwarisiert« wurde. Kärtchen 3 »verrate« Altertümlichkeiten, die das Land mit Tirol gemeinsam habe. Kärtchen 4 zeige in »Zungengebieten« Gemeinsamkeiten mit den nördlichen Nachbarn und Kärtchen 5 »inselartige Gebiete«. Das Ganze, im einzelnen unbewiesen, geht über Spekulation nicht hinaus.

Ich selbst habe auf meiner Karte die wichtigsten der einigermaßen gesicherten Mundartgrenzen eingezeichnet. Sie zeigt eindringlich die ungemein starke Sprachschranke am unteren Lech, die sich dann südöstlich Augsburgs auffächert in eine schwächere Grenze, die im ganzen dem **Lech** folgt, aber die ganz wichtigen und uralten Grenzen *gân/gên* sowie *»ir, euch/es, enk* birgt, denen sich die für mhd. *ei* anschließt und die immer schwächer werdende für die Diphthongierungsformen von mhd. *î* und *û*. Dazu kommen nach dem »Deutschen Wortatlas« ungefähr gleichlaufende Wort- oder Wortformgrenzen für »Holunder, Heuschrecke, Kröte, Pate, Ameise, Beule, Kuhkalb, Ferkel, Erpel, Gänserich, Pflugwende, Kartoffeln, Kater, Eichelhäher, Glucke, Nachmittag, Frühling, Meerrettich, kämmen« (19).

Das nach Südosten zum **Ammersee** abschwenkende Linienbündel enthält sechs sehr wichtige Grenzen *(a/o, -en, gea/gee, [ge]sagt, Aftermontag/Mertag, isch/is)*. Ihnen folgen in etwa die Grenzen für die Wortformen »Mücke, Kiaßla, irdener Topf, Mohrrübe, Baumrinde, Pfriem, jäten, Nachmittag, Schnittlauch, Sauger, Mund, zerrissen« (12).

Die weiter östlich in der **Würmseegegend** verlaufenden Linien sind die für mhd. *ô (oa/ ou)*, *aussi* und *Pfeit*, denen sich Wort- oder Wortformgrenzen anschließen für »Pflugwende, Heu wenden, Nachmittag, Schnittlauch, Eichelhäher, Frühling« (6).

Es bleibt zu wünschen, daß die jetzt in Bearbeitung befindlichen Atlas-Unternehmen dieses Material wesentlich erweitern und vertiefen.

Wesentlich günstiger ist die Übersicht über die Struktur der linkslechischen Gebiete. Wir wollen sie kurz von Nord nach Süd erwähnen. Unmittelbar nördlich der Donau, etwa nördlich Höchstädt, habe ich 1938 die leider schon damals nicht mehr ganz geschlossene südliche Riesschranke (Nr. 61, Hauptkarte, und S. 335 und 244/345) nach dem damaligen Stand festzustellen unternommen. Doch hat sich in den vergangenen Jahrzehnten gezeigt, daß die Mehrzahl der dort eingezeichneten Linien inzwischen nach Süden zurückgewichen ist, eine Tatsache, die auch Ibrom (Nr. 29 und 30) mehrfach bestätigt fand. Es ist ein besonderes Verdienst Ibroms, daß er, abgesehen von einer schwachen Verbindung zur Lechschranke, die Fortsetzung für Kurz- und Langvokale nach Südsüdosten festlegen konnte (s. besonders Nr. 30, Karten 3 und 4). Die Grenze verläuft heute von Höchstädt westlich Wertingen, Zusamzell, Welden, Gessertshausen in die Südregion von Augsburg, umgeht außer Augsburg auch Bobingen und stößt nördlich Oberottmarshausen auf den Lech, dem sie dann bis zur Staatsgrenze bei Füssen und Schwangau folgt. Westlich dieser Grenze liegt das große Gebiet mit den echt schwäbischen Kennformen *gau^n, schdau^n, lau^n* und *hau^n*. Die Mehrzahlformen lauten östlich *gont*, westlich meist *gant*. Südlich einer Linie Unterjoch bis Wengen schließt sich unmittelbar das ober- und westallgäuische Gebiet mit den *-ong*-Formen an, das jedoch nicht mehr zum Lechbereich zählt.

Noch weiter südlich ab Hindelang, Burgberg, Alpsee zieht sich dann die niederalemannische Grenze für *Wüb* und *Hüüs* (unsere Linie 6) in nordwestlicher Richtung hin.

Leider ist unsere Grenzlinie 16 heute stark im Zurückweichen nach Süden begriffen, so daß sie für die Allgäuer Mundarten kein wesentliches Grenzmerkmal mehr darstellt.

Dagegen verdienen im Zusammenhang mit den westgermanischen und hochdeutschen Lautverschiebungen die germanischen Laute *h* und *k*, die wohl als älteste Sprachzeugnisse unserer Lechlandschaft anzusehen sind, unsere Aufmerksamkeit. Insbesondere der Infinitiv des Verbums »ziehen« nimmt ebenso die West- wie die Ostseite des Lechs in Anspruch, was auf ein besonders hohes Alter schließen läßt. Der Lech bildet hier sozusagen das Rückgrat für diese Lautentwicklung. Weniger die West- als die Ostseite nimmt das Verschiebungsgebiet für germ. *k* in Anspruch, wobei jedoch auch hier der Lech eine bedeutsame Grenzstellung einnimmt.

Zusammenfassend können wir also feststellen, daß der Lech sowohl eine Brücken- wie auch eine Grenzfunktion erfüllt. Er formt einen wesentlichen Teil der von uns behandelten Übergangslandschaft zwischen den beiden süddeutschen Großmundarten mit der Vielfalt der hier vorzufindenden Einzelmundarten, für die ein Sammelbegriff wie »Mischmundart« höchst ungeeignet ist. Adolf Bach (Nr. 1, S. 62) hat dazu treffend gesagt: »Solche Übergangszonen pflegt man als *Saumlandschaften* zu bezeichnen«.

So vielfältig die einzelnen darin wahrnehmbaren Mundarten sind, eine wesentliche Eigenschaft ist ihnen trotz ihres teilweisen hohen Alters von bald eineinhalbtausend Jahren und trotz aller bemerkenswerten Unterschiede bis auf den heutigen Tag geblieben: sie erweisen sich nach wie vor in den breiten Strom der deutschen Sprachgeschichte eingebettet.

Möge ihre Erforschung zur Förderung des Kenntnisstandes dieser höchst interessanten Landschaft einen zügigen und glücklichen Fortgang nehmen.

Als Desiderate hierzu scheinen mir Untersuchungen über die Verbreitungsgebiete des in den Arbeiten von Georg Moser (Nr. 57), Wölzmüller (Nr. 89), Knittel (Nr. 51) und Joseph Lechner (Nr. 47) angeführten bodenständigen Wortgutes besonders geeignet. Auch ein Vergleich mit der »Bairischen Fibel« von Ilmberger (Nr. 32) könnte hierzu nützlich sein.

Mundartmerkmale, die nur *rechtslechisch* vorkommen (in Auswahl):

1) Fürwörter »ihr« und »euch« als *e(i)s* und *e(i)nk*, »euer« als *e(i)nka* (ehem. Duale)
2) »Dienstag« und »Donnerstag« als *(M)Er(ch)ta* und *Pfinzta*
3) mhd. ei als ǫu (»Teig« als *Dǫṿg*); vor Nasal auch als *uaⁿ* (»Rain« als *Ruaⁿ*)
4) Fürwort »uns« weitgehend als *ins*, »unser« als *insa*
5) Zeitwörter »gehen/stehen« vorwiegend mit *e*- oder *i*-Formen
6) Zeitwort »ist« als *is* (in Lechnähe auch *isch*)
7) mhd. î und û als *ai* und *au* (»reiten, Taube« als *rai(d)n, Daum*)
8) starke Neigung zur Vokalisierung von *l* und *r* (»Feld, Silber« als *Fööd, Fejd, Süiwṿ*)
9) mhd. e und ö als *ej*, mhd. o als *ou* (»reden, Hof« als *rejda/rejn, Houf*) (diese Formen nur im Norden und äußersten Süden des Lechrains)
10) Schwund des Beugungs-*t* bei Zeitwörtern (»sagt, gesagt« als *sagg, gsagg*, »kommt« als *khimp*)
11) *n*-Formen beim pronominalen Dativ (zu*n* Wirt, auf'*n* Dach, mit'*n* Auto)
12) auffällige Erhaltung von germ. in- und auslautendem *h* (»Feile, leihen, Reh« als *Faichl, laichṿ, Rech*)

13) Verkleinerungsform im Westen *-la* (»Büblein« als *Biawla*), im Osten *-l* (»Rädlein« als *Raa[d]l*)
14) Schwund von Konsonanten: *gai* »gleich«, *au* »auf« (am Satzende), *-ria* »-ried« und *-bo̯o̯* »-bach« (in Ortsnamen), *Saaler* »Sattler«, *Khejnɒ* »Ketten«.

Mundartmerkmale, die nur *linkslechisch* vorkommen (in Auswahl):

(Wo die Stadtmundart von Augsburg abweicht, steht + vor der Nummer)

1) Unnasaliertes mhd. *a* hat ohne Rücksicht auf Quantität seinen Lautwert *a* beibehalten. Das Oberallgäuer Verdumpfungsgebiet bei Nasalverbindung (»Hand« *Hond*) grenzt nicht an den Lech.
2) Unnasaliertes mhd. *â* wurde im Osten zu *o̯*, westlich davon zu *au, ao* und *ou* realisiert.
+3) Die Zeitwörter »gehen/stehen« leiten sich hier von den alemannischen Kurzformen *gân/stân* her, denen sich zumeist die Kurzformen *lân* und *hân* angeschlossen haben. Ihnen entstammen die heutigen Formen gao^n, $schdao^n$, lao^n, hao^n, die südlich Augsburgs ab Oberottmarshausen den Lech nach Süden begleiten, ihn nördlich Füssen sogar etwas überschreiten.
4) Die Fürwörter »ihr, euch, euer« leiten sich von den mhd. Formen *ir, iu, iu(wi)ch* her.
5) Fürwort »uns« ist in den Formen *uns, ons, oo^s* und *əis* (letzteres umgelautet) realisiert. Das letztere begleitet den Lech von Leeder bis Füssen und überschreitet ihn dort etwas.
6) »st« lautet in allen Stellungen *scht*; Ausnahme Zeitwort »ist«, das auch ohne *t* vorkommt; »sp« lautet in allen Stellungen *schp*
+7) auslautendes unbetontes »-en« lautet *ɒ* oder *ə*
+8) häufiges Vorkommen von sch- und s-Umlaut (»waschen« als *wäschɒ*, »Nase« als *Nee^{n}s*)
+9) Verbalendung der Mehrzahl Gegenwart »-ent« häufig als *-ɒt* oder *-ənt* erhalten, ähnlich beim Mittelwort der Vergangenheit *(diɒ lo̯ffɒt, gfro̯o̯gɒt)*
+10) vom Norden her starke Neigung zur Senkung von mhd. *i* zu *e* und *u* zu *o*, auch in Diphthongen *ie* zu *eə* und *uo* zu *oə* vor Nasallauten *n, m* und *ng* (»Kind« als *Kend*, »Hund« als *Hond*), im Norden unter *n*-Schwund mit Ersatzdehnung (Hoo^nd), nach Süden und besonders Südwesten zum Allgäu hin abnehmend, jedoch ohne feste Grenzen
+11) Die früher zwischen Ries und niederalemannischer Sprachgrenze von Württemberg bis zum Lech reichende partielle Diphthongierung von mhd. *î, iu* und *û* zu *əi* und *ou* ist vom Lech her immer mehr in Angleichung an schriftsprachliches *ai* und *au* begriffen.
12) keine Vokalisierung von *l*
13) Vokalisierung von *r* nur in Sonderfällen (s. Ziff. 14!), bzw. im Allgäu
+14) In der Lautgruppe Vokal + *rst* erfolgt im größten Teil Bayerisch-Schwabens Schwund des *r* unter Ersatzdehnung des Vokals (Bürste als *Büscht*).
15) Anders als rechtslechisch ist die Endung des pronominalen Dativs im Maskulinum und Neutrum stets *m*, niemals *n* (im Haus).
16) Linkslechisch ist keines der sog. bairischen Kennwörter in Gebrauch. Das in Augsburg seit Jahrhunderten beheimatete Wort *Dult* dürfte daher nicht als solches gelten.

Mundartmerkmale, die *beiderseits* des Lechs anzutreffen sind (in Auswahl):

1) Der Genitiv (2. Fall) ist in beiden Mundarten gänzlich aufgegeben und wird durch Ersatzformen umschrieben (»das Haus von meinem Vater«).
2) Die 1. Vergangenheit (Imperfekt, Präteritum) des Zeitwortes, allerdings nur in der Wirklichkeitsform (Indikativ), fehlt beiden Mundarten ebenfalls und wird durch die 2. Vergangenheit ersetzt. Seltene Ausnahme bildet nur die Form »war«. Dagegen wird die Möglichkeitsform (Konjunktiv) der 1. Vergangenheit häufig angewandt (»hätte, wäre, ginge, sollte, täte«, oft sogar mit eigener Endung -ət oder -vd).
3) Entrundung von schriftdeutschen ö zu e (ostlechisch auch zu ej), von ü zu i sowie eu und äu zu ai (oder anderen Lauten). Neue mundartliche ö und ü konnten jedoch auf andere Art wiederentstehen (z.B. in Zwielauten und in Nachbarschaft von Liquiden).
4) Völliger Schwund unbetonter e in Endungen, Vor- und Zwischensilben (»Mäus, glebt, abrocha, vrgessa«).
5) Süddeutsches Geschlecht stimmt öfters nicht mit dem schriftdeutschen überein. Bairisch und Schwäbisch gelten dagegen: *der* Butter, Kartoffel, Schok(o)lad(e), Spalt, Spitz (statt die Spitze), Scherben, Rahmen, Zeh, Karren, Zwiebel, Socken, Gehalt, Einser usw., Gummi, Heuschreck(e), Pappendeckel, Petersil, Schneck, Schurz, Zacken; aber *das* Teller, Rohr, Keks, Eck, Email. Aber es gibt innerhalb einzelner Mundarten Geschlechsunterschiede (z.B. bei »Klee«).
6) Tendenz zur Dehnung mhd. Kurzvokale in Einsilbern (z.B. in Tag, Dach, Nacht, Loch); nach Süden zu abnehmend: Fisch, Tisch, Schnitt, Frucht.
7) Tendenz zur Dehnung mhd. Kurzvokale durch folgendes r (Bart, Wert); am wenigsten bei u.
8) Weitgehende Übereinstimmung des Adverbs »nicht«, wenn auch mit kleinen lautlichen Unterschieden: *id, iid, it(v), ed, eed, et, ejd*. Die etwas »gehobenere«, schon leicht übermundartliche, in Verkehrszentren verbreitete Ersatzform dafür ist *ned, net*. Stärkere lautliche Unterschiede zeigen die Formen für »nichts«, dessen überall verstandene »Normalform« *niks* ist (vgl. hierzu Fischer, Nr. 10, Karte 23).
9) Erhaltung der mhd. Diphthonge ie (= üe) und uo.

Die Stadtmundart von Augsburg und Umgebung

Wie bei allen Großstadtmundarten nimmt Augsburg als die größte und bedeutendste Stadt am Lech innerhalb der umgebenden Sprachlandschaft eine Sonderstellung ein. Sie weist sich zunächst in der Mundartkarte durch eine *Inselstellung* aus, die zwangsläufig dadurch entsteht, daß die Stadtmundart viele dort als grobmundartlich empfundenen Lautungen, Sprachformen und Wortarten meidet und durch »gehobenere« verkehrs- oder schriftsprachliche Formen ersetzt. Das hiervon betroffene Gebiet deckt sich keineswegs nur mit dem Verwaltungsbereich der Stadt, sondern begreift auch eine größere Zahl von Stadtrandgemeinden und kleineren Orten in sich, wo sich insbesondere in den letzten Jahrzehnten eine nichtbäuerliche Wohnbevölkerung niedergelassen hat, die großenteils ihrem Broterwerb in und um Augsburg nachgeht. Eine genauere Grenzziehung ist schon wegen der sich dauernd ändernden Verhältnisse soviel wie unmöglich. Deshalb kann hier auch nur auf die wichtigsten und auffälligsten

Sprachunterschiede des eigentlichen Stadtgebietes im Vergleich mit der umgebenden Sprachlandschaft eingegangen werden.

Merkwürdig ist dabei, daß Augsburg in früheren Jahrhunderten kaum eine nennenswerte sprachliche Strahlkraft auf die bäuerliche Umgebung ausgeübt hat, nicht einmal auf den schwäbischen Westen, geschweige denn auf den rechtslechischen bairischen Osten. Hierin kam wohl seit langem die auf vornehme Isolation bedachte Mentalität des ehemaligen Reichsstäderts zu Ausdruck und Wirkung. Umgekehrt waren die umgebenden Ortschaften so sehr in ihre territorialen Gemeinschaften eingebunden, daß die menschlichen Kontakte mit den Städtern nicht zu einem merklichen sprachlich-kulturellen Austausch führten. So blieb es bis heute bei der sprachlich insulären Stellung Augsburgs.

Sie äußert sich in vielen Einzelheiten:

1) Mhd. *â* wurde nach Birlinger (Nr. 4, S. 5) schon um 1862 nicht mehr wie sicher früher als *ao*, sondern als offenes *ǫ* gesprochen, während rechtslechisch dafür noch heute geschlossenes *o* gilt. Dagegen war vor den schwabenseitigen Toren Augsburgs nur *ao* gebräuchlich. Allerdings hat sich dieses in den letzten Jahrzehnten, wie ich in Nr. 61, S. 310, nachweisen konnte, um viele Kilometer zurückgezogen, so daß nur noch in den nordwestlichen Landkreisen Bayerisch-Schwabens ein Restbestand verblieben ist. In Augsburg spricht man also seit langem *Qǫbnd* »Abend« statt *Aobǝt*.

2) Für mhd. *ê* und *ô* hört man im Stadtgebiet nicht wie in der westlichen und östlichen Umgebung die Doppellaute *äʋ* und *ǫʋ* sondern schriftdeutsches *e* und *o (Schnee, rot)*.

3) Die mhd. *î* und *û* werden hier nicht wie im Hauptteil Ostschwabens als *ǝj* und *ou*, sondern wie in der Verkehrssprache als *ai* und *au (ao)* ausgesprochen.

4) Da es ein *ao* aus mhd. *â* nicht mehr gibt, sind auch die für das Schwäbische so kennzeichnenden Verbalformen *gauⁿ, schdauⁿ, lauⁿ* und *hauⁿ* mindestens seit dem letzten Jahrhundert in der Stadtmundart ausgestorben. Sie sind jetzt durch die der Verkehrssprache entnommenen Vollformen für »gehen, stehen, lassen, haben« ersetzt (*gääʋ, schdääʋ, lǫssʋ, haabʋ*), während die ehemaligen Langformen *gangʋ, schdandʋ* kaum noch zu hören sind.

5) Bei den mhd. Kurzvokalen *i* und *u* entfällt die Senkung vor Nasalkonsonanten (*Wind* statt *Wend, Hund* statt *Hond*.

6) Beim alten *ë* entfällt in allen Wörtern die in der Landaussprache übliche Diphthongierung zu *äʋ*. Die heutige Aussprache kennt hierfür ein meist halboffenes *ę* (»leben« als *lęębǝ*, »sehen« als *sęę(j)ǝ*, »Knecht« als *Gnächd*).

7) Schriftdeutsche *ö* und *ü* sind allgemein zu *e* und *i* entrundet, *eu* und *äu* zu *ai* (*Eefǝ* »Öfen«, *Reesle* »Röslein«, *Miil* »Mühle«, *driǝb* »trübe«, *Hai* »Heu«, *Laid* »Leute«, *Haisr* »Häuser«).

8) Für mhd. *ei* hat sich entgegen rechtslechischem Beispiel und Druck *ǫi* zäh gehalten (*Loidr* »Leiter, *broid* »breit«, in der Nasalierung als *oeⁿ* (*gloeⁿ* »klein«, *Schdoeⁿle* »Steinchen«). Eine Umlautform wie im Bairischen gibt es dazu nicht. Doch ist hierzu zu bemerken, daß im Jahre 1913 die zuvor oberbayerische Stadt Lechhausen nach Augsburg eingemeindet wurde, in der mhd. *ei* vorwiegend als *ǫʋ* gesprochen wurde. Dadurch hat sich dieses altbairisch anmutende *ǫʋ* in den ostlechischen Stadtteilen teilweise bis heute erhalten. Innerstädtisch herrscht jedoch das schwäbische *ǫi* vor. Eine lautliche Sonderstellung nimmt in Augsburg wie

auch in München das Wörtchen »nein« ein, das hier wie dort na^n oder verstärkt $nana^n$ lautet und wahrscheinlich auf dem Weg von Wien über München nach Augsburg und Schwaben gekommen ist. Ein lautgerechtes noe^n wird von niemandem gesprochen.

9) Mhd. *ou* lautet im heutigen Augsburg wie in der Schriftsprache *ao (au)*, jedoch mit vier Ausnahmen: »auch« wird als *ǫǫ*, »glauben« als *glǫǫbə*, »kaufen« als *khǫffʋ* und »laufen« als *lǫffʋ* gesprochen. Sie scheinen hier Reliktformen zu sein.

10) Die sog. fallenden mhd. Diphtonge *ie, üe* (dieses zu *ie* entrundet) und *uo* haben sich in Südbayern, Österreich und fast im gesamten alemannischen Sprachbereich erstaunlich widerstandsfähig erhalten, von geringen lautlichen Varianten abgesehen. Selbst die Großstadt München hat sie weitestgehend als *iʋ* und *uʋ*, vor Nasalkonsonanten als $eə^n$ und $oʋ^n$ weitergepflegt. Auch in der gegenwärtigen Augsburger Mundart sind sie keineswegs ausgestorben, wenn auch mit abgeschwächter zweiter Diphthongkomponente als *iə* und *uə* (*Briəf, Fiəbr, liəb, niə, Schbiəgl, wiə, Bruədr, Buə* »Bube«, *Buəch, guəd, Huəd* »Hut«, *Ruə, Schduəl, Schuəl, Biəchr, driəb, Khiə* »Kühe«) vielfach zu hören. Es gibt aber auch etymologisch nicht ganz richtige, sondern dem heutigen städtischen Geschmack angepaßte »gemilderte« Aussprachformen, die die robusteren ländlichen Lautungen *Liəcht, Fuədr, Muədr, Ruəb* zu vermeiden versuchen, wie *Licht, Fuddr, Muddr, Riəble*, ja gelegentlich sogar einen *Bruudr*. Insbesondere werden die nasalierten Formen $Reə^nmə^n$ »Riemen« und $Bloə^nmə^n$ »Blumen« gerne zu monophthongischen $Rii^nmə^n$ und $Bluu^nme^n$ vereinfacht und verfeinert. So kommt es gelegentlich zu Abweichungen von der etymologischen Norm.

11) Die unbetonten Endungen *-en* lauten wie in der ländlichen Umgebung *-ə* oder *-ʋ* (*schaoə, machʋ*), nicht selten auch mit Nasalierung $-ə^n$ ($singə^n$), aber die verbale Beugungsendung der 1. und 3. Person Plural lautet nur konsonantisch *-n* (*miir bringən, diə machn, suʋchn*). Keineswegs wird in der Stadt so wie im bäuerlichen Umland die alte Beugungsendung mhd. -ent als -ət fortgeführt.

12) Ebensowenig findet sich in Augsburg eine silbische Endung *-ət* (aus mhd. -et) in der 2. Person Plural. Es bleibt bei der Endung *t* (oder *d*) wie in der Schriftsprache, während das *e* geschwunden ist. Gleiches trifft auf das Mittelwort der Vergangenheit bei den schwachen Verben zu (*gfrǫgt, globt, griəst* »gefragt, geglaubt, gegrüßt«).

13) Augsburg fällt auch nicht in das durch unsere Grenzlinie 3 und 3a umrandete Gebiet mit den kontrahierten Verbalformen für »sagt, gesagt, trägt« (*seet, gseet, dreet*). Hier gelten nur die schriftsprachlichen, aber nicht umgelauteten Formen, ebenso bei »schlägt, gibt, liegt, gehabt« (also kein *khett* sondern *khabt*, kein *gwäʋ* sondern *gweesə*, kaum *gwest, schlagt* und *dragt*), aber *ned* für »nicht« und *niks* für »nichts«.

14) Desgleichen fehlen heute alle Svarabhaktiformen (*Aarʋ, Koʋrʋ, Duurʋ*), die hier früher sicher beheimatet waren, wie die Reliktform *Duurʋmichale* als einzig übriggebliebene beweist.

15) Obwohl Augsburg seine ethnische und sprachliche Zugehörigkeit zu Schwaben in keiner Weise in Zweifel zieht, hat es wohl schon vor Jahrzehnten die für die schwäbische Sprachlandschaft so kennzeichnenden Formen mit *sch-* und *s-*Umlaut (*wäschen, Äsche, Täsche, Fläsche, Nees*) als grobmundartlich längst aufgegeben. Das Substantiv »Wäsche« lautet hier trotz des Primärumlauts nicht *Wesch*, sondern *Wasch* oder auch *Wäsch*.

16) Aus alter Zeit beibehalten hat die Augsburger Mundart jedoch die im Süddeutschen sehr verbreitete Abneigung von Umlaut beim Vokal *u* (*buggʋ, druggʋ, hupfə, lupfə, Schduck,*

Luck, schlupfə, fuchze, fuchzg), jedoch setzen sich neuerdings *Brigg* gegen *Brugg* und *Schdigg* gegen *Schduck* durch, ebenso die schriftdeutschen Bezeichnungen für 15 und 50.

17) Wie der größte Teil Bayerns einschließlich Münchens liegt auch Augsburg im Gebiet der sog. Konsonantenschwächung. Dort sind schon vor Jahrhunderten die altererbten harten Verschlußlaute *p, t, k* so »erweicht« worden, daß sie von den ehemals weichen Lauten *b, d, g* kaum mehr unterschieden werden. Eine Ausnahme davon macht lediglich anlautendes *k* vor Vokalen, das in solcher Stellung behaucht (als *kh*) gesprochen wird. In Augsburg wird deshalb heute *Babiir, Khedde, haggə* für »Papier, Kette, hacken« gesagt. Eine ungefähre Grenze für diese Lautveränderung finden wir bei Kranzmayer (Nr. 43, Karte 21). Lediglich in einigen mundartfremden Wörtern wie »Theater, Tee, Therese, Pacht, Paul« werden die anlautenden Konsonanten hart (= behaucht) ausgesprochen.

18) Obwohl Augsburg ganz am Rande des schwäbischen Sprachgebietes liegt und sehr dem Einfluß der volkreichen Landeshauptstadt ausgesetzt ist, haben sich hier kaum bairische Sprachformen einnisten können. Von dem jeder Regel widersprechenden Wörtchen *naɑⁿ* »nein« war schon ebenso die Rede wie von der besonders in Gastbetrieben neuerdings eindringenden Verkleinerungssilbe *-erl*. Seit wenigen Jahrzehnten kann man auch in salopper jugendlicher Ausdrucksweise immer häufiger ein an Verben enklitisch angehängtes *-s* hören, das nichts anderes ist als der funktionslos gewordene Rest des altbairischen dualen Fürworts der 2. Person Plural *es*, das zur verstärkenden Wiederholung an das Verbum enklitisch angehängt ist. Der Baier kann nämlich auch in anderen Personen das Fürwort solchermaßen anfügen (nach Schwäbl, Nr. 95, S. 64: *miə sagn-mə, miə san-mə*). Das wiederholte Fürwort ist lediglich lautlich abgeschwächt. So bildet der Baier in der 2. Person *es gebt-s* (statt *es gebt-es*). Weil nun neuerdings das vorausgehende Fürwort *es* auch durch das schriftsprachliche »ihr« ersetzt werden kann, ergeben sich daraus neue Formen wie z. B. *iə eßts, iə schaogds* »ihr eßt, ihr schaut«, die ebenfalls das alte enklitisch angefügte *s* aus dem alten dualen *es* beibehalten haben (nach Merkle, Nr. 52, S. 46, § 2). Und genau dieses nur zur bairischen Mundart gehörige *s* wird neuerdings auch nach Schwaben importiert, weil es hier als fesch und keß empfunden wird, im Grunde aber ein Fremdkörper ist. Nach meiner Erfahrung ist diese Modeerscheinung erst seit dem Zweiten Weltkrieg linkslechisch eingedrungen. Sollte es sich hier wirklich einbürgern, würde das zur logischen Folge haben, daß dann die Endung der 2. Person Plural nicht mehr *-t* sondern *-ts* lautet. Sonstige Bajuwarismen sind mir in der Augsburger Mundart bis jetzt nicht bekannt geworden.

Ein kleiner Vergleich zwischen den Mundarten von Augsburg und München in bezug auf die Fortführung ehemaliger germanischer *-h-* sei hier noch angeführt, der mit beweist, daß das Bairische germanische *-h-* noch intensiver erhalten hat als das linke Lechufer. Die sechs möglichen Beugungsformen der Gegenwart für das Zeitwort »sehen« lauten in München: *sich, sichs(ch)t, sicht, seng, sächts, seng*, in Augsburg zu *g* abgeschwächt: *sii(g), sigsch(t), sigt, seegn* (oder *sejən*), sägt (oder *säät*), *seegn* (oder *sejən*); für »ziehen« in München: *ziəch, ziəchscht, ziəgt, ziəng, ziəgds, ziəng*, für Augsburg nur noch selten *ziəg, ziəgsch(t), ziəgt, ziəgn, ziəgt(s), ziəgn*. Selbst das restliche *g* ist in Augsburg bereits sehr im Schwinden. Erst recht ist ehemaliges *-ch-* in Wörtern wie »leihen« westlechisch geschwunden, weshalb hier Freudenberg (Nr. 13, Karte A 6) zu Unrecht von einem »schwäbischen Vorstoß« nach Osten spricht. Vielmehr handelt es sich um einen Substanzverlust der Mundart an die Umgangssprache.

Zusammenfassend kann hier also für die Augsburger Mundarten festgestellt werden, daß sie sich, ähnlich, wie dies Hugo Moser (Nr. 93, S. 276–282) für die oberschwäbischen Stadtmundarten konstatiert hat, zunehmend von den umgebenden Landmundarten distanzieren und damit geradezu zu »Sprachinseln« werden. Für Augsburg gilt dies in ganz besonderem Maße. Um dazu nur noch ein Beispiel anzuführen, versteht sich heute kein Augsburger mehr dazu, das Umstandswörtchen »ab« allein oder in Zusammensetzungen wie das bäuerliche Umland einfach als *aa* (unter Schwund des *b*) wiederzugeben. Er käme sich dabei als »ordinär« vor. Deshalb spricht er ganz selbstverständlich *ab* und *abraißə* »abreißen« und keineswegs wie wenige Kilometer westlich *aa* und *aarəisə*. So hat sich in Augsburg sicher seit langer Zeit durch bewußte Distanz ein »urbanes« Sprachgefühl entwickelt, das früher auch noch durch die Stadtmauern eine reale Stütze fand.

Natürlich nehmen daran auch die kleineren Städte und Verkehrszentren ihren bescheideneren Anteil wahr, sei es in Donauwörth, Dillingen, Kaufbeuren, Kempten oder sonstwo. Dafür aber gibt es deutliche graduelle und qualitative Unterschiede. Übrigens wird aus alledem besonders deutlich, wie sehr gefühlsgebunden das ganze Sprachleben auch bei unseren Mundarten ist. Ein Münchner hätte wohl kaum Bedenken, von *ooraißn* zu reden.

Einen anschaulichen Überblick über den derzeitigen Stand der Mundartforschung im östlichen und westlichen Lechrain zu bieten, ist kein leichtes Unterfangen. Zu verschieden sind dabei die angewandten Methoden (fast jede Arbeit bedient sich einer besonderen Lautschrift), zu verschieden sind auch die Aufnahmezeiten vom vorigen Jahrhundert (von Schmeller über Wenker, Wrede und Hermann Fischer hinweg) bis in die jüngste Zeit. Fast jeder Forscher verfolgte in der Auswahl seines Belegmaterials und seiner Methode spezielle Ziele. Völlig verschieden sind auch die jeweiligen Untersuchungsgebiete, weshalb weite Bereiche noch immer genauerer Untersuchung harren. Trotzdem mußte hier versucht werden, die wichtigsten und auffälligsten Mundartgrenzen kartographisch zu erfassen, wobei allerdings aus oben genannten Gründen und der gebotenen Kleinmaßstäblichkeit wegen topographische Zuverlässigkeit nur in beschränktem Maße erreichbar sein konnte.

Gerne wäre ich in meiner Darstellung der verhältnismäßig kurzen Arbeit über die »Schwäbisch-Bairischen Mundarten am Lechrain« (Nr. 38/1927) von Eberhard Kranzmayer gefolgt, durch den ich in vertrautem Umfang anfang der dreißiger Jahre in die Mundartforschung eingeführt wurde. Für die darin aufgeführten zumeist in Süd-Nord-Richtung verlaufenden neun Mundartgrenzen A bis I benennt der Autor zwar viele Sprachformen und Beispielwörter, ohne sie aber im einzelnen längs der Grenzen weiter zu verfolgen, so daß sie kaum eine echte Sprachraumbildung erkennen lassen. Kranzmayer, der dieser Arbeit wegen von Bruno Schweizer heftig angegriffen wurde, nannte sie selbst in einem vertraulichen Gespräch mir gegenüber bedauerlich flüchtig und nicht in allen Punkten stichhaltig. Es ist zu beklagen, daß die vielen in dieser Abhandlung angesprochenen Probleme nicht weiterverfolgt und zu Ende gedacht werden konnten. Für die vorliegende Aufgabe blieb mir nichts anderes übrig, als alle mir erreichbare Literatur und jegliche, wenn auch noch so dürftige und unvollkommene Belegsammlung zu nützen und soweit möglich auszuwerten. Für die von Kranzmayer hier angesprochenen Probleme fehlten mir zu allermeist ausreichende Belege.

Grundlegend ist und bleibt bis auf weiteres Kranzmayers »Historische Lautgeographie« vom Jahre 1956 (Nr. 43), die leider nur sehr ungefähre topographische Angaben enthält. Ich habe sie nach Möglichkeit zu präzisieren versucht.

In den beiden genannten Arbeiten stellte Kranzmayer die Existenz einer Mundartgrenze fest, die sowohl den westlichen wie den östlichen Lechrain betrifft, worauf hier noch kurz eingegangen werden soll. Sie betrifft die sogenannte Verschlußlautschwächung (Lenisierung) insbesondere von älterem *t* zu *d*, wodurch diese Laute in Wörtern wie »Vater – Bader, Winter – Kinder, läuten – leiden, Boten – Boden, Felder – älter, ja sogar Schatten – Schaden, Futter – Fuder« nicht mehr unterschieden oder einander zumindest sehr angeglichen werden, indem die *t*-Laute die Intensität oft nur einer Halbfortis annehmen. Diese Lenisierung hat sich fast über den ganzen süddeutschen Sprachraum ausgebreitet, ist aber auch heute noch nicht zum Stillstand gekommen. Ausgenommen blieben lediglich Teile des Lech- und Illergebietes bis in den Alpenraum. Kranzmayer zeichnete auf Karte 21 seiner »Lautgeographie« für den Bereich, in dem -*d*- und -*t*- im Inlaut unterschieden bleiben, also nicht zusammengefallen sind, eine Nordgrenze ein, die von der unteren Iller südlich Ulm in vorwiegend westsüdwestlicher Richtung bis in die Gegend südlich von Augsburg zieht und sich nach Überschreitung des Lechs zum Ammersee und weiter nach Südosten wendet. Die Arbeit von 1927 enthielt für diesen ostlechischen Anteil die Linie F, die nun im Tirolischen Sprachatlas in Karte 25 (»Wetter«) und Karte 82 (»Vater«) südöstlich des Walchensees ihre Fortsetzung nach Südosten gefunden hat.

Diese Kranzmayersche Nordgrenze der Lenisierung kann in unserem Untersuchungsgebiet nicht mehr als feste Liniengrenze verstanden und behandelt werden, weil sie äußerst unscharf und durchlässig ist und, wie schon Werner König (Nr. 36, S. 343f.) feststellte, ein »Übergangsgebiet«, eine Gürtelzone, umreißt, südlich deren inlautende -*d*- und -*t*- zunehmend verschieden artikuliert und wahrgenommen werden, auch wenn die qualitativen und Stärkeunterschiede häufig ziemlich gering und daher graphisch schwierig darstellbar sind. Die Forscher behelfen sich hierzu mit verschiedenen Zeichen, z. B. *dt* und *dd* für Halbfortis, *t'* für *t* mit folgendem Hauchlaut oder wie Wittmann (Nr. 87, 58f.) mit dem griechischen Buchstaben »Tau«. Im Anlaut behauchtes *th* kommt nur in Fremdwörtern wie »Theater, Theodor, Therese« (letzteres statt einheimischem »Resi«), aber auch beim Handelswort »Tee« vor.

Ein Teil des östlichen Lechrains gehört demnach dem Nichtlenisierungsgebiet an und erweist auch damit einen Teilzusammenhang mit dem linkslechischen Bereich. Wölzmüller bietet dazu eine ganze Reihe von Beispielen (Nr. 89) in seiner Wortschatzsammlung: *Doudla* »Patin«, *farchda* »fürchten«, *Gsoud* »Häcksel«, *Noad* »Not«; *Afddrmejdda* »Dienstag«, *Bejdleidda* »Gebetläuten«, *hoaddr* »heiter«, *koaddi* »voll Erde«, *Monduur* »Uniform«, *uaschiachddi* »alleinstehend«. (Die Doppelschreibung soll hier wohl eine Art Halbfortis andeuten.)

Bruno Schweizer verwendet im Anlaut weder *b* noch *d*, also nur *p* und *t*, auch diese wohl als Zeichen von Halbfortes.

Im übrigen sei noch auf folgende Literatur verwiesen: Freudenberg (Nr. 11, S. 52f.); Gruber (Nr. 25, Bd. I, S. 165ff.); Hufnagel, Hermann, Laut- und Formenlehre der Mundart von Memmingen und Umgebung, ungedr. Diss. (München 1967, S. 72–75); Kufner (Nr. 45, S. 19 u. ö.); Moser, Georg (Nr. 57, S. 59–62); Wittmann (Nr. 87, S. 58–61).

In Übereinstimmung mit Fried hat Kranzmayer schon 1927 (Nr. 38, S. 3) festgestellt, daß die Ansichten der Lechrainer und ihrer Nachbarn über die Abgrenzung zwischen schwäbisch und bairisch keineswegs einheitlich seien. Für den Schwaben selbst höre das Schwäbische am Lech auf. Für den echten Oberbayern beginne das Schwäbische jedoch schon an der *a/o*-Grenze, unserer Linie 1. Im »Historischen Atlas von Bayerisch-Schwaben« (Nr. 60) vom Jahre

1955 habe ich in Anlehnung an die Einteilungsprinzipien von Bohnenberger 1938 (Nr. 7, S. 246) das lechrainische Gebiet zwischen dem Lech und unserer Linie 1 als »Vorostschwäbisch« bezeichnet. Mit dieser an und für sich wenig besagenden Bezeichnung habe ich bestimmt mindestens bei den »Lechrainern« bösen Anstoß erregt. Sie war natürlich aus linkslechischer (schwäbischer) Sicht entstanden. Nun überlege ich, ob dieser in vieler Hinsicht so eigenartige Gebietsstreifen zwischen Lech und Ammersee nicht ebensogut als »Vorwest-(mittel)bairisch« bezeichnet werden könnte. Dann käme einfach ein »Voralemannisch« in Wegfall. Wenn damit ebensosehr der Sache als dem lechrainischen Selbstbewußtsein gedient wäre, könnte ich mich damit in vollem einverstanden erklären.

In einer Hinsicht sind sich alle Forscher unseres Untersuchungsgebietes einig: nämlich, daß die Münchner Mundart in den meisten Fällen im Vordringen begriffen ist. Ihre Strahlkraft als volkreichster Stadt Bayerns ist beträchtlich. Daher wiegt die Tatsache um so erstaunlicher, daß die Augsburger Mundart in solch absoluter Randlage ihr unverkennbar schwäbisches Gesamtgepräge bis auf den heutigen Tag bewahren konnte. Ich bin heute der Meinung, daß das Bairische gegenüber dem Schwäbischen eine so sehr verschiedene Artikulationsweise verlangt, daß der Durchschnittsschwabe ebenso wie der Lechrainer im engeren Sinne gar nicht in der Lage ist, die bairische Mundart in ihren artikulatorischen Details nachzuahmen. Insbesondere der bairische Vokalismus ist wesentlich vom schwäbischen verschieden. Die bairischen e sind i-näher, die o sind u-näher, also geschlossener als die des Schwaben. Auch gegenüber der norddeutschen Aussprache gibt es wesentliche Unterschiede. Bekh (Nr. 3, S. 62) schreibt, der Bayer spreche nicht Dorchschnett, sondern Durchschnitt, nicht Schüff, sondern Schiff, nicht zoröck, sondern zurück.

Trotz dieser artikulatorischen Unterschiede muß ich bei Durchsicht etwa der »Bairischen Fibel« von Ilmberger (Nr. 32) mit ihren mehr als 2000 bairischen Wörtern feststellen, daß mindestens ein Fünftel davon auch in Augsburg gebraucht wird, allerdings nicht in der bairischen, sondern in der augsburg-schwäbischen Lautgestalt. Ich glaube sogar berechtigt zu sein, zu sagen, der bairische Wortschatz habe mehr Gemeinsamkeiten mit der Augsburger Mundart als letztere mit der Mundart der Stuttgarter. Diese Übereinstimmung bezieht sich sogar auf den gefühlsmäßigen Bereich der Interjektionen. $O\ mei^n$ kann der Augsburger aus derselben Stimmung und mit dem gleichen Begriffsinhalt sagen wie der Münchner, nämlich in leiser Resignation statt »O, du meine Güte!«

Im Sprachleben machen eben vielerlei Tatsachen ihren Einfluß geltend, nicht nur die oft fernliegende Herkunft, sondern auch die räumliche Nähe.

*Gegenüberstellung von Sprachproben zweier Mundarten
des westlichen und östlichen unteren Lechrains*

(Es handelt sich dabei um die Mundarten von *Eisenbrechtshofen*, Lkr. Augsburg, Gem. Biberbach, aufgenommen 1971, und von *Todtenweis*, Lkr. Aichach-Friedberg, 1964. Letztere Aufnahme stammt vom Verfasser. Die Entfernung der beiden Orte in der Luftlinie beträgt 4,8 km. Voraus geht jeweils der schriftdeutsche Text; darauf folgt die Übertragung in die Mundart von Eisenbrechtshofen, zuletzt diejenige von Todtenweis. Mögliche Parallelformen sind in Klammern beigefügt.)

1) Gehen wir auch in die Kirche? *Gǫmr ǫǫ in Khirch? Wäə (geəngə^n) mə^n oo ət Khüühə?*
2) Am Abend kommt alles in die Stube. *Am Qǫbəd gǫd als in d Stuubɒ nəi^n; ən Oowət khimph ǫes ət Schdum nəe^n.*
3) Kein Wörtlein hat er gesagt. *Khoi^n Wörtle hǫot däär gseet. Khɒ (Khoə^n) Wäɒdlɒ hoo də ksåkh.*
4) Die Wirtin trägt eine Kanne. *Diɒ Wirdin dragd ɒ Khandɒ. D Wütin tråkh ə Khɒu^{n}dl.*
5) Wir stehen unterm Dach. *Miər schdond ondərɒm Daach. Müü schdeə^{n}nə^n untən Dooch din.*
6) Das Mädchen sollte waschen (Gegenwart). *Des Määdle sodd wäschɒ. S Maalɒ sǫ̈üət wåschn.*
7) Der Mann schlägt sein Vieh. *Däär Maa^n schleed səi^n Vii. Də Mɒo^n schlak(h) səe^n Vüch.*
8) Wir lassen uns ein Haus bauen. *Ons lǫmr se ɒ Haus bauɒ. Müü låån ints (unts) ɒ Haos ba(o)n.*
9) Ich habe ein Loch in der Schürze gehabt. *I håu^n ɒ Looch em Schurzl denn khedd. I hoo ə Louch ən Füətə din khoot.*
10) Geh gleich in den Keller! *Gang glai en dɒ Kälər naa! Wäə gae ən Khǫ̈ǫ̈ɒ noo.*
11) Meine Tochter ist alleweil (= immer) daheim gewesen. *Məi^n Määdle isch aləwai drhoi^n(d) gweesɒ. Məe Touchtə iis ǫewa dəhoə^n(m) gwee^{n}n.*
12) Ihr schaut zum Fenster hinaus. *(U)ir gschǫǫbɒd (schaut) zom Fee^{n}schdr naus. Ees schauks ə^{n}n Fəi^{n}nschtə naos.*
13) Haben sie auch etwas gefragt? *Hond diɒ ui ebbɒs gfrǫggd? Hoom s ɒe^{n}ch (ɒengk) eipəs kfråk(h)?*
14) Man hat erst am Donnerstag gespritzt. *Mɒ hǫd äɒ(r)schd ɒm Doo^{n}schdeg gschbritsd. Mi hoot äɒsch ən Pfintstə kschbritst.*
15) Ist der Rechen nicht im Stadel gewesen? *Isch dr Rächɒ et (ned) em Schdaadl gweesɒ (gwesd)? Iis də Räähɒ ejt ən Schdool diin(ɒ) gwee^n?*
16) Wir täten die Hunde fortjagen. *Miir däädnd (ons dääd mər) diɒ Hond fu(r)ddjaagɒ. Müü daan t Hunt futtjoong.*
17) Ich gehe nur in die Wärme. *I gang no^n (bloß) in d Wörm (Wirm). I gääɒ leets (blous) ə d Wǫüm nəe^n.*
18) Geht er am Werktag nicht zum Wirt? *Gǫddr ɒm Werchde et zom Wüɒrt? Wäɒt ɒ ən Wörədə ejt zən Wüətt?*
19) Eure Gänse laufen ins Getreide. *Uire Gee^{n}s lǫffad (lǫffn) ens Droid nəi^n; ɒe^{n}həri gɒe^{n}nts wäɒn (laffə) əs trɒɒt nəe^n.*
20) drei Körnlein, *drai (drui) Kä(ɒ)rəlɒ, drae Khäɒlin*
21) eine zähe Wurzel, *ɒ zääɒ Wurzl, ə zaahi Wuuz*
22) elf grüne Bäume, *ölf (olf) griənɒ (greɒnɒ) Beem, öüf grää^{n}ni Bamm*
23) eine kleinere Feder, *a gloinərɒ Fäɒdr, ə klea^{n}neri Feedə*
24) Da liegt ein größerer Stein. *Dǫǫ liggd ɒ gräɒsərər Schdoi^n. Doo likh ə gräɒsərə Schdoɒ^n.*
25) ein blauer Strumpf, *ɒ blǫǫər Schtrumbf (Schdompf), ə blaawlətə Schdumpf*
26) ein Garn leihen, *ɒ Gaarɒ laiə, ə Gåå(r)n fəglävhən*
27) Großvater, Großmutter, Dienstag: *Ee^{n}le, Aa^{n}le, Afdərmee^n(n)di (Afdərmü^{n}de); Öü^{n}ə^n (Khrousl), Aa^{n}niə^n, Möürədə.*
28) Auf der Straße einen Kamm finden: *Auf (of) dr Schrǫ(ǫ)ß an Khaam (Schdrääl) findɒ (fendɒ); ɒ də Schdrååß din ən Khaamə fü^{n}nə^n.*

29) denken, drücken, erben, gehen lassen: *denggʋ, druggʋ, örbə (irbə), gangʋ^n låu^n (lǫssʋ); dʋe^{n}he, drukhe, ǫ̈ẹm, geə låån.*
30) stehen, taufen, tun, zählen, gesehen: *schdandʋ, dääfʋ, doa^n, zeelʋ, gsäʋchʋ; schdeə^n, daffə, doə, zöin, ksehə.*

Gegenüberstellung von Sprachproben zweier Mundarten des westlichen und östlichen mittleren (»eigentlichen«) Lechrains

(Hier handelt es sich um die Mundarten von *Untermeitingen*, Lkr. Augsburg, aufgenommen 1969, und von *Scheuring*, Lkr. Landsberg am Lech, aufgenommen 1972. Die Entfernung der beiden Orte in der Luftlinie beträgt 6,6 km. Eine Brückenverbindung liegt nicht dazwischen. Voraus geht jeweils der schriftdeutsche Text; darauf folgt die Übertragung in die Mundart von Untermeitingen, zuletzt diejenige von Scheuring. Mögliche Parallelformen sind in Klammern beigefügt.)

1) Gehen wir auch in die Kirche? *Gang mər (Geemr) ǫǫ int (ent) Khi̯rch? Gangʋ mii ou ənd Kchu̯rchə?*
2) Am Abend kommt alles in die Stube. *Am Qǫbət (ǫǫbʋts) kommt all(ə)s in t Schduub(ʋ). Am Oobnd khimb als (aüs) ənd Schduuwə.*
3) Kein Wörtlein hat er gesagt. *Khoe^n Wördlə hǫt r gseet. Khuə Weʋrdlə hot ər gsaed (gsejd).*
4) Die Wirtin trägt eine Kanne. *D Wiəde (Wiide, Würdin) dreet ə Khannʋ. D Wurdin drejd ʋ Khanə.*
5) Wir stehen unterm Dach. *Miər schdandn (schdandʋnt, schteʋn) ondrm (undərm) Da(a)ch. Mü schdandʋ undərm Daach.*
6) Das Mädchen sollte waschen (Gegenwart). *S Määdlʋ sold wäschə (waschʋ). S Mällʋ söütəd wäschʋ.*
7) Der Mann schlägt sein Vieh. *Dr (Deʋr) Maa^n schleed (schlegd) səi^n Fii. Dər Maa^n schlejd səi^n Füch.*
8) Wir lassen uns ein Haus bauen. *Mi(ə)r land (lǫssn, låssəd) uns ʋ Hous (Håus, Həus) båuə (bauə). Mii lossə ins ə Haos baoʋ.*
9) Ich habe ein Loch in der Schürze gehabt. *I hab (hao^n) ʋ Loch (Looch) im (em) Schuuz (Schirzl) khett. Ii hou^n ʋ Louch əm Furdə kchejd.*
(10) Geh gleich in den Keller! *Gang (Gää) gläi (glöi) in Khällr (Kǫllr)! Geʋ gai ən Kchäʋlər!*
11) Meine Tochter ist alleweil (= immer) daheim gewesen. *Mə̣i^n Dochdr isch all(ə)wai dʋhoi^n gweesə (gwäst). Mai^n Dǫchdər isch alʋwǫl (aüʋwaü) dəhuə gwejs.*
12) Ihr schaut zum Fenster hinaus. *Iʋ(r) schaogt zum (zom) Fenschtr nous (naus). Äis schaugs bəm (zum) Fenschdər naus.*
13) Haben sie euch etwas gefragt? *Hand se ui (aich) ebbʋs kfrǫgt? Haawʋs e(j)ngkch äbʋs gfrǫgg?*
14) Ist der Rechen nicht im Stadel gewesen? *Isch dr Räʋhʋ it im Schdaadl gweesʋ? Isch də Riəchʋ (?) id ən Schdaal gwejs?*
15) Geht er am Werktag nicht zum Wirt? *Gǫt (Gät) r am Werchdeg (Wärkdaag) et (it) zom (zum) Wiʋt? Geʋd ər am Warchdʋ id zum Wuərd?*

16) Eure Gänse laufen ins Getreide. *Uire (airʋ) Geeⁿs loofʋd (lǫffʋd) ens (üⁿs) Drǫid (Khǫʋrʋ). Engkchəri Gens lǫfə ən Drǫad neiⁿ.*
17) drei Körnlein: *dräi (dröi) Khävrəlʋ, drai Kcheʋrʋlin*
18) eine zähe Wurzel: *ʋ zä(ʋh)ʋ Wu(r)zl, ə zeechʋ Wurzl*
19) elf grüne Bäume: *älf (ölf) grääⁿne (griəⁿne) Bəim, öülf griəni Bämm*
20) eine kleinere Feder: *ʋ kloiⁿnərʋ Feedr, ə khliənəre Fejdər*
21) Da liegt ein größerer Stein. *Dǫǫ ligt (ləid) ʋ grävsərʋ(r) Schdoiⁿ. Doo ligg ʋ greʋsərər Schduəⁿ.*
22) ein Garn leihen: *ʋ Gaarʋ läichʋ (löichə), ʋ Goorʋ laichʋ*
23) Herz, Bart, Nase, Base, Wurm: *Häävz, Baa(r)t, Neeⁿs (Nüⁿs), Bääs, Wuurʋ; Herds, Boord, Nees, Bees, Wuurm.*
24) denken, drücken, erben, gehen lassen: *dengkhʋ, drukhʋ, ärbʋ (örbʋ), gouⁿ louⁿ (gangəⁿ laoⁿ); dengkchʋ, druckchʋ, orwʋ, gangʋ lǫssʋ*
25) stehen, taufen, tun, zählen, gesehen: *schdääʋ (schdaoⁿ), daofʋ, dʋʋⁿ, zäälʋ (zeelə), ksävhʋ; schdandʋ, daufʋ, duʋⁿ, zej(ü)lʋ, gsejchʋ*

*Gegenüberstellung von Sprachproben zweier Mundarten
des westlichen und östlichen oberen Lechrains*

(Es handelt sich dabei um die Mundarten von *Lechbruck*, Lkr. Ostallgäu, aufgenommen 1936, und von *Urspring*, Gem. Steingaden, Lkr. Weilheim-Schongau, aufgenommen 1971. Die Entfernung der beiden Orte in der Luftlinie beträgt 3 km. Sie sind durch eine Brücke verbunden. Voraus geht jeweils der schriftdeutsche Text; darauf folgt die Übertragung in die Mundart von Lechbruck, zuletzt diejenige von Urspring. Mögliche Parallelformen sind in Klammern beigefügt.)

1) Gehen wir auch in die Kirche? *Gammr oo ing Kchiərchʋ? Gangət mür ǫǫ ind Khirchə?*
2) Am Abend kommt alles in die Stube. *Znaggs kchomd (gǫǫd) als in d Schduubə. Aof d Nacht khomt als in d Schduubə.*
3) Kein Wörtlein hat er gesagt! *Kchoʋⁿ Wävrdla hǫd a gseed. Kho Wörtla hǫt ər gsejt.*
4) Die Wirtin trägt eine Kanne. *D Wiərdəⁿ dreed ʋ Kchʋndʋ. Di Wirtin drägt ə Khantə.*
5) Wir stehen unterm Dach. *Miər schdandʋd undrʋm Daach. Mir schdandət untrəm Dach.*
6) Das Mädchen sollte waschen (Gegenwart). *S Määdlə (d Feel) sǫdd wäschə. Dəs Määdlə sol wäschə.*
7) Der Mann schlägt sein Vieh. *Dr Maaⁿ schleed sʋiⁿ Fü. Dər Maaⁿ schläit seiⁿ Füch.*
8) Wir lassen uns ein Haus bauen. *Miər laⁿnd ais ʋ Haos baoʋ. Mir lǫssət uns ə Haos baoə.*
9) Ich habe ein Loch in der Schürze gehabt. *Ii hooⁿ ʋ Looch iⁿm Schurz kchedd. Ii hǫǫ ə Lǫch in dər Schurzə ghe(e)t.*
10) Geh gleich in den Keller! *Gaⁿng glai in Kchävʋlʋr! Gang glai in Khälʋr!*
11) Meine Tochter ist alleweil (=immer) daheim gewesen. *Maiⁿ Määdlə ischd allʋ dohoəⁿm gweesd. Maiⁿ Dochdər ischd aləwael (allʋt) dəhuəⁿm (dərhoim) gweesə.*
12) Ihr schaut zum Fenster hinaus. *Diər luʋgəd baⁿm Fenschdr naos. Ir (dür) schaogəd zum Fenschd(ə)r naos.*
13) Haben sie euch etwas gefragt? *Hand sʋ uib ebbʋs gfrǫǫgʋd? Hand si (se) e(j)ngch äbbʋs gfrǫgt?*

14) Man hat erst am Donnerstag gespritzt. *Mʊ hǫd äʊrschd a^{n}m Donschdʊ gschbridsd. Ma^n hǫt ärschd am Donərschdag gschbridsd.*
15) Ist der Rechen nicht im Stadel gewesen? *Isch dr Rächə^n id im Schdaadl gweesə? Isch(d) dər Rächə it im Schdaadl gwesə?*
16) Wir täten die Hunde fortjagen. *Miər däädʊd d Hond fortjeechʊ. Mir (Mr) diənd (däädət) d Hund fortjeechə.*
17) Ich gehe nur in die Wärme. *Ii gang blǫəs and Wörmə. I(i) gang bloos (blǫß) in d Wärm(e).*
18) Geht er am Werktag nicht zum Wirt? *Gǫǫd ʊ a^{n}m Werchda id zom Wiərd? Gǫt ʊ (ər) am Wärchtaag it zum Wirt?*
19) Eure Gänse laufen ins Getreide. *Uibrʊ Ge^{n}ns lofʊd ins Kchǫǫərə. Engkrə Gäns (Gens) lǫfəd ins Khǫǫrə.*
20) drei Körnlein: *drai Kchääərʊla, drae Khäärəlʊ*
21) eine zähe Wurzel: *a zäächə Wurzl, ə zäächə Wurzəl*
22) elf grüne Bäume: *elf greʊ^n Boo^{n}m, älf griənə Bae^{n}m*
23) eine kleinere Feder: *a kchlainrə Feedr, ə kchliə^{n}nərə Feedər*
24) Da liegt ein größerer Stein. *Dǫǫ laid ʊ gräʊsrar Schdoʊ^n. Dǫǫ ligd ə gräəsərər Schdoə^n.*
25) Eier legen, Asche streuen: *Qǫʊ leegə, Äschə schdroiʊ; Qʊ leegə, Äschər schdroiə (schdruiə)*
26) ein breiteres Tuch: *ʊ bräʊdrs Duəch, ə bräətrs Duʊch*
27) ein Garn leihen: *ʊ Gaarʊ (frd)laichʊ; ə Gaarə laechə*
28) auf der Straße einen Kamm finden: *auf dr Schdrǫǫs an Schdrääl fində; aof dr Schdrǫs an Khampl (Schdrääl) fində*
29) unsere Base, denken, drücken, erben, gehen lassen: *aisr Bääs, dengckʊ, drukchʊ, örbʊ, gao^n lao^n; unsər Bääs, denkchə, drukchə, ärbə, gangə lossə*
30) stehen, taufen, tun, zählen, gesehen: *schdao^{n}n, deefə, doʊ^n, zöllə, gsäʊchə; schdandə, daofə, duə^{n}n, zöölə, gsäʊchə*

LITERATURVERZEICHNIS

(Aus Gründen der Einfachheit und Raumersparnis werden Zitierungen zumeist bereits im Text in Klammern unter Anführung der hier laufenden Numerierung mit anschließender Seitenangabe vorgenommen.)

1. BACH, Adolf: Deutsche Mundartforschung, Heidelberg ²1950.
2. BAUER, Josef Martin: Auf gut bayerisch, München 1969.
3. BEKH, Wolfgang Johannes: Richtiges Bayerisch, München ²1974.
4. BIRLINGER, Anton: Die Augsburger Mundart, Augsburg 1862.
5. DERS.: Schwäbisch-Augsburgisches Wörterbuch, München 1864.
6. BOHNENBERGER, Karl: Von der Südostecke des Schwäbischen, in: Zs. f. hochdeutsche Mundarten 3 (1902) S. 161–179.
7. DERS.: Über die Ostgrenze des Alemannischen, in: Beiträge zur Geschichte d. deutschen Sprache und Literatur, Bd. 52 (Halle/Saale 1928), S. 217–292.
8. DERS.: Die alemannische Mundart, Tübingen 1953.
9. EHBAUER, Michl: Baierische Weltgschicht, München ¹²1969.
10. FISCHER, Hermann: Geographie der schwäbischen Mundart (mit Atlas), Tübingen 1895.
11. FREUDENBERG, Rudolf: Die Mundart von Böbing (Lkr. Schongau/Obb.), ungedruckte Dissertation München 1959 (Marburg).

12. Ders.: Bairische Mundartforschung, in: Zs. f. Mundartforschung, Beih. N.F. 5, S. 30–74.
13. Ders.: Der alemannisch-bairische Grenzbereich in Diachronie und Synchronie (Dt. Dialektgeographie Bd. 72), Marburg 1974.
14. Fried, Pankraz: Historischer Atlas von Bayern, Bd. 22/23: Die Landgerichte Landsberg und Schongau, München 1971.
15. Ders.: Zur Entstehung und frühen Geschichte der alamannisch-baierischen Stammesgrenze am Lech, in: Bayerisch-schwäbische Landesgeschichte an der Universität Augsburg 1975–1977, Bd. 1 der Augsburger Beiträge zur Landesgeschichte Bayerisch-Schwabens (Sigmaringen 1979), S. 47–67.
16. Ders.: Die Mundart im Landkreis Landsberg, in: Heimatbuch f.d. Lkr. Landsberg am Lech (Landsberg/Lech ²1982) S. 283–286.
17. Ders.: Das Volksbewußtsein am Lechrain. Sprache vom Aussterben bedroht, in: Der Heimatfreund, Beilage zum Landsberger Tagblatt 19./20. 6. 1982.
18. Ders.: Der Lechrain – Historisch-volkskundliche Beiträge zu einer untergehenden Grenzlandschaft, in: Forschungen zur historischen Volkskultur, Bd. 26 der Beiträge zur Volkstumsforschung (München 1989), S. 287–295.
19. Ders. und Sick, Wolf-Dieter (Hrsg.): Die historische Landschaft zwischen Lech und Vogesen, Bd. 17 der »Studien z. Geschichte des Bayerischen Schwabens«, Augsburg 1988.
Ders.: s. auch Nr. 89.
20. Funk, Petronilla: Irgertsheim Obb., Geschichtlich-volkskundlicher Überblick und Untersuchung mundartlichen Lautbestandes, ungedr. Diss. München 1957.
21. Gabriel, Eugen: Vorarlberger Sprachatlas mit Einschluß des Fürstentums Liechtenstein, Westtirols und des Allgäus (ALTS), Bregenz 1985 ff.
22. Gladiator, Klaus: Untersuchungen zur Struktur der mittelbairischen Mundart von Großberghofen (Münchener Studien zur Mundartforschung II), München 1971.
23. Goossens, Jan: Deutsche Dialektologie (Sammlung Göschen 2202), Berlin, New York 1977.
24. Grohsmann, Lore: Die Ortsnamen des Landkreises Friedberg in Schwaben, ungedr. Diss. München 1956.
25. Gruber, Anton: Die Westallgäuer Mundart, hgg. von Manfred Renn, I Grammatik, II Wörterbuch, Lindau 1987.
26. Gütter, Adolf: Nordbairischer Sprachatlas, München 1971.
27. Hamann, Stefanie: Historischer Atlas von Bayern, Bd. 42: Schrobenhausen, München 1977.
28. Henzen, Walter: Schriftsprache und Mundarten (Bibliotheca Germanica Bd. 5), Bern 1954.
Hörning: s. auch Nr. 51.
29. Ibrom, Ernst-Walter: Lauttopographie der schwäbisch-bairischen Dialekte beiderseits des Lech (mit Kartenteil), Diss. Marburg/Lahn 1971.
30. Ders.: Die schwäbisch-bairischen Dialekte zwischen Augsburg und der Donau (Schwäbische Geschichtsquellen u. Forschungen Bd. 9). Augsburg ohne Jahr.
31. Ders.: Schwäbisch-bairische Gemeinsamkeiten in der Sprache am unteren Lechrain, in: Zs. Nordschwaben 2 (1974), S. 157–160.
32. Ilmberger, Josef: Die bairische Fibel, München/Bern/Wien 1977.
33. Jutz, Leo: Die alemannischen Mundarten, Halle/Saale 1931.
34. Klein, K. K. und Schmitt, L. E.: Tirolischer Sprachatlas, unter Berücksichtigung der Vorarbeiten Bruno Schweizers † bearb. von Egon Kühebacher, 3 Bände, Innsbruck/Marburg 1965–1971.
Knittel: s. auch Nrn. 50 und 51.
35. König, Werner: Untersuchungen zu Phonologie und Fachsprache im schwäbisch-alemannischen Mundartbereich, Diss. Erlangen-Nürnberg 1970.
36. Ders.: Die Mundart (im Lkr. Schwabmünchen), in: Lkr. Schwabmünchen, Landschaft, Geschichte, Wirtschaft, Kultur; Augsburg ²1975, S. 343–350.
37. Ders.: dtv-Atlas zur deutschen Sprache, München 1978.
38. Kranzmayer, Eberhard: Die Schwäbisch-bairischen Mundarten am Lechrain mit Berücksichtigung der Nachbarmundarten (Sitzungsber. d. Bayer. Akademie d. Wissenschaften), München 1927.
39. Ders.: Zur schwäbisch-westbairischen Dialektgeographie, in: Zs. Teuthonista 4 (1927/28), S. 60–64.
40. Ders.: Die Namen der Wochentage in den Mundarten von Bayern und Österreich, Wien/München 1929.

41. DERS.: Die schwäbisch-bairischen Mundarten am Lechrain, in: Zs. Teuthonista 6 (1929/30), S. 136–144.
42. DERS.: Der bairische Sprachraum, in: Jahrbuch der deutschen Sprache II, Leipzig 1944.
43. DERS.: Historische Lautgeographie des gesamtbairischen Dialektraumes (mit Kartenteil), Wien 1956.
44. DERS.: Die bairischen Kennwörter und ihre Geschichte, Wien 1960.
45. KUFNER, Herbert L.: Strukturelle Grammatik der Münchner Stadtmundart, München 1961.
46. DERS.: Lautwandel und Lautersatz in der Münchner Stadtmundart, in: Zs. f. Mundartforschung 29 (1962) S. 67ff.
47. LECHNER, Joseph: Bäuerliches Leben und Arbeiten in Rehling und im nordwestlichen Aichacher Land um die Jahrhundertwende (Europäische Hochschulschriften I/626), Frankfurt am Main/Bern 1983.
48. LECHNER, Michael: Das schwäbisch-bairische Übergangsgebiet zwischen Lech und Amper/Glonn, ungedr. Diss. München 1948 (mit Kartenteil).
   LÖFFLER: s. auch Nr. 91.
49. MARTIN, Bernhard: Die deutschen Mundarten, Marburg ²1959.
   DERS.: s. auch Nr. 92.
50. Merchinger Heimatgeschichte (Alt-Merching) von Franz KNITTEL, Merching 1984.
51. Meringer semmerr von Hilde HÖRNING und Franz KNITTEL, Bd. I, II, III/IV u. VII, Mering 1981–1987.
52. MERKLE, Ludwig: Bairische Grammatik, München 1975.
53. MITZKA, Walther: Deutsche Mundarten (Studienführer), Heidelberg 1943.
54. DERS.: Hochdeutsche Mundarten, in: Deutsche Philologie im Aufriß, hgg. von Wolfg. Stammler, Berlin/Bielefeld/München 1953, S. 655ff.
55. DERS.: Deutscher Wortatlas, Bd. I–XXII, Gießen 1951–1980.
56. DERS.: Handbuch zum Deutschen Sprachatlas, Marburg 1952.
   DERS.: s. auch Nr. 92.
57. MOSER, Georg: Studien zur Dialektgeographie des Staudengebietes und des anstoßenden Lechrains (Dt. Dialektgeographie Bd. 32), Marburg 1936.
58. MOSER, Hugo: Schwäbischer Volkshumor in Stadt und Land von Ort zu Ort, Stuttgart ²1981.
   DERS.: s. auch Nr. 93 u. 94.
59. NÜBLING, Eduard (Fr.): Die »Dreistammesecke« in Bayern (Schwäbisch-Bairisch-Fränkisch) in sprachlicher und geschichtlicher Betrachtung, in: Zs. d. Histor. Vereins f. Schwaben u. Neuburg, Bd. 53 (1938), S. 185ff.
60. DERS.: Hauptsprach- und Stammesgrenzen, in: Histor. Atlas von Bayerisch-Schwaben, Augsburg 1955, S. 12–14 u. Karte 9.
61. DERS.: Studien und Berichte zur Geschichts-, Mundart- und Namenforschung Bayerisch-Schwabens (Studien zur Geschichte des Bayerischen Schwabens Bd. 16), Augsburg 1988.
62. PORZIG, Walter: Das Wunder der Sprache (UTB 32), Bern ⁶1975.
63. REIFFENSTEIN, Ingo: Mundarten und Hochsprache, in: Handbuch d. bayer. Geschichte IV/2, München 1979, S. 709ff.
64. RUDOLF, E.: Die Mundart im Außfern, in: Zs. Teuthonista 10 (1934) S. 193–238.
65. SAILER, Alois: Wallfahrt ond Doaraschleah, Mundartgedichte aus dem schwäbischen Donauland, Weißenhorn 1977.
66. SCHATZ, Josef: Die tirolische Mundart, Innsbruck 1928.
67. SCHMITT, L. E. (Hrsg.): Germanische Dialektologie, 2 Bde., Wiesbaden 1968.
68. SCHOLZ, Friedrich: Geschichte der Deutschen Schriftsprache in Augsburg bis zum Jahre 1374, Berlin 1898.
69. SCHWARZ, Ernst: Die deutschen Mundarten, Göttingen 1950.
70. SCHWEIZER, Bruno: Der Konsonantismus des Lech-Isarlandes, ungedr. Diss. Freiburg i. Brg. 1925.
71. DERS.: Der See als Dialektgrenze, in: Ammersee-Heimatblätter, Jg. 1926, S. 5–7.
72. DERS.: Dialektgrenzenkunde des Huosigaues, in: Lechisarland Jg. 1927, S. 145–152.
73. DERS.: Die schwäbisch-bairischen Mundarten am Lechrain, in: Zs. Teuthonista 5 (1928/29), S. 66–76.
74. DERS.: Dießner Wörterbuch (ungedr.), Dießen 1946.
75. DERS.: Der dialektgeographische Aufbau des Lech-Isar-Landes, in: Zs. Lechisarland Jahrbuch 1956, S. 26–32.

76. DERS.: Die Pflege des heimatlichen Dialekts, ebd. S. 32–36.
77. DERS.: Die Flurnamen des südwestlichen Ammerseegebietes (Die Flurnamen Bayerns, Heft 5), München 1957.
78. SCHUHWERK, Luitpold: Des hau mer denkt, Gedichte in schwäbischer Mundart, Weißenhorn 1986.
79. So schwätzet mir, Gedichte und Geschichten von 40 schwäbischen Autoren, Augsburg 1983.
80. SPANNAGL, Gregor: Sprachliche Raritäten aus dem nördlichen Lechrain, in: Jahrb. Lech-Isar-Land 1979, Weilheim, S. 143–152.
81. STEINBERGER, Ludwig: Alemannen, Schwaben, Baiern und Bayern, in: Schwäbische Blätter für Volksbildung und Heimatpflege 1 (1950), S. 33ff.
82. DERS.: Noricum, Baiern, Bayern – Namen, Sprache und Geschichte, in: Zs. f. bayer. Landesgeschichte 18 (1955), S. 81–143.
83. STEINER, Thaddäus: Die Flurnamen der Gemeinde Oberstdorf im Allgäu (Die Flurnamen Bayerns Heft 6 in 2 Teilen), München 1973.
84. STIRNWEISS, Werner R.: Sprache, Sitte und Brauch einer schwäbischen Ackerbürgerstadt des mittleren Donaugebietes um die Jahrhundertwende (Höchstädt a. d. Donau), Diss. München 1975.
85. WAGNER, Kurt: Deutsche Sprachlandschaften (Dt. Dialektgeographie Bd. 23), Marburg 1927.
86. WALLNER, Eduard: Altbairische Siedelungsgeschichte in den Ortsnamen der Ämter Bruck, Dachau, Freising, Friedberg, Landsberg, Moosburg und Pfaffenhofen, München/Berlin 1924.
87. WITTMANN, Stephan: Die Mundart von München und Umgebung, ungedr. Diss. Würzburg 1943.
88. WÖLZMÜLLER, Martin: Dialektgeographische Untersuchungen an der alemannisch-bairischen Sprachgrenze. Zur Veränderung der Isoglossenstruktur im Sprachraum zwischen Lech und Amper seit 1945, ungedr. Magisterarbeit München 1986.
89. DERS.: Der Lechrainer und seine Sprache, Landschaft, Brauchtum, Mundart (mit 2 Mundartbeiträgen von Pankraz Fried), Landsberg a. Lech 1987.
90. ZEHETNER, Ludwig: Das bairische Dialektbuch, München 1985.
91. LÖFFLER, Heinrich: Probleme der Dialektologie, Darmstadt 1974.
92. WREDE, Ferdinand, MARTIN, Bernhard und MITZKA, Walther: Deutscher Sprachatlas, Lieferung 1–23, Marburg 1927–1956.
93. MOSER, Hugo: Studien zu Raum- und Sozialformen der deutschen Sprache in Geschichte und Gegenwart, Kleine Schriften I, Berlin 1979.
94. PAUL/MOSER/SCHRÖBLER/GROSSE: Mittelhochdeutsche Grammatik, Tübingen ^{22}1982.
95. SCHWÄBL, Johann Nep.: Die altbayerische Mundart, München 1903.
96. BRAUNE, Wilhelm/MITZKA, Walther: Althochdeutsche Grammatik, Tübingen ^{8}1953.
97. WALLNER, Eduard: Die Ortsnamen des Bezirksamtes Aichach, in: GRUBET, Beilage zum Aichacher Amtsblatt, 3. Jahrg., Nr. 9–13, 1927/28.

BERICHTE

A. Universität Augsburg

I. Lehrstuhl für bayerische und schwäbische Landesgeschichte

Bericht vom WS 1985/1986 – SS 1990
(Fortsetzung der Berichte ABLG III, S. 249 ff.)

I. Lehre

Vorlesungen

- Bayerische Geschichte im 19. Jahrhundert
- Bayerische Geschichte im 19./20. Jahrhundert, mit Berücksichtigung Schwabens
- Bayerische Geschichte im 20. Jahrhundert, mit Berücksichtigung Schwabens
- Das Zeitalter der Völkerwanderung, unter besonderer Berücksichtigung der Stämme der Alemannen und Baiern
- Bayern und Schwaben im Zeitalter der Karolinger und Ottonen, Salier und Staufer
- Bayern und Schwaben im spätmittelalterlichen Europa
- Geschichte Bayerns und Schwabens seit der frühen Neuzeit (15.–18. Jahrhundert)
- Bayerische Geschichte im 19. und 20. Jahrhundert
- Herkunft und Frühgeschichte der germanischen Stämme, insbesondere der Alamannen, Langobarden, Bajuwaren

Oberseminare

- Landesgeschichtliches Kolloquium (Vorstellung und Besprechung von neu erschienener Forschungsliteratur, Diskussion von Forschungsproblemen, Vorträge, Referate von Bearbeitern von Dissertationen, Magister- und Zulassungsarbeiten)

Hauptseminare

- König Ludwig II. und seine Zeit
- König Ludwig I.
- Die NS-Zeit in Bayern
- Das sog. »jüngere« Stammesherzogtum in Baiern und Schwaben
- Geschichte von Fürststift und Reichsstadt Kempten im Allgäu
- Europäische Bezüge der Region »Bayerisch-Schwaben« in Geschichte und Gegenwart
- Die historischen Beziehungen zwischen Schwaben und dem Wallis
- Herrschafts- und Kulturgeschichte Oberschwabens

Proseminare (Dr. Böck, v. Trauchburg M.A.)

- Einführung in die neueste bayerische Geschichte (1800–1945)
- Einführung in die mittelalterliche bayerische Geschichte
- Einführung in die bayerische Geschichte der frühen Neuzeit
- Einführung in die Landesgeschichte (v. Trauchburg)
- Bayerische und südwestdeutsche Geschichte (v. Trauchburg)
- Das bayerische und schwäbische Dorf im Mittelalter und der frühen Neuzeit (v. Trauchburg-Kuhnle)

Übungen

- Schwäbische Historiographie der Neuzeit, nach Beständen der Oettingen-Wallerstein-Bibliothek
- Übung zum Historischen Atlas von Bayerisch-Schwaben (Böck)
- Quellen zu schwäbisch-tirolischen Beziehungen bis zum 19. Jahrhundert
- Die historischen Beziehungen von Augsburg und Ostschwaben zu Tirol (Dr. Fassl)
- Lektüre und Interpretation ausgewählter Quellen zur schwäbischen Geschichte
- Übung zum Historischen Atlas von Bayerisch-Schwaben
- Übungen zur Vor- und Frühgeschichte (Dr. Bakker)
- Probleme und Methoden der historischen Regionalforschung, Beispiel der historisch-topographischen Forschungsunternehmen
- Übungen zur provinzialrömischen Archäologie: Ausgrabungen und Funde in Augusta Vindelicum (Dr. Bakker)
- Auswanderungsforschung unter besonderer Berücksichtigung von Auswanderungen aus Bayerisch-Schwaben
- Die deutsche Kanzleischrift vom Spätmittelalter bis zum 19. Jahrhundert (Teil II) (Dr. Wüst)
- Übungen zu laufenden Forschungsprojekten (Hoechstetter-Forschung)
- Grundlinien der bayerischen und schwäbischen Geschichte im Überblick (v. Trauchburg)
- Übungen zu laufenden Forschungsprojekten (Historischer Atlas von Bayern)
- Grundlinien der bayerischen und schwäbischen Geschichte (v. Trauchburg-Kuhnle)

Übungen (Dr. Lenk)

- Landtag und Verfassung 1818–1946
- Von der Revolution 1848 zum Deutschen Reich. Der bayerische Landtag 1847/48–1875
- Landtags- und Reichstagsabgeordnete in Bayerisch-Schwaben 1819–1987 (Aufstellung, Wahl, politische Tätigkeit)
- Der bayerische Landtag und die Landesentwicklung 1871–1918 (Schwerpunkt Schwaben)
- Von den Landständen zum Parlament 1799–1988. Landtagsgeschichte als Sozialgeschichte; Entwicklung und Funktion der Institution »Landtag«
- Landtagsgeschichte 1918 bis zur Gegenwart. Von der monarchischen zur Volkssouveränität

II. Publikationen und Forschung

I. Publikationen

Abgeschlossene Publikationen siehe in: Jahrbuch der Universität Augsburg 1985–1989

II. Dissertationen

Laufende Dissertationen siehe ZBLG Bd. 52 H. 3 (1989) S. 769

Abgeschlossene Dissertationen:

Peter Fassl, Konfession und Politik. Von der Reichsstadt zur Industriestadt, 1986
Bernhard Hagel, Vom bayerischen Kreistagsverband zum Verband Bayerischer Bezirke, 1987
Martha Schad, Die Frauen des Hauses Fugger von der Lilie im 16. Jahrhundert, 1988
Hubert Raab, Schmiechen und Unterbergen: Geschichte zweier Fuggerhofmarken in Altbayern, 1988
Franz-Rasso Böck, Kempten im Umbruch. Von Reichsstift und Reichsstadt zur bayerischen Landstadt, 1988
Barbara Sallinger, Die Integration der Heimatvertriebenen und Flüchtlinge im Landkreis Günzburg, 1989

3. Magisterarbeiten

Richard Merz, Die Ämterorganisation der Markgrafschaft Burgau, 1980
Rainer Hambsch, Mittelalterliche Lebensformen, dargestellt an schwäbischen Beispielen, 1981
Claudia Wiedenmann, Die Schwaben. Versuch einer historischen Stammescharakterisierung, 1983

Franz Berktold, Die Beziehungen der Wartburg zu den Schlössern Hohenschwangau und Neuschwanstein sowie zu König Ludwig II., 1985
Ines Thieme, Kleine Leute – große Geschichte: Augsburg 1945/46, 1986
Gabriele von Trauchburg, Die ländlichen Rechtsquellen des Rieses. Studien zum oettingischen Ehaftenbuch, 1986
Richard Winkler, Historischer Atlas des Stadt- und Landkreises Bayreuth, 1986
Klaus Liepert, Das ehemalige Kloster Fultenbuch im Mittelalter: Besitz- und Herrschaftsgeschichte, 1986
Stephan A. Mayer, Besatzungspolitik und Parteiengründung in Mindelheim nach 1945, 1987
Martina Haggenmüller, Rompilgerschaft aus der Diözese Augsburg bis 1900, 1988
Fridolin Hochwind, Studien zur Ortsgeschichte Kagers bei Straubing, 1988
Norbert Rehfuß, Die diplomatischen Beziehungen zwischen Bayern und dem Hl. Stuhl seit 1785, 1988
Sabine Waller, König Ludwig II. von Bayern und Richard Wagner, Studien, 1988
Hans Michael Hörmann, Die Nachkriegszeit 1945–1955, am Beispiel der Stadt Göggingen, 1989
Werner Lengger, Die Einwanderung in das östliche Schwaben nach dem 30jährigen Krieg, 1990
Doris Pfister, Die historischen Beziehungen zwischen Schwaben und Italien von den Anfängen bis 1268, 1990

4. Sonstige laufende Forschungsarbeiten sind im Jahrbuch der Historischen Forschung 1984–1989 verzeichnet.

Größere Projekte:

– Sammlung und Edition von ländlichen Rechtsquellen und Urbaren aus Bayerisch-Schwaben
– Die überseeische Auswanderung aus Bayerisch-Schwaben 1800–1914
– Historische Atlasforschung und -bearbeitung für Bayerisch-Schwaben

III. Wiss. Tagungen, Symposien, Kolloquien, Vorträge

1. Tagungen, Kolloquien, Ausstellungen usw.

– Internationale und interdisziplinäre Tagung »Forschungen und Fragen zur gesamtalemannischen Geschichte« 2.–5. Oktober 1986 (gemeinsam mit dem Alemannischen Institut Freiburg i. Br.). Die von Staatsminister Anton Jaumann mit Mitteln der schwäbischen Wirtschaft gesponserte Tagung, die auch vom Bezirk Schwaben unterstützt wurde, ist in der Zwischenzeit dokumentiert in: Die historische Landschaft zwischen Lech und Vogesen. Forschungen und Fragen zur gesamtalemannischen Geschichte. Herausgegeben von Pankraz Fried und Wolf-Dieter Sick (Veröffentlichung des Alemannischen Instituts Freiburg i. Br. Nr. 59 = Veröffentlichungen der Schwäbischen Forschungsgemeinschaft bei der Kommission für bayerische Landesgeschichte Reihe 1 Bd. 17) Augsburg 1988.
– Ausstellung Schwaben/Tirol: Historische Beziehungen zwischen Schwaben und Tirol von der Römerzeit bis zur Gegenwart. Ausstellung der Stadt Augsburg und des Bezirks Schwaben in Augsburg (Zeughaus) 1989.
Das vom 20.–21. 10. 1987 stattgefundene öffentliche Kolloquium, das unter Leitung von Wolfram Baer (Ausstellungsleiter) und Pankraz Fried (Vorsitzender des wiss. Beirates) stattfand, ist im wesentlichen in den Abhandlungen des Beiträge-Bandes dokumentiert, der grundlegenden und bleibenden wissenschaftlichen Wert besitzt. (Über die Ausstellung siehe in diesem Band den Beitrag von Georg Simnacher S. 346f.). An der Ausstellung selbst arbeiteten auch fortgeschrittene Studenten mit, die in Übungen geschult wurden (siehe Lehrveranstaltungen).
– Kolloquium: »Aufklärung in Altbayern und Schwaben anläßlich des 200. Gedenkjahres der französischen Revolution« vom 15.–18. Oktober 1989 in der Schwabenakademie Irsee, geleitet von Andreas Kraus und Pankraz Fried. Die Teilnehmer waren Gäste des Bezirks Schwaben. Die Dokumentation der Tagung wird in Bd. 53 (1990) der Zeitschrift für bayerische Landesgeschichte erfolgen.
– Im Rahmen der Bearbeitung der Stadtgeschichte Kempten, die 1989 erschienen ist (Verlag Tobias Dannheimer, Kempten), wurden regelmäßige Redaktionskolloquien der Herausgeber in Augsburg und Kempten abgehalten. Ebenso wurde auch in studentischen Übungen die Stadtgeschichte gefördert.
– Kolloquien zur historischen Atlasforschung in Bayern, gemeinsam mit dem Institut für bayerische Geschichte an der Universität München (Prof. Dr. A. Kraus).

Die Kolloquien wurden regelmäßig mehrtägig ein- bis zweimal im Semester veranstaltet (bis einschließlich SS 1989).

Folgende Tagungen wurden durch Vermittlung des Lehrstuhls im Schwäbischen Bildungszentrum Irsee (Schwabenakademie) veranstaltet:

- Kolloquium: Die transalpinen Verbindungen der Bayern, Alemannen und Franken bis zum 10. Jahrhundert. Vom 22.–25. September 1982 in Irsee im Rahmen der Tagungsreihe: Die Entstehung der europäischen Nationen im Mittelalter, geleitet von Helmut Beumann. Die Erträge dieser Tagung sind festgehalten in Bd. 6 der Reihe NATIONES, hgg. von Helmut Beumann und Werner Schröder, Sigmaringen 1987
- Symposion: Die oberdeutsche Barockliteratur als Problem der Geschichtsschreibung, ihre bildungsgeschichtlichen Voraussetzungen und ihre Aspekte in Literatur und Poetik, geleitet von Andreas Kraus, 1982 im Schwäbischen Bildungszentrum in Irsee. Die Tagungsteilnehmer waren Gäste des Bezirks Schwaben.
Dokumentation: Oberdeutsche Literatur im Zeitalter des Barock (Zeitschrift für bayerische Landesgeschichte, Bd. 47, Heft 1, 1984)

2. Gastvorträge

3. Sonstige Vorträge

IV. Personalstand

Als Nachfolger von Dr. Franz-Rasso Böck ist seit 1.1.1989 Frau Gabriele v. Trauchburg-Kuhnle M.A. als wiss. Mitarbeiterin am Lehrstuhl tätig.

Derzeitiger Personalstand (1.4.1990):
Prof. Dr. Pankraz Fried
Gabriele v. Trauchburg-Kuhnle M.A., wiss. Mitarbeiterin
Dr. Bernhard Hagel, wiss. Mitarbeiter
Elfriede Morawetz, Lehrstuhlsekretärin
Gerhard Fürmetz, stud. Hilfskraft
Thomas Schirp, stud. Hilfskraft

V. Einzelberichte

15 Jahre bayerische und schwäbische Landesgeschichte an der Universität Augsburg
1974–1989

Seit 1. September 1974 gibt es eine Professur für bayerische Landesgeschichte an der Universität Augsburg, die der Verfasser seitdem innehat. Mit Genehmigung des Ministeriums wurde 1986 die Lehrstuhlbezeichnung auf schwäbische Geschichte ausgedehnt. Im September 1989 waren es also 15 Jahre, seitdem die Landesgeschichte als Teilfach der historischen Disziplin in Forschung und Lehre an der Universität Augsburg vertreten ist: ein Grund, eine kurze Bilanz zu ziehen.

Wieviele Studenten seitdem Vorlesungen in bayerischer und schwäbischer Landesgeschichte gehört haben, ließe sich nur über den Universitätscomputer ermitteln, ebenso, wieviele Hörer Übungen, Seminare und Kolloquien besucht haben. Die Zahl geht bestimmt in die Hunderte. Leichter läßt sich ein Überblick über die angefertigten Examensarbeiten gewinnen: 110 Prüfungsarbeiten wurden für die Lehramtsabschlußprüfungen vorgelegt, von denen die meisten auf Quellenarbeit beruhen. Magisterarbeiten wurden bisher 17 abgeschlossen; eine von ihnen erhielt 1988 den Preis des Bezirks Schwaben.

10 Dissertationen wurden bis einschließlich SS 1989 erfolgreich zum Abschluß gebracht. Mehrere davon wurden mit Preisen bedacht. Es konnten damit u. a. die Selbstverwaltungsgeschichte Bayerns und Schwabens sowie der Teil Schwaben des Forschungsunternehmens »Historischer Atlas von Bayern«, der von der Bayerischen Akademie der Wissenschaften/Kommission für bayerische Landesgeschichte herausgegeben wird, gefördert werden. Eine eigene Lehrstuhlreihe »Materialien zur Geschichte des bayerischen Schwaben« wurde eröffnet, in der bis jetzt 12 Hefte erschienen sind.

Gemeinsam mit der Schwäbischen Forschungsgemeinschaft werden die »Augsburger Beiträge zur Landesgeschichte Bayerisch-Schwabens« (bisher 4 Bände) und die Reihe »Ländliche Rechtsquellen aus dem Bayerischen Schwaben« herausgegeben. Bisher konnte ein Band erscheinen, der Weistümer aus dem Fürstentum Pfalz-Neuburg enthält und insbesondere mit Forschungsmitteln der Universität (Typ B) gefördert wurde. Aus den gleichen Mitteln konnten 3 Jahre lang die vorbereitenden Arbeiten zur Edition schwäbischer Urbare bewerkstelligt werden. Im Rahmen der Dokumente zur Geschichte von Staat und Gesellschaft in Bayern wurde vom Verfasser und P. Lengle der Band Schwaben (Mittelalter) bearbeitet. 1986 wurde gemeinsam mit Akademischen Rat Dr. Wolfgang Knabe das von der Deutschen Forschungsgemeinschaft geförderte Forschungsprojekt »Die überseeische Auswanderung aus Bayerisch-Schwaben 1180–1914« begonnen. Nach der Mitarbeit in regionalen kulturellen Unternehmungen (Rieser Kulturtage, Kreisheimatbücher Ost- und Unterallgäu) wurde seit 1982 gemeinsam mit OB Dr. Höß eine Stadtgeschichte Kemptens initiiert, die 1989 erschien. Ein vom Unterzeichneten gemeinsam mit Prof. Schaffer 1976 ins Leben gerufener Arbeitskreis für historisch-geographische Regionalforschung führte zur Ausweisung eines Forschungsschwerpunkts »Historisch-geographische Regionalforschung an der Universität Augsburg« und zur Bearbeitung einer Stadtgeschichte Augsburgs (1980). Für Koordinationszwecke gibt der Unterzeichnete regelmäßig Berichte über die Aktivitäten des Forschungsschwerpunktes heraus (bisher 2 Hefte erschienen). Die Mitarbeit an der Auswertung der Oettingen-Wallerstein-Bibliothek schlug sich neben Aufsätzen in einer kurz vor dem Abschluß stehenden Dissertation und mehreren Prüfungsarbeiten nieder. Durch Unterstützung von Staatsminister a. D. Anton Jaumann und durch eine Spende der schwäbischen Wirtschaft konnten auf einem internationalen Kongreß 1986 im schwäbischen Bildungszentrum Irsee »Probleme der alemannischen Geschichte« (im Druck erschienen) diskutiert und die Edition der immer noch fehlenden Facsimile-Edition von Pactus und Lex Alemannorum, »des Grundgesetzes aller auf alemannischem Siedelland entstandenen Herrschaften und Staaten« in die Wege geleitet werden. Anläßlich einer Tagung im internationalen Forschungszentrum Reisensburg wurden Probleme der Integration Schwabens in den bayerischen Staat behandelt (im Druck erschienen). 1989 fand im Rahmen der Schwabenakademie in Irsee eine wissenschaftliche Tagung über die Aufklärung und die Auswirkungen der französischen Revolution in Bayern und Schwaben unter dem Protektorat von Bezirkstagspräsident Dr. Simnacher statt. Der Lehrstuhl beteiligte sich auch an dessen Gründung eines »Bukowina-Ostinstitutes« bei der Universität Augsburg im Rahmen einer vergleichenden und interdisziplinären Landesforschung. Dem gleichen Ziel und einer europäischen historischen Regionalismusforschung galt auch die Mitwirkung des Lehrstuhls bei der ersten schwäbischen Landesausstellung 1989 »Schwaben und Tirol – historische Beziehungen von der Römerzeit bis zur Gegenwart« in Augsburg. Vorträge im Rahmen der Historikertagungen der Kulturkommission der ARGE ALP dienten dem nämlichen Zweck. Ein Seminar war im WS 1989/90 den Beziehungen Schwabens zum Wallis und Burgund gewidmet; im SS 1990 fand eine Exkursion dorthin statt, über die gesondert berichtet wird.

Eine Reihe wissenschaftlicher Exkursionen nach Nah und Fern – die weiteste nach Rom, um schwäbisch(augsburgische)-römische Beziehungen zu studieren – sollte nach der landesgeschichtlichen Methode und der unmittelbare Anschauung vermitteln.

Daß der Unterzeichnete seit 1980 in Personalunion als 1. Vorsitzender die Schwäbische Forschungsgemeinschaft (bei der Kommission für bayerische Landesgeschichte / Bayerische Akademie der Wissenschaften) für die laufende Arbeit in einem Dutzend Forschungsreihen zur schwäbischen Geschichte verantwortlich ist, kann hier lediglich erwähnt werden (z.B. Lebensbilder aus dem bayerischen Schwaben, Studien zur Fuggergeschichte, Augsburger Bischofsregesten, schwäbische Klosterurkunden, schwäbische Studentenverzeichnisse usw.). In aller Bescheidenheit soll anläßlich dieses Berichts vermerkt werden, daß der Lehrstuhl durch seine Forschungsaktivitäten (DFG, SFG usw.) alljährlich beträchtliche Forschungsmittel für die Universität einwirbt.

Der Bericht ist unter der Hand zu einer dürren statistischen Aufzählung von Aktivitäten, Fakten und Forschungsgeldern – ohne die nichts geht – geworden. Dahinter steht aber das Engagement des

Unterzeichneten wie auch all seiner Mitarbeiter und Schüler für die wissenschaftliche Lehre und Erforschung der schwäbischen Landesgeschichte als Grundlagenwissenschaft für alle ihre Teilbereiche. Als entscheidend betrachte ich immer noch die Tatsache, daß die Studenten durch den Betrieb wichtiger Forschungsprojekte unmittelbar in der Forschung mitarbeiten können und so einen Einblick in den historischen Arbeitsvorgang (Methode) und in den historischen Erkenntnisprozeß gewinnen. Dabei braucht die Landesgeschichte am wenigsten Angst vor allzu großer »Verwissenschaftlichung« in der Lehre zu haben, besteht ihre »Praxisorientiertheit« doch darin, die Fakten und Prozesse der allgemeinen, europäischen und deutschen Geschichte am regionalen und lokalen Beispiel zu veranschaulichen und exemplifizieren zu können. Landesgeschichte ist deswegen ganz und gar nicht eng oder gar »provinziell«, weswegen ihr die allgemeinen Fächer vorzuziehen seien. Mit bayerischer und schwäbischer Geschichte studiert man ebenso sehr allgemeine Geschichte, vor allem europäische Regionalgeschichte, deren Kenntnis gerade heute unentbehrlich ist.

P. Fried

II. Arbeiten aus der schwäbischen Landesforschung an der Universität Augsburg (Stand 1988/89)

Wie für jede Universität, so ist es auch für die Universität Augsburg eine Selbstverständlichkeit, sich der Forschung und Lehre der umgebenden Region zu widmen, zumal es sich dabei um eine eigengeprägte Stammeslandschaft, um Bayerisch-Schwaben handelt. Seit 1974 existiert eine Professor für Landesgeschichte.

Nachdem seit 1976 ein interdiziplinärer Arbeitskreis für Regionalforschung in Schwaben an der Universität Augsburg tätig war, wurde 1977 unter den sechs Forschungsschwerpunkten der Universität Augsburg auch ein solcher für »Historisch-geographische Regionalforschung in Schwaben« errichtet, der 1977 in den Hochschulentwicklungsplan der Bayerischen Staatsregierung aufgenommen wurde[1].

Im Rahmen dieses Forschungsschwerpunktes sind in der Zwischenzeit eine Reihe von Lehrstühlen und Fächern tätig geworden. Ihre Aktivitäten wurden bisher in zwei Broschüren kurz aufgelistet[2].

Künftig sollen analog zum Jahrbuch für fränkische Landesforschung in den »Augsburger Beiträgen zur schwäbischen Landesgeschichte« regelmäßig Berichte über Arbeiten zur schwäbischen und allgemeinen Landesforschung an der Universität Augsburg erscheinen.

1. Lehrstuhl für bayerische und schwäbische Landesgeschichte

Prof. Dr. Pankraz Fried

siehe oben S. 317–319.

Laufende Dissertationen 1989:

Sylvia Epp, Geschichte der CSU in Augsburg
Martina Haggenmüller, Die Rompilgerschaft aus der Diözese Augsburg
Erich Hofgärtner, Die Hexenprozesse in Schwaben
Werner Pohl, Die Landesherrschaftsverhältnisse im Altlandkreis Donauwörth
Wilfried Sponsel, Siedlungs- und Ortsgeschichte von Hohenaltheim (Ries)
Gabriele von Trauchburg-Kuhnle, Die ländlichen Rechtsquellen in Schwaben
Georg Wörishofer, Der Widerstand des Augsburger Diözesanklerus in der NS-Zeit

---

1 Vgl. Augsburger Beiträge zur Landesgeschichte Bayerisch-Schwabens, hrsg. v. P. Fried, Bd. 1, Sigmaringen 1979, S. 208.
2 1983 und 1985. Vgl. auch Jahrbuch der Universität Augsburg 1984, Augsburg 1985, S. 40 ff.

2. Lehrstuhl für Alte Geschichte

Prof. Dr. Gunther Gottlieb

Im Mittelpunkt der Forschungsarbeiten des Lehrstuhlinhabers und der wissenschaftlichen Mitarbeiter stehen die Geschichte der Römischen Kaiserzeit (in Hinsicht auf den Forschungsschwerpunkt Landeskunde und Provinzialgeschichte, einschließlich der Geschichte des römischen Augsburg), keltische und vor allem römische Numismatik, lateinische Inschriftenkunde usw.
Mitwirkung an größeren Forschungsvorhaben:

1. In der Reihe der »Quellen zur Geschichte der Alamannen« ist im Frühjahr 1984 Band VI erschienen: Inschriften und Münzen. Mit einer Zeittafel von 213 bis etwa 530 n. Chr. Von Wolfgang Kuhoff. Addenda und Corrigenda zu den Bänden I und II. Von Gunther Gottlieb und Wolfgang Kuhoff. Damit ist die Textsammlung abgeschlossen. Im Jahr 1987 ist Band VII mit den Indizes erschienen.

2. Neuherausgabe der römischen Inschriften Raetiens (Federführung: Kommission für Alte Geschichte und Epigraphik des Deutschen Archäologischen Instituts München)

3. Herausgebertätigkeit und Mitarbeit an einer Gesamtdarstellung der Geschichte Kemptens

4. Vergleichende strukturelle Untersuchungen zu den römischen Provinzen auf deutschem Boden (Vorträge bei den Rieser Kulturtagen 1986 und in Freiburg i. Brsg.; Kolloquium an der Universität des Saarlandes)

3. Lehrstuhl für Geschichte des Mittelalters

Privatdozent Dr. Rolf Kießling

Forschungsprojekte:

1. Das Forschungsprojekt »Die Stadt und ihr Land – Umlandpolitik, Bürgerbesitz, Wirtschaftsgefüge in Ostschwaben vom 14. bis 16. Jahrhundert« ist inzwischen abgeschlossen und wird zur Publikation vorbereitet. Die Arbeit behandelt die Fallstudien Nördlingen, Memmingen, Lauingen und Mindelheim und ihre Einordnung in das Gesamtgefüge Ostschwabens. Eine Ausweitung bzw. Ergänzung durch andere Städte ist vorgesehen.

2. Beiträge zu den geplanten bzw. in Arbeit befindlichen Stadtgeschichten von Memmingen und Kempten.

3. Mitwirkung an den Veröffentlichungen der Schwäbischen Forschungsgemeinschaft (vgl. 1b):
 – W. Zorn, Historischer Atlas von Bayerisch-Schwaben, 2. Aufl.
 – Herausgabe der »Reiseberichte aus Bayerisch-Schwaben«

4. Ländliches Judentum in Ostschwaben in der Frühen Neuzeit

apl. Prof. Dr. Georg Kreuzer

1. Bistum Freising (Gams, Series Episcoporum)
2. Das Verhältnis von Bischof und Stadt in Augsburg und Konstanz im 12./13. Jahrhundert
3. Regesten der Bischöfe von Augsburg Bd. 2, siehe S. 335, 339

4. Lehrstuhl für Neuere und Aussereuropäische Geschichte

Prof. Dr. Wolfgang Reinhard

1. Im Forschungsschwerpunkt »Topographie, Demographie und Soziologie der bikonfessionellen Stadt Oettingen im Ries« wurde die Datenaufnahme (Verkartung der Kirchenbücher) vollständig und die Erschließung ergänzenden Archivmaterials weitgehend abgeschlossen. Zwecks Familienrekonstitution

werden die Daten derzeit in einen PC eingegeben. Zugleich wird in Zusammenarbeit mit dem Lehrstuhl für Informatik (Professor Töpfer) ein Programm zur Auswertung entwickelt. Wenn diese Auswertung im kommenden Jahr abgeschlossen sein wird, können die Ergebnisse mit den bisher erzielten im Bereich der Topographie und der Sozialgeschichte in Beziehung gesetzt und das Projekt in Gestalt von drei Dissertationen zum Abschluß gebracht werden:

Studienassessorin Petra Ostenrieder: Topographie der Stadt Oettingen (16.–18. Jahrhundert)
Barbara Rajkay, M.A.: Sozialgeschichte der Stadt Oettingen (16.–18. Jahrhundert)
Claudia Wiedenmann, M.A.: Historische Demographie der Stadt Oettingen (16.–18. Jahrhundert).

2. Im DFG-Forschungsprojekt »Oligarchische Verflechtung und Konfession in oberdeutschen Städten« konnten die Teilprojekte »Augsburgs Bürgermeister und Stadtpfleger 1518–1618« (Katarina Sieh-Burens) und »Außenverflechtung der Augsburger Oligarchie im 16.–18. Jahrhundert« (Peter Steuer) im Sommer 1985 zum Abschluß gebracht werden. Frau Sieh-Burens und Herr Steuer haben mit ihren Beiträgen promoviert; die Arbeit von Frau Sieh-Burens wurde unter dem Titel »Oligarchie, Konfession und Politik im 16. Jahrhundert« in den Schriften der Philosophischen Fakultäten der Universität Augsburg gedruckt und mit dem Preis des Bezirks Schwaben ausgezeichnet.

Die Bearbeitung des letzten Teilprojekts »Verflechtung in der Augsburger Wirtschaft« mußte in Folge beruflich bedingten Ausscheidens des Bearbeiters Dr. Reinhard Wendt zunächst unterbrochen werden. Seit September 1986 wird es von Studienassessor Ulrich Klinkert weitergeführt. Die Finanzierung läuft zum 28. Februar 1988 aus. Bis dahin werden die Untersuchungspersonen sämtlicher Teilprojekte in einen PC eingegeben sein, was u.a. die Erstellung einer Gesamtprosopographie der Augsburger Eliten des 16. Jahrhunderts ermöglichen soll. Diese Prosopographie wird Bestandteil der zu erstellenden Abschlußveröffentlichung sein.

3. Das Projekt »Amerika in schwäbischen Bibliotheken« (Oettingen-Wallerstein-Bibliothek) mußte nach Vorliegen von drei Teilbänden abgebrochen werden. Es konnte inzwischen unter dem neuen Titel »Americana Augustana« wieder aufgenommen werden (Bearbeiterin: Christa Sedlmeir) und wird in absehbarer Zeit abgeschlossen sein. Allerdings ist nicht zuletzt im Hinblick auf das Columbus-Jubiläum eine Ausweitung auf die Bestände der Staats- und Stadtbibliothek Augsburg ins Auge gefaßt.

4. Im Forschungsprojekt »Politische Ideengeschichte der frühen Neuzeit« (Dr. Wolfgang Weber) sind die Arbeiten zur Erschließung der einschlägigen politiktheoretischen Werke innerhalb und außerhalb der Oettingen-Wallerstein-Bibliothek beendet. Zur Zeit geht es um die Auswertung der zentralen Beiträge. Erste Ergebnisse wurden im Sommersemester 1987 im Rahmen eines Lehrstuhlkolloquiums vorgestellt und diskutiert. Eine umfangreiche Darstellung ist für das Frühjahr 1988 zu erwarten.

5. Die Untersuchung des Haushalts der Stadt Augsburg im 16. Jahrhundert durch Hans Georg Kopp, M.A. macht gute Fortschritte.

Laufende Dissertationen 1989:

Ulrich Klinkert, Augsburger Kaufleute des 16. Jahrhunderts
Hans-Georg Kopp, Der Augsburger Stadthaushalt des 16. Jahrhunderts
Hans-Jörg Künast, Buchdruck in Augsburg bis 1555
Petra Ostenrieder, Untersuchungen zur Sozialtopographie und Wirtschaftsstruktur der Residenzstadt Oettingen 1600–1800
Barbara Rajkay, Menschen und Sozialstrukturen in Oettingen. Handlungsspielräume und Lebensstrategien in einer bi-konfessionellen Residenzstadt der frühen Neuzeit
Claudia Wiedenmann, Die historische Demographie der bi-konfessionellen Stadt Oettingen 1563/1591 bis 1806
Katrin Wilhelm, »Das güldene Almosen«

Privatdozent Dr. Wolfgang Weber:

1. Der innerdeutsche Nord-Süd-Gegensatz. Zu den historischen Konturen eines aktuellen Phänomens.

5. Lehrstuhl für Neuere und Neueste Geschichte

Prof. Dr. Dr. h.c. Josef Becker

Forschungsprojekte:

1. Augsburger Stadtgeschichte und Regionalgeschichte Bayerisch-Schwabens im 19. und 20. Jahrhunderts
2. Geschichte ostschwäbischer Reichsklöster (Dr. Dotterweich)
3. Mitarbeit an der »Geschichte der Stadt Kempten« (Dr. Dotterweich)

Laufende Dissertationen 1989:

Susanne Eser, Arme und Armenfürsorge in Augsburg 1806 bis 1914
Manfred Heerdegen, Das Flüchtlings- und Vertriebenenproblem im Oberallgäu der frühen Nachkriegsjahre unter besonderer Berücksichtigung der Vertriebenen-Siedlung Neugablonz

6. Lehrstuhl für Didaktik der Geschichte

Prof. Dr. Karl Filser

Forschungsprojekte:

1. Quelleneditionen zur Geschichte Bayerisch-Schwabens für den Geschichtsunterricht in allen Schularten (zusammen mit Prof. Dr. P. Fried)
2. Geschichte der Lechflößerei
3. Mitherausgeber der Geschichte der Stadt Kempten
4. Geschichte der jüdischen Gemeinde in Augsburg im 19. und 20. Jahrhundert (durch Wiss. Mitarbeiter Hirsch)

7. Fach Volkskunde

apl. Prof. Dr. Günther Kapfhammer

Forschungsprojekte:

1. Wallfahrtsforschung in Schwaben
2. Migrationsforschung (z. B. Schwabenkinder)

Lehramts- und Zulassungsarbeiten:

Ein Verzeichnis der Lehramts- und Zulassungsarbeiten findet sich in den »Bayerischen Blättern zur Volkskunde«:

    Jg. 6 (1979),   S. 207 ff.;
    Jg. 7 (1980),   S. 261 ff.;
    Jg. 8 (1981),   S. 249;
    Jg. 9 (1982),   S. 261;
    Jg. 10 (1983),   S. 251;
    Jg. 11 (1984),   S. 263.

Im Sekretariat sind eine Reihe von Broschüren erhältlich

8. Lehrstuhl für Bürgerliches Recht und Rechtsgeschichte

Prof. Dr. Hans Schlosser (Jur. Fakultät)

Forschungsprojekte:

1. Quellen- und Entwicklungsgeschichte der Bayerisch-schwäbischen Gesetzgebung in der frühen Neuzeit
2. Dogmatik und Praxis der Galeerenstrafe in Bayern und Schwaben
3. Mitarbeit an der wissenschaftlichen Auswertung der Oettingen-Wallerstein-Bibliothek

9. Lehrstuhl für Mittlere und Neuere Kirchengeschichte

Prof. Dr. Walter Brandmüller (Theol. Fakultät)

Forschungsprojekt:

Herausgabe eines Handbuches der bayerischen Kirchengeschichte

10. Lehrstuhl für Deutsche Sprachwissenschaft unter besonderer Berücksichtigung des Neuhochdeutschen

Prof. Dr. Hans Wellmann, apl. Prof. Dr. Werner König

Forschungsprojekt:

Sprachatlas von Bayerisch-Schwaben
In dem Sprachatlas sollen die Dialekte des bayerisch-schwäbischen Raumes in ihrer geographischen Verteilung umfassend dokumentiert werden. Je eine Mitarbeiterstelle wurde von der DFG, vom Bayerischen Staat und vom Bezirk Schwaben zur Verfügung gestellt. Die Arbeit ist im Sommer/Herbst 1984 aufgenommen worden. Ein umfangreiches Fragebuch (ca. 2000 Positionen) dient als Grundlage für die Mundartaufnahmen. 1989/1990 werden die Aufnahmearbeiten soweit abgeschlossen sein, daß mit der Kartierung und Interpretation der Befunde begonnen werden kann.
Literatur: Werner König, Der Sprachatlas von Bayerisch-Schwaben im Rahmen der anderen Sprachatlanten des Alemannischen (Veröffentlichung der Schwäbischen Forschungsgemeinschaft, Reihe 1, Bd. 17, 1989, S. 165–186).

11. Lehrstuhl für deutsche Sprache und Literatur des Mittelalters

Prof. Dr. Johannes Janota

Forschungsprojekt:

Augsburger Schreibsprache im späten Mittelalter und der frühen Neuzeit (Dr. Graser)
Im Rahmen des Projekts fertiggestellte bzw. in Entstehung begriffene Arbeiten:

Elvira Glaser, Graphische Studien zum Schreibsprachwandel vom 13.–16. Jahrhundert. Vergleich verschiedener Handschriften des Augsburger Stadtbuches, Diss. Augsburg 1983, Carl Winter Verlag Heidelberg 1984

Elvira Glaser, Augsburger Schreibsprache, in: Gunther Gottlieb u. a. (Hrsgg.), Geschichte der Stadt Augsburg von der Römerzeit bis zur Gegenwart, Theiss Verlag Stuttgart 1984, S. 357–362

Sabine Freund, Der Vokalismus des Augsburger Kochbuches der Sabina Welserin. Eine graphematische Untersuchung, Diss. Abschluß voraussichtlich 1985

Forschungsprojekt:
Die mittelalterlichen Bestände in der ehemaligen Öttingen-Wallersteinschen Bibliothek, heute UB Augsburg

Christine Haschka: Untersuchungen zur Rezeption birgittinischer Texte in der Handschrift UBA Cod. III 1 4° 31. Magisterarbeit, Abschluß voraussichtlich 1988.

Thomas Koslowski: Die Predigten ›Von der vrstend‹ und ›Von den junckfrauen‹ in der Handschrift der Universitätsbibliothek Augsburg Cod. III. 1.8°.21. Magisterarbeit, Abschluß 1987.

Mia Sonner: Edition des ›Kaufbeurer Passionsspiels‹ und des ›Kaufbeurer Osterspiels‹ (einschließlich sprach-, quellen- und überlieferungsgeschichtlicher Untersuchungen).
Magisterarbeit, Abschluß voraussichtlich 1988.

Arnold Schromm: Studien zur Bibliothek des ehemaligen Zisterzienserinnenklosters Kirchheim im Ries. Disseration (vgl. P. Fried, in: Rieser Kulturtage, Dokumentation V, 1985, S. 345)

12. Lehrstuhl für Didaktik der deutschen Sprache und Literatur

Prof. Dr. Albrecht Weber

Forschungsprojekt:
Literatur in Bayern. Erschienen unter dem gleichen Titel, hgg. v. A. Weber, 1987.

13. Arbeitsgruppe: Oettingen-Wallerstein-Bibliothek

(Künftig: Institut für Europäische Kulturgeschichte)

Vorsitzender: Prof. Dr. Jochen Brüning

Zum Zwecke der Projektierung eines drittmittelgeförderten Forschungsprojektes wurde 1982 vom Senat ein Ausschuß eingesetzt, dem die Professoren Reinhard, Schlosser, Fried, Koopmann und Dr. Wolfgang Weber angehörten.

Sprecher dieser Projektgruppe war Prof. Dr. W. Reinhard. Er berichtete im Rahmen der Rieser Kulturtage 1984 in Harburg und im Forschungsforum der Universität Augsburg am 5.12.1984 über den Stand der Forschungen[3]. 1987/88 fand eine Umorganisation statt. Am 26. Juli 1989 wurde vom Senat der Universität ein Koordinationsausschuß für die OeWB eingesetzt, der von Prof. Dr. J. Brüning geleitet wird. Anfang 1990 stimmte der Senat der Gründung eines »Institutes zur Erforschung der historischen Bibliotheken Augsburgs« zu. Es soll »Institut für Europäische Kulturgeschichte« benannt werden. Aus dem organisch gewachsenen Charakter der Quellenbestände ergibt sich von selbst ein natürlicher regionaler Bezug der Forschung in diesem Institut.

14. Lehrstuhl für Wirtschafts- und Sozialgeschichte

Prof. Dr. Franz Schaffer

Die Projekte des Lehrstuhls behandeln hauptsächtlich Fragestellungen mit aktuellem Planungsbezug. Die Arbeiten werden im engen Kontakt mit amtlichen Stellen der Planungsverantwortung durchgeführt. Die daraus sich ergebende Zusammenarbeit mit Gemeinden, Kreisen, Bezirks- und Regierungsstellen kann dazu beitragen, daß die Kontakte der Universität mit ihrer Region gefestigt und geogra-

---

[3] W. Brandstetter/W. Reinhard, Über die Forschungsprojekte der Arbeitsgruppe »Oettingen-Wallerstein-Bibliothek« an der Universität Augsburg, in: Rieser Kulturtage. Dokumentation Bd. V, 1986, S. 341 ff.

phische Forschungsergebnisse z.B. in der öffentlichen Diskussion von Fragen der Stadt-, Regional- und Landesentwicklung berücksichtigt werden können.

Folgende Projekte befinden sich in der Bearbeitung:

1. Ausländerintegration in Großstädten – Beispiel Augsburg

2. Stadtstruktur und Aktionsraum – sozialgeographische Untersuchungen zur Kommunikation am Großstadtrand (Augsburg/Friedberg)

3. Die Augsburger Altstadt – eine Gestaltanalyse

4. Standortfaktoren der Industrie im ländlichen Raum – Grundlagen für die kommunale Wirtschaftsförderung

5. Bäuerliche Dörfer zwischen Tradition und Leitbild – Sozialgeographische Gemeindestudien im Unterallgäu

6. Bevölkerungsatlas von Bayern – Themakarten mit dem Computer.

Die abgeschlossenen Projekte sind veröffentlicht in den beiden Schriftenreihen des Lehrstuhls, den »Augsburger Sozialgeographischen Heften« und den Beiträgen zur »Angewandten Sozialgeographie«, bisher sind 14 Monographien erschienen.

15. Lehrstuhl für Physische Geographie

Prof. Dr. Klaus Fischer

Projekte:

1. Stadtklima von Augsburg unter besonderer Berücksichtigung der lufthygienischen Situation
Dieses Projekt ist sehr weit vorangeschritten und wird voraussichtlich um die Jahreswende 1984/85 abgeschlossen. Die lange Zeitdauer für dieses Porjekt (6 Jahre) ist darin begründet, daß umfangreiches Datenmaterial erhoben und neue Denkansätze entwickelt werden mußten. Das Projekt liefert wesentliche Planungsgrundlagen für die Stadt Augsburg und hat Anregung zu einer ganzen Reihe von Diplomarbeiten gegeben.

2. Geomorphologische Entwicklung und Landschaftsökologie des Nördlinger Rieses und seiner Umgebung
Auch dieses Projekt läuft bereits mehrere Jahre und soll einen Beitrag zur Formengenese und zum Landschaftshaushalt liefern. Bei den Arbeiten wird der Lehrstuhl in großzügiger Weise vom Bayerischen Geologischen Landesamt unterstützt.

3. Mitarbeit am Ausstellungsprojekt »Schwaben und Tirol«

16. Lehrstuhl für Musikwissenschaft

Prof. Dr. Franz Krautwurst

1. Projekte:

a) Das Laienchorwesen im 19. Jahrhundert in Bayerisch-Schwaben (steht vor dem Abschluß)

b) Mitarbeit am Textband Stadtgeschichte Kempten

c) Mitarbeit an der wissenschaftlichen Erschließung der Oettingen-Wallersteinschen Bibliothek; zuletzt erschienen:
Franz Krautwurst, Widmungskanons in einem Humanistenstammbuch der Oettingen-Wallersteinschen Bibliothek der UB Augsburg, in: Jb der Universität Augsburg 1985, Augsburg 1986, S. 151–159.

d) Bibliographie des Schrifttums zur Musikgeschichte der Stadt Augsburg

2. In Entstehung begriffene Dissertationen:

Jürgen Linsenmeyer, Musikpflege des Zisterzienserinnenklosters Oberschönenfeld im 18. Jahrhundert.

Christian Ridil, Der Augsburger Domkapellmeister Andreas Giulini und sein Schüler Johann Michael Demmler. Beiträge zur süddeutschen Kirchenmusik des 18. Jahrhunderts.

Erich Tremmel, Der Blasinstrumentenbau des 19. Jahrhunderts im südlichen Bayern.

Hermann Ullrich, Der Augsburger Domkapellmeister Johann Chrysostomus Drexel. Leben und Werke.

3. Beiträge des Lehrstuhlinhabers für die Halbjahresschrift »Musik in Bayern«, Tutzing: Hans Schneider:

Martin Mösl (1787–1843), ein niederbayerischer Komponist des Vormärz in Augsburg, in: Heft 31, 1985, S. 43–60.

Johann Erasmus Kindermanns Beziehungen zu Augsburg, in: Heft 33, 1986, S. 29–49.

Ein unbekanntes Augsburger Diözesangesangbuch des 18. Jahrhunderts, in: Heft 35, 1987.

17. Lehrstuhl für Schulpädagogik

Prof. Dr. H. Oblinger

Untersuchungen zur Schulgeschichte Bayerisch-Schwabens (als Regionalbeiträge zum »Handbuch der bayerischen Schulgeschichte, hrsg. von Prof. M. Liedtke – Nürnberg – voraussichtliche Veröffentlichung: 1988).

Fertiggestellt (1987):

Oblinger, H.: Die Anfänge des Schulwesens in Schwaben bis zur Reformation

Oblinger, H.: Konfessioneller Schulstreit in Schwaben von der Reformation bis zum Westfälischen Frieden

Nießeler: M.: Die aufklärerischen Reformbemühungen im Volksschulwesen in der zweiten Hälfte des 18. Jhs. in Bayerisch-Schwaben.

Oblinger, H.: Johann Evangelist Wagner und Dominikus Ringeisen als Wegberater der Behinderten- und Sonderschulpädagogik im 19. Jahrhundert in Bayerisch-Schwaben

In Arbeit:

Oblinger, H.: Jüdische Schulen in Bayerisch-Schwaben unter besonderer Berücksichtigung des 19. Jahrhunderts

Emminger, F.: Schulen in Schwaben vor und in dem 1. Weltkrieg (Arbeitstitel)

Nießeler, M.: Löweneck – der schwäbische Arbeitsschulpädagoge (Arbeitstitel)

Kotzian, O.: Schwabens Schulen in der NS-Zeit (Arbeitstitel)

Waldmann, J.: Re-education an Schwabens Schulen nach dem 2. Weltkrieg (Arbeitstitel)

Biologie (Prof. Dr. H. Oblinger)

a) Biologie und Biogeographie (Pflanzen- und Tierwelt Bayerisch-Schwabens)

b) Geologie und Geographie

c) Prof. Dr. H. Oblinger und Dr. O. Mair sind seit 1980 die Herausgeber der wiss. »Berichte des Naturwiss. Vereins für Schwaben«.

Siehe auch Jahrbuch der Universität Augsburg, Veröffentlichungsverzeichnis.

Publikationen (seit 1971): Die Publikationen der an Forschungsschwerpunkten beteiligten Mitarbeiter sind verzeichnet in folgenden Bibliographien

1. Universität Augsburg. Verzeichnis der Veröffentlichungen 1970–1977 (erschienen 1979)
2. Universität Augsburg. Forschungsbericht 1970–1977 (erschienen 1979)
3. Jahrbuch der Universität Augsburg 1981 (erschienen 1982) S. 219 ff.: Verzeichnis der Veröffentlichungen (1978–1981)
4. Jahrbuch der Universität Augsburg 1982 (erschienen 1983) S. 161 ff.: Verzeichnis der Veröffentlichungen (1982)
5. Jahrbuch der Universität Augsburg 1983–1989

B. Schwäbische Forschungsgemeinschaft bei der Kommission für bayerische Landesgeschichte Sitz Universität Augsburg

Berichte über die Jahressitzungen 1986–1989
(Gekürzte Sitzungsprotokolle)

Bericht über die Jahrssitzung 1986

Am 28. Juni 1986 fand im Sitzungssaal des Bezirks Schwaben die 36. Jahressitzung der Schwäbischen Forschungsgemeinschaft statt, zu der der 1. Vorsitzende, Prof. Dr. Fried, 24 der 39 Mitglieder begrüßen konnte. Er dankte dem Bezirk, namentlich Bezirkstagspräsident Dr. Simnacher für die gastliche Aufnahme und die großzügige finanzielle Förderung des Bezirks und hob die Rolle der SFG als wissenschaftliche Institution für den Bezirk Schwaben hervor.

Bezirkstagspräsident Dr. Simnacher, Hausherr und zugleich 2. Vorsitzender, würdigte die Arbeit der SFG als unverzichtbaren Bestandteil im Rahmen der schwäbischen Kulturarbeit des Bezirks und betonte, daß die SFG auch in Zukunft mit der wohlwollenden Förderung ihrer wissenschaftlichen Arbeiten durch den Bezirk wird rechnen können. Anschließend gratulierte der 1. Vorsitzende Herrn Oberarchivdirektor i. R. Dr. Hoffmann zu seinem 75. Geburtstag und zur Verleihung der St. Bruno-Medaille des Bischofs von Würzburg, Herrn Ministerialdirektor i. R. Dr. Böck zum 70. Geburtstag, Frau Fürstl. Oberarchivrätin Dr. Grünenwald zu ihrem 65. Geburtstag und Herrn Fürstl. Bibliotheks- und Archivdirektor Dr. von Volckamer zum 60. Geburtstag.

Im Anschluß daran gedachten die Anwesenden der beiden verstorbenen Mitglieder, Herrn Prof. Dr. Spindler und Herrn Geistlichen Rat Ludwig Dorn. Prof. Dr. Spindler hatte 1949, unter anderem tatkräftig unterstützt vom Augsburger Stadtschulrat Dr. Nübling, der Schwäbischen Forschungsgemeinschaft ins Leben verholfen, sie in der Bayerischen Akademie der Wissenschaften verankert und bis zu seinem Tod tatkräftig gefördert. Mit Ludwig Dorn verlor die Schwäbische Forschungsgemeinschaft einen erfahrenen Historiker, der sich um die Erarbeitung schwäbischer Regionalgeschichte verdient gemacht hat.

I

In seinem Geschäftsbericht stellte Prof. Dr. Fried die im Berichtsjahr 1985 weitergeführten bzw. erschienenen Arbeiten vor:

1. Projekte der SFG:
Fertiggestellt wurden: die 4. Lieferung der Regesten der Bischöfe und des Domkapitels von Augsburg; die 2. Lieferung der 2. Auflage des Zorn'schen Historischen Atlas von Bayerisch-Schwaben mit 10 Karten-

blättern; der 3. Band der Augsburger Beiträge zur Landesgeschichte Bayerisch-Schwabens »Miscellanea Suevica Augustana«; das Veröffentlichungsverzeichnis 1986 »Bavaro-Suevica Historica« und der Band 13 der Lebensbilder. Im Satz befindet sich Band 16 der Studien zur Geschichte des bayerischen Schwabens »Schwäbische Mundartforschung«.

2. Schwäbische Projekte der Kommission für bayerische Landesgeschichte in München:
In dem vom 1. Vorsitzenden als Redaktor von Schwaben betreuten Historischen Atlas von Bayern ist in der Reihe II »Die Grafschaft Oettingen« erschienen, bearbeitet von D. Kudorfer. Der Atlas Altlandkreis Donauwörth konnte neu vergeben werden. Das Quellen- und Traditionsbuch von St. Ulrich und Afra wird in diesem Jahr noch erscheinen.

In der Reihe: Dokumente zur Geschichte von Staat und Herrschaft in Bayern wird Band 3 »Schwaben von den Anfängen bis 1268«, bearbeitet von P. Fried und P. Lengle, erschienen 1988.

3. Lehrstuhlprojekte an der Universität Augsburg:
Prof. Dr. Fried wies auf die Publikation von F. Seßler »Die Auswirkungen von Reformation und Aufklärung auf die Entwicklung der Nördlinger Lateinschule« und die derzeit eingereichte von P. Faßl verfaßte Dissertation »Augsburg 1750–1850« hin. Erschienen ist die internationale Bibliographie über Ludwig II. von Bayern von E. Hanslik und H. J. Wagner. Die »Geschichte des Bezirkstages Schwaben« von B. Hagel wird bis Dezember 1986 abgeschlossen sein.

Weiterhin teilte Prof. Dr. Fried mit, daß das Kultusministerium der Umbenennung seines Lehrstuhles in »Lehrstuhl für bayerische und schwäbische Landesgeschichte« zugestimmt habe.

4. Dank der Bemühungen des 2. Vorsitzenden und Bezirkstagspräsidenten konnte die dringend benötigte wissenschaftliche Mitarbeiterstelle am 1. 12. 1985 besetzt werden. Der Regierungsrat z.A. Dr. Wolfgang Knabe wurde vom Bayerischen Landtagsamt an die Bayerische Akademie der Wissenschaften zur Dienstleistung an die Kommission für bayerische Landesgeschichte (Schwäbische Forschungsgemeinschaft) zugeteilt.

II

Es folgten die Berichte der Redaktoren über die in den Reihen der SFG erscheinenden Publikationen sowie über sonstige Unternehmungen:

Reihe 1: Studien zur Geschichte des bayerischen Schwabens.
Prof. Dr. Fried wies auf die in Korrekturfahnen vorliegende Nübling-Festschrift hin. Der Druck der Habilitationsschrift »Stadt-Land-Beziehungen in Schwaben« von Priv. Doz. Dr. Kießling wird aus Kostengründen beim Institut für europäische Stadtgeschichte in Münster erfolgen.

Reihe 2a: Regesten staatlicher, städtischer und privater Archive
Hierzu wies Prof. Dr. Fried auf drei laufende Projekte hin, mit denen der zuständige Redaktor Dr. Hoffmann derzeit befaßt ist: den Urkundenbüchern Memmingen, Oettingen und Ottobeuren. Die Regesten des UB Ottobeuren wurden druckfertig abgeschlossen.

Reihe 2b: Die Regesten der Bischöfe und des Domkapitels von Augsburg
Nach Abschluß von Band 1 wird nun versucht, für den geplanten 2. Band einen entsprechenden Mitarbeiter zu gewinnen.

Reihe 3: Lebensbilder aus dem Bayerischen Schwaben
Dr. Bellot berichtete über die Fertigstellung des im Juni 1986 vom Verlag ausgelieferten Band 13. Nach bisherigen Erfahrungen, auch anderer Institutionen, die Lebensbilder publizieren, wurde nachfolgender Beschluß gefaßt: Eine Persönlichkeit kann frühestens 25–30 Jahre nach ihrem Tod in die Lebensbilder Aufnahme finden; die Entscheidungskompetenz über die Hineinnahme besitzt allein der Herausgeber; der Vorsitzende wird über eine eventuelle Auswahl vom Herausgeber informiert.

Reihe 4: Studien zur Fugger-Geschichte
Prof. Dr. Kellenbenz berichtete, daß der abschließende Band der Anton-Fugger-Biographie von Frh. Götz v. Pölnitz im Herbst dieses Jahres erscheinen wird. Im Manuskript fertig ist Band 21 mit dem Arbeitstitel »Die Fugger in Spanien und Portugal bis 1560«. Er wird in der Schriftenreihe der Philosophischen Fakultät der Universität Augsburg publiziert werden. In Vorbereitung befindet

sich die Übersetzung der französischen Arbeit von Robert Mandrou über die Besitzungen der Fugger in Schwaben.

Reihe 5a: Urbare und Rechtsquellen
Dr. Seitz teilte mit, daß es bis zur Neuformierung der Bestände des künftigen Staatsarchivs Augsburg keine Neuansätze für Editionsvorhaben innerhalb dieser Reihe geben wird.

Reihe 5b: Rechtsquellen
Prof. Dr. Fried führte aus, daß bis Ende 1986 für Band 2 der Rechtsquellen »Rieser Ehehaften« das Manuskript vorliegen wird. Insgesamt umfaßt das Ehehaftenbuch 1530 Seiten, davon sind 900 Seiten bereits transkribiert. Die Bearbeitung erfolgt im Rahmen einer Magisterarbeit von G. v. Trauchburg.

Reihe 6: Reisebericht aus Bayerisch-Schwaben
Der Redaktor dieser Reihe, Dr. Bellot, wies darauf hin, daß die 2. Auflage von Band 2 so gut wie vergriffen ist. Zu Band 3 steht das Inhaltsverzeichnis, das nach der augenblicklichen Planung 57 Berichte enthält, die im Wortlaut und in Transkription vorliegen. Fertig ist der Bericht des Talmudisten Asulai (1754).

Reihe 7: Augsburger Beiträge zur Landesgeschichte Bayerisch-Schwabens
Hier gibt es nach Erscheinen des Bandes 3 derzeit keine Planung zu einem Band 4.

(8) Historischer Atlas von Bayerisch-Schwaben
Die in Vorbereitung befindliche und in etwa 3 Jahren zu erwartende 3. Lieferung läßt, so Prof. Dr. Fried, das Kostenproblem bei der Kartenherstellung akut in den Vordergrund treten. Den Vorschlag aus der Mitgliederversammlung, einen Kartographen für die Gesamtkommission einzustellen, wird der 1. Vorsitzende auf dem im Juli/August stattfindenden Atlasausschuß weitergeben.

III

Sonstige Projekte und Beschlüsse

Projekt: Quellen zur Zeitgeschichte Schwabens (Prof. Dr. Filser):
Überlegungen zu einer neuen Reihe über Zeitgeschichte Schwabens haben zu dem Ergebnis geführt, daß sich Probleme bei der Bearbeitung des Quellenmaterials hinsichtlich Ergiebigkeit und Datenschutz ergeben: So rentieren sich aufgrund einer eingehenden Recherche die Regierungspräsidentenberichte im 19. Jahrhundert nicht. Durch die Namensschwärzungen aufgrund des Datenschutzes sind die Quellen darüber hinaus nur noch halb so viel wert. Es gelte generell die Frage zu klären, wo das Kriterium »zeitgeschichtliche Persönlichkeit« zu greifen begänne. Der 1. Vorsitzende wird sich zu diesem Punkt über die Verfahrensweise der Akademie informieren.

Satzungsänderung:
Aufgrund eines Schreibens vom Finanzamt Augsburg-Stadt wurde, um die Gemeinnützigkeit der SFG zu erhalten, eine Satzungsänderung herbeigeführt.

Zuwahl:
Aufgrund eines freigewordenen Platzes innerhalb des N.C. wurde eine Zuwahl notwendig, in der Prof. Dr. Becker, Präsident der Universität Augsburg, vorbehaltlich der Bestätigung durch die Kommission für bayerische Landesgeschichte, zum neuen Mitglied der schwäbischen Forschungsgemeinschaft gewählt wurde.

Tagung über »Forschungen und Fragen zur gesamtalemannischen Geschichte«:
Auf Anregung des Staatsministers Jaumann mit Unterstützung des Herrn Bezirkstagspräsidenten findet vom 2.10.–5.10. 1986 in Irsee eine von der Universität Augsburg (Federführung Lehrstuhl für bayerische und schwäbische Landesgeschichte), der SFG und dem Alemannischen Institut Freiburg/Tübingen vorbereitete Tagung zu Fragen der gesamtalemannischen Geschichte statt. Das Programm wurde von Prof. Dr. Fried kurz vorgestellt.

Projekt: Facsimile-Ausgabe Lex Alamannorum (Prof. Dr. Schott, Zürich):
Die editorischen und finanziellen Voraussetzungen einer Faksimilierung der alemannischen Stammesrechte lassen sich wie folgt zusammenfassen: Es wäre wünschenswert, sowohl den älteren Pactus wie die jüngere Lex in einer einheitlichen Faksimile-Ausgabe zu edieren. Dies ist möglich, da sich nach einer ersten

Überprüfung die Formate der Handschriften des Pariser Pactus und der St. Gallener Lex zu decken scheinen (Form Oktav).

Projekt: Auswanderungen aus Bayerisch-Schwaben im 19. Jahrhundert (Prof. Dr. Fried, Dr. Knabe):
Das Projekt mit einer voraussichtlichen Gesamtdauer von ca. 6 Jahren widmet sich einer Gesamtdarstellung der Auswanderungen aus Bayerisch-Schwaben in das außereuropäische Ausland. Die grundsätzliche Forschungsaufgabe stellt sich vorerst in der Erfassung der abgewanderten Familien wie Einzelpersonen mittels Auswertung der seit 1826 gebräuchlichen Meldebögen. Parallel dazu werden die entsprechenden Kataloge über Auswanderungen mit bearbeitet. Der Antrag, dieses Projekt seitens der SFG im Rahmen der Möglichkeiten zu unterstützen, wurde einstimmig angenommen mit der Maßgabe, Quellen für Auswanderungen nach Osteuropa mit aufzuzeichnen.

Projekt: Erstellung der »Regesten zur Geschichte der Augsburger Juden im Mittelalter 1241–1519« (Dr. Baer):
Den Grundstock für das geplante Vorhaben bilden 208 Regesten, die im Jahre 1979 im Stadtarchiv Augsburg für Germania Judaica (Hebräische Universität Jerusalem, Dinur Institute) aus den Beständen des Stadtarchivs für den Zeitraum von 1350–1519 erhoben wurden und demnächst publiziert werden. Ergänzende Arbeiten müßten für den Zeitraum 1241–1350 aus den Beständen des Stadtarchivs geleistet werden unter Einbeziehung des Bestandes »Reichsstadt Augsburg«, im HStA München, unter Berücksichtigung der Aufzeichnungen Moritz Sterns (Jerusalemer Zentralarchiv). Dieses Projekt wird auf der nächsten Sitzung noch einmal diskutiert werden.

Die nächste Jahressitzung findet voraussichtlich im Juni 1987 statt.

Bericht über die Jahressitzung 1987

Am 27. Juni 1987 fand im großen Sitzungssaal des Bezirks Schwaben die 37. Jahressitzung der Schwäbischen Forschungsgemeinschaft statt. Der 1. Vorsitzende, Prof. Dr. Fried, eröffnete die Sitzung mit einer Gratulation an den 2. Vorsitzenden, Herrn Bezirkstagspräsident Dr. Georg Simnacher, zu seiner Ehrung mit dem Bundesverdienstkreuz 1. Klasse. Weitere Glückwünsche galten dem neuen Mitglied Prof. Dr. Dr. h. c. Josef Becker zu seiner Wiederwahl zum Präsidenten der Universität Augsburg, sowie Prof. Dr. Norbert Lieb zum 80. Geburtstag, Gerhart Nebinger zum 75. Geburtstag, Dr. Wolfgang Haberl zum 60. Geburtstag. Zum 65. Geburtstag des Kommissionsvorsitzenden Prof. Dr. Andreas Kraus überbrachte der Vorsitzende persönlich die besten Wünsche anläßlich einer Feier in München.

Anschließend gedachte die Versammlung ihres im Alter von 66 Jahren verstorbenen langjährigen Mitglieds, Stadt- und Staatsbibliotheksdirektor Dr. Josef Bellot. Der 1. Vorsitzende würdigte den Verstorbenen als Gelehrten, dem durch seine Buchausstellungen internationale Bekanntheit zuteil geworden sei. In der SFG betreute er in den letzten Jahren die Reihen »Lebensbilder« und »Reiseberichte«. Die Schwäbische Forschungsgemeinschaft wird ihm ein ehrendes Andenken bewahren.

Der 2. Vorsitzende, Bezirkstagspräsident Dr. Simnacher, betonte, daß der Bezirk Schwaben sich im Rahmen der haushaltsmäßigen Möglichkeiten stets bemühe, die SFG nach Kräften zu fördern, damit die wissenschaftlichen Leistungen, die in so renommiertem Umfange Ergebnis der Schwäbischen Forschungsgemeinschaft sind, auch in Zukunft publiziert werden können. Er dankte dem Bezirkstag von Schwaben für die bisherige reibungslose Verabschiedung der Zuschüsse an die SFG.

Als einen zentralen Punkt bezeichnete der Bezirkstagspräsident die unter seiner Feder entstehende Neufassung der SFG-Satzung. Sie sei deshalb notwendig, weil in der bisherigen Fassung an vielen Stellen das Vereinsrecht früherer Jahrzehnte zum Ausdruck käme, und somit nicht mehr einer modernen Vereinsstruktur entspräche. Dazu gehöre beispielsweise die Residenzpflicht der Mitglieder in Bayerisch-Schwaben – eine Vorschrift, die, wie Erfahrungen zeigten, einen Verlust gerade bewährter Mitglieder durch Rufe an Universitäten in der Nachbarschaft in Kauf nimmt.

Prof. Dr. Fried dankte Bezirkstagspräsident Dr. Simnacher für seine Ausführungen und hob hervor, daß der Bezirk Schwaben zu einem großen Förderer der SFG geworden sei. Dadurch könne die finanzielle Lage der SFG derzeit als sehr zufriedenstellend bezeichnet werden.

Daran anschließend gab der 1. Vorsitzende einen Kurzbericht von der Alemannentagung, die auf Anregung und mit maßgeblicher Unterstützung von Herrn Staatsminister für Wirtschaft und Verkehr Anton Jaumann vom 2.10.–5.10.1986 im schwäbischen Bildungszentrum Irsee stattfand. Veranstalter waren die Schwäbische Forschungsgemeinschaft in Verbindung mit der Universität Augsburg (Lehrstuhl für Bayerische und Schwäbische Landesgeschichte) mit dem Alemannischen Institut Freiburg. Die einzelnen Vorträge dieser Tagung erscheinen in einer Dokumentation, die kurz vor dem Abschluß steht. Die Beziehungen zum Alemannischen Institut wurden auch dadurch vertieft, daß der 1. Vorsitzende der SFG zu dessen Ausschußmitglied gewählt wurde.

Prof. Fried berichtete weiter, daß 2 Vorstandssitzungen und eine Sitzung des Atlas-Ausschusses einberufen sowie zwei Atlas-Kolloquien zusammen mit dem Institut für bayerische Geschichte (Prof. Dr. A. Kraus) abgehalten wurden. Der Fertigstellung der Historischen Atlanten gelte in den nächsten Jahren das Hauptaugenmerk der SFG.

Abschließend berichtete Prof. Dr. Fried vom Richtfest für das neue Staatsarchiv Schwaben in Augsburg, beglückwünschte dessen Leiter, Herrn Archivdirektor Dr. Seitz, zur künftigen Nachbarschaft zur Schwäbischen Forschungsgemeinschaft und gab seiner besonderen Freude Ausdruck, daß diese für Historiker so wertvolle Archivstätte in absehbarer Zeit in unmittelbarer Nähe zur Universität zur Verfügung stehe.

I

In seinem Geschäftsbericht stellte Prof. Dr. Fried die im Berichtsjahr 1986 weitergeführten bzw. erschienenen Arbeiten vor:

1. Projekte der SFG:
Erschienen ist in der Reihe 4 (Studien zur Fuggergeschichte) die Biographie von »Anton Fugger«, III/2, von Hermann Kellenbenz. Folgende Publikationen sind in Bearbeitung: * der Band 16 der Reihe 1 (Studien zur Geschichte des bayerischen Schwabens) »Schwäbische Mundartforschung« von Eduard Nübling (kurz vor dem Umbruch); * Reihe 2a die Urkunden des Reichsstiftes Ottobeuren (bis 1460) von Hermann Hoffmann (im Satz) * in Reihe 1 die Dokumentation der Alemannentagung 1986 (Druckvorbereitung).

2. Schwäbische Projekte der Kommission für bayerische Landesgeschichte in München:
In der Reihe: Quellen und Erörterungen zur bayerischen Geschichte ist als Bd. XXXV erschienen: Das Traditionsbuch von St. Ulrich und Afra zu Augsburg, bearbeitet von Robert Müntefering: * in der Reihe: Dokumente zur Geschichte von Staat und Herrschaft in Bayern ist Abt. III, Band 3, »Schwaben von den Anfängen bis 1268«, bearbeitet von Pankraz Fried und Peter Lengle im Umbruch; * das historische Ortsnamenbuch, Altlandkreise Augsburg und Schwabmünchen, von Dr. Nübling bzw. R. Bauer sind weiterhin in Arbeit; * Mindelheim ist von Herrn Heimrath fertiggestellt, Memmingen in Angriff genommen worden. Füssen bearbeitet Uwe Rump. * vom Historischen Atlas von Bayern, Teil Schwaben, sind derzeit acht Altlandkreise in Bearbeitung: Dillingen, Donauwörth, Illertissen, Kaufbeuren, Neuburg, Neu-Ulm, Schwabmünchen und Sonthofen, ferner für die Reihe 2 das Hochstift Augsburg (W. Wüst).

Als ein Hauptproblem ergab sich die Darstellung der Landeshoheit in Schwaben. Es wurde vereinbart, daß jeder Atlasbearbeiter seine Meinung über die Inhalte der Landeshoheit in Schwaben vor 1800 beschreiben soll. Das Ergebnis wird dann die Grundlage einer einheitlichen Darstellung in Text und Karte sein.

Für die ZBLG wurde die schwäbische Redaktionsabteilung geführt sowie Beiträge und Rezensionen der Münchner Zentralredaktion übermittelt.

3. Projekte des Lehrstuhles für bayerische und schwäbische Landesgeschichte (Universität Augsburg):
Fertiggestellt ist die vom neuen Bezirksheimatpfleger Dipl. theol. Dr. Peter Fassl verfaßte Dissertation »Konfession und Politik: Augsburg 1750–1850«. Sie wird Ende 1987 in der Reihe: Abhandlungen zur Geschichte der Stadt Augsburg erscheinen; * eingereicht (und inzwischen abgeschlossen) wurde eine Dissertation von Bernhard Hagel »Die Geschichte des Verbandes der Bayerischen Bezirke von 1919 bis zur Gegenwart«; sie wird als Bd. 7 in den »Materialien zur Geschichte des bayerischen Schwabens«

erscheinen; * eine zusammenfassende Darstellung über die bisherigen fünf Hefte zur Geschichte des Bezirkstages von Bernhard Hagel befindet sich derzeit gleichzeitig in Redaktion.

4. SFG-Datenverarbeitungsprogramme
Aufgrund des seit einem Jahr bei der SFG vorhandenen Computers wurde ein Bibliotheksprogramm entwickelt und die SFG-Publikationen sowie die Bestände, die der Universitätsbibliothek von der SFG zur Verfügung gestellt worden sind, eingespeichert. Die Datenbank ist inzwischen auf über 7000 Buchtitel schwäbischer Publikationen angewachsen. Dadurch soll eine »Schwabendatei« im Verbund mit der Universitätsbibliothek, dem Stadtarchiv Augsburg, dem Staatsarchiv Schwaben und der Staats- und Stadtbibliothek Augsburg initiiert werden.

II

Es folgten die Berichte der Redaktoren über die in den Reihen der SFG erscheinenden Publikationen sowie über sonstige Unternehmungen:

Reihe 1 Studien zur Geschichte des bayerischen Schwabens (Prof. Dr. Fried):
Band 16 der Studien zur Geschichte des bayerischen Schwaben »Schwäbische Mundartforschung« von Eduard Nübling steht kurz vor der Vollendung; * als Band 17 wird die Dokumentation der Irseer Forschungstagung 1986 »Forschungen und Fragen zur gesamtalemannischen Geschichte« gemeinsam mit dem Alemannischen Institut Freiburg herausgegeben. Dieser Band steht derzeit vor der Drucklegung; * zum Stand der Publikationen von Hermann Seitz wurde das Manuskript über die »Altsteinzeit in Wittislingen« vorgelegt. Es enthält 60 Tafeln. Nach entsprechender Kostenkalkulation kann die Drucklegung im Herbst in Angriff genommen werden

Reihe 2a Regesten staatlicher, städtischer und privater Archive (Prof. Dr. Fried für Dr. Hoffmann):
Die Regesten des Urkundenbuches Ottobeuren (Bd. 13) sind in Satz gegangen; * am Urkundenbuch Memmingen konnten (Bd. 14) vom Bearbeiter für das vergangene Jahr keine weiteren Fortschritte angezeigt werden

Reihe 2b Die Regesten der Bischöfe und des Domkapitels von Augsburg (Prof. Dr. Fried):
Für die Arbeit am geplanten Band 2 konnte vom 1. Vorsitzenden Priv. Doz. Dr. Kreuzer gewonnen werden. Prof. Dr. Volkert begrüßte dies und betonte, daß Dr. Kreuzer für diese Arbeit sehr geeignet sei.

Reihe 3 Lebensbilder aus dem Bayerischen Schwaben (Dr. Haberl):
Die Vorausplanung von Dr. Bellot sah folgende Namen (Bearbeiter jeweils in Klammern) vor: Barthel Eberl (Frei); Hubert von Herkomer (Fried); Stadtpfarrer Wildegger (Rummel); Thomas Wechs (Nerdinger, Wechs); Johann Michael Voit (Debold-Kritter); Graf Ernst von Oettingen (v. Volkamer); Bernhard Hutfelder (Liebhart); Christoph Friedrich Heinzelmann (Pache); David Hösche (Spring); Georg Stengel (Schneider); Hieronymus Sailer (Kellenbenz); Leonhard Rauwolff (Rösch); Rupert von Bodman (Press); Dr. Jodokus Gay (Mischlewski); Bischof Theodor Dreher (P. Frumentius Renner); P. Magnus Sattler (P. Willibald Mathäser); Christoph Städele (Uli Braun); Alfred Weitnauer (Haberl). Darüber hinaus liegt eine Liste mit ca. 160 Namen (ohne Bearbeiter) vor.

* neue Korrespondenzen gibt es zu Prälat Wilhelm Hummel und Prälat Max Auer (Mors); Victorin Strigel (Pfarrer Pfundner); Bischof Ignaz Albert Riegg (Rolle); Georg Hohermuth (Brandt).

Dr. Haberl betonte, daß eine Publikation in den Lebensbildern jeweils als Neuerscheinung und nicht als Nebenprodukt beispielsweise einer Diplomarbeit erfolgen solle.

Reihe 4 Studien zur Fugger-Geschichte (Prof. Dr. Kellenbenz):
In Druck befindet sich als Band 21 die Wiener Dissertaton von Beatrix Bastl »Das Tagebuch des Philipp Eduard Fugger 1560–1569«. Dieser Band wird im Herbst ausgeliefert werden; * der Druck von »Die Fugger in Spanien und Portugal« (Bd. 23) soll im Laufe dieses Sommers beginnen; * bezüglich des Abschlusses des 2. Bandes der Fuggerschen Stammtafeln haben sich Verzögerungen ergeben. Den bislang von Herrn Reiber betreuten Teil wird Herr Nebinger übernehmen; * das Editionsvorhaben der Fugger-Testamente muß noch zurückgestellt werden; * die Übersetzung der französischen Arbeit von Robert Mandrou »Les Fugger, propriétaires fonciers en Souabe« wird in absehbarer Zeit druckfertig sein.

Reihe 5a Urbare und Rechtsquellen (H. Seitz):
Reihe 5a ruht derzeit. Es sind keine Projekte in Aussicht. Eine Sichtung von in Frage kommenden frühen schwäbischen Urbaren muß grundsätzlich bis zur Neuformierung der Bestände des künftigen Staatsarchivs Augsburg – mit Zusammenführung von einschlägigen Beständen vom Bayerischen Hauptstaatsarchiv und Staatsarchiv Neuburg/Donau – zurückgestellt werden. Prof. Fried wird aus seinen Urbarforschungen Vorschläge machen.

Reihe 5b Rechtsquellen (Prof. Dr. Fried):
Band 2 der Rechtsquellen »Die ländlichen Rechtsquellen des Rieses« von G. v. Trauchburg (Magisterarbeit) wird derzeit druckfertig gemacht. Die Arbeit dürfte in diesem Jahr noch abgeschlossen werden.

Reihe 6 Reiseberichte aus Bayerisch-Schwaben (Prof. Dr. Fried):
Das von Pater Dussler stammende Material zu Band 3 befindet sich jetzt in den Räumen der SFG. Bis August wird sich Priv. Doz. Dr. Kießling entscheiden, ob er die Redaktion der Reiseberichte übernehmen kann.

Reihe 7 Augsburger Beiträge zur Landesgeschichte Bayerisch-Schwabens (Prof. Fried):
Als Band 4 ist ein Jubiläumsband zum 40jährigen Jubiläum der Schwäbischen Forschungsgemeinschaft 1989 geplant, mit Beiträgen möglichst vieler Mitglieder. Ein Beitrag wird einen offiziellen Bericht über 40 Jahre Schwäbische Forschungsgemeinschaft enthalten. Alle Beiträge sollen unter eine schwäbische Thematik eingeordnet werden. Im Anhang soll eine Auswahl schwäbischer Veröffentlichungen der Mitglieder der SFG publiziert werden.

Historischer Atlas von Bayerisch-Schwaben (Dr. Frei):
In Vorbereitung befindet sich die 3. Lieferung. In Entwurfform liegen derzeit 3 Karten vor: * von Dr. Meyer über »Burgen und Schlösser in Schwaben« – eine Neufassung der alten Karte mit sehr vielen zusätzlichen Einträgen; * von Dr. Czycz zum Thema »Römer in Schwaben«; * von Prof. Dr. Zorn zum Thema »Schwäbische Wirtschaft des 16. Jahrhunderts – Handel und Verkehr«; * für das 19. Jahrhundert hat Dr. Poschwatta einen Kartenvorschlag zur Industriegeschichte Augsburgs gemacht; * eine Reihe von Vorschlägen zur Wiederaufnahme oder Übernahme von Karten umfassen u. a. »Die Markgrafschaft Burgau«, von Prof. Dr. Quarthal, »Welfen- und Staufergüter«, von Prof. Dr. Bosl.

Sowohl aus terminlichen wie finanziellen Gründen wird die 3. Lieferung in diesem Jahr nicht mehr erscheinen. Auf der Sitzung des Atlas-Ausschusses wurde Museumsdirektor Dr. Frei zum ersten, Prof. Fried zum stellvertretenden Vorsitzenden gewählt. – Als neues Mitglied wurde Privatdozent Dr. R. Kießling kooptiert. »Ex officio« gehören ihm Dr. Ay, Dr. Knabe und Dr. Poschwatta an. Dr. Knabe wird mit Billigung der SFG Redaktion und kartographische Vorbearbeitung ab Lieferung 3 und 4 sukzessive von Dr. Ay übernehmen, der sie wegen anderweitiger Verpflichtungen abgeben muß. Der Vorsitzende dankte Dr. Ay für seine richtunggebende Arbeit bei der Eröffnung der 2. Auflage.

III

Sonstige Projekte und Berichte

1. Projekt zur gesamtalemannischen Geschichte:
Einer Anregung von Staatsminister Anton Jaumann folgend ist Prof. Dr. Schott dabei, eine Faksimile-Edition der Lex Alamannorum zu bearbeiten. In diesem Zusammenhang dankte der 1. Vorsitzende dem bayerischen Minister für Wirtschaft und Verkehr Anton Jaumann für die großzügige Unterstützung dieses Vorhabens seitens der schwäbischen Industrie.

2. Berichte zum Forschungsprojekt: »Auswanderungen aus Bayerisch-Schwaben zwischen 1800 und 1914 in das außereuropäische Ausland« (Prof. Fried/Dr. Knabe):
Nachdem diese Unternehmung von der Schwäbischen Forschungsgemeinschaft in der Entstehungsphase (seit 1985) vorfinanziert worden ist, wurde sie im Juni 1987 auf Antrag von Prof. Fried und Dr. Knabe als Forschungsprojekt der Deutschen Forschungsgemeinschaft übernommen und verwaltungsmäßig der Universität Augsburg angegliedert. Damit ist die SFG ab 1. 7. 1987 von den meisten Kosten entlastet. Die Forschung wird mit zwei hauptamtlichen, einer studentischen sowie 26 ehrenamtlichen Kräften durchge-

führt, die im ganzen Bezirk Bayerisch-Schwaben nach entsprechender sorgfältiger Einarbeitung Erhebungsbögen ausfüllen. Geschäftsführer des Projekts ist Dr. Wolfgang Knabe. Von ihm liegt ein erster Zwischenbericht vor. Die Archive in Memmingen und Günzburg sind bereits durchgearbeitet, im Staatsarchiv Neuburg läuft die Arbeit mit einem der hauptamtlichen Mitarbeiter an, der zweite hauptamtliche Mitarbeiter arbeitet im Stadtarchiv Augsburg die Bestände durch. Erfaßt sind derzeit 1300 Personen. Neben den Familienbögen, Meldekarten, Gemeindebüchern und Auswanderungsakten werden inzwischen auch mit Erfolg Pfarrarchive zur Vervollständigung herangezogen. Die Entwicklung eines Ortsregisters mit historischen Ortsnamen (um 1800) zur programmgesteuerten Lokalisierung der Abwanderungsorte in Bayerisch-Schwaben ist nahezu abgeschlossen. Das SFG-Projekt ist bis Juli 1989 abzuschließen.

3. Bericht über Forschungen zu Beziehungen oberdeutscher Kaufleute nach Indien in der 1. Hälfte des 16. Jahrhunderts (Prof. Dr. Kellenbenz):
Prof. Dr. Kellenbenz gibt einen Kurzbericht über sein Forschungsvorhaben: Edition von z. T. in Indien lagernden portugiesischen Quellen zu den Handelsbeziehungen oberdeutscher (Augsburger) Kaufleute nach Indien (Goa, Chochin, Calicut) in der 1. Hälfte des 16. Jahrhunderts. Die Verfolgung von Seerouten und festen Stützpunkten spiele dabei eine gewisse Rolle. Die geplante Quellenedition fügt sich in den Rahmen des von der Historischen Kommission bei der Bayerischen Akademie der Wissenschaften betreuten Editionsprojekts der Welser-Papiere, das seinerzeit von Baron Pölnitz eingeleitet worden ist. Die Arbeit wird noch zwei bis drei Jahre in Anspruch nehmen.

4. Weitere Anträge zur Aufnahme in die Reihen bzw. zur Annahme zum Druck:
* Der auf der letzten Sitzung vertagte Antrag von Dr. Baer zur Erstellung der »Regesten der Geschichte der Augsburger Juden im Mittelalter 1421–1519« wurde protokollgemäß aufgegriffen. Da bei dem vorgesehenen Bearbeiter, Dr. Keller, inzwischen eine berufliche Veränderung eingetreten sei, müsse vorab geklärt werden, ob er noch für diese Arbeit zur Verfügung stehe. Prof. Volkert begrüßte das Vorhaben und informierte, daß eine knappe Zusammenfassung der Auswertung der Regesten jetzt in der Germania Judaica erschienen sei. Es wurde beschlossen, den Antrag weiter zu verfolgen, wenn die genannten Voraussetzungen geklärt sind.

* Der 1. Vorsitzende gab zum Stand der Anträge aus der letzten Sitzung bekannt: Das Schülerverzeichnis der Augsburger Jesuiten ist von Dr. Rupp nahezu fertiggestellt; für einen Matrikelband über die Akademie der Bildenden Künste zu Augsburg sei bisher kein geeigneter Bearbeiter gefunden worden; die Dissertation Thieme habe sich für die SFG erledigt.

5. Vorbereitung des 40jährigen Gründungsjubiläums der SFG 1989:
Der 1. Vorsitzende schlug neben der zum 40jährigen Gründungsjubiläum geplanten Festschrift einen Festvortrag vor. Überlegenswert sei die Thematik »Handelsniederlassungen der Fugger und Welser in Indien« von Prof. Dr. Kellenbenz.

Nachtrag. Zur Besprechung der internationalen Bibliographie über König Ludwig II., bearb. v. E. Hanslik u. J. Wagner, 1986, in der ZBLG Bd. 49 S. 720 ff. durch F. Merta wird eine Erwiderung erfolgen. Über die Bibliographie, die unter der Leitung von Pankraz Fried erstellt worden war, wurde im SFG-Jahresbericht 1986 (ZBLG 49, S. 870) berichtet.

BERICHT ÜBER DIE JAHRESSITZUNG 1988

Am 16. Juli 1988 fand im großen Sitzungssaal des Bezirks Schwaben die 38. Jahressitzung der Schwäbischen Forschungsgemeinschaft statt. Prof. Dr. Pankraz Fried eröffnete die Sitzung und begrüßte alle Anwesenden, insbesondere Herrn Bezirkspräsident Dr. Georg Simnacher und den 1. Vorsitzenden der Kommission für bayerische Landesgeschichte bei der Bayerischen Akademie der Wissenschaften, Herrn Prof. Dr. Andreas Kraus. Anschließend gratulierte der 1. Vorsitzende allen Mitgliedern, die im vergangenen Geschäftsjahr einen runden Geburtstag feiern konnten:
Herrn Dr. Geissler zum 90. Geburtstag, Herrn H. J. Seitz zum 85. Geburtstag, Herrn Dr. Blendinger zum 75. Geburtstag, Herrn Dr. Troll, Herrn Dr. Wohnhaas und Herrn Prof. Dr. Zorn zum 65. Geburtstag

und Herrn Dr. Krahe, Herrn Prof. Dr. Rummel, Herrn Dr. Vogel und Herrn Prof. Dr. Volkert zum 60. Geburtstag.

Herrn Pater Aegidius Kolb, der durch eine Erkrankung verhindert war, an der diesjährigen Jahressitzung teilzunehmen, galten die besten Wünsche zur baldigen Genesung. Herzlich gratulierte der 1. Vorsitzende Herrn Hermann Josef Seitz zur Verleihung des Hyazinth-Wäckerle-Preises durch die Stadt Lauingen.

Dann gedachte die Versammlung ihres am 30. 12. 1987 verstorbenen Mitglieds Herrn Prof. Dr. Hermann Endrös. Hermann Endrös gehörte der Schwäbischen Forschungsgemeinschaft seit 1955 an. Der 1. Vorsitzende würdigte den Verstorbenen als Gelehrten, der sich durch sein umfangreiches wissenschaftliches Lebenswerk und sein engagiertes Eintreten für die Belange der Heimatpflege in der Region Augsburg große Verdienste um die bayerisch-schwäbische Landesgeschichte erworben hat. Für die Schwäbische Forschungsgemeinschaft sei es eine ehrenvolle Verpflichtung, das Andenken an die Persönlichkeit und an das Werk von Hermann Endrös zu bewahren.

Als Nachfolger für den Verstorbenen schlug der 1. Vorsitzende auf Beschluß des Vorstandes Herrn Universitätsprofessor Dr. Walter Pötzl, Neusäß, vor. Die Wahl erbrachte einstimmige Annahme des Vorschlages.

Zur Frage der Neufassung der Satzung der Schwäbischen Forschungsgemeinschaft führte Dr. Simnacher aus, daß die Kommission grünes Licht für die Satzungsänderung gegeben habe. In der Vorstandschaft sei beschlossen worden, daß nun in aller Ruhe eine Anpassung der Satzung an heutige Gegebenheiten erfolgen solle. Der 1. Vorsitzende sprach auch die in der Satzungsänderung vorgesehene Alterssenkung von 70 auf 65 an. Innerhalb des NC werde auch eine Erhöhung der Mitgliederzahl von 25 auf 30 erwogen. Die revidierte Satzung wird auf der Jahressitzung 1989 der Versammlung zum Beschluß vorgelegt werden.

I

In seinem Geschäftsbericht stellt Prof. Dr. Fried die im Berichtsjahr 1987 weitergeführten bzw. erschienenen Arbeiten vor:

1. Projekte der SFG:
In diesen Tagen wird der Band 16 der Reihe 1 (Studien zur Geschichte des bayerischen Schwabens) »Studien und Berichte zur Geschichts-, Mundart- und Namenforschung Bayerisch-Schwabens« von Eduard Nübling erscheinen, desgleichen der Band 17 »Die historische Landschaft zwischen Lech und Vogesen – Forschungen und Fragen zur alemannischen Geschichte«, herausgegeben von Pankraz Fried und Wolf-Dieter Sick. Ebenfalls vor der Fertigstellung steht Band 13 der Reihe 2a (Urkunden und Regesten) »Die Urkundenregesten des Benediktinerstiftes Ottobeuren (764–1460)« von Hermann Hoffmann. Für die 3. Lieferung des Historischen Atlas' von Bayerisch-Schwaben sind sämtliche Karten in der Bearbeitung. Die Fertigstellung wird 1988 angestrebt. Ebenfalls erschienen ist das neue Veröffentlichungsverzeichnis Bavaro-Suevica Historica.

2. Schwäbische Veröffentlichungen der Kommission für bayerische Landesgeschichte:
Der 1. Vorsitzende der Kommission, Prof. Dr. Kraus, stellte den in der Reihe »Dokumente zur Geschichte von Staat und Gesellschaft in Bayern« erschienenen Band 3 »Schwaben von den Anfängen bis 1268« von Pankraz Fried und Peter Lengle vor und äußerte seine Freude, daß dieser nach nun 5–6jähriger Arbeit rechtzeitig zur Jahressitzung überreicht werden könne. Prof. Dr. Fried dankte Herrn Prof. Dr. Kraus, daß die Kommission die Finanzierung dieses Buches getragen habe.

Prof. Dr. P. Fried berichtete über seine Redaktionstätigkeit im Rahmen des Historischen Atlas von Bayern, Teil Schwaben. Von ca. 20 Altlandkreisen stehen 7 noch aus. In der Bearbeitung befinden sich: Dillingen (Lausser), Donauwörth (Pohl), Illertissen (Fassl), Kaufbeuren (Weikmann), Neuburg a. d. D. (Dr. Ritscher), Neu-Ulm (Dr. Kramer) und der soeben im Rahmen einer Dissertation abgeschlossene Altlandkreis Schwabmünchen (Bauer). Es fanden mehrere gemeinsame Atlas-Kolloquien mit den Bearbeitern des altbayerischen Teils des Historischen Atlas'« von Bayern in München bzw. Augsburg statt.

In der Reihe 2 bearbeitet Herr Dr. Wüst das Hochstift Augsburg.

Dr. Nübling berichtete als zuständiger Redaktor über das Historische Ortsnamensbuch von Bayern, Teil Schwaben: Der Landkreis Mindelheim von R. Heimrath stehe kurz vor der Fertigstellung; der Band Füssen von Uwe Rump wird voraussichtlich im nächsten Jahr erscheinen; Altlandkreis und Stadt Augsburg sowie Altlandkreis Schwabmünchen sind in Bearbeitung. Herr Heimrath wird im Anschluß an Mindelheim ohne zeitliche Festlegung den Landkreis Memmingen übernehmen.

Für die ZBLG wurde die schwäbische Redaktionsabteilung geführt sowie Beiträge und Rezensionen der Münchner Zentralredaktion übermittelt.

3. Projekte des Lehrstuhles für Bayerische und Schwäbische Landesgeschichte (Universität Augsburg):
In den »Materialien zur Geschichte des Bayerischen Schwaben« sind 3 Bände erschienen:
Heft 5 »Vom Landrath des Oberdonaukreises zum Bezirkstag Schwaben 1828–1987« von Bernhard Hagel.
Heft 10 »Die Außenverflechtung der Augsburger Oligarchie von 1500–1620« von Peter Steuer.
Heft 11 »Die Ortsnamen des Landkreises Freising« von Anton Huber.

Die Gesamtübersicht über die eigenen wissenschaftlichen Arbeiten sind dem diesjährigen Universitätsjahrbuch und dem Jahrbuch für historische Forschung zu entnehmen.

Für die Drucklegung ist vorgesehen: »Die Revolution von 1848/49 im Allgäu unter besonderer Berücksichtigung der Kemptener Zeitung« von Angela Wagner.

4. SFG-Verwaltung:
Der 1. Vorsitzende hob hervor, daß es gelungen sei, einen Fernsehbericht über die SFG im Zusammenhang mit dem Auswanderungsprojekt zu bringen. Weiterhin informierte der 1. Vorsitzende, daß seitens der SFG im Staatshaushalt 1989/90 eine Behindertenstelle für Bürotätigkeit beantragt worden sei. Die Stelle ist von der Kommission für bayer. Landesgeschichte in den Akademiehaushalt eingebracht worden.

Die SFG erhielt zweimal ehrenvollen Besuch: durch den Präsidenten der Bayerischen Akademie der Wissenschaften, Herrn Prof. Dr. Schlüter, und durch die Syndika der Bayerischen Akademie der Wissenschaften, Frau Störmer, anläßlich eines Besuches der Gesellschaft der Freunde der Akademie an der Universität Augsburg.

II

Es folgten Berichte der Redaktoren über die in den Reihen der SFG erscheinenden Publikationen sowie über sonstige Unternehmungen:

Reihe 1 Studien zur Geschichte des bayerischen Schwabens (Prof. Dr. Fried):
Band 16 »Studien und Berichte zur Geschichts-, Mundart- und Namenforschung Bayerisch-Schwabens« von Eduard Nübling erscheint in den nächsten Tagen, ebenso Band 17, »Die historische Landschaft zwischen Lech und Vogesen – Forschungen und Fragen zur gesamtalemannischen Geschichte«, herausgegeben von Pankraz Fried und Wolf-Dieter Sick.

Einstimmig beschlossen wurde der Druck von Band 18 »Die Steinzeit in Wittislingen« von Hermann Josef Seitz.

Reihe 2a Regesten staatlicher, städtischer und privater Archive (Prof. Dr. Fried für Dr. Hoffmann):
Band 13 »Die Urkundenregesten des Benediktinerstiftes Ottobeuren (764–1460)« von Hermann Hoffmann ist bis auf die noch zu liefernde Einleitung und das noch zu erstellende Register im Umbruch fertig.

Reihe 2b Die Regsten der Bischöfe und des Domkapitels von Augsburg (Prof. Dr. Fried):
Die Arbeit am geplanten Band 2 (Bearbeiter Priv. Doz. Dr. Kreuzer) könnte in ca. einem halben Jahr beginnen, falls Mittel für eine Mitarbeiterstelle beigebracht werden können.

Reihe 3 Lebensbilder aus dem Bayerischen Schwaben (Dr. Haberl):
Band 14 ist weiterhin in Vorbereitung. Bis zum kommenden Herbst sind folgende Lebensbilder zu erwarten: Burmeister, Graf Heinrich von Montfort-Rotenfels (ca. 1456–1512); Mors, Prälat Wilhelm Hummel (1915–1984) und Prälat Max Auer (1903–1981); Pfunddner, Viktorin Strigel (1524–1569). Simnacher, Magnus Anton Reindl (1882–1896); Rugel, Anton (1793–1837) und Albert Höfer (1802–1857); Spring, David Höschel (1556–1617); Frei, Barthel Eberl (1883–1960), Müller, Hubert Wilm

(1887–1953); Fackler, Thomas Wechs (1893–1970); Höflacher, Johann Nepomuk Hozhey (1741–1809); Pache, Christoph Friedrich Heinzelmann (1786–1847).

Das Manuskript sollte baldmöglichst in Druck gehen.

Reihe 4 Studien zur Fugger-Geschichte (Prof. Dr. Kellenbenz):
Band 21 der Wiener Dissertation von Beatrix Bastl »Das Tagebuch des Philipp Eduard Fugger 1560–1569« ist im Berichtsjahr erschienen. Die Bände 23 und 24 »Die Fugger in Spanien und Portugal« befinden sich in Druck. Der 2. Band der Fuggerschen Stammtafeln (Band 17) wird von Herrn Nebinger bearbeitet.

Die Übersetzung der französischen Studie von Robert Mandrou »Les Fugger, propriétaires fonciers en Souabe« ist laut Bericht von Prof. Dr. François (Nancy) nahezu abgeschlossen. Eine Ergänzung zu diesem Buch bildet die Dissertation von Herrn Louis, einem Schüler von Herrn Prof. Dr. Blickle (Universität Bern). Herr Louis ist verstorben, ohne seine Arbeit abschließen zu können. Doch ist Herr Prof. Dr. Blickle bereit, das Manuskript druckfertig zu machen. Die Arbeit von Frau Nadler-Schad »Die Frauen der Fugger von der Lilie im 16. Jh.« wurde in die Planung aufgenommen.

Reihe 5a Urbare (Dr. Seitz):
Reihe 5a ruht bis zum Abschluß des Umzuges des Staatsarchivs von Neuburg nach Augsburg 1990/91. Prof. Dr. Fried wird jedoch versuchen, aus vorliegenden Zulassungsarbeiten ein Manuskript druckreif zu machen.

Reihe 5b Rechtsquellen (Prof. Dr. Fried):
Band 2 der Rechtsquellen »Die ländlichen Rechtsquellen des Rieses« von G. v. Trauchburg ist weiterhin in Arbeit. Abgeschlossen ist die Arbeit am oettingischen Ehehaftenbuch. Derzeit in der Transkription befindet sich die Sammlung von 14 Ehehaften aus Orten, die nicht im öttingischen Ehehaftenbuch vertreten sind. Nach Abschluß der Transkriptionen stehen noch redaktionelle Arbeiten an. Mit dem Druck ist im kommenden Jahr zu rechnen.

Reihe 6 Reiseberichte aus Bayerisch-Schwaben (Priv. Doz. Dr. Kiessling):
Die Vorarbeiten zu Band 3 sind angelaufen. Bisher sind 57 Berichte vorgesehen und liegen im Wortlaut in Transkriptionen bzw. Ablichtungen vor. Biographisches Material zu den Autoren ist bereits gesammelt, doch die Bearbeitung der Texte, insbesondere die Erstellung von erläuternden Anmerkungen ist erst in Ansätzen geleistet. Es wird noch einige Zeit in Anspruch nehmen, bis ein entsprechendes Manuskript zur Verfügung steht.

Reihe 7 Augsburger Beiträge zur Landesgeschichte Bayerisch-Schwabens (Prof. Dr. Fried):
Band 4 erscheint in der bisherigen Art, nicht wie ursprünglich geplant als Jubiläumsband – ein solcher wird erst zum 50. Geburtstag der SFG geplant. Der Beschluß erfolgte einstimmig.

Historischer Atlas von Bayerisch-Schwaben (Schriftlicher Bericht von Dr. Frei):
Die Karten für die 3. Lieferung liegen im Manuskript vor. Es sind im einzelnen folgende Themen: Römische Okkupation – Welfen- und Staufergüter 11.–13. Jh. – Markgrafschaft Burgau im 18. Jh. – Schwaben 1803–1810 – Schwaben 1818 – Schwäbische Wirtschaft im 16. Jh., Handel und Verkehr – Schwäbische Wirtschaft im 16. Jh., Exportgewerbe – Handelswege und Niederlassungen führender Augsburger Handelsunternehmen in Europa – Heimatvertriebene 1946, Herkunft und Ansiedlung – Burgen und Schlösser im Allgäu. Den Redaktoren des Atlas', insbesondere Herrn Dr. Ay, gilt herzlicher Dank, daß sie sich trotz widriger Umstände intensiv für den Erscheinungstermin 1988 der Lieferung 3 eingesetzt haben. Eine Sitzung des Atlas-Ausschusses über den Inhalt der Lieferung 4 wird im Herbst 1988 stattfinden.

Reihe 8 Beiträge zur Bildungsgeschichte Bayerisch-Schwabens (Arbeitstitel), (Bericht Prof. Dr. Fried):
Nachdem Herr Dr. Rupp bereits weitere Bände in Vorbereitung hat, z.B. »Die Schwäbischen Studierenden an der Universität Salzburg«, »Die Matrikel der Universität Dillingen 1696–1773«, regte der 1. Vorsitzende an, ob diese Arbeiten, die durch die Schülerverzeichnisse aus anderen Gymnasien aus Bayerisch-Schwaben ergänzt werden können, hier nicht in einer eigenen Reihe zusammengefaßt werden sollten.

Prof. Dr. Zorn schlug vor, den Titel in »Studenten des Augsburger Jesuitengymnasiums 1582–1641« umzubenennen. Desgleichen solle die Reihe den Titel »Matrikel bayerisch-schwäbischer Schulen« erhalten. Weiterhin wurde angeregt, die Dillinger Matrikel vorzuziehen. Herr Nebinger wird die Schülerverzeichnisse des Seminars Neuburg angehen. Herr Dr. Rupp wird die Matrikel des Gymnasiums Lauingen bearbeiten. Der Antrag auf Eröffnung einer neuen Reihe wurde einstimmig angenommen, desgleichen die Publikation »Schüler des Augsburger Jesuitengymnasiums 1582–1641« von Paul Berthold Rupp als Band 1.

III

Sonstige Projekte und Berichte

1. SFG-Forschungsprojekt »Auswanderungen aus Bayerisch-Schwaben zwischen 1800 und 1914 in das außereuropäische Ausland« P. Fried/W. Knabe (Bericht: Dr. Knabe)
Aufgrund der ehrenamtlichen Mitarbeit von derzeit 28 Personen (davon 3 durch den Fernsehbericht über das SFG-Projekt im Abendjournal Bayern III) in bislang 58 Gemeinde- und Pfarrarchiven, der Auswertung des Bestandes des Staatsarchivs Neuburg durch einen hauptamtlichen Mitarbeiter und der programmgesteuerten Auswertung des Datenmaterials konnten bislang 4500 Personendaten erfaßt und ausgewertet werden. Seit März 1988 ist die Speicherkapazität des PC (20 Mega-Byte) überschritten, das Datenmaterial mußte ausgelagert werden. Im Rahmen der Erfassung gilt ein herzlicher Dank dem Leiter des Staatsarchivs Neuburg, Herrn Dr. Seitz, für die Unterstützung seines Hauses und ebenso dem Leiter des Stadtarchivs Augsburg, Herrn Dr. Baer.

Von den bis zum 26.3.1988 erhobenen 4500 Personendaten stammen: 46 % aus Aktenbeständen des Staatsarchivs Neuburg; 36,5 % aus Gemeinde- bzw. Stadtarchiven; 13 % aus Privatarchiven/Mitteilungen aus der Bevölkerung, davon 9 % aufgrund des Presseartikels der Augsburger Allgemeinen, 3 % aufgrund des Fernsehberichtes; 3 % aus Archiven außerhalb Bayerisch-Schwabens (Ulm, München etc.); 1,5 % der Daten wurden doppelt erhoben.

Mit Beginn der Arbeitsphase II werden nun lokalisierte Nachkommen der Auswanderer mit Fragebogen befragt. Begonnen wurde mit Chile und den USA, wo ehrenamtliche Mitarbeiter für uns tätig sind. Bisher sind 28 Briefe mit Fragebögen versandt worden. Alle Adressaten beantworteten den Fragebogen. Die Zahl der gesamten Datensätze wird sich zwischen 15000 und 20000 bewegen. Zur Auswanderungshäufigkeit wird bereits ein Ergebnis deutlich: daß der Polygonzug einen ähnlichen Verlauf zeigt, wie bei den publizierten württembergischen Auswanderungen. Das Projekt erfüllt damit bislang die Erwartungen, die bei Antragstellung formuliert worden waren.

2. Alemannenforschung (Bericht: Prof. Dr. Fried)
Einer Anregung von Staatsminister a.D. Anton Jaumann, MdL, folgend, ist Prof. Dr. Schott, Universität Zürich, dabei, eine Faksimile-Edition der Lex Alemannorum zu bearbeiten. Die Kosten für eine Faksimile-Edition sind sehr hoch. Derzeit laufen Verhandlungen mit dem Thorbecke-Verlag.

3. Schwäbische Literaturdatei
Geplant ist ein schwäbisches Dateizentrum für historische Literatur. Die Konzeption ist zum Teil entworfen, doch es bedarf hier einer Kooperation aller Institutionen, die Bücher und Archivalien verwalten. Der Direktor der Universitätsbibliothek, Herr Dr. Frankenberger, ist diesem Anliegen gegenüber sehr aufgeschlossen. Weitergehende Pläne können jedoch nur im Verbund mit dem bald in Augsburg angesiedelten Staatsarchiv, dem Stadtarchiv Augsburg und der Staats- und Stadtbibliothek Augsburg erfolgversprechend sein. Die Grundlagen dafür sollten jetzt gelegt werden.

4. Anträge zur Aufnahme in die Reihen
Der auf der letzten Sitzung behandelte Antrag von Herrn Dr. Baer zur Erstellung der »Regesten der Geschichte der Augsburger Juden im Mittelalter 1241–1519« wurde protokollgemäß aufgegriffen. Herr Dr. Keller wird ab 1989 die Publikation angehen.

Als Bd. 19 in der Reihe 1 lag »Die Ruhe im Sturm – Die katholische Landstadt Mindelheim unter der Herrschaft der Frundsberg«, von Olaf Mörke, zur Drucklegung vor. Es wurde allgemein die Ansicht geäußert, daß der Nebentitel als Haupttitel gewählt werden solle. Vor Drucklegung soll noch ein Gutachten eines Neuhistorikers eingeholt werden. Der Beschluß darüber erfolgte einstimmig.

5. Planungen für das 40jährige Gründungsjubiläum der SFG 1989
Auf die Festschrift zum 40jährigen Gründungsjubiläum wurde verzichtet. Eine solche solle dann zum 50jährigen Jubiläum 1999 erscheinen. Ein Festvortrag zum 40. Jubiläum mit einem Bericht des Vorsitzenden, musikalisch umrahmt, wird auch aus öffentlichen Präsentationsgründen stattfinden. Als Termin erscheint der November 1989 günstig. Dies wurde einstimmig begrüßt.

6. Kooperationsvertrag mit der R. F.-Kaindl-Gesellschaft und dem Bukowina-Institut (Bericht: Bezirkstagspräsident Dr. Simnacher):
Der Bezirk Schwaben hatte gegenüber den Buchenlanddeutschen bereits 1953 die Patenschaft übernommen. Angesichts des Dahinschwindens von Zeitzeugen sollten nun auf das Buchenland ausgerichtete Forschungsvorhaben intensiviert werden. Der Bezirk hat sich in den letzten Jahren immer mehr bemüht, die Kulturarbeit zwischen Bayerisch-Schwaben und dem Buchenland mit Forschungen historischer, soziologischer, politischer und theologischer Richtung zu untermauern. Bei der Frage der Institutionalisierung stand zunächst die Überlegung im Vordergrund, ein Institut an der Universität Augsburg zu errichten. Dazu gibt es eine Rechtsgrundlage im Hochschulgesetz Art. 103 Abs. 6. Der Senat der Universität Augsburg hat auch den entsprechenden Beschluß gefaßt, allerdings hat es sich dann bei der Verwirklichung gezeigt, daß von verkehrten Vorstellungen ausgegangen worden ist, nämlich: der Bezirk zahle Stellen, habe aber kein Sorgerecht im Sinne des BGB, d. h. kein Mitwirkungsrecht bei der Personalauswahl und bei Forschungsvorhaben. Daß der Bezirk Schwaben hier keinen Alleingang gehe, zeige sich daran, daß auch andere Landsmannschaften in Forschungsinstituten das wissenschaftliche Fundament ihrer Kulturarbeit gefunden haben: so existiert an der Universität Würzburg das Schlesien-Forschungsinstitut, die Sudetendeutsche Landsmannschaft hat ihre wissenschaftliche Heimat an der Universität München und die Donauschwaben haben ihr eigenes, von der württembergischen Landesregierung eingerichtetes Institut mit Forschungsvorhaben und Lehrveranstaltungen an der Universität Tübingen. Letzters Beispiel war der Grund, ein eigenständiges Institut zu errichten, hinter dem der Bezirk als finanzieller Garant stehen muß.

Auf Antrag des 1. Vorsitzenden verabschiedete die Versammlung, aufgrund des Beschlusses der SFG-Jahressitzung vom 28. 6. 1986, eine Forschungskooperation zwischen der SFG, der Kaindl-Gesellschaft und dem zu gründenden Bukowina-Institut zur Untersuchung der Auswanderungen aus Bayerisch-Schwaben in die Bukowina mit nachfolgender Überseeauswanderung zu etablieren. Ein entsprechender Antrag auf Projektförderung wird beim Bundesinnenministerium eingereicht.

7. Gemeinsame Tagung mit der Schwabenakademie in Irsee 1989 (15. 10.–18. 10. 1989):
Die Initiative hierzu war von Herrn Bezirkstagspräsident Dr. Simnacher ausgegangen. Das Tagungsthema habe sich, so Prof. Dr. Kraus, vom Tagungsort her ergeben: »Aspekte der Aufklärung in Bayern und Schwaben 1750–1800«, denn Irsee habe in der Zeit der Aufklärung eine bedeutende Rolle gespielt: Es gehörte geistesgeschichtlich zu den Vorreitern der innerkatholischen Aufklärung. Die Themenpalette der Tagungsvorträge umfaßt die Verwaltungs- und Staatsreform in Schwaben, den Klosterstaat vor der Säkularisation und die Wissenschaft und Aufklärung an schwäbischen Klöstern.

Der 1. Vorsitzende dankte Herrn Prof. Dr. Kraus für die gesamte Planung und wies darauf hin, daß für diese SFG hierbei keine Kosten anfallen, denn Unterkunft, Anreise und Honorare werden von der Schwabenakademie getragen. Auch dies sei für die SFG eine Gelegenheit, in der Öffentlichkeit in Erscheinung zu treten.

Bericht über die Jahressitzung 1989
am 26. 10. 1989

I. Allgemeiner Bericht

1. Der Bericht hat in diesem Jahre mit dem Gedenken an die Tatsache zu beginnen, daß am 18. Oktober 1949 in Augsburg die Schwäbische Forschungsgemeinschaft bei der Kommission für bayerische Landesgeschichte durch den damaligen ersten Vorsitzenden der Kommission, Herrn Universitätsprofessor Dr. Max Spindler, in einer Feierstunde begründet worden ist.

40 Jahre Schwäbische Forschungsgemeinschaft erinnern daran, daß sie unter schwierigsten Bedingungen im gleichen Jahr, als die Bundesrepublik entstand, gegründet worden ist. Von den Gründungsmitgliedern, die heute noch unter uns weilen, darf ich mit großer Freude den langjährigen geschäftsführenden Vorstand, Stadtschulrat a.D. Dr. Eduard Nübling, aufs herzlichste begrüßen, ferner Oberregierungsrat Gerhart Nebinger und Universitätsprofessor Dr. Wolfgang Zorn, und nicht zuletzt Ministerialdirektor i.R. Dr. Karl Böck, der heute nicht anwesend sein kann.

Wir werden des 40jährigen Bestehens der Schwäbischen Forschungsgemeinschaft und ihrer Leistungen in einer eigenen Festakademie noch gedenken, um damit auch in der Öffentlichkeit von dieser einmaligen schwäbischen Nachkriegsinitiative zu berichten.

2. Vierzig Jahre nach der Gründung kann die Schwäbische Forschungsgemeinschaft ihre Jahressitzung sozusagen in ihren eigenen »Institutsräumen« in der Nähe der neuen Universität und des neuen Staatsarchivs für Schwaben begehen. Es ist das wohl eine der wertvollsten Förderungen, die der Bezirk Schwaben unter seinem Präsidenten Dr. Georg Simnacher der Schwäbischen Forschungsgemeinschaft zuteil werden ließ, wofür aufrichtig gedankt sei. Im Zusammenhang mit der Unterbringung des neugegründeten Bukowina-Instiuts war es auch möglich gewesen, die chronische Raumnot der Schwäbischen Forschungsgemeinschaft zu beheben und eigene Institutsräume zu erwerben. Damit hat die Schwäbische Forschungsgemeinschaft zum ersten Male sozusagen ihr eigenes »Haus«, was sich positiv auf die künftige Forschungsarbeit auswirken möge. Nach wie vor bleiben wir jedoch in engem institutionellen Kontakt mit unserer Gründungsinstitution, der Kommission für bayerische Landesgeschichte bei der Bayerischen Akademie der Wissenschaften. Ebenso stehen wir auch in enger personaler Verbindung mit der neuen Universität Augsburg, die unsere Bibliothek verwaltet.

Ich möchte den allgemeinen Bericht nicht schließen, ohne vorher noch ausdrücklich Herrn Akad. Rat Dr. Knabe und den wissenschaftlichen Mitarbeitern der SFG und des DFG-Forschungsprojekts »Auswanderungen aus Bayerisch-Schwaben in das außereuropäische Ausland«, Peter Maidl M.A. und Otto Hallabrin M.A., für ihre unermüdliche Hilfe bei der Planung, Renovierung und Ausstattung der Räume aufrichtig zu danken. (Auszug aus dem Bericht des 1. Vorsitzenden)

II. Besonderer Bericht über die laufenden Unternehmungen

1. Erschienen ist in der Reihe 4 (Studien zur Fuggergeschichte) der Band 22 von Martha Schad über die Frauen der Fugger im 16. Jahrhundert.

2. Im Umbruch bzw. im Satz befinden sich:
Reihe 1 (Studien) Bd. 18: Hermann Josef Seitz, Die Steinzeit in Wittislingen
Reihe 2b (Urkundenregesten) Bd. 13: Hermann Hoffmann, Urkundenregesten des Reichsstifts Ottobeuren 764–1460. Der Autor konnte vor seinem Tode noch den Umbruch fertigstellen. Die Erstellung des Registers hat P. Aegid Kolb (Ottobeuren) übernommen, die Fertigstellung der Einleitung und sonst noch nötige Arbeiten Archivdirektor Frhr. v. Andrian-Werburg.
Reihe 4 (Fuggerstudien) Bde. 23 u. 24: Hermann Kellenbenz, Die Fugger in Spanien und Portugal.
Reihe 7 (Beiträge): Bd. 4.
Reihe 8 (Bildungsgeschichte) Bd. 1: Paul B. Rupp, Die Studenten des Augsburger Jesuitengymnasiums 1582–1614.
Zorn'scher Historischer Atlas von Bayerisch-Schwaben, 2. neu bearbeitete Auflage, Lieferung 3 mit 10 Einzelkarten.

3. Folgende Manuskripte liegen vor, die bereits zum Druck angenommen sind, oder deren Druck nach Vorliegen von Gutachten noch beschlossen werden muß:
Reihe 1, Bd. 19: Olaf Mörcke, Die katholische Landstadt Mindelheim unter der Herrschaft der Frundsberg
Reihe 1, Bd. 20: Peter Clasen, Streiks und Aufstände der Augsburger Weber im 17. und 18. Jahrhundert. Eine Chronik.
Urkunden des Prämonstratenserstifts Steingaden (Studien), bearbeitet von Frau Lauchs-Liebel.
Barbara Sallinger, Die Integration der Heimatvertriebenen im Landkreis Günzburg

Die Annahme der Arbeiten wurde, teils unter Auflagen, beschlossen.

4. In Arbeitsauftrag bzw. in Bearbeitung befinden sich:
Reihe 2a: Regesten der Bischöfe und des Domkapitels von Augsburg Bd. 2.
Reihe 3 (Lebensbilder) Bd. 14.
Reihe 4 (Fuggerstudien) Bd. 25: Robert Mandrou, Die Fugger als Grundherren in Schwaben im 16. Jahrhundert. Übersetzung unter der Leitung von Etienne François (Universität Nancy).
Reihe 5a (Urbare): Kein Projekt
Reihe 5b (Weistümer) Bd. 2: Gabriele v. Trauchburg. Die ländlichen Rechtsquellen des Rieses.
Reihe 6 (Reiseberichte): Bd. 3 bearb. aufgrund der Vorarbeiten von P. Hildebrand Dussler von Rolf Kießling.
Reihe 8 (Bildungsgeschichte) Bd. 2: Paul B. Rupp, Die schwäbischen Studierenden an der Universität Salzburg; Bd. 3: Ders., Die Matrikel der Universität Dillingen 1696–1773.
Zorn'scher Historischer Atlas von Bayerisch-Schwaben 2. neu bearb. Auflage, Lieferung 4, Redaktion K. L. Ay, W. Knabe.
Pactus und Lex Alemannorum (Grundgesetze der Alemannen), Facsimile-Ausgabe mit Text, Kommentar und Übersetzung hgg. und bearbeitet von Claus-Dieter Schott (Zürich) u. Pankraz Fried. Mit dem Abschluß ist 1990 zu rechnen.
Regesten zur Geschichte der Augsburger Juden im Mittelalter (1241–1519), bearbeitet von Dr. Keller.
Auswanderungen aus Bayerisch-Schwaben in das außereuropäische Ausland zwischen 1800–1914: siehe unten.

5. Dateien: Literaturdatei Schwaben. Sie wird zunächst aus den Buchbeständen der SFG und der Universitätsbibliothek entwickelt und soll laufend die einschlägigen Neuerscheinungen speichern.
Handbibliothek und Sammlungen: Sie sind im Aufbau begriffen und entsprechend zu katalogisieren bzw. inventarisieren.

6. Materialien zur Geschichte des bayerischen Schwaben, hgg. vom Lehrstuhl für bayerische und schwäbische Landesgeschichte an der Universität Augsburg (in Kommission des SFG-Verlages):
Heft 12: Franz-Rasso Böck, Kempten im Umbruch, 1989.
Heft 13: Franz Seiler, Die Deutschordenshofmark Weil, 1989.

Als Manuskripte liegen vor und sind für den Druck vorgesehen:
– Angela Wagner, Die Revolution von 1848/49 im Allgäu, unter besonderer Berücksichtigung der Kemptner Zeitung
– Barbara Zeitelhack, Agrargeschichte der Grafschaft Oettingen
– Ludwig Reißler, Geschichte und Schicksal der Juden in Binswang
– Franz Wiedemann, Bayerisch-schwäbische Gedenktage
– Einführung in den Historischen Atlas von Bayern, Teil Schwaben
– Gabriele v. Trauchburg, Studien zu schwäbischen Urbaren
– Ausgewählte Übersetzungen zu Fried/Lengle, Dokumente Schwaben
– Pankraz Fried, Die Bevölkerungsdichte Bayerns in der ersten Hälfte des 19. Jahrhunderts auf der Grundlage der zeitgenössischen Statistik

7. SFG-Forschungsprojekt: Auswanderungen aus Bayerisch-Schwaben in das außereuropäische Ausland zwischen 1800–1914, am Lehrstuhl für bayer. und schwäb. Landesgeschichte der Universität, Prof. Fried, gemeinsam mit Dr. Wolfgang Knabe (SFG).
Das Projekt wurde am 1. 4. 1989 nochmals für 2 Jahre verlängert. Es wurden 2 wiss. Mitarbeiterstellen, 1 stud. Hilfskraftstelle und Sachmittel bewilligt, die von der Universität verwaltet werden. Bis jetzt wurde nach einem eigens erarbeiteten Computer-Programm eine umfassende Auswanderer-Datei mit ca. 15000 Eintragungen erstellt.

Pankraz Fried

Mitgliederliste

1. Andrian-Werburg, Klaus Frhr. von, Archivstr. 17, 8500 Nürnberg 10
2. Baer, Wolfram, Fuggerstr. 12, 8900 Augsburg
3. Becker, Josef, Am Mühlfeld 20, 8902 Neusäß-Westheim
4. Blendinger, Friedrich, Thanellerstr. 3, 8900 Augsburg
5. Böck, Karl, Rabenkopfstr. 38, 8000 München 90
6. Bosl, Karl, Donnersbergerstr. 9/III, 8000 München 19
7. Bushart, Bruno, Burgkmairstr. 2, 8900 Augsburg
8. Filser, Karl, Martinistr. 74a, 8900 Augsburg
9. Frei, Hans, Oberschönenfeld, 8901 Gessertshausen
10. Fried, Pankraz, Paarstr. 6, 8901 Egling a. d. Paar
11. Gabler, August, Neuhäuserstr. 2, 8900 Augsburg
12. Gaiser, Horst, Marienstr. 1/I, 7910 Neu-Ulm
13. Geissler, Paul, Baumgartnerstr. 10, 8900 Augsburg
14. Grünenwald, Elisabeth, Joh.-Weinberger-Str. 8, 8860 Nördlingen
15. Haberl, Wolfgang, Braut- und Bahrweg 14, 8960 Kempten
16. Hiereth, Sebastian, Kathreinerstr. 24, 8939 Bad Wörishofen
17. Hoffmann, Hermann, Danzigerstr. 4, 8700 Würzburg
18. Hübener, Wolfgang, Heckenweg 1a, 2057 Wentorf b. Hamburg
19. Kellenbenz, Hermann, 8151 Warngau
20. Kiessling, Rolf, Vöstweg 1, 8901 Bonstetten
21. Kolb, Aegidius, Benediktinerabtei, 8942 Ottobeuren
22. Krahe, Günther, Prinzregentenstr. 11a, 8900 Augsburg
23. Kraus, Andreas, Marstallplatz 8, 8000 München 22
24. Lieb, Norbert, Isoldenstr. 29, 8000 München 40
25. Nebinger, Gerhart, Taxisstr. 6, 8858 Neuburg/Donau
26. Nübling, Eduard, Röntgenstr. 11, 8900 Augsburg
27. Rummel, Peter, Katholisches Pfarramt, 8881 Donaualtheim
28. Schaffer, Franz, Radaustr. 75, 8900 Augsburg
29. Seitz, Hermann Josef, In der Laimgrube 5, 8882 Lauingen
30. Seitz, Reinhard H., Amalienstr. A 50, 8858 Neuburg a. d. Donau
31. Simnacher, Georg, Stegerwaldstr. 4, 8870 Günzburg
32. Steiner, Thaddäus, Wannental 24, 8990 Lindau
33. Troll, Hildebrand, Schönfeldstr. 3, 8000 München
34. Vogel, Rudolf, Kalvarienbergstr. 80, 8970 Immenstadt
35. Volckamer, Volker von, Schloß Harburg, 8856 Harburg
36. Volkert, Wilhelm, Universitätsstr. 31, 8400 Regensburg
37. Wohnhaas, Theodor, Hermannstädterstr. 20, 8500 Nürnberg
38. Zorn, Wolfgang, Beermahd 36, 8031 Seefeld-Hechendorf

1990 neu gewählt:
Gier, Helmut, Ellensindstr. 9, 8900 Augsburg

Schwaben – Tirol

Grußwort des Bezirkstagspräsidenten Dr. Georg Simnacher zur Eröffnung der Ausstellung am 7. Juli 1989 in Augsburg

Schwaben und Tirol – hier schwingt mehr mit als historisches Bewußtsein, mehr als das Gefühl, eine gemeinsame Grundlage zu haben. Es ist lebendige Gegenwart. Diese ist nicht bloß verklärt von vielen Erinnerungen an schöne Urlaubstage in Tirol. Auch ich zähle zu diesen Erlebnisbewußten, ich bin meistens im Winter in Nordtirol und zum Ausgleich im Sommer in Südtirol, was ich mit meinem CSU-Vorsitzenden, Dr. Theo Waigel, teile, der als Schwabe zur Ausstellungseröffnung herzlich grüßen läßt.

Schwaben und Tirol sind gute Nachbarn, eine Nachbarschaft, die auf einer gemeinsamen abendländischen Geschichte beruht, zwei historische Landschaften mit jeweiliger Eigenständigkeit und gleichzeitiger Wechselhaftigkeit in der Ergänzung, ein fruchtbarer Weg von der Römerzeit bis zur Gegenwart. Auch wenn manches Ereignis wie ein Irrweg wirkt, bleibt doch der gemeinsame Auftrag aus nachbarschaftlicher Verbundenheit zur regionalen Gestaltung Europas. »Die Vergangenheit sollten wir als Sprungbrett benutzen und nicht als Sofa« (Harold Macmillan).

Würden wir die Geschichte um ihrer selbst willen pflegen und nicht die Verpflichtung aus der Geschichte zur Gegenwartsgestaltung nutzen, würden wir die Zukunft verlieren. Dies ist das Hauptziel der heute zu eröffnenden Ausstellung, die durchaus regionalpolitisch aufzufassen ist. In der Präsentation der Verhältnisse zwischen Schwaben und Tirol wird zugleich die zunehmende kulturelle und politische Bedeutung historisch gewachsener Regionen in einem künftigen Europa noch einmal deutlich, ein dem Bezirk Schwaben wichtiges Anliegen, vielleicht dem eigentlichen Wert dieser durchaus historisch begründeten Ausstellung.

Diese Ausstellung fällt in eine Zeit, in der die europäische Integration vor allem durch die Entwicklung eines gemeinsamen Wirtschaftsraumes mit Riesenschritten vorankommt. In dieser Phase der Europaentwicklung ist der kulturelle Auftrag der europäischen Regionen von besonders hohem Stellenwert. Die Ökonomie allein wird Europa ein zu wenig tragendes Fundament verleihen. Deswegen muß uns gleichzeitig die Bewahrung der geistigen Infrastruktur ein wichtiges Anliegen sein. Dies gilt für den ländlichen Raum nicht weniger als für den städtischen. Die Nationalstaaten allein werden dieses Europa nicht schaffen können. Im Gegenteil, bei dem häufig empfundenen Überdruß gegen Vorschriften und Rechtsnormen, die manchmal europäischen Idealismus einfrieren, braucht es jene kleineren Einheiten, die die unmittelbare Begegnung der Menschen auf breiter Grundlage erlauben. Unsere Regionen sind echte Bausteine für Europa.

Die Hinwendung des heutigen Menschen zu einem nahen, sinnvoll erfaßbaren Raum, der als Heimat gefühlt werden kann, der eine soziale, geistige und kulturelle Entwicklung ermöglicht, kommt dabei den Bemühungen der Regionen auf kulturellem Bereich entgegen und muß von den Verantwortlichen aufgenommen werden.

Wir brauchen Kulturarbeit als einen unverzichtbaren Bestandteil für das Selbstbewußtsein der Regionen. Je unüberschaubarer die staatliche Entwicklung wird, um so notwendiger ist diese Aufgabe. Die Bürger bedürfen der Sicherheit durch eine aufgeschlossene Kulturpflege, die der Tradition wie der Moderne gleichermaßen entspricht. So gewinnen sie Geborgenheit auf dem heimatlichen Boden, von dem aus sie hoffnungsvoll in die Zukunft blicken können – auf ein Europa hin, dessen Werden nicht zuletzt auf der Basis seiner Geschichte und des kulturellen Bewußtseins beruht.

Der Reichtum der europäischen Kultur ist durch Vielfalt und nicht durch Zentralismus entstanden. Deshalb kann eine echte Europäische Gemeinschaft nur zusammenwachsen, wenn sich bei aller Notwendigkeit gemeinsamer Ziele gegenseitiges Verständnis für die unterschiedlichen historischen Strukturen stärkt. Jacob Burckhardt, der berühmte Schweizer Kultur- und Kunsthistoriker und Philosoph, hat für Europa die klassische Definition gefunden: »discordia concors« – Einheit trotz Spannung, Harmonie trotz Polarität, Zusammenhalt auch bei Unterschiedlichkeit. Diese Kurzbeschreibung gilt für Europas politische wie Geistesgeschichte gleichermaßen.

»Es ist Charakteristikum des Abendlandes, daß Geschichte verstanden wird als stete Neugewinnung der immer wieder gebrochenen Tradition. Die Erinnerung hieran erscheint heute besonders dringlich, denn unsere Kultur schwelgt in der Illusion, sie könne das an ihr Wesentliche fortsetzen, auch wenn sie ihr Erbe nur noch als Vergangenheit sieht. So wird mit dem Irrationalismus das griechische, mit der Staatsverdrossenheit das römische, mit der wachsenden Mißachtung der menschlichen Würde das christliche Erbe über Bord geworfen. Demgegenüber ist Rückbesinnung geboten. Denn es spricht alles dafür, daß von einer christlich geprägten Kultur, die sich nicht ständig aus ihrem christlichen Erbe erneuert, nach Mikrochip und Mikrowelle nur mehr eine Mikrokultur bleibt.«

So führte im vergangenen Jahr der Bayerische Staatsminister für Unterricht und Kultus, Hans Zehetmair, aus.

Auch der Bezirk Schwaben ist wie Tirol ein Baustein Europas und möchte dieses Europa durch menschliche Beziehungen über Grenzen hinweg fühlbar werden lassen. Schwaben ist von seiner Geschichte, von seiner Kulturvielfalt, von seiner Wirtschaft und von der Weltoffenheit seiner Bewohner als europagesinnte Region prädestiniert. Die heimatliche Bezogenheit seiner Kulturarbeit und seiner sozialen Verpflichtungen erlauben es dem Bezirk Schwaben besonders gut, die europäische Dimension seiner Politik wenigstens in den Ansätzen zu pflegen, denn Europa ist eine kulturelle Realität.

Das bayerische Schwaben betrachtet sich als europäische Region und will auch in der Gegenwart unter dem geistigen Dach und aus der Verpflichtung der gemeinsamen europäischen Geistesgeschichte dazu beitragen, daß sich die Völker Europas immer besser verstehen. Das Europa der Regionen ist eine wichtige Hilfe, das in eine tiefe Krise fallende Europa des Egoismus der Nationalstaaten zu überwinden und sich durch die gemeinsame und doch individuelle Kultur der Landschaften und Volkstumsbeziehungen auf einem soliden Fundament zu einigen.

Gerade der Alpenraum in seiner Besonderheit, Vielfalt und Schönheit ist vornehmlich eingeladen, den Kulturreichtum Europas für die europäische Einigung mitzugestalten. Die Gemeinsamkeit der Landschaft ist ein wahres Bindeglied und durch den Wechsel von Bergen mit ihren Gipfeln und Tälern zugleich ein Symbol für den Europagedanken.

Schwaben, Tirol, insbesondere Südtirol – dessen Zukunft im Zeichen des wachsenden europäischen Regionalismus hoffnungsfroh aussieht –, sollten sich aus Respekt vor einer langen Geschichte, in der niemals zwischen ihnen Krieg geführt wurde, wo Friede in der Vergangenheit zur Freundschaft der Gegenwart führte, gemeinsam vornehmen, ihre Heimat zu einem sinnvollen und kulturell ausgefüllten Raum zu gestalten, damit Europa zu einer Einheit werden kann. In diesem Sinne erkläre ich die Ausstellung Schwaben – Tirol für eröffnet.

*

40 Jahre Schwäbische Forschungsgemeinschaft 1949–1989

In einer festlichen akademischen Feierstunde beging am 9. Februar 1990 die Schwäbische Forschungsgemeinschaft ihre 40-Jahrfeier. Bezirkstagspräsident Dr. Georg Simnacher überbrachte die Glückwünsche des Bezirks. Der Vorsitzende, Prof. Fried, begrüßte die Gäste und gab einen kurzen Rückblick über 40 Jahre Geschichtsforschung in der Schwäbischen Forschungsgemeinschaft. Den Festvortrag hielt der 1. Vorsitzende der Kommission für bayerische Landesgeschichte, Prof. Dr. Andreas Kraus, zum Thema: »Bayerisches und schwäbisches Geistesleben im Zeitalter der Aufklärung.«

Begrüßung und Rückblick des 1. Vorsitzenden (Prof. Dr. Pankraz Fried)

Namens der Schwäbischen Forschungsgemeinschaft darf ich Sie alle sehr herzlich begrüßen und Ihnen im voraus schon danken, daß Sie zu unserer Feierstunde gekommen sind.

In cumulo darf ich begrüßen die anwesenden Mitglieder und Mitarbeiter der SFG, der Kommission für bayerische Landesgeschichte und der Bayerischen Akademie der Wissenschaften, an ihrer Spitze Herrn Vizepräsident Prof. Dr. Spitaler in Vertretung des Akademie-Präsidenten, den Vorsitzenden der Kommission und unseren heutigen Festredner Herrn Prof. Dr. Andreas Kraus, sowie den Wiss. Sekretär der Kommission, Herrn Akad. Direktor Dr. Erwin Riedenauer. Ich begrüße des weiteren die Vertreter des Bezirkstages und der Bezirksverwaltung, an ihrer Spitze Herrn Bezirkstagspräsidenten Dr. Georg Simnacher, den leitenden Beamten der Bezirksverwaltung, Herrn Schneid, und den Fraktionsvorsitzenden im Bezirkstag, Herrn Oberstudiendirektor und stellvertretenden Landrat A. Spitzner, ferner Herrn Direktor Dr. Rainer Jehl vom Schwäbischen Bildungszentrum Irsee. Ich begrüße weiter den Herrn Bürgermeister der Stadt Augsburg, Herrn Dr. Ludwig Kotter, hochw. Herrn Prior und Oberstudiendirektor Dr. P. Egino Weidenhiller von der Benediktinerabtei St. Stephan in Augsburg, Herrn Stadtarchivdirektor Dr. Wolfram Baer, Augsburg, auch in seiner Funktion als 1. Vorsitzender des Historischen Vereins Schwaben, Herrn Staats- und Stadtbibliotheksdirektor Dr. Gier, Augsburg, Herrn Landrat Dr. Karl Vogele vom Landkreis Augsburg-Land, Herrn stellvertretenden Landrat Dieter Heilgemeiner in Vertretung von Landrat Körner, Landkreis Aichach-Friedberg. Es ist mir eine Freude, Kollegen und Mitarbeiter von der Universität Augsburg begrüßen zu können, an ihrer Spitze Herrn Vizepräsidenten Prof. Dr. Waldmann in Vertretung des verhinderten Präsidenten, und Herrn Kanzler Dr. Dieter Köhler.

Von staatlicher Seite darf ich begrüßen den Generaldirektor der Staatlichen Archive Bayerns, Herrn Dr. Walter Jaroschka, Herrn Archivdirektor Dr. Reinhard Seitz vom Staatsarchiv Augsburg, Herrn Ministerialrat Dr. Leonhard Lenk, Direktor der Landtagsbibliothek. Als Vertreter benachbarter Institute und Kommissionen kann ich begrüßen vom Institut für fränkische Landesforschung Herrn Dr. D. Weiß, Herrn Prof. Dr. Meinrad Schaab, den 1. Vorsitzenden der Kommission für geschichtliche Landeskunde von Baden-Württemberg und vom bayerischen Landesverein für Heimatpflege in Vertretung des Geschäftsführers Herrn Martin Wölzmüller.

Im einzelnen werde ich noch Damen und Herren während meines Berichts begrüßen, wenn sie in einem bestimmten Zusammenhang mit der Schwäbischen Forschungsgemeinschaft erscheinen. Sollte die Begrüßung auch da nicht erfolgen, so bitte ich jetzt schon um Verzeihung.

Eine ganze Reihe von Persönlichkeiten mußten sich aus triftigen Gründen entschuldigen; viele von ihnen haben alle besten Wünsche und Grüße zum Jubiläum übermittelt. Prof. Dr. W. Zorn, der es sehr bedauert, aus gesundheitlichen Gründen nicht anwesend sein zu können, wünscht dem Fest einen guten Verlauf; Archivdirektor Dr. Sebastian Hiereth, Prof. Dr. Walter Ziegler, der neue Vorstand des Instituts für bayerische Geschichte in München, H. H. Weihbischof Max Ziegelbauer, der durch die Teilnahme an der Synode verhindert ist, die Vorstandschaft des Alemannischen Instituts in Freiburg, Prof. Dr. Sick und Geschäftsführers Herr Sonntag haben uns eine Grußadresse per Eilpost übermittelt.

Leider sind seit unserer 30-Jahrfeier 1980 folgende verdiente Mitglieder von uns gegangen. Wir wollen ihnen zu Beginn unser Gedenken widmen.

1981 Stadtarchivdirektor i. R. Dr. Gustav Wulz, Nördlingen
      Stadtarchivdirektor i. R. Dr. Richard Dertsch, Kaufbeuren
1982 Staatsarchivdirektor i. R. Dr. Josef Haider, Neuburg a. d. Donau
1983 Gymnasialprofessor i. R. Dr. Adolf Layer, Dillingen
1986 Staats- und Stadtbibliotheksdirektor Dr. Josef Bellot, Augsburg
      Dr. Ludwig Dorn, Legau
1987 em. Universitätsprofessor Dr. Hermann Endrös, Augsburg
1989 Oberarchivdirektor Dr. Hermann Hoffmann, Würzburg

Sie haben alle bis zu ihrem Heimgang an Unternehmungen unserer Forschungsgemeinschaft gearbeitet und sich um die geschichtliche Erforschung unserer schwäbischen Heimat verdient gemacht. Wir werden ihnen ein ehrendes Andenken bewahren.

Am 18. Oktober 1949 ist in Augsburg die Schwäbische Forschungsgemeinschaft bei der Kommission für bayerische Landesgeschichte durch den damaligen ersten Vorsitzenden der Kommission, Herrn Universitätsprofessor Dr. Max Spindler, dem 1986 verstorbenen Nestor der bayerischen Landesgeschichte und meinem verehrten Lehrer, in einer Feierstunde begründet worden. Seit 40 Jahren besteht also in Schwaben eine akademische Institution für schwäbische Geschichtsforschung, die über die Kommission für bayerische Landesgeschichte mit der Bayerischen Akademie der Wissenschaften in München verbunden ist.

Satzungsgemäß war seinerzeit eine vierköpfige Vorstandschaft ernannt worden, der folgende Persönlichkeiten angehörten: Universitätsprofessor Dr. Götz Frhr. v. Pölnitz, Augsburg, Hochschulprofessor Dr. Friedrich Zöpfl, Dillingen, Bezirksheimatpfleger Dr. Dr. Alfred Weitnauer, Kempten, und Stadtschulrat Dr. Eduard Nübling, Augsburg. Von den genannten Mitgliedern des Gründungsvorstandes hat Herr Dr. Nübling das Glück, heute noch unter uns zu weilen. Ich darf ihn als den ehemaligen geschäftsführenden Vorstand, der 30 Jahre lang dieses Amt innehatte, auf das herzlichste begrüßen.

Von den Gründungsmitgliedern leben noch folgende Persönlichkeiten, die allerdings aus verschiedenen Gründen heute mit Ausnahme des Erstgenannten nicht anwesend sein können:

    Ministerialdirektor i. R. Dr. Karl Böck, München
    Universitätsprofessor Dr. Norbert Lieb, München
    Oberregierungsarchivrat i. R. Gerhart Nebinger, Neuburg a. d. Donau
    Universitätsprofessor Dr. Wolfgang Zorn, München

Prof. Dr. Norbert Lieb, der nach Prof. Dr. G. Frhr. v. Pölnitz Wiss. Vorstand von 1970–1980 war, hat mich gebeten, die Festversammlung zu grüßen: »Wenn ich meine Augsburger Zeit überblicke«, schreibt Herr Lieb, »so gehört zum besten die Erinnerung an die SFG...«

Meine Ausführungen zur 40-Jahrfeier möchte ich mit einem Zitat aus dem Bericht über die erste Geschäftssitzung am 18. Oktober 1949 aus der Feder von Dr. Nübling beginnen: »Nach der Klärung organisatorischer Fragen, der Festlegung der Aufgaben und nächsten Unternehmungen der Schwäbischen Forschungsgemeinschaft, als welche vor allem die über die Möglichkeiten eines historischen Vereins hinausgehende Herausgabe von gesamtschwäbischen Urkunden und Regesten genannte wurde, bestätigte Herr Oberregierungsrat Wallenreiter als Vertreter der Regierung von Schwaben die Zusicherung eines größeren Regierungszuschusses. Ferner wurde beschlossen, die Fortführung des groß angelegten Werkes der statistisch-historischen Beschreibung des Bistums Augsburg von Steichele–Schröder–Zoepfl zu unterstützen sowie eine schwäbische Bibliographie zu schaffen. Herr Oberregierungsrat Wallenreiter betonte, daß die Regierung die Schwäbische Forschungsgemeinschaft als beratendes Gremium in allen Fragen der Forschung ansehe, nicht aber als übergeordnetes Organ über die historischen Vereine. Diskutiert wurde auch die Erstellung einer schwäbischen Bibliographie«[4].

Ich habe dieses Zitat deswegen ausgewählt, weil aus ihm hervorgeht, welche Bedeutung schon bei der Gründung der schwäbischen Quellenedition beigemessen wurde. Die Existenz Schwabens ist heute mehr denn je in seinem geschichtlich-kulturellen Erbe begründet, ein Erbe, das vielfach – was die Schriftquellen betrifft – erst ins Licht der Öffentlichkeit gehoben und ausgewertet werden muß. Es ist erfreulich, daß von unseren Veröffentlichungen die Reihe 2, betitelt »Urkunden und Regesten«, bis auf 12 Bände angewachsen ist; der 13. Band, der in einem ersten Teil die Urkundenregesten der Benediktinerabtei Ottobeuren von der Gründung 764 bis 1460 enthält, wird nach dem Tode des verdienten Bearbeiters Oberarchivdirektor Dr. Hermann Hoffmann derzeit von P. Aegid Kolb und Baron Andrian v. Werburg fertiggestellt, so daß er heuer noch erscheinen kann. Ich darf in diesem Zusammenhang sehr herzlich P. Aegid begrüßen, der trotz seiner angegriffenen Gesundheit heute zu uns gekommen ist.

Um die Quellenerschließung kontinuierlich voranzutreiben, wurde die Vorstandschaft 1954 um ein weiteres Mitglied erweitert, das als Vertreter der Staatlichen Archivverwaltung Bayerns sich vor allem dieser Aufgabe widmen sollte. Ich darf deshalb Herrn Generaldirektor Dr. Walter Jaroschka und den Direktor des neuen Staatsarchivs Augsburg, unser Vorstandsmitglied Dr. Reinhard W. Seitz, besonders herzlich begrüßen. Wir wissen um das besondere Verdienst von Herrn Generaldirektor Dr. Walter Jaroschka um die Verlegung des Staatsarchivs von Neuburg nach Augsburg direkt an die Universität und an den Sitz der Schwäbischen Forschungsgemeinschaft. Wir möchten an dieser Stelle Ihnen aufrichtig für all Ihre Bemühungen danken, die nicht selten von großen Schwierigkeiten begleitet waren. Es sind nun die besten räumlichen Voraussetzungen geschaffen, damit die Edition und Auswertung schwäbischer Quellenbestände wieder in Angriff genommen werden kann, nicht zuletzt auch durch die Rückführung ehemals schwäbischer Archivalien nach Augsburg.

Nicht vergessen sei in diesem Zusammenhang ein Höhepunkt der Urkundenregesten-Edition: 1985 konnte durch Prof. Dr. W. Volkert der erste, bis 1152 reichende Band der von Prof. Dr. Friedrich Zoepfl begonnenen »Regesten der Bischöfe und des Domkapitels von Augsburg« als ansehnliches Opus abgeschlossen werden. Herr Kollege Volkert – dem ich gleichfalls einen herzlichen Willkomensgruß sagen darf – und ich sind bemüht, die Fortsetzung dieses auch für Schwaben einmaligen historischen Grundlagenwerkes zu gewährleisten.

Ein weiteres Unternehmen wird im Gründungsbericht angesprochen, das noch heute von aktueller Bedeutung ist: Die historisch-statistische Landesbeschreibung. 1949 glaubte man, noch die unersetzliche

---

[4] Schwäbische Blätter 1 (1950), S. 26.

Augsburger Bistumsbeschreibung von Steichele–Schröder–Zoepfl fortsetzen zu müssen. Doch fast gleichzeitig waren von der Kommission in München die zentralen Unternehmungen »Historisches Ortsnamenbuch« und »Historischer Atlas von Bayern« ins Leben gerufen worden, so daß der Schwerpunkt auf diese historisch-statistisch-topographische Unternehmung gelegt werden mußte. Während der Teil Schwaben des Historischen Ortsnamenbuches dank der Arbeitskraft unseres unvergeßlichen Mitgliedes Dr. Richard Dertsch große Fortschritte machte, blieb Schwaben im Historischen Atlas-Unternehmen der Kommission etwas im Rückstand. Derzeit sind noch sieben Alt-Landkreise in Bearbeitung, deren Redaktion von Augsburg aus besorgt wird. Das Fehlen dieser historisch-statistischen Landkreisbeschreibungen wird vielleicht deswegen nicht so stark empfunden, weil seit 1955 der einmalige, von unserem Mitglied Prof. Dr. W. Zorn fast im Alleingang bearbeitete Historische Atlas von Bayerisch-Schwaben vorliegt. Da dieser bisher für Bayern einmalige Bezirksatlas seit geraumer Zeit vergriffen ist, war es für die SFG eine Verpflichtung, für die Neubearbeitung in Form einer 2. Auflage zu sorgen. Noch heuer werden die 3. und 4. Lieferung mit je 10 Karten erscheinen.

Eine 40-Jahrfeier, das sollte mit der Zitierung aus dem Gründungsbericht auch angedeutet werden, ist nicht unbedingt ein großes Jubelfest, sondern eher ein Innehalten zu einem besinnlichen Rückblick, der den gegenwärtigen Standort erkennen läßt und einen Ausblick auf die Zukunft gibt. Ich möchte versuchen, hierzu einige Gedanken zu formulieren.

In den Aufbaujahren der Nachkriegszeit war schärfer als vorher erkannt worden, daß es in Schwaben an einer wissenschaftlich-akademischen Forschungsgemeinschaft zur geschichtlichen Erforschung des Landes fehlt. Dieser Mangel fiel um so mehr ins Gewicht, als seit der Aufhebung der alten Universität Dillingen 1803 keine Universität in Ostschwaben mehr bestand, die diese Lücke hätte ausfüllen können.

Eine entscheidende Frage war die Organisation der zu gründenden Gelehrtengesellschaft. Es erwies sich als großer Vorteil, daß die Initiatoren – Eduard Nübling, Jakob Bildstein und Wolfgang Zorn – alle einmal, wenn auch zu verschiedenen Zeiten, Schüler von Prof. Dr. Max Spindler gewesen waren, der 1945 den Lehrstuhl für bayerische Geschichte an der Universität München antrat und einige Zeit später die Kommission für bayerische Landesgeschichte bei der Bayerischen Akademie der Wissenschaften reorganisierte. Ebenso unterstützte der damalige Kulturreferent bei der Regierung von Schwaben, Oberregierungsrat Christian Wallenreiter, der spätere Intendant des bayerischen Rundfunks, von Anfang an das Unternehmen.

Der Antrag der Schüler Spindlers auf Errichtung eines »Institutes für schwäbische Landesforschung« fiel bei dem Franken Max Spindler von Anfang an auf fruchtbaren Boden. Nach intensiven Gesprächen und Beratungen gelangte man zu der Erkenntnis, daß die neu zu schaffende Institution nur in Verbindung mit der Kommission lebensfähig sei. Es war deswegen nur folgerichtig, daß die neu zu gründende »Schwäbische Forschungsgemeinschaft« – der Gedanke an eine ideale Vereinigung von Gelehrten überwog mehr als die bloße Errichtung eines Forschungsmittelpunktes – »als Abbild und Glied der Kommission« (Nübling 1970) nach einer Satzung entstehen sollte, die »weitgehend der Satzung der Kommission in München selbst angeglichen wäre«. In der Folgezeit hat sich die Anbindung an die Kommission für bayerische Landesgeschichte tatsächlich bewährt. Sie gab der neuen Institution wissenschaftliches Ansehen, innere Einheit und Anschluß an die allgemeine Landesgeschichtsforschung.

Seit Bestehen der Universität Augsburg hat der erste Vorsitzende der Kommission für bayerische Landesgeschichte, Prof. Dr. A. Kraus, von sich aus eine Lockerung der Abhängigkeit im wissenschaftlichen Bereich, wo sie wegen des Fehlens einer Universität hauptsächlich festgelegt worden war, in die Wege geleitet, so daß heute nur noch über die Arbeit der SFG bei den jährlichen Kommissionssitzungen in München berichtet wird, wie es auch bei der Gesellschaft für fränkische Geschichte der Fall ist. Eine neuerliche, eben in Gang befindliche Satzungsrevision, für die der Jurist und 2. Vorsitzende Dr. G. Simnacher federführend ist, wird die Mitgliedschaft aus dem größeren schwäbisch-alemannischen Raum möglich machen. In diesem Zusammenhang ist es heute für die SFG eine große Ehre und Freude, den ersten Vorsitzenden der Kommission für geschichtliche Landeskunde von Baden-Württemberg, Herrn Kollegen Prof. Dr. Meinrad Schaab, begrüßen zu können und ihm dabei zum Abschluß des großartigen Historischen Atlasses von Baden-Württemberg zu gratulieren.

Der eigenständige Bereich der SFG war bereits durch eine umfassende Satzungsreform 1968 gestärkt worden, die eine präzisere Fassung der Rechtsstellung der Schwäbischen Forschungsgemeinschaft gegenüber der Kommission für bayerische Landesgeschichte brachte. Sie weist die Forschungsgemeinschaft als

»institutionell selbständige Einrichtung der Kommission aus, deren Selbstständigkeit sich vor allem auf das Haushaltsrecht und das Recht zur selbständigen Verwaltung ihrer Sachwerte erstreckt«. Derzeit ist ein Schriftwechsel im Gange, der diesen Passus in Hinblick auf das Haushaltsrecht der Bayerischen Akademie endgültig abklären soll.

Im eingangs zitierten Auszug aus dem Gründungsprotokoll ist bereits die finanzielle Fürsorgetätigkeit der Regierung von Schwaben deutlich geworden. Nach der Konstituierung der Bezirke fühlte sich der Bezirk Schwaben diesbezüglich der Forschungsgemeinschaft verpflichtet. Bis zum heutigen Tage hat er das nobile officium eines Mäzenaten in großzügigster Weise wahrgenommen. Dafür sei an dieser Stelle dem Bezirk, seiner Verwaltung und vor allem seinem unermüdlichen Präsidenten Dr. Georg Simnacher aufs herzlichste Dank gesagt. Als zuletzt die räumlichen Verhältnisse in der Universität immer beengter wurden, hat der Bezirk nicht gezögert, einen Zuschuß für die Anmietung neuer Räume im Zusammenhang mit der Gründung eines Kulturinstitutes für die Buchenlanddeutschen, über die der Bezirk die Patenschaft übernommen hatte, zur Verfügung zu stellen. Damit sind wir zu Nachbarn des Bukowina-Institutes geworden, von dem ich in Vertretung des 1. Vorsitzenden Herrn Kollegen Prof. Dr. Johannes Hampel seinen Geschäftsführer Dr. Ortfried Kotzian, ferner Frau Dr. Paula Tiefenthaler vom Vorstand herzlich willkommen heiße. Es war für die SFG eine selbstverständliche Pflicht, den Aufbau des Bukowina-Institutes zu fördern. Seit vorigem Jahr besitzt also die SFG hier in diesem Hause eigene Institutsräume, die uns vom Hausherrn, Herrn Puschak, in großzügig berechneter Miete überlassen wurden – ich darf ihn gleichfalls begrüßen.

Ein kurzer Rückblick auf die bisherige Leistung der SFG sei noch erlaubt, ohne alles Eigenlob und Selbstbeweihräucherung: Es ist immer wieder erstaunlich zu sehen, welche große Zahl von qualitätsvollen Publikationen die Schwäbische Forschungsgemeinschaft anläßlich ihrer 25-Jahrfeier 1974 schon vorlegen können, also zu einer Zeit, in der es noch keine Philosophischen Fakultäten und Geschichtsfächer an der 1970 neugegründeten Universität Augsburg gegeben hat. Es waren 60 Einzelbände in den folgenden 6 Reihen: (1) Studien zur Geschichte des bayerischen Schwaben, (2) Urkunden und Regesten, (3) Lebensbilder aus dem bayerischen Schwaben, (4) Studien zur Fugger-Geschichte, (5) Urbare u. ä., (6) Reiseberichte aus Bayerisch-Schwaben sowie der 1955 von Wolfgang Zorn herausgegebene und größtenteils von ihm bearbeitete Historische Atlas von Bayerisch-Schwaben. Diese Leistung war ohne eine einzige Planstelle erbracht worden. Bis 1974 wurden die Druckkosten und Honorare – ohne fest etatisierte Einnahmen – von Zuschüssen in Höhe von 850 000 DM aufgebracht, 1979 waren es 1 Million DM. Der schwäbische Idealismus der Nachkriegsgeneration spiegelt sich hier in einmaliger Weise wider. Bis heute sind die Publikationen auf über 80 Bandnummern angestiegen, die Reihen 5b (Rechtsquellen), 7 (Augsburger Beiträge), 8 (Schwäbische Matrikeln) sowie die 2. Auflage des Zornschen Atlasses wurden neu begonnen. Alle Publikationen sind aus dem Veröffentlichungsverzeichnis, das auf den neuesten Stand gebracht ist, zu ersehen. Den guten Absatz verdanken wir unserem Kommissions-Verleger, Herrn Anton H. Konrad, den ich gleichfalls freundlich begrüßen darf.

Es war der dringende Wunsch des geschäftsführenden Vorstandes bei der 25-Jahrfeier 1974, »daß es in Zukunft gelänge, das in der Gründerzeit vor 27 Jahren erstrebte ›Institut für schwäbische Geschichte und Landesforschung‹ erstehen zu sehen«. Der Blick war dabei auf die 1970 neu gegründete Universität Augsburg gerichtet, deren Philosophische Fachbereiche 1973/74 die Arbeit aufnahmen. Die Schwäbische Forschungsgemeinschaft betrachtete Nübling »als Vorhut einer schwäbischen Universität, die im Kontakt mit der hiesigen Universität auch für diese nützlich werden kann«. (Ms., Bericht 1974, S. 12)

Es sind jetzt gut 15 Jahre, daß es an der Universität Augsburg eine Fachvertretung für bayerische Landesgeschichte gibt, ferner eine ganze Reihe von Fächern bestehen, die regionalwissenschaftlich arbeiten. Für mich war von Anfang an die enge Zusammenarbeit mit der Schwäbischen Forschungsgemeinschaft eine Selbstverständlichkeit, stellt die Existenz einer akademischen Institution wie die der SFG am Orte einer neugegründeten Universität doch einen einmaligen Glücksfall dar. Beide Institutionen gingen von Anfang an auf einander zu, die SFG vertreten durch den geschäftsführenden Vorstand Dr. Nübling, die Universität und die universitäre Landesgeschichte vertreten durch den Herrn Kanzler Dr. Dieter Köhler und meine Wenigkeit. Die Zusammenarbeit war also von Anfang an eng und herzlich, und sie ist es bis heute geblieben.

Im folgenden seien einige Stationen in der Geschichte beider Institutionen – der SFG und des Lehrstuhls –, die seit 1980 in Personalunion verbunden sind, kurz skizziert: Um der chronischen

Raumnot der SFG abzuhelfen, stellte die Universität bzw. die Philosophische Fakultät II beim Bezug der neuen Universitätsgebäude 1977 der SFG einen Seminarraum als Geschäfts- und Arbeitsraum zur Verfügung. Als Gegengabe brachte die SFG ihre fast 5000 Bände umfassende Suevica-Bibliothek in die Universitätsbibliothek ein, die zusätzlich einen Lagerraum für die Verlagsbestände der SFG bereitstellte. Als dieser zu klein wurde und ebenso der Arbeitsraum meist überbelegt war, mietete die SFG zusätzlich 1989 neue Räume neben dem neugeschaffenen Bukowina-Institut in Universitätsnähe an, wie oben schon ausgeführt wurde.

Mit der Aufstufung zum Lehrstuhl 1980 (1.10.) war an der Universität Augsburg eine Einrichtung für bayerische (seit 1986 auch schwäbische) Landesgeschichte geschaffen, die institutsähnlichen Charakter hat. Es konnte eine Reihe von wissenschaftlichen Projekten und Arbeiten begonnen werden, die größtenteils in den Reihen der SFG bzw. der Kommission gedruckt wurden. Insoweit konnten die Hoffnungen der SFG auf die Universität erfüllt werden. Der Wissenschaftsbetrieb schreitet hier kontinuierlich fort; je »älter« eine neue Universität wird, um so mehr wird sie einwurzeln und ihren regionalen »Hinterhof«, wie boshaft einmal ein Kollege formuliert hat, bearbeiten. Nach wie vor erwies es sich als günstig, langfristige Projekte wie auch anderswo außeruniversitär, in unserem Falle also in der SFG, zu betreiben, wo diese in einer etwas ruhigeren Atmosphäre zu betreuen sind. Neu am Lehrstuhl wurde eine Reihe »Materialien zur Geschichte des bayerischen Schwaben« begründet, wo bis jetzt 13 kleinere Arbeiten im fotomechanischen Druck publiziert wurden. Aus einem Uni-Projekt »Geschichte der ländlichen Welt« erwuchs die neue Reihe 5b »Ländliche Rechtsquellen aus dem bayerischen Schwaben«, in der demnächst der 2. Band in Druck geht (Ländliche Rechtsquellen aus dem Ries).

Die historische Auswertung der Oettingen-Wallersteinschen Bibliothek war für längere Zeit zusammen mit der Geschichte des Rieses Gegenstand von wissenschaftlichen Bemühungen, aus denen eine Dissertation und mehrere Aufsätze hervorgingen.

Aus dem seit 1987 laufenden Auswanderungsprojekt des Lehrstuhls, das von der SFG großzügig unterstützt wird, ist 1991 eine umfassende Darstellung der Auswanderung aus Bayerisch-Schwaben nach Übersee zwischen 1800 und 1914 zu erwarten. Das computergestützte und -programmierte Projekt, das von Akad. Rat Dr. W. Knabe und mehreren Mitarbeitern (Peter Maidl M.A., Dipl. pol. Otto Hallabrin, Claudia Eberle) betreut wird, hat als »Arbeitsstelle für Auswanderungsforschung« große Aktivitäten entfaltet.

Nicht unerwähnt bleiben sollen eine Transkription, Übersetzung und Faksimile-Ausgabe der Lex Alemannorum durch Prof. Dr. Claus-Dieter Schott, Universität Zürich, für die Reihe Rechtsquellen; sie wird heuer noch zum Abschluß kommen. Der Gedanke hierfür war auf einer wissenschaftlichen Tagung 1986 im Schwäbischen Bildungszentrum Irsee gereift, auf dem in internationaler Besetzung zu Forschungen und Fragen zur alemannischen Geschichte referiert und diskutiert wurde.

Schließlich war in den »Augsburger Beiträgen zur Landesgeschichte« auch eine Schriftenreihe zu schaffen, in der mit Aufsätzen und wissenschaftlichen Beiträgen zur Forschung und über die Entwicklung an Lehrstuhl und in der SFG berichtet werden kann. Erstmals wird im Band 4 auch eine Übersicht über die gesamten historisch-landeskundlichen Aktivitäten an der Universität, vor allem in den Philosophischen Fakultäten geboten, wie dies im Jahrbuch für Fränkische Landesforschung (Universität Erlangen–Nürnberg) der Fall ist. Vorläufer hierfür sind 2 Broschüren, die bisher über die regionalkundlichen Aktivitäten des an der Universität angesiedelten Forschungsschwerpunkts »Historisch-geographisch-kulturwissenschaftliche Regionalforschung« informierten. Als Ergebnis dieser interdisziplinären Regionalforschung können bis zu einem gewissen Grade auch die Stadtgeschichten von Augsburg (1985) und Kempten (1989) gelten.

Ebenso waren eine Reihe von Universitätsfächern an der interdisziplinären und internationalen Ausstellung »Schwaben und Tirol« 1989 in Augsburg beteiligt. Obwohl von hohem wissenschaftlichen Niveau und bestückt mit vorzüglichen Ausstellungsobjekten aus Nord- und Südtirol wurde sie wohl wegen der zu geringen Werbung nicht in dem Maße besucht, wie es zu wünschen gewesen wäre. Entscheidend ist jedoch, daß damit auf wissenschaftlichem Gebiet der Start zu einer europäischen Regionalgeschichtsforschung in Augsburg erfolgt ist, auf die Bezirkstagspräsident Dr. Simnacher in seinem Grußwort bei der Ausstellungseröffnung hingewiesen hat (s. S. 346–347). Sie war durch Kontakte zur Kulturkommission der ARGE ALP vorbereitet worden.

Ein Letztes sei im Bericht noch angesprochen: die gemeinsam mit SFG und Lehrstuhl veranstalteten

Tagungen und Kolloquien, ohne die heute ein florierender Wissenschaftsbetrieb nicht mehr denkbar ist: »Probleme der Integration Ostschwabens in den bayerischen Staat« 1980 auf der Reisensburg; »Klosterkultur in Schwaben« in Ottobeuren 1981; »Forschungen und Fragen zur alemannischen Geschichte« in Irsee 1986; »Die Aufklärung in Bayern und Schwaben« 1989 in Irsee gemeinsam mit dem Institut für Bayerische Geschichte München. Fast sämtliche Tagungen sind bzw. werden dokumentiert, so daß hier auf weitere Ausführungen verzichtet werden kann.

Als Ausklang noch ein historisches Gedenken, verbunden mit der Bekanntmachung einer Stiftung: Wir feiern das 40jährige Jubiläum der SFG im Jahre 1990. Dies gibt uns die Gelegenheit, des 800. Todestages eines der größten Schwaben zu gedenken, der im Mittelalter gelebt hat und in engen Beziehungen zu Augsburg und Ostschwaben gestanden hatte: es ist Kaiser Friedrich I. von Staufen, genannt Barbarossa. Er fand am 10. Juni 1190 auf dem Kreuzzug in den Fluten des Saleph in Kleinasien den Tod. Friedrich von Staufen war von 1147–1152 Herzog von Schwaben gewesen. Auch als Kaiser hat er sich oft in seinem Heimatland aufgehalten, gerade auch in Ostschwaben, wo er die Grundlagen für die staufische Herrschaft gelegt hat. Kurz nach seiner Thronbesteigung weilte Barbarossa 1152 in Augsburg, wo sich Bischof Konrad zusammen mit dem Klerus und den Bewohnern des Kaufleuteviertels über die Übergriffe der Vögte und die Rechtsunsicherheit in Augsburg beklagte. Der König ordnete an, das Herkommen festzustellen, um es dann bestätigen zu können. Von Augsburg aus zog er 1154 mit einem großen Heer nach Rom, wo er zum Kaiser gekrönt wurde. Mit Urkunde vom 21. Juni 1156 bestätigte er in der Königsburg zu Nürnberg das herkömmliche Augsburger Stadtrecht: die Rechte des Vogtes, des Burggrafen, der Bürger und der übrigen städtischen Bewohner. Am 14. Juni 1158 ließ er auf einem Tag zu Augsburg jene Urkunde ausstellen, in der festgelegt wurde, daß der von Herzog Heinrich dem Löwen gewalttätig von Oberföhring nach »Munichen« verlegte Markt dort weiter bestehen bleiben sollte: dies war der Anfang Münchens!

Nach dem Tode des Augsburger Hochvogtes Adelgotz III. von Schwabegg 1167 erwarb der Kaiser die Augsburger Hochstiftsvogtei und verlieh sie seinem Sohne Friedrich, dem Herzog von Schwaben, weiter, der zu Augsburg einen königlichen Untervogt einsetzte. Damit unterstanden alle Kaufleute zu Augsburg unmittelbar dem königlichen Gericht, ebenso die Bauern in den Dörfern der sog. Straßvogtei südlich von Augsburg. Seit 1168 hat also Augsburg »als staufischer Hauptort zu gelten«, formulierte mit Recht Wolfgang Zorn[5]. Barbarossa hat es verstanden, sich Herzog Welf VI., der damals fast das gesamte Gebiet zwischen Lech und Bodensee beherrschte, zum Freund zu machen. Als dessen einziger Sohn Welf VII. 1167 auf dem Heerzug nach Italien verstarb, verkaufte Welf VI. seinen gesamten Herrschaftsbesitz nicht an seinen Neffen Heinrich den Löwen, sondern dem Staufer Kaiser Friedrich für den Todesfall, der 1191 eintrat; das Land zwischen Lech und Bodensee wurde staufisch. Es blieb unter der Herrschaft der Staufer bis zum tragischen Tode Konradins 1268 zu Neapel. Friedrich Barbarossa war bemüht, die wachsende Augsburger Bürgerschaft nach Kräften zum Vorteil des Königtums zu fördern. Nicht weniger als zehnmal weilte er für längere Zeit in Augsburg. 1183 wurde die noch heute stehende, dreischiffige Pfeilerbasilika St. Peter am Perlach geweiht, in der man auch eine Kaiserkapelle St. Michael vermutet. 1184 wurde in der Augsburger Bischofspfalz durch eine sizilianische Gesandtschaft der Ehevertrag zwischen dem zweitältesten Kaisersohn Heinrich und der Prinzessin Konstanze, der Erbin des Königreiches Sizilien, beschworen. Bei der am 6. April 1187 erfolgten Weihe der 1183 abgebrannten Klosterkirche St. Ulrich und Afra wohnte Barbarossa, dem Klosterverband seit 1182 angehörend, mit seinen drei Söhnen Heinrich, Otto und Philipp bei. Es ist überliefert, daß der König bei der feierlichen Prozession zusammen mit drei Bischöfen den kupfernen Schrein mit den neu entdeckten Reliquien des hl. Ulrich trug. Wir können mit Gerd Tellenbach resümieren: »Oberschwaben ist also bereits unter Friedrich Barbarossa eine der königlichen Kernlandschaften geworden, Augsburg steht mit acht Aufenthalten des Hofes unter den Bischofsstädten nach Würzburg, Regensburg und Worms bereits an vierter Stelle«[6].

Seit längerer Zeit ist der Wunsch geäußert worden, die SFG möge eine Medaille »Für die Verdienste um die schwäbische Geschichtsforschung« schaffen und verleihen. Ich kann jetzt mit großer Freude mitteilen, daß die Vorstandschaft einstimmig beschlossen hat, sie anläßlich der 40-Jahrfeier der SFG und

---

5 Wolfgang Zorn, Augsburg, Geschichte einer deutschen Stadt, 2. Aufl. Augsburg, 1972, S. 89.
6 Augsburgs Stellung in Schwaben und im deutschen Reich während des Mittelalters (Augusta 955–1955, Forschungen und Studien zur Kultur- und Wirtschaftsgeschichte Augsburgs) 1955, S. 68.

im 800. Todesjahr Kaiser Friedrichs I. von Staufen zu stiften. Die Medaille soll auf der einen Seite entweder die staufischen Löwen, also das Wappen des Herzogtums Schwaben, oder ein Siegelportrait Babarossas zeigen. Die andere Seite soll die Aufschrift »Für Verdienste um die schwäbische Geschichtsforschung« mit dem Wappen des Bezirks tragen. Nach Herstellung der Medaille und Beschließung einer Satzung soll sie erstmals in diesem Jahre verliehen werden.

Grußwort

zum 40jährigen Bestehen der Schwäbischen Forschungsgemeinschaft
am 9. Februar 1990 von Bezirkstagspräsident Dr. Georg Simnacher

Im Jahre des Neubeginns der Bundesrepublik Deutschland wurde auch die Schwäbische Forschungsgemeinschaft von bedeutenden, der Geschichtsforschung Bayerisch-Schwabens verbundenen Historikern gegründet. Anläßlich ihres 40jährigen Jubiläums darf mit Dankbarkeit festgehalten werden, daß sich diese Gemeinschaft von Gelehrten und Engagierten dank ihre idealistischen Einstellung, besonders ihrer Vorsitzenden, zu einem entscheidenden Element bayerisch-schwäbischer Geschichts- und Landeskundeforschung entwickelt hat. Stattlich sind die Reihen wichtiger Publikationen, bahnbrechend viele Urkunden, Lebensbilder, Fugger- oder sonstige Veröffentlichungen. Nicht zuletzt ist der einzigartige historische Atlas Schwabens zu erwähnen. Ausschließlich auf dem Ehrenamt beruhend war die gesteuerte und initiierte Forschertätigkeit der Gemeinschaftsmitglieder von großer Ergiebigkeit. In den ersten 20 Jahren ihres Bestehens, als Schwaben noch über keine Universität verfügte, hielt sie den historischen Forschungs-Impetus aufrecht, nach der Gründung der Universität Augsburg wurde das Miteinander zum noch besseren Erfolg gewählt. Freilich sollen auch die großen Leistungen der Historiker und Kirchenhistoriker an der Philosophisch-Theologischen Hochschule in Dillingen und der übrigen Bistumsgeschichte unvergessen bleiben. Professor Dr. Friedrich Zöpfl, Steichele, Schröder, sind heute noch klangvolle Namen.

Die 40jährige Schwäbische Forschungsgemeinschaft hat sich dank der idealistischen Einstellung ihrer Mitglieder und ihrer Vorsitzenden zu einem entscheidenden Element bayerisch-schwäbischer Geschichts- und Landeskundeforschung entwickelt. Sie ist in ihrer Bezogenheit auf ein Bezirksgebiet, aber auch in ihrer gesamten regionalspezifischen Ausrichtung – mir scheint, auch in ihrer wissenschaftlichen Ergiebigkeit – einmalig in Bayern. Dies ist um so höher zu werten, weil sie kaum vom Freistaat Bayern unterstützt wird. Sie wird vom Freistaat Bayern nur über eine einzige Stelle eines Akademischen Rates, der nicht ausschließlich, aber überwiegend, dem Vorsitzenden zur Verfügung gestellt wird, gefördert.

Dies entspricht weder der Bedeutung, noch dem wissenschaftlichen Erfolg, nicht zuletzt dem großen historischen Forschungsbedürfnis Bayerisch-Schwabens. Obgleich Forschung nicht Bezirksaufgabe, sondern staatlich ist, muß deshalb der Bezirk Schwaben, um die Schwäbische Forschungsgemeinschaft zu erhalten und den wissenschaftlichen Impetus der ehrenamtlich tätigen Forscher aufrecht zu erhalten, fast die gesamten Ausgaben der Schwäbischen Forschungsgemeinschaft tragen. Soweit ich sehe, macht dies Schwaben als einziger Bezirk.

Bewährt hat sich bei der Schwäbischen Forschungsgemeinschaft der aufrecht erhaltene gesamtbayerische Forschungsbezug über die Kommission für bayerische Landesgeschichte bei der Akademie der Wissenschaften, zu der die Beziehungen ungetrübt blieben. Die Schwäbische Forschungsgemeinschaft hat in vier Jahrzehnten entscheidend dazu beigetragen, daß Schwabens Selbstbewußtsein in Bayern über die kulturelle Indentität gestiegen ist. Sie hat aber auch die Kräfte des innerschwäbischen Regionalismus als Triebfeder positiv genutzt. Der Bezirk Schwaben steht deshalb als entscheidender Freund und Sponsor maßgeblich hinter der Schwäbischen Forschungsgemeinschaft und unterstützt sie nach besten Kräften. Er wünscht ihr für die nächsten zehn Jahre bis zum goldenen Gründungsjubiläum weiterhin viel Erfolg im Sinne der kulturellen Stärkung Schwabens und der Steigerung seiner zukunftsvollen geistigen Lebenskraft. Die Aspekte für die nächsten Jahre sehen günstig aus: Die Schwäbische Forschungsgemeinschaft wird die Zeichen der Zeit sicherlich richtig sehen und nutzen. Dann wird sie unsere bayerisch-schwäbische Region mit Liebe und Eifer weiter auf den Spuren ihrer Geschichte erforschen.

Die Festveranstaltung findet in den Räumen des neuen Bukowina-Institutes statt. Der Bezirk Schwaben pflegt die Patenschaft über die Buchenlanddeutschen seit 1955. Das neue Institut dient nicht nur der Erforschung der Geschichte und Kultur der Bukowina, sondern hat für die neuesten politischen Entwicklungen zu Rumänien, ja sogar zur Ukraine – die alte Haupt- und Universitätsstadt der Bukowina, Czernowitz, ist heute ukrainisch – friedvolle Beziehungen zu knüpfen und dem Schwabentum angesichts der Auswanderungsgeschichte von der Donau eine neue Dimension zu verleihen.

Die Schwäbische Forschungsgemeinschaft wird die regionale Geschichtsforschung nicht zum Selbstzweck darstellen, sondern eingebettet in die großen Aufgaben der nächsten Jahre: Schwaben in Europa als eigenständige lebendige und schöne Region zu verdeutlichen und sichtbar zu machen und damit zugleich die Liebe unserer Bezirksbürger zu unserem schönen schwäbischen Bezirk – und diesen in seiner Ganzheit – zu stärken.

Register

Orte und Personen

VON Gabriele von Trauchburg-Kuhnle

Vorbemerkung: Alle Personen wurden – soweit aus den Einzelbeiträgen ersichtlich – mit Familiennamen und Vornamen aufgeführt. Bei Namensgleichheit wurde zusätzlich nach Beruf beziehungsweise jeweiliger Funktion differenziert. Näher bezeichnet sind auch hohe Herrschaftsträger wie Kaiser, Könige, Päpste und Bischöfe. Nicht extra aufgeführt sind folgende Begriffe, die sich durch alle Beiträge ziehen: Augsburg, Bayern (Herzogtum, Kurbayern, Königreich) und Schwaben (Ostschwaben, Bayerisch-Schwaben). Nicht durchgeführt wurde die Auswertung der Anmerkungsapparate, da sie sich vorwiegend auf die jeweilige Forschungsliteratur beziehen.

Im Register verwendete Abkürzungen: Abg. = Abgeordneter, Bf. = Bischof, dt. = deutsch, Frhr. = Freiherr, Gem. = Gemeinde, Gf(en). = Graf(en), Gfin. = Gräfin, Hzg. = Herzog, Lkr. = Landkreis, Kg. = König.

Abensberg, Herren v. 42
Achsheim 135, 278
Adabrain s. Adalbero, Gf.
Adalbero, Gf. 39, 40, 43
–, Markgf. 39, 40
Adalentes, Franciscus 169
Adelshofen 245, 274, 290
Adelsried 61, 70, 283
Adelzhausen 283
Afrika 93
Agilolfinger, Familie 62
Aichach 37, 179, 242, 245, 253, 256, 257, 262, 265, 267, 269, 285, 288
Aidenried 245
Aindling 269, 292
Ainertshofen 269
Aislingen 70, 72, 73, 76–79, 278
Aitrach 276
Aitrang 276
Albrecht, Kg. 77
Aldringen, Gf. v. 135
Alerheim 139
Alsmoos 269
Altenbaindt 65, 73, 278
Altenstadt 272
Althegnenbach 245, 266, 274
Altomünster 242, 256, 262, 269, 285
Altomünster, Edler aus 42
Amadria, Insel 98, 99
Amberg 176
Amerika 184, 185, 196, 208, 212, 220, 226, 228
Amini, Insel s. Amadria
Ammerhöfe 246, 273
(Amper-)Moching, Gotschalk v. 39, 41

Amsterdam 195
Andechs 44, 245
Angeli, Antonio de 160
Anhausen 135
Anjediven, Inselgruppe 97
Ansbach 127, 175, 176
Ansbach-Bayreuth 11
Antwerpen 88, 90–92, 94, 96, 195, 206, 212, 213, 222, 224
Anwalting 269, 270, 274
Apfeldorf 64, 282, 286
Appo-Rosa, Atanasius 165
Aquileja, Patriarch Sighart v. 44
Aresing, südl. Schrobenhausen 41, 285
Aretin, Johann Christoph v. 29, 30
Aribo 39
Aristoteles 26
Arzla 245
Asbach 245
Asch 262, 288
Aschaffenburg 177, 224
Asenkofen, Diemar v. 39
Aspertshofen, Österreich 39
Auerbach 73–76
Augsburg, Bf. Alexander Sigmund v. Pfalz-Neuburg 169
–, Bf. Clemens Wenzeslaus v. Sachsen 174
–, Bf. Friedrich v. 78
–, Bf. Friedrich II. v. 79
–, Bf. Friedrich Spät v. 69
–, Bf. Heinrich v. 66–68, 70, 78
–, Bf. Heinrich V. v. Knöringen 133, 134
–, Bf. Joseph v. Hessen-Darmstadt 159, 174
–, Bf. Konrad v. 353

–, Bf. Marquard v. 74
–, Bf. Otto v. Waldburg, Kardinal 73, 79
–, Bf. Peter v. Schaumberg, Kardinal 71, 78
–, Bf. Wikterp v. 62, 64–66
–, Bf. Wolfgang Roth v. 69
Australien 222
Aventin 38
Azoren, Inselgruppe 89

Baar 52
Babenried 245, 246
Babo, Gf. vom Chiemgau s. Scheyern, Babo v., Gf.
– III., Gf. 43
– von Zeitlarn s. Scheyern, Babo v., Gf.
Bachern 245, 274, 290
Bad Kohlgrub 243, 246, 277, 282
Bad Tölz 263, 273
Bad Wörishofen 255, 256
Baden 255
–, Großhzgtum 15, 30, 32
Baeck, Leo 188
Baierberg 274
Baiern-Landshut, Ludwig d. Reiche v., Hzg. 78
Baiershofen 70–72, 76
Baindlkirch 245, 290
Balzhausen 73
Balzhausen, Richinza v. 67
Bamberg 175, 190, 215
Barbarossa s. Kaiser Friedrich I.
Bärenkeller 254
Barkur 99
Basel 229
Baumgartner, Familie s. Paumgartner
Bayern, Albrecht V. v., Hzg. 257
–, Arnulf v., Hzg. 45, 53
–, Heinrich v., Hzg. 38
–, Heinrich IX. v., Hzg. 55
–, Ludwig I. v., Kg. 177–179, 239, 275
–, Ludwig II. v., Kg. 179
–, Max IV. Josef v., Kurfürst 175, 183
–, Maximilian I. v. 133, 135, 138
–, Odilo v., Hzg. 64
–, Wilhelm V. v. 115, 116, 121, 124
Bayersoien 246, 282
Bayreuth 176, 177
Bayrischzell 46, 47, 58, 263
Behaim, Michael 89
Benedikt, Heiliger 67
Benediktbeuren, Kloster 66
Berchtesgaden 177
Berg, Adelbero v. 39
– im Gau 264
Bergen, südl. Mangelsdorf 41

Berghaselbach, nördl. v. Freising 50
Bergheim 133, 135
Berghofen, Hartwig v., Vogt v. Geisenfeld 39, 42, 56
Berlin 127
Berlin, Lukas 118
Bernbeuren 243
Bernhard, Gerhard 218
Bertholfus, Bruder d. Gebino 66
Besenfelder, Johann Friedrich 211, 213
Betzigau 243, 276
Beuerbach 261
Bichelbach 282
Bierdorf 245
Binnenbach 269
Binswangen 190, 283
Birckach 103–105, 108
Birkland 282, 286, 290
Birlinger, Anton 104, 248, 250, 278, 303
Bismarck, Otto v., dt. Kanzler 33
Bittenbrunn 274
Bludenz 220
Blumenthal 267
Böbing, Lkr. Weilheim-Schongau 238, 240, 242, 246, 248, 249, 255, 256, 259, 261, 266, 271, 282, 285, 292
Bobingen 299
Bocksberg 278, 283
Bodman, Familie v. 154
Bogen, Gfen. v. 178
Böhen 276
Bolten, August 221, 222, 224
Bolz, Eugen 34
Bonaparte, Napoleon 14, 177, 178, 293
Bonstetten 283
Botthof, Franz Josef 224
Boutri, Gaspar 160, 163
Brandenburg, Kurfürst Johann Friedrich v. 120
Brandenburg-Preußen 13, 22
Brasilien 93
Braun, Helene 121
–, Tobias 118, 121, 127
Brecht, Berthold 131
Bregenz 243
Breitbrunn 245
Breitenfeld, Sachsen 134, 144
Bremen 195, 206, 208, 209, 212–214, 218, 220, 222, 224
Brito, Jorge de 89
Brixen 175
Brixen, Bistum 53
Brunian, Johannes Joseph 160
Brunn, Wernher v. 39, 41
Brunnen 282

Brunold, Johann 220
Buber, Martin 186
Buch 245
Buchenberg 283
Buching 246, 249, 272, 282, 283, 285, 297
Buchloe 278, 293
Burckhardt, Jakob 346
Burgau, Albrecht v. 77, 78
-, Hartmann v. 77
-, Herren v. 77, 78
-, Johann v. 78
-, Konrad v. 78
-, Markgrafschaft 78–80, 178, 181, 186
-, Stadt 196
Burgberg 266, 299
Burgeck, Berthold v., Gf. 46
Burghausen 175
Burgheim/Moos 250, 274
Buttenwiesen 189

Calicut 89
Cambrai 155
Cananore, Insel 89, 95, 98
Cappo, Andrea Fero 160
Cataneo, Carlo 95
Celtis, Conrad 19, 21, 26
Chambery, Savoyen 167
Chaves 95
Christertshofen, Lkr. Neu-Ulm 279, 280
Christoffel, Reijnhart 166
Clauß, Joseph Antoni 163
Clerck, Claus de 90
Cochin, Insel 89, 95, 99
Cochlaeus, Johannes 19
Colam, Insel 98
Colbi, Bartholomäus 168, 170
Crangalor, Insel 98

Dachau 242, 273
-, Arnold v., Gf. s. Scheyern-Dachau, Arnold v.
-, Grafschaft 54
-, Konrad v. 53
Dachsberg, Hermann v. 69
Dalvares, Fernao 92
Dänemark 155
Darmstadt 127
Dasing 271
Daude, Johann Gottfried 167
Daxbach 73
Degkwitz, Rudolf 35
Derching 245, 269, 270, 281, 292
Dettenschwang 286
Deubach 133, 154
Dezenacker 274

Dickenreishausen 276
Diedorf 278
Dießen, Lkr. Landsberg 44, 238, 245, 247–249, 253, 255, 256, 259, 261, 262, 266, 269, 271, 273, 277, 285, 289
-, Arnolf v., Gf. 53
-, Berthold v., Gf. 50, 51
-, Fridrich I. v., Gf. 45, 53
- -Andechs, Gfen. v. 51
- -Grafrath, Rasso v. 45
Diethegeba, Mutter d. Gebino 66
Dietrich, Andoine 173
Dillingen 76, 80, 139, 141, 154, 190, 210, 213, 214, 222, 250, 256, 284, 289, 295, 305
Dinkelsbühl 118, 154
Dinkelscherben 135
Dlugosz, Jan 19
Donauwörth 61, 135, 139, 140, 155, 210, 211, 214, 215, 220, 252, 289, 296, 305
Donnersberg, Heinrich v. 69
-, Siegfried v., Truchseß 69
Dossenberger, Josef 181
Drechsel, Philipp Walter 118
-, Walter 118
Dresden 127
Droysen, Johann Gustav 32
Dubreuil, Peter Joseph 173
Duisburg 97, 98
Dürr, Georg 215
Dürrlauingen 73
Düsseldorf 160

Ebbo »de monasterio« 39
-, Edler 42
Eberlindober, Johann 220
Ebersberg, Eberhart v., Gf. 56
-, Gerbirg v., Äbtissin v. Geisenfeld 42, 44
-, Gfen. v. 40, 43, 44, 59
-, Kloster 40
-, Willibirg, v., Gfin. 39–41
Eching 245, 274, 290
Ecknach 269
Edenbergen 133
Egenburg 245, 267
Egenhofen 245, 267
Egling 266, 282, 285
Ehekirchen 274
Ehem, Christoph 119
-, Sigmund 119
Ehrenberg, Schloß in Tirol 135
Eichenhofen 69, 70, 72
Eichstätt 175, 176, 217
-, Bf. Gebhart v. 56
-, Bf. Ulrich v. 56

Eisenberg 276
Eisenbrechtshofen, Lkr. Augsburg 308
Eismannsberg 245, 247, 269, 270, 290
Ellerbach 61, 69, 70, 72, 74, 76
Ellighofen 288
Elsbach, Österreich 39
Elsendorf, Odalschalk v. 39
Engeldie 39
Engilmar, Edler 41
England 155
Enzenstetten 276
Epfach a. Lech 64
Eppenstein, Familie 41
Eppisburg 65, 69–72, 74–77
Eppishofen 72, 73
Eresing 249, 282, 285
Erisried 274
Erling 245, 286
Esel, Ambrosius 91
Ettal 246
Eurasburg b. Friedberg 240, 242, 245, 247, 255, 256, 262, 265

Fabro, Joan 170
Fahlenbach 39
Farchant 246
Feger, Otto 35
Feigenhofen 278
Feldheim 285
Felsch, G. 218
Fernandes, Valentim 88
Finlay, Washington 202, 208
Firnhaberau 245
Fischbachau, Kloster 47, 49, 58
Fischen 245, 252, 273, 286
Fischer, Hermann 240, 241, 248, 250, 276, 291, 305
Formbach, Gfen. v. s. Lambach-Wels, Gfen. v.
Formbach-Lambach, Eckbert I., Gf. 54, 57
Forst 245
Fort Brown, USA 233
Fragenstein 51
Frankfurt 160
Frankreich 13–16, 23, 26, 30, 177, 183
Frauenchiemsee, Kloster 43
Freiberg, Familie v. 103, 104
–, Heinrich v. 103
–, Wolf v. 103, 105
Freienried 245, 267
Freienstein, Österreich 39
Freising 214, 220
–, Bf. Meginwart v. 47
–, Bf. Nitger v. 50, 51
–, Bf. Otto v. 45
–, Bistum 53

Freyberg, Familie v. 154
Freytag, G. 131
Frickendorf, Magnus v. 39
Fridrich II., Gf. 44
–, Sohn d. Sighart VI. 45
Friedberg 167, 179, 245–249, 256, 274, 292, 297
Fritilo, Edler 42
Frölich, Georg Ludwig 119
–, Georg 119
–, Konrad 119
Fronreiten 273, 282, 285, 290, 297
Fugger, Anton 103
–, Familie 75, 90, 91, 121, 122
–, Jakob d. Reiche 103
–, Raymund 103–105, 108
Fulda, Kloster 66
Fultenbach, Abt Andreas Lutz v. 73
–, Abt Bartholomäus v. 73, 74
–, Abt Bernhard Schmid v. 73
–, Abt Berthold v. 70
–, Abt Georg Helfer v. 72
–, Abt Heinrich Güß v. 71
–, Abt Hermann v. 70
–, Abt Johann II. v. 71
–, Abt Markus Heesing v. 74
–, Abt Mathias Zoller v. 74
–, Abt Maurus Ferber 74
–, Abt Michael Schiele v. 75
–, Abt Otto v. 68, 69
–, Abt Ulrich v. 69, 71
–, Dorf 75
–, Kloster 61, 64–80
Fürstenfeldbruck 242, 245, 253, 267, 287
Füssen 65, 135, 210, 213, 214, 222, 234, 246, 249, 250, 252, 253, 258, 259, 272, 276, 280, 282, 283, 285, 287, 288, 293–295, 299, 301

Gablingen 258
Gagers b. Friedberg 290, 292
Gaggers 246
Gaimersheim 39, 56
Gallas, Graf 138
Gallenbach 267, 292
Gama, Vasco da 88, 98
Garmisch-Partenkirchen 243, 246, 248, 252, 253, 262, 264, 273, 277, 279, 285, 290
Gauting 263
Gebino, Geistlicher 66, 68
Geisenfeld, Äbtissin Gerbirg v. s. Ebersberg, Gerbirg v.
–, Dorf 39
–, Kloster 38–42, 44, 52, 53, 56
Genf 167
Genua 155

Gerold, Edler 41
–, Vogt v. Freising u. Ebersberg 51
Gerolsbach 264, 273, 285
Gersthofen 135
Gessertshausen 299
Giggenhausen 39
Glaneck, Burg, heute Petersburg 46, 48
Glon 245
Glonn, Wernher v. 39, 40
Glött 65, 69, 72, 73
Goa 88, 89, 95, 98, 101
Goethe, Johann Wolfgang v. 238
Göggingen 140
Göppingen 276
Görisried 276
Gorze, Kloster 67
Gossembrot, Familie 90
Gothelm, Edler 42
Gottmannshofen 70
Göttweig, Kloster 49
Govan, Berthold 70
Graben 258
Gradmann, Friedrich 221
Gräfelfing 263
Grafeneck, Friedrich v. 72
Grafrath 245
Graswang 246
Grimmelshausen, J. J. Chr. v. 131
Grimolzried 269
Grönenbach 194, 276
Großberghofen, Lkr. Dachau 238, 240, 242, 256, 269
Großkitzighofen 280
Grub-Sachsenkam, Bernhart v., Vogt v. Tegernsee 52
Grunertshofen 274
Gualterroti, Filippo 90
Gundamsried, nördl. Pfaffenhofen 42
Gundelfingen 70, 139, 258
Günding, westl. Dachau 264
Günzburg 126, 127, 171, 181, 185, 190, 225, 234, 278, 280, 281, 285
Gunzenhausen 242
Günzlhofen 245, 267

Haarlem 90
Haberskirch 292
Habsburg, Familie 11, 79, 129, 132, 178
Hadagunde s. Scheyern, Haziga v.
Hadamuot, Tochter der Gfin. Willibirg v. Ebersberg 41
Häder 278
Hafling b. Prien am Chiemsee 43
Hagedorn, Friedrich 229

Haid 245, 273
Hainhofer, Philipp 132, 135
Hainsfarth 189, 190
Hainzel, Familie 117, 119
–, Hans Ludwig 118, 126
–, Hans Heinrich 118, 124–127
–, Johann Baptist d. Ä. 118, 120
–, Johann Baptist d. J. 118
–, Maria 118
–, Melchior 118
Haldenwang 276
Hamann, Johann Georg 24
Hamburg 195, 209, 221, 222, 224
Hammerschmiede 245
Harberger, Albrecht 69
–, Wilbirgis 69
Harenberg, Johann Christoph 24
Harthausen 267, 292
Hartlieb, Johann 119, 124
Härtling, Andreä 167
Hartmann, Joseph A. 208
Haselbach 274
Haspelmoor 245, 290
Hattenberg, Heinrich v. 69
–, Konrad v. 69
–, Luitgardis v. 69
–, Wolfhard v. 69
–, Wolfhard d. J. v. 69
Hattenhofen 245, 247, 249, 266, 267, 283
Haunstetten 133
Hausen 69, 70, 72, 74–76
Hazzi, Joseph v. 288, 291, 292
Hebel, Johann Peter 239, 293
Hegnenbach 74, 76, 278
Heidelberg 127
Heidingsfeld 89
Heilbronn 206, 224
Heilika s. Scheyern, Haziga v.
Heine, Heinrich 23
Heinrich der Zänker 58
– III., Kg. 59
– IV., Kg. 59
Heinrichsheim 250
Heinrichshofen 259, 266, 276, 282, 285
Heiterwang 283
Hellenstein, Ulrich d. Ä. 68, 69
Hennhofen 69–72, 74, 76, 278
Heretshausen 270
Herrieden, Chronist v. 56
Herrsching 245
Herwart, Anton 90
–, Christoph 90
–, Erasmus 89, 90
–, Familie 89, 91, 92, 94, 95

–, Georg (Jörg) 90–96
–, Hans 90
–, Marcus 90
–, Mathis 93
–, Matthäus 90
–, Paul 90
–, Peter 90
–, Philipp 90
–, Ulrich 124
Hessen-Darmstadt 15
Heuss, Theodor 190
Hilgertshausen 264, 273, 285
Hilta, Gfin., Schwester d. Adalbero 43
Hindelang 154, 251, 299
Hirblingen 139, 140
Hirsau, Abt Wilhelm v. 47
–, Kloster 67
Hirschenhausen 264, 285
Hitler, Adolf 188
Hl. Kreuz, Kloster, Augsburg 74, 136
Hochdorf 274
Hochheimer, Heinrich 185
Höchstädt a. d. Donau 139, 141, 242, 250, 256, 283, 299
Hochzoll 245
Hoechstetter, Philipp 132
Höfen 283
Hofheim a. Riegsee 269
– b. Staffelsee 264
Hohenlohe, Fürstentum 177
Hohenpeißenberg 246, 282
Hohenschwangau 246, 257, 282, 294, 297
Hohentrüdingen 276
Hohenzollern, Familie 16
Hollenbach 269, 281, 285
Holzburg 245, 290
Holzen 135
–, Kloster 80
Holzhausen 245, 267, 293
Holzheim 61, 65, 69, 70, 72, 74, 274
Honsolgen 280
Hopferau 280, 288
Hopferbach 276
Hörbach 243, 245, 247, 261, 266, 274, 282, 291
Hörl, Veit 89, 91
Hörmannsberg 246, 247, 261, 266, 274, 282, 285, 292
Hörzhausen, Gfen. v. s. Kühbach, Gfen. v.
–, westl. Schrobenhausen 42
Huber, Johann 222
Hübner, Johann 20
Huch, R. 131
Hug 39
Hügelshart 245

Hürben 210, 211, 214
Hütting 218
Hyam, John 170

Ichenhausen 181, 182, 184–187, 189, 190, 285
Ichon, Eduard 208, 209, 213, 221, 222, 224
Icking 263
Igenhausen 269, 292
Illertissen 218
Ilmmünster 263
Ilsung, Familie 122
–, Ulrich 70
Imhoff, Endres 93
–, Familie 94
–, Jörg 93, 96
–, Servatius 96
–, Ulrich 88
Immenstadt 257, 259
Immenthal 276
Inchenhofen 269, 283
Indien 88, 89, 92–96
Ingenried 280, 288
Ingolstadt 135, 141, 249
Innichen, Kloster 51
Inning 245, 267, 271, 274
Inningen 140
Innsbruck 123, 124, 155, 159, 175, 176, 220
Irgertsheim 242
Irsee 262, 352
Isny 252
Italien 15, 95

Jenbach 273
Jesenwang 245, 246, 271, 290
Jung, Timotheus 121

Kadelaus, Bruder d. Gebino 66, 67
Kaiser Friedrich I. v. Staufen 353, 354
–, Joseph II. v. Österreich 181, 182
–, Karl IV. 78, 103
–, Karl V. 92, 121, 155
–, Ludwig 78
–, Matthias v. Österreich 133
–, Maximilian I. 78, 121
–, Otto II. 42
–, Rudolf 74
–, Rudolph II. 116, 124, 128, 129
Kaltenbrunn 273
Kapfer, Bartholomäus 73
Kardorf 276
Karl der Große 9
Karlmann 64
Karlsbach, Österreich 39
Karlsbad 224

Karlsruhe 160
Kärnten 251
–, Gotfried v., Markgf. s. Lambach-Wels, Gotfried v.
Karolinger, Familie 62, 64–66
Kassel 127
Kastl, Bernhart v. 48, 49
–, Eckhart v. 49
–, Fridrich v. 44
–, Herman v., Gf. 44, 46, 47, 49, 58
Kaufbeuren 154, 210, 211, 213, 214, 222, 250, 255, 259, 262, 276–278, 284, 295, 305
Kaufering 249, 264, 266, 282, 285, 289, 290
Kemden, USA 227
Kempten 133, 154, 175, 176, 200, 204–206, 208–223, 225, 227, 229, 234, 243, 257–259, 262, 263, 266, 276–278, 305
–, Fürststift 154
Kesener, Johann Christian 162
Keza, Simon v. 66
Kinsau 266, 286
Kirchheim 258
Kirnberg 249
Kissing 245, 247–249, 259, 266, 274, 282, 283, 285, 288, 289
Kleinried 73
Klettham 50
Klingen 267
Knode, August 211, 213, 217
Koblenz 19, 233
Koch, Josef 202
Koeler, Hieronymus 92
Köln 226
–, Clemens August v., Kurfürst 156, 169
Königsbrunn 283
Königslachen b. Schrobenhausen 269
Kottgeisering 245, 246, 274, 290
Kraftisried b. Marktoberdorf 255, 276
Krain, Ulrich v., Markgf. 39, 40, 55
Kreuzthal 243, 283
Kriegshaber 190
Krishnadeva, indischer Regent 101
Kronburg 276
Krumbach 285
Kühbach, Gfen. v. 43, 44, 56, 57, 59
–, Kloster 43
Kühlenbach, Berthold v., Truchseß 70
Kühlental 135
Kuno, Sohn d. Poppo 39
Künstlich, Georg 170

Lachen 245, 262
Laimering 267
Lakkadiven, Inselgruppe 97
Lakshadweep-Gruppe s. Lakkadiven
Lambach, Gfen. v. s. Lambach-Wels, Gfen. v.
Lambach-Wels, Adalbero v., Bf. v. Würzburg 54
–, Arnold II. v., Gf. 54
–, Arnold III. v., Gf. 54, 57
–, Gfen., v. 54, 55, 57
–, Gotfrid v. 54
–, Mathilde v. 54
–, Ulrich v., Gf. 54
Landsberg 248, 249, 253, 257, 262, 264, 273, 282, 285, 289, 290, 292, 295
Landsberied 245, 246, 271, 274
Lang, Josef 210, 213
Langenmantel, Familie 122
Längenmoos 245
Langerringen 280
Langquaid, Bayern 39
Langweid 266
Lantfried, Alamannenhzg. 62
Laub 265
Lauben a. d. Günz 258
Lauginger, Otto d. Ä. 118
Laugna 73, 74
Lauingen 61, 73, 78, 118, 119, 139, 141, 258, 278
Lauterbach 293
Lautrach 276
Le Havre 194, 202, 208, 209, 226
Lechbruck 252, 311
Lechhausen 135, 245, 303
Leeder 262, 285, 288, 293, 301
Legau 258, 276
Leibersdorf, Gerung v. 39, 41
Leidling 250
Leipert, Alois 225–227, 229
–, Alois, jr. 226
–, August 224
–, August Karl 226
–, Cäcilia, geb. Rinding 225, 229, 233
–, Carl August 193, 200, 204–206, 208–226
–, Constantin 224
–, Franz Jakob 202
–, Jacob 226, 227
–, Joseph 226
–, Wilhelmine 226
Leitershofen 75, 133
Lengbach, Österreich 39
Leo, Karl 215
Lerchenfeld, Johann Franz Philipp v., Gf. 172
Liebenthann, Burg 154
Liechtenstein, Fürstentum 243, 252, 254
Lindach, Wezil v. 39
Lindau 154, 210, 213, 214, 217, 222, 234, 258, 283
–, Lkr. 249, 252, 258, 259
Linderhof 246

Lissabon 88–96
Liutgard, Tochter d. Gfin. Willibirg v. Ebersberg 43, 44
Lobo, Franciso 92
Lochschwab 245
Loener, Friedrich 89
Loitershafen 245
Lori, Johann Georg v. 23, 287
Lüftenberg 76
Luitgard, Schwester d. Gebino 66
Luitpold, Markgf. v. d. Ostmark 38
Luther, Martin 11, 20
Luttenwang 245, 274, 290
Lützen 137
Lutzingen 258
Lyon 155

Magdeburg 144
Maginus, Johannes 20
Mailand 155
Mainburg, Dorf 41
Mainz 202, 208
Mammendorf 245, 249, 267
Mangalor, Insel 98
Mangelsdorf, östl. Kühbach 41
Mannheim 194, 195, 220, 226
Mantua 155
Marbach, Gotschalk v. s. a. (Amper-)Moching, Gotschalk v.
Marburg 242
Maria Steinbach 258
Maria Stern, Augsburg 136
Markt Wald 285
Marktoberdorf 154, 259, 276–278
Markwart, Gf. 38
Martell, Karl 62, 65
Martinszell 283
Mascarenhas, Pedro 95
Mauerbach, südöstl. Aichach 42
Mauren, Äbtissin Agnes v. 70
Mayr, Hans 88, 97
Medicus, Friedrich Caspar 29
Meginwart, Gf. 38
Meißen, Markgfen. v. 49
Meitingen 258
Melanchthon, Philipp 12, 23
Memhölz 283
Memmingen 118, 119, 154, 210, 211, 213, 214, 221, 222, 226, 254, 258, 306
Mendoza, Lope Hurtado de 92
Menzenbach 39
Mercator, Gerhard 97, 98
Merching 259, 266, 282, 283, 285, 289
Mering 243, 274, 282, 283, 285, 287, 288, 291

Mertingen 252
Metternich, Clemens v. 14
Meuting, Agathe 119
–, Ludwig 91
Mexiko 228
Meyer, Conrad Ferdinand 131
Michaelbeuren, Kloster 45
Mickhausen 103–105, 108, 112, 258
Mieransberg, Grimold v. 39
Mindelberg, Schwigger v. 69
Mindelheim 210, 211, 214, 254, 266, 278, 294
Minicoy, Insel 98
Mittelstetten 245, 281, 290
Mittenwald 252, 259, 260, 262–264, 273, 285, 289, 290
Moachanin, Samuel Christoph 162
Möhner, Reginbald 132
Moll, Georg 185
Monheim 179
Montesquieu, Charles de 26
Montgelas, Maximilian Joseph Frhr. v. 176–179, 183
Montpellier 155, 160
Moorenweis 245, 274
Moser, Carl Friedrich v. 21, 24
Motzenhofen 292
Muggenhoefer, Georg 196
Mühlhausen 245, 270, 277
Mühlried 285
Müller, Maximilian Christopherus 169
München 28, 123, 124, 138, 175, 176, 183, 194, 214, 222, 233, 241, 242, 247, 249, 252–254, 256, 259, 263, 265, 271, 274, 275, 286, 295, 298, 304, 305, 348, 353
Münchsmünster, Kloster 52, 53
Münster 103–105, 108, 140, 274, 281
–, Sebastian 19–21, 287
Münzer, Hieronymus 90
Murach = Mureck (Steiermark) 44
–, Adelheid v., Gfin. 39
Mylius, Georg 125–127

Napoleon s. Bonaparte, Napoleon
Narasimha, Vira, indischer Regent 100
Nassau, Adolf v., Kg. 77
Nassenhausen 245, 290
Neidhart, Sebastian 91
Neißer, August 226
Neithart, Familie 117, 119
Neresheim, Kloster 75
Nesselwang 276
Nesselwängle 252, 273, 282
Neuburg a. d. Donau 64, 65, 127, 129, 141, 194, 233, 234, 249, 256, 264, 281, 295

Neuburg, Fürstentum 116
Neufahrn 263
Neuleutasch 264, 290
Neunkirchen 256
Neusäß 139, 140
Neustadt a. d. Aisch 88
New York 195, 200, 226
Nicolai, Friedrich 22
Nicolet, Anton 172
Niederlande 95, 155
Nisselsbach 292
Nöbach, Adalram v., Vogt von Kloster Innichen 51
–, Eberhart v. 51
Nonnenhorn 52
Nördlingen 137, 154, 179, 213–215
Noviomagus, Gerard 19
Nürnberg 89, 94, 175, 215, 353
Nürnberger, Lazarus 88, 89, 91

Oberammergau 246, 248, 273, 277, 282, 290
Oberau 243, 246
Oberdießen 262
Oberföhring 353
Obergrainau 246
Obergünzburg 276
Oberhausen 135, 140
–, Rotbert v. 39
Obermauerbach 269
Obermaxfeld 250
Obermayer, Carl 229
Obermünster, Kloster 43
Oberndorf 70
–, Rotbert v. s. Schleißheim, Rotbert v.
Oberottmarshausen 280, 281, 283, 299, 301
Oberschneitbach 292
Oberschönenfeld, Kloster 69, 103
Oberschweinbach 245, 267
Oberstdorf 258, 259, 266, 278
Oberthingau 243, 276
Oberumbach 245
Oberweikertshofen 245
Oberwittelsbach 269
Oberzell 292
Odalschalk, Gf., Bruder d. Adalbero 43
Oderding 245, 273
Oettingen 215, 234
–, Grafschaft 177, 181
–, Ludwig v., Gf. 77
Olching 256
Ollarzried 276
Orlan, Nicolaus 165
Ormuz 89
Ortlfing 250

Ortolf 39, 40
Osnabrück 140
Osseltshausen/Mainburg 42
Osterbuch 73
Österreich 13–15, 22, 23, 29, 30, 251, 295, 304
–, Albrecht IV. v., Hzg. 78
–, Ferdinand v., Erzhzg. 79, 103
–, Ferdinand II. v., Erzhzg. 129
–, Ferdinand v., Kg. 133, 134
–, Leopold v., Erzhzg. 79
–. Leopold Wilhelm v., Erzhzg. 140
Osttirol 177
Otachar, Markgf. 39, 40
Ottmaring 245, 246, 259, 270, 274, 290
Ottobeuren 262
–, Reichsstift 75

Pähl 245, 249
Pandarane, Insel 98
Papst Alexander III. 68, 77
–, Gregor III. 62
–, Gregor XIII. 115
–, Innozenz IV. 68
–, Johannes Paul II. 191
–, Nikolaus 71
–, Paschalis 46
–, Viktor IV. 68, 77
–, Zacharias 64
Parma 155
Passau 57, 175, 176
Passau, Bf. Christian v. 38
–, Bistum 38
Paterzell 245
Paumgartner, Familie 90, 122
Peißenberg 246, 273, 285, 290
Penzing 249, 266, 282
Peretshofen 245
Pergami, Francesco 167
Pestenacker 261
Peutinger, Familie 122
–, Konrad 88
Pfaffenhausen 266
Pfaffenhofen 71, 290
– a. d. Glonn 245, 267, 270
– a. d. Ilm 263
– a. d. Zusam 278
– üb. Fürstenfeldbruck 245
Pfaller, J. Fr. 217
Pfalz 17
Pfalz-Neuburg, Philipp Ludwig v. 118
Pfersee 140
Pfronten 249, 276, 278, 280
Philadelphia 226, 228, 229
Pilihild, Gfin., Tochter d. Gf. Fridrich I. 45, 46, 48

Pimmel, Familie 90
Pinto, Fernao Mendes 101
Pippin II. 62
Pirckheimer, Willibald 19, 89
Pissinger, Christoph 91
Pitzling b. Landsberg 278, 280, 282, 290
Pleitmannswang 245
Pock, Georg (Jörg) 89, 92
Poigern 245, 267
Pokrantz, Carl 215
Pola, Bf. Ellinhart v. 44, 47
Polen 19
Polling 246
Pommern 19
Ponare, Insel 98
Port Isabel, Texas, USA 233
Portugal 90
Pöttmes 257, 263
Prag 16
Praßberg, Familie v. 154
Preußen 14–16, 19, 29–31
Price, Peter 170
Prittriching 266, 276, 282, 285
Pruner, Joachim 90
Puebla, Mexiko 229
Pürgen 282, 285

Radersdorf 269
Rain am Lech 135, 142, 144, 179, 287
Raiser, Christoph 91
Raisting 245, 273
Raspe, Konrad 68, 69
Ratholz a. Alpsee 262, 297
Rattenberg 51
Ratzenhofen, Eberhard v., Gf. 42
–, Herren, v. 41
–, Wigburg v., Äbtissin v. Geisenfeld 42
Rauh, Andreas 194
Rauwolf, Leonhard 118, 121
Rechberg, Heinrich v., Marschall 70
–, Margarethe v. 70
Rechbergreuthen 70
Rederzhausen 245, 270, 283, 290
Regensburg 42, 80, 89, 176, 177, 251, 353
–, Babo II. v. 42
–, Heinrich v., Burggf. 43
–, Rotbert v., Burggf. 42
Rehling 240, 242, 270, 277
Rehm, Paul 132
Rehrosbach 245, 267
Reichling 282
Reicholzried 276
Reims 155
Reisch 249, 266, 282, 285

Reischle, Michael 172
Reisensburg 278
–, Berthold v. 58
Reisgang 249, 272
Reistingen, Damenstift 71
Rem, Adam 124
Rettenbach 269, 280, 292
Reuchlin, Johannes 182
Rheinpfalz 177
Rhenanus, Beatus 19
Richelieu, Cardinal de 137
Richinza, Schwester d. Gebino 66
Richlinde, Gfin., Frau des Adalbero 39
Ried 245, 249, 266, 274
Rieden 245
Riedensheim 274
Rieder 72, 73, 76, 77
Riederau 245, 249
Riedheim 274
Riedler, Anna 71
Riedsend 72
Riehl, Wilhelm Heinrich 31
Rielhofen 103, 104, 106, 108
Riesbeck, Kaspar 22, 23
Rinnenthal 245, 267
Rodt, Familie v. 154
Rohrbach 245, 290
Rohrenfels 250
Rom 27
Rommelsried, Lkr. Augsburg 69
Ronsberg 276
Rosenzweig, Franz 188
Rossi, Jean 160
Roßhaupten 73, 288
Rotbert 41
Roth, Familie 117
–, Friedrich J. 211, 213
–, Herren v. 181
Rothenburg o. T. 177
Rott 282, 286
–, Gfen v. 40
Rottenbuch 246, 249, 262, 273, 285, 289, 290
Rotterdam 195, 222
Rous, Pascal 160
Rousette, Stefani 172
Rückholz 276
Rudiger, Gf. 38
Rußland 19

Sachsen 155
–, Magnus v., Hzg. 55
Sachsenkam, Herren v. 52
Salazar, Emanuel de 159
Salenbach 73, 76, 77

Salzburg 135, 176, 177
-, Erzbf. Baldwin v. 43
Sampayo, Lopo Vaz de 95
Sandsbach, Bayern 39
Santarem 95
Sartor, Johann Gottfried 168
Saulgrub 246, 282
Schäfer, Arnold 33
Schäffer, Andreas 167
Schäftlarn 263
Schambach, Erchanger v. 39, 42
-, Erchanger v., Vogt v. Geisenfeld 56
Schattenhofen, Gamanolf v. 51
Schellschwang 273
Scheppach 73
Schetz, Erasmus 94
Scheuring 282, 285, 310
Scheyern 41, 263
-, Babo v., Gf., Vogt v. Geisenfeld 38–40, 42–46, 54, 55, 57
-, Bernhart v., Gf. 52, 53, 55
-, Burg 41
-, Eckhart I. v., Vogt 48, 52, 53, 55, 56
-, Haziga v. 44, 45, 47–49, 52–54, 57–59
-, Kloster 37, 41, 46, 68
-, Konrad v. (Chronist) 45–47, 49, 52, 55, 58, 59
-, Otto I. v., Gf. 38, 44, 45, 47, 48, 52, 53, 58, 59
-, Otto II. v., Gf. 42, 46, 52, 53, 55
-, Otto III. v. 56
-, Richgart v. 55
Scheyern-Dachau, Arnold v. 49, 52–57
Scheyernsee 45
Schiller, Friedrich v. 131
Schiltberg, südl. Schrobenhausen 269
Schleedorf 267
Schleim, Erasmus 89
Schleißheim, Rotbert v., Vogt v. Tegernsee u. Ebersberg 51
Schlesien 30, 155
Schleswig-Holstein 17
Schliersee 263
-, Kloster 51
Schlingen 255
Schlözer 23
Schmeller, Johann Andreas 239, 240, 257, 275, 291, 305
Schmidt, Martin 208
Schmiechen 259, 266, 282, 285
Schnellmannskreuth 259
Schoeps, Hans Joachim 188
Schöffau 246
Schönberg 246, 282
Schönborn, Marquard Wilhelm v. 172
Schondorf 282, 285

Schöneberg a. d. Mindel 258
Schongau 248, 249, 252, 257, 271, 273, 282, 285, 288, 290, 292, 293, 295
Schöngeising 242, 245
Schradler, Caspar 210, 213
Schrattenbach 276
Schrobenhausen 179, 253, 256, 257, 262, 263, 272, 285
Schruns 252
Schüz, Johann Friedrich 165
Schwabegg, Adelgoz III. v. 67, 353
-, Werinher v. 67
-, Wernherus v. 67
Schwaben, Friedrich v., Hzg. 353
Schwäbisch-Hall 276
Schwabmünchen 215, 254, 256
Schwabsoien 246, 266, 272
Schwangau 246, 249, 253, 259, 272, 278, 280, 282, 283, 285, 288, 297, 299
Schweden, Kgreich 13
-, Gustav Adolf v., Kg. 21, 134–137, 142
Schweicker, Josef 210, 213
Schweinfurt, Markgfen. v. 58
Schweiz 254
Schwerzer, Hans 95, 96
Schwifting 249, 266, 282, 285
Seeg 280
Seeshaupt a. Starnberger See 256
Sequeira, Diego Lopes de 89
Sergius, päpstl. Legat 64
Serigier, H. 212, 213, 222–224
Sernigi, Francesco 95
Sevilla 89, 91–93
Sieber, Carl 222
Sielenbach 259, 292
Sighart VI., Gf. im Pongau 45
Simmerberg i. Allgäu 218
Sizilien, Konstanze v. 353
Smiet, Andreas 90
Sölb 245, 273
Sontheim 72
Sonthofen 251, 278
Spanien 90
-, Karl I. v., Kg. s. Kaiser Karl V.
Speyer 176
Sprenger, Balthasar s. Springer, Balthasar
Springer, Balthasar 88, 97
St. Alban 245
St. Blasien, Kloster 67, 68
St. Gallen, Abt Otmar v. 65
St. Georg, Augsburg 136
St. Gertrud, Augsburg 136
St. Helena, Insel 89
St. Katharina, Augsburg 136

St. Louis, USA 227
St. Magdalena, Augsburg 136
St. Margaretha, Augsburg 72
St. Maria, USA 227
St. Moritz, Augsburg 103, 136
St. Pauls, Regensburg 43
St. Peter, Augsburg 136
St. Stephan, Augsburg 71, 136
St. Ulrich, Augsburg 136, 137, 139, 155, 353
St. Ulrich u. Afra, Abt. Melchior v. Stamheim v. 71
St. Ursula, Augsburg 136
Stadelham, Gem. Tandern 249, 256
Stadion, Gfen. v. 154
Stadtbergen 140
Stain, Herren v. 181
Stamler, Johann Matthäus 120, 124
Stans 273
Starnberg 256, 263, 286
Stätzling 245, 270, 271
Staudheim 250
Staufen, Heinrich v. 353
–, Konradin v. 353
–, Otto v. 353
–, Philipp v. 353
Staufer, Familie 10
Steiermark, Otachar II., Markgf. 54, 57
Steinach 259, 274, 282, 285
Steinbach 280
Steinbach 274
Steinekirch 135
Steingaden 243, 266, 278, 282, 290, 292
Steppach 140
Stepperg 274
Stetten, Christoph v. 91, 92
–, Herren v. 74
–, Lukas v. 90, 91
–, Paul d. Ä. v. 132
Stieler, Emma Augusta Barbara 206
Stigelmaier, Franz 173
Stötten am Auerberg 243
Stöttwang b. Kaufbeuren 262
Straß 250
Straßberg 258
Straßburg 160, 167
Straubing 175
Stuttgart 34, 119, 127, 196, 226
Sulzbach 214, 222
Sünzburg, Bayern 39

Täfertingen 140
Tandern 283, 285
Tannenberg 249
Tapfheim 252

Tattenhausen 267
Tegernbach 245, 266, 283, 285, 290
Tegernsee, Abt Goßbert v. 52
–, Kloster 40, 42, 53
Thalhausen 269
Theißing 52
Thierhaupten 259, 261
Thiersch, Friedrich 28
Tilly, Gf. 133–135, 142, 144
Tirol 177, 242, 260, 271, 299, 347
Tödtenried 292
Todtenweis, Lkr. Aichach-Friedberg 249, 256, 261, 263, 269, 270, 274, 277
Toledo 95
Toulouse 160
Tours, Hl. Martin v. 65
Tradel, Georg 126
Trauchgau 246
Trient 175, 177
Tübingen 117, 119, 120, 121, 125
Turenne, Henri de, Marschall 139
Türkheim 279, 293

Uffing 269, 273
Ulm, Reichsstadt 116, 118, 125–127, 129, 133, 135, 154, 175, 177, 202, 214, 222, 226, 234, 276, 278, 306
Ulstätt, Regina 118
Umbach b. Friedberg 42
Umelsdorf, Diemo 39
Unteralting 274
Unterammergau 246, 282
Unterbergen 259, 266, 282
Unterbernbach 259
Untergermaringen 262
Untergrainau 246
Unterhausen 245, 274
Unterliezheim 70
Untermauerbach 269
Untermeitingen 242, 310
Unterpfaffenhofen 263
Unterpinzwang a. Lech 252, 283
Unterschneidbach 292
Unterschondorf 245
Unterschweinbach 245, 267
Unterthingau 259, 276
Unterumbach 267
Unterzell 292
Untrasried 276
Uppsala 141
Urspring, Gem. Steingaden 273, 282, 285, 290, 297, 311
Utting 245, 248, 266, 274, 282, 285, 290

Valencia 95
Vallried 73, 76
Vaplon, Ignaz 220
Varinot, Paul 162
Varnbüler, Anton 127
-, Familie 119
-, Hans Jakob 119
-, Johann 119
-, Johann Bernhard 120
-, Nikolaus d. Ä. 119, 121, 125
-, Nikolaus d. J. 120
Venedig 90, 95, 155
Vergil 21
Viehäuser, Sigmund 125, 128, 129
Vijanayagar 88, 89, 95, 99
Villenbach 69, 71, 72, 74
-, Albert v. 69–71
-, Herren v. 78
Virchow, Rudolf 193
Vochetus, Anastasius 132
Vogach 245
Vogtareuth im Chiemgau 43
Vohburg, Kuno v. 39
Volkratshofen 276
Vorarlberg 177, 252, 254
Vorderburg 283
Vuchilingen, Helmbert v. 41, 42

Waal 280
Wabern 249
Waechter, Franz Josef 220
Wagenhofen 281
Wagenseil, Johann Christoph 182
Wagner, Jakob 137, 138
Waidhofen, östl. Schrobenhausen 256, 264, 265
Walchshofen 269
Waldbach 73
Waldseemüller, Martin 101
Walkertshofen 135
Wallenstein, Albrecht v. 11
Walleshausen 259
Walther, Familie 119
Wangenbach 52
Wängle 283
Wartaweil 245
Wasigrim, Edler 40
Weber, Max 27
Weihenberg, Kloster 70, 71
Weihenstephan, Kloster 53
Weilenbach 273
Weiler 69
Weilheim 245, 267, 295
Weisingen 65, 68, 72, 76, 77, 278
-, Arnold v. 69

-, Gerlach v. 70
Weißenbach 282, 283
Weißenfels, Sachsen 169
Weißensee 276, 288
Weitenried 245, 290
Weitnau 251
Weizsäcker, Richard v. 189
Welden 61, 258, 278, 280, 299
-, Familie v. 154
-, Michael v. 73
Welf VI. 353
- VII. 353
Welfen, Familie 10, 55
Wellenburg 75, 140
Wels, Gfen. v. s. Lambach-Wels, Gfen. v.
Welser, Anna Katharina 118
-, Familie 121, 122
-, Hans 95, 96
-, Jakob 96
-, Karl 126
-, Ludwig 121
-, Matthäus 120
-, Philippine 126
-, v. Stepperg, Hans Jakob 118, 121
Weltenburg, Kloster 52
Wemding 179, 254, 262, 265, 276
Wengen 69, 71, 72
Werdenstein, Familie v. 154
Wernher, Gf. 45
Wernitzer, Veronika 93
Wertach 283
Wertingen 61, 71, 139, 252, 266, 283, 299
Wessiszell 267
Wessobrunn 245, 273, 282, 286
Westernach, Familie v. 154
Weyhern 245
Wielenbach 245
Wien 29, 124, 133, 155, 159, 167, 304
Wies b. Steingaden 273, 282, 289, 290, 297
Wiesing, Eckhart v. 52, 59
Wiesing/Inntal 51
Wiffertshausen 245
Wiggensbach 243
Wildenroth 245, 267, 274
Wildpoldsried 276
Wildsteig 243, 246, 273, 282, 285, 289, 290
Willibirg s. Ebersberg, Willibirg v.
Willichius, Jodocius 20
Wilprecht, Christian 73
Windhausen 72, 73
Winfried/Bonifatius 62, 64–66
Winkel 77
Winterbach 70, 73, 78
-, Herren v. 66, 67

Witte, Francisco 90
Wittelsbach (Unter-) 59, 179
–, Familie 56, 58, 59, 178
Wittenberg 127
Wolferstadt 254, 265
Wolff, Christian 24
Wolfratshausen 263
Wolftrigil, Edler 42
Wollbach 73, 76, 77
Woringen 276
Worms 353
Wrangel, General 139
Wulfertshausen 245, 270
Württemberg 11, 14–16, 29, 30, 32, 116, 119, 196, 251, 255, 283, 301
–, Ludwig v., Hzg. 125
Würzburg 89, 176, 177, 222, 353
Würzburg, Fürstbfe. v. 178

Zaissenhausen 71
Zankenhausen 245, 274
Zech, Familie v. 154
Zeitlarn b. Burghausen 43
Zell, südöstl. Neuburg a. d. Donau 250, 264, 276
Zenetti, Joseph 75
Zentner, Georg Friedrich v., Frhr. 176
Zermak, Karl Heinrich 159
Ziemetshausen 266
Zillenberg 245, 249, 266, 283, 285, 290
Zirl/Tirol 264, 285, 290
Zorn, Jakob 202
Zschackwitz, Johann Ehrenfried 27
Zusamaltheim 73, 74, 135
Zusamzell 61, 74, 76, 299
Zusmarshausen 61, 73, 76, 77, 135, 140, 266
Zwiefalten 276